KB069470

스마트 사회의 미디어교육학

-교육공학, 디지털미디어교육, 평생교육의 연계-

문혜성 지음

학지사

추천의 글

미디어는 학교와 사회, 직업과 여가시간, 학문과 문화, 경제와 정치 그리고 국가적, 국제적 상황에서 중요한 역할을 수행하고 있다. 디지털화와 미디어통합, E-Learning과 지식경영, 가상학습 공동체와 정보격차(Digital Divide), 네트화와 세계화, 이러한 말들은 정보와 지식사회에 대해 의미 있는 도전을 암시하는 키워드들 중 일부일 뿐이다. 이러한 환경 속에서 인성교육과 지식교육은 상당한 변환의 과정에 직면하고 있다. 미디어, 특히 디지털미디어는 학습을 촉진하고 지원할 뿐 아니라, 효과적인 방법으로 학습과정을 이끌어줄 수 있다. 그러나 동시에 우리는 가정과 초 · 중 · 고등학교 및 대학교와 평생교육에서의 미디어사용이 많은 위험성과도 연결되어 있다는 것을 인식해야 한다. 무엇보다 정보와 커뮤니케이션 기술 분야의 디지털미디어 발달 양상은 일반적인 미디어사용에서뿐 아니라, 교수학습 과정에서의 미디어사용에 대해 근본적인 문제들을 성찰해야 할 필연성을 일깨워준다. 이를 통해 미디어사용과 관련한 교수와 학습에서의 이상적 행동양식의 토대를 구성할 수 있다.

이러한 배경에서 출간되는 문혜성 박사의 "스마트 사회의 미디어교육학"은 교육과 관련한 미디어사용 문제를 포괄적으로 다룬 탁월한 작업물이라 할 수 있다. 여기에서 저자는 미디어연구와 활용, 그리고 미디어교육에 대한 국내외 논의들을 중시하고 특별하게 강조하고 있다. 이러한 기초 위에서 저자는 기본적 연구조사뿐 아니라 의미있는 행동 방향까지 제시하고 있으며, 미디어교육학 분야의 이론적 개념과 실제적 적용과의 결합을 위한 중요한 결과물을 내놓게 된 것이다.

책의 제1부와 제2부에서 문혜성 박사는 독일어권의 연구논의에 의거하여 미디어교육학에 대한 이론을 포괄적으로 다루고 있다. 미디어능력과 커뮤니케이션능력, 디지털미디어능력의 주요 개념들뿐 아니라 평생교육과의 연결을 소개하면서, 이 책의 중요한 이론적 토대를 정초하고 있다. 이와 함께 분명해지는 것은, 미디어능력이란 결코 어떤 특별한 기술적인 범주만의 능력이 아니라 오늘날의 교육과 문화, 학문과 경제, 정치와 사회 부분에서 절대적으로 필요한 커뮤니케이션능력이고 자산이라는 것이다. 미디어능력과 커뮤니케이션능력은 디지털미디어와의 교류에 초점을 맞추고 방향을 잡게 된다. 따라서 여기에서는 디지털미디어능력을 필수적으로 요구하게 되고, 이를 통해 현재와 미래의 대학교육과 직업을 위한 의미가 강조된다.

제3부에서도 역시 이 책의 업적이 의심의 여지없이 드러나는데, 미디어교수법과 전문교사 양성이 미디어활용과 미디어교육의 성공을 위해 매우 중요하고 필수적인 조건으로 다루어지고 있다. 나아가 광범위한 미디어교육학 영역 안에서 미디어교수법과 모바일러닝의 의미와 개념을 정리하고 있다. 미디어에 관한 다양한 경험과 인식 형태 및 학습과 관련한 미디어의 특징, 스마트미디어와 미디어프로그램의 유형에 대한 내용을 전개하고 있다. 이런 맥락에서 미디어의 개념이 미디어교수법에 어떻게 합목적적으로 접목되어야 하는가를 설명하고, 교수와 학습과정에서 미디어가 제공할 수 있는 많은 가능성들을 명료하게 드러내고 있다. 이를 통해 이 분야가 어느 정도나 실증적인 관점을 보여주고 있으며, 미디어가 갖는 가능성들이 경우에 따라 어느 정도로 학습과정과 학습결과에 실질적이고 긍정적인 효율성을 이끌어내는지 또는 그렇지 않은지에 대한 문제들이 연결된다.

이상과 같은 개념적이고 실증적이며 이론적인 토대를 통해 다음의 단계가 진행된다. 정보와 지식사회에서 미디어, 특히 디지털미디어와 함께하는 교수와 학습을 위한 목표설정과 의미에 관한 것이다. 이것은 이상적 행동양식을 위한 지침이 된다. 이 지침은 미디어에 의해 형성되는 세계에서 무엇보다 사실에 부합하고 자기주도적이며, 창의적이고 사회적 책임감을 갖는 행동을 유발하게 한다. 그럼으로써 행동과 발달지향 교육의 개념이 정립될 수 있고, 교육과정에서 이를 구체적으로 변환시킬 수 있다.

이러한 것을 바탕으로 어린이와 청소년들의 생활환경 및 이들의 욕구를 고려한 행동관련의 지식과 능력을 발전시키고, 동시에 지적 발달과 사회인지적 발달을 촉진하는 학습과 교수방법을 기획하게 된다. 미디어는 이러한 맥락에서 중요한 기능들을 안고 있다. 표현수단의 과제로서, 정보의 출처와 학습의 도움으로서, 자료의 제공과 분석의 대상으로서, 과제해결과 질의응답을 위한 도구이자 수단으로서, 커뮤니케이션과 협동작업의 도구로서, 그리고 자신의 작업결과를 표현하고 저장하는 도구의 기능 등을 수행한다.

학습과 발달을 촉진하는 미디어의 이러한 기능들을 인식하려면 교수학습 과정을 위한 미디어의 준비와 실행, 그리고 분석과 평가에 관한 기본 문제를 숙고하는 것이 필수적이다. 저자 문혜성 박사는 여기에서 미디어를 단순히 교수학습의 도구로 활용하는 것으로 국한시키지 않고, 교수학습 과정에서 문화비평적 미디어교육의 의미를 강조하였다. 이를 통해 미디어교육의 실질적이고 적극적인 활성화를 주요 주제로 연결시키고 있다. 이렇듯 다양한 미디어교육학의 과제영역은 교육의 방향을 제시하는 역할을 하게 된다. 미디어 프로그램의 선택과 활용, 자신만의 미디어 프로그램 제작을 위한 기획과 표현, 미디어 표현 형태에 대한 이해와 평가, 미디어영향에 대한 인식과 내면적 소화, 미디어 프로그램의 생산과 유통의 제반 상황에 대한 통찰과 판단 같은 것이다.

저자는 미디어교육학의 전반적 과정이 교육기관들, 특히 학교의 교육과정 속에서 제도적으로 확고해질 때, 이 교육의 과정이 지속적인 변화와 발전의 기회를 갖는다고 생각한다. 이러한 의식 속에서 한국의 초 · 중 · 고등학교 미디어 관련 교육과정에 대한 논의를 발전시켰다.

저자 문혜성 박사는 미디어교육학 분야에서 매우 인상적인 저작을 성공적으로 내놓았다. 이 책은 교수학습 과정에서의 미디어활용에 대한 논의와 학교와 교사교육에서의 상황과 조건들을 매우 적합하게 다루고 있으며, 동시에 미디어교육학의 광범위한 영역과 일반 교수법을 정리하였다. 이러한 의미에서 본인은 문혜성 박사의 출간을 축하하며, 이 책이 독자들에게 교육과 수업에서뿐 아니라 학문적 연구에 있어 미디어교육학을 활성화시키는 데 큰 자극이 될 것을 확신한다.

게하르트 툴로체키 교수

독일 국립 파더본 대학교 "일반교수법 및 미디어교육학" 교수
교육학 및 문화학 연구소 소장
독일 연방공화국 미디어교육학 위원회 위원장 역임

6

Vorwort

Medien spielen in Schule und Gesellschaft, in Beruf und Freizeit, in Wissenschaft und Kultur, in Wirtschaft und Politik sowohl im nationalen als auch im internationalen Zusammenhang eine wichtige Rolle. Digitalisierung und Medienkonvergenz, E−Learning und Wissensmanagement, virtuelle Lerngemeinschaften und Digital Divide, Vernetzung und Globalisierung sind nur einige der Schlagworte, die bedeutsame Herausforderungen für die so genannten Informations-und Wissensgesellschaft signalisieren. In diesem Rahmen sind auch Erziehung und Bildung erheblichen Wandlungsprozessen unterworfen. Dabei geht man davon aus, dass Medien — und insbesondere digitale Medien — das Lernen in wirksamer Weise anregen, unterstützen oder auch anleiten können. Gleichzeitig muss man jedoch feststellen, dass mit der Mediennutzung in Familie und Schule sowie in Universität und Weiterbildung verschiedene Risiken verbunden sind. Gerade die Diskussion um digitale Medien und die Entwicklungen im Bereich der Informations-und Kommunikationstechnologien machen es notwendig, einige grundsätzliche Fragen zur Medienverwendung generell und insbesondere zur Mediennutzung in Lehr-und Lernprozessen zu reflektieren und auf dieser Basis zu fundierten Handlungsempfehlungen für die Medienverwendung und das Lehren und Lernen zu kommen.

Vor diesem Hintergrund ist es außerordentlich verdienstvoll, dass Frau Dr. Hyesung Moon mit ihrem Buch zur "Medienpädagogik in der Smart-Gesellschaft" ein umfassendes Werk zu Fragen der Mediennutzung in Bildungszusammenhängen vorlegt. Dabei ist besonders hervorzuheben, dass sie sowohl die nationale als auch die internationale Diskussion zur Medienforschung, Medienverwendung und Medienerziehung in den Blick nimmt und auf dieser Basis sowohl zu grundlegenden

Bestandsaufnahmen als auch zu bedeutsamen Handlungsorientierungen kommt. Damit leistet sie zugleich einen wichtigen Beitrag zur Verbindung von theoretischen und konzeptionellen Ansätzen und praktischen Umsetzungen im Bereich der Medienpädagogik.

Wichtige Grundlagen für ihre Arbeit schafft Frau Dr. Hyesung Moon — im ersten und im zweiten Teil des Buches — mit dem Teil der Arbeit wird in besonderer Anlehnung an die deutschsprachige Diskussion eine umfassende Auseinandersetzung mit Fragen der Medienverwendung in den größeren Bereich der Theorie Medienpädagogik geleistet, durch eine Auseinandersetzung mit den zentralen Begriffen der Medienkompetenz und der Kommunikationskompetenz, sowie Erwachsenebildung bzw. Weiterbildung. Damit wird deutlich, dass Medienkompetenz keinesfalls als ein isolierter — auf ein spezifisches Technikfeld bezogener — Fähigkeitsbereich aufgefasst werden darf, sondern als ein kommunikatives Vermögen, das für die Teilhabe an Bildung und Kultur, an Wissenschaft und Wirtschaft, an Politik und Gesellschaft heutzutage unerlässlich ist. Dies wird dann auch mit der folgenden Fokussierung auf den Umgang mit digitalen Medien und auf die dafür notwendigen Kompetenzen sowie ihre gegenwärtige und zukünftige Bedeutung für Studium und Beruf unterstrichen.

Ein weiteres Verdienst der vorgelegten Arbeit besteht zweifellos darin, dass — im dritten Teil der Arbeit — der Mediendidaktik, die Lehrerbildung als bedeutsame und notwendige Bedingungen für das Gelingen von Medienverwendung und Medienerziehung behandelt werden. Nach einer Klärung des Verhältnisses von Mediendidaktik und Mobillernen geht es um den Stellenwert medialer Erfahrungen im Zusammenhang verschiedener Erfahrungsformen und um lernrelevante Merkmale sowie die Smartmedien um Typisierungen zum Medienangebot. In diesem Kontext wird zugleich der Medienbegriff geklärt, wie er der Mediendidaktik zweckmäßigerweise zugrunde gelegt werden sollte. Dabei werden die vielfältigen Möglichkeiten, die Medien für Lehr-und Lernprozesse bieten, herausgearbeitet. Damit ist die Frage verbunden, inwiefern sich aus empirischer Sicht zeigen lässt, ob und ggf.

in welchem Ausmaß die vorhandenen medialen Möglichkeiten auch tatsächlich zu positiven Effekten auf Lernprozesse und Lernergebnisse führen.

Vor dem Hintergrund solcher begrifflichen, empirischen und theoretischen Fundierungen geht es in einem nächsten Schritt darum, Zielvorstellungen und Bedingungen für das Lehren und Lernen mit Medien — und insbesondere mit digitalen Medien — in der Informations-und Wissensgesellschaft herauszuarbeiten und als Leitideen für Handlungsempfehlung zu nutzen. Solche Leitideen ergeben sich vor allem als Forderung zu einem sachgerechten, selbst bestimmten, kreativen und sozial verantwortlichen Handeln in einer von Medien mitgestalteten Welt. So kann ein handlungs-und entwicklungsorientiertes Konzept entworfen und hinsichtlich seiner Umsetzung in Bildungsprozessen konkretisiert werden. Dabei geht es darum — unter Beachtung der Lebenssituation von Kindern und Jugendlichen und ihrer Bedürfnisse — Lernen und Lehren so zu gestalten, dass handlungsrelevante Kenntnisse und Fähigkeiten entstehen und zugleich die intellektuelle und sozial-kognitive Entwicklung gefördert werden. Medien können in diesem Zusammenhang wichtige Funktionen übernehmen: als Mittel zur Präsentation Aufgaben, als Informationsquelle und Lernhilfe, als Materialpool und Gegenstand von Analysen, als "Werkzeug" oder Instrument bei Aufgabenlösungen und Rückmeldungen, als "Werkzeug" bei der Kommunikation und Kooperation sowie bei der Speicherung und Präsentation eigener Arbeitsergebnisse.

Sollen diese Funktionen in lern-und entwicklungsförderlicher Weise wahrgenommen werden, ist ein gründliches Durchdenken von Fragen der Vorbereitung, Durchführung, Analyse und Bewertung entsprechender Lehr-und Lernprozesse notwendig. Es spricht für die Verfasserin Frau Dr. Hyesung Moon, dass ihre Ausführungen dabei nicht auf die instrumentellen Verwendung von Medien für Lehrern und Lernen beschränkt bleiben, sondern auch die medienerzieherische Bedeutung solcher Prozesse in den Blick genommen und darüber hinaus weitere Aktivitäten zur Medienerziehung thematisiert werden. Dabei können verschiedene Aufgabenbereiche der Medienpädagogik als Orientierungspunkte dienen: Auswählen und Nutzen von Medienangeboten, Gestalten und Verbreiten eigener Medienbeiträge, Verstehen und Bewerten von Mediengestaltungen, Erkennen und Aufarbeiten von Medieneinflüssen, Durchschauern und Beurteilen von Bedingungen der Medienproduktion und Medienverbreitung. Gleichzeitig ist der Verfasserin bewusst, dass medienpädagogische Prozesse im Rahmen von Bildungseinrichtungen — insbesondere von Schulen — nur dann eine Chance auf dauerhafte Umsetzung habe, wenn sie auch curricular bzw. institutionell verankert sind. In diesem Bewusstsein wird ein medienbezogenes Curriculum für die koreanische Grund-, Mittel-und Oberschule entwickelt.

Mit dem Buch ist der Verfasserin Frau Dr. Hyesung Moon ein beeindruckendes Werk zur Mediendidaktik gelungen, das dem Stand der Diskussion um Medienverwendung in Lehr-und Lernprozessen sowie zu ihren Bedingungen in Schule und Lehrerbildung voll gerecht wird und zugleich eine Einordnung in den größeren Rahmen der Medienpädagogik und Allgemeinen Didaktik leistet. In diesem Sinne beglückwünsche ich Frau Dr. Hyesung Moon zu ihrem Buch und bin sicher, dass es den Leserinnen und Lesern viele Anregungen für eigene medienpädagogische Aktivitäten geben wird — sei es in der Erziehung und im Unterricht oder in der Forschung und in der wissenschaftlichen Arbeit.

Prof. Dr. Gerhard Tulodziecki
Universitätsprofessor für Allgemeine Didaktik und Medienpädagogik an der
Universität Paderborn (Bundesrepublik Deutschland)
Institut für Erziehungswissenschaft der Fakultät für Kulturwissenschaften
Leitung zahlreicher Projekte und Kommissionen zur Medienpädagogik in
Deutschland im Laufe der seiner Amtszeit

이 책에 관하여

"너 자신의 이성을 활용하는 것에 대해 용기를 가져라! 이것이 바로 계몽사상의 좌우명이다." ("Sapere aude! Habe Mut, dich deines eigenen Verstandes zu bedienen! ist also der Wahlspruch der Aufklärung." – Kant, 1783, Königsberg) 쾨닉스베르그(Königsberg)대학 강연에서 칸트가 역설한 이 내용은 미디어교육학의 철학적 토대를 잘 표현해주고 있다. 우리 모두는 각자 이성을 갖는 인간으로서 소중한 가치를 가지고 있으며, 모든 인간은 그 사람 고유의 아름다운 특성을 갖고 있다. 모든 개인에게 자신의 이성을 사용하는 데 용기를 주고 다양한 기술미디어에 대한 미디어능력을 촉진시키며 이의 사용에 사회적 책임을 갖도록 하는 것, 그리고 이를 통해 궁극적으로 우리 사회의 올바른 미디어환경을 구현해내도록 하는 것이 미디어교육학의 지향 방향이라 할 수 있다.

미디어교육학은 실로 광범위한 연구영역을 포괄한다. 미디어교육학은 "미디어와 관련된 모든 교육적 사고를 연구하는 학문"으로서, 첫째, 인간과 미디어와 사회의 관계를 문화비평적 관점에서 연구하는 "미디어교육", 둘째, 이를 현실의 교육실제로 엮어내는 "미디어교수법", 이 두 축을 기반으로 하고 있다. 이 분야는 교육학, 미디어학을 근간으로 하여 사회학과 심리학을 연결하고, 미디어의 기술적 활용과 실무 제작 등을 포함하는 융복합 학문의 특성을 갖고 있다. 미디어교육학은 "미디어능력"("Medienkompetenz") 개념을 토대로 하며, '인간'이 연구의 중심에 서게 된다. "인간이 본능적으로 타고나는 커뮤니케이션능력을 촉진시키고, 이 능력이 현대적 개념으로 전개된 미디어능력과 사회적 능력을 개발하는 것"을 추구한다.

이 책은 본 연구자의 세 권의 저서『미디어교육학』(2004),『미디어교수법』(2006),『미디어교육 – 교육공학적 접근』(2011)을 통합하고, 거기에 디지털미디어 및 스마트교육과 관련한 새로운 교육문화 현상을 보다 심도 있게 연구한 책이다. 이 책은 "교육공학", "디지털미디어교육", "평생교육"과 연계되어 있다. 미디어교수법과 스마트교육 분야는 "교육문제에 대한 체계적, 체제적 접근을 통한 문제해결을 추구"하는 교육공학(본문 10장 1절 참조)과 중요한 공동영역을 이루고 있다. 디지털미디어교육 연구는 문화비평적 관점에서 보아 이 시대의 필수적인 연구영역이 되어 가고 있다. 유아기의 어린이에서부터 "50플러스의 삶"(본문 6장 5절)을 사는 노년기에 이르기까지, 모든 사회구성원을 대상으로 하는 미디어교육학은 평생교육과도 본질적으로 연결되어 있다. 이러한 내용을 이 책에서는 총 3부로 정리하였다.

제1부에서는 미디어교육학의 기본 이론과 철학적 배경, 미디어능력의 개념과 실제 운용 방향, 미디어교육의 역사, 미디어와 인간의 사회화 및 정치관 형성, 그리고 "유리벽 시민고객"이나 "Digital Natives"(본문 3장 참조) 등과 같은 표현으로 알 수 있는 현대의 디지털미디어문화와 디지털미디어능력, 인터넷능력, 컴퓨터게임의 특성과 병리학적 문제를 다루고 있다. 또한 가정, 학교, 폭력, 장애인, 다문화 사회, 종교와 연결되는 사회문화 미디어교육과 같은 문화비평적 미디어교육 영역을 다루고 있다. **제2부**에서는 평생교육과 미디어교육학을 연결한 어린이, 청소년, 성인, 노년기의 미디어인지심리 및 이 연령대를 위한 디지털미디어교육을 소개하였다. **제3부**는 미디어교수법 영역에 관한 것으로, 미디어교수법, 스마트교육과 모바일교육의 개념, 그리고 영상미디어, 컴퓨터, 스마트기기의 교육적 특성 및 미디어활용 교육문화콘텐츠 개발을 위한 교수설계를 설명하였으며, 교육전문가를 위한 교사교육을 소개하였다.

디지털미디어와 스마트기기는 이제 일종의 "사회적 신체"(본문 3장 5절)로서 우리의 삶 속에 융화되었고, 이에 합당한 새롭고 변화된 미디어능력이 요구된다. 모든 사회구성원들에게, 그리고 사회기관의 교육이나 과업수행에 있어 이와 관련한 교육적 사안들은 필수적 연구영역이 되어 가고 있다. 다양한 미디어는 이제 우리의 삶에서 단순한 기기가 아닌 새로운 사회생태환경이 된 것이다. 이것은 미디어가 우리 사회 전반에 걸쳐 중요한 구성요소가 되었으며, 특히 교육 분야에서는 교육에 대한 자극과 지원으로서 그 기능이 더욱 증대되고 있다는 것을 의미한다. 디지털미디어와 정보 · 커뮤니케이션 기술의 급진적인 발전은 교육자들로 하여금 모든 교수학습 상황에서 미디어를 활용하여 가르치는 기술과 방법을 더욱 체계적으로 연구할 것을 촉구한다. 그러나 이러한 발전 이면에는 미디어를 부적절하게 사용할 수 있는 위험성도 동시에 급증하고 있다는 사실을 간과해서는 안 된다.

이러한 현실 속에서 교육과 관련된 학문은 딜레마에 놓여 있다. 학문적 발전 속도가 기술적 발전 속도를 따라가지 못하고 있기 때문이다. 컴퓨터게임의 부정적 과다 사용이나 사이버문화의 윤리적 문제나 폐해 등에 대한 학문적 토대를 정립하기도 전에, 그리고 첨단 미디어를 활용한 교수학습의 효율성이 철저히 검증되기도 전에, 이미 새로운 미디어기술과 프로그램이 우리의 삶에 흡수되고 있다. 미디어와 관련한 사회적 행동과 교육적 사안에서 현명한 방안을 모색할 수 있도록, 미디어교육학은 우리 사회가 지향해야 할 방향을 제시해줄 수 있어야 할 것이다.

인간의 기억력을 끝없이 확장할 수 있는 가능성에 대해 "누군가 자신의 생각을 진지하게 보존하려 한다면, 그 생각을 다른 사람의 영혼 속에 씨 뿌리도록 해야 한다"(Platon, 본문 1장 2절)는 플라톤의 이 매력적인 말이, 방대한 양의 책을 쓰는 데 참으로 큰 힘이 되어주었다. 이 책을 쓰는 동안 행복했었고, 이 내용을 많은 사람들과 공유하여 그것이 그들의 삶에 도움이 되기를 바란다.

부족하나마, 지식을 쌓고 실천할 수 있는 모든 토대를 마련해주신 사랑하는 나의 부모님께 마음 깊이 감사드립니다. "미디어능력"("Medienkompetenz") 개념의 창시자이자 유럽 미디어교육학계의 선구자이신 영원한 나의 스승님, 고 디터 바아케(Dieter Baacke) 교수님께서도 이 책의 출간을 기뻐하실 것으로 확신합니다. 표지 그림의 구성과 디자인에 도움을 주신 독일 저널 『MERZ』 관계자들께 감사드립니다. 이를 바탕으로 본 저자가 표지 그림을 디자인하였습니다. 이 책의 출판을 위해 아낌없는 지원을 해주신 학지사 관계자분들께 진심으로 감사드립니다.

문 혜성

차 례

제1부. 미디어교육학, 디지털미디어교육, 사회문화 미디어교육

1장. 미디어교육학과 미디어능력 / 25

2장. 미디어교육학 역사와 이론, 미디어사회화, 미디어사회학, 미디어심리학 / 69

3장. 디지털미디어교육과 디지털 커뮤니케이션 / 105

5장. 사회문화 미디어교육 / 177

제2부. 평생교육과 디지털미디어교육

6장. 연령별 발달특성과 미디어교육학, 미디어 인지심리 / 255

7장. 평생교육과 디지털미디어교육 / 307

제3부. 미디어교수법과 교육문화콘텐츠 개발 – 스마트미디어와 교육공학적 접근

8장. 미디어의 특징과 교육적 잠재성 / 361

10장. 미디어활용 교육문화콘텐츠 개발 및 스마트교육, 모바일교육 교수설계 / 451

제1부.
미디어교육학,
디지털미디어교육,
사회문화 미디어교육

"**인간은** 능력을 가진 존재(kompetentes Wesen)이고, 이 점에서 모든 인간은 동등하다. 인간은 자신의 의사를 타인에게 전달하고 또 타인의 의사를 이해하는 커뮤니케이션능력을 가지고 있다(homo communicator). 이러한 커뮤니케이션능력의 보유는 인간이 본능적으로 교육적 능력을 가지고 있다는 것을 의미한다(homo educandus). 이러한 커뮤니케이션능력의 현대적 전개가 인간의 미디어능력이다. 인간의 미디어능력을 개발하고 촉진시키고자 하는 것이 미디어교육학의 핵심이다. 미디어교육학은 미디어와 관련하여 인간이 갖는 모든 교육적 사고를 포괄하는 학문이다. 인간의 본능적 교육능력에 바탕을 두고, 인간이 이 사회에서 미디어와 함께 살아가며 가져야 할 커뮤니케이션능력과 미디어능력을 키워 주는 것, 그리고 이와 관련된 사회화 기능을 일깨워주는 것이 미디어교육학의 교육목표이다. 미디어교육학에서는 모든 요인에 앞서 우리 인간이 중심에 서게 된다."

– 디터 바아케(Dieter Baacke)

1장.
미디어교육학과 미디어능력

1. 미디어교육학의 개념과 연구영역

1) 교육학(Pädagogik), 교육(Erziehung), 교육(Bildung)

자신을 올바르게 정립하고 타인에게 긍정적 영향을 주며, 사회 적응능력을 갖는 인격체를 만들기 위해 인간은 '교육'을 한다. 교육은 기존 세대가 갖는 전통과 지식을 다음 세대에 전달하는 기능을 갖는다. 교육하고자 하는 내용을 효율적으로 전달하기 위해 '가르치는 것 – 교수'와 '배우는 것 – 학습'의 이론과 실제를 연구하는 "교육학"과 "교수법"이란 분야가 생겨나게 되었다(Eickhorst 외, 1994). 교육학은 교육과 지도계획에 관한 이론만이 아니라 더 많은 영역을 포함한다. 가르치는 일에서의 기능과 기술적 측면, 그리고 인성적 측면 모두를 중시하는 포괄적 의미로 사용된다. 교육학에는 이러한 특성과 함께 교육자들의 "가슴에서 우러나오는 한 부분"(Derbolav, 1959; Klafli, 1964)이 포함되어야 한다.

인간의 '교육'에 대한 개념은 기원전 5세기경부터 그리스의 소피스트들에 의해 정립되기 시작했다. 이것은 고대 그리스 철학자 플라톤, 아리스토텔레스, 그리고 중세의 스콜라 철학자들에게 전승되어, 훗날 교육의 세 가지 전통적 요소로 연결되었다. 이 교육의 세 가지 요소는, '타고난 기질과 소질'(physis-신체, 육체), '관습과 습관'(ethos-도덕적 품격), '가르침'(logos-사고, 의미, 개념, 이성, 세계정신)이다(Wahrig, 1994). 여기서 교육은 다시 두 가지 측면으로 정리되어 "관습과 습관에 대한 교육"(Erziehung) 그리고 "지식에 대한 가르침의 교육"(Bildung)으로 나뉘게 된다(Benner, 1994).

"관습과 습관에 대한 교육"(Erziehung)이란 어린 사람들을 위해 이들이 갖고 있는 능력과 힘을 정신적, 도덕적, 윤리적, 육체적으로 올바르게 형성해주는 것이다. 이를 통해 책임의식을 갖고 흔들림이 없는 인격을 갖도록 이끌어주기 위해, 뚜렷한 목표의식을 가지고 규칙적으로 작용하는 것이다. 이는 '육성한다', '양육한다'라는 개념과도 연결된다. 예를 들어, 일반적인 인성교육 및 가정교육 등이 이에 포함된다.

"지식에 대한 가르침의 교육"(Bildung)이란 인간의 정신적, 내면적 형성과 완성을 위한 과정이고, 인간의 정신적, 내면적인 형성화이다. 취향과 판단력, 가치에 대한 의미와 연관된 여러 방면의 지식을 학습하는 것을 뜻한다. 이 교육은 학교나 교육기관의 학습을 위해 사회적 목표설정을 의미하는 학습이다. 교육학에서 이 교육에 대한 개념은 체계적으로 구조화된 기능을 가지고 있다. 특히 이 "지식에 대한 가르침의 교육"에는 교수학습의 개념이 수반되고, 가르치는 방법을 연구하는 "교수법"(Didaktik)의 영역에 포함이 된다(Benner, 1994).

이렇게 관습과 습관에 대한 교육(Erziehung) 및 지식의 가르침(Bildung/Didaktik)을 위한 두 분야, 즉 인간행동에 대한 의도적이고 계획적인 변화를 위한 사회화를 연구하는 학문, 곧 '교육'을 연구하는 학문을 "교육학"(Pädagogik)이라고 한다(Lenzen, 1998). 교육학에서는 어린이, 청소년, 성인을 대상으로 하는 지도와 교육에 대한 이론을 연구한다. 여기에서 '교사'와 '교육자'의 개념도 구분되는데, "교사란 초·중·고등학교에서 가르치는 것을 직업으로 하고 있는 사람"을 의미하며, "교육자란 가르치는 것을 직업으로 하면서, 자신이 가르치는 사람들의 인생에 책임을 지려는 사람"(Lenzen, 1998)을 뜻한다.

2) 미디어교육학 (Medienpädagogik)

일반 교육학에 미디어학, 커뮤니케이션학, 그리고 사회학이 연결되어 미디어교육학이 발생하였다. 미디어교육학은 그 내용과 개념에 있어 일반 교육학이론뿐 아니라 같은 비중으로 미디어 이론에도 그 근거를 두고 있다(Kron & Sofos, 2003). 이에 따라 미디어교육학은 교육학과 미디어학의 한 분야로서 그 학문적 가치를 인정받게 된다(Tulodziecki, 1997).

미디어교육학은 독일의 교육학자 "디터 바아케"(Dieter Baacke)에 의해 1960년대 말부터 하나의 독립된 학문으로 체계화되기 시작하였다. 그는 프랑크푸르트학파의 비판이론에 영향을 받은 "사회비판적 미디어 이론"을 시작으로, 이후 인간의 "커뮤니케이션능력"

개념과 "미디어능력" 개념을 정립함으로써 이 학문의 철학
적 토대를 마련하였다. 바아케는 인간의 대중매체와 관련한
능력의 개념을 넘어서서 "미디어와 인간의 사회화"(Baacke,
1973b)에 대한 사고를 체계화하였다. 이것은 대중매체가 인
간과 사회에 미치는 영향력과 함께 인간의 사회적 능력으로
도 그 범위를 확장시킨 것이다. 그는 "미디어교육학은 미디어
와 관련된 모든 교육적 사고를 연구하는 학문이며, 이 사고를
실제 교육행동으로 이끌어내기 위한 학문"(Baacke, 1972)이
라고 정의하였다.

Dieter Baacke lehrt Pädagogik
an der Universität Bielefeld

〈그림 1-1〉
디터 바아케(Merz, 1999)

 미디어교육학 연구에서는 '인간'이 그 중심에 서게 되며, 어떠
한 기술적 요인보다 인간의 능력과 자연의 기본질서를 존중한다. "궁극적으로 미디어교육학
에서는 인간이 자연과 사회 환경과의 조화를 이루도록 하고, 주어진 현실을 바탕으로 자신
의 현실을 주관적으로 구성하며, 인간의 긍정적이고 교육적인 미디어행동을 유도하는 것을
의도한다"(Baacke, 1997a)는 것이다.

 미디어교육학은 미디어와 인간의 능력에 대한 교육적 개념을 포함하고, 모든 미디어
와 인간의 관계를 사회적 맥락에서 연구하는 사회과학의 한 분야이다. 현대 사회에서 미
디어가 인간의 사회화에 미치는 영향을 파악하여 인간의 문화와 인성교육, 그리고 지식
과 기능교육 등을 미디어와의 관계에서 연구하는 것이다. '인간'과 '사회'와 '미디어', 이
세 주체 간의 상호작용적인 관계와 서로에게 미치는 영향력을 연구한다(그림 1-2).

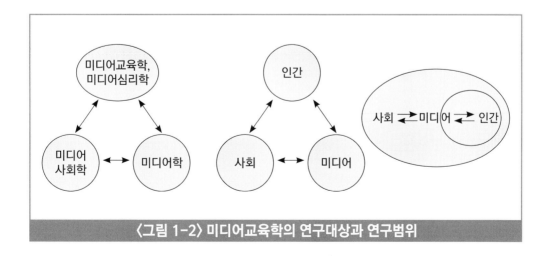

〈그림 1-2〉 미디어교육학의 연구대상과 연구범위

미디어교육학 연구는 인간의 사회화를 위한 정보, 영향력, 오락, 교수학습, 일상생활을 조직하는 수단으로서 미디어의 중요성이 인정되는 곳에서 이루어진다. 미디어가 수용되는 곳에서는 미디어를 통해 인간의 사회화가 의도적, 비의도적으로 이루어지고, 미디어는 인간의 인지적, 정서적 차원과 행동 범위에 영향을 주기 때문이다(Baacke, 1999a). 미디어교육학의 이러한 특성은 이 학문이 미디어사회학, 미디어심리학과도 결코 분리될 수 없다는 것을 의미한다. 이들 세 학문은 큰 범주에서 보아 서로 연결되어 있으며, 동시에 서로에게 영향을 미치게 된다.

미디어교육학은 미디어기술과 미디어 이론, 미디어의 실증적 활용에 대한 규범적 토대를 포괄하고, 이에 대한 제반사항을 각 사회적 상황의 맥락에서 연구한다. 미디어교육학은 인간의 자유시간에 이용되고 교육과 직업의 장(학습과 일상생활의 장)에서 사용되는 여러 매체의 교육적 의미에 관한 제반 문제를 연구하는 학문이다. 인간과 관계된 모든 사회교육적, 사회정치적, 사회문화적 사고와 가치 척도를 미디어와의 관계에서 파악한다. 어린이, 청소년, 성인, 노년층의 문화적 관심사와 발전 가능성, 그들의 직업과 여가시간, 가족생활 그리고 정치적 표현과 참여의 가능성에서 미디어와의 관계와 역할을 다루는 것이다(Hüther & Schorb, 1997). 팽창해가는 정보와 커뮤니케이션 기술은 이러한 기회와 가능성에 점점 더 강한 영향을 미치게 되고, 또 이들과 함께 형성되고 있다. 미디어교육학은 정보와 커뮤니케이션 기술, 이의 사회문화적 연계성에 초점을 두게 된다. 미디어교육학은 사용자들이 자신의 역량에 따른 지식과 분석능력을 통해 그들의 생활세계에서 미디어 관련행동이나 미디어가 포함되는 행동으로 이끌어주는 "미디어교육방법의 표본을 연구하는 학문"(Tolodziecki, 1994)이다.

3) 미디어교육과 미디어교수법

미디어교육학은 "인간을 중심으로 하여, 미디어와 관련된 모든 교육적 사고를 연구하고, '미디어교육'과 '미디어교수법'을 연구하는 학문"(Baacke, 1972)이다. 미디어교육학(Medienpädagogik)은 미디어와 관련된 이론과 실제의 모든 교육적 과업을 총괄적으로 포괄하는 학문에 대한 상위개념이다(Baacke, 1999a). 미디어교육학은 크게 미디어와 관련되는 두 가지 교육적 측면으로 구성된다. '미디어와 관련한 관습과 습관에 대한 태도교육'의 "미디어교육"(Medienerziehung), 그리고 '미디어 지식과 관련한 이해교육'

(Medienbildung)의 "미디어교수법"(Mediendidaktik)을 연구한다(문혜성, 2004; Kösel & Brunner, 1970; Tolodziecki, 1994; Schorb, 1997).

(1) 미디어교육 (Medienerziehung)

미디어교육이란 "문화비평적 미디어교육"으로 표현할 수 있으며, 사회 속에서 인간과 미디어가 함께하는 교육적 교류형태 또는 교육적 환경조성을 의미한다(Baacke, 1997a). 미디어교육은 미디어와 관련하여 인간이 비평, 성찰적으로 미디어를 활용하게 하고, 올바른 미디어행동을 할 수 있도록 이끌어주는 교육이다. 미디어행동이란 미디어와 관련하여 인간이 행하는 모든 정신적, 기술적 행동의 총체를 의미한다. 미디어교육은 미디어와 관련된 상황에서 사회구성원들의 의미 있는 미디어사용을 위해 교육적, 문화적, 사회적 역할과 목표가 어떻게 설정되어야 하는가를 연구한다. 이 목표에 도달하기 위해 적절한 교육 형태를 연구하는 분야이며, 전반적으로 모든 미디어에 대한 개개의 교육적 문제를 다룬다(Schorb, 1997). 어린이, 청소년, 성인과 같은 사회구성원들의 사회비평적 분석과 활용능력을 키우고, 경제적, 사회적, 정치적으로 연결된 각 사회의 미디어 상황을 파악할 능력을 고양시키고자 한다. 문화비평적 미디어교육에서는 미디어와 관련하여 이들의 '미학적인 안목'을 키워주는 것이 중요하다.

(2) 미디어교수법 (Mediendidaktik / Medienbildung)

미디어교수법에서는 미디어를 교육을 위한 수단이나 중개자로 파악하여, 교육적 상황에서의 미디어활용과 그 교육방법에 관한 것을 주요 연구내용으로 한다. 미디어교수법이란 교수자들이 교수학습에서 미디어를 도입하여 사용할 때 무엇을 알아야 하고 무엇을 고려해야 하는가에 대한 교육방법을 연구하는 분야이다(Tolodziecki, 1994). 일반적 미디어교육의 여러 방법을 실제 교수학습 현장에서 적용하기 위한 교수법이다. 미디어교수법은 미디어를 활용하는 포괄적인 교육방법에 대한 연구라고 할 수 있다. 이론학습, 분석, 제작, 프로젝트 교육 등과 같은 일반적 미디어교육의 여러 방법(Methode)을 실제 교수학습 현장에서 실행하기 위한 교수법(Didaktik)이다. 미디어와 관련한 지식과 가르침에 대한 교육(Medienbildung)도 미디어교수법의 영역에 포함된다.

4) 미디어교육학의 연구영역

미디어교육학의 연구는 교육학, 사회학, 심리학과 같은 기초 분야 학문의 지원을 받는다. 미디어심리학, 미디어사회학, 미디어윤리학, 미디어정보학, 미디어미학 등과 같은 분야들과 긴밀한 연계성을 갖게 된다. 미디어교육학과 각 부분에 대한 설명은 다음과 같다(문혜성, 2004; Fröhlich, 1982; Baacke, 1997a; Tulodziecki & Herzig, 2004).

- **미디어교육학(Medienpädagogik)** : 미디어교육학은 인간을 중심으로 하여 미디어와 관련된 모든 교육적 사고를 연구하는 학문이며, 미디어와 관련한 교육적 행동을 지도하고 이끌어주고자 한다. 이 학문은 미디어기술과 미디어 이론 및 실증적, 규범적인 이론적 토대를 포함한다.

- **미디어교수법(Mediendidaktik / Medienbildung)** : 미디어교수법은 교육(학)적으로 타당한 목표에 도달하기 위해 미디어 및 미디어 프로그램을 어떻게 사용하는가 또는 는 사용해야만 하는가에 관한 사고를 종합하는 교수법의 한 분야이다.

- **미디어교육(Medienerziehung)** : 미디어교육은 "문화비평적 미디어교육"으로 표현할 수 있다. 사회 속에서 인간과 미디어가 함께하는 교육적 교류형태 또는 교육적 환경조성이다.

- **미디어기술(Medientechnik)** : 미디어기술 연구는 미디어교육학적 가치관을 행동으로 실행할 수 있기 위한 기술적 제한사항과 전제조건에 관한 것이다.

- **미디어학(Medienkunde), 미디어 이론(Medientheorie)** : 미디어학은 미디어가 갖는 기능에 대한 지식의 전달이다. 미디어와 관련하여 사회학, 심리학, 법학 등과 연결된 부분을 연구한다. 미디어의 기술, 제도, 법률, 경제, 사회적 상황과 전제 조건, 그리고 이들과 관련된 지식을 다루게 된다.

- **미디어연구(Medienforschung)** : 미디어와 관련된 서술적 진술과 가설, 그리고 목표-방법-진술을 발견하고 검증할 뿐 아니라, 이 진술들이 체계적인 연관성을 갖도록 만들어주는 모든 학문적 행동을 말한다. 여기에서는 미디어 프로그램 제작자들의 기획의도와 작업 형태, 미디어에 사용되는 다양한 신호(부호) 체계의 의미에 대해 연구한다. 대중들이 미디어를 대하는 사용 태도, 대중에게 미치는 미디어의 영향, 미디어가 전달하는 내용, 형태, 이념적 가치에 대한 연구이다.

- **미디어 실증연구 및 실용적 운용**(Medienpraxis) : 이상의 여러 이론적 토대를 바탕으로 미디어 프로그램(교육문화콘텐츠)의 구성 및 기획, 미디어활용, 미디어교육과 관련한 행동을 실증적으로 연구하고 실제 교육에서 실천할 수 있는 토대를 제공하는 분야이다.

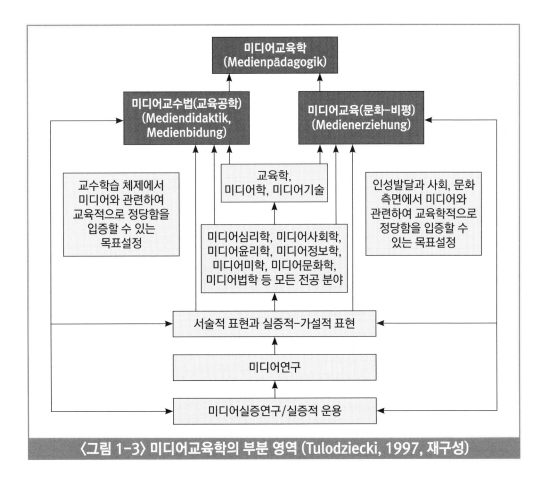

〈그림 1-3〉 미디어교육학의 부분 영역 (Tulodziecki, 1997, 재구성)

미디어교육학의 여러 영역은 〈그림 1-3〉에서와 같이 서로서로 교환적인 관계에 놓여 있다. 이것은 미디어교육학이 한편으로는 미디어학의 기초를 필요로 하지만, 다른 한편으로는 미디어학에 대해 흥미로운 문제사항을 제기할 수 있다는 것을 의미한다. 미디어학의 중요한 특성으로는 커뮤니케이션학, 문화학, 언론학과의 통합적 기능이 강조되고 있다(Faulstich, 1995; Ludes, 1998). 미디어교육학 역시 교육학, 사회학, 심리학 등의 분야를 통합하고 있다. 이는 미디어학, 미디어교육학 두 분야 역시 많은 분야로 열려 있음을 뜻한다. 미디어교육학의 세부 영역은 다음과 같은 세 분야의 연구영역으로 나뉘어, 미디어교육 전문가 양성을 위한 교육주제의 토대를 마련하고 있다(PLAZ, 2001).

〈표 1-1〉 미디어교육학 연구영역과 연구주제

연구영역	연구주제
제1분야 "일반 미디어능력"	1. 미디어교육학과 정보기술에 관한 기본 이론과 개념 2. 미디어와 정보기술 체계의 선택과 사용 3. 미디어 프로그램이나 소프트웨어 및 교육문화콘텐츠 제작 4. 정보전달 측면에서 미디어의 사회적 중요성과 의미 5. 미디어윤리 및 사이버스페이스 윤리와 미디어 미학
제2분야 "미디어교수법 능력"	1. 교수학습 과정에서의 미디어와 디지털 정보기술 적용에 대한 기본학습 2. 각 전공, 융복합 교육에서의 미디어와 디지털 정보기술 사용 3. 청소년교육, 사회문화교육에서의 미디어와 정보기술의 사용 4. 미디어 프로그램의 분석, 교육문화콘텐츠 제작, 평가 5. 미디어제작에 대한 사회적, 기관적 제한 상황 6. 미디어교육과 가치 지향 7. 대학 내 개설된 전공 수강과목과 관련된 분야들
제3분야 "미디어교육 및 정보기술 기본교육 능력"	1. 미디어와 디지털 정보기술 분야에서 교육(Erziehung)과 교육(Bildung)에 대한 요구 2. 전공과 전공 통합수업, 융복합 수업에서의 미디어교육/디지털미디어 정보기술 기본교육 3. 청소년교육, 사회교육, 문화교육에서의 미디어교육/디지털미디어 정보 기술 기본교육 4. 대학 내 개설된 전공 수강과목과 관련된 분야들

(PLAZ, 2001)

5) 미디어교육의 교육공학적 접근

미디어교육과 미디어교수법 분야는 교육공학과도 그 맥을 같이한다. 교육공학이란 교육문제에 대한 공학적인 접근, 즉 체계적 또는 체제적인 접근을 통해 문제에 대한 해결을 추구하는 학문이다(이명근, 1993). '공학'(technology)이라는 개념에는 이미 체제의 개념과 이를 바탕으로 한 문제해결 과정으로의 체제접근의 의미가 내포되어 있기 때문이다. 공학은 "지식과 이론의 체계적인 적용" 또는 "과학적이고 조직화된 지식을 실제 과제에 체계적으로 적용하는 연구 분야"(강이철, 2009)이다. 따라서 교육의 제반 문제들을 하나의 체제로 보고, 그 해결책을 종합적으로 계획, 실행, 평가함으로써 교육과제를 해결하려는 과정이 바로 교육공학이다. 교육공학의 연구분야에는 "교수와 학습에 관한 문제를 해결하기 위해 사용할 수 있는 기술적인 과정과 도구의 활용"(Seels & Richey, 1994)도 포함된다.

　교육공학(educational technology)의 개념을 명확히 파악하기 위해 교수공학(instructional technology) 개념과의 차이를 생각해볼 필요가 있다. 이들은 다시 교육(education)과 교수(instruction)의 개념으로 구분되기 때문이다. 교수공학이란, "인간학습의 모든 측면에 관여하는 여러 문제를 분석하고, 이들 문제에 대한 해답을 창안하고 실행하며 평가하고 관리하는 인간요원, 절차, 아이디어 및 조직을 포함하는 복잡하고 통합된 과정"(이명근, 1993)이다. 또한 교수공학이란 교수설계, 교수개발, 교수활용, 교수관리 그리고 교수평가의 5대 탐구영역으로 개념화된다(Seels & Richey, 1994). 그런데 교수란 개념은 교육이라는 상위영역을 구성해주는 요소이며, 교육은 교수를 하위영역으로 포함하는 보다 포괄적인 개념이다. 따라서 교수공학도 교육공학의 하위영역이라 할 수 있다. 그러나 많은 경우, 교육공학과 교수공학의 개념을 엄밀히 구분하지 않고 혼용하는 경우가 많다. 그러므로 실제 교육 및 훈련 현장에서 교육공학이라 할 때는 대체로 교수공학을 의미할 수 있다. 이 책에서는 교육공학과 교수공학의 개념을 교육공학으로 총칭하여 쓰고자 한다.

　교육공학의 개념은 미디어교수법의 개념과도 일치하는 부분이 있다. "미디어와 관련한 모든 교육적 사고를 연구"하는 미디어교육학의 중요 영역인 미디어교수법에서는 교육공학의 토대 중에서도 특히 기술적 미디어를 교육을 위한 수단이나 중개자로 파악하여, 교육적 상황에서 체계적으로 미디어를 접근시키려는 방법을 연구한다. 미디어교육학과 교육공학은 완전히 동일한 개념은 아닐지라도, 매우 넓은 범위에서 합치가 되는 공통의 연구영역을 공유한다고 할 수 있다.

2. 미디어능력과 디지털미디어능력

미디어교육학이 추구하는 근본 교육목표는 인간의 미디어능력을 촉진하는 것이다. 그러나 인간이 미디어를 선용하는 능력은 선천적으로 타고나는 것도 아니고, 발달단계에 따라 자연스럽게 능력이 향상되는 것도 아니다. 그러므로 아동기부터 노년기까지 미디어능력을 촉진하고자 하는 실질적 미디어교육은 이제 현대 산업사회에서 읽기, 쓰기, 셈하기와 더불어 하나의 필수적 문화기술로서 교육되어야 한다. 모든 사회구성원을 위한 이 '미디어 문화기술'은 앞으로 공교육기관의 정규과정으로도 통합되어, 어린 시절부터 일종의 인성교육과 문화교육, 그리고 기능교육을 포괄하는 전인교육 차원에서 훈련되어야 한다. 인터넷으로 연결된 사이버공간에서 너무나 많은 윤리적, 인성적 문제가 발생하고 있는 오늘의 현실에서, 인간의 미디어능력에 대한 교육은 이제 선택이 아닌 필수적 교육주제가 되어야 할 것이다.

1) 미디어능력의 개념, 교육목표와 교육과제

(1) 미디어능력(Medienkompetenz)의 개념

미디어능력은 독일의 교육학자 "디터 바아케"(Dieter Baacke)가 정립한 개념으로, 인간의 커뮤니케이션능력이 현대적 개념으로 전개된 것이다. 미디어능력이란 "미디어내용을 비판적으로 수용하고 미디어를 올바르게 사용하며, 자신의 인성발달과 사회발전에 긍정적 영향을 줄 수 있는 개인의 미디어 선용능력"(문혜성, 2000; Baacke, 1972)을 뜻한다.

바아케에 의하면 인간의 커뮤니케이션능력의 개념은 "모든 인간의 교육성"("Erziehbarkeit & Bildbarkeit", Baacke, 1972)이라는 가설에서 출발한다. 커뮤니케이션능력이란 인간이 가지고 있는 언어적 행동능력을 바탕으로 한 상호 의사소통능력을 말한다. 인간은 커뮤니케이션능력을 통해 근본적으로 교육적 능력을 가지고 있으며, 이를 통해 적극적, 능동적으로 세계를 구성해나가고 적응하고 또 변화시킬 수 있는 능력을 가지고 있다(Baacke, 1973a). 각 개인은 언어적 능력을 통해 갖게 되는 교육성 또는 교육

능력을 바탕으로, 우리의 현실세계를 구성해나가는 데 적극적으로 참여할 수 있는 능력
이 있다는 것이다.

미디어능력은 인간의 커뮤니케이션능력이 현대적 개념으로 전개된 것이다. 오늘날의
커뮤니케이션은 언어뿐 아니라 인쇄매체에서 영상매체, 컴퓨터, 스마트기기와 같은 기
술적 도구를 통해서도 이루어지고 있고, 이들 미디어의 도움으로 현실에 적응하고 또 실
생활을 형성해나가기도 하기 때문이다. 이렇게 현대사회에서 기술적 미디어를 통해 확
장된 인간의 커뮤니케이션능력을 "미디어능력"("Medienkompetenz", Baacke, 1999a)이
라고 정의한다. 그러므로 미디어능력은 현대의 미디어사회, 정보사회에서 한 개인이 필
수적으로 갖추어야 할 능력으로서, 경제적 측면과 기술적 측면을 포함하는 모든 미디어
에 대한 인간의 적응능력을 말한다.

현대사회에서 정의하는 미디어능력의 개념은, "(기술적) 미디어를 다루고, 미디어 세
계에서 자신을 바로 정립하며, 미디어내용을 올바르게 받아들이고 소화하며, 구성적,
예술적으로 미디어의 과정에 관여하고 영향력을 행사하는 것"(Deutscher Bundestag,
1998)이다. 미디어능력이란 우선 인간이 내적으로 갖고 있는 '주저함'을 극복하고, 미
디어를 다루는 숙련도를 향상시키며 비평적 관점을 키우는 것이다. 또한 미디어와의
평행적 상호작용에 적극 참여하면서, 이의 사용에 고유의 책임을 질 수 있는 능력이다
(Schorb, 1997). 미디어능력은 하버마스의 커뮤니케이션능력(Habermas, 1971a)의 관
점에서 보아 '분석적 요소', '창의적 요소', '커뮤니케이션적 요소'로 구분되기도 한다
(Schorb, 1995). 이는 또한 '미디어에 관한 지식', '미디어에 대한 평가', '미디어 행동'의
세 분야로 분류되기도 한다(Schorb, 2010).

〈표 1-2〉 미디어능력

미디어능력		
'미디어에 대한 지식' 능력	'미디어 평가' 능력	'미디어 행동' 능력
기능적 지식, 구조적 지식, 방향적 지식	비평적 성찰, 윤리적, 인지적으로 바탕이 되는 능력의 부여	사용, 참여, 표현 (구성, 기획, 제작)과 같은 미디어 행동
'분석적 요소', '창의적 요소', '커뮤니케이션적 요소'		

(Habermas, 1971a; Schorb, 2010)

이 밖의 여러 학자들도 미디어능력에 대한 자신만의 개념을 정의하기도 하였다. 예를 들어, "미디어능력이란 현대사회에 쏟아지는 '정보의 쓰레기들' 속에서 총명한 시각을 가지고 올바른 정보를 구별하는 능력"(Glotz, 1999)이며, "미디어능력이란 통속 잡지와 전문지를 구분하는 것과 같이 모든 미디어의 특성과 장단점을 구체적으로 비교할 수 있는 능력"(Kubicek, 1999)이라고도 하였다. 또한 "미디어능력이란 같은 주제의 텍스트라도 문서작성, 강연, 발표 등의 각기 다른 상황에서 다른 언어로 바꿀 수 있는 능력이며, 각 미디어를 그 특성에 맞게 사용할 수 있는 능력"(Von Meibom)이라고 설명하기도 하였고, "미디어에 대한 인지적 능력, 분석적 능력, 사회 성찰능력, 행동으로 이끄는 능력"(Kübler, 1999)으로 정리하기도 하였다. 이상의 개념들을 바탕으로 미디어교육을 통해 개인에게 육성되어야 할 여러 능력들을 다음과 같이 정리하기도 하였다(Herzig, 1999).

- 미디어에 대한 기본적 전문지식 및 기술적 능력과 숙련도
- 문화적 기술　　　　· 민주적 능력　　　　· 사회적 책임감　　　　· 비평적 능력
- 윤리적 판단력과 조직력　　　　· 성숙함　　　　· 자율성　　　　· 창의성
- 삶에 대한 주도적 이행능력

"미디어능력이란 인간이 미디어에 대해 가져야 할 사회적 성찰 및 적응능력, 기술적 사용능력, 윤리적 선용능력"(문혜성, 2000)이라고 할 수 있다. 특히 온라인과 더불어 사용자의 주권의식 능력을 촉진해야 하는 오늘날, 미디어능력은 "미디어화된 사회 속에서 주도적으로 자신의 삶을 이끌어갈 수 있는 능력을 부여하는 것"(Schorb & Wagner, 2013)이라 할 수 있다.

현대사회에서 인간 간의 커뮤니케이션은 매우 중요한 것이지만, 이 커뮤니케이션은 Face-to-Face(면대면)의 상황과 같은 직접적 만남이나 언어를 통해서, 그리고 자신을 보여주거나 접촉하기 등의 '생방송'을 통해서도 이루어진다는 것을 잊어서는 안 된다. 미디어란 "커뮤니케이션 구조의 특수화"를 보여주는 것이고, 미디어능력은 "기술적, 전자적으로 조직된 커뮤니케이션 상황의 특수화"(Baacke, 1999a)를 말하는 것이기 때문이다. 미디어능력은 "커뮤니케이션능력과 행동능력의 특수화"(Baacke, 1999a)를 말하는 것이다.

미디어능력, 커뮤니케이션능력, 행동능력, 이 세 가지 능력은 각 개인으로 하여금 인간의 감각적 행동을 인지하도록 하고 실생활 세계에서 힘을 갖게 하며, 세계를 변화시키기 위해 서로를 접합하고 틈새를 메울 수 있는 초석이 된다(Baacke, 1972). 이와 같이 바아케는 근본적으로 인간의 능력에 대해 매우 중요한 의미를 부여하였다. 인간이 가지고 있는 미디어능력, 커뮤니케이션능력, 행동능력과 같은 이 세 가지 양식은 '능력'이라는 관점에서 공통점을 갖는다. 이에 따라 바아케는 인간이란 "능력이 있는 생명체"(Baacke, 1999a)라고 강조하였다. 인간은 말하는 것을 배우고, 접촉의 의미를 알게 되고, 미디어와 함께 생활할 수 있고, 나아가 자신이나 다른 사람들의 행동에도 영향을 줄 수 있다. 다양한 일상생활에 대한 표현들을 보여주는 인간 자아의 현존을 우리는 '능력'이라고 부른다. 그러나 이 '능력'은 소유물도 아니며 통계자료로 보여줄 수 있는 것도 아니다. 이것은 "한 자아 안에 매끄럽지 않게 울퉁불퉁 솟아 있으면서 많은 모순점을 내포하는 지속적인 과정"(Baacke, 1973b)이다. 따라서 이 '능력'이란 단순히 어떤 것을 취급할 수 있는 능력(예를 들어, 컴퓨터 사용하기와 같은), 그 이상을 뜻하는 개념이다. 그렇다고 이 '능력'이 추상적인 특성만을 갖는다는 것은 아니다. 이 능력의 개념에는 오히려 인간의 특별한 모습이 담겨 있으며, 이것을 오늘날 인간의 미디어능력이라고 표현할 수 있다. 미디어능력의 내용을 전체적으로 종합하면 〈그림 1-4〉와 같이 표현할 수 있다.

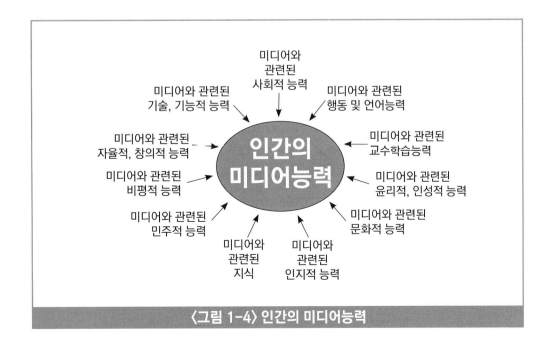

〈그림 1-4〉 인간의 미디어능력

이상의 내용을 종합하여 미디어능력의 핵심 개념을 정리하면 다음과 같다(문혜성, 2000; Schorb, 1997). 미디어능력이란,

첫째, 각 미디어가 줄 수 있는 긍정적 측면을 적극 활용하여 실생활에서 자율적으로 선용하는 능력이다. 현대사회를 살아가는 사회구성원들로 하여금 미디어기기에 대한 숙련도를 키워 이들을 긍정적이고 적극적으로 사용하게 하는 능력이다.

둘째, 미디어가 인간적, 사회적으로 미칠 수 있는 부정적 측면에 대해 충분히 인지하고 이에 대한 예방적 차원을 강구하도록 하는 능력이다. 어린이, 청소년, 성인들이 미디어사용에 있어 사회윤리적인 책임의식을 갖는 능력이다. 이미 여러 미디어가 사용되고 네트화된 미디어 사회 환경에서, 이에 대해 비평적 관점을 키우게 하고 고유의 생활에 맞추어 이들을 자율적, 능동적, 성찰적으로 활용하게 하는 능력이다.

셋째, 인간과 미디어와 사회간의 맥락에 대한 끊임없는 문제의식과 비평의식을 통해 자연과 인간과 사회 간의 관계를 더욱 긍정적으로 발전시킬 수 있는 능력이다. 미디어와의 평행적 상호작용에 적극적으로 참여하는 것을 지향할 뿐 아니라, 미디어사용에 스스로 책임을 질 수 있는 능력을 촉진하고자 하는 것이다.

(2) 미디어능력의 교육목표와 교육과제

미디어능력은 미디어를 사용하는 일상의 삶과 개인 및 집단 환경 안에서 습득하게 되지만, 이 능력을 습득하고 이를 실생활에서 실현하는 것은 자아사회화를 통해 발달하는 것이 아니다. 미디어를 활용함에 있어 미디어능력에 대한 교육이 없다면, 이는 마치 자동차운전에서 교통법규와 사회질서에 대한 교육 없이 기술적 능력만을 강조하는 것과 같은 것이다. 커뮤니케이션능력과는 달리 미디어능력은 외부적인 교육적 자극과 촉진을 통해서만 개발될 수 있다.

① 교육목표
미디어능력의 연구와 실제운용은 미디어가 관계되거나 미디어가 함께하는 모든 교수학습과 일상생활의 영역으로 그 범위를 잡게 된다(Baacke, 1999a). 미디어능력의 가장 기본적인 교육목표는, 한 개인이 미디어와 관계된 상황에서 스스로 미디어활용에 대한 올바른 판단을 할 수 있거나 최소 의식을 갖고 행동할 수 있는 존재가 되도록 하는 것이

다. 그것은 미디어가 지배적인 오늘날 사회에서 성숙한 국가시민으로서, 그리고 합리적
이고 자립적이며 자율적인 주체로서, 사회 안에서 행동하고 존재하는 사회적 인간으로
서(zoon politicon), 경제를 추구하는 인간으로서(homo oeconomicus), 책임감을 갖고
책임질 능력이 있는 교육받은 자로서, 여러 가지 섬세한 차이를 표현하고자 노력하며,
당시의 상황에 맞는 시민적 이상상의 인간을 추구하는 것이다(Kübler, 1999). 이러한 사
회적 인간이 될 수 있도록 교육하는 것, 이것이 미디어능력을 바탕으로 미디어교육학이
추구하는 기본 교육목표이다.

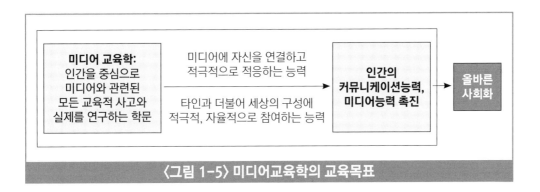

〈그림 1-5〉 미디어교육학의 교육목표

② 교육과제

미디어능력의 교육목표를 실현시키기 위해 교육적으로 이행되어야 할 과제(Baacke,
1999a)는 다음과 같다.

첫째, 인간의 미디어능력은 사회적 능력의 일환으로 촉진되어야 한다. 미디어 시대에
는 교육과 미디어를 긍정적이고 적극적으로 활용하는 능력이 미래 사회에서 우리의 사
회직 지위를 결정하게 될 것이다. 커뮤니케이션 구조에 대한 지식 및 미디어에 관한 전
체적 조망, 그리고 집단 속의 사회적 변화에 대한 경험, 언론이나 인터넷 등에 들어있는
내용에 대한 선택과 평가를 위한 커뮤니케이션능력이 촉진되어야 한다.

둘째, 개인의 연령별 특성에 맞는 미디어능력이 촉진되어야 한다. 모든 사회구성원들
은 인간과 미디어가 관련되는 교육적 목표를 설정하고 이를 현실화하는 행동을 추구함
에 있어 인간이 사회화의 과정에서 미디어능력을 어떻게 발달시켜야 하는지, 그리고 어
떠한 방법으로 이 발달이 지원되어야 하는지가 중요하다. 예를 들어, 어린이는 성인과는
다른 관점과 성향으로 미디어 속의 세계와 현실을 보게 된다. 미디어능력의 촉진을 위해

서는 인간의 발달단계에 따른 성찰과 행동 가능성이 고려되어야 한다.

셋째, 중요한 교육적 과제로서 미디어능력의 촉진이 이루어져야 한다. 미디어를 통한 커뮤니케이션능력의 발달은 하나의 과정이라고 할 수 있다. 인간이 미디어와 함께 커뮤니케이션능력을 습득하고 이것을 다시 우리에게 적용할 능력을 키우는 것은 하나의 교육과정으로서, 이러한 능력을 발전시키고 촉진하려는 것 자체가 교육이다. 이렇게 교육을 통한 미디어능력의 촉진에 있어 본질적으로 중요한 요소는 바로 교수자들의 미디어에 관한 능력이다. 어린이와 청소년들에게 미디어능력을 전달하고 촉진하기 위해 이들은 당연히 자신이 먼저 미디어를 긍정적인 방향으로 적극 활용할 수 있는 능력을 가지고 있어야 한다. 나아가 이들은 미디어에 관한 사항을 전달하는 능력과 미디어교육학적 지식을 가지고 있어야 한다.

2) 디지털미디어능력, 뉴미디어, 인터넷능력 – "미디어능력 4.0"

커뮤니케이션능력과 행동능력을 통합하는 미디어능력은 인간의 주권적 삶을 이끌어줄 수 있는 본질적인 전제조건을 형성해준다. 디지털미디어나 스마트기기로 인해 이제 미디어의 영향은 "조용한 혁명"(Schönberger & Cukier, 2013)을 넘어서서 심지어 "미디어 대참사"(Baecker, 2013)로도 표현이 되고, "미디어능력 4.0"(Gapski, 2016)이라는 은유적 용어도 생겨났다. 디지털미디어, 인터넷, 뉴미디어 등은 사실상 IT 기술을 바탕으로 하는 공동의 미디어기술 범주 안에 들어 있으며, 이 기술적 특징은 "디지털화, 네트화, 감각화, 전산화"(Gapski, 2016)로 정리할 수 있다. 이제는 디지털미디어와 관련된 디지털미디어능력 또는 디지털능력과 이의 교육적 역할도 매우 큰 의미를 갖는다.

(1) 디지털미디어능력의 개념과 인터넷윤리의 중요성

디지털 커뮤니케이션을 기반으로 하는 디지털미디어능력 또는 디지털능력은 오늘날의 현실에서 그 의미와 중요성이 더욱 커지고 있으며, 여기에서는 인간의 윤리성이 더욱 강조되고 있다. 디지털미디어능력에는 인지적, 비평성찰적, 윤리적, 행동지향적 능력이 연결되어 있고, 이를 통해 미디어능력의 가치가 더욱 드러나게 된다. 디지털미디어능력의 개념과 주요 요소는 다음과 같다(Teunert, 2009).

① 디지털미디어능력의 개념

- 현 사회에 새롭게 등장하는 디지털미디어 환경의 구조와 기능에 관한 지식을 함양하고 성찰하는 능력
- 표현과 참여수단으로서 디지털미디어의 구체적 조작 및 온라인상의 윤리적 관리능력과 자율적, 창의적 활용능력
- 미디어세계와 온라인세계에서 비평적 성찰, 행동경험, 지식을 바탕에 둔 방향성과 입지를 찾을 수 있는 능력
- 인터넷으로 연결되어 네트화된 구조 안에서 새로운 미디어환경이나 프로그램, SNS와 같은 개인 커뮤니케이션에 대해 윤리적으로 접근할 수 있는 능력

② 디지털미디어능력의 주요 요소

- **지식의 차원**: 디지털미디어능력의 촉진을 위해서는 기술적 지식과 구조에 대한 지식이 필요하다. 기술적 지식은 사회적 커뮤니케이션을 위한 미디어와 그 기술을 파악하고 조작 및 관리할 수 있는 지식을 의미한다. 오늘날의 미디어세계에서는 사회구성원들이 자신에게 필요한 인터넷 정보를 제대로 검색할 수 있는 전략 같은 자율적인 기술적 능력이 필요하기 때문이다. 구조에 대한 지식이란 오늘날의 네트화된 미디어의 환경을 잘 파악하는 것으로, 예를 들어 같은 내용의 프로그램이나 기사 등이라도 전달하는 여러 매체들의 특성과 성향에 따라 매우 다른 방향으로 그것이 퍼져나갈 수 있다는 것을 알아야 한다. 개인적, 사회적, 사회문화적 삶에서의 미디어 기능을 분석한다는 것은, 예를 들어 대중매체의 여론형성 기능에 관한 지식만이 아니라 공동 집단의 맥락과 연관되는 의미를 이해해야 함을 뜻한다.
- **성찰의 차원**: 사회윤리적 책임의식을 가지면서 미디어의 내용을 자신과 타인을 위해 관찰하고 평가하는 총체적 비평능력이다. 자율적 성찰은 자기 자신의 미디어사용에 대한 윤리적이고 규범적인 사안을 숙고하는 것이다. 오늘의 디지털사회에서 미디어에 대한 분석적 성찰이란 비단 대중매체의 내용에 관한 것뿐 아니라, 인터넷을 통한 사회참여에 있어 자기표현의 방법이나 의견 개진에 관한 성찰이기도 하다. 미디어세계에서 깊이 생각해야 할 사회문화적 관점으로는 미디어내용과 활용에 따

른 영향뿐 아니라, 개인정보 활용 등과 같은 사회 전체 문제에 대한 질문도 더욱 중요해져야 한다.

• **행동의 차원**: 일반 개개인 간의 커뮤니케이션 및 사회참여를 위한 표현기능을 습득하는 데 있어 적극적이고 능동적인 미디어활용에 관한 것이다. 행동의 차원에서는 미디어의 엄청난 기술적 발전을 통한 광범위한 변화가 영향을 미치게 된다. 사회구성원들이 이행할 수 있는 미디어 표현영역은 채팅이나 SNS 같은 개인 커뮤니케이션에서부터 미디어작품 발표에 이르기까지 매우 광범위하다. 이 행동과 연결되는 참여 기회는 한 개인의 자의식으로까지 연결되면서 자신의 가치관을 현실화시키는 능력을 강화시킬 수 있다. 동시에 위험을 감수하고 내용에 대한 사회적 자아 책임의식을 고양시킬 수 있는 능력도 키워야 한다. 예를 들어, 자신만의 제작 경험은 상호소통적 프로그램 참여에 있어 책임의식을 갖게 하는 능력을 촉진할 수도 있다.

(2) 뉴미디어와 뉴미디어의 특성

① 뉴미디어

뉴미디어란 사실상 각 시대의 사회에 새롭게 등장하는 모든 미디어를 의미한다(예: 구텐베르그의 금속활자, 텔레비전, 영화, 컴퓨터 등). 뉴미디어는 특정한 어느 하나의 새로운 미디어만을 의미하기보다는 아직도 발전 중에 놓여있는 개념이다. 따라서 현재 진행되고 있는 미디어의 기술적 발달 속에서 그 끝을 명확히 예측하기는 어렵다. 미디어의 발달사를 통해 알 수 있듯, 뉴미디어는 모든 시기에서 그 사회의 발전에 큰 영향을 미쳤다(2장 "미디어교육학의 역사" 참조).

오늘날의 현대사회에서 의미하는 뉴미디어란 일반적으로 디지털 컴퓨터기술을 기반으로 작업을 할 수 있는, 네트에 연결된 멀티미디어 테크놀로지를 의미한다(Hüther, 2010). 컴퓨터는 일반적으로 새로운 정보기술과 커뮤니케이션 기술을 사용하면서 오늘날에는 작업과 오락의 수단으로서, 그리고 교수와 학습의 매체로써 우리가 접근하기 쉬운 형태의 뉴미디어로 인식되고 있으며, 종래의 미디어 개념을 상당히 확장시킨 미디어이다.

현대사회의 커뮤니케이션과 정보기술 속에서 IT산업은 경제발전에 있어서도 결정적인 요소가 되고 있다. 뉴미디어는 경제적, 기술적 혁신과 직결이 되고, 미디어교육학에서는 뉴미디어에 대한 사회적, 심리적 변화와 사회문화 및 개인에 대한 영향력이 큰 의미를 갖는다. 뉴미디어는 디지털화, 네트워크화, 세계화, 모바일화라는 특성을 갖고 있으며, 기술과 경제, 그리고 모든 미디어가 함께 수렴되는 특징이 있다(Stein, 2010). 특히 커뮤니케이션을 하는 사람들 간에 이루어지는 상호작용은 뉴미디어의 중요한 속성이다. 미디어교육학의 관점에서 보아, 뉴미디어라는 단어에 담긴 '새롭다'의 의미를 다음과 같이 정리할 수 있다(Hüther, 2010).

- '새롭다'는 것이 의미하는 것은 미디어 커뮤니케이션을 통해 직업, 학습, 정보습득과 오락에서뿐 아니라, 적극적인 여가시간 활용과 같은 중요 활동영역에서 부분적으로 라도 인간 간의 교류를 대치해줄 수 있어야 한다는 것이다.
- '새롭다'는 것은 오늘날 미디어 프로그램을 즐기거나 저장된 프로그램을 활용하는 오락의 모든 형태 안에서 오락과 즐거움의 구조를 바꾸는 것이다.
- '새롭다'는 것은 마이크로 전자공학 기계를 통해 일과 직업구조의 많은 분야에 변화를 가져오게 되고, 인간의 지식과 표현을 대체할 만한 합리성을 가져다줄 수 있는 엄청난 가능성을 말한다.
- '새롭다'는 것은 교육분야에서의 변화를 말하는 것으로, 새로운 미디어와 지식활동에 적합한 학습프로그램 형태와 데이터뱅크를 통해 지식을 제공하고 상업화할 수 있게 하는 변화이다.
- '새롭다'는 것은 현실의 구성에 대한 영향으로서, 뉴미디어가 사용자들로 하여금 무형의 가상세계에서 현실적인 삶의 질을 높일 수 있도록 영향을 주는 것이다.
- '새롭다'는 것은 시청과 수신의 형태에서뿐 아니라, 각 개인만의 창의적 표현과 그의 기술적 활용 및 공적인 보급을 위한 가능성을 말한다.

② 뉴미디어의 특성
뉴미디어의 특성을 형성하는 네 가지의 양식은 다음과 같다(Krotz, 2014a).

- 뉴미디어는 커뮤니케이션 기술의 일환으로 고안된 것이며, 사람들에 의해 사용되는 것이다. 이것은 지속적인 기술의 발전에 관한 것이기도 하다.
- 뉴미디어는 새로운 내용과 미학적 특성을 통해 그 본질도 형성된다. 예를 들어, 영상 속의 3차원적 표현이나 미디어환경 속에서 지속적으로 성장하는 차별화된 화면

의 의미와 같은 것이다.

- 뉴미디어는 사용자들에 의해 SMS, SNS 등과 같은 새로운 요구가 끊임없이 생성되면서 작동이 된다.
- 뉴미디어는 하나의 사회적 기관으로도 운용될 수 있고, 사회의 중심에서부터 발전할 수 있다. 만약 어떤 국가가 대중매체에 대한 기존의 검열이나 통제를 완화시킨다면, 미디어는 완전히 새로운 방식으로 사회를 발전시킬 수도 있다.

(3) 인터넷의 특성과 인터넷의 제도화

① 인터넷의 특성

인터넷은 현대사회를 산업사회에서 정보사회의 길로 들어서게 한 의미 있는 기술이다. 그러나 "엄밀히 말해 인터넷은 없다"(Cole, 1995)라고 이야기될 정도로 인터넷은 학문적으로 정확히 구분하기 어려운 개념이기도 하다. 인터넷과 관련하여 우리는 정보기술과 커뮤니케이션 도구, 다양한 작업 형태와 사용 형태, 내부적 회원이나 불규칙적인 사용자, 가능성과 판타지 등 모든 것을 생각할 수 있고, 이들은 지속적으로 발전하고 있다. 인터넷은 기술적 측면(도구, 데이터, 정보의 출처)과 사회적 측면(커뮤니케이션 맥락 속의 사용자 행동)을 포괄하며, 이 두 측면은 서로 영구적인 상호작용을 하게 된다(Eibl & Podel, 2005). 이 네트워크는 1983년 이래 인터넷이라 불리게 되고, 더 넓은 지역 네트워크의 접속을 통한 네트의 확장과 더불어 인터넷은 오늘과 같이 세계를 망라하는 구조를 갖게 되었다. 1990년에 처음으로 상업적 공급자가 인터넷의 직접적인 접속 가능성을 제공하였고, 1991년에 World Wide Web(WWW)이 창설되었다(Eibl & Podel, 2005). 인터넷의 중요 기능은 다음과 같다(문혜성, 2006a; Münker & Roesler, 2002).

- 더 빠른 전달 통로
- 정보를 한눈에 조망할 수 있는 기능(포털)
- 다양한 미디어의 기술적, 내용적 통합의 증가

② 인터넷과 윤리성

뉴미디어로 연결되는 인터넷은 모든 사회적 공간에서와 마찬가지로 처벌과 민법이 유효한 곳이다. 사기, 모욕, 청소년보호법 위반, 음란물 등에 대해 경찰의 역할이 있고 여러 범죄를 저지하려는 기능이 있는 곳이다. 그러나 이러한 법적 규칙 너머로 인터넷상에서는 일반적인 사회 공간에서와는 매우 다른 행동이나 커뮤니케이션 양식이 팽배하고, 이를 부정적으로 표출하는 인터넷 사용자들로 인해 타인에게 피해를 주거나 차별을 행하기도 하는 장이 되어버리기도 한다.

인터넷은 기본적으로 윤리성을 기반으로 하는 기관이기도 하다. 예를 들어, 사람들은 페이스북에서 늘 '좋은' 상태를 유지하기 바라고, 구글에서는 자신이 던지는 질문에 대해 만족을 얻기 원하며, 아마존에서는 책이나 그 밖의 물건들을 큰 어려움 없이 구입하기를 원한다. 구글, 마이크로소프트, 애플, 아마존, 페이스북 등의 기업체는 거대한 힘을 가진 조직과 기관으로 자리 잡게 되었고, 지구상에서 네트를 사용하는 많은 사람들을 끌어들이고 그들의 과제를 해결해주기도 하지만, 다른 한편으로는 국가의 기밀이나 문제를 저장하거나 평가하기도 한다(Krotz, 2014a). 여기에서 우리는 전산망이 발전되어나가는 방향이 어떻게 결정되는지를 질문하게 된다. 뉴미디어가 어떻게, 어떠한 종속성을 가지고 한 사회에 통합되는지, 또는 그것이 우리 사회에서 제도화되고 병합되는 것을 어떻게 규정하는지에 관한 것과 같은 것이다.

③ 뉴미디어와 인터넷의 제도화

미디어는 우리에게 참으로 많은 잠재성과 기회를 제공하고 있지만, 동시에 지식, 오락, 타인과의 관계, 자아발전에 있어 여러 문제점을 야기하기도 한다. 미디어의 제도화는 구체적인 사회적, 문화적 권력과 주권적 구조 안에서 이루어진다. 법률과 국가적 제도, 경제적 상황, 전통문화, 미디어환경에 대한 사회적 규칙 등을 따르게 된다(Krotz, 2014a). 뉴미디어의 등장은 이러한 제도화 과정 속에서 한편으로는 기성세대, 전통 미디어, 뉴미디어 간의 논쟁을 야기하고, 다른 한편으로는 사용자의 기대치와 사용 지식, 사회적으로 용인할 수 있거나 용인할 수 없는 내용과 장르도 생겨난다. 이와 함께 기존의 미디어를 지원하는 방식을 발달시키고 조정하는 기준, 규칙, 법률, 기관 등도 발전하게 되며, 뉴미디어의 새로운 기술에도 적용하게 된다(Lobinger, 2012).

인터넷과 연결된 뉴미디어는 새로운 커뮤니케이션 방식과 정보 형태를 가능하게 한다. 이를 통해 전통적인 경제, 이념, 사회, 문화적 기반에 근거한 제반사항과 권력 상태를 넘어서게 된다면 새로운 사회적 관계, 새로운 지식기반, 새로운 참여방식도 발생하게 된다. 여러 사회기관들은 스스로를 방어하고 자신의 이익에 위협을 받지 않으면서, 인터넷과 뉴미디어를 통해 다양한 지원을 받을 수 있도록 노력하게 된다. 그러나 이 모든 진행과정이 반드시 늘 비폭력적이라고 할 수는 없으며, 이러한 것을 인터넷과 뉴미디어의 제도화나 사회적 병합, 편입, 견고한 사회적 안착(Krotz, 2014a)이라고 칭할 수도 있을 것이다.

(4) 인터넷능력

디지털미디어와 인터넷이 연결됨으로써 인간의 미디어능력에 대한 개념이 이제는 인터넷능력으로 확장되는 연구가 시작되었다. 인터넷능력에서도 인간의 발달단계 및 발달능력과 직결된 사고가 필수적이다. 틴에이저에 속하는 어린이나 청소년들의 능력이나 욕구는 아직도 변화의 과정에 놓여있으며, 이와 결부하여 발달단계의 변화도 차이 있게 나타난다. 특히 연령이 낮은 어린이들에게서는 아직 능력이나 욕구 그리고 발달과정 간의 인과관계를 인식하기 어렵고, 여러 객체들을 다른 사람의 관점에서 관찰하거나 감정을 이입시키기 어려운 수준에 놓여있다.

약 11세경부터의 후기 아동기 어린이들은 추상적인 것에 대한 능력을 끌어낼 수 있고, 다른 사람들의 관점으로도 감정을 이입시킬 수 있게 된다. 이러한 점에서 여자 어린이들은 남자 어린이들보다 시간적으로 더 앞서 발달하는 경향을 자주 보인다. "디지털 네이티브"("Digital Natives", Schneider 외, 2013)에서는 성인 연령대가 되어서야 비로소 지식을 습득하는 것이 아니고, 또 그래서도 안 된다. 어린이와 청소년들은 나이가 들어가면서 네트워크 환경과 문화를 단계적이고 복합적으로 인지하게 되고, 이를 위해 더 많은 기능들을 취득하여 이들을 더욱 다양하게 사용하게 된다. 이에 따라 기존의 "미디어능력"의 개념 위에 "인터넷능력"의 개념이 부각된다.

인터넷능력이란 웹을 수용(사용)하고, 이해하고, 분석하고, 평가하고 즐기며, 능동적이고 자율적으로 자신의 흥미 분야를 결정하고 이를 위한 목표를 활용할 수 있는 능력이다(Schneider 외, 2013). 성인들과는 달리, 이 시대의 어린이와 청소년들은 현실생활과 가상세계를 동시에 접하고 인지하며 지낸다. 인터넷능력과 함께 이들은 기본적인 커뮤니케이션능력과 미디어능력도 습득하게 되는 것이다.

3) 미디어교육학 및 미디어능력의 철학적 배경과 이론적 토대

미디어교육학과 미디어능력의 학문적 토대가 된 이론적 배경을 정리하면 다음과 같다.

(1) 인간의 교육성과 현실의 구성능력

미디어교육학은 "인간의 교육성"("Erziehbarkeit & Bildbarkeit")과 "주어진 현실의 구성"(Baacke, 1997b)의 관점에서 출발한다. 모든 인간은 본능적으로 커뮤니케이션능력과 언어능력을 가지고 태어난다. 이들 능력을 통해 인간은 근본적으로 교육성 또는 교육적 능력을 가지고 있다. 이러한 능력은 결국 인간의 미디어능력으로 연결된다. 그러나 교육적 능력과 달리 미디어능력은 본능적으로 타고나는 것이 아니므로, 인간이 이 능력을 갖기 위해서는 외부의 교육적 지원을 받아야만 한다.

우리 인간은 기본적으로 커뮤니케이션능력과 언어능력을 통해 우리의 현실세계를 구성해나가는 데 적극적으로 참여할 수 있는 능력이 있다. 오늘날의 현실의 모습은 본질적으로 미디어를 통해 결정이 되며 이를 통해 현실이 구성된다. 그런데 '현실'은 사실상 우리의 인지영역 밖에 있는 것으로, 미디어를 통해 현실이 전달되었을 때 '현실적'이 된다는 것이다(Baacke, 1997b). 여기에는 모든 종류의 미디어가 그 역할을 하게 된다. 미디어는 어느 정도 서로서로 비슷한 스테레오타입을 전달하게 되지만, 이 전달된 현실을 보는 느낌은 모든 수신자마다 다를 수 있다.

(2) 계몽사상

"계몽주의란 무엇인가?"("Was ist Aufklärung?"[1], Kant, 1784) 계몽사상이란 인간이 자율성과 가능성을 자유롭게 펼치며 인간의 이성을 체계적이고 보편적으로 사용하여, 각 개인이 사회적 생활의 중심에 설 수 있도록 하는 사상이다. 계몽사상은 17, 18세기에 전성기를 맞았으나, 사실 이 사고는 기원전 4, 5세기경 그리스 철학에서 그 뿌리를 찾을 수

---

1) Kant, Immanuel: "Beantwortung der Frage: Was ist Aufklärung?" ("질문에 대한 답변: 계몽주의란 무엇인가?", 1783년 12월 칸트의 강연자료 중), Kant 1784.

〈그림 1-6〉
칸트(Blankertz, 1992)

있다. 이미 그 당시 "지식의 힘"(Blankertz, 1992)을 발견하였고, 인간의 교육적 능력을 일종의 직업적인 일로써, 즉 교육자를 직업인으로 연계한 사고는 이미 계몽적 사고라고 할 수 있다. 뿐만 아니라 이 계몽사상을 통해 현대적 의미에서의 "어린이와 청소년을 위한 교육의 필요성"을 발견하였고, 또 교육이 시민사회의 중심과제가 된 것도 바로 계몽주의 시기였다(Baacke, 1997b). 이렇듯 계몽사상은 현대의 교육학을 태동한 출발점이 된다. 특히 어린이들을 하나의 인격체로서 중시하기 시작한 계기도 계몽사상이었고, '아동복'이라는 개념이 처음 생기게 된 것도 계몽사상의 영향(Von Zahn, 1996)이었다.

계몽사상의 대표적 철학자 임마누엘 칸트(Immanuel Kant)는 인간을 "타고난 이성의 능력을 갖는 자유로운 정신적 존재"(Kant, 1975)로 정의하였다. 계몽사상은 그의 "이성의 자율의 원칙"(Apel & Lutz, 1958)을 통해 그 정점에 달하였다. "계몽주의란 무엇인가?"에 대한 답변[2]에서 칸트는, "계몽사상이란 자신에게 책임이 있는 미숙함으로부터 나오는, 우리 인간이 갖는 하나의 출발점이다. 이 미숙함이란 자신의 이성을 스스로 관리함이 없이 다른 사람의 것을 사용하는 것이다. 자기 책임이란 이 미숙함이 이성의 부족으로 인한 것이 아니라 결심이나 용기로 인한 것일 때를 말한다. Sapere aude! 너 자신의 이성을 사용하는 것에 용기를 가져라! 이것이 바로 계몽사상의 좌우명이다. 게으름과 비겁함은 왜 그렇게 많은 사람들이 다른 사람들에게 휘둘리면서 계속 미숙하게 머무는지에 대한 원인이다"(Kant, 1784). 이러한 계몽사상의 기본정신은 사실상 현대 교육학의 뿌리라고 할 수 있다.

(3) 칸트의 현상학

미디어를 통해 현실을 인지한다는 "주어진 현실의 구성"(Baacke, 1997b) 개념의 깊은 저변에는 칸트의 "현상학적 사고"(Kant, 1784)의 한 부분과 그 맥이 닿아있다. 칸트는 "현상과 본질"(Phainomenon und Noumenon)에 대한 사고에서 이를 다음과 같이 설명

---

2) 각주 1) 참조

하였다. "우리는 결코 어떤 것이 내포하고 있는 진짜 실체를 볼 수 있는 것이 아니다. 다만 우리는 언제나 여러 '렌즈'를 통해 본 것을 결국은 우리의 인식 방법 안에서 그 현상을 볼 수 있을 뿐이다. 우리에게 인지된 모든 것은 그들 스스로가 내포하고 있는 원래의 본질이 아니라, 우리의 가치 척도가 반영된 것이다"(Kant, 1784; Ratzinger, Benidikt 16, 2005).

미디어능력을 키우는 것은 그러므로 "독특한 사고 활동에 능력을 부여하여 인간의 개발에 대한 잠재력을 발달시키게 하는 것"(Tietgens, 1989)이다. 다시 말해 미디어능력이란, 미디어와 관련하여 어떤 행동을 확실히 규정하는 인지적 표준 모델이 아니라, 인간이 자유롭게 선택한 행동을 하기 위한 활동공간을 만들어내고 또 기억하고 감지하고 인지하는 것을 스스로 구성하는 기능 안에 내포되어있다고 할 수 있다. 그럼으로써 하나의 틀이나 표본을 다양하게 변환시킬 수 있는 학습의 과정을 통해 변화도 가능해지는 것이다.

(4) 상호작용 이론

현대의 커뮤니케이션은 점점 기술적 도구들(서적, 텔레비전, 컴퓨터 등)에 의해 이루어지며, 이에 따라 우리는 미디어의 도움으로 사회 현실에 적응하게 된다. 그러므로 미디어사용을 '사회적 행동'으로 간주하는 것이다. 우리는 특정한 욕구의 충족을 위해 미디어를 사용하지만, 사용자의 독자적 의지나 일방적 관심에 따라서만 미디어를 사용하는 것은 아니다. 미디어는 단지 특정한 형태로 형성된 가능성만을 사용자에게 제공하며 그들의 욕구, 기대, 생각에 영향을 미치게 된다. 이를 통해 대중과 미디어 사이에 "상호작용의 평행적 관계"(Tulodziecki, 1997)가 성립되는 것이다.

초기의 미디어학 연구(Shannon, 1949 등)에서는 인간을 단지 '자극-반응' 관계에서 파악하는 경우가 많았다. 그러나 이후의 "사회적 행동으로써의 텔레비전 시청"(Teichert, 1973) 연구에서는 이러한 초기 미디어학에서 주장한 미디어영향 연구에 대한 비판이 이루어졌다. 초기 연구에서는 인간을 능동적인 행동의 주체 또는 능동적으로 감각을 묘사하고 습득하는 존재로 전혀 고려하지 않았다는 것이다.

이렇게 인간은 자신이 접촉하는 집단, 기관, 미디어와의 상호작용을 통해 자신의 사회적 상황을 해석하게 되고, 주어진 사회적 범주(법, 규범, 관습 등) 내에서 자신의 생각을 가지고 다른 사회구성원들과 함께 사회적 상태를 구성해나간다. 궁극적으로 이러한 상호작용적 미디어사용은 개인으로 하여금 다른 사회구성원들과 더불어 "이 세상에 존재하며 이 세계의 구성에 적극적으로 함께 참여하도록"'(Baacke, 1999a) 하는 촉진적 역할을 하게 되는 것이다.

(5) 구성주의

미디어교육학의 출발점은 미디어를 통한 "주어진 현실의 구성"(Baacke, 1997a)에 대한 관찰과 해석으로 볼 수 있으며, 이 세계를 구성해나가는 데 적극적 참여를 추구하도록 하려는 것이다. 구성주의란, 개인의 경험에 대한 인지나 정신적 내면화 작업(소화작업)은 환경으로부터 온다는 것으로, 한 개인은 자신이 처한 상황을 인지하고 행동하고 환경에 적응하면서 동시에 스스로 상황을 구성해나갈 수 있다는 것이다(Tulodziecki, 2002). 실증적인 지식이란 당연히 사회의 현실구조에 대한 이해를 통해 얻게 된 것으로, 인간의 현실에 대한 주관적 구성이라고 할 수 있다. 따라서 구성주의 학습이론의 개념에서 볼 때, 학습자들이나 사회구성원들은 이미 자신들이 가지고 있는 사고의 유형과 행동 양식을 바탕으로, 학습환경이나 생활환경에 대해 새로운 지식체계를 자율적으로 구성할 수 있다는 것이다. 여기에서 일반적으로 통용되는 원리는 "미디어는 인간의 발달 및 교육, 그의 직업교육이나 평생교육과 그 밖의 많은 일상 영역에서 상당한 역할을 하고, 개인의 생활세계 구성에 큰 영향을 준다"(Baacke, 1997a)는 것이다.

(6) 사회적 행동능력 이론

미디어와의 상호작용과 커뮤니케이션능력은 인간의 생활세계 구성능력과 직결되어 있다. 커뮤니케이션능력은 인간이 현실의 생활세계를 구성하게 되는 기본 능력이기 때문이다. 그러나 현실의 구성만으로 인간의 커뮤니케이션능력을 단정할 수는 없다. 능력이란 한 인간이 그때그때 자신의 현실과 생활환경을 극복해내는 데 필요한 가능성을 훨씬 넘어서는 것이다. 능력의 기준은 사회화 과정과 인성발달의 진행과 더불어 정해져야 한다. 행동의 목록에는 매우 많은 능력들이 있다. 역할에 대한 거리를 두는 능력, 다중 의미에 대한 융통성이나 상반된 가치에 대한 융통성을 갖는 능력, 결정하는 능력, 스스로 책임질 줄 아는 행동이나 능력, 자신의 의도를 주어진 커뮤니케이션 상황에서 관철시키는 능력, 그때그때 합당한 커뮤니케이션 전략을 만들어내야 하는 능력 등이다

(Baacke, 1996b).

　이러한 커뮤니케이션능력의 특별한 형태를 보여주는 것이 미디어능력이고, 이것은 "사회적 능력" 또는 "행동능력"으로 정의될 수 있으며, 이 능력은 다시 "사회적 행동능력" (Mikos, 1999)으로 표현할 수 있다. 사회적 행동능력은 행동하는 주체가 자신의 미디어 사용 상황을 의식하고, 미디어를 자신의 소망과 욕구에 합당하게 일상생활에 통합시키는 능력을 의미한다. 여기에는 인지하고 반응하는 능력만이 아니라, 상황을 판단하고 극복해낼 수 있는 감정적이고 직관적인 능력도 포함되어있다. 이 능력은 사회화와 인성발달 과정에서 얻게 되며, "사회화 이론"(Mikos, 1999)과도 연결된다(2장 2절, 86쪽 참조).

　그러므로 미디어능력을 꼭 미디어로만 한정시킬 것이 아니라 포괄적인 사회적 행동능력의 한 분야로 보는 것이 중요하다(Wiedemann, 1996). 인간이 미디어를 통해 즐거움과 만족을 느낄 수 있게 된다면, 사용자는 미디어와 함께 직접적인 사회적 상호작용을 더욱 활성적으로 촉진하게 되기 때문이다. 미디어능력이 사회적 행동능력에 해당된다면 미디어능력에는 일반적인 성숙의 표현으로서 미디어사용에 대한 성숙함도 따라야 할 것이다(Hipfl, 1996). 이 성숙함에는 자율적인 결정능력과 사회적 책임감이 해당된다.

(7) 사회비판적 미디어 이론

　대중매체에 대한 교육학자들의 논쟁점은 1960년대에 이르러서도 사회적으로는 대개 저질 프로그램에 대한 감시와 통제로 방향을 잡고 있었다(Hüther & Podehl, 1997). 1960년대 후반에 이르러서야 프랑크푸르트학파의 비판이론의 영향을 받은 바아케(Baacke)의 이념적 교육학이 발달하였다. 이 "비판—이념적 교육학이론"(Baacke, 1972)을 바탕으로, 당시 막강한 영향력을 발휘하던 텔레비전에 대한 사회교육적 논쟁이 활성화되었다. 이를 기점으로, 교육학이라는 학문은 그간 인문과학 분야를 지배하던 전통적이고 보수적인 굴레에서 벗어나게 되었다. 여기서부터 미디어능력의 모체가 되는 바아케의 "사회비판적 미디어 이론"(Baacke, 1973b)이 발생하게 된 것이다. 이 이론의 핵심은, "미디어에 대한 비판능력이란 근본적으로 사회에 대한 비판능력"이라는 것이다. 이 사회비판적 미디어 이론은 그동안 미디어와 관련된 논쟁이 한 인간, 개인과 관련하여 발전하던 것이 이제는 사회적 논쟁으로 그 관점이 확장된 것이었다.

　이러한 논거는 그간 미디어교육학이 이루어 왔던 사회과학적 논쟁의 특성을 한 걸음 더 발전시킬 수 있는 계기를 마련해준 것이었다. 사회학자 아도르노(Adorno) 이후 교육학자 바아케 이전, 1960년대의 문화비평은 더 이상 전통적인 시민사회 가치의 붕괴에 대한 한탄이 아니었고, 비판적 사회분석 및 해석−비판적 자의식 쪽으로 이끌어져 갔다. 아도르노는 "텔레비전에 대한 프롤로그"(Adorno, 1963)에서 한 사회의 전체 상황을 논하지 않고 단지 매스커뮤니케이션에 대해서만 논할 수는 없다고 하였는데, "텔레비전의 사회적, 기술적, 예술적 관점은 서로 떨어져 취급될 수 없다. 이들은 넓은 범위에서 서로 종속되어있기 때문이다."(Adorno, 1963)라고 주장하였다.

이러한 논쟁점을 통해 미디어교육학은 '커뮤니케이션의 자본주의화에 대한 분석'과 사회학 및 교육학의 '사회과학적 분석의 연결'을 가져다주었다. 비판적 미디어 이론의 사회과학적 전개를 통해 미디어능력의 개념이 나오게 된 것이었다.

(8) 촘스키의 언어능력 이론

인간의 능력을 이야기하는 미디어능력의 사고에는 언어학자 촘스키(Chomsky)의 언어능력에 관한 개념(Chomsky, 1965)도 일정한 영향을 주었다. 이 촘스키의 언어능력 가설은 데카르트(Descartes)와 훔볼트(Humboldt)의 사상을 확장, 전개한 것이다(Baacke, 1999a). 그는 인간의 내면에 정착된 능력을 통해 (자극−학습−반응이 아닌) 이미 내재되어있는 규칙 시스템을 바탕으로, "인간은 잠재적으로 무한정한 숫자의 문장을 만들어 낼 수 있다"(Chomsky, 1965)는 것을 주장하였다. 촘스키는 언어의 본질적인 특성을 이야기하였는데, 인간은 많은 사고를 표현할 수 있고 새로운 상황에 적합하게 적당한 언어로 반응할 수 있는 언어능력을 가진 존재라는 것이었다. 또한 언어 사용에 있어 창조적 관점을 이해할 수 있으며, 근본적으로 통례적인 언어규칙을 표현할 수 있는 "보편적 언어구조"(Baacke, 1999a)를 갖고 있다고 생각하였다. 또한 모든 인간은 잠재적으로 보편적 언어에 대한 언어의 틀을 가지고 있다고 하였다.

(9) 커뮤니케이션학

① 커뮤니케이션
인간의 커뮤니케이션에서 지식의 전달과 저장은 궁극적으로 기계가 아닌 인간만이 행할 수 있는 것이다(Sacher, 2003). 이러한 사고는 이미 그리스의 철학자 플라톤(Platon, 1940)에게서도 읽어낼 수 있다. 그는 티모스 왕과의 대담 글 "Phaidros"에서 인간의 기억력을 끝없이 확장할 수 있는 가능성에 대해 다음과 같이 언급하였다. "누군가 자신의 생각을 진지하게 보존하려 한다면, 그 생각을 다른 사람의 영혼 속에 씨 뿌리도록 해야 한다"(Platon, 1940). 여기서 씨를 뿌린다 함은 씨를 던지고 뿌리는 것만이 아니라 적절한 시기에 준비된 환경 안에 씨를 심고, 물을 주고, 뿌리내리도록 하고, 보호, 육성하는 것을 의미한다. 이러한 파종은 단지 인간만이 할 수 있는 것이지, '전기 파종기계'가 할 수 있는 것이 아니라는 주장이다. "미디어는 (스스로) 정보를 보유하지 않고 지식도 갖고 있지 않다. 정보와 지식은 언제나 미디어와 더불어 서로서로 커뮤니케이션의 과정을 만들어내는 사용자들에 의해 구성된다"(Sacher, 2003)는 것이다.

그리스 단어의 라틴어화된 형태로서 '커뮤니케이션'이란 개념은 원천적으로는 '교통', '연결' 그리고 '전달'을 뜻하며, 이 단어는 '관계, 맥락', '교제, 인간관계', '연락, 의사소통'으로도 쓰인다(Merten, 1983). 라틴어 동사 'communicare'는 '분배하다, 공유하다', 또는 '분배나 공유를 받다', 그리고 '전달한다'는 뜻으로 해석하기도 한다(Burkart, 2002). 그러나 이러한 개념은 20세기에 들어서면서도 오늘날 통용되는 커뮤니케이션의 개념으로 쓰이지는 않았다. 1945년 이후에 와서야 공공 커뮤니케이션과 대중매체가 중요성을 갖게 되면서, 학계에서 이 단어는 사회적으로 많은 의미를 갖게 되었다. 이 단어가 사용되는 상황과 전제조건에 따라 현대의 커뮤니케이션학에서는 커뮤니케이션의 기능을 크게 다음의 세 분야로 구분하고 있다(Bentele & Nothhaft, 2010).

- 정보의 전달 및 전이로서의 커뮤니케이션
- 사회적 행동으로서의 커뮤니케이션
- 의사소통 및 통보로서의 커뮤니케이션

커뮤니케이션은 상호적으로 정보를 전달하고 또 수용하면서, 그 내용을 소화하는 두 개의 정보소화 체계 사이에 이루어지는 정보전달이라고 할 수 있으며, 근본적으로 이중적 의도와 지향성을 내포하고 있다(그림 1-7).

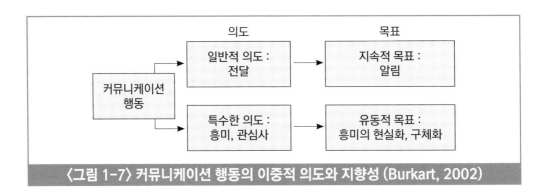

〈그림 1-7〉 커뮤니케이션 행동의 이중적 의도와 지향성 (Burkart, 2002)

커뮤니케이션을 위한 내용의 전달자나 자료는 단순히 읽히는 것만으로는 의미가 없다. 결국은 개개의 사용자가 이들로부터 자기 고유의 '텍스트'를 구성하는 것이 의미가 있다. 이것은 개인의 가치관이나 행동의 관점과 연관이 되어 이루어진다. 이는 정보와 관련된 점에서도 해당이 된다. 그러나 분명 기호와 기호의 나열만으로는 뚜렷한 정보를 보여주기 어렵다.

② 커뮤니케이션 체계

모든 커뮤니케이션은 하나의 장에서 발생하고, 어떠한 현상의 총체적 구조는 커뮤니케이션 체계를 기본으로 하여 하나의 사회적 관계체제 내에서 이루어진다. 따라서 개인의 심리적 문제가 그 이후에 따르는 어떤 구체적 장에서는 사회심리적 문제나 사회적 현상, 사회적 여론으로 나타나게 되는 것이다. 이것은 인간이란 과거나 현재에나 미래에도 직, 간접적인 모든 형태의 경험과 행동에 있어 어떤 커뮤니케이션의 상황에 놓이게 된다는 것을 뜻한다(Baacke, 1978). 이러한 커뮤니케이션 상황은 상대방(사람, 미디어)과의 상호작용 안에서 이루어지게 된다. 이때 이 상황에서는 양쪽 주체 모두 상대방의 사고를 고려하면서 커뮤니케이션이 이루어지고, 이 상황은 하나의 커뮤니케이션 체계를 이루게 된다(그림 1-8). 이 커뮤니케이션 체계 내에서는 커뮤니케이션 주체가 갖고 있는 사고의 전달뿐 아니라 상황적, 심리적 요인, 그리고 기존 지식과 개인적 경험도 포함이 된다.

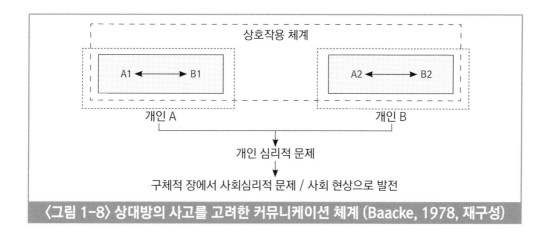

〈그림 1-8〉 상대방의 사고를 고려한 커뮤니케이션 체계 (Baacke, 1978, 재구성)

〈그림 1-8〉에서는 A와 B라는 커뮤니케이션 주체 간의 상호작용을 보여주고 있다. 여기에서는 A가 기존에 가지고 있는 이야기의 초안(A1)이 있고, A로부터 상대 주체인 B에게 전달된 개념(B1)이 있게 된다. B도 자신이 이미 가지고 있는 사고(B2)가 있고, 이를 상대방 A에게 전하여 A 입장에서 새롭게 형성되는 개념(A2)이 있다. 여기서 상호 간에 교섭하고 있는 그 무엇은 A 또는 B라는 단일 주체를 의미하는 것이 아니라, A를 위한 'A1과 B1 사이', 또는 B를 위한 'A2와 B2 사이'의 내적 체계이다. 그림에서 점선으로 표시된 상황은 상호작용을 하는 A와 B라는 주체가 단지 어떤 생각을 갖고 있다는 것만을 뜻하는 것이 아니다. 여기에서는 결국 A와 B가 '자기 자신에 대한 사고'를 만들어 나가게 되는 과정을 보여주고 있는데, 예를 들어 친근함이나 경쟁심과 같은 요인을 내포한 상황에서 A와 B가 대화하는 관계를 나타내는 것이다. 또한 A1과 B1 사이의 커뮤니케이션 상황에서는 A가 먼저 행동을 보이는 능동적 역할(예: 교사, 미디어)을 하고, 자신의 사고를 관철시키려는 의사를 가지고 있다. B1에게는 이때 A1의 사고가 전달되고 B1의 사고 형성에 영향을 준다(예: 학생, 대중). A2와 B2 사이의 커뮤니케이션 상황에서는 이와 반대가 되는 상황이 이루어지는 것이다. 커뮤니케이션 상황에서 드러나는 능동성에는 표면적으로는 차이가 있으나 A1, B1 그리고 A2, B2 간의 쌍방향 화살표가 의미하듯, 듣고 있는 수동적 주체의 입장에서도 듣거나 생각을 하는 행위로서 상호작용적 반응을 보이고 있는 것이다. A나 B가 각기 가지고 있는 개념이 서로 일치한다는 보장은 결코 없다. 사고의 형태가 많이 일치하면 할수록 서로 간의 이해는 더 쉬워진다. 완벽한 사고의 합치는 거의 이루어지기 힘들다. 커뮤니케이션에 있어서는 방해요인도 종종 발생하게 된다.

③ 공공커뮤니케이션, 매스커뮤니케이션

미디어를 통한 전달 과정 속에서 이루어지는 커뮤니케이션의 개념을 통해 '공공커뮤니케이션'과 '매스커뮤니케이션'의 의미를 구분해볼 수 있다. 개인 간의 커뮤니케이션은 특정한 수신자를 목표로 한 사적인 커뮤니케이션이다. 이에 반해 공공커뮤니케이션은 미리 규정하였거나 제한된 대중만을 대상으로 하는 것이 아니라, 잠재적으로는 누구나 접근할 수 있는 커뮤니케이션 형식을 말한다. 매스커뮤니케이션은 공공커뮤니케이션의 기본형이자 간접적이고 일방적인 커뮤니케이션으로서, 기술적 전파수단을 통해 분산되어 있는 대중에게 적용이 된다(Bentele & Nothhaft, 2010). 커뮤니케이션학의 관점에서는 이 대중을 익명의 이질적이고 엄청나게 큰 인간 집단으로 간주하며, 단지 특정 시점에서 특정한 매스미디어(대중매체)에 함께 주의를 기울이는 사람들로 파악한다(Maletzke, 1963; Burkart, 2002). 이러한 커뮤니케이션 또는 매스커뮤니케이션 연구에 큰 영향을 준 것은 라스웰에 의해 정립된 "라스웰 공식"(Lasswell, 1948)이다. 이 공식에는 비록 인간의 사회적 맥락이 결여되어있고 또 수신자에 대한 의도적 영향만을 고려한 매우 단순화된 일방적 커뮤니케이션 공식이지만, 실증 커뮤니케이션학 연구의 원칙적 틀로 자리잡게 되었다.

〈표 1-3〉 라스웰 공식

라스웰 공식	입장 및 상황	연구분야
WHO	커뮤니케이션 이행자	커뮤니케이션 이행자 연구
SAYS WHAT	내용	내용분석
IN WHICH CHANNEL	미디어	미디어 연구
TO WHOM	수신자 / 수용자	대중 연구
WITH WHAT EFFECT?	영향	영향 연구

(Lasswell, 1948)

대중매체를 통한 매스커뮤니케이션은 커뮤니케이션을 이행하는 주체와 내용, (대중)매체, 수신자 간의 교환적 종속성을 내포하는 사회심리학적 관점을 포괄하는 의미로 확장되었다(Maletzke, 1963). 여기에서는 매스커뮤니케이션이 이루어지는 과정만이 아니라 '매스미디어(대중매체)'의 구조, 기능, 영향도 논하게 되었다.

〈표 1-4〉 매스미디어(대중매체)의 기능

매스미디어 (대중매체)의 기능		
사회적 기능	정치적 기능	경제적 기능
정보기능		

■ 사회화 기능
■ 사회적 방향제시 기능
■ 레크리에이션 기능
  (오락, 현실도피)
■ 통합기능
	■ 공공성의 형성
	■ 표현의 기능
	■ 정치적 사회화 및
	  정치교육의 기능
	■ 비평과 통제기능
		■ 순환 기능
		  • 지식 전달
		  • 사회치료법
		  • 합법화의 지원
		■ 재생적 기능
		■ 고용의 기능

사회적 체제	정치적 체제	경제적 체제
사회 체제		

(Burkart, 2002)

매스커뮤니케이션은 기술적 전파수단을 통해 분산된 대중에게 적용이 되는데, 이 기술적 전파수단이 매스미디어(대중매체)이다(Meyen, 2005). 책, 신문, 잡지, 라디오, 텔레비전, 영화 등이 해당된다. 매스미디어는 "복합적으로 기관화된 체계"로서, 그리고 "특별한 수행능력을 갖는 계획된 커뮤니케이션 통로"(Saxer, 1987)로서 규정되었다. 대중매체는 사회적 기능을 갖는데, 대중매체와 대중매체를 활용한 활동은 개인적, 사회적으로 많은 영향을 갖게 되기 때문이다.

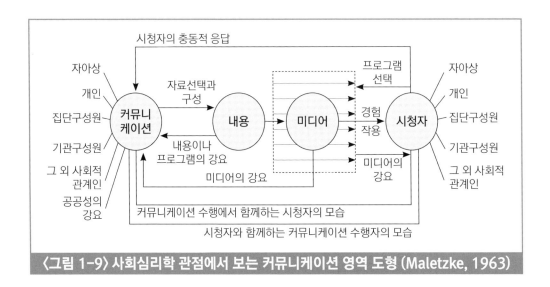

〈그림 1-9〉 사회심리학 관점에서 보는 커뮤니케이션 영역 도형 (Maletzke, 1963)

(10) 하버마스의 커뮤니케이션 이론

사회학자 하버마스(Jürgen Habermas)는 1970년대 초 "자아동질성 발달 조건에 대한 사고"(Habermas, 1968)에서 촘스키의 능력 개념을 적용하였다. 여기서 그는 인간이 갖는 커뮤니케이션능력을 사회화의 중심 목표로서 정의하며, "커뮤니케이션 연구는 사회에 관한 비판적 학문이며, 커뮤니케이션과 관련된 행동은 인간의 자아구성을 의미한다. 커뮤니케이션 관련 행동은 그러므로 사회적인 자아실현이다."(Habermas, 1968)라고 하였다. 하버마스는 인간의 언어능력을 "커뮤니케이션 이론" 또는 "보편적 실용주의"에 대한 과제로 연결하여 "언어능력은 우리가 상황에 적합한 이야기를 만들어내거나 일반화하는 것에 대한 규칙체계의 후속 구성"(Habermas, 1971a)으로 보았다.

하버마스는 커뮤니케이션과 관련한 능력의 개념을 세 가지로 정리하였다. 첫째, 이 능력을 현실의 언어 태도를 다루는 실용주의 언어학 범주에 적용하여, 능력 개념에 있어서의 생물학적 관점을 배제하였다. 둘째, 그는 이 능력을 언어적 표현에만 국한한 것이 아니라 모든 커뮤니케이션의 표현에 대한 언어행동의 의미로 확장하였다. 셋째, 이 능력이란 사회비평적 범주에 드는 것으로, 원칙적으로는 표명된 모든 논지를 적합하게 이해하고 그 진실을 올바르게 판단할 수 있는 토론을 위한 동등한 전제조건이자 목표라고 하였다. 하버마스는 미디어를 이러한 커뮤니케이션능력의 형성에 대한 방해요인으로 간주하였는데, 커뮤니케이션을 제도나 조직적 측면, 그리고 생활세계라는 이분법적 차원으로 보았기 때문이다. 또한 커뮤니케이션능력은 생활세계 속에서 펼쳐지는 데 반해 미디어는 제도적 맥락에 귀속되기 때문이었다(Vollbrecht, 1999). 하버마스의 능력 개념은 그러나 분명 교육적인 목표를 갖는 것으로 볼 수 있다. 왜냐하면 커뮤니케이션능력은 인간 개개인으로 하여금 한편으로는 "이상적인 언어의 상황"(Schneewind, 1994)에 참여하게 하고, 다른 한편으로는 이 이상적인 언어의 상황을 현실화하는 데 따르는 모순적인 사회적 제반 상황을 문제시할 수 있는 능력을 부여하기 때문이다.

(11) 바아케의 커뮤니케이션능력 이론

바아케는 이상과 같은 계몽사상, 현상학, 언어능력 이론, 커뮤니케이션 이론, 상호작용 이론, 사회적 행동주의, 구성주의 등을 연결하여 인간의 "커뮤니케이션능력"(Baacke, 1997a) 개념을 체계화하였다. 하버마스는 커뮤니케이션을 인간의 사회화를 위한 중요 목표로 간주하였고, 여기에 촘스키의 언어능력 개념을 자신의 이론에 적용하였다. 여기에 바아케는 하버마스와 촘스키의 이론을 인간이 처한 사회문화, 인간의 인지능력, 교육적 능력에 적용하여 인간의 커뮤니케이션능력 개념을 정립하였다.

바아케는 커뮤니케이션이란 단지 '언어적 상호작용'에만 놓여있는 것이 아니고, 이러한 것이 언어능력이 의도하는 모든 의미도 아니라고 하였다(Baacke, 1997a). 사람은 보고 들어 인지하게 된 표현을 동일한 언어구조로 그대로 수용하기만 하는 것이 아니라, 전혀 읽고 듣지 못했던 문장도 만들어낼 수 있듯 새로운 표현을 만들어낼 수 있다는 것이다. 인간의 커뮤니케이션능력이란, 주어진 상황과 표현해야 할 내용에 적합한 커뮤니케이션을 만들어내고 또 수용할 수 있는 잠재적인 인간의 능력을 말하는 것으로, 이는 자극이나 그간의 학습과정과 상관없이 이루어지는 능력을 말하는 것이다.

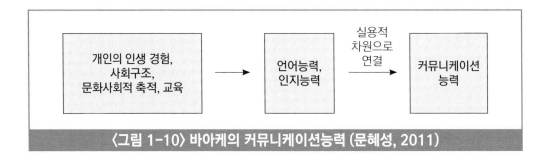

〈그림 1-10〉 바아케의 커뮤니케이션능력 (문혜성, 2011)

(12) 바아케의 미디어능력

바아케는 이상과 같은 커뮤니케이션능력의 개념을 인간의 교육적 능력으로 연결하여 "미디어능력"의 개념을 정립하였다. 이것은 하버마스의 "사회의 구조변화"(Habermas, 1971b)와 "커뮤니케이션 이론"(Habermas, 1971a)을 부분적으로 현실화하고, 또 실증적인 부분이 빠진 점을 보완한 것이다(Vollbrecht, 1999). 바아케는, "하버마스의 커뮤니케이션 이론에서는 미디어와 관련된 능력에 대해 실증적이거나 구체적인 개념이 표현되고 있지 않다. 무엇보다 그가 정립한 개념에서는 이를 실질적으로, 그리고 교육적, 방법적으로 어떻게 계획해야 하는가, 그리고 이를 어떻게 전달해야 하는가가 묘사되어 있지 않다"(Baacke, 1996a)고 하였다. 또한 그는 능력의 개념은 타고난 역량에 관한 것이므로 커뮤니케이션능력을 타고난 능력의 개념으로 보는 것이 의미가 있다고 하였다. "커뮤니케이션능력을 결정하게 되는 언어능력과 행동능력, 이 두 능력은 같은 뿌리에서 나온 것이다. 즉, 기본적이고 일반적인 인류학적 의미로서, 인간은 '능력 있는' 생명체인 것이다"(Baacke, 1973a).

미디어능력이란 한 개인이 미디어 커뮤니케이션에 자신을 연결하는 것을 말한다. 커뮤니케이션능력에는 미디어가 전달하는 내용이나 미디어 그 자체에 종속되지 않는 인간의 포괄적인 능력도 포함이 된다. 커뮤니케이션능력이란 단지 커뮤니케이션의 역할을 이행하는 능력만이 아니라, 개개인이 하나의 정치적 구성요소로서 사회적 커뮤니케이션에 적극적으로 참여하는 확장된 능력(Baacke, 1999a)도 포괄하는 것이다. 결국 커뮤니케이션능력이 현대적으로 현실화된 이 미디어능력이란, 모든 참여자가 잠재적으로 모두 동등하고 대등할 수 있는 커뮤니케이션 과정을 형성하는 데에 있어, 자신의 의식세계를 이미 지배하고 있는 '주저함'을 극복할 수 있는 능력(Schorb, 1997)으로도 정의할 수 있다(그림 1-11).

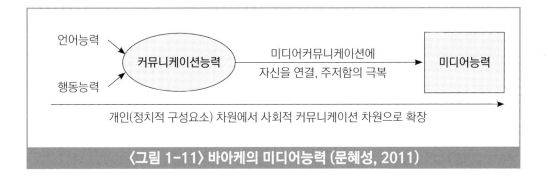

〈그림 1-11〉 바아케의 미디어능력 (문혜성, 2011)

미디어능력을 키우는 것은 그러므로 "독특한 사고 활동에 능력을 부여하여 인간의 개발에 대한 잠재력을 발달시키게 하는 것"(Tietgens, 1989)이다. 미디어능력이란, 미디어와 관련하여 어떤 행동을 확실히 규정하는 인지적 표본이나 대본이 아니라, 자유롭게 선택할 수 있는 행동의 공간을 만들어내고, 기억하고 감지하고 인지하는 행동과 사고의 구성 기능 속에 있다고 할 수 있다. 그럼으로써 하나의 틀이나 표본을 다양하게 변환시킬 수 있게 되는, 학습과정을 통한 변화가 가능해지는 것이다.

바아케는 미디어능력의 개념을 통해 미디어교육에 대한 실질적인 사고와 필요성을 정리하였다. 그의 주장은, "모든 인간은 동등하므로 동등하게 취급되어야 한다. 인간이 한편으로는 교육을 필요로 하고, 한편으로는 교육에 대한 능력(교육성-Erziehbarkeit / Bildbarkeit)이 있다는 것, 이 자체가 바로 '능력'인 것이다. 근본적으로 모든 인간은 '성숙한 수용자'이다. 동시에 잠재적으로는 커뮤니케이션능력을 갖는 생명체이고 적극적인 미디어 사용자이고, (기술적으로 다루는 것을 배워야 하지만) 미디어를 통해 스스로를 표현할 수 있는 능력을 가지고 있다. 그러나 이러한 능력은 훈련과 학습이 되어야 한다. 인간이 미디어를 선용할 수 있는 능력은 선천적으로 타고나는 것이 아니며 발달논리에 따른 필연성을 보여줄 수 있는 것도 아니다. 그러므로 인간의 미디어능력 및 외적 모습과 태도의 입체성을 형성하는 데 있어 다시금 교육과 교육기관을 통한 촉진이 필요하다"(Baacke, 1996b)는 것이다.

4) 미디어능력의 실용적 전개 – "행동지향 미디어교육"

미디어능력의 개념을 교육과 실생활에서 현실화할 수 있는 능동적 실천 방법으로 바아케(Baacke)는 "행동지향 미디어교육"("Handlungsorientierte Medienpädagogik")의 개념을 발전시켰다. 이것은 미디어능력을 다섯 분야의 능력, 즉 '분석, 비평·성찰, 윤리성 확립', '미디어학의 학습', '미디어 사용능력 촉진', '미디어 프로그램 구성/기획/제작', '실습 프로젝트 작업'의 다섯 분야의 능력으로 분류하고(표 1-5), 이를 교육으로 실천하는 것이다(문혜성, 2007; Baacke, 1999a). 이 중 '미디어 사용능력 촉진'은 기술적 활용능력과 더불어 영화관람, Telebanking, Teleshopping, 사이버토론, 원격학습 및 E-Learning 등 미디어와 관련된 사회문화적, 교육적 상황을 선용하는 능력을 촉진하는 것을 의미한다. 행동지향 미디어교육의 실행방법은 미디어활용교육 및 프로그램 제작과 관련한 교수설계 방법과도 직결된다(10장 참조).

〈표 1-5〉 행동지향 미디어교육 실행방법

분석, 비평·성찰, 윤리성 확립 – 세 가지 요소를 통한 미디어 비평능력 양성	• 분석 : 사회 상태의 문제점, 프로그램 내용에 대한 이해, 파악 • 비평, 성찰 : 분석한 내용을 자신과 자신의 행동에 적용할 수 있는 능력 • 윤리성 확립 : 분석적 사고와 비평이 사회적 책임능력으로 조정되고 정의되는 차원
미디어학의 학습	• 정보적 차원: 미디어지식의 보유 • 도구적–질적 차원: 기기들을 사용할 수 있는 능력, 디지털미디어와 연결된 작업의 숙련도
미디어 사용능력 촉진	• 수용, 적용: 프로그램–사용능력, 영화관람, 영화즐기기 등 • 상호작용, 자발성: 전자은행거래(Telebanking)에서 전자상거래(Teleshopping) 또는 사이버토론(Telediscussion)까지, 이들을 이용하고 답할 수 있는 능력
미디어 프로그램 제작	• 혁신적 방법으로 미디어를 통한 형상화, 예술화: 주어진 논리하에서 미디어 체제의 개선과 변형 • 창조력 촉진으로서 미디어 작품제작: 미학적 변형의 강조, 커뮤니케이션의 전형적인 방법을 넘어서기
실습 프로젝트 미디어 교육	• 특정 학습주제를 선택하여 프로그램 분석, 미디어에 대한 전문지식 학습, 미디어사용, 미디어 프로그램 실제 제작 등의 분야를 포괄하는 종합적 미디어교육 기획 수업

(문혜성, 2004; Baacke, 1996a)

　　행동지향 미디어교육의 기본 방법을 근거로, 실질적 미디어교육에서는 이를 다음과 같은 다양한 교육방법으로 세분화하여 진행할 수 있다(5장 2절 4항 "학교 미디어교육의 방법" 참조).

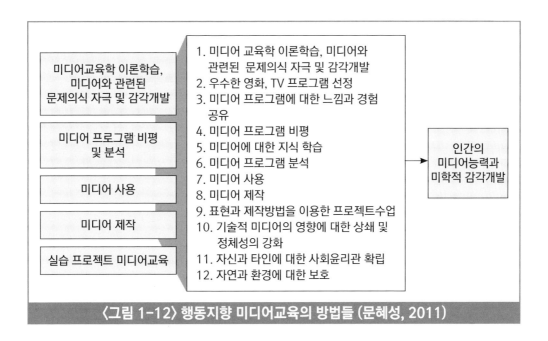

미디어교육학 이론학습, 미디어와 관련된 문제의식 자극 및 감각개발

미디어 프로그램 비평 및 분석

미디어 사용

미디어 제작

실습 프로젝트 미디어교육

1. 미디어 교육학 이론학습, 미디어와 관련된 문제의식 자극 및 감각개발
2. 우수한 영화, TV 프로그램 선정
3. 미디어 프로그램에 대한 느낌과 경험 공유
4. 미디어 프로그램 비평
5. 미디어에 대한 지식 학습
6. 미디어 프로그램 분석
7. 미디어 사용
8. 미디어 제작
9. 표현과 제작방법을 이용한 프로젝트수업
10. 기술적 미디어의 영향에 대한 상쇄 및 정체성의 강화
11. 자신과 타인에 대한 사회윤리관 확립
12. 자연과 환경에 대한 보호

인간의 미디어능력과 미학적 감각개발

〈그림 1-12〉 행동지향 미디어교육의 방법들 (문혜성, 2011)

　　행동지향 미디어교육과 관련하여, 바아케는 인간의 미디어능력이 실제 교육에서 다음과 같은 방향으로 전개되어야 할 것을 제시하였다(Baacke, 1996b).

- 모든 사회구성원을 위한 동등한 정보의 공급
- 공공의 이익과 인격 보호
- 새로운 정치적 커뮤니케이션 구조

〈표 1-6〉 행동지향 미디어교육을 위한 미디어능력 개념의 정리

미디어의 기술적 활용 :
– 기술적 조작
– 미디어 내용의 수용
  (수신자 역할)
– 커뮤니케이션 도구로서
  미디어(송신자 역할)
– 미디어교육
	• 미디어 다루기
	• 미디어리터러시: 미디어의 내용에
	  대한 이해와 영향을 소화하기
	• 미디어 프로그램 제작과 미디어를
	  통한 표현
	• 자라나는 세대를 위한 미디어능력
	  촉진
		지식, 가치(관), 능력에
		대한 커뮤니케이션과 조
		직 능력:
		– 자료의 처리
		– 정보의 획득과 자료로부터
		  나온 가치 방향 설정과 태
		  도에 대한 자극
		– 지식, 가치(관), 능력에 대
		  한 구성
		– 교육에 대한 지식, 가치(관),
		  능력의 획득
		– 사회적 책임감, 문화적 능
		  력의 획득

미디어에 관한 지식	• 미디어의 기술적, 경제적, 사회적,
	  정치적, 법률적 기초와 미디어 프
	  로그램의 제작과 보급, 영향에 관
	  한 지식	

미디어에 대한 비평	• 의미 있는 프로그램 선택과 적절한
	  사용
	• 미디어 프로그램을 비평적으로 성
	  찰 · 분석하기
	• 미디어에서 언급되는 내용의 뒤 배
	  경에 대한 질문
	• 개인적, 사회적, 문화적 상황에 따
	  른 고유의 성찰적, 분석적 미디어
	  실습	

(Sacher, 2003, 재구성)

5) 컴퓨터게임 미디어능력 – "Ludology"

미디어능력은 미디어와 관련된 모든 범주에 해당되며, 특히 컴퓨터게임과 관련한 미디어능력은 이미 독자적인 연구영역으로 그 개념이 성립되었다. 컴퓨터게임이 현대의 전자오락 산물로서 상업적 성공을 거두며 각광을 받기 시작한 것은 1972년부터이다(Bünger, 2005). 단순한 전자오락은 복잡 미묘한 '게임'으로 급성장하며 이 세기의 지배적 오락물이 된 것이다(Svedjedal, 2003). 동시에 컴퓨터게임은 원시사회 문화학, 인종학, 사회학, 심리학, 매스커뮤니케이션학, 영화학, 문학, 그리고 교육학 등의 학문 분야에

서 중요한 연구대상이 되었으며, 이들이 종합되어 "Ludology"(Frasca, 1999)라는 새로운 학문 분야가 발전하게 되었다.

　컴퓨터게임은 "Ludology"의 맥락에서 체계적인 연구가 이루어지기 시작하였다. 컴퓨터게임의 서술성과 상호작용성, 현실성과 시각적 특성, 문화적 의미, 시간과 공간의 구조, 성별에 따른 관점, 그리고 인지적, 정서적, 심리적 측면 등의 주제를 연구하게 되었다. 1980년대부터 컴퓨터게임은 미디어 영향 및 미디어사용 연구 같은 주제와 연계되어 활발히 연구되었다(Swoboda, 1986; Greenfield, 1987; Sander & Vollbrecht, 1987; Spanhel, 1987). 그 후 1990년대에 들어와 컴퓨터게임은 미디어교육학의 맥락에서도 중요한 연구과제가 되었다(Fritz, 1995; Steckel 외, 1995; Esser & Witting, 1999). 2000년대에 들어서서도 컴퓨터게임은 상호작용적 미디어의 특성과 함께 수용자 심리 및 미디어교수법과 관련된 교수학습의 관점에서 지속적으로 연구되고 있다(Knobloch, 2000; Vorderer, 2000; Klimmt & Vorderer, 2002). 미디어교육학과 관련된 컴퓨터게임 연구에서는 특히 어린이, 청소년들의 미디어능력 촉진이 중요한 연구과제가 되고 있다. 게임의 부정적 측면을 감소시키면서 어린이, 청소년들의 인지적, 심리적 측면을 고려한 컴퓨터게임의 긍정적 기능을 촉진하고자 하는 것이다.

　컴퓨터게임에 있어서 필요한 미디어능력으로는 미디어와 관련된 행동과 사고의 능력이 해당된다(Fritz, 2005). 게임에 대한 지배능력, 권력과 통제의 연습 등에서 게임에 대한 도전능력과 과제의 이행능력이 요구된다. 각각의 게임은 다양한 능력과 어려움이 따르는 여러 과제를 부여하고, 이에 따른 상황 검증도 요구한다. 특히 '액션게임'에서는 빠른 반응과 눈-손의 협력능력이 필요하다. 중요하거나 중요하지 않은 요소를 구별하기 위한 집중력도 필요하고, 기억력과 공간적 방향감각이 큰 의미를 갖는다. 모험가들은 수수께끼를 풀어야 하는 중요한 사명을 갖고 있고, 게임을 계속 진행하기 위해 생각해야 할 과정과 행동의 순서를 찾아내야 한다. 전략적 게임에서는 자신의 게임 상황이 더 나아지도록 하기 위해 복합적인 규칙을 파악하고 결정을 해야 한다. 게임을 하는 사람은 또한 스스로 게임의 다양한 작용과 종속성을 찾아내야 하는 게임요소들을 범주화해야만 한다. 게임을 하는 사람은 다방면으로 사고와 문제해결 과정을 엮어내야 하고, 이를 행동을 통해 이행해내는 능력을 가져야 하는 것이다.

　심리적, 인지적 측면과 관련한 연구에서 컴퓨터게임은 미디어 행동능력과 사고능력뿐 아니라 정서적 능력을 촉진할 수 있다는 결과를 보여주기도 하였다(Bünger, 2005). 컴퓨터게임을 하며 어린이나 청소년, 성인들은 즐거움과 좌절감을 느끼는 정서적 고갈만이 있는 것이 아니라, (극심한 부정적 과다 사용이 아닐 경우에는) 다른 사람을 이해하거나 타인의 관점을 수용하는 심리적 감정이입도 가능해진다는 것이다. 이 연구에서는 컴퓨터게임을 통한 인지적 관점과 관련하여 '서술적 구성능력 신장'과 같은 긍정적 효과를 얻기도 한다고 하였다. 특히 어린이, 청소년들이 게임을 할 때 성인이 함께 동참하고 적절히 이끌어준다면, 컴퓨터게임의 잠재적 가능성을 통해 이들이 더욱 심층적인 커뮤니케이션을 할 수 있는 가능성도 발생할 수 있다는 것이다.

학습과 관련된 컴퓨터게임 연구에서는 언어 및 문학 과목에서 컴퓨터게임의 과정진행적 성격을 활용해 교수학습적 의도로 게임을 구성할 수도 있다. 전통적인 인쇄매체가 담당하던 지도적 역할을 컴퓨터가 이행하게 된다는 것이다. 그러나 여기에서는 어린이, 청소년들이 언어나 문학교육에 있어 컴퓨터게임이라는 미디어에 어떤 방식으로 적응해야 할 것인가를 분명히 해야 한다는 점이 중요하다. 미디어교육학, 문학지도, 미디어사용, 읽기능력과 같은 분야와 어린이, 청소년을 위한 문학 자료가 교육적으로 어떻게 연결되어 지도가 이루어지는가 하는 것이 중요한 의미를 갖기 때문이다(Wermke, 1997). 이러한 교육 촉진적 미디어 경험은 어린이나 청소년들이 전통적인 활자문헌의 문화와 미디어문화 사이의 특성을 이해하는 능력을 갖게 할 수도 있다(Wermke, 1997; Erlinger & Marci-Boenecke, 1999). 이는 미디어교육학과 문학수업의 통합을 위해 장려되는 방법이기도 하다.

6) 광고 미디어능력

미디어교육학적 관점에서 볼 때, 광고 안에는 개인이 자연스럽게 수용할 수 있는 내용 외에도 숨겨지고 조작된 의도가 담겨 있다. 그러므로 광고를 거의 매 순간 접하게 되는 현대의 사회 환경에서 모든 사회구성원은 광고주나 광고 제작자들의 관심사를 꿰뚫어볼 수 있는 능력을 가져야 하고, 이는 우리의 광고 미디어능력을 키워야 한다는 것을 뜻한다. 바아케의 미디어능력 범주에 따르면 광고 미디어능력은 주로 '미디어비평' 및 '미디어학'과 연결된다(Baacke, 1999a).

광고 미디어능력이란 "광고에 대한 지식과 더불어 광고의 이면에 깔린 주된 관심사를 함께 파악할 수 있는 능력"(Meister & Sander, 2003)이다. 각 개인은 광고에 대해 자신이 받아들인 관점을 객관적으로 전환하여 생각할 수 있는 능력이 있어야 하고, 제3의 관점도 받아들일 수 있어야 한다. 이러한 맥락에서 보아 광고 미디어능력은 개인의 발달과제 및 사회화의 과제로서 해석될 수 있다. 모든 개인은 자신의 역량과 방법으로 광고와 관련된 "사회화의 과정"(문혜성, 2011; Schorb, 2010)에 참여하게 된다. 이 과정에서 개인은 광고 미디어능력에 대해 교육적인 촉진과 도움을 받을 수 있어야 한다.

광고 미디어능력이 중요한 의미를 갖게 되는 집단은 특히 어린이와 청소년들이다. 이들은 가치관과 동질성의 형성에 있어 외부의 영향을 많이 받으며, 아직 발달 중에 놓여있는 연령집단이기 때문이다. 어린이들은 이미 3-5세경에는 광고에 나온 특정 요소를 다시 인식할 수 있고, 6-8세경에는 홍보적인 광고의 문구들을 이해하게 된다. 9-10세경에는 광고에서 증거를 제시하듯 논증적으로 전개하는 문장의 내용을 내재화하게 되고, 그 내용은 결국 구매행동에 영향을 주게 된다. 10-13세경 어린이들은 광고문화를 이미 잘 인식하고 있는 연령대이다(문혜성, 2003a; Moon문혜성 외, 2005; Lange & Didszuweit, 1997). 이들은 추상적 차원이긴 하지만 광고의 의도와 광고의 역학적 기능을 알고 있으며, 광고가 예술적으로 아름답게 또는 위트 있게 만들어졌더라도 광고에 대한 비평적인 시각을 가지고 있다(Moon문혜성 외, 2002; Meister & Sander, 2003; Moon문혜성, 2006). 물론 개인의 비평적 관점이나 소비성향, 특정 유명인에 대한 지지도 등에 따라 차이는 있으나, 광고는 이 연령기 많은 어린이들의 구매행동에 일정한 영향을 주게 되고 이들에게 파고들어 가게 된다.

이후 청소년기에 들어서면서 인간은 인지능력 발달단계의 "형식적 조작기의 단계"(Piaget, 1966)에 들어서게 되고, 이 단계에서 한 개인은 자신의 동일화 문제, 정체성 확립에 관한 설정을 스스로 할 수 있는 능력을 갖게 된다. 오늘의 사회문화 속에서 청소년들은 미디어의 상업적 사안에서 더 이상 간접적인 관계가 아닌 직접적인 관계에 놓이게 된다(Baacke, 1994). 생활세계의 질서의식을 인식하는 데 있어 이 시대의 어린이, 청소년들은 미디어의 내용이나 요구사항 앞에서 여과장치나 중재자 없이 혼자 내버려지게 되는 상황이 만들어진다. 이 상황에서 가장 눈에 띄는 현상은 광고를 통한 청소년문화의 상업화이다. 광고는 청소년들의 커뮤니케이션에서 점점 더 중요한 상징적 기능을 갖게 되었기 때문이다. 광고는 그들의 문화를 전달해주고 유행을 이끌어가기까지 한다. 온라인으로 연결된 사이버문화가 이들의 삶에 지대한 역할을 하게 되면서, 이러한 현상은 더욱 극대화되고 있다(7장 2절 4항 "청소년과 온라인 광고" 참조). 광고가 보여주는 다양한 모델은 청소년들의 사고와 행동, 외모에 대한 동일시 현상에 무의식적으로 많은 영향을 미쳐, 이것이 곧 청소년들의 구매욕과 연결되기 때문이다(문혜성, 2007). 무엇보다 특정 상품을 대변하는 광고 속의 수많은 모델들은 청소년들에게 동일시의 대상이 되며, 우리 사회의 스테레오타입 형성에 강력하게 영향을 미치게 된다(Leschig, 1999).

어린이와 청소년들에 대한 광고의 사회적 영향은 사회심리학적으로도 반드시 지적되어야 하고, 그것이 나아갈 방향도 제시되어야 한다. 이는 광고 미디어능력의 개발이 매우 필요하다는 사회교육적 요구이기도 하다. 특히 10−13세경 어린이들은 자신이 처한 환경에 따라 광고에 대한 자신의 의견을 "마치 ~인 것 같은 구조"(Meister & Sander, 2003)로 받아들인다. 이것은 이들이 추상적인 지식을 자아 성찰적으로 전환시킨다는 것을 뜻한다. 광고 미디어능력을 촉진하기 위한 교육방법은, 어린이와 청소년들로 하여금 자신들이 광고를 받아들이는 관점과 광고가 주장하는 근거들을 인식하고 표현하게 하는 것이다. 또한 자신들의 관점과 중요 관계인들과의 관점을 서로 비교하고 토론하게 함으로써, 점차적으로 일반적이고 객관적인 관점을 형성하는 것이 가능해진다. 이를 통해 대중문화에 보이는 상업적 의도와 다양한 표현양식을 인지하게 하고, 이는 사회의 경제문화를 쉽게 이해시킬 수 있는 교육방법이 될 수도 있다.

2장.
미디어교육학 역사와 이론, 미디어사회화, 미디어사회학, 미디어심리학

1. 미디어교육학의 역사

미디어교육학의 역사는 각 시대에 새롭게 등장한 뉴미디어와 그를 통한 흥분과 자극, 혼란에 대한 반응의 역사이다. 교육학의 관점에서 볼 때 미디어는 주로 교육적으로 규정된 규칙과 검열의 대상이었으며, 교육적, 정치적 행동의 도구로 받아들여졌고, 대부분 문화 비관적인 회의적 시각에서 다루어졌다. 교육학자들은 뉴미디어의 발달에 대한 신속하고 효율적인 보호조처를 요구했고, 19세기 말 '영화'라는 장르가 처음 등장했을 때 보수적인 학자들은 이를 "대도시로부터 들어오는 유감스러운 현상"(Hüther 외, 1997)으로 표현할 정도였다.

초기에 이 분야는 교육학 영역에서 확고한 자리를 차지하지 못하였고, 오히려 커뮤니케이션학, 사회학, 심리학, 예술학 분야의 일부로 간주되었었다. 미디어교육학은 싱대적으로 짧은 역사 속에서 그 시대의 정치적 상황과 교육문화의 흐름, 미디어기술의 발달과 기술적 기반에 따라 다양한 목표가 이루어졌다. 그러나 미디어를 활용한 교육의 발전은 사실상 인류의 역사적 발달과 함께 이루어져 왔으며, 무엇보다 종교와 연결된 교육이나 계몽주의 시각에서 보다 구체적인 학문적 작업이 시작되었다.

1) 종교교육과 미디어

〈그림 2-1〉 필사본-1400년경
로마교황청의『황금칙서』

〈그림 2-2〉 필사본-
1300년경 찬송가 악보

인류가 존재하기 시작한 이후로 우리 인간은 언어나 그림, 글 등 어떤 형태로든 자신의 의사를 전달하였고, 상호 간의 의사소통을 위한 방법을 발달시켜 왔다. 교육이란 기본적으로 전통적인 가치를 다음 세대에 전달하는 기능을 갖는 것으로, 이를 위해 인간은 언제나 효율적인 교육매체를 필요로 하였다 (Roth, 1994). 커뮤니케이션과 통신을 위한 미디어는 인간이 다양한 목적을 위해 여러 발달단계를 통하여 이루어낸 기구들이다. '동굴벽화'나 '봉화대의 연기 신호' 같은 것들도 소식을 전달하는 기능을 갖는다는 점에서 전단지, 신문, 라디오, 텔레비전, 네트워크나 컴퓨터를 통한 전자 데이터 통신과 같은 미디어와도 분명한 연관성을 갖는다(Vogt, 1997).

미디어는 인간에게 전달할 특정한 내용을 담은 교육매체로도 발전하게 되었다. 특히 고대나 중세시대의 교육은 동서양을 막론하고 종교에 대한, 종교를 위한 교육이었다 해도 과언이 아닐 것이다. 우리나라에서는 불교와 유교사상이 교육의 중심에 서 있었다면, 유럽에서는 그리스도교 사상이 당시 교육의 핵심이었다. 그러나 중세 때까지도 정보의 수신자라고 할 수 있는 대다수의 민중들은 글이나 책을 읽을 능력이 없었다. 따라서 당시에는 교회의 벽에 그려진 종교그림이나 서술적 전달양식과 같은 그림 매체를 사용한 "빈민성경" ("Armenbibel", Vogt, 1997)의 형식으로 일반 대중에게 그리스도교 신앙을 교육하였다. 유럽의 경우, 금속활자 발명 이전의 서적은 필사가들이 한 글자, 한 글자를 손으로 써서 만드는 필사본이 일반적인 서적의 형태였다.[1]

15세기에 이르러서야 구텐베르크(Johannes Gutenberg)의 인쇄기술(1455)에 의해 인

---

1) 〈그림 2-1〉 ~ 〈그림 2-6〉, 〈그림 2-8〉 사진 출처 : Hägermann, 2001.
  〈그림 2-5〉 사진 출처 : Blankertz, 1992.

쇄매체가 비로소 대중매체가 될 수 있었고, 이는 대중의 탈문맹화에 활력을 넣어주는 중요한 계기가 되었다. 그때부터 어려운 라틴어나 그리스어가 아닌 대중의 일상적 언어와 모국어를 사용한 전단지, 서신, 신문의 사용이 활발해졌다. 루터(Martin Luther)의 "종교적 가설"(1517, Gretzschel 외, 1996)도 인쇄기술의 덕택으로 훨씬 활발하게 전

〈그림 2-3〉 1000년경
오토 3세 황제의 필사본 성경책

〈그림 2-4〉 구텐베르크

파되었다. 구텐베르크의 기술적 도구는 루터가 추구한 정신적 가치를 효율적으로 전달해주는 매체가 되어, 이 인쇄술의 발달 없이 종교개혁의 성공은 거의 생각할 수 없는 일이었다. 루터나 그 후 칼뱅의 종교개혁은 일반 대중의 의식을 혁신적으로 진보시켰으며, 이것은 훗날 시민사회의 형성에 중요한 영향을 미치게 된다(Von Zahn, 1996)[2]. 유럽에서는 루터의 종교개혁 이

〈그림 2-5〉 16세기 인쇄소 모습

후, 예수회에 의해 발전된 새로운 출판 형태나 민중연극, 그리고 새로운 뉴스 서신 형식을 통해 반 종교개혁운동이 활발하게 전개되었다. 가톨릭계의 제후나 영주들, 학자들의 지원으로 통신원, 신문 그리고 한 장짜리 인쇄물이나 팸플릿 등도 더욱 많이 전파되었다. 이 시기의 중요한 출판물로써, "'전단지'에서 '새 신문'"(1609, Vogt, 1997)이라는 정기 출판물이 급속히 발전하게 되었다. 종교교육의 역사는 미디어교육의 역사에 중요한 근거가 되지만, 당시에는

〈그림 2-6〉 루터시대의 성경책

---

2) 우리나라의 경우는 세계적으로도 가장 먼저 인쇄기술이 발명되었고, 루터의 종교개혁보다 약 1세기 앞서 세종대왕의 한글이 창제되었다.

그것이 미디어교육학이라는 학문적 사고와 연결된 것은 아니었다.

2) 미디어교육의 시작 – 계몽주의 시대

〈그림 2-7〉 코메니우스

〈그림 2-8〉 노동계 폭동을
알리는 대자보, 1850년

  인간을 위해 어떠한 형태와 도구를 사용하여 효율적으로 학습내용을 전달하고 교수할 것인가 하는, 주로 교수법과 연관된 초기 미디어교육학적 사고는 몇 세기 전 계몽주의 시대에 시작되었다. 성직자이자 교육학자였던 코메니우스 (Johann Amos Comenius, 1592–1670)는 1657년 수도원 학교 "Scola pansophica"(Hüther & Podel, 1997)에서 자신의 역사 수업시간에 '신문 기사'를 적극 사용할 것을 권장하였다는 기록이 있다. 그는 1658년에 그림으로 지구와 자연을 표현한 자연과학 교재 "Orbis sensualium pictus" (Blankertz, 1992)를 저술하였으며, 수업 도구로써 신문과 달력을 사용하여 강의하였다. 기록에 의하면 코메니우스에 의해 '미디어교수법'의 이론적 토대와 실제에 대한 개념이 최초로 정립된 것으로 전해지고 있다(Hüther 외, 1997, 9장 1절 2항 "미디어교수법의 역사" 참조).

  18, 19세기에 이르러서는 '서적'과 '신문', '대자보'와 같은 소식지가 대중매체로서 뿌리내렸으며, 이미 계몽매체로서 교육적 의미를 갖기 시작했다. 이 시기에 이미 종교계와 정부에 의해 "미디어는 시민을 '보호'한다"(Hüther, 2010)는 교육적 정신이 발생하였다.

3) 미디어기술과 미디어교육학의 발달 (20세기)

  현대적 의미에서 보아 미디어교육학이라는 학문은 유럽의 경우, '영화'라는 새로운 장르가 처음 출현하고 이와 함께 전파를 이용한 대중매체가 발달하기 시작한 20세기 초, "영화와 미디어교육"(Hüther 외, 1997)이 출현함으로써 실질적으로 발전하기 시작하였다. 1895년 말, 베를린과 파리에서 처음 영화가 상영된 것은 훗날 "시각적 시대" 또는 "독서문화와의 작별"(Wiedemann, 1997)이라고 표현되는 새로운 시대를 열었다는 뜻만이 아니다. 영화의 출현과 거의 동시에 미디어교육학이 체계적으로 발전되기 시작한 것을 의미한다.

　1960년 초에 이 분야는 "미디어교육학"(Medienpädagogik)이라는 전문용어를 사용하게 되었고, 대학 내에 하나의 독립된 전공 분야로 자리 잡게 되면서 학계에서도 입지를 굳히게 되었다(Kerstiens, 1964; Müller, 1987). 특히 1960년경 그 당시의 뉴미디어인 텔레비전의 사용이 급격히 증가하고, 당시 프랑크푸르트학파의 비판이론 영향을 받은 "사회비판적 미디어 이론"(Baacke, 1973b)이 등장함에 따라 미디어교육학은 새로운 국면을 맞게 되었다. 1970년대 초 바아케의 "미디어능력"(Baacke, 1973a) 이론이 정립되면서 이는 현재 미디어교육학의 교육철학을 위한 중요 이론적 배경과 목표가 되고 있다. 20세기 후반에는 또 다른 뉴미디어, 컴퓨터와 디지털미디어의 등장으로 이 학문의 연구와 활동 영역은 더욱 확장되었다(그림 2-9).

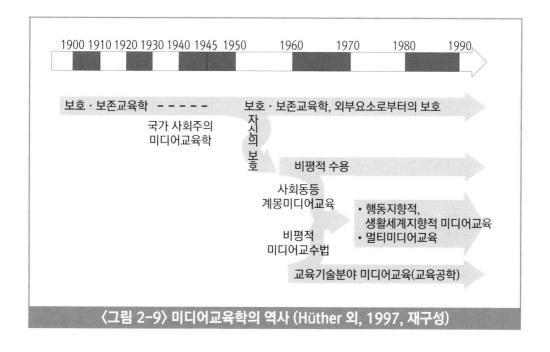

〈그림 2-9〉 미디어교육학의 역사 (Hüther 외, 1997, 재구성)

(1) 예방 – 규범적 미디어교육 : 보호교육학 (제1차 세계대전 이후 – 1933년)

1895년 새로운 문화 장르, 영화의 등장으로 교육계는 큰 도전을 받게 되었다. 이 시기 미디어와 관련한 교육적 사고는 아직 학문적인 사고가 체계화되기 전이었으며, 영화에 대한 일반적인 교육으로서 미디어교육의 성격은 이때부터 뚜렷이 "저질작품으로부터 보호"가 그 목표가 되었다. 여기에는 학생교육과 성인교육에서 영화와 문예작품으로부터 올 수 있는 '나쁜', '해가 되는' 영향에서 이들을 보호하려는 기존의 "보호교육학"(Hüther 외, 1997)의 의도가 내포되어 있었다. 그러나 이에 반하여 미디어를 통해 전달되는 내용에 대해 새로운 가치기준을 부여하려는 긍정적 관점도 대두하였다. 특히 학생들은 예술교육을 위한 감상법과 판단에 대한 시각을 개발할 수 있고, 이 새로운 미디어, 영화는 학생들과 국민교육을 위해 잘 사용될 수 있다는 의견이었다(Schorb, 1995).

〈표 2-1〉 예방 – 규범적 미디어교육의 상반된 시각

부정적 측면 (Hüther & Podehl, 1997)	긍정적 측면 (Schorb, 1995)
• 미디어에 의해 전달된 현실과 상반되는 허구의 세계 • 대중매체의 천박한 대중오락을 통한 정신적, 문화적 가치의 추락 • 어린이들의 환상을 과도하게 자극하고 공격성을 유발하는 미디어의 영향	• 상업성 짙은 영화의 지양, 청소년 보호기준과 국가의 검열 요구 • 영화의 기능적 효과와 관중의 심리적 작용에 대한 최초의 연구 발달 • 학교의 교육적 요구에 적합한 교육영화 제작의 촉구 및 활성화

이러한 경향은 1920년대에 들어와 "학교 영화운동"(Schorb, 1995)을 시작하게 한 원동력이 되었고, 이 영화운동은 국가에 의해 장려되고 또 통제도 되었다. 이 운동은 라디오방송에도 영향을 미쳐, 1923년에 시작된 라디오방송은 즉시 국가 통제하에 들게 되었으며 국가 권력의 언어 통로가 되었다. 그러나 이 국가 통제하의 라디오방송은 노동자 계층의 의견을 반영하지 않았었다. 따라서 노동자 계층은 1924년 독자적 라디오 방송국 "노동자 라디오클럽"을 설립했다. 이들의 모토는 "방송국은 국민의 강연대이다"(Loeffelholz, 1997)라는 것이었다.

(2) 제2차 세계대전 시기 : 프로파간다 및 정치교화적 미디어교육 (1934 – 1945년)

제2차 세계대전 때인 히틀러 나치정권의 제3제국 국가사회주의에서의 미디어교육은 교육학적 입장에서 보아 '교육'으로 이야기할 수 없다는 관점이다(Hüther 외, 1997). 왜냐하면 이 시기의 미디어는 대부분 프로파간다와 정치교화 수단으로 이용되었으며, 그 내용이 정부의 철저한 감독하에 있었기 때문이다.

이 시기 미디어교육의 의미는, 대중매체와 수업매체가 철저히 이데올로기(국가사회주의)를 위해 봉사하고 그 기능을 수행하는 것이었으며, 이러한 것은 오락과 국민교육이라는 이름으로 위장되어 이행되는 것이었다. "모든 교육적 요소, 연극, 영화, 문학, 신문, 라디오는 우리 국민의 영원히 살아 있는 가치를 위해 봉사해야 한다"(Leuthoff, 1937)는 것이었다. 그러나 이 시기에는 학교 영화운동이 매우 활성화되어 영화가 교육의 봉사매체로써 그 기능이 중시되었고, 시각적 학습자료 영화가 많이 제작되었다.

(3) 예방 – 규범적 미디어교육 :
외부의 보호에서 자아보호까지 – 영화교육의 시작 (1950년대)

제2차 세계대전이 끝난 후 유럽 지역에서는 나치 정권하에서 대중매체에 행했던 정부의 통제 상황이 반복될 것을 매우 염려하였다. 따라서 1945년 이후 미디어에 대한 첫 번째 교육적 역할은 국가사회주의의 오류를 몰아내고 미디어교육의 새로운 시작을 위해 노력하는 것이었다. 그 첫 번째 시도는 나치정권 이전의 "바이마르(Weimar) 공화국" 시대의 전통적 교육방법을 다시 전승하는 것으로서, 대중매체, 그중에서도 특히 영화에서 받게 될 '해가 되는 영향'에 대한 보호였다.

1950년대 초부터는 심리적 관점에서 본 영화 영향연구 이론이 뒷받침되어 예방적 성격을 가진 영화교육이 이루어졌다. 1953년 시작된 텔레비전 방영을 계기로 어린이, 청소년에 대한 「청소년보호법」(Hüther 외, 1997) 규정이 생겼으며, 영화산업 자체 내에서도 이들을 보호하기 위한 조직이 생겨나기 시작하였다.

특히 1949년도에 교육학자 카일하커(Keilhacker)에 의해 설립된 "노동자 계층의 청소년과 영화"(Hüther 외, 1997)를 비롯한 수많은 청소년 영화클럽은 자체적으로 어린이와

**〈그림 2-10〉 1950년대
어린이 영화교육 포스터[3]**

**〈그림 2-11〉 1950년대 극장에서
영화교육을 받는 어린이들 모습**

청소년들을 위한 교육적 과제를 마련하였다. 영화 개혁운동의 입장에 그 교육적 바탕을 두고 있는 이들 영화클럽은 청소년과 어린이들이 분석적으로 영화토론을 하도록 이끌어주고, 이들의 연령에 적합하고 교육적으로 가치 있는 영화를 상영하고 제공해주었다. 이러한 교육을 통해 영화가 줄 수 있는 위험에서 이들을 보호하고, 이 매체에 대해 어린이, 청소년들이 자율적으로 대응할 수 있도록 도움을 주기 위한 것이었다.

(4) 미디어교육학의 출발 : 비평적 수용 및 정치 계몽적 미디어사회화 (1960년대)

1960년대의 경제적 성장과 더불어 텔레비전의 급속한 확산으로 인해 미디어교육 분야에서도 이제는 보호적 측면의 교육 형태만이 아닌 새로운 관점을 갖게 되었다. 동시에 급격히 진행되는 현대화 속에서, 이제 '자아 면역적인 미디어교육'과 '열성적인 청소년 미디어 보호운동'은 청소년들로 하여금 자신의 성숙도에 비해 자신들을 보호하려는 교육성격이 과도하다는 느낌을 갖게 하였다. 제2차 세계대전 이후, 기성세대와 청년세대 간의 갈등이 극심했던 이 전후 시기에 청소년들은 의식적으로 기성세대를 거부하고 고유의 생활 형태와 (미디어) 소비 행태를 형성해갔다. 이 시기부터 텔레비전과 함께 미국

---

3) 〈그림 2-10〉, 〈그림 2-11〉 사진 출처: Hüther, 2002.

의 대중문화가 전 세계적으로 큰 영향을 미치기 시작하였다. 블루진이 등장하고 엘비스 프레슬리와 반항적 성격을 띤 로큰롤이 젊은 세대에서 폭발적인 인기를 얻게 되었다. 자신의 동질성을 찾는 성격의 "이유 없는 반항"(1955) 같은 영화들도 나오게 된다.

1960년 초에 이 분야는 "미디어교육학"(Medienpädagogik)이라는 전문용어를 사용하게 되었고, 1960년대 중반부터는 프로그램의 "비평적 수용(시청)"(Kerstins, 1964)이란 개념과 함께, 수용자에 대한 계몽과 이들의 의미 있는 미디어사용을 일깨우는 미디어교육이 실행되었다. 이것은 미디어 프로그램 내용의 맹목적 수용이 아닌, 방송 이면에 대한 질문과 논쟁, 그리고 문제의식의 자각을 통해 미디어와 거리를 두는 의식도 일깨우게 하는 것이었다. 그러나 아직은 수용자가 수동적 입장에 있었으며, 수용자에 대한 매체의 영향도 상호적이라기보다는 직접적이고 일방적인 것이었다.

1960년대의 사회적 상황 역시 미디어교육학의 관점을 바꾸게 하였다. 공영방송에 정치적 힘이 가세하려는 시도가 증가하였고, 이와 같은 시기에 비판이론의 영향을 받아 교육학의 흐름이 비평-수용적 미디어교육으로 향하게 된 것이었다. 이 비판이론의 영향을 받은 미디어교육학의 관점으로 인해 수용자, 시청자들은 미디어의 영향에 대해 예민해지고, 커뮤니케이션 과정과 제작의 뒤 배경을 깨우치게 되는 능력이 생기게 된다. "'대중'이 갖는 자의식도 근본적으로는 지배자들의 기구와 대중매체에 의해 조작된 것"(Dröge 외, 1979)이라는 의식이 생기게 된 것이다.

이 시기 미디어교육학의 주된 이론적, 실질적 쟁점은 미디어가 가질 수 있는 독점 권력의 파괴와 미디어 구조의 민주화를 요구하는 것이었다. 이러한 미디어교육학의 가치관은 시민들을 성숙하게 성장시키면서 갈등과도 맞설 자세를 갖도록 하고, 사회 평등을 이끌어낼 수 있는 능동적 시민들로 육성하기 위해 이들을 계몽하면서 시민들의 정치적 사회화를 촉진하는 것이었다.

(5) 교육기술 및 기능적 미디어교육학 : 교육공학 분야의 발전 (1970년대)

1970년대로 넘어오면서 미디어교육학은 점차 신문, 방송, 잡지 등의 미디어가 공공 커뮤니케이션의 도구로써뿐 아니라 교수학습의 도구, 즉 교육매체로서의 역할도 크다는 점에 주목하기 시작하였다. 이 시기 유럽에서는 "미디어교육학이란 미디어교육과 미디어교수법 두 분야를 함께 포괄하는 학문"(Kösel 외, 1970)으로 정착되어 갔다.

미디어가 중요한 교육적 매체로 인식되면서 이에 대한 기술-기능적 미디어교육은 교육정책에 많은 영향을 주었고, 학교수업에서의 미디어 도입이 강화되었다(V. Cube, 1974). 합목적적인 수업방법과 학습목표를 착오 없이 수행하기 위해, 수업시간에 각 과목의 특성에 맞는 이상적 매체를 투입하는 것을 현실화하도록 노력을 기울이게 되었다. 따라서 "학습이란 순수한 자극-반응-과정"(Hüther 외, 1997)이고 미디어는 수업과정에서 자극의 유발을 활성화하고 반응을 조절하는 도구로 간주되었다. 그러나 이러한 것은 결국 수업의 엄격한 조정장치와 표준화를 의미했다.

계몽적 미디어교육학의 시각에서는 이에 대한 비판으로, 기술-기능적 수업기획에 의한 사고방식의 독점화를 우려하였다. 이미 설정된 수업목표가 기술적 전달매체를 통한 수업방법으로 인해 약화될 수 있고, 교사와 학생 그리고 학생과 학생들 간의 커뮤니케이션 활성화가 저하될 수 있다는 것이었다. 또한 대중미디어와 교수학습 미디어가 실질적으로 구분됨으로써 교육현장의 미디어교육 성격이 "사회문화비평적 미디어교육"과 "학교 미디어교수법"의 두 분야로 뚜렷이 양분되는 것을 바람직하지 않게 생각하였다. 전반적으로 보아 미디어교육학의 시각에서는 미디어와 사회 간에 상호 종속이며 의존적인 관계가 형성되어있다는 사고가 기본적으로 자리 잡고 있었기 때문이다. 대중매체나 수업매체는 이것이 실행되는 범위나 분야가 다를 뿐, 둘 다 사회적 상황의 제한을 받는 커뮤니케이션 도구로써 인간에게 영향을 행사하고 정보를 전달하는 기능을 갖는다.

이 시기 미디어교육학 연구에서는 계몽-정치적 출발 관점에서 나온 교수학습 미디어 활용의 바탕을 마련하는 것, 그리고 동시에 학생들 간의 연결, 상호협동, 행동지향적 요소를 강조하면서 미디어교수법을 전체 미디어교육학의 틀 속에 포함시키려는 시도가 이루어졌다. 이러한 사고는 다음과 같은 내용으로 정리되었다(Krauth, 1976; Protzner, 1977; Scheffer, 1974; Wittern, 1975).

- 교수학습이란 학생과 교사 간의 개방된 학습과정이다.
- 이 과정에서 미디어는 양쪽의 손에서 함께 표현된 동반자와 같은 도구로 분류된다.
- 교사와 학생에게 미디어는 그들의 교수학습을 위해 제공되는 것이다.
- 미디어는 사고의 과정을 적극적으로 활성화하고 행동을 촉진하기 위한 것으로, 교수학습에 미디어가 투입되는 것에 목표를 둔다.
- 미디어를 충분히 심사숙고하여 사용함은 물론, 사회적 상황과 관계를 잘 분석하고

사용하는 노력이 뒤따라야 한다.

(6) 행동지향 미디어교육과 생활세계지향 미디어교육 :
성찰 및 실용적 미디어교육학 (1970 – 1980년대)

1970년대 후반의 미디어교육은, 그동안의 미디어교육학의 관점이 "시민의 사회적 동등을 위한 확장의 개념으로서 미디어비평과 사회적 계몽에 주력했던 것"으로부터 "행동 및 참여지향 미디어교육의 방향"(Breuer, 1979)으로 빠르게 진행되었다. 이와 함께 핵심 질문은 더 이상 "미디어가 시민과 함께 무엇을 만드는가?"가 아니라, "시민들은 미디어를 가지고 무엇을 만들 수 있는가?"(Hüther 외, 1997)로 변하였다. 미디어교육학에서는 "행동지향 미디어교육"("Handlungsorientierte Medienpädagogik", Baacke, 1978)이 등장하게 되었다. 이것은 능동적이고 실질적인 미디어작업을 통해 미디어가 인간의 행동과 태도에 변화를 줄 수 있고, 욕구 표현의 가능성이 있음을 학습하게 하는 교육으로써, 이것이 행동지향 미디어교육의 교육목표가 된다.

이 행동과 참여지향 미디어교육은 "인간의 커뮤니케이션능력"(Baacke, 1973a)을 일깨워줌으로써, 우리를 수동적인 미디어사용자가 아니라 공공의 미디어문화를 함께 형성하고 그 구성 과정에 참여할 수 있는 적극적인 사용자로 변환시키고자 하는 것으로, 미디어의 일방적 커뮤니케이션 구조를 깨고자하는 의도를 갖는다.

1980년대에 미디어교육학에서 강조한 핵심 요인은, 개인들로 하여금 직장과 일상생활에서 미디어에 적극적으로 반응하는 인간의 능력에 대해 더 깊이 숙고하게 한 것이었다. 각 개인이 자신의 생활세계에서 한층 강력해진 사회적 요구를 개념적으로 더욱 발전시키도록 한 것이었다. 이러한 연구내용은 "구조 분석적 수용자 연구"(Charlton 외, 1986)와 "인류 문화적 미디어 일상 연구"(Luger, 1985) 등과 같은 연구방법에서 잘 나타났고, 이 연구방법을 더욱 강조하게 되었다. 연구대상의 주체도 "미디어와 프로그램 제작자 중심의 분석"(Bohn u.a., 1988)에서 벗어나게 되었다. 사용자를 미디어에 영향을 받기만 하는 수동적 대상이 아니라, 각 개인의 고유한 생활세계에 맞추어 미디어를 적극적이고 조직적으로 이용하는 존재로 인식하게 되었다.

(7) 멀티미디어, 디지털미디어교육과 미디어교육학의 지향 방향 : 미디어능력의 체계적 촉진 (1990년대 이후)

기술적 미디어는 둘이나 그 이상의 상대 사이에서 발생하는 의사소통, 즉 커뮤니케이션을 가능하게 하거나 지원해주는 기술적 체계이다. 이러한 미디어의 의미에 20세기 후반에는 부가적으로 마치 모든 것을 말해주는 것 같은 멀티미디어의 개념이 생겨났다. 멀티미디어는 종래의 미디어기능을 결정적으로 확장시켰는데, 이것은 인간의 상대역 대용품 역할을 하는 듯, 인간 진술자를 대신하여 마이크로 전자를 통해 발생하는 상호작용 속성의 기술적 대용품(Hüther 외, 1997)으로 더욱 큰 비중을 차지하게 된 것을 의미한다. 나아가 2000년대 초반부터는 디지털미디어의 확산으로, 직업, 학습, 일상, 사적 커뮤니케이션 등의 일상적 구조가 점점 더 디지털미디어에 종속되어가고 있다.

이 점에서 미디어교육학에 요구되는 두 가지 측면이 있다. 첫째, 새로운 기술을 교육하고(Bildung) 직업분야에 적용할 수 있도록 도움을 주어야 하며, 둘째, 증가하는 미디어에 대한 의존적 상황을 예측할 수 있게 하거나 실제 위험성을 저지하는 데 이 학문이 기여해야 한다는 것이다. 한편으로는 첨단의 미디어가 학습도구 또는 생활의 질적 향상을 위한 도구가 되도록 하는 것을 기대하는 것이며, 다른 한편으로는 이러한 뉴미디어의 활용에 대한 계몽과 부작용에 대한 감각을 예민하게 해주어야 하는 것을 뜻한다.

멀티미디어와 디지털미디어의 등장은 미디어교육학 연구에서 정보기술교육의 필요성을 더욱 촉구하는 요인이 되었다. 멀티미디어나 디지털미디어를 통하여 사람들은 "커뮤니케이션 구조의 민주화"(Hüther 외, 1997)가 이루어질 것으로 기대하였으나, 현실적으로 그 이상은 실현되지 않았다. 오히려 사용자들의 사회계층에 따라 차이가 나던 기존의 커뮤니케이션 스타일은 상업적 의도로 인해 더욱 폐쇄적이 되었고, 결국 미디어의 영향으로 사회적 분할도 이루어지고 있다(예: "Digital Divide"). 이미 존재하는 교육수준의 차이와 기능적 능력, 정보 획득 능력 차이로 인해 사회계층 간의 기회균등이 쉽게 이루어지지 않고 있다. 이에 대해 앞으로 미디어교육학의 연구방향은 다음과 같은 방향으로 진행되어야 할 것이다.

• 교육목표와 교수법 기획에 있어 교육의 특권을 받고 있는 집단만이 아니라, 교육적 혜택을 많이 받지 못한 사람들을 위한 보상적 수단으로 미디어를 사용할 수 있게 한다.

- 사용자에게 일과 학습에 뉴미디어를 적용하는 데 대한 방향성을 제시해주어야 한다. 미디어기술이 갖는 제한점과 한계성을 밝히고, 미디어로 인해 발생하는 문제점을 쟁점화해야 한다.
- 교육과 직업에서 뉴미디어와 새로운 기술을 적용할 수 있도록 지원한다.
- 증가하는 미디어 의존적 상황에 대한 위험성을 저지한다.

사이버공간이 제공하는 가상의 자유도 사실은 매우 불평등하게 분배되어있다. 모든 사회구성원이 정보사회의 정보바다에서 헤매지 않도록 기술적, 경제적 지원과 더불어 다음과 같은 사항(Baacke, 1996b)이 지속적인 연구에 있어 중요한 바탕이 되어야 한다.

- 모든 사회구성원을 위한 동등한 정보의 공급
- 공공의 이익과 인격 보호
- 새로운 정치적 커뮤니케이션 구조

4) 미디어교육학 이론과 역사적 발달 과정

미디어와 관련된 모든 교육적 사고를 연구하는 미디어교육학의 학문적 사고를 실제 교육상황에 적용하기 위해서는 이를 위한 구체적인 교육의 방법이 필요하다. 이는 "행동지향 미디어교육"의 방법과도 일치한다. 다양한 미디어교육의 방법들은 20세기 초반부터 시대의 흐름에 따라 다음과 같은 여러 이론을 토대로 발전하였다(Maletzke, 1963; Nowak, 1967; Kerstiens, 1971; Baacke, 1973a; Silbermann 외, 1973; Teichert, 1973; Hickethier, 1974; Fröhlich, 1982; Hauf 외, 1983; Dichanz, 1986; Spanhel, 1987; Tulodziecki, 1997; Sacher, 2003).

(1) 보호 미디어교육 이론

이 이론은 해로운 미디어의 영향으로부터 어린 사람들을 보호하고자 하는 관점에서 출발한 것이다. 보호 미디어교육 이론을 토대로 하는 현대적 개념의 미디어교육은 1920년경 영화교육의 형태로 가장 먼저 등장하였다. 그 당시 모든 영화는 우선 검열을 받아야만 했고, 이 영향으로 영화 산업계에서는 어린이와 청소년들에게 해가 될 수 있는 내용을 검열하기 위한 자율적 검열 조직들이 생겨나게 되었다. 이 보호적 관점은 전승되는 전통 사회문화를 보존하면서도, 그 시대에 등장한 뉴미디어의 악영향에 대해 경계역할을 하고자 한 것이었다.

이 보호적 관점에는 한계가 있다. 오늘날에는 특정 미디어나 미디어 프로그램을 완전히 금한다는 것이 쉬운 일이 아니기 때문이다. 집 안에서 금지하더라도 친구나 주변 사람들은 그 프로그램을 접하게 된다. 특히 또래집단이 접하는 프로그램을 전혀 접하지 못하는 어린이는 사회적 고립감을 겪기도 한다.

(2) 보호와 육성 미디어교육 이론

이 개념은 1945년 이후에 발전한 것이다. 영화를 중심으로 하는 미디어교육 방법으로서, 미디어의 해가 되는 요인으로부터 어린이와 청소년들을 보호하려는 것이다. 그러나 이 이론은 보호 미디어교육 이론에서 한 걸음 더 나아가, 영화 내용의 가치 있는 측면을 인식시키려는 교육을 추구한다. 미디어의 일방적인 부정적 요인으로부터 어린 사람들을 보호할 뿐만 아니라 영화를 통해 각 개인이 가지고 있는 고유의 취향을 발전, 육성시키고자 하는 것이다.

그러나 이 이론에서는 미디어와 그 프로그램에 대해 어린이들을 단지 수용자의 입장으로만 간주한다. 프로그램을 능동적으로 선택하고 해독하고 이를 변형할 수 있는 가능성, 그리고 미디어를 효율적인 커뮤니케이션 수단으로 사용할 수 있다는 사고는 아직 이 개념에 들어있지 않다. 또한 수용 과정이 아직은 인지적 측면으로만 치중되어있고, 인간의 욕구나 사회화 과정에서 얻어진 습관이나 인식과 같은 것이 미디어의 수용에도 많은 영향을 준다는 사실은 간과되어있다. 이러한 상황이 발생하는 사회적 맥락이나 역사적, 정치적 맥락은 제외되어있다.

(3) 미학과 문화지향 미디어교육 이론

이 이론은 보호 미디어교육 이론이 대중매체의 영향력을 지나치게 부정적으로 보는 것에 반대하는 입장으로부터 나온 관점이다. 이 이론은 영상문화에 대한 미학적 감각을 교육하고, 미디어가 갖는 문화, 예술적 측면과 교육에서의 중요성을 강조하는 이론이다. 1950년대 후반 영화산업이 점점 더 부흥하고 영화가 일반인들의 생활에 큰 매력 요인이 되면서, 이 이론은 특히 두 가지 교육원리를 강조한다. 첫째, 영화에 대한 비평적 사고를 계몽시키고 영화의 예술적 형태에 대한 가치를 일깨워주는 것, 둘째, '영상과 영화 언어'가 문화적, 사회적, 시각적 교육의 필수적인 구성요소임을 이해시키도록 하는 것이다. 미학과 문화지향 미디어교육 이론의 이러한 교육원리에서 "미디어 리터러시"의 개념도 발전하게 되었다.

그러나 이 이론은 영화라는 장르에만 치중되어있다. 이 이론이 발전되던 당시 새롭게 등장한 텔레비전은 단지 프로그램의 새로운 확산이나 표현기술로서만 간주되었다. 무엇보다 영화의 제작과 예술영화의 전문적 제작양식에만 치중함으로써, 어린이, 청소년들의 욕구나 영화 내용, 영화 표현 간의 상호작용은 지나치게 경시되었다. 자신의 욕구와 관점을 표현하기 위한 수단으로써 제작교육이 갖는 교육적 가치는 부각되지 않았다.

(4) 욕구지향 미디어교육 이론

이 이론은 미디어소비나 사용, 이를 위한 적절한 방법을 생각하는 것에서 한 단계 나아간 개념이다. 이 이론은 어린 사람들이 미디어사용을 통해 충족하려는 기본 욕구를 파악하여 이들의 사용 태도와 그 의미를 연구하고자 한 것이다. 이 이론은 욕구를 충족하지 못하는 현대의 많은 어린이, 청소년들을 위한 연구의 중요한 출발이 될 수 있다.

이 이론의 문제점은 인간의 모든 욕구를 고려한 것이 아니라는 점이다. 인간의 욕구란 인간이 본능적으로 갖고 있으면서도 결코 변화시킬 수 없는 것들이다. 예를 들어, 다양한 사회집단, 경제성, 미디어의 다양성도 인간의 더 많은 욕구를 자극시킬 수 있다. 또한 이 이론은 사회적, 역사적, 정치적 맥락을 고려하고 있지 않았다. 사람의 사회적 기능도 욕구에 의해 영향받는다는 사실을 배재한 것이다.

(5) 비평적 미디어교육 이론

이 이론은 사용자들로 하여금 미디어의 영향은 하나의 지배수단이 될 수 있으며, 미디어 산업은 이윤의 최대화를 겨냥한다는 통찰력을 키워주고자 하는 것이다. 미디어에 의해 조작된 영향력을 저지하고 이를 조사하려는 의도를 갖는다. 이전의 미디어교육에서는 지나치게 미디어에만 집중하는 경향이 있었고, 미디어가 사회적 상태와 힘의 구조에 의한 생산물이라는 시각은 경시되었다. 따라서 이 이론은 미디어의 기능적 구조에 대해서가 아니라 미디어에 대한 사회비판적 측면에 무게를 두었다.

그러나 이 이론에는 미디어의 지배적 특성과 조작적 기능을 과하게 평가하는 보호, 보존주의 관점이 존재한다. 미디어에 대한 이러한 부정적 관점은 마르크스주의와 연결된 것이다. 미디어와 관련하여 자기 취향을 발달시키고 즐거움을 느끼며, 표현능력을 키울 수도 있는 미디어제작 측면의 교육이 경시되어있다.

(6) 행동 및 커뮤니케이션 지향 이론

이 이론은 행동과 커뮤니케이션이라는 주요 개념을 통해 앞서 언급한 이론들을 통합하려는 것이다. 미디어를 수단으로 하는 인간 간의 커뮤니케이션과 사회적 커뮤니케이션을 개선하려는 기본 목표를 가지고 있다. 미디어에 대해 스스로 결정하는 행동능력을 촉진하고, 기술적 또는 비기술적 미디어와 관련된 커뮤니케이션의 방법과 내용을 개선하려는 것이다. 균형 잡힌 시각을 통해 미디어에 관한 이념 비평적 관점을 극복할 수 있도록 하고자 하는 것이다.

그러나 이 이론에서는 다양한 사회문화 안에서의 균형 잡힌 시각이 어디에 놓여있는지가 분명하지 않다. 이 이론의 관점에 의해 진행된 능동적 미디어작업은 지나친 자신감을 너무 빨리 갖게 할 가능성이 있다.

(7) 기능과 체계 지향 이론

이 이론에서는 미디어가 민주적 체계 속에서 유용한 수단이 되도록 하는 것을 지향한다. 민주주의를 위해 모든 수용자는 성숙하고 비평적인 시민이 되어야 한다는 관점이다. 미디어 커뮤니케이션과 사회적 기능의 맥락에서 미디어 프로그램을 파악하고, 미디어를 교육의 유용한 도구로 파악한다. 이 이론이 추구하는 미디어교육의 목표는 민주주의 체계 안에서 정보와 교육을 위해 미디어를 사용하고, 미디어와 더불어 수용자들에게 이상적인 환경을 준비시켜 주는 것이다. 이 관점은 보호주의적 관점을 확장시키긴 하였으나 미학–문화적 측면에 대한 취약점을 가지고 있다.

(8) 통합 미디어교육 이론

이상에 언급한 미디어교육 이론들을 학교나 다양한 교육기관의 교육에 적용할 수 있도록 다음과 같은 통합 미디어교육 이론이 특성화되었다.

- 학생들의 학교 밖 미디어 경험과 미디어능력을 수업이나 학교생활에 통합
- 수업과 교육과제의 맥락, 조직적인 맥락 속에서 다양한 미디어사용의 상용화
- 모든 미디어에 대한 동등한 통합
- 학교 미디어교육과 정보기술교육의 통합
- 언어교육에서의 '미디어 리터러시' 교육
- 미디어교수법과 미디어교육의 융합
- 학교교육의 전체 맥락 속으로 미디어교육을 통합
- 학교의 통합적 미디어교육을 위한 모든 교직자들의 책임의식 고취
- 학급에서 주로 사용하려는 특정 미디어와 교육주제를 연결하기 위한 사고 양성
- 미디어교육을 위한 통합적 커리큘럼 개발
- 학교의 미디어작업과 교내 미디어연수를 위한 미디어작업실 및 교육센터 활용
- 프로젝트 미디어교육을 위한 개방적 공간 마련
- 통일된 목표설정과 학습효과와 교육적 성취를 지향하며, 학교 특성을 살릴 수 있는 미디어교육 방법 개발

이상의 여러 이론들은 현재에도 디지털미디어 및 스마트기기와 연결되어 교육현장에서 적용되고 있으며, 사회문화의 변환과 미디어기술의 발전과 함께 앞으로도 지속적인 발전이 이루어져야 할 것이다.

2. 미디어교육학과 인간의 사회화

1) 인간의 사회화

(1) 새로운 사회생태환경 – 미디어

일반 "사회화 이론"(Geulen 외, 1980)에서 의미하는 사회화란 개인과 사회 간 서로에게 미치는 영향과 그 교환적 과정을 의미한다. "사회화란 한 개인이 특수한 자료와 사회적 환경 간의 상호작용을 통해 얻게 되는 인격의 발달"(Lenzen, 1998)이다. 사회화 연구의 주된 관심사는 "사회적 행동능력을 갖는 주체의 발생"(Geulen, 1989)에 놓이게 되는데, 이것은 연구의 방향을 사회적 행동능력의 발생에 관한 실증적 제반 상황으로 잡는다는 뜻이다. 사회화는 하나의 과정으로서 사회적, 역사적으로 규정받는 어떤 구체적 생활세계 안에서 이루어진다. 사회화의 내용에는 사회적 제한 상황, 구조, 규범, 가치관, 지식 등이 있는데, 이것은 어떤 기관을 통해 한 개인에게 전달된다. 대표적인 사회적 기관이나 기구에는 대중매체가 해당되고, 사회적 연결고리인 가족, 그리고 특수적 사회화 기관인 학교와 같은 기관도 포함된다.

사회화 과정은 일방적이거나 결정적인 과정이 아니다. 사회화 과정은 한 개인이 어떤 내용을 습득하거나 거부하는 과정, 또는 다른 목표나 내용을 설정하는 상황에 적극적으로 참여하는 과정이다. "사회화란 사회적으로 생산된 환경 속에서, 한 개인이 형성을 하거나 형성되는 과정이다. 이러한 것은 사회화 과정과 그 결과가 다시 원상태로 돌아오게 하는 근본적인 역행성을 의미한다"(Schorb 외, 1980)는 것이다.

인간은 사회 안에 속해서 살고 있고, 사회와의 끊임없는 정신적, 문화적 상호교환을 통해 성장한다. 그 과정에서 인간의 미디어능력도 개발될 수 있다. 이러한 인간과 사회와의 교환 작용을 사회화(Sozialisation)라고 한다. 따라서 미디어교육을 인간의 사회화 관점에서 접근하는 것이 중요하다. 이를 통해 미디어교육의 의미를 더욱 명확히 파악할 수 있기 때문이다. 미디어는 전체 사회생태환경[4] 속에서 이제는 "새로운 사회생태환경"으로 형성되어 그 영향력도 커지고 있다(그림 2-12).

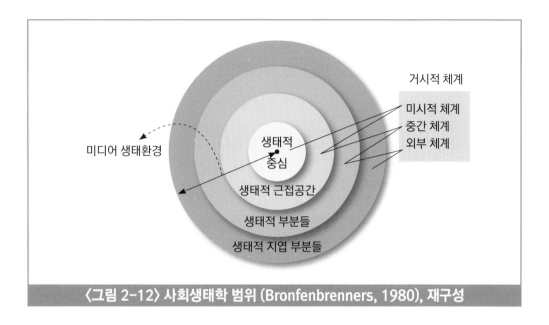

〈그림 2-12〉 사회생태학 범위 (Bronfenbrenners, 1980), 재구성

사회생태학 범위에는 다음과 같은 영역들이 해당된다(Bronfenbrenners, 1980).

- "사회생태적 중심"은 가족을 이야기하는 것으로, 한 인간의 출생과 함께 시작되는 영역이다. 아동과 그들의 직접 관계인들이 낮과 밤에 거주하는 곳이다. 이곳은 외부 세계에서 보호되는 '사적 영역'이다. 이 영역은 인간의 삶이 지속되는 한, 늘 함께 하는 영역이 된다.
- "사회생태적 근접 공간"은 한 가족을 둘러싼 이웃, 시의 일부분, 거주 영역, 거주지 주변 등으로, 아동이 생후 처음으로 외부와 관계를 접하며 기능 특수적 행동이 발생하는 곳이다.
- "사회생태직 부분들"은 인간이 특정한 목표를 위해 접하게 되는 사회적 부분이며, 한정된 기능을 갖는 행동 영역이다. 특정 목표에 대한 상호작용 형태와 내용을 갖기

---

4) 생태학(Ökologie)이란 생명체와 그 주변 환경과의 관계에 대한 학문을 뜻한다. 생태학이란 용어의 어원은 그리스어의 oikos(거주지・집)와 logos(학문) 두 단어가 복합하여 Ökologie란 단어가 나오게 된 것이다. 사회생태학(Sozialökologie)이란 생태학의 한 부분 영역으로서, 인간의 사회적 행동과 그의 환경 간의 교환작용을 포괄하는 학문을 말한다(Baacke, 1999b). 사회생태환경이란 인간이 살아가는 사회적 환경이며, 주변 환경과 인간이 서로서로 영향을 주며 살아가는 사회적 생활공간이다.

도 하고, 사회적 역할이 점점 더 요구되는 영역이다. 직접적이지 않은 영향을 받을
수 있는 규칙이 보이는 공간이다. (예: 학교, 유치원, 사회기관 등)
- "사회생태적 지엽 부분들" 또는 "사회생태적 주변"은 간헐적으로 대부분 우연하게
접하는 공간이며, 인생에서 이 사회적 공간에서의 생활은 미리 정확하게 계획할 수
있는 영역이 아니다. 그러나 우리 인생에서 분명 접하게 되는 공간으로, 다양한 영
역 내에서 이루어지는 생활과의 만남이다. (예: 친척집, 휴양지, 레스토랑, 극장 등)

(2) 사회화와 교육

　인간은 하나의 고립된 존재가 아니라 사회에 주어진 규칙적이고 조절된 상황, 그리고
포괄적인 상황에 대한 결정을 하면서 자신의 생활을 구성해나간다. 사회 속에서 살아가
는 인간은 단지 육체적으로만 성장하는 것이 아니라, 내면적 성장을 통해 성숙하고 자율
적인 사회적 인간으로 변화할 수 있다는 특성을 갖고 있다. 성숙한 사회적 인간이 되기
위해서는 지식과 숙련도, 능력의 습득이 필요하다. 지식이나 능력 등은 오래 계속되는
'문명화' 과정 속에서 이루어진다. 이 문명화의 과정을 "사회화"(Sozialisation) 또는 "교
육"(Erziehung)이라고 한다(Baacke, 1997a). 그러나 이 두 개념을 완전히 동일한 것이라
고 할 수는 없다. 사회화란 인간이 사회에 속하게 되는 점진적인 성장으로서, 인간과 사
회가 서로 교환적으로 영향을 미치는 과정이다. 또한 발달을 위해 인간과 사회 간의 직
간접적 상호작용 속에서 상대적으로 고정적인 행동계획을 유도하는 것으로, 이 고정적
인 행동계획에는 지식, 숙련도, 가치관, 사회적 윤리관 등이 포함된다. 이에 비해 교육이
란 인간에게 고정적인 영향을 주기 위해 이들을 의식적으로 겨냥한 행동으로서, 각 개인
에게 특정한 행동계획을 발달시키거나 이미 주어진 것을 변형시키기 위해 계획적이고
의도적으로 진행되는 사회화의 특별한 행동 단계를 의미한다(Kob, 1976). 이러한 맥락
에서 볼 때 사회화는 교육의 상위 개념이라 할 수 있다.
　그런데 교육은 때로 문제점을 갖게 된다. 교육자의 의도가 학습자(피교육자)의 인식에
따라 어긋날 수 있다는 것이다. 그러므로 교육에서는 교육의 목표가 피교육자에게 동일
하게 와닿기까지 피교육자의 적극적인 배움의 과정(습득 과정)이 요구된다. 윤리적 가
치관의 형성 또는 윤리적 가치관의 사회화와 같은 것은 오히려 부모, 형제, 또래집단, 미
디어 등 형식적으로는 '교육적'임을 표방하지 않는 상황에서 쉽게 이루어질 수 있다. 다

시 말해, 사회화란 일종의 '계획적으로 짜이지 않은 교육 과정'을 이야기한다. 그러므로 현대사회에서는 특히 미디어에 의한 사회화가 큰 의미를 갖게 된다. 예를 들어, 미디어를 활용한 책임 있고 의도적인 교육행동은 미디어를 통해 성공(효과)을 거둘 수도 있지만, 미디어의 내용이 교육적 의도를 가지고 제작된 것이 아닐 때 미디어는 '교육적이지 못한' 방향으로 나아갈 수 있다. 이런 경우에는 오히려 미디어가 의도하지 않았던 바람직하지 못한 결과를 초래할 수 있다. 그러므로 미디어교육학의 관점에서 볼 때, 우리는 가족이나 학교 같은 기관을 통한 사회화뿐 아니라 미디어를 통한 인간의 사회화에 더욱 관심을 쏟아야 할 것이다.

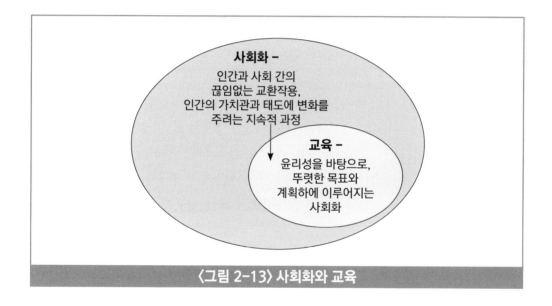

〈그림 2-13〉 사회화와 교육

2) 미디어에 의한 인간의 사회화

미디어는 공식적, 비공식적 상황이나 자의식 속에서 우리 인간의 사회화에 대하여 일정한 작용을 한다. 특히 언론이나 방송은 교육의 기능을 갖는 것으로 인정되고 있는데, 이는 여론 형성과 같은 기능을 갖기 때문이다. 정보를 전달해주는 미디어의 긍정적 사회화 기능의 역할 중에는 대중을 성숙한 시민으로 만들어주는 것도 해당된다. 그러나 대중을 성숙하게 하는 것이 어려울 경우에는 최소한 이렇게 될 수 있도록 미디어가 힘을 실어주어야 한다(Schorb, 1997).

미디어에 의한 사회화도 이러한 맥락에서 생각해볼 수 있다. 미디어, 사회, 인간 이 세 요인은 서로서로 교환 상태 속에 놓여있으며, 그 속에서 각각의 요소는 다른 요소에게 영향을 미치게 된다. 또한 각 개인은 사회에 속하며, 사회의 형식적, 비형식적인 한계 속에 편입되어있고, 미디어의 영향도 받게 된다. 그러나 각 개인은 미디어를 선택할 수 있고, 개인은 미디어 내용의 내면화를 통해 미디어가 주는 효과를 얻게 된다. 또한 인간은 한 사회의 주체로서 이러한 효과와 내용에도 작용한다. 이러한 관점에서 보아 미디어에 의한 사회화의 의미를 '사회화 요인으로서의 미디어', '사회화 중개자로서의 미디어', '사회화 도구로서의 미디어' 세 가지 분야로 파악할 수 있다.

(1) 미디어 – '사회화 요인'

대중매체가 전달하는 내용은 그 사회구성원들의 가치관, 판단력, 지식, 태도 등과 같은 면에 대해 다른 사회화 요소와 연관관계를 가지며 영향을 줄 수 있다. 이 경우 미디어는 '사회화의 요인'이 된다. 이 관점은 미디어 내용을 습득하는 주체, 곧 수신자로부터 나오게 되는 관점이다. 이 관점에서 미디어교육학에 대한 질적 연구가 발생하게 되었으며, 이것은 미디어에 의한 사회화의 과정을 규명하고자 하는 연구 방향(Schorb, 1997)을 설정하게 된다.

여기에 해당하는 연구 주제들은, 예를 들어 미디어가 개인의 삶에서 차지하는 위치(Luca, 2003 등)에 관한 것, 그리고 미디어적 상징을 일상에서 응용하는 어린이들의 내면화에 관한 연구(문혜성, 2003a DJI; 1993 등)가 있다. 또한 가족 안에서나 교육기관 내에서 사회화에 미치는 미디어의 영향(Aufenanger, 1993; Barthelemes, 1991 등)과 같은 것도 해당된다. 미디어 내용과 청소년, 어린이들의 사회화와 관련하여 오락프로그램 내용 습득, 폭력적 내용 습득과 영향에 관한 연구(Teunert, 1993 등), 만화영화(Paus-Haase, 1991 등)와 광고(Charlton & Neumann, 1995 등)에 대한 연구도 해당된다. 청소년 집단에 대한 미디어의 영향요소에 관한 연구(Baacke 외, 1991 등)와 미디어와 청소년 문화연구(Schell, 1999 등)가 있으며, 멀티미디어(Götz, 2003 등)와 폭력(Anfang, 2003 등)에 관한 연구, 사회구성원들의 일상 세계와 미디어와 사회에 대한 연구(Baacke, 1989 등) 등이 해당된다.

미디어의 작용과 관련하여 청소년이나 어린이들은 능동적으로 미디어를 수용한다고 할 수 있다. 자라나는 세대들도 대중매체 프로그램에 대해 의식이 없는 소비자가 아니라, 특정 프로그램에서 자신의 행동을 이끌어주는 관심사를 파악하고, 무엇보다 해당 프로그램 내용 중 특정한 내용만을 받아들이는 인격체라는 것이다(Schorb, 1997). 미디어도 그 내용을 자율적으로만 표현하지는 않는데, 미디어 자체도 사회 현실의 한 부분이기 때문이다. 미디어가 어떤 내용을 제공하고 어떤 형태로 프로그램을 제작하는가 하는 것은 그 사회의 구성요소들에게 의존하게 된다.

(2) 미디어 – '사회화 중개자'

우리는 특정 문화에 순응하거나 동화하기 위한 보조수단으로 미디어 자체를 사용할 수 있다. 미디어는 한 사회에서 중시되는 지식과 규범의 표준을 전달해준다. 이 경우 미디어는 사회화의 수단이 된다. 여기서 이야기하는 미디어는 특히 교육(Bildung)적으로 사용할 수 있는 목적으로 제작되는 미디어를 의미한다(Schorb, 1962; Knoll & Hüther, 1976). 교과서, 영화, 서적, 지도, 사진, 컴퓨터의 소프트웨어와 같은 것이다. 여기에는 특정 기관의 학습을 지원해주거나 보완해줄 수 있는 미디어프로그램, 예를 들어 교육방송 프로그램, 어린이 교육프로그램, 언어교육 프로그램 등이 해당된다. 디지털미디어의 급속한 발달과도 연관되면서, 이 부분에서 상업화 경향이 더욱 두드러지게 되었다. 교육적인 성격과 상업적인 성격, 그리고 오락성이 포함되어 'Edutainment'나 'Infortainment'라는 용어도 등장하였다. 웹이나 네트워크를 통해 오락적으로 제작된 교육프로그램의 시장도 형성되었다. 직업과 연결된 특수지식과 함께 일반적인 교육프로그램도 오락프로그램의 형식으로 많이 등장하고 있다. 이미 자리 잡고 있는 교육기관에서의 지식에 대한 기준도 언어, 수학, 역사, 문화 등의 '전파 과외수업'에 의해 영향을 받게 되었다.

(3) 미디어 – '사회화 도구'

인간의 사회화를 위하여 미디어를 자율적인 도구로 사용할 수 있다. 미디어를 사회적 상황과 환경에 대한 비평적 논쟁이나 의사표현을 위한 방법으로 쓸 수 있다는 것이다. 이 경우 미디어는 사회화 과정에서 하나의 도구가 된다. 미디어가 사회화 도구로 사용된다는 것은 미디어에 의한 사회화 과정에서 미디어가 교육적 과업을 갖는다는 의미이다. 이것은 미디어에 의한 사회화가 의식적으로 이루어지는 과정을 말하며, 미디어를 전달 도구로 사용한다는 것이다. 여기서 의미하는 미디어의 교육적 과업이란 미디어가 수신 자를 사회적 주체로 인식한다는 것이다.

이러한 관점은 인간의 커뮤니케이션능력(Baacke, 1973a)과 연결되어 있다. 커뮤니케 이션능력을 가진 주체는 한편으로는 커뮤니케이션의 구조와 제한점을 인식하고, 다른 한편으로는 사회적 커뮤니케이션에 적절히 참여할 수 있도록 커뮤니케이션의 구조와 제 한 상황을 잘 사용할 수 있어야 한다(Hüther 외, 1982). 커뮤니케이션능력은 이러한 의 미에서 언어능력과 함께 전달능력, 행동능력을 내포한다. 이러한 능력들은 미디어와 그 내용에 대한 비판적 성찰과 능동적 미디어작업, 또는 행동지향 미디어작업의 형태 안에 서 미디어의 실질적 학습을 통해 습득할 수 있다(10장 4절 3항 "제작교육을 위한 이론적 토대 – 인간의 사회화" 참조).

3) 사회화로서의 "정치관 형성"

한 사회의 특정한 정치 상황 속에서 대중매체는 사회구성원들과 함께 사회정치적 논 쟁을 전달하거나 결정함으로써, 우리의 정치관 형성에 중요한 사회적 요인이 된다. 각 개인은 사회를 구성하는 정치적 구성요소이며, 개인의 대중매체를 통한 사회화를 통해 다시금 대중매체의 기능이 더욱 강화된다.

대중매체의 사회정치적 논쟁을 통한 사회화를 미디어에 의한 "정치관 형성" 또는 "정 치교육"("politische Bildung", Claußen, 1993)이라고 표현할 수 있다. 대중매체와 함께 하는 정치관 형성의 과정은 정치권이 국민에게 해야 하는 일종의 교육적 응답이고, 이 교육적 응답은 다시 미디어교육과 연결된다. '모든 정치적 상황'이 '미디어'와 직결되어 전달되고, 이 연결을 통해 새로운 상황이나 여론이 형성됨으로써 다시 이 새로운 상황과 여론이 정치권에 전달되기 때문이다.

한 사회의 정치적 상황은 우리의 삶과 직결되어 있으며, 이 정치적 상황을 형성하는 것 은 사회구성원과 대중매체이다. 미디어는 우리에게 사회교육적 역할을 하면서, 미디어 를 통한 국민과 정치, 정치와 국민 간의 순환 과정을 이루게 한다(Podehl, 1997). 이 과 정과 함께 미디어는 지속적이고 발전적으로 여론 형성 과정을 촉진할 수 있고, 이를 통해 사회구성원들의 성숙한 정치관을 형성할 수 있게 된다.

이 순환 과정은 결국 사회와 미디어, 그리고 사회구성원들 간의 커뮤니케이션 과정이라고 할 수 있다. 따라서 사회구성원들이 성숙한 정치관을 형성하기 위해서는 사회와 미디어에 대한 비판적 시각을 키우는 것이 중요하다. "커뮤니케이션 연구는 비판적 사회학이며 사회비판적 미디어연구"(Baacke, 1973b)이고, "커뮤니케이션 행동은 인간의 자아구성"(Habermas, 1968)이기 때문이다. 미디어를 통한 국민과 정치, 정치와 국민 간의 순환 과정에서 정치에 대한 대중매체의 계몽적 역할은 사회구성원들로 하여금 더욱 성숙한 정치문화를 구성할 수 있도록 도와준다. 이러한 일련의 과정은 분명 미디어에 의한 사회화의 중요 부분이라고 할 수 있다.

교육의 장에서는 모든 사회구성원들에게 우리 사회와 정치에 대한 관심을 일깨워주는 것이 중요한데, 여기서 의미하는 '정치관 형성'은 특정 정당이나 인물에 대한 '정치 홍보'와는 분명 다르게 이해되어야 한다. 정치관 형성 또는 정치교육을 통해 의도하는 것은, 정치란 그 시작이 우리의 일상생활과 직결되어있으며 우리 삶의 근간을 형성해주는 바로 우리 모두의 과제이며, 모든 사회구성원이 자신의 일처럼 관심을 가져야만 한다는 사실을 교육하는 것이다. 정치관 형성, 또는 정치교육을 통해 우리 자신이 결국 우리 사회의 현재나 미래의 정치 주체라는 사실을 어린 시절부터 일깨워주어야 한다.

4) 디지털미디어세계 속의 사회화

(1) 새로운 디지털미디어기술 – 사회화 과정의 새로운 조화

새로운 미디어기술과 이 새로운 기술을 통해 더욱 확장된 미디어와의 긴밀한 관계는 모든 사회구성원들의 삶에 있어 사회화의 과정과 성장에 지대한 영향을 미치게 되었다. 특히 어린이, 청소년들과 같이 자라나는 세대에게 있어 디지털미디어의 기술적 발전은 인간관계를 위한 커뮤니케이션과 상호작용의 도구로써 지대한 역할을 하고 있다. 나날이 새로워지는 디지털미디어의 기술과 이를 능숙하게 사용하는 우리의 능력은 모든 인간의 성장이나 사회경제적 맥락과도 직결되어있고, 미디어와 관련된 모든 이론의 연구와 해석, 방법론을 시험대에 오르게 하고 있다.

인간의 행동을 사회적 행동으로 간주한다면, 미디어와 관련한 인간의 모든 행동도 사회적 행동으로 볼 수 있다. 이는 미디어에 의한 사회화라고도 할 수 있으며, 특히 디지털 미디어와 관련한 사회화 과정을 다음과 같이 정리해볼 수 있다(Hoffmann 외, 2013).

- 자라나는 세대의 발달과제 측면에서 보아 미디어의 내용은 가까운 인간관계를 형성하는 과정에서 방향을 제시하는 기능을 갖게 된다. 자신만의 동질성을 확립해나가며 갈등이나 고민을 겪게 될 때, 미디어가 유일하게 의미 있는 역할을 하는 것은 아니지만, 사회화 과정에 있어 중요한 몫을 갖는 것도 사실이다.
- 미디어가 다루는 내용 중 특히 SNS를 통한 새로운 상호작용 구조는 새로운 사회화의 형태를 현실적으로 만든다. 미디어와 함께, 미디어 속에서, 미디어에 관해 어떻게 사회적 관계를 구성하는가, 그리고 미디어의 어떤 상호작용 구조가 여기에서 중시되는가 하는 것도 역시 인간의 사회화 연구에서 고려되어야 할 사안이다.
- 미디어와 관련한 인간의 모든 행동은 언제나 사회적, 문화적 제한 조건의 테두리 안에서 이루어지는 행동이다. 따라서 인간의 미디어행동은 언제나 사회화의 맥락 안에서 이루어지는 과정으로 볼 수 있다. 여기에서 말하는 사회문화적 관련 사항은 인간의 관심사에 대한 연구이며, 특히 공동체 형성의 과정이 중요한 의미를 갖는다.

(2) 디지털미디어세계 속의 삶과 사회화 – 심리적, 사회적 체계의 상호작용

미디어기술이 급속히 발달하고 다양한 디지털미디어 제품이 더욱 광범위하게 사용됨에 따라 사회화 이론으로 연결되는 미디어연구는 더 강하고 새로운 도전을 받게 되었다. 문제는 새로이 등장하는 미디어로 인해 발생하는 현대사회의 현상을 포괄적으로 다룰 수 있는 이론적 연구가 매우 부족하다는 사실이다. 이는 세계 많은 나라의 학계에서 공통으로 겪고 있는 문제로, 교육이나 사회 분야 학문의 발전 속도가 미디어나 기술의 발전 속도를 따라가지 못하기 때문이다. 미디어란 가족, 또래집단, 학교 등과 더불어 인간의 사회화에 영향을 주는 요인이지, 독자적인 사회화 기관으로 볼 수는 없다. 따라서 미디어와 사회적 커뮤니케이션 간에 이루어지는 교환작용에 대한 통합적 사회화 이론이 필요하다. 즉, "미디어화된 삶의 세계 속에서, 인생 전체를 통해 진행되는 성장과 관련한 새로운 미디어사회화 연구 이론이 새롭게 정립되어야 할 것"(Krotz, 2007)이다.

사회화란 한 인간의 행동능력에 대한 인격과 개성을 발달시키는 모든 학습과정의 총체라고 할 수 있다. 사회화란 "사회적 조절을 받는 규범적인 행동양식 안에서 커뮤니케이션 과정을 통해 습득하게 되는 학습의 과정"(Baacke, 1999b)이며, "사회적, 물질적 삶의 전제조건 안에서 한 개인이 심취하고 열중하면서 발달하는 인격과 인성"(Spanhel, 2013)으로써, 능동적으로 상황을 현실화시키는 주체가 그 중심에 서게 되는 과정이다. 사회화의 과정은 심리적 차원으로도 연결이 된다. 따라서 "사회화란 심리적 체계와 이를 통해 조절되는 인간의 신체적 태도"(Luhmann, 1991)라고도 할 수 있다. 이 개념은 여러 가지 체계로도 분류될 수 있는데, 긍정적 또는 부정적으로 귀결될 수 있는 모든 결과를 포함하고, 매우 정확하거나 유연한 태도, 병적이거나 건강한 태도와 같은 다양한 태도가 여기에 포함된다. 이러한 의미에서 사회화란 어떤 일이 발생할 때 반드시 성공만을 내포하는 것이 아니라 실패도 일어날 수 있는 과정인 것이다.

심리적, 사회적 체계는 각 체계의 복합성과 다양성을 근본으로 하여 자율적으로 (실제적 완전성의 원칙에 따라) 행동하므로, 이 두 체계는 서로 영향을 주지 않거나 서로 조절하지 않을 수 있다. 심리적 체계는 자의식을 기본 바탕으로 하여 작용하고, 사회적 체계는 커뮤니케이션의 토대에 기초하여 작용한다. 이 두 가지 체계는 상호 간에 의미 있는 환경으로 존재하고, 지속적인 발전을 이끌어내기 위해 자신의 복합적 특성을 다른 체계에 맞추기도 한다. 따라서 커뮤니케이션을 수단으로 하는 (양해, 의견 일치, 타협을 토대로) 심리적, 사회적 체계 간의 지속적 발달단계의 맥락 속에서 사회화의 의미를 잘 파악할 수 있다. 예를 들어, 한 인간의 심리적 체계와 그 인간의 가족, 부모와 같은 사회적 체계 사이의 발달 상황은 그가 처한 환경과 조건 속에서 서로 적응하고 교환적으로 작용을 하며 함께 발전하게 된다.

3. 미디어사회학

미디어교육학은 교육학, 미디어학은 물론 사회학, 심리학과도 긴밀하게 연결되어있다. 교육학, 사회학, 심리학이 20세기 초, 중반을 지나면서 미디어학과 연결되었고, 이는 미디어교육학, 미디어사회학, 미디어심리학이 발전하는 계기가 되었다(1장 2절 "미디어 능력", 3절 "미디어교육의 역사" 참조). 이 세 분야의 연결을 통해 미디어교육학의 특성과 연구의 방향을 보다 명확히 정리하고자 한다.

1) 미디어사회학의 개념

미디어사회학의 개념은 그 뿌리가 미디어교육학과 뗄 수 없는 관계에 놓여있다. 두 분야는 미디어와 관련하여 한 사회와 그 사회에 속한 인간을 연구하는 분야이기 때문이다. 미디어사회학의 연구주제를 명확히 규정하기는 어렵다. 넓은 관점에서 볼 때 미디어와 문화발전의 관계가 중심적인 역할을 하는 사회 안에서, 미디어사회학은 그 사회의 미디어 커뮤니케이션에 대한 현재의 역할과 방향을 연구하는 학문이다(Hepp 외, 2010). 이와 관련한 "미디어 역사와 문화의 세분화"(Winter 외, 1990) 연구에서는 인간의 사고와 자아를 표현하는 여러 가능성을 설명하였다. 편지나 엽서, 일기장을 통해 우리는 인간 내면을 표현하였고, 사진과 사진 앨범, 아마츄어 동영상 작업을 통해 가족의 문화와 개인의 삶을 시각적으로 기록하였다. 라디오와 레코드판, 카세트레코더의 음악이나 춤을 통해 우리 자신을 표현하였다. 미디어를 통해 판타지와 꿈, 공격성과 성적인 내용도 언제나 전달받을 수 있게 되었다. 채팅 커뮤니케이션과 온라인의 역할놀이는 윤리적 범주를 배제시킨 상태에서 '동질성의 변환'을 프로그램으로도 만드는 미학적 자기 확장을 가능하게 하였다. "새로운 커뮤니케이션의 형태는 다른 사람과 함께하는 세상이나 환경을 인식하게 하는 새로운 형태와 관계를 가져다주었다"(Winter & Eckert, 1990)는 것이다.

이러한 맥락에서 보아 미디어사회학은 그 초점이 사회적, 문화적 제한사항과의 관계 또는 그 과정에 있는 미디어 커뮤니케이션으로의 접근 통로라고 할 수 있다. 미디어사회학은 한쪽에는 미디어, 그리고 다른 한쪽에는 사회적 관계, 이 두 관계 사이의 포괄적 교환작용이라 할 수 있다. 이들은 미디어의 저널리즘과 관련한 실무나 심리적 작용보다,

복합적인 사회적 맥락 속에서 미디어에 의해 중재되는 커뮤니케이션이나 사회적 논쟁 쪽으로 더 연결되어있다.

2) 연구영역

미디어사회학의 중심 연구주제 및 논의점은 언제나 역사적 상황과 연결되어있으면서, 그때그때의 문화, 사회, 주어진 미디어의 특수성에 종속되어있다. 미디어사회학의 연구 영역과 내용을 다음과 같이 정리할 수 있다.

〈표 2-2〉 미디어사회학의 연구영역

연구영역	핵심주제	대표적 학자
문화적 의미	미디어가 사회, 문화, 공동체에 어떤 의미를 갖는가?	Weber, 1911
문화산업	미디어를 통해 사회문화적 재생산이 어떻게 이루어지는가?	Horkheimer & Adorno, 1944
공공성	미디어를 통해 어떠한 공공성이 언제 어떻게 형성되는가?	Habermas, 1962
참여	미디어는 어떠한 의식계몽이나 개혁의 가능성을 어떤 맥락에서 열어주는가?	Enzensberger, 1970
사회적 분열	미디어를 통해 어떠한 사회문화적 분열이 (재)생산되는가?	Tichenor 외, 1970
사회적 귀결점	미디어 커뮤니케이션은 어떠한 귀결점을 갖게 되는가?	Gerbner 외, 1994
미디어사용	미디어는 일상의 어떤 사회문화적 현실이나 실무를 통해 사용되는가?	Lull, 1980
현실 구성	(대중)미디어는 어떻게 현실을 구성하는가?	Luhmann, 1966
권력의 상황	어떤 권력의 상황이 미디어를 (재)생산하는가?	Hall, 1980
사회적 변환	어떤 관계 속에 사회문화와 미디어커뮤니케이션의 변환이 일어나는가?	Krotz, 2001

(Hepp & Vogelsang, 2010)

3) 미디어사회학의 현실적 조망

(1) 연결성, 네트화

연결성(연결, 네트워크)에 관한 주제는 우선 표면적으로는 일련의 기술적 혁신을 생각하게 되지만, 좀 더 깊이 들어가면 이것은 포괄적인 사회 구조의 변환 과정 속에서 파악해야 할 주제이다. 지난 이십여 년간 이루어진 기술적 혁신에는 분명 엄청나게 파급된 컴퓨터와 인터넷이 가장 먼저 해당될 것이고, 다른 한편으로는 여러 특성이 함께 어우러진 "하이브리드미디어"("Hybridmedium", Höflich, 1997)를 통한 여러 형태의 커뮤니케이션 형태(신문과 유사한 www-사이트에서부터 상호작용 채팅까지)가 포함될 것이다. 컴퓨터와 네트워크 속에서의 커뮤니케이션, 이 두 요인 모두는 기술적, 내용적 차원의 접근을 더욱 용이하게 만들었다. 여기에 빠른 시간 안에 이루어진 모바일 커뮤니케이션, 특히 휴대전화는 미디어 커뮤니케이션의 영역을 급속히 확장시켰다.

미디어사회학에서 논의되는 연결성에서는 인터넷이나 모바일커뮤니케이션의 이론뿐 아니라, 네트워크와 관련된 사례 및 미디어 사회이론 개념의 재정립도 논의된다(Wagner 외, 2004). 이를 좀 더 세부적으로 파악하면, 새로운 기술의 새로운 공동집단 형태(예: 온라인 커뮤니티)의 등장과 함께 같은 정도로 새로운 기관(예: 네트워크 기업)과 문화 실제(예: 인터넷 범죄)도 나타나게 된다. 미디어기술의 혁신은 사회와 문화의 광범위하고 포괄적인 변환을 야기하는데, 이 기술혁명의 특성은 '문제해결의 기술'을 말하는 것으로 '세계화된 이론'을 통해 파악할 수 있다. 이 이론은 정보사회, 지식사회, 그리고 미디어사회화와 함께 하는 미디어사회학의 논쟁점을 다루고 있고, 증가하는 이동성 및 사회와 문화 간의 허물어져 가는 경계, 그리고 상호교류에 관한 내용이 해당된다.

(2) 세계화

연결성과 관련된 논의는 세계사에 관한 주제와도 뗄 수 없이 연결되어있다. 많은 학자들이 언급한 바와 같이, 세계화 역시 범세계적이고 복합적 차원의 연결성으로 파악하는 것이 가장 좋을 것이다. 다양한 분야, 예를 들어 경제, 정치, 커뮤니케이션에서는 국제적 연결과 네트워크가 증가하고 있다(Hepp & Löffelholz, 2002). 이 모든 각각의 분야는 그 자신이 갖는 고유의 역동성뿐만 아니라 다른 분야와의 관계 속에서 이 연결성을 잘 파악할 수 있다.

세계화와 관련된 주제에서는 분명 여러 가지 전문 분야가 함께 논의되어야 할 것이다. 현재까지 세계화의 의미는 미디어사회학에서 특별한 방식으로 이루어지고 있음이 분명하다. 세계화라는 개념이 미디어를 통해 엄청나게 확장되고 전파되었기 때문이다. 미디어 커뮤니케이션에서 말하는 세계화는 미디어사회학 자체의 기본 이론과 그 실증적 행태에 대한 배경과 근거에 질문을 던지게 한다. 일반 사회학과 마찬가지로, 미디어사회학의 전통적 초안과 구상은 사회적으로는 통합이 되어있고 공간적으로는 차단이 된 국가들이 갖는 가치관에 기반을 두고 있기 때문이다. 또한 한 사회의 문화와 미디어는 그 개념 정립에 있어 강력한 지역적 특성을 보여주기 때문이다. 그러나 미디어 커뮤니케이션의 관점에서 볼 때, 이러한 '영토적, 지역적 분석의 관점'은 점점 더 역동적으로 진전하고 있는 세계화 과정 속에서 더 많은 한계점을 드러낸다. 사회적 상호작용과 사회 형성의 과정은 미디어에 의해 퍼져나가는 커뮤니케이션의 과정에 의해 활성화되는데, 이와 함께 국가의 경계선은 점차 허물어지고 있기 때문이다. 이러한 사회문화적 현상에 따라 약화되는 영토 간의 경계선은 미디어사회학에 있어 문화의 내적, 외적 교환에 대한 논쟁점들이 앞으로도 장기간 큰 영향을 미치는 중요한 요인이 된다는 것을 분명히 보여주고 있다고 할 수 있다.

4. 미디어심리학

1) 미디어심리학의 개념

미디어교육학 연구에서는 미디어와 관련한 심리학적 접근이 중요한 바탕이 된다. 미디어심리학은 모든 정보기술과 커뮤니케이션 기술, 특히 대중매체와 관련한 인간의 태도, 인지, 동기 그리고 관점에 대한 연구이다(Groebel, 2010). 미디어심리학은 20세기 중반부터 텔레비전이 인간과 사회에 미치는 영향을 중요 연구주제로 다루게 되면서 본격적인 연구가 활성화되었다. 그러나 광의의 의미에서 볼 때 이 분야의 뿌리는 더 오랜 역사를 가지고 있음을 알 수 있다. 이미 19세기 말, 학자들은 대중매체를 통해 발생할 수 있는 추정 가능한 조작의 가능성 및 그 영향력을 문화비평적 양식으로 연구하기 시작하였다. 이후 1920년대 제1차 세계대전 시기에는 대중매체의 프로파간다적인 흐름과 심리적 분석과 함께 세계전쟁에 관한 오손 웰스의 라디오 다큐멘터리와 같은 프로그램에 대한 분석도 이루어졌다. 그 후 1930년대에 이르러서는 영화의 작용에 대한 광범위한 실증적 연구가 이루어지기 시작했으며, 1940년대, 1950년대에 이르러서는 언론을 통한 정치적 여론 영향에 대한 현대 심리학 연구가 미국을 중심으로 활성화되었다.

그 후 1950년대 중반부터 본격적으로 확산되기 시작한 텔레비전으로 인해 미디어심리학은 큰 도약을 하게 된다(Groebel, 2010). 미디어심리학 분야에서는 이미 자체적으로 텔레비전 영향과 관련한 주제를 관심영역으로 인식하게 되었고, 이 시기부터는 미디어교육학과의 연계도 시작되었다. 정치와 공공성 분야뿐 아니라 어린이와 청소년들에게 큰 영향을 주는 통합 미디어인 텔레비전에 대한 우려가 더욱 증가하면서, 이에 대한 연구도 활성화되기 시작하였다.

2) 미디어 폭력성에 대한 심리적 영향

현대의 어린이와 청소년들에게는 인터넷과 같은 미디어가 더욱 중요한 역할을 하고 있지만, 지난 수십 년간의 미디어심리학 논쟁에서는 텔레비전과 그의 영향이 매우 중요한 주제로 다루어졌다. 특히 미디어에서 보여주는 폭력성은 이 분야에서 가장 많이 다루는 주제였다. 1960년대 초반에는 이론적, 실증적으로 이와 관련한 많은 연구가 이루어졌는데, 잘 알려진 예로서 밴듀라(Albert Bandura)의 유명한 "Bobo 인형"(Groebel & Winterhoff-Spurk, 1999) 실험을 들 수 있다. 이 연구에서는 발달심리학적으로 보아 사람은 대부분 자신이 관찰한 행동이나 태도의 표본들을 통해 많은 행동양식을 학습하게 된다는 것을 인식시켜주었다.

어린이들은 가장 먼저 부모로부터, 그 이후에는 친구들과 또래로부터, 그리고 밴듀라 연구 이후에 알려진 바와 같이, 텔레비전 캐릭터에게서도 영향을 받아 자신의 행동양식을 형성할 수 있다. 나아가 어린아이들은 화면에서 본 공격성을 모방하기도 한다(6장 2절 4항 "어린이들의 발달인지심리와 미디어 인지심리" 참조). 밴듀라 연구팀은 칭찬과 벌을 주는 태도를 통해서, 그리고 인지적으로 각인된 세계상과 적절한 행동성향 간의 관계 안에서 인간의 행동에 대한 복합적인 이론들을 제시하였다(Winterhoff-Spurk, 2001). 미디어심리학에서는 미디어를 결코 사회적 맥락이나 다른 여러 요인들과 분리하여 간주하지 않는다는 것이다. 부모는 분명 그 어떤 것보다도 자녀에게 강한 영향을 준다. 그러나 부모의 영향력이 매우 적거나, 부모와 미디어 프로그램에 등장하는 인물 간에 일치점이 있을 때, 사회적으로 원치 않는 미디어의 영향이 더 커지게 된다는 것을 설명하고 있다.

1960년대에는 치료적 목적으로 폭력적 영화를 보게 하여, '대리 거절'(질책, 패배 등)을 느끼게 함으로써 공격성이 약화될 수 있다는 이론을 받아들이기도 하였다. 그러나 이에 대한 반대 이론도 등장하는데, 폭력적 영화는 극단적인 폭력성을 가진 사람의 치료를 위해 검증된 수단이 아니라는 것이다. 오히려 여기에서는 '좌절감 - 공격성' 가설이 대두되는데, 누군가 심리적, 육체적 또는 물질적으로 제한된 상황에 있을 때는 공격적인 미디어 캐릭터를 모델로 하여 더 많은 자극을 받게 된다는 것이다(Groebel, 2010). 즉, 화가 났거나 좌절감에 빠져있을 때 사람은 공격성을 위해서 또는 공격성을 유발하는 자극으로써 공격적인 미디어 모델을 선택한다는 것이다. 이것을 "흥분이나 자극의 전이이론"(Groebel, 2010)이라고 하는데, 일반적으로는 높은 심리적 흥분을 보여주는 액션영화가 특히 이런 현상과 연결되어있으며, 이를 시청한 사람이 더 흥분되기 쉽고 그 영화와 비슷한 상황에 놓이게 되었을 때 종종 공격적 반응을 보인다는 것이다.

이와 함께 습관의 효과에 대한 영향도 확인해볼 수 있다. 즉, 사람은 극단적 표현에 익숙해지게 되면 자극을 위해 더욱 극단적인 영상을 요구하게 된다는 것이다(Winterhoff-Spurk, 2001). 미디어로 인해 실제로 범죄자가 되는 사람은 많지 않지만, 폭력적인 내용을 시청하는 것이 일상적인 일이며 또 해가 되지 않을 것이라는 생각은 바람직하지 못한 효과를 낳을 수도 있다는 것이다.

3) 연구영역

현대 미디어심리학에서는 더 이상 엄격하게 규정한 특정 목적만을 위해서나 어떤 특정 이론에 따른 주제만을 연구하지는 않는다(Groebel, 2010). 여러 요인에 따라 그 특성이 드러나게 되는 복합적인 동기라든가 여기에 영향을 주는 모델들을 일상에 드러나는 여러 징후들과 함께 다루고 있다. 그중 미디어에 의한 실질적인 위험성과 영향력에 대한 미디어심리학의 연구영역을 〈표 2-3〉과 같이 분류할 수 있다.

〈표 2-3〉 미디어심리학의 연구영역

정리 방법	심리적 분야	정서적 분야	인지적 분야	사회적 분야
동기	장난	동일시	방향 설정	본보기
미디어 – 형태 – 내용	– 특수효과 – 긴장, 흥분	– 찬미, 찬양 – 영웅	– 기록에 의한 – 믿을만한	– 질서 – 우리집단 태도
맥락 – 상황 – 문화	– 경험의 선택 – 하이테크	– 좌절, 환멸 – 공격적	– 유사성 – 공격성의 빈도	– 재인식 – 사회적 관심 / 사회적 조절
효과 – 단기적 – 장기적	– 자극, 흥분 – 상황의 고조	– 공격 / 두려움 – 강화	– 신로의 범위 – 세계관	– 사회적 전염 – 집단사고

(Groebel, 2010)

미디어심리학에서는 폭력과 관련된 연구를 집중적으로 하기는 하였지만, 이 밖에도 여러 주제에 대한 연구가 이루어져 왔다. 예를 들어, 어린이들은 텔레비전을 통해 긍정적인 모델을 학습할 수 있고 컴퓨터게임을 통해 인지적 소화능력도 높일 수 있다는 것이다. 또한 다양한 미디어를 집중적으로 사용하는 사람들은 이를 적게 사용하는 사람들보다 정보화와 지식에 있어 더 앞설 수 있다는 것이다. 그러나 미디어심리학에서는 이러한 내용을 단순하게 일괄적으로만 평가해서는 안 된다는 입장을 취하고 있다.

4) 미디어사용 동기, 인지, 정보의 소화

미디어심리학 분야에서 미디어 영향에 관한 연구는 매우 오래전부터 진행되어온 반면, 미디어사용의 동기에 대해서는 상대적으로 뒤늦게 인식하기 시작하였다. 사용 동기에 있어서는 의식적인 기억의 과정이 기반이 되어 개개 프로그램을 선택한다는 인지모델 연구가 오랜 시간 동안 지배적이었으나, 20세기 말에 이르러서야 미디어사용이 매번 반드시 의식적이지만은 않은 오락이나 자극의 욕구에 관한 것이라는 사실이 분명해진 것이다(Groebel, 2010). 이러한 맥락에서 오늘날 "기분 조정 이론"(Groebel, 2010)은 미디어심리학에서 중심적인 역할을 하고 있다. 늘 의식적으로 무엇인가를 선택하는 것이 아니라, 사람은 그때그때의 정서와 기분에 따라 음악, 영화, TV프로그램, 인터넷 프로그램 그리고 인쇄물을 선택한다는 것이다. 이러한 것에 대해 반드시 엄청난 연구가 있어야 하는 것은 아니고, 일상에서 분명하게 드러나는 것을 통해 파악하고 있다.

여가 시간에 미디어를 사용하게 되는 동기는, 머리가 무거워지는 정보의 소화 과정을 통해서라기보다는 직감, 정서, 즉흥성과 같은 것을 통해 이루어지게 된다. 여기에는 두 가지 요인, 즉 습관과 사회적 유행이 영향을 미치게 된다. 미디어심리학 연구에서는 미디어사용에 있어 많은 부분이 마치 하나의 의식처럼 이루어진다는 것을 설명해주고 있다. 즉, 뉴스는 하루를 구조적으로 구성하게 하고, 웹 서핑은 하루의 특정한 시간에 집중하게 되며, 이러한 것을 통해 특정한 생활스타일과 특정한 사회집단을 형성하는 미디어사용 태도가 상당히 많이 생성된다는 것이다.

적절하게 미디어내용을 인지하고 소화하기 위해서는 우리에게 제공된 정보와 자극을 올바르게 해석하고 정리할 수 있는 능력이 필요하다. 따라서 미디어심리학의 한 분야에서는 미디어내용의 인지적 관점에 대한 발달심리학이 연결된다(Groebel, 2010). 예를 들어, 영화는 현실의 흐름과는 달리 편집기술로 이루어진 것이므로, 시청자는 영화에서 명확히 보여주지 않는 상황을 내적인 맥락으로 내용을 끊임없이 스스로 생성해야 한다. 갑자기 장례식 장면이 나온다면 그 전에 분명 누군가 살해되었거나 죽음을 맞았기 때문인 것과 같은 것이다. 그러나 어린아이들은 이러한 맥락을 잘 생성하지 못하고 모든 장면을 분리해서 받아들인다. 여기에서 미디어교육학과 미디어심리학의 공동 연구영역이 더 확장된다. 디지털미디어는 지속적으로 확산되고 있고 새로운 프로그램의 형태도 계속 등장하고 있다. 이러한 상황에서 미디어심리학의 이론과 미디어교육학의 전략 간에 긴밀한 협조를 이루어, 오늘날 현실에 합당한 인간의 미디어능력을 키워주는 것이 미디어심리학의 중요한 과제가 되고 있다.

3장.
디지털미디어교육과
디지털 커뮤니케이션

디지털사회의 미디어교육학과 디지털미디어능력

오늘날의 디지털사회는 우리에게 강력한 편리성을 제공해줌과 동시에, 다른 이면으로는 개인과 사회 모두에게 문제점을 만들어내기도 한다. 인터넷과 디지털미디어가 하나의 새로운 사회생태환경이 된 현실에서, 미디어교육학은 분명 모든 사회구성원들로 하여금 미디어능력의 촉진을 통해 자신과 사회에 긍정적 기여를 하도록 하는 교육적 과제를 안고 있으며, 이 분야에서 고민해야 할 사안도 급증하고 있다.

1) 디지털사회의 현실과 미디어교육학의 역할

(1) 디지털사회의 현실 – "유리벽 시민고객"

"네트화된 사회에서는 누구에게도 비밀보장은 없다"("유리벽 시민고객", Skolovsky, 2013). 주민센터, 은행, 학교, 기업에서 무엇인가를, 또는 누군가를 알고 싶을 때는 네이버, 다음, 구글, 페이스북, 블로그, 트위터 등을 통해 큰 어려움 없이 원하는 내용을 파악할 수 있다. 세계화된 네트워크 세상에서는 정치적, 경제적으로 우리의 개인정보와 모든 데이터가 수집된다. 비록 많은 인간이 감시를 당하거나 상품처럼 시장에 나오는 데 있어 이를 관리하는 기관들이 직접 관여를 하지는 않았더라도, 간접적으로는 이에 일조하기도 한다. 많은 인터넷 사용자들 역시 의식적, 무의식적으로 소셜네트워크나 블로그 등을 통해 미디어 세계에 자신을 전시하듯 드러낸다. 뉴스를 전달하는 사람들도 이제는 큰 노력 없이 어디서든 정보를 얻고 전달할 수 있다. 첨단의 기술적 환경 속에서 우리는 크고 작은 여러 공공의 장에 우리의 의견을 전달한다. 이 모든 상황은 우리 삶의 과정이 타인에 의해 드러날 수 있고 모든 시간에 걸쳐 우리의 생각과 행동이 기록되는 것이 가능하여, 우리의 비밀이나 은밀한 일들도 낱낱이 밝혀질 수 있다는 것을 의미한다. 많은 사회구성원들은 인터넷과 디지털세계가 주는 장점을 누릴 수 있기를 원하기 때문에, 우리 스스로 데이터를 자발적으로 제공하면서 "유리벽 안의 시민"(Skolovsky, 2013)이 되어가고 있다.

각 사회나 사회구성원들, 심지어 때로는 국가적 기관조차 한계도 없는 염탐을 방치할 때, 우리는 어떻게 우리의 권리를 지킬 수 있으며, 어떤 사회적 보호를 받을 수 있을 것인가를 생각해야 한다. 유명인이나 정치가들이 공적 삶에서 부끄러움도 없이 잘못을 드러낼 때, 어린이와 청소년들은 이들의 업적에 어떻게 존경심을 갖게 될 것이며, 많은 유명인들의 사생활이 미디어 화면을 뒤덮는 것을 보면서 인간의 사적 삶에 대한 가치를 어떻게 학습하게 할 것인가도 고민해야 한다. 온라인상의 폭력이 왜 지속적으로 발생하고 방치되며, 그와 동시에 많은 것들이 오락적으로 상품화되는 것을 이 사회의 구성원들이 어떻게 이해할 것인가에 대한 문제도 간과해서는 안 된다.

인터넷은 다른 사회적 공간과 마찬가지로 "시민을 위한 법"이 존재하는 곳이며 또한 처벌도 가능한 곳이다(Teunert, 2014). 사회의 다른 장에서와 같이 사기, 모욕, 음란물, 그리고 기타 여러 범죄가 발생하지만, 경찰의 활동이 있는 곳이고 처벌도 가능한 공간이다. 사실 인터넷의 편리성과 인터넷이 주는 문제점 사이에 발생하는 모순을 교육적으로 완벽하게 해결할 수는 없다. 미디어교육학의 역할은, 모든 사회구성원들이 이러한 현실에서 적절한 방법으로 미디어 세상의 여러 모순적 상황에 대응할 힘을 키워주는 것이다. 미디어세계 속에서 인간의 가치를 보여주고, 문명화로 이끄는 인간의 노력과 그에 따른 업적을 보호하고 지원해주어야 한다. 그러면서도 디지털세계가 우리 사회에 주는 모순과 잘못된 방향의 발전 상황도 제대로 판단해야 한다. 미디어란 인간의 사회적 삶 속에서 그 의미를 찾을 수 있는 도구라는 것, 그리고 이와 연결된 권력이면서도 사회적 모순의 중심이 된다는 것도 인식해야 한다. 그 이면에는 돈을 벌어들이는 수단, 사회구성원들에 대한 데이터, 우리의 사적 생활, 우리의 상처와 아픔도 함께 수반되는 경제적 계산이 자리 잡고 있기 때문이다.

(2) 미디어교육학의 역할과 교육방향

① 디지털사회의 미디어교육학 과제

미디어의 경제적 권력은 막대하고, 개인정보 유출이나 국가보안사항 관련 문제 등 미디어를 통한 사회적 문제가 발생했을 때에도 정치권은 단지 최소한의 제재만을 가할 뿐이다. 이 상황에서 미디어교육학의 힘은 참으로 무력하다. 그럼에도 불구하고 미디어화된 사회에서 성장기 사람들이 차지하는 중요성이나 모든 인간의 주도적 역할에 대한 공공의식 고취를 위한 교육적 과제가 존재한다. 오늘의 디지털사회에서 미디어교육학이 갖는 과제를 크게 다음의 두 가지 주제(Teunert, 2014)로 정리할 수 있다.

첫째, 미디어세계 속의 가치규범을 정립하는 것이다. 이것은 미디어에 대한 주권과 사회적 책임감에 대한 가치규범 및 올바른 신념을 정립하는 것이다. 이는 사적 생활과 자율성에 대한 가치, 인간, 인간의 삶, 인간의 창작품에 대한 존중과 국가적 보호에 관한 것이다. 이러한 가치규범을 규정하는 것은 무엇보다 자기 자신의 가치에 대해 아직 잘 모르는 사람들을 위한 일종의 사회적 의무이다.

둘째, 커뮤니케이션능력에 기반을 두는 인간의 미디어능력 촉진에 대한 교육적 과제를 설정하는 것이다. 인간은 미디어능력을 통해 첫째 항목에서 언급한 가치규범을 정립하는 데 기여할 수 있다. 현대의 미디어 커뮤니케이션 형태와 사회구조는 미디어활용으로 인한 위험뿐 아니라, 이에 버금가는 커다란 잠재성도 성장시킬 수 있기 때문이다. 인간의 미디어능력을 전제 사회적 맥락으로 확장시키는 것도 미디어교육학의 중요한 역할이며, 이것은 사회적 참여의 열쇠가 될 수 있다.

② 디지털사회의 커뮤니케이션능력

오늘의 디지털사회에서 미디어교육학은 미디어에 반영된 내용과 사회적 현실을 진지하게 성찰하는 능력, 삶의 방향성을 찾아가며 올바른 판단을 할 수 있는 능력, 경험과 행동을 통한 지식의 확장, 자기주도적 사용의 관점에서 본 미디어활용 등과 관련한 능력을 촉진해야 한다. 인쇄매체에서 인터넷에 이르기까지, 이들을 계몽적, 자기주도적으로 사용하고, 조정과 조작의 도구로 활용할 수 있도록 미디어의 모든 잠재성을 찾아내는 것이다. 일상적 미디어사용에 힘을 부여하거나 힘을 박탈당하는 과정에 대해서도 논의가 이루어져야 한다. 이는 기술이나 미디어 구조가 권력을 행사하는 것이 아니라, 미디어 사용

주체자인 인간의 행동양식이 기관, 개인, 집단 차원에 대한 권력 상태를 구성한다는 것을 뜻한다. 이를 통해 미디어교육학은 경제적 관심이 강력하게 지배하는 미디어 세상에서 결코 무력한 전문분야가 아닌, 오늘의 현실에서 반드시 필요한 학문으로 자리 잡아야 한다는 것을 뜻한다.

(3) 디지털세계의 교육문화

미디어문화의 개념을 크게 두 개의 범주로 나눌 수 있는데, 첫째, 텔레비전, 영화, 인터넷 문화와 같이 미디어 프로그램 속에서 찾아볼 수 있는 '문화'에 관한 것, 둘째, 미디어를 통해 만들어지는 오늘날의 '문화적 현상'에 관한 것이다(Teunert, 2014). 일차적으로는 기술적 커뮤니케이션 미디어를 통해 전파되는 여러 문화적 현상을 미디어문화로 볼 수 있다. 교육과 관련한 미디어문화에서는 특히 디지털미디어와 함께하는 교육문화, 그 중에서도 미디어교수법이 중요한 의미를 갖게 된다. 디지털교육문화도 두 가지 측면으로 나누어볼 수 있다(Teunert, 2014).

첫째, 디지털미디어를 통한 교육프로그램이나 교육실행의 구조적 변화에 대한 측면이다. 구조적 변화의 핵심은 교수자와 학습자의 역할에 관한 것으로, 학습자 중심의 자기주도적 교육이 강화되는 것이 그 특징이다. 디지털미디어를 활용하는 학습에서는 참여자(교수자, 학습자) 모두 공동으로 교육의 내용과 방법을 정하고, 여기에 필요한 모든 지식(전문분야 및 과목, 관련 지식, 디지털미디어의 기술적 활용과 내용분석 등)을 교육의 과정에 포함시킬 수 있도록 하는 것이다.

둘째, 이와 동시에 이루어지는 기술적 측면의 지원이다. 태블릿 PC, 스마트폰 등과 같은 도구를 사용하여 교육과정에서 자료, 결과 등을 동시에 수집, 저장하고 사용할 수 있도록 하는 것이다. 핸드폰을 활용한 동영상 촬영이나 태블릿 PC, 트위터, 페이스북 등을 통해 공간적으로 함께하지 않는 교육의 참여자들도 다 같이 의견을 교환하고 논의할 수 있다. 동시에 모든 결과를 저장, 공유하고, 교육 이후에도 다른 교육과정에 그 내용을 반영할 수 있다.

이러한 디지털미디어 활용 교육, 즉 디지털미디어교수법은 대략적으로 또는 우연히 이루어지는 것이 아니다. 인터넷을 통해 새로운 커뮤니케이션 구조와 체계적 조직 구조를 학습할 수 있기 때문이다. 네트워크 안에서 이루어지는 수많은 프로젝트나 지식검색

기반의 프로젝트에서는 자율적 기획과 체계적 운영을 근본적 바탕으로 하고 있어, 교육 참여자(교수자, 학습자) 모두가 수준 높은 프로젝트를 성취해냈다는 '강한 공동협업'의 경험을 얻게 된다. 동시에 교육 참가자들은 전문성과 전문가로서의 시각을 맛보기도 하고 그 시각도 바뀔 수 있는데, 언제든 이들은 자신의 의견과 교육 결과를 공적으로 발표해볼 수도 있기 때문이다.

2) 어린이, 청소년을 위한 디지털미디어능력 촉진
– 새로운 사회집단과 창의적 작업

(1) 디지털미디어능력 촉진을 위한 미디어교육학의 연구방향

사이버 폭력, 음란물, 외모 비하, 외모지상주의, 미디어 중독, 호러물, 폭력게임, 데이터 유출 등등, 디지털미디어와 연결된 수많은 부정적 측면이 성인뿐 아니라 중요한 발달과정에 놓여있는 어린이, 청소년들에게도 그대로 노출되어있다. 미디어교육학의 연구방향은 이 모든 심각한 주제에 대해 더욱 많은 사회적 논의와 교육적 기반을 마련하는 데 있다(Lauffer & Röllecke, 2012). 디지털미디어가 가져다줄 위험성을 계몽시키고 그 내용을 분석, 연구할 뿐 아니라, 학교교육에서 디지털미디어의 긍정적 활용을 위한 꾸준한 연구가 필요하다. 문제가 되는 미디어내용과 미디어환경으로부터 어린이, 청소년을 보호하고, 가정에서의 효율적 활용을 계몽시키며 비평적인 성찰과 활용을 습득하도록 해야 한다.

미디어교육학의 필수적 사안은 문화적 발전과정과 함께하는 미디어교육 방법의 연구이다. 자라나는 세대가 미디어를 활용한 창의적 작업을 즐길 수 있도록 독려하고, 스스로 실험해보고 사용 능력을 기우며, 미디어 커뮤니케이션 과정에 참여하는 능력을 개발하도록 하는 것이다. 유치원 어린이들은 디지털카메라로 실험도 해보고, 이메일과 인터넷으로 친구들을 연결해볼 수 있다. 초등학생들은 조별 활동을 통해 예술적 만화영화나 듣기놀이를 개발할 수도 있다. 청소년들은 컴퓨터로 자신의 성향에 맞는 게임이나 애플리케이션을 개발해보기도 하고, 노년층 어른들과 함께 여러 세대가 교감하는 예술적 작품도 만들어볼 수 있다. GPS나 스마트폰, 태블릿 PC 등으로 음악을 만들고 글을 쓰고 디자인작업을 하면서, 실습교육과 미디어교육을 연결시킬 수도 있다.

(2) 디지털미디어능력 촉진 – 소셜네트워크와 새로운 사회집단의 형성

청소년들이나 젊은 성인들은 다양한 디지털미디어를 사용하여 소셜네트워크 분야의 성공 사례를 보여주는 선두주자가 되고 있다. 기존 성인세대는 새로운 커뮤니케이션 수단을 활용하는 데 있어 오히려 젊은 층의 뒤를 따르는 상황이 벌어지고 있다. 이러한 현실에서는 새로운 커뮤니케이션의 수단과 그 프로그램들이 청소년문화에 양질의 변화를 주었는지, 그리고 새로운 커뮤니케이션 구조를 형성하였는지에 대해서도 생각해야 한다. 디지털미디어의 발전과 더불어 어린이, 청소년, 청년 세대는 '사회'라는 일반적인 테두리에 대한 새로운 의식을 갖게 되었다. 고정된 지역이나 지역사회구조 또는 지역공동체와 같은 것들이 해체되고, 수시로 변하는 작은 규모의 인간관계 속에서 성장한다. 기존에 자신의 동질성 확립이나 지역 발달에 영향을 미치던 거주지역의 수준, 문화, 경제적 수준에 따른 계층에 대한 소속감 등의 중요성은 점점 줄어들고, 다양한 삶의 모델이 이들의 사회적 가치관을 채워가고 있다.

직접적 환경 내의 인간관계가 해체되거나 약화되면서, 새로운 사교 형태와 공동체 형성은 더 환영받고 있다. 오늘날 큰 반향을 얻고 있는 소셜네트워크와 같은 것이다. 소셜네트워크는 점점 와해되는 지역집단이나 전통적 관계에 대한 보완으로써 뿐 아니라, 기존의 교우관계, 가족연대, 같은 취미를 갖는 사람들과의 관계를 더욱 긴밀하게 만들어주기도 하고, 먼 거리에 있는 사람들을 가까이 접하게 하고, 적극적인 교류를 촉진하는 역할을 하기도 한다. 이러한 방식으로 청소년들은 다른 세계 속 사람들과 공동체 형성에 대한 욕구도 만족시킬 수 있다. 새로운 커뮤니케이션 형태로써 스마트폰과 수많은 애플리케이션들은 이들의 창의성을 증진시키고 새로운 능력을 향상시켜주기도 한다.

(3) 디지털미디어능력 촉진 – 디지털기기와 창의적 작업능력 촉진

스마트기기뿐 아니라 기존의 수많은 미디어는 어린이, 청소년의 인성발달에도 중요한 역할을 한다. 그러나 이를 적절히 활용하는 능력이나 창의적 활용은 대부분 저절로 이루어지는 것이 아니다. 디지털능력을 키우기 위해서는 커뮤니케이션이나 창의적 표현능력을 위한 적절한 자극과 지도가 반드시 필요하다. 단순한 동영상 촬영하기와 영상의 표현양식을 파악하는 것의 차이, 기계적으로 카메라 누르기와 기획의도를 가지고 사진 찍기, 단순한 채팅과 진지한 의견 교환의 차이, 자신을 웹상에 표출만 하는 것과 예술적 디자인을 통해 자기를 소개하는 것과의 차이 등, 이 모든 측면을 경험하고 학습하고 그 차이를 스스로 인식해가는 것도 중요하다(Lauffer & Röllecke, 2012). 디지털미디어능력을 촉진하는 중요한 방법에는 어린이, 청소년들이 디지털미디어를 활용하여 사회적, 정치적 사안에 관심을 갖고 참여해볼 수 있도록 독려하는 것도 포함된다.

미디어교육학의 과제는 자라나는 세대가 수동적이고 틀에 박힌 사람으로 성장하기보다, 창의적이고 창조적으로 자신의 관심사를 실천하고 성취할 수 있도록 이끌어주는 것이다. 오늘날에는 톱이나 망치 같은 도구를 사용하지 않더라도, 스마트기기, 모바일미디어, 인터넷과 함께 어린이와 청소년들이 자신의 능력을 인식하고 발전시킬 수 있다. 새로운 미디어는 자아가치와 자기 존중감을 발전시킬 수 있는 창의적 작업을 생산해내도록 도와주는 훌륭한 도구가 될 수 있다. 미디어교육학은 디지털미디어가 가져다줄 수 있는 다양한 기회를 가시화하고 활성화할 수 있도록, 이론과 실무의 바탕을 제공해주는 학문으로서 그 역할을 이행해야 할 것이다.

2. 디지털 커뮤니케이션과 모바일 커뮤니케이션

1) 디지털 커뮤니케이션의 개념과 사회적 현상

커뮤니케이션의 라틴어 어원은 'communicare'로, '전달한다', '이해한다'는 뜻과 함께 '공동의 행동'이라는 뜻도 내포하고 있다(Bentele & Nothhaft, 2010). 인간의 일상 상황 속에서 인간의 생각, 아이디어, 지식, 인식, 경험과 같은 것이 서로 전달되고 새롭게 생성되는 가운데 이루어지는 공동의 행동인 것이다. 커뮤니케이션은 언어, 몸짓, 표정을 통해 이루어진다. 오늘날의 커뮤니케이션에서는 디지털미디어를 통한 커뮤니케이션이 마치 필수인 것처럼 되었다. 디지털미디어의 도움으로 이루어지는 새로운 형태의 커뮤니케이션이 디지털 커뮤니케이션이다. 디지털미디어의 기술적 특성은 하루가 다르게 새롭게 발전하면서 시장에 등장한다. 인터넷과 뉴미디어는 지난 수년간 인간의 언어를 급격히 변화시켰다. 이는 아날로그적 커뮤니케이션에도 큰 영향을 주고, 언어 관습도 점진적으로 디지털문화의 형식으로 변화되고 있다.

이제는 세계적으로 확산된 디지털 커뮤니케이션이 우리의 일상에서 배제되기는 어려울 것이다. 디지털 커뮤니케이션은 소셜네트워크와 밀접하게 연결되어있으며, 소셜네트워크를 통한 디지털 커뮤니케이션은 전통적인 아날로그 커뮤니케이션을 보완해주면서 광범위한 사고의 교환도 가능하게 한다. 흥미로운 것은 이와 더불어 아날로그 커뮤니케이션의 의미도 더 커지는 것인데, 오랫동안 유지된 커뮤니케이션의 가치를 더 잘 인식하게 되었기 때문이다. 디지털 커뮤니케이션에서는 무엇을 전달하는가에 관해서보다 무엇을 가지고 어디에서 어떻게 커뮤니케이션을 하는가에 더 큰 관심을 갖기도 한다.

디지털 커뮤니케이션의 유형에는 이메일, 웹사이트, 블로그, 채팅, 소셜네트워크 서비스(SNS), 온라인 포럼, 온라인 광고, SMS(Short Message Service), MMS(Multimedia Messaging Service)와 같은 것이 해당된다. 이러한 "Digital Natives"(Hoyer, 2014)는 매우 빠른 속도로 발전하였다. 예를 들어, 구텐베르크의 금속활자 발명(1445) 이후 350년이 지나서야 오늘날 우리가 알고 있는 첫 번째 신문이 발행되었다. 이에 비해 1960년대에 시작된 인터넷은 1990년대 초반부터 본격적인 발전이 시작되었다. 1995년에는 인터넷을 통한 정보의 영향력이 겨우 1% 정도밖에 되지 않았던 것에 비해, 2000년도에는 이미 인터넷으로 일을 처리하는 비율이 51%에 이르렀다. 겨우 5년 만에 인터넷은 세계적으로 엄청난 힘을 갖게 된 것이다. 현재에는 단 1초 만에 전 세계적으로 4백만 통의 이메일이 전송되는 등, 인터넷과 디지털미디어를 통한 세계인의 작업량은 실로 어마어마하다(Hoyer, 2014). 예를 들어, 전 세계적으로 단 1분 안에,

- 600개의 새 동영상이 유튜브에 올려진다.
- 13,000개의 iPhone 애플리케이션이 다운로드된다.
- 70개의 새로운 웹사이트가 등록된다.
- 60개의 새로운 블로그와 1,500개의 블로그 포스트가 올려진다.
- 1억 6,800만 통의 이메일이 전송된다.
- 694개의 검색어가 구글에서 검색된다.
- 100명의 새로운 가입자가 "Linkedin" 사이트에 등록된다.
- 695명의 페이스북 사용자가 상태를 새롭게 변화시킨다.

- 320개의 새로운 트위터 계정이 생긴다.
- 13,000개의 음원을 무료 음원플랫폼 "Pandora"에서 듣는다.

이 밖에도 2012년의 통계치에 나타난 사실은, 1분 안에 72시간 분량의 동영상 자료가 유튜브에 올려졌고, 1분 동안 2,800만 개의 동영상이 시청되었다는 것이다. 1분 안에 1페타바이트(PB: Peta Byte, 1PB=100만 GB)의 데이터가 웹을 통해 교환되고 작동이 된다. 1분 안에 83만 개 이상의 검색 내용이 구글에서, 그리고 1,900만의 '좋아요'가 페이스북에서 만들어진다. 또한 4,000개의 온라인 결재가 Paypal(온라인 결재 사이트)에서 지급되었다(Hoyer, 2014).

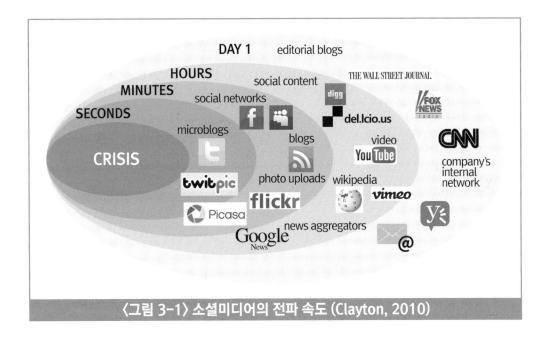

〈그림 3-1〉 소셜미디어의 전파 속도 (Clayton, 2010)

물론 전 세계적으로 모든 세대 전체에 걸쳐 이러한 현상이 일률적으로 나타나는 것은 아니다. 30대 이하의 연령층에서는 가장 중요한 정보원이 인터넷이지만, 50대 이상의 연령대에서는 주로 신문을 통해 정보를 얻는다. 그러나 이러한 디지털 커뮤니케이션의 폭발적인 사용 이면에는 여러 유형의 사이버범죄나 블랙컨슈머와 같은 부정적 소비 행태, 사이버 세계의 정신적, 물리적 폐해가 전 세계적으로 심각한 사회문제가 되고 있다. 앞서 소개한 디지털 커뮤니케이션의 통계치는 오늘 현재의 현상이며, 수치 자체만으로 큰 의미를 갖기보다는 그 폭발적인 증가율에 중요한 의미가 있다고 할 수 있다. 이 수치는 앞으로도 계속 급변할 것이며, 그로 인해 함께 변화하는 사회 환경과 사회문화 속에서 자신의 삶에 디지털 커뮤니케이션을 긍정적으로 접목시키는 것이 중요하다. 이제 디지털 커뮤니케이션은 개인 삶의 영역을 넘어선 공적인 사회집단으로도 실질적 활용 범위가 크게 넓어지고 있다.

2) 모바일 커뮤니케이션과 모바일교육

(1) 모바일 커뮤니케이션의 개념

모바일 커뮤니케이션은 선박에서 무선 전신기술로 처음 통신을 하던 1900년경에 시작되었다(Döring, 2010). 이제 전 세계적으로 모바일 전화기는 유선전화나 심지어 텔레비전 수상기보다도 그 수가 많아졌다(Hüther & Podel, 2010). 1990년대 중반부터 휴대전화는 붐을 일으키기 시작했고, 지금은 스마트폰과 SNS의 결합으로 '모바일 혁명' 시대에 들어섰다. 새로운 정보와 커뮤니케이션 기술이 결합된 형태를 통해 모바일 커뮤니케이션은 우리의 일상에 깊숙이 파고들었고, 실내, 야외, 교실, 회사 등 생활 곳곳에서 휴대전화 소리가 울리고 있다.

모바일 커뮤니케이션은 휴대가 가능하며 전신이나 전화선이 연결되지 않은 기기를 통해 기술적으로 개인과 집단, 대중 커뮤니케이션이 이루어지는 커뮤니케이션이다(Döring, 2010). 포터블 TV나 라디오와 같은 것도 휴대가 가능하지만, 이들은 일방향적 커뮤니케이션만이 가능하고, 개인 간, 집단 간의 상호적 커뮤니케이션은 가능하지 않으므로 모바일 커뮤니케이션에 해당하지 않는다. 모바일 커뮤니케이션은 기술적 측면에서 '기기', '네트워크', '서비스', '운용'과 같은 네 가지의 구성 체계로 구분된다. 모바일기기는 대략 다음의 세 그룹으로 나뉠 수 있다(Döring, 2010).

- 모바일 전화 (휴대전화, 스마트폰)
- 전자메모책 (PDA–Personal Digital Assistant)
- 이동용 컴퓨터 (노트북, 태블릿 PC)

이들 각각의 그룹은 고유의 특성이 있기는 하지만, 이제는 스마트폰으로 많은 기능이 통합되고 있는 추세이다. 모바일기기는 무엇보다 개인 미디어로서 그 의미가 크지만, 아주 어린 아동기부터 그 사용이 시작된다는 점을 주목해야 한다. 이동 가능한 컴퓨터는 좀 더 전문적인 상황에서 쓰이는 경우가 많다. 이들은 모바일 통신으로 일반화되어있지는 않고 대부분 이동용 컴퓨터로 쓰이고 있다. 모바일 커뮤니케이션을 위한 전산망을 다음과 같은 세 가지 유형으로 나누어볼 수 있다(Döring, 2010).

- W-PAN (Wireless Personal Area Network) :
  수신 유효거리 약 10미터로, 한 공간 안에서 기기 간의 직접적인 데이터 전송이 가능하다. (예: 휴대전화에서 휴대전화로, 휴대전화에서 컴퓨터로)
- W-LANs (Wireless Local Area Networks) :
  수신 유효거리 약 100미터 내에서, 한 건물이나 전체 건물 안에서 광파 또는 전파를 전송매체로 하여 사용할 수 있는 네트워크이다.
- W-WANs (Wireless Wide Area Networks) :
  수신 유효거리 약 5킬로미터에서 전파를 기반으로 전 세계적 커뮤니케이션이 가능한 네트워크이다.

(2) 모바일교육

① 문화비평적 미디어교육과 모바일교육

문화비평적 미디어교육 분야의 모바일미디어교육에서는 인간의 커뮤니케이션능력과 사회적 능력을 촉진하고 계몽시키는 것이 중요한 교육적 과제이다. 이 교육에서는 모든 사회구성원들이 모바일 커뮤니케이션에 대한 사회적 규칙과 규범을 민감하게 받아들이고 존중하도록 하는 것이 필요하다. 통화 내용과 통화 장소에 대한 합리적 판단능력과, 특히 SMS로 전달해서는 안 될 내용을 스스로 절제하는 능력(예: 국방이나 국가 사안의 SNS상에서의 전달)과 같은 것은 큰 경각심을 일깨워야 할 사안이다. 이 교육의 내용에는 다음과 같은 여러 주제가 해당된다(Dörling, 2002).

- 시간과 장소를 불문하고 사용할 수 있는 모바일기기의 특성에 따른 기본 공공의식 교육
- "청소년들의 비밀코드"(Dörling, 2002)와 같은 SMS(Short Message Service)의 압축된 에너지와 언어 파괴 및 사이버 폭력 등의 문제
- 휴대전화를 통해 유통되는 불법 콘텐츠와 아동보호에 관한 문제
- 개인정보 유출
- 모바일기기 제작사의 과열 경쟁으로 인한 소비자의 막대한 비용 부담 등, 개인적, 사회적, 경제적 측면에 대한 사용자의 비평적 미디어능력
- "스마트교육"의 일환으로서, 스마트 기기를 활용한 미디어제작과 프로젝트 교육

② 미디어교수법과 모바일교육

미디어교수법에서는 모바일 커뮤니케이션을 이용하여 비형식적 교수학습 과정(Mobile Learning, Mobile Education 등)의 제도화를 이루는 것을 목표로 한다. 휴대전화나 노트북, 태블릿 PC와 같이 교육적으로 의미 있게 사용할 수 있는 미디어를 활용하여, 그에 합당한 교수학습 전략과 내용을 개발해야 한다. 교수법적 측면에서는 학습자 개인이 자신의 기기를 가지고 능동적인 학습활동을 하도록 동기를 부여하는 것이 중요하다(7장 3절 "성인과 직업세계의 디지털미디어", 8장 4절 "스마트교육, 모바일교육" 참조).

모바일교육에 대한 일반적인 우려는 아직도 존재하지만, 모바일기기를 활용하여 학습 장소나 공간에 구애받지 않으면서 정보 획득, 의사소통, 콘텐츠 분석과 제작이 가능하다. 또한 교육의 진행에서 개인적 특성과 (모둠별) 집단의 특성을 존중하며 보다 융통성 있는 교육적 운용이 가능하다는 장점을 가지고 있다. 특히 스마트폰과 같은 모바일기기는 능동적 미디어교육에 있어 의미 있는 기능을 제공하는데, 이들을 정보의 출처(예: 내비게이션, 데이터 활용), 커뮤니케이션 도구(정보통신을 활용한 교수자−학습자 간, 학습자−학습자 간의 의사소통), 인지적 도구(내용 구성, 내용 교환, 사진, 그림그리기, 다양한 애플리케이션 활용 등)로써 사용할 수 있다. 대학교에서는 여러 대학이 함께 노트북을 활용한 일종의 "Mobile Campus-Community"(Döring, 2010)를 형성하기도 하는데, 이러한 교육방법을 통해 학습자의 학습동기와 컴퓨터능력이 촉진되는 경우도 종종 볼 수 있다(7장 6절 "대학교의 발전방향과 스마트교육" 참조). 특히 모바일교육은 평생교육과도 연결되어, 성인교육이나 기업교육 및 은퇴 후 교육에서 적극적으로 활용되고 있다(6장 4절, 5절 "성인과 직업세계의 디지털미디어", "노년층과 디지털미디어" 참조).

3. 기업경영과 SNS

1) 기업경영의 SNS 활용

디지털미디어나 SNS는 개인뿐 아니라 기업경영에서도 중요한 의미를 갖는다. 오늘날에는 개인이 사적인 영역에서 무료로 페이스북이나 트위터 같은 디지털 SNS를 사용하여 인간관계를 쌓고, 사진, 동영상 등을 업로드한다. 기업체 입장에서는 자사의 홈페이지뿐 아니라 SNS도 중요한 마케팅의 통로가 될 수 있다. SNS의 단순하고 직접적인 방법으로 소비자와 소통하면서 피드백의 가능성도 제공할 수 있다. 고객과의 새롭고 직접적인 디지털마케팅은 기업경영 측면에 효용성을 주기도 한다. 고객에게 적절한 시간에 적합한 제품을 소개하고, 중요한 정보를 주고받으며 경영목표를 이끌어내는 전략을 쓰고 있다.

휴대전화, 페이스북, 배너 광고 등 새로운 웹 기술로 효율적 마케팅을 펼치는 경우도 있지만, 현재는 이를 악용하는 불법 스팸 광고와 피싱, 스미싱, 파밍 등의 사회적 범죄도 급증하고 있다. 그럼에도 불구하고 디지털미디어나 SNS를 합법적으로 적절히 사용할 경우, 이들은 기업경영과 사회경제에도 긍정적인 촉매 기능을 할 수 있다. SNS를 활용한 마케팅에 큰 관심을 갖는 독일의 "디지털경제 독일연방연합"("BVDW–Bundesverbands der Digitalen Wirtschaft")의 한 연구결과에 따르면 85%의 독일 기업들이 소셜미디어가 경영전략에 필수적이라는 의견을 보인 것으로 나타났다(BVDW, 2012). 자동차 영업업체나 각 도시에서 운영하는 시영 기업체 등, 다양한 분야의 기업체가 고객과의 소통의 장으로 SNS를 활용하면서, 고객과 시장에 대한 심층 분석을 시도하고 있다. 소셜미디어가 기업경영에서 여러 잠재성을 보이면서, 이를 고객의 흥미 파악 및 이들과의 직접적인 접촉, 기업체 인지도 확장과 기업체의 위치 점유, 그리고 소비자와 시장의 분석 및 서비스의 도구로도 활용하고 있다. 특히 새롭게 시작하는 신생 기업체의 경우에는 이러한 경향이 두드러지는데, 이미 51%의 기업체가 소셜미디어를 기업경영의 중요한 도구로 사용하고 있다(Reti, 2014)는 결과가 있다.

2) 기업경영의 SNS 활용 전략

경영전략적인 면에서 볼 때, 기업체는 일반적으로 구체적인 목표와 목표집단을 정하고 그에 대한 접근방법을 결정한 후, 그것에 적합한 소셜미디어 플랫폼을 선택한다. 중요한 내용에 대해서는 빠른 시간 내에 위기 상황에 대응할 수 있는 계획을 미리 수립하고, 이미 시행되고 있는 영업적 조처와 서비스 목적의 실질적인 정책을 소셜미디어 활동에 포함시키기도 한다. 앞으로는 이러한 전략이 소셜미디어 관리팀의 직속 권한이나 권한 위임으로도 연결이 되고, 기업의 경영전략과도 협업이 이루어져야 할 것이다. 여기에서 중요한 점은 자산 규모에 맞는 경쟁력과 그에 합당한 목표를 세우고, 소셜미디어에 대한 규칙적이고 지속적인 점검이 이루어져야 하는 것이다. 효율적인 온라인 경영을 위해 다음과 같은 SNS 활용 전략을 들 수 있다(Digital Marketing Ramblings, 2013; KfW/ZEW, 2014).

- 다양한 집단(예: 기업 외부의 소비자, 영업파트너 등)도 함께 참여하는 기획
- 목표집단(사용자들)과 연결하기 위해 선택한 플랫폼(SNS)에 대한 지속적 관리
- 디지털미디어에 친숙하지 않은 소비자를 위한 소셜웹이나 플랫폼에 대한 서비스 제공 및 기본적 미디어사용 방법을 도와주는 젊은 인력의 충분한 활용
- 소셜미디어 활용 경영과 SNS 마케팅 목표에 적합한 예산 책정
- 많은 의견을 수용하고 토론할 수 있는 비평의 장으로써 소셜웹의 활용, 비평적 논쟁과 다양한 의견을 관리, 수용할 수 있는 새로운 커뮤니케이션 문화 유도

3) 기업경영의 SNS 활용 방법과 유형

기업경영에 있어 SNS의 기능을 효율적으로 활용할 수 있는 구체적 방안은 다음과 같다(Reti, 2014).

- **시장에서의 인지도 향상 :**
  소셜미디어는 전통적 시장경영의 처리방식에 대해 뛰어난 보완작업을 해줄 수 있다. 소비자와의 접촉과 예산 확보를 위한 중요한 통로들이 이미 많이 개척되어있는 상황에서, 소셜미디어를 이용하여 새로운 소비자 집단도 효율적으로 확보할 수 있

다. 중요한 것은 사용자들이 이 광고경영에 어떻게 반응할지에 대해 잘 준비해야 한다는 것이다.

- **소비자를 위한 서비스** :

영업과 소비자 연결을 위한 서비스 통로로서 소셜미디어가 직접적인 기여를 할 수 있다. 소규모의 기업체에서는 SNS의 서비스 플랫폼 사용에 제한이 있을 수 있는데, 이럴 경우에는 블로그를 활용할 수도 있다. 이의 장점으로는 적은 비용으로 빠른 속도의 서비스가 가능하다는 것이다.

- **이벤트 마케팅** :

소셜미디어 플랫폼을 통해 사용자의 정서적 특성과 기대를 충족시킬 수도 있다. 이벤트는 웹을 통해 간단하고 빠르게 연장할 수 있다. 중요한 점은 이 이벤트를 기존에 설정되어있는 소셜네트워크의 베이스에서 실행하는 것이다. 원래의 관련 사이트에서 이벤트가 구성되고 참가자들이 응모할 수 있어야 한다. 이를 통해 방문자와 기업체 간에 지속적인 교류가 형성될 수 있다.

- **제품소개** :

새로운 제품이나 서비스를 소셜네트워크를 통해 복합적으로 설명할 수 있다. 캠페인 형식으로 새 제품을 위한 장을 마련할 수도 있다. 사용자들에게 정서적으로 다가갈 수 있고, 이미 실행되고 있는 하이퍼미디어에 통합할 수도 있다. '입소문'과 같은 정서적 자극을 통해 제품정보가 무료로 확산될 수도 있다.

- **판매통로의 구축** :

소셜미디어는 대체적으로 'pre-sales 마케팅'에 적합하다. 직접적 구매요구는 소셜미디어에서 그리 환영받지 못한다. 물론 할인판매나 한정판, 특별 사은품과 같은 것으로 직접적인 판매방식을 추진할 수도 있다.

- **커뮤니티 형성** :

SNS 경영에서 근본적으로 중요한 전략은, 오피니언 리더들이나 비평가들과의 접촉을 이끌어내고 확장시키고 강화하는 것이다. 커뮤니티는 고객과의 지속적인 접촉과 관리를 할 수 있는 탁월한 수단이며, 기업의 주된 주제들을 확대 재생산하는 데 기여할 수 있다. 논쟁거리가 될 수 있는 주제들에 대해서도 추가 정보와 의견 교환을 통해 더 심도 있는 관점과 투명성을 높일 수 있다. 이때 중요한 점은 적극적이고 지속적으로 커뮤니티를 경영, 관리하는 것이다.

4. SNS 주권의식과 디지털미디어능력

1) 미디어에 대한 주도적 능력 촉진

디지털미디어에 대한 미디어능력, 즉 디지털미디어능력 또는 디지털능력은 인간의 기본적인 미디어능력 범주에 포함되어있다. 디지털미디어의 세계란 인터넷이 연결된 사이버세계에 존재하는 공간이므로, 특히 이에 대한 사용자의 주권의식 능력을 촉진하는 것이 필수적이다. 미디어능력은 "미디어화된 사회 속에서 주도적으로 자신의 삶을 이끌어 갈 수 있는 능력을 부여하는 것"(Schorb & Wagner, 2013)이기 때문이다.

무엇인가를 주도적으로 행한다는 것은 인간의 행동과 관련한 능력만을 의미하는 것이 아니라 '인간의 자율적 결정'에 관한 것이기도 하다. 우리는 디지털미디어로 데이터를 사용하고 소화함에 있어 어떻게 주도적으로 작업을 할 수 있는가, 그리고 민주적 기본 질서 안에서 우리의 주권을 위탁받은 기관들이 어떻게 주도적으로 일을 하는가를 생각해 보아야 한다. 사람들이 편리성과 유용성을 위해 주권적 디지털미디어 행동을 포기하는 것을 당연시하게 된다면, 이로 인해 어떤 결과를 초래하게 될 것인가도 깊이 고민해야 한다. 예를 들어, 페이스북 운영 회사는 그 많은 데이터와 이용자들을 어떻게 관리하는지, 그리고 우리는 비용 대비 사용 측면에서 그 장단점에 대해 신중한 고려를 하는지와 같은 것이다. 여기에는 물론 현실적인 딜레마도 있다. 사람들은 SNS 운영 회사의 데이터 관리와 시스템 운용에 의구심을 가지면서도 이들 회사의 제품을 구매하고 서비스를 이용함으로써, 이 회사들의 기업경영은 폭발적으로 성장하고 있는 상황 등과 같은 것이다.

디지털미디어능력은 페이스북을 비롯한 여러 SNS, 포털사이트 등에 대해 우리가 얼마나 주도적으로 이들의 프로그램과 서비스를 사용하는가에 관한 능력을 의미하기도 한다. 이에 대한 미디어교육학의 과제는, 왜 그토록 많은 사람들이 그렇게 많은 의구심에도 불구하고 SNS를 이용하는가를 규명해보는 사고모형을 개발하는 것이다. 이러한 사고모형의 개발을 위해서는 우선 사용자들이 정말 주도적이고 주권적으로, 그리고 성숙한 태도로 SNS상에서 결정을 내릴 수 있는가를 파악해야 한다. 특히 권력의 상태가 불평등하기도 하고 위험에 대한 부담이 비교가 안 될 만큼 일방적으로 쏠려있는 그런 곳에서, 소비자의 권력과 소비자 보호기관에 대한 많은 사회적 논의가 활성화되도록 이끌어내야 하는 것이다.

2) 온라인상의 "새로운 디지털 봉건주의"와 디지털미디어능력

(1) 중세 봉건주의와 유사한 "디지털 봉건주의"

미국의 "Cyber Security" 전문가 모임에서는 개인정보가 실질적인 자산으로 간주되는 현재 세계의 양상을 "중세 봉건주의와 디지털 봉건주의"(Brüggen, 2014)로 은유적인 비유를 하였다. 이들이 말하는 현 시대의 새로운 봉건영주, 봉건군주는 "구글", "애플", "페이스북" 등이 해당된다. 이 봉건군주들에게 사람들이 자신의 데이터와 정보를 위임하는 즉시, 사람들은 봉건제후의 농노처럼 이들에게 예속되어버린다는 것이다. 사용자는 자신의 정보와 데이터에 대한 보호를 스스로 안전하게 지킬 수 없으며, '그들 군주'의 권력과 신실성을 믿고 의탁할 수밖에 없다. 한번 어떤 영주에게 정보의 제공자가 되어버린 사람이 다른 곳으로 영지를 바꾸어 이동할 때는 큰 어려움을 겪게 되는데, 각각의 영주들은 서로서로 (경제적으로) 전쟁 중에 있기 때문이다.

이 비유에 따르면 페이스북은 그동안 이미 "세계에서 세 번째로 큰 국가"(Brüggen, 2014)가 되어버렸다는 것이다. 그러나 이 '국가'는 민주적인 헌법정관을 갖추고 있지 않았고, 이 초국가적인 '국가'에 대해 민주사회의 합법화된 기관이 갖는 영향력은 제한되어 있다. 예를 들어, 애플사는 자신들만의 표준에 따라 사용자들로부터 합법적으로 정보를 수집하고 그 내용을 추후에 검열한 후, 이를 자신의 클라우드 서비스에 저장한다.

이렇게 거대 디지털기업이 봉건영주에 비유될 정도의 상황에서 학문적인 고민은 더욱 깊어진다. 이제 미디어교육학은 단지 한 개인의 능력과 개개인의 유능한 기술적 접근에 대해서만이 아니라, 더 광범위한 사회적인 맥락으로 그 연구의 무게중심을 옮겨야 하는 것이다. 오늘날의 사회적 현상에서 유추하게 되는 봉건주의의 모습은 디지털미디어 현실의 부당한 체계를 연상하게 하고, 이 군주들에게 예속되는 부당한 종속성에 대해 비평적인 계몽의식을 일깨워주기도 한다.

(2) "디지털 봉건주의"에 필요한 디지털미디어능력

이러한 의식 속에서 현대의 사회구성원들에게 필수적인 디지털미디어능력의 관점을 두 가지로 정리해볼 수 있다(Brüggen, 2014). 첫째, 민주적으로 합법화된 현대의 디지털 사회에서 모든 시민의 주권을 위해 우리는 어떤 권리를 기대하고 가질 수 있는가, 둘째, 미디어에 의해 많은 것이 각인되어버리는 현재의 사회에서, 각 개인의 미디어능력을 촉진하고 미디어에 대한 주도적, 주권적 행동을 촉진하기 위해 우리는 무엇을 논쟁점으로 이끌어내야 하는가와 같은 것이다. 물론 디지털미디어능력에 있어서는 각 개인의 자율적인 미디어사용과 사회적 책임의식을 우선시하며 사용자의 주권을 찾도록 해야 할 것이다. 그러나 개인의 행동양식을 지원해주기 위한 학문적 연구의 속도는 미디어의 빠른 발전 속도를 따라가지 못하고 있는 실정이다. 학문적 관심의 방향도 SNS 프로그램에 대한 비평적 시각이나 사용자들의 권익을 향하기보다, SNS 프로그램이 주는 기회와 잠재성에 대해 연구의 초점을 맞추는 경우가 많다. 미디어교육학의 연구에서는 SNS의 주도적 사용을 위한 미디어능력 강화에 더 큰 노력을 기울여야 할 것이다.

3) SNS 주권을 위한 사용자의 디지털미디어능력

일반 사용자들의 주도적 SNS 사용과 관련해서는 개인의 자유를 보호하고 교육적 자의식을 이끌어낼 수 있는 미디어능력의 촉진이 중요하다. 개인의 디지털미디어능력을 위한 추진방안으로서 미국국방부(DoD: "Department of Defense")에서 소개한 OSI(Open Systems Interconnection)의 "인터넷 커뮤니케이션을 위한 표준모형"(Brüggen, 2014)을 기반으로 한 다음과 같은 요인들을 생각해볼 수 있다.

(1) 장기적으로 접근하는 현명한 SNS 사용방안 모색

SNS와 디지털미디어의 현명한 사용을 위해 이에 대한 조언과 도움을 찾아보는 것이다. 이를 위해서는 너무 미시적으로 접근하지 말아야 한다. 안드로이드 폰이나 아이폰, 페이스북 등의 사용에 대해 일반적으로 알려진 조언들, 그리고 사용하면서 느꼈던 주관적 경험은 우리가 이들을 더 잘 활용할 수 있는 많은 가능성을 줄 수 있다. 이러한 것이 불쾌한 선입견을 바꾸거나 데이터 보호를 도와줄 수 있다면, 그것은 분명 의미가 있다. 그러나 이와 더불어 자신에게 필요한 사항을 스스로 성찰하는 것이 장기적 관점으로 볼 때 더욱 합리적일 것이다.

(2) 청소년과 젊은 세대의 제작능력 활성화

청소년이나 젊은 사용자들로 하여금 SNS 활동이 단순한 과시가 아닌 실질적인 SNS의 콘텐츠 제작자 역할을 하는 것이라는 인식을 갖도록 이들의 제작능력이 촉구되어야 한다. 이것은 페이스북, 유튜브에 단순한 과시용 캠페인 형태로만 콘텐츠를 올리는 것이 아니라, 예술적, 내용적 수준에도 노력을 가하는 제작능력을 말하는 것이다. 사용자들이 자기만의 목표를 위해 능동적 제작능력을 발전시키는 것으로, 사회적 문제나 온라인상의 갈등과 같은 현안을 함께 논의할 장을 마련해보는 것이다. 라디오 프로그램이나 단편 영화 같은 작품을 만들면서, 청소년들은 감독과 제작자의 역할을 맡아볼 수도 있다. 그러나 현실적으로는 많은 사람들의 관심을 끌기 위해 전시용 작품을 SNS에 올리는 경우가 많다. SNS 공간은 온라인을 이용한 토론의 장으로서, 의사표현과 참여의 기회가 주어지는 플랫폼이 될 수 있다는 것을 인식해야 한다. 세계의 사회정치적 현안뿐 아니라 소셜미디어 그 자체도 공동의 비평적 성찰 대상이 될 수 있다.

(3) SNS의 상업적 구조와 기업경영의 배경에 대한 질문의 제기

우리가 무료로 사용하는 대부분의 SNS가 실질적으로 어떻게 운영되는지, 우리의 동질성을 대변하는 개인정보와 수많은 데이터를 이용해 이 SNS 관련 회사들은 어떤 경제적 이익을 얻는지에 대한 배경에 관심을 갖는 것도 사용자의 주권과 권익을 위한 매우 중요한 사안이다. 이러한 것에 관하여 질문을 제기함에 있어 다음과 같은 두 가지 관점을 생각할 수 있다.

① 소비자로서의 권리와 SNS 경영에 대한 민감한 자의식
SNS와 온라인 기업의 상업적 구조와 기업경영 방식에 관심을 갖고, 이들이 우리 사용자에게 어떤 작용을 하는지, 그 배경을 파악해보는 것이다. 지금까지 대부분의 사용자들은 SNS나 온라인시장을 어떻게 잘 활용할 것인가에 더 많은 관심을 가져왔다. 그러나 이제는 우리의 권리와 참여방식에 대해 보다 적극적인 질문을 던져야 한다. 청소년들도 페이스북이나 구글 등이 상업적인 것을 목표로 하는 회사라는 것을 알고 있다. 그러나 이들 회사의 특성상 일반 사용자들은 대부분 이 회사들에 대해 막연하고 모호한 생각만을 가지고 있다. 그에 반해 사용자들은 우리가 소비자로서 어떤 권리를 갖고 있으며, 소비자 권리를 이행할 수 있는 어떤 가능성과 방법이 있는지에 대해서는 거의 생각하지 않는다. 그러나 오프라인에서의 소비자 권리는 온라인에도 존재한다는 것을 알아야 한다.

여기에서 필요한 미디어교육학 연구의 관점은, 각 기업의 경영방식 차이를 인식시키고, 기업경영에 관여할 수 있는 국가적이고 초국가적인 감독기관을 제시하고 실현시키도록 하는 것이다. 특히 소비자 보호단체와 같은 다른 사회적 기관들과 협력하는 방안도 모색해볼 수 있다. 성숙한 소비자 의식을 통해 정치적 책임에 대해서도 더 강하게 압박할 수 있는 가능성도 희망해볼 수 있다. 소비자들의 이러한 민감한 자의식은 감독기관을 정식으로 규범화하도록 하는 차원으로도 연결되어야 할 것이다.

② 온라인 기반 다국적 기업과 "인터넷상의 시민권리"

온라인을 기반으로 하는 다국적 기업은 우선 자신들의 회사가 경영활동을 벌이고 있는 각각의 나라에서 소비자들을 위한 제반 사항들을 규범화할 수 있을 것이다. 특히 여러 미국 기업들은 디지털사회에서 중심적 역할을 할 수 있을 것이다. 소비자의 요구를 관철시킬 수 있는 규정은 개개 단일국가 차원에서 이루어낼 수 있는 일이 아니고, 국제적인 조정이 필수적인 사안이다. 아시아나 유럽의 개별 국가 안에서 합법화된 감독기능이 미국에서도 반드시 유효하지 않기 때문이다. 그러나 2013년 채택된 인터넷의 사생활 보호에 관한 규정은 국제적 정치위원회에서 인터넷 관련 법규를 논쟁점으로 다룰 수 있는 긍정적인 출발점으로 간주되고 있다.

유엔에서도 이제는 "인터넷상의 시민권리"(GMK-Bundesvorstand, 2013)가 여러 위원회에서 토론의 주제가 되고 있다. 청소년들과 청년층은 "glokal"(glabal community & lokal)의 상황에서 세계를 포괄하는 문화적 현상에 동참할 수 있다(프리허그, 버킷첼린지 등). 포괄적인 국제적 감독과 직속 관할 기관을 통해 청소년들의 일상적 삶도 많은 영향을 받게 될 것이다. 미디어교육학적 측면에서는 이 모든 과정이 단지 새롭게 형성된 문화공간으로 세계인의 참여를 가능하게 한다는 사실을 넘어서서, 정치적, 경제적 사안에 대한 자의식도 키울 수 있도록 독려하는 것이다. World Wide Web을 사용하는 사람이라면, 이를 사용함과 동시에 범세계적으로 네트화된 정치적인 세계시민으로 합류할 것이기 때문이다.

(4) 암호화된 비밀번호가 완전한 보호장치가 될 수 없다는 의식의 형성

이는 서신교환이나 우편, 원거리에서 비밀로 이루어지는 교환에 관한 것으로, 개인에게 책임이 넘어가는 상황을 말한다. 전자우편은 과연 비밀이 보장되는가? 이메일도 봉함되지 않은 우편엽서와 봉인된 편지로 비교해볼 수 있다. 암호를 설정하지 않고 이메일을 보낸다는 것은 인터넷을 통해 마치 봉인하지 않은 편지를 보내는 것과 같다. 조직이나 동호회 등에서는 컴퓨터에 능숙한 사람들이 다른 사람들에게 디지털 자율보호 방법을 알려주기도 하고, 온라인 커뮤니케이션과 같은 비형식적 상황에서도 중요한 정보보호 방법을 습득하기도 한다. 이러한 것도 도움이 될 수는 있지만 이는 어디까지나 과도기적인 해결방안이다. 특히 기술적 보호장치가 반드시 필요한 온라인 커뮤니케이션에서는 합법적으로 보호받는 일반 오프라인 커뮤니케이션 단체에서만큼 보호를 받지 못한다. 염려스러운 것은, 온라인 커뮤니케이션을 사용하는 일반 사용자들에게 있어 민주적 기본 권리를 위한 관습적이고 관료적인 권리는 유효하지 않고, 오로지 자금력과 기술력에 의해서만 인터넷 커뮤니케이션이 보호받는 것이 아닐까 하는 우려가 존재한다는 사실이다.

(5) 정보 획득과 교육기회의 공평성과 중립성 – 네트워크의 미래에 대한 성찰

이는 정보 및 교육적 접근에 대한 정당성에 관한 질문으로, 네트 속에서 중립을 지키는 것에 대한 문제이다. 정보 획득이나 교육과 관련하여 온라인에 접근하는 공평성에 대해 네트워크의 중립성과 여러 회사 간의 조화를 고려해보는 것이다. 영상통화나 온라인 동영상, 모바일 인터넷 사용 등으로 데이터 전송 용량은 엄청나게 늘어났고, 이는 네트워크 운영기업에게 당연히 큰 도전이 되고 있다. 몇몇 회사는 특정한 용량 이상으로 데이터 사용이 많아질 때 속도 감속을 시키기도 한다. 모바일 요금체계에서 볼 때 페이스북이나 카카오톡 등과 같이 무료로 사용할 수 있는 네트워크 서비스가 있기도 하지만, 다른 서비스에서는 요금을 부과해야 하는 경우가 많다. 무료로 사용할 수 있는 서비스에서도 사용자는 많은 광고를 소비해야 한다. 청소년들에게는 여러 온라인 서비스에서 자신이 주관적으로 인지하는 행동의 가능성이 커질 수 있는가가 중요하다. 이러한 점에서 교육학적 연구가 더욱 필요해지는데, 이 모든 행동의 가능성은 이미 상업적으로 구조화되어있는 통로 안에서만 가능하기 때문이다. 또한 무료로 제공되는 여러 교육용 프로그램에 대해서는 여기에 접근할 수 있는 공평성뿐 아니라 내용의 전문성에 대한 검열도 반드시 이루어져야 한다.

(6) 대안교육의 장 – 네트워크의 미래에 대한 구성과 형성

이것은 네트워크 구조를 활용한 새로운 교육방법과 내용의 대안교육에 관한 것이다. 미디어 사회에서 인터넷은 이미 피할 수 없는 기초시설이 되었고, 무료로 사용이 가능한 서비스도 매우 다양해졌다. 우리는 사회 참여의 기회로서 이 무료의 네트워크 접속이 어떤 의미를 갖는가를 생각해보아야 한다. 이미 많은 인터넷 방송이나 시민참여 활동이 무료로 진행되고 있다. 자유로운 커뮤니케이션과 자신의 참신한 아이디어를 펼칠 수 있는 대안교육의 장으로서 네트워크를 활용할 수 있을 것이다. 이를 위해서는 물론 이 인프라 구조가 얼마나 안전한지, 그리고 데이터 전송을 누가 책임질 수 있는지, 또한 어떻게 이를 조정할 수 있는지에 대한 문제를 먼저 해결해야 할 것이다. 이러한 대안 미디어작업은 현대의 새로운 '봉건영주'들로 하여금 안전성 보장에 대한 비평적인 공론화를 가능하게 하도록 촉구할 수도 있을 것이다.

4) SNS 주권을 위한 교육적 과제

소셜네트워크와 온라인 활동이 우리 삶의 큰 부분을 차지하는 현실에서, 이의 주권적 사용을 위한 교육적 과제를 생각해볼 수 있다(Brüggen, 2014).

첫째, 소셜웹에 제공된 프로그램들을 사용한다는 것이 단지 사용 비용에 대한 문제로만 접근할 사안이 아니라는 인식을 갖도록 해야 한다. 많은 경우 사용자들은 데이터 보안과 같은 문제에 의구심을 가지면서도 여러 이유로 이들을 계속 사용한다. 인간의 행동은 반드시 인지적 논리만으로 결정되는 것이 아니기 때문이다. 사람들은 대부분 사회적 통합이나 소속감, 타인으로부터의 인정을 원하며 SNS를 사용한다. 이러한 성향은 다시금 미디어능력을 키우는 데 작용할 수도 있다. 실용적 정보는 사용자의 삶과 행동과 정서에 가치를 부여하는 경험 형태로 연결되어야 한다. 온라인상의 경험과 미디어에 대한 지식을 사회적 책임으로 연결시킬 수 있을 때, 우리는 사실상 미디어사회의 삶에서 우리의 주권을 키워나갈 수 있다.

둘째, 권력과 디지털 커뮤니케이션의 연관성에 대해 파악하는 것이다. "권력과 신기술 간에는 매우 긴밀한 관계가 형성되어있다. 민첩한 사람들이 이 신기술을 가장 먼저 사용하지만, 권력을 가진 사람들은 이를 천천히 사용하는 반면 훨씬 더 효율적으로 사용한다"(Brüggen, 2014). 한 사회의 권력자들이 민주적으로 합법화되어있으면서 조절도 가능한 신기술을 제대로 잘 사용하는 한 큰 문제는 없다. 그러나 이것에 문제가 생길 때, 우리 일반 시민들은 미디어능력을 통해 민주적 구조 안에서 이에 합당한 대응을 할 수 있어야 하며, 이러한 미디어능력의 촉진을 사회적 행동능력의 목표로 삼아야 한다. 나아가 이를 교육적 논쟁으로도 이끌어내야 한다. 모든 사회구성원들은 미디어 사회 속에서 자신의 주권적 삶을 위한 사회적 상황을 지속적으로 만들어가야 하는데, 이를 위해서도 역시 미디어능력을 기반으로 하면서 사회에 기여할 수 있어야 할 것이다.

5. 애플리케이션과 변화된 사회문화

1) 스마트폰 애플리케이션과 미디어교육학에 요구되는 새로운 연구과제 – 교육 및 정책적 쟁점, 정보보호

2000년대 후반(2007) 아이폰이 처음 등장했을 때, 많은 사람들은 이것 이상의 큰 기술적 발전은 없을 것으로 보았으며, 그 당시에는 애플리케이션이 크게 논의되지도 않았다. 그러나 이제는 '모바일 미니컴퓨터' 스마트폰이 우리의 삶과 일에 철저한 변혁을 가져다주고 있다. 전화를 하면서 동시에 인터넷에 매달려있고, 이를 통해 위치 정보를 그 대가로 주는 경우도 적지 않다. 직장, 일상, 사회적 관계는 다양한 방식으로 빠르게 변하고 있다. 여기에는 특히 애플리케이션이 중요한 역할을 하는데, 그 사용을 위해 사용자들이 지갑에서 돈을 꺼내도록 하는 기능도 있고 때로는 도움이 되어주기도 하지만, 반면 어떤 것들은 거의 사용하지 않기도 한다.

이러한 애플리케이션의 다양성은 다시 말해, "모든 것을 위해 앱이 있다"(Krotz & Rösch, 2014)고 할 수 있을 정도이다. 여기에서 우리는 많은 것에 질문을 던지게 된다. 애플리케이션이 갖는 긍정적 기능뿐 아니라 정보보호와 정보 유출, 개인의 동의 없는 뒷조사와 같은 것이다. 이러한 점에서 미디어교육학 연구는 교육적 사안만이 아니라 정책적 사안과도 연결이 되며, 그 연구에 있어서도 이제는 전반적인 인간행동의 상황이 근본적으로 변화되었다는 점을 반영해야 한다. 커뮤니케이션의 송신자뿐 아니라 그 수신자 역시 스마트폰을 사용하고 있으며, 이들 모두 네트에 연결되어있는 상태에서 전 세계로부터 지식을 얻거나 직접 프로그램을 제작할 수 있는 멀티 기능의 미니컴퓨터를 늘 소지하고 있기 때문이다. 그러나 애플리케이션을 사용하려 할 때 우리는 생각보다 많은 것을 감수해야 한다는 사실은 대부분 잊고 있다. 사용자들은 자신의 거의 모든 권리를 요구하는 데 대한 동의를 강요받게 되고, 애플리케이션 제공자는 부분적으로는 사용자들에게 영향력을 행사하려 하며, 스마트폰을 사용하는 사람들에게 소비 자본주의를 연결하는 등, 우리에게 애플리케이션은 편이성을 제공하는 것 이상으로 매우 많은 것을 행할 수 있다.

이러한 점에서 보아 미디어교육학은 애플리케이션이 인간의 삶, 특히 어린이와 청소년들에게 주는 의미와 잠재적 가능성을 어떻게 연구에 연결시키고 논의해야 할 것인가를 고민해야 한다. 그러나 아직은 이에 대한 실증연구나 이론적 토대가 부족하며, 완성된 정답을 제시하기는 어려운 현실이다. 미디어교육학은 이제 전반적으로 보아 연구에 있어 새로운 시각을 가지고 접근해야 할 과제를 안게 되었다. 스마트폰, 애플리케이션, 모바일 인터넷과 미디어 혁명으로 인한 새로운 국면이 도래했으며, 기존의 경험을 반영하면서도 경우에 따라 새로운 개념적 정의가 이루어져야 한다. 이 분야는 사용자와 제공자 간의 팽팽한 긴장감 속에서 지속적인 발전이 이루어지고 있으며, 스마트폰과 함께 앞으로도 무한한 가능성과 문제점을 동시에 제공할 것이기 때문이다.

2) 애플리케이션과 스마트폰 – 현실 삶의 미디어화

(1) 애플리케이션의 특징

영어에서 "App"이란 단어는 "임의로 활용하고 응용할 수 있는 프로그램"이란 뜻으로 사용되지만, 독일어권에서는 스마트폰이나 태블릿 PC와 같은 "모바일기기에 적용하여 활용할 수 있는 프로그램"의 의미로 사용된다(Bitkom, 2011). 컴퓨터로 운용되는 디지털커뮤니케이션의 발전으로 인해 앱과 스마트폰과 태블릿 PC는 새로운 단계로 도약하였다. 애플리케이션은 그 활용에 있어 우선 이용자들이 필요성과 의미를 느낄 수 있도록 하며, 최소한 재미를 즐길 수 있도록 하는 것을 목표로 하여 제작된 스마트폰에 적용되는 소프트웨어이다(Krotz, 2014b).

스마트폰으로 이동전화, SMS(Short Message Service), 이메일, 그리고 GPS를 사용할 수 있을 뿐 아니라, 서적, 신문, 음악, 영화 등도 다운로드할 수 있다. 앱을 이용하여 가격 비교, 호텔 예약, 필요한 장소 찾기, 운동이나 취미생활 등을 할 수 있고, 심장박동 측정과 같은 의학적 도움도 받을 수 있다. 스마트폰을 통해 위키피디아, 네이버, 다음, 구글 등에서 검색을 할 수도 있고, 페이스북이나 트위터 등에 연결하여 사회적 커뮤니케이션에 연결할 수도 있다. 커뮤니케이션이나 정보, 경제 분야 등을 포괄하는 모든 상황과 지속적으로 연결할 수 있다.

이러한 애플리케이션의 특성은 단지 디지털미디어의 작업방식에 따른 데이터와 관련한 것만이 아니라, 이 미디어가 인간과 데이터 망 사이에서 얼마나 힘이 있고 특별한지를 알게 하고, 하드웨어와 소프트웨어의 조합으로 프로그램화도 가능하다는 것을 알게 한다. 가장 중요한 점은 인터넷과 전화망이 컴퓨터에서 함께 복합적으로 조종된다는 것이다. 컴퓨터는 범세계적인 기계이고, 특정한 과제를 부여받아 프로그램화된다는 것뿐 아니라, 매우 다양하고 복합적인 문제도 이행할 수 있다.

(2) 애플리케이션과 일상의 삶

애플리케이션의 발전을 디지털미디어 또는 컴퓨터의 하드웨어와 소프트웨어의 발전으로 연결해볼 수 있다(Krotz, 2014b). 하드웨어 측면의 발전은 기기의 크기가 더 작아지고 빨라지면서, 기술적으로는 더욱 다양한 목표를 위해 휴대전화나 여러 기기를 만들어내고, 작업의 이행과정이나 개개 부속은 늘 더 복잡해진다. 소프트웨어 측면의 발전은, 터치스크린이나 '똑똑한' 기능을 갖는 기기들과 함께 이 분야가 지속적으로 발전하며 매우 다양한 가능성이 양산된다. 이를 정리하면, 모바일 커뮤니케이션에 있어 하드웨어 분야에서는 스마트폰과 태블릿 PC의 발전, 소프트웨어의 영역에서는 애플리케이션의 발전으로 표현할 수 있다.

초기에는 대다수의 사람들이 방대하고 값비싼 프로그램을 철저하게 제대로 이용하기 어려웠고 그저 관망만 할 수 있을 뿐이었다. 컴퓨터게임 산업에서도 초기에는 시장에서 비싸게 팔 수 있거나 정기적으로 구매할 수 있는, 최고의 기술과 오랜 시간을 투자해야 하는 어렵고 복합적인 게임에 집중되어있었다. 그러나 현재는 스마트폰상에서 활용할 수 있고 작으면서도 소규모의 목표를 달성하도록 하는 게임이 주를 이루는데, 여기에는 수많은 애플리케이션도 포함이 된다. 손전등, 스톱워치, 사진기, 음악서비스, E-Book, 그 밖의 셀 수 없을 정도로 많은 온라인 프로그램, 그리고 증강현실이나 가상현실(VR: Virtual Reality)을 활용한 프로그램 및 게임 등과 같은 것도 해당이 된다.

이 모든 것이 반드시 판매를 위한 것만은 아니고, 여가시간, 인간의 사회적 관계, 그리고 소비와 시장이 연결될 수 있는 지식의 기반을 제공하는 것을 목표로 한다. 스마트폰은 인간이 애플리케이션과 함께 행동하고, 생각하고, 느끼고, 무엇인가 알게 되는 맥락을 다 섞어버리고, 시장에 제공되는 소비 프로그램과 우리가 일상에서 하는 거의 모든 것을 떼어놓을 수 없게 만든다(LfM, 2012). 안드로이드 앱의 가장 큰 판매처인 "구글 플레이"에서는 게임, 서적, 만화, 사무업무, 삶의 효율성, 재정 등의 범주에 관한 일련의 애플리케이션들을 찾아낼 수 있다. 이들은 앱을 제작한 회사에서 표준화하고 규격화시킨 형태와 언어로 만들어져 '유행하는', '성공한' 앱으로 수요를 증가시킨다. 그러나 여기에서는 음란물, 동성애, 폭력물과 같은 내용도 너무나 쉽게 발견할 수 있다.

(3) 부정적 측면

애플리케이션의 세계는 위험과 기회의 세계이기도 하다. 손전등, 날씨 예보, 기차 시간 등과 같은 일상에 유용한 앱들 중, 이들을 사용하려면 그 속에 감추어진 요구를 충족해야만 하는 것들도 있다. 애플리케이션들 중에는 끝도 없는 미완의 고물 같은 프로그램도 있고, 결국에는 광고를 통해 수익만을 올리려는 것들도 있으며, 제대로 기능이 작동되지 않는 것들도 있다. 애플리케이션들은 일반적으로 그 기능이나 업무와는 전혀 관계가 없는 개인정보를 요구한다. 또는 분명 성인 인증이 필요한 내용임에도 불구하고 그것을 전혀 요구하지도 않는 경우도 많다. 결국 애플리케이션을 스마트폰에 깔려고 한다면 그 앱을 구입하기 전에 우리는 어떤 권리를 가지고 그것을 앱스토어에서 얻는지, 그리고 무엇을 동의해야 하는지 먼저 깊이 생각해야 한다. 그러나 동의를 하지 않을 경우, 우리는 그 앱을 포기해야 한다. 데이터나 개인정보를 적게 갈취하려는 앱을 선택할 수 있는 여지가 있는지는 아직도 잘 알려져 있지 않다. 종합하자면, 애플리케이션의 시장과 소비는 혼란스러울 뿐 아니라, 부분적으로는 위법이 행해지기도 한다는 것이다.

3) 애플리케이션 현실이 주는 문제점에 대한 고찰

(1) 스마트폰의 속성과 문제점

이제는 인간의 "사회적 신체"(Hall, 1976)가 되어버린 스마트폰은 점점 더 많은 사람들의 일상이나 손에서 떨어지지 않는 존재가 되었다. 이 스마트폰 속에는 시계, 사진기, 전화번호, 일정 등 모든 일상생활에 쓸 수 있는 애플리케이션이 연결되어 있고, 시간과 장소에 필요한 지식기반을 제공한다. 이것은 어떤 사람이 어떠한 특별 상황에 있는지, 또는 있고 싶어하는지를 상징적으로 보여주기도 하는 것이다. 스마트폰은 애플리케이션과의 조화를 통해 '미디어화된 커뮤니케이션'을 위한 주요 기기로 발전하였다(Krotz, 2014b). 사회적 실무와 행동의 한 부분으로 그 기능이 점점 커지고 있으며, 상대적으로 미디어화된 현실을 오히려 더 강화시키고 있다. 스마트폰은 한 개인이 삶의 과정에서 접하게 되는 모든 사회적 상황을 연결시킨다. 결국 스마트폰은 한 개인의 인지, 경험, 행동, 의사소통의 모든 상황이 연결되는 유일한 공동영역이 된다. 그러나 우리가 어떤 상황을 경영하고 자신을 표현하는 데 스마트폰이 도움을 주기는 하지만, 그 도움이 불투명한 양식으로 이루어지고 또 사용자들의 행동을 조절하고 수단으로 삼으려는 목표를 갖는다. 이러한 속성은 앱을 사용함과 동시에 여러 문제점과도 연관이 된다는 것을 의미한다.

(2) 사회적 관계의 측면

인간의 사회적 관계를 다루는 애플리케이션이나 소셜 소프트웨어는 우리의 행동 범위를 축소시키거나 일률적으로 표준화시켜버릴 수 있다. 이것은 인간의 행동이 갖는 의미와 그 행동이 내포하는 발전적 잠재성을 감소시키는 것을 의미한다(Krotz, 2014b). 예를 들어, 페이스북과 같은 소셜 소프트웨어를 통해 분명히 알 수 있는 것은, 페이스북은 특정한 의사표현 양식으로 구성이 되어있어 여기에서 제시하는 것 외의 다른 방법을 무시하거나 방해하기도 한다. 동시에 스마트폰을 사용하지 않거나 그 일원이 되지 않는 사람은 밀접한 일상 영역에서 그 관계가 사라지거나 의미가 감소하게 된다. 이들은 스마트폰이나 소셜 소프트웨어에서 생성된 커뮤니케이션 문화에서 제외되거나 무시될 수 있기 때문이다.

(3) 극단적 상업화의 측면

스마트폰이나 애플리케이션은 커뮤니케이션만을 지원하는 것이 아니라, 극단적으로 영향력이 큰 소비문화의 대리자이기도 하다. 애플리케이션은 사용자들에게 방대한 양의 광고를 제공할 뿐 아니라, 소비 자본주의에 대해 일상 속에서도 많은 자극을 주기 때문이다(Bitkom, 2011). 개인적으로 중요한 인간관계는 대부분 구글, 아마존, 페이스북 등을 이용할 수 있는 스마트폰을 통해 이루어지고, 개인의 오프라인 소비활동을 위축시키기도 한다. 자본주의 사회에서는 인간의 소비 부분이 더욱 확장되고 광고를 개인적으로 받아들일 뿐 아니라, 일상의 소비 습관을 더 견고하게 만든다. 시장과 소비제품 간의 관계에도 자신을 결합시키게 되고, 장소, 미디어캐릭터, 연예인 또는 가상의 인격체나 대상에도 자신을 연결시키게 된다.

(4) 증강현실 및 가상현실로 변형되는 현실에 대한 인지와 방향 설정

스마트폰 안에서 펼쳐지는 증강현실을 통해, 장기적으로는 현실에 대한 인지나 방향 설정이 달라지게 될 수도 있다. 증강현실(AR) 또는 가상현실(VR)에서는 실제로 우리를 물리적으로 둘러싸고 있는 현실만을 보는 것이 아니라, 정보공학이 우리의 시각에 어느 정도 추가적인 정보를 심어 넣으려는 것이다(Krotz, 2014b). 현재의 스마트폰에는 이미 개인적으로 사용할 수 있는 증강현실을 위해 대량의 유용한 애플리케이션으로 가득 차 있다. 이와 함께 현실은 프로젝션 화면 위에서 현실적이면서도 거대한 인터넷 세계의 광고 상품으로 되어가고 있는 것이다.

(5) 변화된 개인의 행동과 사회적, 경제적 조정

스마트폰을 사용하는 사람들의 데이터 양과 내용은 점점 더 광범위하게 확장되어 기업체나 국가기관으로 넘겨지게 되고, 이를 통해 개인행동과 사회적, 경제적 체계도 변화된다(Krotz, 2014b). 사람들이 스마트폰을 사용함으로써 데이터 수집과 분석이 이루어지고, 정보는 더욱 증가하게 된다. 스마트폰 데이터는 특히 기업체나 비밀정보국에서 큰 관심을 갖게 되는데, 다른 정보나 자료에 비해 스마트폰에 저장된 정보는 한 특정인을 분명하고 뚜렷하게 정리할 수 있기 때문이다.

전체적으로 보아, 예전에는 인간의 자유와 자율적 결정 속에서 이루어져 왔던 일상의 삶과 현실이 이제는 스마트폰과 애플리케이션을 통해 새롭고도 더 광범위하게 미디어화되었다. 이러한 현상은 민주주의에 도움이 되거나 인간의 자율적 결정 능력을 강화시킬 수도 있다는 긍정적인 잠재성을 내포하고 있다. 그러나 이러한 긍정적 측면은 우리가 자율적으로 미디어를 조절하고 적극적으로 활용하고 계속 배워갈 때, 그리고 우리 자신의 삶을 우리 스스로 결정하고 이끌어간다는 것을 전제로 할 때만 가능한 것이다.

4장.
컴퓨터게임과 디지털게임,
게임중독과 정신병리학적 연구

1. 컴퓨터와 컴퓨터게임

1) 컴퓨터게임에 대한 미디어능력과 정서적 능력

(1) 컴퓨터와 컴퓨터게임 미디어능력 – "Ludology"

컴퓨터는 특정한 장비 부분들(하드웨어)로 구성되어 알고리듬이나 프로그램(소프트웨어)의 진행을 통해 기능이 가능해지는 기계다. 컴퓨터는 프로세서와 자판기, 마우스, 인쇄기, USB 삽입구, 모니터 등의 작업장치와 저장장치(예: 하드디스크, DVD 실행장치)로 이루어져 있다. 컴퓨터의 기본원리는 자유로운 프로그래밍을 통한 계산과정이다. 컴퓨터는 인터넷과 함께 ICT(Informations–and Communication Technologies)의 개념으로써 종종 뉴미디어로 통용된다(Aufenanger, 2005).

컴퓨터의 또 다른 중요한 특징은 컴퓨터의 디지털 양식이다. 모든 자료는 디지털 형식으로 입력되고 작업되고 산출된다. 근래의 중요한 진보는 컴퓨터가 네트, 특히 인터넷과 연결된 것이다. 우리가 컴퓨터게임이라고 명하는 것은 영상정보와 음향정보로 규정되는 것들이다. 컴퓨터게임은 끊임없이 변하는 정보들을 적절히 인지하고 그것에 게임과 오락적 행동을 맞추는 것이다(Fritz, 2004). '그래픽'이라 불리는 화면들은 일반적으로 여러 특성을 갖는 '움직이는 영상'들이다. 컴퓨터게임의 질이나 컴퓨터 그래픽카드에 따라 화면의 그래픽 구조의 세부적 풍요로움이나 시각적 표현형태가 다르게 보이게 된다.

현대의 전자오락 산물로써 컴퓨터게임이 상업적 성공을 거두며 "Ludology"(Frasca, 1999)라는 새로운 학문 분야가 발전하게 되었다(1장 2절 5항 "컴퓨터게임 미디어능력 – Ludology" 참조). 컴퓨터게임은 "Ludology"의 맥락에서 체계적인 연구가 이루어지기 시작하였다. 컴퓨터게임의 서술성과 상호작용성, 현실성과 시각적 특성, 문화적 의미, 시간과 공간의 구조, 성별에 따른 관점, 인지, 정서, 심리적 측면 등을 연구하게 된 것이다.

컴퓨터게임에 필요한 미디어능력에는 미디어와 관련된 행동 및 사고의 능력이 해당된다(Fritz, 2004). 게임에 대한 지배, 권력과 통제의 연습 등에서 게임에 대한 도전능력과 과제의 이행능력도 요구된다. 각 게임은 다양한 능력과 어려움이 따르는 각기 다른 과제를 부여하고, 이에 따른 상황 검증도 요구한다. 특히 '액션게임'에서는 빠른 반응과 눈–손의 협력능력이 필요하다. 중요하거나 중요하지 않은 요소를 구별하기 위한 집중력이 필요하고, 기억력과 공간적 방향감각 역시 게임에서 의미 있는 능력이다. 모험가들은 수수께끼를 풀어야 하는 중요한 사명을 갖게 되고, 게임을 계속 진행하기 위해 생각해야 할 과정과 행동의 순서를 찾아내야 한다. 전략적 게임에서는 자신의 게임 상황이 더 나아지도록 하기 위해 복합적인 규칙을 파악하고 결정을 내려야 한다. 또한 게임을 하는 사람은 스스로 사고와 문제해결 과정을 다방면으로 엮어내야 하고, 이를 행동을 통해 수행하는 능력을 가져야 한다.

(2) 정서적 능력과 학습능력에 대한 컴퓨터게임의 의미

심리적, 인지적 측면과 관련한 연구(Bünger, 2005)에서 컴퓨터게임은 미디어행동능력이나 사고능력뿐 아니라 정서적 능력을 촉진할 수도 있다는 결과를 보여주었다. 사람들은 컴퓨터게임을 하며 자극적인 즐거움이나 좌절과 같은 정서적 고갈만을 느끼는 것이 아니라, (극심한 부정적 과몰입이 아닐 경우에는) 다른 사람을 이해하거나 타인의 관점을 수용하는 심리적 감정이입도 가능해진다는 것이다. 이 연구에서는 컴퓨터게임의 인지적 측면과 관련하여 "서술적 구성능력 신장"과 같은 긍정적 효과를 얻기도 한다는 결과를 보여주었다. 특히 어린이, 청소년들이 게임을 할 때 성인이 함께 동참하고 적절히 이끌어준다면, 컴퓨터게임의 잠재적 가능성을 통해 이들이 더욱 심층적인 커뮤니케이션을 할 수 있게 될 가능성도 있다는 것이다.

언어 및 문학 과목 학습과 관련한 컴퓨터게임 연구(Wermke, 1997)에서는 컴퓨터게임의 과정 진행적 성격을 활용해서 교수법적 의도로 게임을 구성할 수도 있다는 것을 보여주었다. 전통적인 인쇄매체가 담당하던 지도적 역할을 컴퓨터가 이행하게 된다는 것이다. 여기에서는 어린이, 청소년들이 언어나 문학교육을 위해 게임이라는 미디어에 어떤 방식으로 적응해나가야 할 것인가를 분명히 해야 한다는 점을 강조하였다. 미디어교육학, 문학지도, 미디어사용, 읽기능력과 같은 연구 분야와 어린이, 청소년의 문학자료가 교육적으로 어떻게 연결되는가 하는 것이 중요한 의미를 갖는다. 이러한 교육 촉진적 미디어 경험은 어린이나 청소년들이 전통적인 활자문헌의 문화와 미디어문화 사이의 특성을 이해하는 능력을 갖게 할 수 있다(Wermke, 1997; Erlinger & Marci-Boenecke, 1999). 이는 미디어교육학과 문학수업의 통합을 위해 장려되는 방법이기도 하다.

2) 컴퓨터게임의 특성

(1) 화면에 나타나는 게임의 양상

컴퓨터게임이란 컴퓨터의 화면 및 음향과 함께 어떤 정보가 끊임없이 변하는 것이며, 이를 적절히 인지하게 하는 것을 뜻한다(Schell 외, 1997). 사용자는 주어진 정보에 따른 게임행동을 그에 맞게 규정하는 것이다. 움직이는 화면인 '그래픽'은 게임에 따라 여러 수준의 질적 차이를 보여준다. 컴퓨터게임이나 컴퓨터 그래픽카드에 따라 화면의 풍요로움이 달라지는 것이다. 게임 디자이너는 프로그램의 세부 요인들을 디자인함에 있어 만화영화나 일반 영화 수준의 풍부한 디테일과 시각적 표현형태를 보여주는 데 노력을 집중한다. 이들은 정지화면이 아닌 움직이는 화면을 구성한다. 정지화면과는 달리 동적인 화면은 움직임에 대한 주요 요소가 되고, 이는 제품의 질에 영향을 미치게 된다. 컴퓨터게임은 애니메이션 같이 저절로 움직이거나 움직이도록 한 형태로 구성되어있다. 이를 통해 그래픽의 바탕에서 형상(Figure)이 나와, 게임하는 사람들이 특별한 방식으로 주의와 관심을 기울이도록 신호를 보낸다(Bünger, 2005). 게이머들은 이 형상(Figure)의 도움으로 게임 규칙의 연관성을 인식한다.

컴퓨터게임은 일반 컴퓨터기반 프로그램과 같이 텍스트, 도표, 영상화면, 메뉴 리스트를 갖는데, 이를 통해 게이머는 다른 측면에서 발생하는 상황을 이해하게 된다. 청각적 시그널은 그래픽을 보완해준다. 대개는 상황과 게임 분위기에 맞는 배경음악이 나온다. 게임 형상(Figure)의 움직임에 따라 소리나 대화가 들리고, 이를 통해 만화영화나 일반 영화에서와 같이 '그래픽-청각'이 동시에 진행되는 상황이 이루어진다. 화면에 나타나는 상황을 인지하면서 게이머는 게임의 특정 형상(Figure)과 다른 형상(Figure)들과의 관계와 의미와 기능을 인식한다. 게이머는 화면에서 발생하는 상황을 적절히 구성하는 것을 배우고, "컴퓨터게임 사회화"(Bünger, 2005) 속에서 미디어적 경험과 학습의 과정이 이루어진다. 이러한 진행을 통해 게이머는 게임 속에서 무엇이 발생하며 그것이 무엇을 의미하는지를 이해하게 된다.

(2) 게이머의 동기

게임을 하고자 하는 중요한 동기는 게이머의 성공 욕구이다(Vorderer, 2000). 컴퓨터게임은 작은 기본 요소들로 축소된 미니어처 세계 안에서 권력과 통제에 대한 감정을 전달한다. '게임 통제'라는 의식 속에서 우리는 본질적인 성취 욕구를 충족시킬 수 있기 때문에 '게임을 지배한다'는 표현을 쓰게 된다. 이러한 게임의 통제를 통해 '시각적 세계'가 게이머에게는 하나의 지배할 수 있는 세계가 된다.

성공적인 게이머는 게임 속에 '머물 수 있는 권리'를 쟁취하게 된다. 이를 통해 우리는 권력, 통제, 지배와 같은 상황이 왜 영상게임의 본질적인 동기로 거론되는가 하는 점을 생각해볼 수 있다. 그 이유는, 결국 게이머들은 이러한 동기 상황에만 주력하려 한다는 것이다(Vorderer, 2000). 아주 많은 어린이, 청소년, 젊은 성인들은 '전파 세계'에서 자신을 증명해보이려 한다. 여기에서 이들은 자신의 자아의식, 자부심을 가질 수 있고 통제할 능력도 있으며, 권력과 지배력을 맛볼 수 있다. 게이머들은 지루함을 달래고 일상에서의 부족한 자극을 충족하기 위해 영상게임을 한다.

근본적으로 게임은 인생에서 겪는 실패나 삶에 대한 부족한 확신, 그리고 자신의 실제 인생을 철저히 지배하거나 통제할 수 없다는 감정에 대항하는 '자아도취'이다. 영상게임을 통해 게이머들 스스로 성취의 장과 게임 내용을 찾아내면서도, 게임의 난이도도 스스로 조절할 수 있는 가능성을 제공하기 때문이다. 게임은 게이머들로 하여금 실제 생활에서도 자랑할 수 있는 자기만의 확신감을 강화해준다. 영상게임의 시각적 현실은 분명 영향력이 있는데, 그 본질적인 전달 내용이 인생에도 영향력을 행사하는 힘을 갖고 있기 때문이다.

(3) 게임의 본질

① 정서적 기능의 배제

컴퓨터게임이 권력, 지배, 통제와 같은 것을 다루는 것이라면 컴퓨터게임에 해당되지 않는 것은 바로 "게임의 정서적 기능"(Bünger, 2005)에 관한 것이다. 게이머는 감정적으로 '상대방의 입장에 서보는 상황'과 같은 정서적인 측면을 생각해볼 필요가 없다. 이를 통해 인간적인 협동생활(공생)의 결정적 국면이 이루어진다. 자의식이나 교환적 연결과 같은 인간의 상호작용적 정서는 컴퓨터게임에서는 감정적이고 감정이입적인 차원으로 격하된다. 컴퓨터게임에서 '상호작용'이라 함은 오로지 '시각적 세계에서 살아남기 위해', 전략적이고 전술적으로 적절한 행동양식의 연속적 흐름을 구성해나가는 것이다. 컴퓨터게임에서는 '인간적(개인적)인 상대'가 존재하지 않고, 정서적인 것이 강조되는 상황에서의 '감정이입'에 관한 것이 중요하지 않다.

② 도구적, 이성적 계산

게임의 결정적 요인은 도구적이고 이성적인 계산이다. 승자란 "빨리 쏘고 더 자주 맞추는 사람"일 뿐 아니라, "빨리 계획하고 명료하게 생각하는 사람"이기도 하다. 이때 모든 종류의 감정은 방해가 되는 요인일 뿐이다. 이러한 것은 게임 내용뿐 아니라 게이머가 게임 형상(Figure)과 자신을 동일시하면서, 윤리적이고 정서적으로 몰두하는 것도 해당이 된다. 게임의 내용이 갖는 의미는 현실세계에 부합하는 것이 아니라 게임 속에서만 그 기능을 갖게 된다.

③ 역할 태도

역할 태도에 있어서도 이 게임 형상(Figure)들은 상투적인 스테레오타입의 성격을 갖고 있고, 이들의 기능적 측면도 제한되어 있다(Bünger, 2005). 이들은 '경험적 점수'를 추가로 획득할 수도 있고 '투쟁의 힘'에 속도가 붙고, 나아가 '마력적 능력'을 얻을 수도 있다. 그러나 심도 있는 인격체나 함축성 있는 인격체는 되지 못한다. 이 형상(Figure)들은 게이머가 게임 중에 정서와 인격을 중요하게 생각해야만 하고, 그로부터 게임에 더 강한 감정적 관계를 조성하고자 할 때, 게이머 입장에서 감정과 인격(개성)을 생각해내야만 하는 '장기판의 말'과 같은 존재이다.

④ 행동에 대한 요구

게임에서 지배, 권력, 통제를 맛보는 것은 게임의 행동요구와 연결되어있다(Aarseth, 2006). 게이머가 게임에서 이기고 거주권리를 주장하기 위해서 이들은 저항이나 방해물을 이겨내야 하고, 능력을 키우고 과제를 충족시켜야만 한다. 게이머는 무엇인가를 수행해야 하고 화면에서 벌어지는 상황에 수동적으로 머물러있어서는 안 된다. 게임에 따라 다양한 과제가 주어지고, 여러 능력이나 난관을 극복하는 것을 검증할만한 상황이 만들어진다. '액션게임'에서는 빠른 반응 속도가 중요하고, 눈과 손이 잘 연합되는 것도 중요하다. '전략적 게임'에서 필수적인 것은 고유의 게임 입지를 향상시켜주는 복합적 규칙을 파악하고 게임에 대한 결정을 내리는 것이다.

⑤ 발전 및 진보의 가능성

게이머는 화면에서 발생하는 상황에 영향을 끼칠 가능성도 가지고 있다. 게이머는 화면에 주의를 집중하고 무엇인가를 하면서, 컴퓨터게임의 구조적 규정 속에서 시각적 세계를 발전시킬 수 있다. 그러나 게이머는 실제 현실 세계에서처럼 직접적이고 즉각적으로 행동할 수는 없다. 게이머는 시각적 세계에서 각 대상을 직접 만질 수 없고 직접 움직일 수도 없으며, 이들을 변화시키거나 먹어버릴 수도 없다. 오히려 시각적 세계에서 자신의 게임적 행동을 실현함으로써 '영상요소'에 대한 행동의 감각적 측면(Kocher, 2006)을 필요로 한다.

⑥ 게임 속의 시간 흐름 – "Realtime 양식"과 "환각상태 양식(Turn-Modus)"

• Realtime 양식 :

Realtime 양식을 갖는 게임에서 게이머는 진행되는 게임의 발생 상황에 직접적으로 관여되어있다(Klimmt, 2006). 시간의 리듬 속에서 게이머는 행동을 주저하지 못한다는 필수적 상황에 놓인다. 게이머는 일종의 '영화적 발생 상황'과 만나게 되는데, 움직이는 게임 형상(Figure)의 행동이 이 시각적 세계에서의 '거주 권리'가 필요해지는 상황과 만나게 되는 것이다. Realtime 양식을 갖는 많은 게임에서 게이머들은 시간 압박을 받는다. 이것은 많은 경우 아주 짧은 시간 안에 게임 행동을 이행해야 한다는 것을 뜻한다. 이러한 경우에는 올바른 타이밍이 필요하다. 무엇을 먼저, 무엇을 나중에 '해치워야' 하는가, 무엇을 미루어두고 무엇을 당장 해야 하는가 등과 같은 것이다.

・ **환각상태 양식 :**

환각상태 양식(Turn-Modus)의 게임에서 게이머는 '세계의 모든 시간'을 갖고 있다 (Klimmt, 2006). 게이머는 고요함 속에서 생각할 수 있고, 자신의 게임 행동을 계획하고 결정한다. 이 멈추어진 시간의 끝에서 시간은 아주 잠깐 동안 잠재적 가능성 속에서 흘러가고, 이 짧은 시간에 게이머는 게임적 행동의 작용을 보여준다. 대부분의 시간에서 게이머는 컴퓨터가 보여주는 시각적 시간의 흐름에 있어 그 외부에 있게 된다.

⑦ **게이머에 대한 시간의 의미**

Realtime이나 Turntime 게임 양식에서 게임의 상태를 저장하거나 패스워드를 사용하도록 하는 가능성은 시각적 세계에서 시간의 역할에 대해 큰 영향을 준다. 게임의 발생 상황은 결정적인 것이 아니다. 모든 것은 수정, 개선할 수 있는 상태이다. 게이머는 언제나 새롭게 시작할 수 있다. 반복할 수 있는 가능성과 함께 게이머는 '끝없는 현재'를 갖게 된다. 컴퓨터게임의 세계에서는 무엇인가 실제로 진행되는 것이 아니라, 단지 시각적으로 일어날 뿐이다. '계산된 시각적 조직(직조)' 위에 모든 것이 언제나 다시 활성화될 수 있다. 컴퓨터게임에서 '시각적 시간'은 게이머에게 시각적 세계를 지배하는 데 결정적 도움을 주는 기능을 갖는다. '시간 뛰어넘기'는 언제나 다시 맞서 싸워야 하는 어려움을 처리해내도록 해준다. 후에 게이머가 실제 세계로 돌아오게 되면 시각적 세계에 거주했던 시간은 '시간의 소비, 낭비'였다는 것을 깨닫고, 그렇게 평가하게 된다.

3) 컴퓨터게임의 상호작용적 오락에 대한 낙관적 시각

(1) 컴퓨터게임이 오락성을 갖는 이유

컴퓨터게임이 오락성을 가져다주는 요인으로는 행동 관련의 개념과 이론을 생각해볼 수 있다. 이것은 주로 "flow"(Klimmt, 2006)의 개념에서 시작한다. 컴퓨터게임에 있어 게이머는 한계 상황에서 점점 더 어려움을 느끼고, 또 자신의 '모든 것을 이루어야' 하기 때문에 과제를 이행함에 있어 이들은 최대한으로 촉진이 되고, 지루함을 느낄 틈이 없다. 게이머가 오락적인 요소를 느끼는 원인 요소로서 다음과 같은 사항들(Klimmt, 2006)을 생각해볼 수 있다.

① 오락적 원인 요소 1 – 상호작용성

컴퓨터게임의 오락성에 대한 근본적 요소로서 게이머와 오락 게임과의 역동적 교환작용을 들 수 있다. 모든 정보입력이나 행동은 게임에 즉각적으로 반응한다. 자판기를 두드리면 시각적 화면이 변화하고 마우스를 만지면 음향이 바뀌는 등, 입력을 통한 교환작용과 긴 시각적 공간에서 직접적으로 얻게 되는 효과들 때문에, 게이머들은 게임에서 발생하는 상황 안에서 원인을 제공하는 중개인(대리인) 경험을 할 수 있다. 이러한 상태를 "자아작동경험"(자아효능, 작용, 효력)으로 표현할 수 있다.

② 오락적 원인 요소 2 – 과제해결

두 번째 요소는 게임이 주는 과제이다. 게임에 있어 모든 도전(예: 적과의 싸움, 어려운 수수께끼)은 게이머가 그 과제를 풀 수 있는지 없는지에 대해 불확실성을 느끼게 한다. 게이머는 과제를 어떻게 해서든 해결하려 하기 때문에, 이 불확실성은 매우 강한 감정적 반응을 이끌어내게 된다. (그렇지 않을 경우에는 게임이 끝나거나 재미가 없어진다.) 커뮤니케이션학에서는 이러한 반응을 긴장감의 경험으로 정리한다. 게이머들은 늘 흡사한 양식으로 긴장감을 느끼는데, 게이머들은 현재 주어진 과제를 풀고 싶어하면서도 동시에 이 과제를 해결할 수 있을지 (아직 잘) 모르기 때문이다.

③ 오락적 원인 요소 3 – 성공의 성취

영화를 시청하는 것과는 달리 컴퓨터게임에서는 사용자의 행동이 도전을 위해 직접적으로 작용한다. 게이머가 과제를 해결해나가기 위한 행동이나 목표하는 결과(예: 적을 죽이기)는 오락적 경험을 위해 역시 중요하다. 게임 과제를 이행해냈을 때 게이머는 부담을 덜게 되고, 또 당당한 자부심과 역량을 느끼는 강한 긍정적 감정을 느끼게 되면서 권리와 승리를 자신의 것으로 만든다. 물론 이 오락적 경험에는 위협도 존재한다. 과제를 (상당히 자주) 이행해내지 못하게 되는데, 이때는 분노나 좌절과 같은 부정적 감정에 휩싸이게 되고 게임의 즐거움도 사라진다. 그러므로 즐거운 성공과 오락적 실태 사이에 평형을 유지하도록 난이도를 조절하는 섬세한 균형을 생각해야 한다. 그렇게 '긴장과 해결'의 메커니즘 속에 컴퓨터게임의 결정적 오락 요소가 숨어있다.

④ 오락적 원인 요소 4 - 역할놀이

컴퓨터게임에 오락성을 더하는 요소는 서술적으로 구성된 게임 안에 주어진 역할을 이행하는 행동이다. 게이머는 흥미롭고 독특한 인생 영역을 접해볼 수 있다. 예를 들어, 파일럿, 엘리트 경찰관, 마법사와 같은 기분을 느껴보는 것이다. (전형적인 여성적 행동 역할을 보여주는 캐릭터는 드물다.) 이러한 인생 영역의 시뮬레이션은 상호작용성과 멀티미디어 특성을 통해 컴퓨터게임을 특별히 화려하고 입체적으로 만든다. 게이머는 이 역할들에 대한 관찰과 성취를 통해 주제에 대한 행동 역할을 학습할 뿐 아니라, 이 역할을 수행함으로써 적극적으로 그 주인공의 기분을 느끼게 된다. (예: 직접 마법을 부리기 등.)

(2) 어린이, 청소년들이 컴퓨터게임에서 얻을 수 있는 학습능력

그동안 에듀테인먼트적 제작물이 갖는 표현형태와 효과성에 대한 연구들은 많이 소개가 되었으나, 이 오락적 프로그램들이 어느 정도로 긍정적인 작용을 갖는지는 아직 불분명하다. 또한 컴퓨터게임의 부정적 측면에 대한 연구 ─ 특히 폭력성 게임을 포함하여 ─ 이들이 갖는 (학습)효과에 관한 것은 경시되어왔다.

컴퓨터게임에서 습득할 수 있거나 연습할 수 있는 구체적 학습대상에 대해서는 거의 연구되고 있지 않다. 이것은 컴퓨터게임이 매우 즐거울 수 있으며, 비형식적 학습과정의 관점에서도 아주 흥미로울 수 있다는 점을 생각할 때 유감스러운 점이다. 게이머들이 자신의 능력을 통해 최고점에 도전하는 과제해결 지향성 및 준비된 사세는, 예를 들어 교수학습 과정에서도 큰 잠재성을 내포하고 있다. 내용적으로도 컴퓨터게임을 통해 매우 다양한 영역의 능력을 학습할 수 있다. 복합적인 경제 흐름에 관한 지식, 물리학적 메커니즘적 진행, 역사·문화적 사실 등과 같은 것이다. 거기에 정보를 가지고 절차를 진행하는 역량에 대한 연습, 예를 들어 분석·전략적 능력, 연상과 조종의 능력, 자동 조정장치의 기술 (예: 문제 집결적인 주의집중력)과 같은 것이다. 폭력성으로 많은 비난을 받고 있는 멀티플레이어 게임 형식의 여러 인터넷게임들도 이러한 측면에서 보아 유용한 연습의 토대를 제공해줄 수 있는데, 게이머들은 이러한 게임에서 팀을 찾아내서 조직해야만 하고, 또 사회적 능력을 가진 구성원들을 잘 조합한 팀만이 성공적일 수 있기 때문이다.

그런데 이러한 정보적 학습과정을 갖는 게임이 반드시 폭력적 게임의 성격으로 진행되어야만 하는지는 또 다른 문제이다. 근본적으로 컴퓨터게임은 수많은 능력이 필요한 교수학습에 있어 매우 풍부한 동기를 제공한다. 이러한 능력의 습득 과정이 어떻게 일어나고 발전할 것인가 하는 과제는 교육심리학 이론의 도움으로 그 구조를 만들 수 있다. 미디어교육학도 이 점에 있어 많은 연결점을 가지고 있다. 그러나 문제는 상호적-멀티미디어적-사회적 훈련영역에 있어 컴퓨터게임과 게이머들에 관한 구체적이고 실증적인 연구가 아직은 매우 적다는 것이다.

(3) 미디어교육학 및 미디어학의 연구를 위한 조망

컴퓨터게임은 연구방법에 있어 상당한 도전을 내포하고 있는 복합적 연구대상이다. 컴퓨터게임은 동기부여란 측면에 있어 커다란 잠재성을 갖고 있고, 다양한 표현의 가능성들이 서로 연결되어있기 때문이다. 정보적 교수학습 측면에서도 컴퓨터게임은 큰 흥미를 유발하게 된다. 미디어교육학과 미디어학 연구에 있어 종래에는 이러한 특징이 주로 바람직하지 못한 결과를 초래하는 영향에 관한 연구가 많았다. 그러나 이제는 선입견 없이 이 (오락적) 미디어의 부정적 측면을 긍정적 측면으로도 볼 수 있는 관점이 필요하다.

미디어학에서는 게이머들의 사용에 관해 이론적 모형을 만들고, 이를 실증적으로 입증해야 할 과제를 갖는다. 실용 미디어교육학에서는 학문적 기반을 교수법적 개념과 훈련기술로 발전시켜야 하며, 이를 통해 사용자들이 게임에서 즐거움을 잃지 않고 컴퓨터게임의 교수학습적 잠재성을 체계적으로 사용할 수 있도록 해야 할 것이다.

4) 컴퓨터게임에 필요한 능력

컴퓨터게임은 문제 해결능력이나 인지적 능력 등과 같은 여러 능력을 촉진하게 하는 특징이 있어, 게이머들은 게임을 통해 다음과 같은 능력(Aarseth, 2006)을 습득할 수 있다.

(1) 귀납적 능력 (추론 능력)

게이머는 컴퓨터게임에서 이기기 위해 귀납적 능력을 가져야 한다. 게이머는 이전에 해보았던 게임들이나 게임 진행에서 얻게 된 경험이나 지식과 함께 주어진 게임의 규칙을 잘 유도해야 한다. 게임 중에는 표준화된 행동의 연속성을 실험하게 되고, 이와 함께 게이머는 행동가능성의 양식을 이행하게 된다. 대부분의 게임이 다이내믹한 성격을 깔고 있기 때문에(예를 들어, 레벨이 증가하도록 요구받는 것), 원하는 성공에 도달하기 위해서는 그것에 맞추어나가야만 한다. 숙달된 기계적 행동만으로는 목표에 도달하지 못한다. 규칙의 역동성을 파악해야 하는 게이머는 협력과 조정능력을 기본적으로 갖고 있어야 하고, 그로부터 행동양식의 변환이 오게 된다. 이렇게 게임 진행 중에 발생하는 규칙적 역동성 위에 귀납적 추론(역추론)이 이루어진다.

(2) 공간적 상상력

컴퓨터게임이 어떤 구체적인 학습목표와 연결되어있지 않더라도, 인지적인 능력을 촉진하게 하는 측면이 있다. 컴퓨터게임은 공간적 상상력 및 이와 연결된 3차원 공간에서 올바른 길을 찾아가도록 훈련을 시키기도 한다. 컴퓨터게임에 나타나는 미로는 화면상으로는 2차원적 표현이지만, 이를 3차원 공간의 한 부분으로 간주해야 한다. 게이머는 다양한 각도의 시각에서 공간성을 유추해낼 능력이 있어야 한다. 게이머는 자신의 '정신적인 눈'으로 공간을 둘러보거나 하향관점(위에서 아래로 보는 시각)으로 관찰할 능력도 있어야 한다. 이러한 요구조건들을 통해 공간 상상력을 훈련할 수 있다. 컴퓨터게임에서의 공간은 모두 '사고력' 속에서 재구성되고, 다양한 각도의 관점에서 관찰되어야 하기 때문이다.

(3) 손과 행동의 협력

컴퓨터게임은 감각적 능력과 운동적 능력을 전제로 한다. 게이머는 시각적 자극과 정보들을 가장 짧은 시간 안에 소화해야 하고, 이에 적절한 운동적 행동으로 반응해야 한다. 이러한 게임의 감각적 운동성과 같은 특징은 게임 장르에 따라 매우 짧은 시간 내에 발생하게 된다. 눈과 손은 최소한의 반응 시간만 가지게 될 만큼, 자동반사적인 행동 진행이 이루어지도록 눈과 손의 협력 훈련이 이루어져야 한다. 이러한 능력은 특히 빠른 액션게임에서 중요하다.

(4) 사회적 능력

사회적 맥락에서 볼 때, 컴퓨터가 어린이, 청소년들의 일상에 얼마나 깊이 뿌리내려 있는지를 알 수 있다. 어린이들은 생각했던 것보다 훨씬 일찍부터 이 미디어와 함께 자랐고, 생활 속에서도 컴퓨터와는 당연한 관계를 맺고 있다. 많은 청소년들은 전파 미디어와 함께 성장하였고, 이들에게 컴퓨터는 실용적인 생활환경이 되었으며, 게임을 개인적 욕구를 충족시키는 데 사용하기도 한다. 컴퓨터게임에 대한 정보를 위해 "LAN파티(Lokal Area Network 파티)"나 게임커뮤니티도 중요한 역할을 한다. 수많은 청소년들이 정규적으로 참여하는 LAN파티나 게임커뮤니티는 서로 간에 게임 상황을 측정하는 공개토론의 장이 되었을 뿐 아니라, 다른 게이머들과의 사교적 환경에서 관계를 형성해가고 관용과 책임감을 발전시키면서 하나의 공동체를 경험하게 한다.

5) 컴퓨터게임에 의해 촉진되는 능력

(1) 인지적, 사회적, 개인적 능력의 습득

"컴퓨터게임과 관련한 능력은 행동을 규정하고 조정하는 개인적인 잠재성으로써, 대

〈표 4-1〉 컴퓨터게임을 통해 촉진될 수 있는 능력의 영역

인지적 능력	사회적 능력	개인적 능력
집중력 인지능력 소화속도의 능력 촉진적 사고 능력 추상적 사고 능력 구조에 대한 이해 새로운 과제 해결능력 계획능력 문제 해결능력 의미에 대한 이해능력	윤리적 판단능력 관점의 소화능력 　(관점을 받아들이는 능력) 감정이입 능력 상호작용 능력 다중적 의미에 대한 융통성 커뮤니케이션능력 연합능력	자율적 관찰능력 자율적 비판능력 동질성 보존 / 자아개념 동기부여와 감정 조절 성공에 대한 자세 실망(좌절감, 욕구불만)의 순환 스트레스에 대한 소화

(Bünger, 2005)

개는 실질적인 경험을 성찰하면서 소화해내고, 상황에 주어지는 여러 요구를 이행하고 활성화할 수 있는 계획이나 구성이다"(Dohmen, 2004). 내용적 차원에서 볼 때, 능력이란 '능력 있는 행동이 요구되는 장'으로서, 이를 여러 가지로 분류할 수 있다. 자율적 조정과 지식, 능력, 견해들과 같은 것이다(Reglin 외, 2004). 능력이란 형식적인 지식전달을 통해 습득하기보다는 (작업)활동으로 통합되는 비형식적 학습이다. "능력에는 자질이나 숙련도, 동기와 가치관, 경험과 기억, 자율적 인식과 자의식 등을 계획, 구성, 준비하는 것이 포함된다"(Knöchel, 2003).

(2) 컴퓨터게임과 구조적, 내용적, 행동적 차원의 능력

능력이란 어떤 능력을 갖기 위해 필요한 조건을 통해 촉진된다는 점을 생각할 때, 컴퓨터게임에서 요구하는 주요 특징들로는 '정서적 요구사항', '사회적 요구사항', '운동적 요구사항' 그리고 '인지적 요구사항'을 들 수 있다. 이러한 요구사항들은 게임의 특징에 따른 구조와 관련이 있는데, 예를 들어 게임 구성의 복합성과 명료성, 행동에 대한 강요, 시간적 압박, 게임 진행에 대한 계산, 구조적 과제형식과 문제형식과 같은 것이 해당된다(그림 4-1). 게임에 필요한 요구사항에는 게임 과제의 난이도가 진행에 영향을 주기 때문에 이에 대

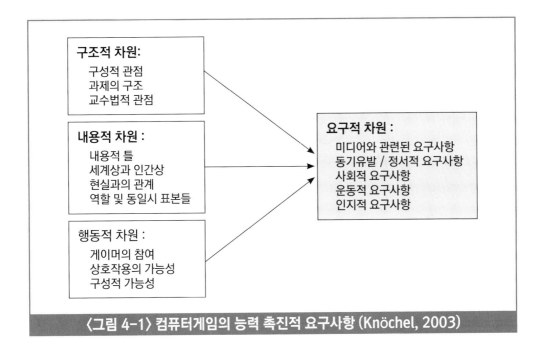

〈그림 4-1〉 컴퓨터게임의 능력 촉진적 요구사항 (Knöchel, 2003)

한 도움을 받을 수 있는 상태, 피드백의 시간적 개연성이나 가능성, 게임 상태를 저장하는 확실한 행동을 위한 교수법의 측면도 해당이 된다. 나아가 목표를 선택하는 자유, 게임 난이도의 설정, 게임 진행을 스스로 융통성 있게 구성하는 구현 가능성과 같은 게임의 성격은 인지적 요구의 특징을 규정하게 된다.

6) 컴퓨터게임의 정서적 차원과 인지적 차원

(1) 컴퓨터게임의 정서적 차원

① 인성에 미치는 영향

컴퓨터게임이 개인의 인성에 미치는 영향은 먼저 개인이 게임을 수용할 때 승리하려는 노력, 그리고 이와 연결된 성공에 대한 압박감 간의 맥락 속에서 추정할 수 있다. 몇몇 학자들은 게임 중에 사람들이 지속적으로 흥분을 조절해야 하는 상황이나 필요성에 대해 강력한 비난을 하기도 한다. "컴퓨터게임은 사람의 감정 통제를 요구함으로써, 지속적으로 게임을 하는 사람은 원하는 만큼의 자극과 만족을 얻기 위해 언제나 더 강한 자극을 기대하게 된다. 상습적으로 게임을 하는 사람들의 감정은 점점 쫓기고 몰리는 것이 아니라 서서히 죽어가는 것이다"(Mayer, 1992).

이러한 사고는 컴퓨터게임을 걱정스러운 현상으로 바라보던 1980년대의 일반적 논쟁의 성격을 보여주는 것으로, 이 관점에서는 게임의 기계적 기능 방식이 인간성 상실을 가져올 것으로 추정하기도 하였다(Rosemann, 1986). 이러한 생각을 실증적으로 연구한 한 양적 연구(Pflüger, 1987)에서는 컴퓨터게임을 집중적으로 하는 사람들이 '기계적 성격'을 갖는 '기계적 사고'를 하는 경향이 있다는 것을 발견하였다. 그러나 1990년대에 들어와서는 컴퓨터 사용과 컴퓨터게임에 대한 논박이 적어졌다. "수용자는 자신들이 자주 겪게 되는 실패를 큰 의미 없이 받아들이는 것을 배워야 한다. 또한 게이머는 계속 진행되는 스트레스를 이겨내야 한다. 어떻게 이를 이겨낼 것인가? 게이머는 자신의 감정을 조절해야 하고, 감정의 폭발을 허용해서는 안 된다"(Fritz, 1992)는 것이다.

② 정서와 감정에 미치는 영향

컴퓨터게임과 청소년들의 정서 및 감정에 대한 한 연구(Gittler & Kriz, 1992)에서는 컴퓨터게임을 매우 많이 하는 청소년들이 평균 이상의 부정적 인성 특징을 보여주지는 않았다고 하였다. 그러나 성인을 대상으로 한 다른 연구(Wegge 외, 1995)에서는 컴퓨터게임을 상당히 많이 하는 성인들이 컴퓨터게임의 영향으로 '인지적 전이'를 보여준다고 하였다. "게임이 주는 문제들과 성공 욕구는 컴퓨터게임을 끄고 난 후에도 게이머의 의식 속에 남아있으며, 게이머는 많은 시간이 지난 후에도 이에 관해 생각한다"는 것이다. 이 연구에서는 이 '인지적 전이'로부터 '정서적 전이'가 드러난다는 것을 보여주면서, 게임에서 얻게 된 성공이나 실패가 게임이 끝난 뒤에도 마음 상태나 기분에 많은 영향을 준다고 하였다. 비록 게임이 인성 변화에 영향을 주는 것이 증명되지는 않았더라도, 가치관의 방향, 행동규칙, 의미부여에 대한 전이가 가능하다는 것이다.

③ 개인에게 미치는 정서적 영향

컴퓨터게임을 하는 동안 게이머가 게임의 등장인물이나 등장물에 대해 감정을 연결할 때, 그 정도에 따라 이를 크게 '근접성'과 '거리감'으로 나누게 된다(Müsgens, 2000).

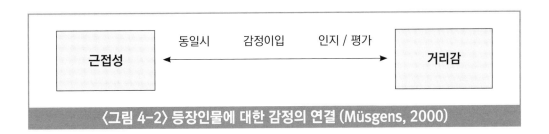

〈그림 4-2〉 등장인물에 대한 감정의 연결 (Müsgens, 2000)

〈표 4-2〉 컴퓨터게임이 개인에게 미치는 정서적 영향

근접성 / 동일시	거리감 – 감정의 인지, 윤리적 판단	감정이입 / 인지(평가)
게이머가 등장인물에 감정적 몰입을 하고 주관적 경계선이 소멸됨으로써, 정서적 연결은 커다란 근접성으로 나타난다. 이것을 '동일시'라고 표현한다. 이 개념은 원래 프로이트가 설명한 것으로, 과도하게 확장되는 동일시 개념에 선을 그어주는 역할을 한다.	'거리감'은 수용자가 자신의 주관에 사로잡혀 있고, 등장인물/등장물의 계획이나 목표를 자신의 것으로 받아들이지 않는 양식이다. 이 경우 정서적 연결에는 강한 객관적인 인지적 부분이 들어있는데, 이것은 등장인물의 감정에 대한 인지나 등장인물에 대한 윤리적 판단에서 나오는 것이다.	감정이입은 근접성과 거리감 사이에 자리 잡고 있는, 등장인물과의 정서적, 감정적 연결이다. 등장인물에 대한 반응의 근접성 부분은 정서적 영향을 직접적으로 야기하고, 거리감 부분은 이러한 감정에 객관적인 인지적(인식적) 성찰을 하도록 한다. 감정이입은 근접성과 거리감, 그리고 감정과 인지 사이의 균형 잡힌 반응이다.

(Müsgens, 2000)

(2) 컴퓨터게임의 인지적 차원

컴퓨터게임의 인지적 차원에는 '게임의 내용', '문제해결 과정', '이야기 수용의 인지적 차원'(Bertschi-Kaufmann, 2000)과 같은 세 가지 주제가 있다.

〈표 4-3〉 컴퓨터게임의 인지적 차원

게임의 내용	문제해결 과정의 컴퓨터게임	이야기 수용의 인지적 차원
본질적으로 중요하지 않은 내용들	문제해결 • 인식론적 구조 • 발견적 구조 • 평가적 구조	심리언어적 측면
	문제해결의 상황 • 문제에 대한 정의, 목표의 범주 설정 • 조작기술 찾아내기, 적용하기 • 평가방법 찾아내기, 적용하기 • Output의 조종	거대 명제(진술 내용) • 표명된 이야기 • 선별 • 일반화 • 구성 / 통합

(Bertschi-Kaufmann, 2000)

　　컴퓨터게임이 갖는 속성은 상당히 복합적이기 때문에, 단지 몇몇 게임의 특성을 통해 전체 컴퓨터게임 문화와 그로부터의 영향을 쉽게 설명하기는 어렵다. 게임에 대한 근본 속성을 보다 가깝게 이해함으로써 부정적 시각이나 긍정적 시각에 대한 객관적 근거를 모색할 수 있어야 할 것이다.

2. 디지털게임

1) 디지털게임의 특징과 디지털게임의 세계

　　컴퓨터게임은 PC나 게임기기, 스마트폰이나 태블릿 PC, 그리고 인터넷과 연결되어 상호작용이 가능한 기기와 소프트웨어를 사용하는 게임이다(Beranek 외, 2016). 디지털게임의 특징은 대부분 서술적 요소가 깔려있으면서 픽션의 세계를 만들어내고, 동시에 규칙을 이루어나가는 게임행동을 가능하게 하면서 자극도 하게 되는 디지털 소프트웨어 기반의 규칙체계라고 설명할 수 있다(Juul, 2005). 디지털게임은 다른 가상세계나 온라인 커뮤니케이션 공간에서와는 달리, 형식을 갖춘 특성과 표현양식을 제공한다(Jörissen, 2010). 이러한 디지털게임의 형식적 특성은 "놀이로부터 인간 문화의 근원이 시작된다"(Hunzinga, 1956)는 문화인류학적 의미를 통해 발생한 것으로, 이 특성은 다양한 연령층의 사람들이 이 소프트웨어를 게임으로 즐기고, 자신의 행동을 게임으로 인식하거나 표현하는 것을 통해 드러나게 된다(Beranek 외, 2016).

　　커뮤니케이션학의 관점에서 보아 컴퓨터게임은 게임이라는 본질을 토대로 하여 일종의 대중매체로서(Krotz, 2009), 그리고 커뮤니케이션과 사회적 공간으로서(Kuhn, 2010) 그 성격을 규정하고 있다. 미디어교육학의 관점에서는 이에 비해 디지털게임이 공동토론의 장, 커뮤니티, 씨족집단(Clan), 길드, 왕국, 저널리즘적 프로그램, 상업적 플랫폼과 같은 행동의 영역을 제공함으로써, 젊은 게이머들이 직접적으로 게임 구조를 형성하는 디지털게임 속에 빠져들도록 하는 것으로 파악한다. 디지털게임 세계의 이러한 복합적 구조는 한편으로는 하나의 장소이며, 다른 한편으로는 미디어를 통해 연결되는 커뮤니케이션의 대상이라고 할 수 있다.

〈표 4-4〉 디지털게임 세계에 참여하게 되는 단계

단계		게이머의 행동		공급자의 행동
		게임의 고유성 / 게이머 공동체 내의 활동	게임의 외적 요인	참여를 독려하는 행동
정보 수집 / 소비	1단계 정보얻기 / 소비하기	게임에 대한 정보수집, 게임 구입, 게임하기	다양한 디지털게임을 즐기며, 주변 친지들에게 의견 묻기	게임에 대한 정보 제공
	2단계 위치 점하기 / 편입하기	게임에 관여하며 관계를 맺기, 몰두하고 열중하기	자신을 게이머로 동일시하기, 상업적 아이템 구매하기	Tool과 자료들 제공
참여 / 통합	3단계 참여하기	사회적 관계 맺기 (친구관계 만들기, 게임 초대에 응하기, Clan에서 길드 형성하기)	공개토론 참여, 유튜브에 동영상 올리거나 참여하기 / 유튜브 동영상에 논평하거나 토론하기	커뮤니티 기능 제공, 여론의 발의
	4단계 드러내기	공동체 안에서 적극적 활동하기 (Clan 안에서 적극적으로 임하고, 토론에 참여하고, 관심사를 표명하고, 커뮤니티 관리자에게 의견 보내기 등)		커뮤니티 관리
주도성, 창의성, 자발성 / 개발 및 제작	5단계 행동취하기	Clan 안에서 역할 담당하기, 활동사항 발의하기, 고유의 참여과정을 열기 (공동 토론의 장 열기)	자신만의 동영상이나 팬아트 제작 및 공적으로 발표하기, 게임 밖의 행동 시작하기 (예: 시민운동, 선거참여 등)	게이머의 주도적 행동으로 커뮤니티 활성화하기, 합법적인 라이선스 및 기술적 전제사항을 보장해주기
	6단계 (환경의 영향을 받아) 변화하기 / 제작하기	콘텐츠 고안해내기, 해킹, Modding(디지털게임 텍스트의 변형 행위), Clan 만들어내기, 자신만의 게임서버 구축하기 / 게임 또는 팀 언어 구축하기, 자신만의 게임 디자인하기	커뮤니티 사이트와 같은 곳에서의 서브-공개토론	원천이 되는 시작 코드 공개하기, 변화시키는 것을 허용하기, 워크숍 기능 제공하기

(Beranek 외, 2016)

소셜웹은 사회적 상호작용과 조직형태를 위한 다양한 상호작용의 공간을 제공한다. 소셜웹의 플랫폼은 디지털게임을 하며 내용을 교환할 수 있도록 하고, 왕족, 씨족집단, 길드 등의 게임 공동체 조직을 위해 사용된다. 디지털게임 세계는 게이머가 활동하고 참여하는 커뮤니케이션 공간이며, 다수의 개인들이 규칙에 따라 행하는 행위를 통해 구성된다. 그곳에는 법적인 제한사항을 만드는 정치적 행위도 있다. 게임 디자이너들도 게임의 내용과 구조적 표현을 위해 큰 역할과 중요한 책임을 갖게 된다.

디지털게임 세계에 대한 참여 기회는 이상에 설명한 여러 특징에 의해 결정되기도 하지만, 게이머들의 관심사, 게임을 하게 되는 동기, 이들의 역량 등에 따라서도 상당한 영향을 받게 된다. 미디어영향 연구에서는 미디어의 일방적인 작용만을 보는 것이 아니라, 이미 오래전부터 미디어 사용자의 동기와 욕구의 관점으로 연구의 초점이 옮겨갔다 (Hugger, 2008). 이와 함께 게임 내용과 게이머들 삶 간의 복합적인 상호작용 과정도 연구의 중요 주제가 된다. "미디어사용은 이로써 (사회생태학적 관점에서 보아) 일상의 경험과 연결되어있는 미시적 체계뿐 아니라, 사회적, 문화적 변화과정의 관계에 놓이게 되는 거시적 체계에도 속하게 된다"(Wimmer, 2013; 2장 2절 1항 "인간의 사회화 – 사회적 생태환경으로써의 미디어" 참조). 이는 한 개인의 미디어사용이란 단지 일상적이고 개인적 차원의 삶에만 해당하는 것이 아니라, 사회적, 정치적 차원으로까지 확장된다는 것을 의미한다(1장 2절 3항 "미디어교육학 및 미디어능력의 철학적 배경과 이론적 토대 – 바아케의 미디어능력" 참조). 이렇게 확장된 맥락과 문화지향적 분석의 관점에서 보아, 컴퓨터게임을 즐기는 것은 개인적인 게임 활동의 출발, 현재, 미래와의 맥락 속에 스며들게 된다. 이 과정은 게이머들이 디지털게임 세계에 들어가게 되는 몇 단계를 거쳐 이루어진다(표 4-4).

2) 증강현실(AR)게임과 가상현실(VR)게임

증강현실(Augmented Reality, AR)은 현실에 실재하는 물리적 세계에 디지털기술을 활용하여 가상의 물체를 겹쳐 넣고 현실과 가상 환경을 융합시킴으로써, 디지털기기 화면에서 현실의 모습을 더 증강시키거나 복합적으로 보이게 하는 가상현실(Virtual Reality, VR)의 한 분야이다(Arnold 외, 2013). 1998년 닌텐도의 비디오게임 "Game Boy"에서 출시한 "포케몬"에 AR 기술을 결합하여 스마트폰이나 태블릿 PC를 활용하는 모바일게임으로 새로 탄생한 "포케몬고"가 증강현실(AR)게임의 좋은 예라 할 수 있다(End, 2016). 증강현실 세계와 실제 현실 세계를 섞는 이 "포케몬고"는 물리적으로 인지할 수 있는 일상세계에서 디지털 요소를 확장시키고 게임세계를 경험하게 한다. "포케몬고"를 계기로 AR 게임의 소비가 급증되었으나 이 게임의 부정적 측면은 사회적, 교육적인 우려를 낳고 있으며, 반면 이의 긍정적 측면을 교육적으로 활성화할 수 있는 가능성은 의미 있는 연구과제가 될 수 있다. 이 게임의 상반된 측면은 다음과 같다(End, 2016).

① 부정적 측면

- 범죄 노출에 대한 위험 : 이 게임이 출시된 후 페이스북을 통해 알게 된 사람에게 유인되어 "포케몬고"를 따라간 사람이 범죄의 희생이 된 경우가 있었다(O'Fallon Police Department, 2016; Fuest, 2016). 시간과 장소에 제한받지 않는 이 게임의 행동은 조직적인 범죄계획에 악용될 수도 있다.

- 사고에 대한 위험 : 게이머들이 금지된 지역이나 빨간불 신호등에서도 게임을 함으로써, 지속적으로 이에 따른 사고가 보도되고 있다(Gennies, 2016). 출입이 금지된 공사구간 등과 같은 곳에서 부상의 위험도 커지고 있다.

- 개인정보 보호에 대한 취약점 : 이 게임을 위해서는 필수적으로 앱을 깔아야 하며, 이를 통해 한 개인에 대한 정보(은행계좌, 개인정보 등)나 현재 위치(GPS)를 알려주게 된다. 이러한 자료는 게임 제공자에게 게이머들의 거의 모든 동질성을 알려주게 된다. 이러한 사적 정보는 상업적으로 홍보마케팅 등에 이용될 수도 있다.

② 긍정적 측면

- 오락적 측면과 교수학습 프로그램의 활성화 : AR 게임과 관련한 한 연구(Iwama 외, 2015)에 따르면, 연구대상자들은 특히 증강현실게임의 독특한 형식에 즐거움을 느낀 것으로 나타났다. 연구도구로 선택한 게임이 지진과 같은 자연재해를 대비한 학습 프로그램의 시뮬레이션에 관한 것이었으나, 사용자들은 그 형식과 기술적 사용에 즐거움을 느낀 것으로 나타났다. 이러한 특성은 증강현실게임을 바탕으로 한 언어, 문화, 과학, 환경 등 거의 모든 교수학습 주제의 활용에 큰 잠재성을 가질 수 있다는 것을 의미한다(Ganguin, 2016). "포케몬고"는 사용자들에게 그들이 살고 있는 직접적 환경을 인지할 수 있는 가능성을 제공하고, 이를 오락적으로 변화시키고 증

강시킬 수 있다. 또한 직접적인 물리적 경험세계 속에서 게임의 경험을 확장시키는 것은 새로운 행동공간을 구성해주기도 한다.

• 활동성의 촉진 : 전통적인 게임에서의 일반적인 게이머 모습은 '의자에 들러붙은' 장면을 연상시키는데, 이 AR 게임은 집 밖으로 나가 움직이도록 하는 원칙을 갖고 있다. 미국의 게이머들을 대상으로 한 한 조사에서는 이 게임을 한 사람들의 체중이 평균 1.6 킬로그램 정도 감소했다는 결과를 보여주기도 하였다(GoNintendo, 2016). 그러나 이러한 특성은 다시금 도전이나 위험스러운 잠재성과도 연결되어, 증강현실게임에 대한 연구에서는 긍정적, 부정적 효과에 대한 두 가지 측면 모두가 고려되어야 한다.

3) 미디어교육학의 연구방향

"포케몬고"를 비롯한 AR이나 VR 게임에 대한 미디어교육학 연구는 이제 시작이 되는 단계이다. 앞으로 이 분야의 연구에서는 게임하는 사람들을 단순한 게이머로서만 간주할 것이 아니라, 급변하는 디지털문화 속에서 이들의 인간적, 개인적 관점에 보다 더 큰 의미를 두고 교육적 사안을 고민해야 할 것이다. 게임에 대한 기존의 비평적 시각이나 현상이 이미 새로운 것은 아니고, 특히 청소년 범죄나 폭력, 광란적 살인 등을 야기하는 요인들과 같은 게임에 내포된 속성들이 간과되어서도 안 된다. 그러나 다른 한편으로는 AR의 형식을 비평적이고 구성적이면서도 흥분하지 않는 관점에서 연구할 필요가 있다.

미디어교수법 측면에서 보아 디지털게임은 긍정적인 잠재성을 내포하고 있다. 학습과정을 즐기며 상호작용의 교육과정을 발전시킬 수 있고, 비게임적 형식의 학습상황 안에서 게임적 요인을 통합하는 "Game Based Learning" 또는 "Gamification"을 통해 높은 학습동기를 유발할 수 있다(Ganguin, 2016). 가상의 게임 시나리오를 통해 학습에 긍정적인 효과를 기대할 수도 있다. 이와 관련한 미디어교육학 연구는 통합적이고 융복합적인 학문의 관점을 디지털게임에 적용해야 하는 것을 뜻한다. 여기에는 크게 두 가지 측면(Ganguin, 2016)을 바탕으로 하는데, 첫째, 디지털게임 세계 속의 상호작용적 공간에 대한 의미, 둘째, 디지털게임의 교육과 학습의 잠재성에 대한 논의를 활성화해야 한다는 것이다.

보다 의미 있는 학문적 발전을 위해 미디어교육학은 게임 관련 연구의 관점에 변화를 가져와야 한다. 전체 연구 맥락에서는 게임하는 사람들을 게이머라는 입장으로만 접근하지 않고, 그들의 개인적인 시각과 관점, 게임의 동기, 게임에서 느끼는 정서, 자기 자신의 태도에 대한 성찰도 고려되어야 한다(End, 2016). 게임을 즐기는 사람들의 일상과 경험세계도 파악되어야 하고, 연구에 대한 적극적 참여도 필요하다. 디지털게임, 증강현실게임, 가상현실게임을 즐기려는 동기에 대해 더욱 심도 있는 이해가 이루어져야 하고, 이와 관련한 다양한 논의를 활성화해야 할 것이다. 디지털게임을 하는 데 있어 구체적이고 바람직한 행동방향을 모색해야 하며, 사용자들의 성격과 유형을 파악하는 것도 연구를 위한 중요 전제가 될 수 있다.

3. 게임중독과 정신병리학적 연구

컴퓨터게임이 갖는 다양한 긍정적 구조 기반에도 불구하고, 이에 대한 과도한 의존성과 부정적 영향은 나날이 심각해지고 있다. 이러한 현상은 이제 개인의 심리적 장애나 문제로만 다루어질 수 없는 사안이며, 심리학뿐 아니라 의학과 교육학, 사회학의 접근이 필요한 연구주제이다.

1) 게임과 인터넷의 부정적 과다 사용 – 게임중독과 인터넷중독

(1) 독자적 질병인가 아닌가? – 진단의 딜레마

가상세계에 지나치게 집착하는 사람들에게 있어 학교, 가족, 다른 취미, 교우관계 등과 같은 모든 것은 부수적인 것이 되어버린다. 특히 발달 과정 중에 있는 게임 과몰입 어린이나 청소년들에게, 그리고 성인들에게 있어 게임에 대한 '규범적이고 자율적인 자동조절'과 같은 것은 기대하기 어렵고, 많은 가족에게는 큰 갈등과 도전이 되고 있다. 미디어 사회화와 미디어기술의 발전은 가속화가 더욱 빨라지고 있고, 인터넷 사용 시간은 더욱 길어지고 있다. 대부분의 사람에게 게임은 이미 디지털문화의 하나로 자리 잡았고, 인터넷 활용은 사회적 참여의 일환이 되었다. 이에 비해 인터넷 과몰입을 조절할 수 있는 실질적 조언 방향은 그리 많지 않은 실정이다.

① 인터넷 의존성에 대한 연구경향

전문가들도 연구방향 설정에 있어 어려움을 겪는 문제의 핵심은, 첫째, 인터넷이나 게임에 과도하게 빠진 나머지 삶의 모든 것이 거기에 함몰되어 교육적 문제나 인성에 갈등을 일으키는 사안에 관한 것인지, 아니면 둘째, 철저한 의존증에 의한 신체적, 정신적 중독성 성향에 관한 것인지, 그 경계가 모호하기 때문이다. 갈수록 전문적 치료를 요하는 사람들이 늘어나면서 '중독'의 단계로 분류된 일부 사람들에게 마약중독 치료 방식의 조처를 취하는 경우도 생겨났다. 그 예로서 독일 연방정부의 "마약 관련 전권위원회"에서 실시한 "인터넷 과몰입 및 인터넷과 게임의 병적 사용"(Kammerl, 2013) 연구를 들 수 있다. 이 연구에서는 이러한 현상이 일반적 중독 상태의 특징에 부합한다는 내용을 소개하였다. 이 연구에서 말하는 과도한 인터넷 사용이란 그 사용이 너무 지나친 나머지 사용자나 그들의 가족이 그로 인한 문제와 갈등을 경험하게 되는 경우이며, 이와 관련되는 문제점은 인터넷을 단순히 집중적으로 또는 방만하게 사용하는 방식과는 구분된다는 것이다.

현재는 컴퓨터게임과 인터넷 의존성이 하나의 독립된 질병으로 인정받고 있지 않지만, 독일에서 발표된 "컴퓨터게임과 인터넷 의존성"과 관련한 병적 증세가 "마약과 중독 보고서 2013"(DdB, 2013)의 보고서에도 포함되었다. 그러나 다른 한편으로 2013년 발행된 미국 심리학회 보고서에서는 "Diagnostic and Statistical Manual of Mental Disorders (DSM-5)"(APA, 2013)에서 몇몇 심리학자들의 바람과는 달리 장애적 미디어 사용행동을 하나의 독립적인 건강 장해로 인정하지 않았다. 그러나 그 후에 진행된 연구 "Internet gaming disorder"에서는 "DSM-5" 보고서에서 밝힌 내용에 나타난 현상과 관련하여 좀 더 미래지향적인 시각으로 접근하였다(Kammerl, 2013). "DSM-5" 보고서에서는 미국뿐 아니라 유럽 쪽의 의사들과도 연결된 "International Classification of Diseases(ICD)"에도 영향을 미쳐, 컴퓨터게임 의존성은 언젠가 독자적인 건강 장해나 질병으로 진단되어 치료를 받게 될 것이라고 예측하고 있다.

② 정신적, 심리적 질환에 대한 시각의 양분화

전반적으로는 정신적, 심리적 질환과 게임의존성을 연관시키는 것에 대해 비판적인 시각도 많이 존재한다. 일반적으로도 심리장애 증상이 증가하고 있는 오늘날, 게임의존성을 정신질병과 결부시켜 많은 사람들을 환자로 만들어버리는 것을 두려워하기 때문이다. 비판적 시각을 가진 학자들은 사람들을 위험한 과잉투약으로 이끌 수 있는 지나친 과잉진단, 그리고 하룻밤 사이에 새로운 환자를 만들어내는 질병이 새로이 탄생하게될 것을 염려한다. 미디어를 매우 좋아하는 청소년들이나 게임을 과도하게 즐기는 사람들을 너무 성급하게 환자로 취급받게 할 위험도 있다는 것이다(Kammerl, 2013). 그러나다른 한편으로는, 미디어사용 조절 능력이 위협을 받거나 또는 그 능력을 이미 상실했음에도 불구하고, 이것이 마치 아무 해도 없는 문제인 양, 그리고 이를 자율적 미디어행동의 표현인 것처럼 잘못 해석하는 경향도 있다는 점을 설명하고 있다. 어쨌든 현실적으로보아 병적인 미디어사용에 대한 위험성과 심리적 장애가 존재하는 것도 사실이다. 이러한 양분된 시각에 대해 각각의 입장을 충실히 파악하면서, 연구의 딜레마를 극복해나가는 것이 필요하다.

(2) 통계치 및 현황

컴퓨터의 일반적 사용뿐 아니라 이에 대한 의존성이 높아지는 현상은 국제적으로도비슷한 양상을 보이고 있다. 2010년경에 발표된 국제연구에 따르면 청소년들에게는 미디어(컴퓨터/인터넷) 사용에 있어 중독적 태도와 같은 질병 양상을 나타내는 비율이 1.7-8.4%에 놓여있다고 하였다(Petersen 외, 2010a). 2009년 독일의 한 연구(Rehbein 외, 2009)에서는 16%의 남자 청소년들이 이미 과도한 컴퓨터게임 증세를 나타내고 있으며, 2013년의 EU조사("Eu-Net-ADB", Kammerl, 2013)에 따르면 14-17세의 자녀를 둔 1,744 가구의 부모들 중 23%가 자신들의 자녀가 컴퓨터게임과 인터넷에 과도한 문제적 성향을 보인다고 답변하였다. 그러나 여기에 응답한 9.3%의 가구는 단지 부모들만이 컴퓨터의 과도한 사용을 인지하고 있었고, 자녀들은 중독 성향에 대해서도, 또 컴퓨터의 과도한 사용에 대해서도 문제를 의식하지 않고 있었다. 과도한 컴퓨터 사용에 대한 이러한 부모와자녀 간의 의견 차이는 가족 간의 갈등을 유발하게 되고, 자녀 교육문제에도 영향을 미치게 된다. 무엇보다 이에 직면한 당사자들이 컴퓨터 과몰입을 문제로 인식해야만 이에대한 교육도 시작될 수 있다는 점이 중요하다.

2) 중독적 태도에 대한 원인

사용자들이 컴퓨터게임에 지나치게 몰입하게 되고, 심지어 중독을 우려할만한 성향을 보이게 되는 원인으로써 다음과 같은 세 가지 요인을 들 수 있다.

(1) 미디어프로그램 및 게임의 구성적 특징

게임의 독특한 구성 형태의 특징 자체도 사람들이 중독 유사적 증세를 갖게 하는 데 공동의 책임이 있다고 할 수 있다(Petersen 외, 2010b). 특히 멀티플레이어 온라인 게임인 Massively Multiplayer Online Games(MMOGs)와 같이 수천 명의 게이머가 동시에 인터넷상에서 게임을 하는 게임에서는 Clan이나 길드, 그리고 게임커뮤니티를 통해 장기간 게이머들이 연결되어, 그룹 내에서 리드 포지션을 차지하는 만족감을 느끼게 하는 특징을 갖는다. 또한 게임세계를 형성하는 데 기여하게 되는 집요함은 중독 유사적 태도를 드러나게 하기도 한다. 이러한 집요함을 유도하는 게임세계는 언제나 열려있다. 그 안에서는 게이머가 게임을 하고 있지 않아도 게임 속 사건이 언제나 진행되고 있다. 특히 게이머들은 온라인에서 게임을 시작할 때 더욱 위협적인 결과를 주기 위해, 하루 종일 게임 내용에 더욱 몰입하게 된다. 지속적인 시간 집약적 방식으로 게임에 몰입하게 될 때, 그 게임에는 보상체계가 뒷받침된다(Petersen 외, 2010b). 이미 상업적으로도 큰 성공을 거둔 MMO(ex: World of Warcraft) 같은 게임이다. 게이머의 소망에 따라 게임 케릭터의 역할을 구축할 수 있게 하는 가능성은 게이머의 높은 참여와 강한 몰입을 유도한다. 일반적으로 중독 유사적 게임행동은 경기 종료의 횟수와 긍정적인 상관관계를 보이고 있었다.

(2) 사용자의 개인적 특성

정신적 결함을 보이는 컴퓨터 사용 태도는 특히 남성 게이머에게서, 그중에서도 청소년이나 젊은 청년층에서 가장 빈번하게 나타났다. 이것은 게임의 빈도수는 연령에 따른 개인의 인성발달 문제와도 연관성이 가능하다는 것을 암시하기도 하는 것이다(Rumpf 외, 2011). 물론 몇몇 새로운 연구에서는 문제성 있는 미디어 태도의 증가에 있어 남자 청소년들이 여자 청소년들보다 통계적으로 유의미하게 높지 않다는 결과를 보여주기도 한다. 그러나 비슷한 인터넷 사용시간을 나타낼 경우, 사회적 온라인 네트워크에서는 젊은 여성 게이머보다 남성 게이머에게 정신적 장애 태도가 더 문제 있게 인지되고 있는 편이다.

건강과 관련한 문제에서는 대개 중독 유사적 태도를 보이는 게이머 집단에서 합병증 증세를 많이 나타내고 있었다. 중독적 성향은 특히 우울증, ADHD와 밀접한 상관관계가 있다는 것이 입증되었다(Rumpf 외, 2011). 정신장애적 컴퓨터 및 인터넷 사용이 개인의 다른 인격장애에 의해 발생하는 것인지, 아니면 여러 가지 복합적 위험요인이 이러한 정신적 장애의 원인이 되는 것인지는 불분명하다. 몇몇 연구자들은 병적인 인터넷 사용을 일종의 발달장애로 보지만, 이를 충동장애, 강박증 또는 인격장애나 다른 중독적 행동과는 구분하고 있다. 일반적으로 컴퓨터나 인터넷 의존성을 기존의 다른 심리적 장애와 같은 범주로 설명할 수가 없는 것이다.

(3) 가족 및 사회환경적 특성

가족 안에서 일어나는 행동들은 여러 가지 이유로 특별한 역할을 한다(Durkee 외, 2012). 그 이유는, 첫째, 문제시되는 인터넷 사용 행동을 인식하고 그것을 일깨우도록 하는 사람들은 일반적으로 가족구성원이다. 둘째, 부모들은 미디어사용과 교육적 문제에 긍정적으로든 부정적으로든 그들 자녀에게 영향을 미친다. 셋째, 발생한 문제를 해결하기 위한 재원을 제공할 수 있다. 청소년기나 청년기에 있는 자녀라 할지라도 발달과제의 문제를 해결하는 것은 자녀들에게만 달린 것이 아니라 부모들의 태도도 중요하다. 넷째, 부모들이 자녀의 병적 미디어사용의 원인일 수도 있다.

청소년들이 그들의 인터넷 사용 태도를 부모로부터 이해받지 못하고 진지하게 받아들여지지도 못한다는 느낌을 갖게 될 때, 그리고 가족분위기가 화목하지 못하거나 가족이 무능할 때, 이러한 상황에서는 성장기 자녀가 발달하는 과정에 있어 병적인 미디어사용 태도가 더 강화될 수 있다. 한 개인이 어린 시절에 가족에게서 받은 영향은 성인이 된 후에도 내면에 내재된 채 그 영향이 지속될 수 있다. 한 연구(Kammerl 외, 2012)에 따르면 부모의 지나치게 부족한 관심이나 지나치게 과도한 보호는 둘 다 병적 미디어사용에 위험요소가 될 수 있다는 결과를 보여주었다. 그러나 일상적 가족과의 상호작용과 연결된 구체적 연구는 아직도 매우 부족한 실정이다. 과도한 인터넷 과몰입과 병적인 사용의 경계는 어느새 매우 모호해져서, 사실상 어떤 상황에서 병적으로 변화하는지 명확하게 판명하기 쉽지 않고, 이를 규명하는 연구도 매우 부족하다. 다시 말해, 컴퓨터와 인터넷 과몰입 및 정신장애를 유도하는 미디어사용을 저지할 정확하고 적합한 교육방향이나 영향력에 관한 구체적인 연구는 현재 거의 진행되지 못하고 있고, 가족의 역할과 지원체계에 대한 연구 역시 절실하게 요구되고 있는 현실이다.

3) WHO의 "ICD-10"과 정신병리학 관점의 게임중독 유형

(1) 정신병리학적 진단과 심리적 진단

① "국제 질병분류시스템-ICD"로 보는 "병적인(병리학적인) 미디어사용":
사이버문화와 함께 공존하는 많은 사람들은 이제 가상의 세계에 거주하는 시간도 점점 더 길어지고 있다. 2014년에는 전 세계의 컴퓨터게임 산업이 약 305억 달러 규모에 이를 것으로 예측되었으며(Statiska, 2013), 페이스북에는 10억 명가량의 게임 사용자가 등록된 것으로 나타났다(Maywald 외, 2013). 사이버 세계는 우리 삶에 큰 지원이 되어주는 반면, 이로 인한 부정적 현상 또한 매우 심각해지고 있다. 그중 컴퓨터게임으로 인한 문제는 이제 단순한 부정적 영향으로 그치는 것이 아니라, 심각한 병적 증세로 판단해야 하는 경우도 많아지고 있다. 컴퓨터게임은 사람을 병들게도 한다는 것이다. '중독성 행동'에 대한 전문분야의 통용어로서 이를 "병적인(병리학적인) 미디어사용"(Maywald 외, 2013)으로 표현하고 있다. 그러나 이 문제는 아직도 우리 사회에서는 소외된 분야로 여기는 경향이 있다.

만약 어떤 사람이 기분이 좋아지기 위해 점점 더 오랜 시간을 인터넷 세계에 머무르려 하거나, 또는 그렇게 하지 못함으로써 정서가 예민해지고 불안해지면서 부정적인 기분에 빠지게 되어 결국 교우관계, 가족, 직업, 학교 또는 교육 및 직업 관련 일을 도외시하거나 아예 잃게 된다면, 그 사람은 눈에 보이는 물질로 연결되지는 않았지만 결국 행동에서 중독 성향을 갖게 될 가능성이 커지고, 병적인 미디어사용을 우려하게 한다. 이런 일련의 행태는 "국제 질병분류시스템"("ICD-10", International Classification of Diseases)에서 보아 의존성과 관련한 병의 범주에 속하게 된다(Remschmidt, 2011). 컴퓨터게임과 관련해 발생하는 이러한 행동 관련 중독현상에는 충동이나 갈망, 강요, 조절

능력의 상실, 인체저항력의 증진, 박탈증후, 부정적인 사회적 성과와 같은 특징이 포함된다. 이미 존재하는 자기 손상에도 불구하고 이런 현상이 다시 재발하게 되면서 게임을 지속적으로 향유하려 한다. 컴퓨터게임 의존 환자는 게임을 하지 않는 시간에는 생각의 흐름, 분노나 신경과민을 통해 그 충돌이나 갈망이 점점 더 커지는 반면, 게임을 하려는 자극을 저지하는 저항요인은 점점 더 작아진다. 이러한 제반 문제에 대해 원하는 치료효과를 얻기 위해서는 오랜 시간을 투자해야 한다(Petri, 2010). 게임에 중독된 사람은 사회적 접촉이나 인간관계를 돌본다거나, 일상 의무를 이행하거나, 위생이나 청결 등과 같은 (게임 외의) 다른 활동을 최소한으로 줄이거나, 아예 포기하기도 한다.

이 모든 상황이나 행동은 결국 거기에 빠져있는 사람으로 하여금 가능한 한 오랜 시간을 온라인에 머물게 하는 쪽으로 몰아간다(Schuler 외, 2012). 이것은 다시 다음과 같은 세 가지 증후를 보이게 된다. 첫째, 게임하는 것을 줄이거나 몰아내려는 시도가 오히려 이들을 잘못된 쪽으로 치닫게 하기도 하고, 둘째, 부정적인 귀결에도 불구하고 이러한 행태가 지속되기도 하며, 셋째, 아예 통제 불능 상태에 빠져들게 되기도 한다.

② WHO의 "ICD-10" :

WHO에서는 각 질병의 코드 모음집이라 할 수 있는 "10차 국제 질병분류", 즉 "ICD-10"를 제정하였고, 질환별로 알파벳과 숫자로써 코딩과 진단기준을 체계화하였다(Remschmidt 외, 2011). 이것은 어떤 질환의 증상에 대한 진단을 내리기 애매할 때 붙이는 '질병 코드'라 할 수 있다. (예를 들어, "폐경 후 증후군"은 N951이라는 숫자로 표시되어 있다. "ICD-10"에는 컴퓨터게임과 관련한 특정 항목은 없지만, "substance use dependence", 즉 약물 남용 의존에 대한 가이드라인상에는 1년 이상에 걸쳐 6가지 기준 가운데 3개 이상의 기준이 해당될 때, 이를 의존적으로 정의한다는 기준이 있다.) 이 항목을 근거로 몇몇 학자들은 앞서 언급한 ①항의 세 가지 증후가 최소 한 달 이상 삶의 방해요인으로 지속될 때, 이를 게임중독으로 판단하기도 한다. 여기에서 내린 정의는, "병적인 인터넷 사용은 개인이 자신의 인터넷 사용을 통제하는 능력을 상실하여, 이로 인해 일상 속의 여러 기능이 매우 고통받게 되거나 심각하게 손상되게 되는 경우"(Maywald 외, 2013)를 말한다.

초기에는 "ICD-10"에서 게임중독과 관련한 진단방안이 없었으므로, 병적인 미디어사용을 "병적 도박과 같은 충동통제장애"(코드번호 F63.8)의 범주하에 두었었다. 아직도 게임중독에 대한 진단기준은 "ICD-10"에 들어있지 않다. 그러나 현재에도 게임중독이라는 질환 자체에 대한 의견이 분분하기 때문에, 게임을 중독으로 보는 측에서는 편의상 이를 도박과 묶어 "충동장애의 카테고리"로 해석하였다. 그러다가 최근에는 게임이 도박은 아니므로 게임중독을 기타 항목으로 분류하기도 한다. 이에 따라 2010년경부터 몇몇 학자들은 이 범주를 "인격 및 행동장애와는 거리가 있는 기타 항목"(F68.8)으로 분류하였다(Schuler 외, 2012). 이 학자들은 이러한 현상을 발달심리 관계이론의 장애모델 관점에서 파악하여, 예를 들어 컴퓨터게임중독을 알코올과 같은 어떤 실체와 연결되는 의존성과는 구분을 하였다. 즉, 컴퓨터게임을 알코올과 같은 중독물질에 의한 신경자극 전달체 차원의 반조정 작용기제를 통한 육체적 인체저항력이 아닌 육체적 금단현상으로 본 것이다. 알코올은 그 자체에 중독을 유발할 수 있는 물질이 함유되어 있으나, 컴퓨터나 게임 자체에 중독성 물질이 함유된 것은 아니기 때문이다.

(2) 정신병리학 관점의 게임중독 유형

진단학 분야의 학자들은 컴퓨터게임을 충동조절장애와 연결한 논거를 펼치기도 한다. 병적으로 미디어를 사용하는 사람이 단기적으로 흥분을 감소시키고 또 자아손상에 대한 생각이 없어지게 만드는 어떤 행동을 충족시키고 나면, 갑작스러운 충동자극은 없어지게 된다는 것이다(Maywald 외, 2013). 이들의 이론에 따르면 병적인 미디어사용을 다음의 세 가지 범주로 진단할 수 있는데, 이 세 가지 유형의 병적 컴퓨터 사용 개념에는 무엇보다 MMORPGs 게임에 대한 지나친 몰입, 병적인 인터넷 검색이나 채팅과 같은 과도한 컴퓨터 사용이 해당된다.

① 내적 심리 기능과 상호작용 기능에서의 '이분된(분리된) 장애'
'이분된(분리된) 장애'란 인터넷 사용자가 현실세계에서는 너무나 뚜렷하게 부정적 성향을 보이는 반면, 인터넷 세계에서는 과도하게 긍정적으로 느끼는 것을 말한다. 이러한 증세는 네 가지 요인을 통해 파악할 수 있는데, 자아존중의 경험, 격한 흥분의 경험, 사회적 상호작용능력, 행동의 동기와 같은 것이다. 이 범주에 속하는 게이머들은 예를 들어 인터넷상에서는 인정, 권력, 통제, 자부심, 행운 등을 느끼고 자신을 강하고 아름답게 느끼는 반면, 현실의 삶에서는 이와 반대되는 감정을 느낀다. 인간적인 관계형성에 있어서도 인터넷상에서는 현실에서보다 성공적 관계형성에 더 큰 기대를 갖게 되고 두려움 도 덜 유발한다. 예를 들어, 갈등을 야기하는 사람은 한 번의 클릭으로 무시해버릴 수 있 다. 게다가 일종의 흘러버리는 경험도 해볼 수 있는데, 현실의 삶이었다면 주저하고 머 뭇거렸을 행동을 쉽게 흘러버리듯 행동하게 되는 것이다.

② 강박관념적인 과몰입 경험

인터넷이 인간의 정상적 의식을 점점 더 뒤로 밀어내버리고, 현실 삶의 의미는 더욱 상 실하게 만들어 그것에만 집중하게 하는 경우이다. 이로 인해 가상의 컴퓨터세계에 과도 하게 몰입하게 된다.

③ 과도한 미디어사용

인터넷에 머무는 시간이 지나치게 많아(1주 30시간 이상), 이에 따라 사회적, 심리적, 신 체적으로 부정적인 문제를 수반하게 된다. 여기에 해당하는 신체적 건강 문제로는 신진대 사 장애, 저체중 또는 지방 과다섭취로 인한 과체중, 등과 허리 통증, 두통, 수면장애, 청 결하지 못한 신체 및 위생관리나 방임, 손목관절 통증, 건초염과 같은 질병이 해당된다.

종합적으로 볼 때 병적인 미디어사용이 결국 어떤 진단 범주에 들어가는지에 대한 의견일치는 아직 이루어지고 있지 않다. 그러나 미국의 질병 및 심리진단편람 제5판 "Diagnostical and Statistical Manual"(DSM-5)에 따르면, 중독장애 및 도박중독의 범주 를 실체나 본질이 없는 종속장애의 의미에서 "Gambling disorder"(APA, 2013)로 분류 하였고, 인터넷중독은 "Internet use disorder"(APA, 2013)로 분류하였다. 이러한 분류 는 이 문제에 대한 진단이 이미 어느 정도 이루어졌고 이에 대한 연구가 절실하며, 앞으 로의 연구 출발지점을 알려주는 것이라고도 할 수 있다. 이 연구에서는 병적 미디어사용 연구를 위한 재정문제에 대해서도 언급하였는데, 지금까지는 병적 미디어사용에 대한 연구를 위한 재정지원이 대부분 거절당했다는 것이다(Maywald 외, 2013). 2014년 이후 에는 ICD연구 "ICD-11"이 계획되어있다. 이들 연구에는 정신이나 심리에 영향을 미치 는 자산의 남용, 그리고 병적인 컴퓨터게임 사용 시 뇌에서 관찰되는 활동표본과 유사한 다수의 신경생물학 연구와 같은 주제들도 포함되어있다.

실질적으로는 아직도 대부분의 경우 병적 미디어사용에 대한 독자적인 진단은 내려지

지 않고 있다(Müller 외, 2012). 대신 이와 연결되는 합병증이 종종 이야기되는데, 어린
이나 청소년들에게 있어서는 무엇보다 ADHS, 감정조절장애, 우울증과 불안, 자폐증, 자
산 남용이나 자산에 대한 종속성, 사회적 행동장애와 같은 정신적 질병들이 해당된다.

4) 병적 미디어사용의 원인과 가족관계 안의 해결방향

(1) 진단을 위한 연구도구와 연구방법

　일반적으로 병적인 컴퓨터 사용 때문에 치료센터나 심리상담 기관을 찾는 것에 대해
아직도 많은 사람들이 강한 편견을 갖고 있다. 특히 어린이와 청소년 자녀를 둔 부모들
은 이에 대해 더 큰 우려를 표하고 있다. 무엇보다 이런 경우에는 이 사안을 개인이나 전
체 가족의 치료과정으로 판단을 내려, 부모나 주요 관계인, 교육담당자나 후견인을 통해
교육과 치료를 지원해주는 것이 중요하다.

　미디어사용과 관련한 치료를 위해 사용하는 몇 가지 연구도구가 있다. 이 연구도구들
을 통해 앞 절에 소개한 "정신병리학 관점의 게임중독 유형"도 구분하였고, 각 유형의 특
색에 적합한 치료방안도 모색하고 있다. 인터넷 사용 연구도구의 예로써 독일어권에서
일반적으로 통용되는 진단도구인 "14 아이템(CIUS)"을 들 수 있다(Meerkerk 외, 2009).
이 설문지는 신뢰도와 타당도에서 높은 점수를 나타내고 있으며, 정신과 심리에 영향을
미치는 정신병리학 분야의 표준과 판단기준을 마련하는 데에 많이 사용되고있다. 이 설
문도구는 주로 후기 청소년기의 청소년과 청년을 대상으로 내용이 구성되어있다. 발달
정신병리학 분야에서는 400명의 환자를 대상으로 그 타당도를 검증한 "컴퓨터 사용에
대한 설문지"("KPC", Petry, 2010)를 활용하기도 한다.

　이 밖에도 청소년을 대상으로 미디어사용에 대한 척도를 분류하는 세 가지 연구가 있
다. 먼저 "어린이, 청소년의 온라인 태도에 대한 척도"(OSVK-S, Wölfling, 2011), "컴퓨
터게임 태도와 컴퓨터게임 의존성 척도"(KFN-CSAS-11, Rebein 외, 2009), 그리고 "어
린이와 청소년의 컴퓨터게임 태도에 관한 척도"(CSVK-S, Wölfling, 2011)와 같은 것
이다. 이 세 연구도구는 타당도가 검증되었고, 특히 어린이와 청소년을 연구대상으로
할 경우 이들 외의 다른 사람들을 대상으로 하는 평가용 설문지는 주어지지 않는데, 예
를 들어 부모들에게도 설문지를 주지 않는다. 이들 연구도구를 사용하는 연구에서는 첫

면담 때부터 이미 연구대상자들로부터 상세한 진술이 이루어지고, 그 결과를 통해 연구대상자들에 대한 진단 및 외래진료 또는 입원치료가 결정된다. 일반적으로 청소년들의 심각한 병적 미디어사용은 주로 타인이나 외부적 요인에 의해 그 동기가 형성되는 경우가 많기 때문에, 예를 들어 독일에서는 특별히 그 증세가 대단히 심한 경우에 민법 (BGB-Bürgerliche Gesetzbuch) §1631b 항에 따라 심사숙고하여 결정하는 방법이 있다 (Maywald 외, 2013). 이것은 청소년들의 의지에 반하더라도 폐쇄된 장소에서도 연구를 할 수 있도록 한 치료 방법이다. 실제 독일의 "아우구스부르크"(Augsburg)에는 중독장애 치료를 위한 폐쇄시설이 있다.

이들 연구도구를 사용한 연구에서는 컴퓨터게임 중독으로 진단을 받은 사람들 중 90%가 12-18세 남자 청소년들이었다(Maywald 외, 2013). 이들이 가장 많이 즐긴 게임에는 "World of Warcraft Ego-Shuting" 등과 같은 MMORPGs 같은 게임들이 있었다. 게임은 의식적이거나 무의식적인 여러 가지 동기에 의해 시작되는 것으로 확인되었다. 이들 연구도구를 활용한 연구결과를 통해, 게임을 심하게 하는 유형을 정신병리학적 관점에서 보아 다음 항에 소개하는 세 가지 유형으로 나누게 되었다.

(2) 정신병리학적 진단 유형과 세 가지 증상 단계 및 치료방향

정신병리학 관점에서 미디어사용에 대한 척도를 분리하는 데 쓰이는 연구도구를 사용한 결과, 컴퓨터게임 몰입 정도를 다음의 세 가지 유형으로 나누게 되었다(Maywald 외, 2013). 여기에는 특히 청소년을 대상으로 한 교육적 접근과 진단의 방향이 주된 내용을 이루고 있다. 연구대상자들은 몰입의 정도에 따라 치료센터의 도움을 받도록 진단을 받게 된다. 과몰입으로 진행되는 컴퓨터 사용의 유형은 다음과 같다.

① 1단계 : 오락을 위한 지나친 미디어사용

이 범주에 해당하는 사람들의 입장에서는 '단지' 오락이나 시간 소모를 위해 게임을 하지만, 부모의 눈에는 자녀의 게임 행태가 자신의 통제를 벗어났고, 학교나 집안의 의무를 이행하지 않는 것으로 보인다. 따라서 부모들은 자녀들을 나무라기도 하지만, 이러한 이유로 부모들은 자신의 부족한 교육적 역량이나 미디어에 대한 지식에 의구심을 갖게 되기도 한다. 이 경우에 속하는 자녀들은 대부분 사춘기의 정점에 오르면서 부모로부터 독립적이고자 하는 자율성과 관련한 갈등을 겪게 되는데, 컴퓨터게임을 끝까지 하고야 마는 행태를 통해 이런 심리를 대변하기도 한다.

　이러한 상황을 진단하고 정리하기 위해서는 가족 간의 공동대화가 중요하다. 이 경우 자녀들은 게임을 매우 즐기기는 하지만, 아직까지는 그 정도가 어느 만큼은 받아들여질 만한 범주에 들어있다. 이들은 지속적으로 사회적 접촉을 하고 있고, 다른 취미생활도 즐기면서 학교에도 규칙적으로 다니고 있다. 그 이상의 심리적 문제를 단언하거나 치료를 요하는 정도는 아니다. 그럼에도 불구하고 가족 간에는 함께 타협점을 찾아 컴퓨터게임, 가사 의무, 학교생활, 여가시간 활용에 대한 약속을 정하고, 건강한 커뮤니케이션 문화를 이루어 좋은 가족관계를 형성해나가도록 노력해야 한다. 부모는 자녀의 자율성을 존중하면서도 자녀에 대한 통제를 포기해서도 안 된다. 부모들은 컴퓨터게임 그 자체만으로 자녀가 공격적으로 되거나 중독이 되는 것은 아니라는 것을 알아야 한다. 나아가 컴퓨터게임 중간에 쉬는 시간을 갖도록 타이르고, 자녀 방에 컴퓨터를 방치하듯 두지 않아야 한다. 청소년들에게는 인터넷의 위험에 대해 일깨워주고 조언을 해주어야 한다. 이 단계의 경우 그 이상의 치료가 반드시 필요한 것은 아니다.

② 2단계 : 과도한 미디어사용 및 과몰입 – 외래치료 권장

　이 유형에 해당하는 사람은 의존성 장애에 해당하는 판단기준을 완전히 채우지는 않는다. 물론 게임하는 시간의 양만을 가지고 결정적인 판단을 할 수는 없지만, 이 단계는 많은 시간을 과도하게 미디어에 매달려있는 미디어 과몰입의 상태에 해당한다. 미디어 과몰입 상태의 사람들은 이미 다른 사회적 문제나 ADHS 또는 우울증과 같은 합병증을 보이기도 한다. 이런 사람들에게는 이 상황에 적절한 치료 프로그램을 심각하게 고려해야 한다. 이러한 현상을 보이는 사람들은 대개 자율체계나 사회적 능력에서 결핍을 보이게 되고, 사회적으로 은둔적 성향을 갖는 내향적 청소년이 해당되는 경우가 많다.

　이들은 교우관계나 인간관계를 주로 인터넷에서만 형성하고, 학교에서는 외톨이인 학생이 많다. 반면, 가상의 세계에서 이들은 통제력, 모험, 즐거움, 성공 그리고 사회적 인정을 경험한다. 컴퓨터게임은 심리적, 사회적 결핍에 대한 일종의 보상적 전술로 간주될 수 있다. 가족체계 안에서는 가족의 교육태도에서 종종 상호의존성이나 상반된 가치의 병존이 발견된다. 예를 들어, 가족갈등과 청소년들의 공격적 행동양식을 없애려는 귀결 행동이 그저 불규칙적으로만 나타나고, 이러한 행동은 더욱 강해질 수도 있다. 이 단게에서 필요한 치료방법으로는 행동치료, 심층심리치료, 가족치료 방법을 통합한 방법이 철저히 실행되어야 한다. 인터넷 의존성에 관한 집단 외래진료뿐 아니라, 사회적 능력, 자아행동조절능력, 자아통제능력에 대한 집단 외래진료에도 특별히 역점을 두어야 한다. 발달심리의 관점에서 볼 때 청소년기는 성인으로 전환되는 시기에 놓여있으며, 또래집단의 의견과 가치가 매우 중요한 시기로서, 성인들의 조언보다는 동년배 집단의 생각을 훨씬 더 중시하는 경향이 있기 때문이다. 이런 경우 개인에 따라, 예를 들어 우울증 치료와 같은 의학적 치료도 신중하게 검토해야 한다.

③ 3단계 : 병적 미디어사용 – 입원치료 권장

이 단계에 속하는 사람들은 미디어를 병적으로 사용하는 환자로 간주하여, 이들을 위한 치료방법으로서 대부분 입원치료를 지정하게 된다. 예를 들어, 게임을 하느라 더 이상 학교를 다니지도 않고 학업이나 직업훈련도 그만두고, 하루에 단지 두서너 시간 정도만 잠을 자며 사회적으로 강한 은둔생활을 하는 사람들에 관한 것이다. 이 유형에 해당하는 게이머들은 위생에도 무관심하여 화장실에도 가지 않고 목욕도 하지 않는다. 미디어사용에서도 공격적인 태도를 함께 보인다. 이런 자녀들을 둔 부모는 더 이상 이들을 통제할 수 있는 상황이 아니다. 가족들은 이들을 위해 컴퓨터 앞으로 음식을 갖다 주기도 해야 하는데, 그렇지 않으면 굶어버리게 되는 것이 두렵기 때문이다. 이들 병적인 미디어사용자들에게는 현실과 가상세계 간의 간극이 너무나 커져버려, 모든 행동을 컴퓨터게임 세계에서와 같이 펼치고 해석을 한다. 이들 대부분은 우울증 징후, ADHS, 자폐증이나 자폐스펙트럼 장애(ASD: Autism spectrum disorder), 또는 위험 회피 인격장애와 같은 증세를 보인다. 이들을 입원시키는 것은 충분한 숙고 후에 신중하게 결정되며, 경찰의 동반과 함께 이루어지는 경우가 많다.

입원치료를 통해 청소년들은 미술과 음악치료, 경험과 실습교육, 근육작업기록법(Ergotherapie), 사회적 능력, 투사집단(원근집단)과 중독집단, 개별치료, 가족상담, 의학적 치료, 그리고 학교교육과 같은 다양한 치유 프로그램을 통해 많은 도움을 받을 수 있다. 입원치료를 받는 것만으로도 가족들은 일차적 안도감을 느낄 수 있다. 환자 입장에서 본다면, 무엇보다 처음에는 게임중독에서 벗어나려는 동기를 만들어야 한다. 예를 들어, 강화된 보강계획과 지속적인 대안작업으로써 여가시간의 활용방안 모색, 미디어사용을 대신하는 보상전략과 같은 것을 찾도록 해야 한다. 환자는 모험을 통한 즐거움,

성공, 호기심과 같은 것을 현실의 삶 속에서 다시 느끼도록 하는 것을 학습해야 한다. 완벽한 금지를 위한 노력이 시도되지는 않는데, 컴퓨터는 일이나 공부를 위해 우리 삶에서 그 역할이 더욱 중요해지고 있고, 우리 삶에서 이를 완전히 없애기는 어렵기 때문이다. 그보다는 각 개인의 상황에 적합한 미디어능력과 사회적 능력을 촉진해주는 것이 더 효율적이다. 부모들도 가족상담과 같은 것을 통해 환자인 자녀의 치료에 함께 참여하고, 자녀들과 올바른 논쟁과 합의점을 찾을 수 있도록 컴퓨터라는 미디어에 대해 학습하고, 제대로 훈육할 수 있어야 한다.

치료의 연결로서 적절한 방식의 병합치료도 신중하게 검토되어야 한다. 예를 들어, 청소년들의 사회복귀, 외래심리치료, 집 밖에서 안전하게 머물 수 있는 숙소 등과 같은 것이 필요하다. 병적 컴퓨터 사용 행태를 보이는 청소년들의 향후 학교공부나 직업교육을 염려할 때 많은 전문가들은 긍정적인 시각을 보이는데, 성인들에 비해 청소년들은 상대적으로 치료에 시간이 짧게 걸리고 치료의 예후도 훨씬 좋기 때문이다.

4. 컴퓨터게임 과몰입 자녀의 미디어교육

1) 부모와 자녀의 갈등

병적인 미디어사용을 막기 위해서는 어린 시절부터 가족들의 관심과 올바른 방향의 교육이 필수적이다. 다른 미디어와 비교할 때, 자녀들의 컴퓨터게임 빈도와 부모와의 갈등 빈도는 특별히 더 밀접한 관계를 보이고 있다. 대부분의 갈등은 게임시간과 관련한 것이다. 마치 닭이 먼저인지 계란이 먼저인지 하는 것처럼, 부모들은 자녀가 게임을 하는 정도에 따라 이들과의 갈등이 잦아지고, 이를 위한 규칙을 정하려 하지만 동시에 규칙을 정하는 것 자체가 가족 간의 논쟁이 되어버리기도 한다. 5-12세 자녀를 둔 48개 가구를 대상으로 한 한 연구(Gebel 외, 2013)에 따르면, 부모에 의해 자녀들의 컴퓨터 사용 규칙이 정해지거나 훈육되는 경우는 거의 없었다. 오히려 부모자녀 간의 갈등이 때로는 의식적으로 회피되기도 하였다. 부모들은 자녀들의 미디어 경험에 큰 흥미를 갖고 있지 않았고, 자녀들의 컴퓨터나 온라인 사랑에 크게 관여하려 하지도 않았다.

컴퓨터 사용에 대한 교육에서는 부모와 자녀 간의 논쟁이나 갈등이 거의 배재될 수 없다. 특히 적절한 미디어사용에 대해 자녀들의 바람과 부모의 관점이 서로 일치하지 않는 경우가 많고, 컴퓨터게임의 매력과 큰 인상을 남기는 그 힘은 전형적인 갈등요인이 된다. 따라서 갈등이 없는 교육이란 결국 자녀의 미디어사용에 대해 부모의 적극적 관심이 부족하다는 신호라고 볼 수 있다. 갈등이 드러나고 건설적으로 무엇인가 구성해나가려는 환경조성은 가정 내의 성공적 미디어교육의 시작이라 할 수 있다.

2) 병적 미디어사용과 가족의 도움 및 지원

많은 가정에서 자녀들의 병적 미디어사용, 특히 컴퓨터에 대한 심한 의존성이나 중독적 성향은 점점 더 빈번하게 가족 간의 갈등과 싸움의 주제가 되고 있다. 무엇보다 대부분의 부모들은 이에 대해 어떤 조언도 제대로 하지 못하는 채, 외부에 도움을 요청하고 교육기관의 지원을 찾고 있다. 이런 상황의 부모와 자녀의 면담 시 첫 대화에서 이미 분명해지는 것은, 컴퓨터의 올바른 사용에 대한 의견 차이가 서로 너무나 크다는 것이다. 부모들은 청소년 자녀들이 스마트폰이나 컴퓨터 외에는 거의 아무것도 하지 않는다는 느낌을 갖고 있는 반면, 청소년들은 단지 일반적인 정도로 인터넷을 사용할 뿐이고 오히려 부모들이 큰 스트레스를 주고 있으며, 과장되게 반응을 한다는 생각이었다(Gebel 외, 2013). 따라서 이 주제와 관련해서는 무엇보다 부모들을 대상으로 하는 교육적 지침이 필요하다. 부모들을 위해 우선 컴퓨터프로그램과 게임에 대한 교육적 평가 및 의미 있는 교육환경의 조성에 대해 지원하는 교육 프로그램이 있어야 할 것이다.

3) 남·녀 성별에 따른 부모의 인식 차이와 교육태도

자녀의 컴퓨터중독으로 인해 전문가의 지도를 요하는 부모들에게서 이들의 관점이 자녀의 성별에 따라 차이가 나는 것을 알 수 있었다(Hasebrink 외, 2012). 남학생 부모들은 컴퓨터중독의 원인이 대부분 과도한 게임몰입 때문이라고 생각하는 반면, 여학생 부모들은 페이스북이나 인스타그램 등의 과도한 SNS채팅을 그 원인으로 생각하는 경향이 있었다. 처음에 부모들은 페이스북 등의 활용을 그리 부정적으로 보지는 않고, 일종의 새로운 대인관계나 커뮤니케이션 형태로 생각을 한다. 그러나 자녀가 여가시간 거의 대부분을 SNS에 쏟아부으며 여기에 몰입하고 학교성적도 떨어지게 되면서, 부모들은 여기에 더 민감해지고 무엇인가 조절을 해야 한다는 생각을 갖게 된다. 그럼에도 불구하고, 대부분의 경우 부모들은 이런 상황에서 적절한 대처를 하지 못하고 자녀들이 스스로 그만두기만을 바랄 뿐이다. 여기에서 가족관계의 갈등도 시작된다.

4) 병적 미디어사용의 원인과 가족관계 안의 해결방향

자녀들의 컴퓨터활용이 중독의 수준으로 가기까지, 그 원인은 가족 내의 다른 문제나 자녀 자신에게 놓여있는 경우가 많다. 과도한 미디어사용은 이미 한 사람 안에 내재되어 있던 갈등이 밖으로 드러나고 가시화되는 현실적 현상인 것이다. 자녀의 개인 성향과 관련된 문제가 아니라면, 이미 가족의 저변에 깔려있는 부부 간의 문제나 부모자녀 간의 문제가 원인일 수 있다. 부모가 자녀의 병적 미디어사용에 대해 적절한 교육을 원한다면, 일반적 생활교육에서 하던 전통적 교육방식과는 조금 다른 시각과 이해심을 가지고 접근해야 한다(Dernbach, 2013). 부모들이 외부기관에 교육적 조언을 구할 때는 그래도 부모 스스로 무엇인가 가족 안에서 변화를 줄 수 있다는 생각을 할 수 있을 때이다. 자녀들의 성적이 6개월에서 1년 이내에 급격히 떨어지거나 외부와의 접촉이 드물어지고, 또 자녀들이 다른 여가활동이나 운동, 친구들과의 만남을 거의 하지 않는 것을 알게 될 때 부모들은 자녀의 행동에 민감해지게 된다. 일반적으로 청소년들의 병적 미디어사용 행태는 갑자기 나타나는 것이 아니고, 여러 측면에서 점진적으로 진행되는 과정을 통해 드러난다.

병적으로 미디어를 사용하는 사람들 대부분은 그 사람의 어린 시절, 아동기에 그 원인이 있는 경우가 많다(Dernbach, 2013). 어린이들은 오늘날 너무도 당연하게 태블릿 PC, 텔레비전, 컴퓨터 등의 수많은 미디어와 함께 자란다. 오늘날의 어린이들은 아주 어린 시절부터 '지루하다'라는 것이 '미디어를 사용한다'는 것으로 연결되는 상황에서 성장하였다. 많은 부모들은 아이들이 지루함을 느낄 때 창의적인 과정을 찾아내도록 기다리기보다, 미디어와 '놀도록', '즐기도록' 하거나 자녀들의 보챔에 물러서고 만다. 미디어를 사용한다는 것이 지루한 상황을 벗어나게 하는 방법으로 굳혀지는 것이다. 반면에 미디어를 어린 시절부터 여러 방법으로 창의적으로 응용하는 것을 배운 어린이들은 사춘기를 지나가는 과정에서도 이를 다르게 활용하는 것을 종종 발견할 수 있다. 이들에게 있어 과도한 병적 미디어사용은 지나가는 과정으로 진행되고, 빠르게 또래집단과의 직접적인 접촉을 하는 쪽으로 돌아온다. 게임이나 채팅 파트너보다는 직접적인 또래집단과의 관계가 더 중요해지는 것이다.

많은 부모가 규칙을 엄격히 시행하는 것을 너무 일찍 포기해버리는 경향이 있다. 규칙의 경계를 세우거나 자녀들의 반항을 견디기 어려워하는 것이다. 부모들은 자녀에게 엄한 교육자가 되려 하기보다는 이들과 좋은 친구가 되길 원하는 경우가 많기 때문이다. 따라서 양측 간의 경계도 모호해지게 된다. 많은 경우 부모들은 자녀들의 미디어사용에 대해 어느 정도까지 한계와 규칙을 세워야 하는지 스스로 확신을 갖지 못한다. 청소년 자녀들과 부모들의 일상세계는 점점 더 멀어지게 된다.

부모들은 그들의 자녀가 인터넷에서 무엇을 하는지, 그들에게 인터넷이 왜 그렇게 중요한지, 왜 그렇게 과도하게 미디어를 사용하는지, 왜 이들의 삶에 중요한 자리를 차지하는지 제대로 이해하지 못한 상태에서 사용을 멈추기만을 원한다. 그 이유를 정확히 파악하지 못하고 관심도 크게 갖지 않은 채, 과도한 사용에 대해 불평만 하는 것이다. 청소년들 세계에 대한 흥미는 점점 없어지면서, 부모와 자녀들은 점점 따로 분리되어 살아가게 된다. 결국 부모들은 미디어 자체를 없애거나 금지시키기도 하고, 때로는 무력하게 내버려두기도 한다. 이 경우 "약속한 경계 속에서 자율적으로 미디어를 사용한다"(Gebel 외, 2013)는 모토는 거의 이루어지지 않는다. 부모들은 컴퓨터 내에 안전장치나 프로그램을 설정하여 컴퓨터 사용을 제한하기도 한다. 그러나 부모들은 그들의 자녀가 디지털문화에서는 자신들보다 더 앞서 있고, 자녀의 나이가 들수록 부모의 통제에서도 더욱 벗어나게 된다는 사실을 자주 잊는다. 자녀들의 연령이 높아지면서 이들은 집 밖에 머무는 시간도 더 많아지고, 휴대전화 요금이나 기기 문제로 부모들에게 제재를 당해도 자기들끼리 기기를 얻거나 요금 문제를 해결하는 경우도 많아지고 있다.

또 다른 문제는 가족 간의 공감대가 줄어드는 것이다. 현대의 바쁜 경쟁사회에서는 특히 아버지와 자녀들 간의 관계가 점점 약해지고 있다(Hasebrink 외, 2012). 아버지는 아들들이 어떤 게임을 왜 좋아하는지, 딸들이 왜 그리 SNS에 매달리는지 대부분은 명확히 알지 못한다. 이들은 어쩔 줄 몰라 하며 아들의 등이나 어깨 너머를 보거나, 미루고 하지 않는 일을 두고 야단을 치기도 한다. 함께 운동을 하는 등, 아들과 함께할 수 있는 활동을 잘 알지 못한다. 오히려 부모들은 컴퓨터와 관련된 주제에서 자녀보다 많이 알지 못한다는 부끄러움과 자존심 때문에 이 주제에 대해 더 깊이 논쟁하기를 꺼린다. 자녀들도 자신이 흥미로워하는 게임이나 흥밋거리에 부모가 관심을 가지면 오히려 놀라워하기도 한다.

여기에서 다시금 환기해야 할 중요한 사실은, 부모자녀 간에 함께 만든 규칙은 반드시 지켜야 한다는 것이다. 부모는 자녀와 함께 미디어를 즐기는 방법을 찾아내고, 자녀들이 주도적으로 그 중심에 서서 "유튜브에서 재미있는 영상 찾기", "가족별로 자기 작품을 제작하여 경연하기" 등, 가족 간의 공동의 즐거움을 찾는 것도 한 방법이 될 수 있다.

5) SNS에서 자아동질성 찾기

페이스북이나 인스타그램, 카카오톡 등의 SNS를 즐기는 청소년들은 여기에서 맺는 인간관계에 큰 관심을 갖는다. SNS에서 이들은 또래집단을 만나기도 하고, 자신의 사회적 위치를 신속히 파악하기도 한다. 특히 자존감이 낮은 청소년들은 SNS상에서의 반응이 중요하다(Wagner 외, 2013). 예전에는 친한 친구들을 집으로 불러 같이 취미생활을 즐겼다면, 오늘날에는 다른 사람들이 무슨 생각을 하는지, 음악이나 패션, 소비생활에 어떤 의견을 갖는지를 네트워크상에서 파악한다. 이들은 SNS상에서 자신이 속한 집단 안에서 일어나는 일들을 즉시, 직접적으로 접한다는 느낌을 받는다. 이들은 자신의 또래집단이 느끼는 정서를 직접 공감한다는 것을 느낀다. 이러한 상황은 청소년들로 하여금 새로운 것을 네트에서 빨리 접하고 또 이에 빨리 반응할 수 있도록, 청소년들이 늘 온라인상에 머물고 싶도록 유도한다.

6) 부모와 자녀를 위한 조언

컴퓨터중독과 관련하여 조언을 필요로 하는 사람은 부모만이 아니라 청소년 자신도 포함이 된다. 일찍부터 자녀들이 디지털미디어와 인터넷을 다양한 방법으로 활용할 수 있는 학습환경을 조성하는 것이 부모와 자녀 모두에게 중요한 발달과제가 된다. 처음 미디어를 접할 때부터 이들이 줄 수 있는 위험과 문제점을 인지하고, 다른 한편으로는 디지털미디어의 멋지고 다양한 활용방법을 익히면서 뚜렷한 목표를 가지고 사용한다면, 미디어는 우리에게 많은 즐거움을 줄 수 있다는 것을 경험하게 된다. 컴퓨터나 인터넷 사

용에 있어 심각한 상황에 놓여있는 청소년기의 자녀와 부모, 양쪽 입장에서의 조언 방향
(MFS, 2012; Dernbach, 2013)을 생각해볼 수 있다.

(1) 조언 방향

청소년들이 컴퓨터나 인터넷 사용에 있어 병적인 문제를 안고 있을 때는 무엇보다 청
소년들로 하여금 그들의 부모가 왜 걱정을 하고 도움을 요청하는지를 깨닫도록 해야 한
다. 청소년들은 앞으로 학교를 졸업해야 하는 등, 아직도 인생에서 매우 유동적이고 유
연하며 변화가 심한 연령기에 놓여있다는 사실을 반드시 인식해야 한다. 물론 자녀들은
현재 입장에서 자신이 몇 년 안에 학교를 마치거나 직업을 가질 수 있다는 사실을 현실
감 있게 느끼지 못할 수 있다. 이 점에서 특히 부모의 지원이 큰 의미를 갖는다. 청소년
들은 자신들 앞에 놓인 인생을 예측하고 계속 발전해나가기 위해, 미디어사용을 더 현실
적으로 인지하고 평가하는 것을 의식적으로 배워야 하기 때문이다.

부모에게 가장 필요한 요건은 상담이나 조언의 과정을 통해 오늘날 청소년들의 세계
를 더 잘 이해할 수 있는 토대를 습득하는 것이다. 부모들 대부분은 자녀의 미디어사용
에 대해 근본적인 거부감을 갖는 경우가 많다. 부모들은 미디어가 청소년 자녀의 일상적
인 한 부분이며, 이들에게 매우 중요한 삶의 요소라는 사실을 잘 받아들이려 하지 않는
다. 이러한 점을 직시하려는 마음 또한 크지 않다. 부모와 자녀 양쪽이 상대를 이해하고
서로의 입장을 올바로 인지하는 시각을 갖게 되는 것은 참으로 길고도 힘겨운 과정이지
만, 분명 의미도 있는 과정이다. 그러므로 양쪽 모두 상대의 관점을 이해하려 노력하고,
우선은 이러한 현실 자체를 인식해야 한다.

(2) 미래를 위한 미디어교육학적 지향방향

부모와 자녀 간의 이해가 성공했을 때에야 비로소 부모와 청소년 자녀들은 공동의 협
의를 마련할 수 있다. 함께 사용 시간을 약속하거나 부모자녀 간의 관계도 더 긴밀해질
수 있다. 부모는 청소년 자녀의 미디어활용 능력을 인정해주는 것을 학습해야 한다. 자
녀들도 미디어에 대해 나름대로의 '전문가'라는 사실을 인정해주면서, 낮아져 있는 청소
년 자녀들의 자존감과 자의식도 높여주어야 한다.

외부 전문가나 전문기관을 통한 조언에는 분명히 한계가 있다. 어려운 상황에서 무엇인가 변화를 원한다면, 먼저 서로의 관계를 개선시킬 새로운 길을 찾고자 하는 의지가 있어야 한다. 부모는 청소년 자녀들에게 차지하는 미디어의 위상과 중요성을 인정해야 한다. 청소년들은 그들의 미디어 사용 시간을 인식하고 또 제한시킬 마음의 자세를 가져야 한다. 부모자녀가 함께 한 합의가 부분적으로는 잘 지켜지기도 한다. 문제의 해결을 위해서는 양쪽 모두 권리와 의무를 동시에 가져야 한다. 부모는 자녀들에게 끝없는 잔소리를 늘어놓지 않고 방해하지 않으면서 이들이 게임을 즐길 수 있는 특정한 시간을 허락해 주고, 청소년들은 게임보다는 친구들과의 외부활동이나 스포츠 등을 다시 활성적으로 할 것이라는 다짐도 할 수 있어야 한다. 이상적인 부모자녀 관계나 미디어활용은 서로의 이해와 신뢰, 심리적, 정서적 관계형성을 통해서만 성공할 수 있다. 이 새로운 관계 속에서 청소년들은 부모와 가족에 대해 새로운 관심을 갖게 되고, 미래를 위해 자신을 열고 멀리 바라볼 수 있는 힘을 얻게 될 수 있다.

5장.
사회문화 미디어교육

1. 가정과 미디어교육

1) 미디어사회화 연구와 가족문화 연구

교육기관의 미디어교육은 교사들의 교육기획과 진행방법에 따라 어느 정도 일관성 있게 체계적으로 이루어질 수 있다. 그러나 어린이들은 청소년들과는 달리 가정에서 일상의 시간을 더 많이 보내게 되고, 아동기의 가족의 영향은 어린이들의 인성 형성에 있어 거의 평생에 걸친 영향을 미칠 만큼 막대한 역할을 한다. 따라서 교육기관이나 가정, 둘 중 어느 한쪽만의 노력으로는 자녀들을 위한 좋은 교육적 성과를 기대하기 어렵다.

(1) 가족문화의 특성과 자녀들의 발달

어린이들은 교육기관에서 받는 교육내용과 가정의 교육문화가 상반될 경우, 가치관의 혼란을 겪게 된다. 특히 나이가 어린 아동들은 교육기관의 방식과 모순되는 가족 내의 미디어사용 상황으로 인해 많은 혼란을 느낄 수도 있다. 특히 텔레비전이나 컴퓨터는 미디어사용에 대한 가정 내의 자녀교육을 일관성 있게 실현시키기 어렵게 만드는 요인이 되기도 한다. 따라서 부모들은 시청각 미디어에 대해서뿐 아니라 어린이들의 인지발달 상황을 정확히 파악하여, 연령대에 적절한 미디어교육을 일관성 있게 진행해야 한다.

어린 자녀의 일상세계에서 중요한 것은 사회적 관계이다. 형제, 자매는 '놀이 동지'로서, 또는 부모의 사랑과 관심에 대한 경쟁자로서 언제나 어린이 세계의 중심에 서 있게 된다. 여기에서 결정적인 것은 부모들이 만들어주는 가정에서의 경험, 즉 사회심리적 환경이다(Friedrichs 외, 2014). 어린이들의 능력, 성과에 영향을 주는 것은 학교를 통해서보다는 가족 문화의 맥락을 통한 것이 더 크다. 3-6세 어린이들은 가족이라는 보호 구역을 벗어나 유치원에 다니기 시작하면서 엄마의 감독권 밖으로도 나가게 된다. 이제 어린이에게는 가정이나 유치원에서와는 달리 사회적인 힘이 중요해진다. 가정 밖에서 이루어야 하는 성과를 이행하기 위한 준비와 이행능력의 표준화(예: 학교에서의 평가나 규격의 통일 등), 그리고 제도화된 방안과 능력 배분과 같은 것이 그들을 지배하게 된다.

(2) 가족의 문화와 자녀들의 사회화

오늘날의 많은 성장기 어린이, 청소년들은 과거와 비교해볼 때 동일한 문화집단 속에서 자라나는 경향이 현저히 강해졌다. 이들은 자아형성이나 자기표현에 있어 대중매체나 개인매체의 장에서 함께 살아가기 때문이다. 그러나 서구사회에서 시작된 물질적 풍요로움이라는 관점에서 이러한 현상을 좀 더 가까이 들여다보면, 이들의 미디어사회화는 이질적인 방식으로 이루어진 경우가 많다. 부모의 수입, 교육 정도, 직업 등과 같은 주요 요인은 '가족'과 '사회수준' 간에 매우 밀접한 연결을 가져온다(Friedrichs 외, 2014). 기존의 수많은 연구들도 이를 뒷받침한다. 특히 사회적 불이익을 받는 가정문화나 가족의 경제적 상태는 성장하는 어린이들에게 매우 큰 영향을 미친다.

사회문화적 변환과 미디어의 발달과정은 사회구성원들의 일상 현실의 변화와도 직결되어있다. 일반 사회학 연구에서 볼 때는 성장세대가 속한 환경과 미디어 간의 관계가 큰 역할을 하지는 않았다. 미디어 프로그램 자체가 어린이와 청소년에게 직접 작용을 하지는 않기 때문이다. 그러나 미디어사회화 연구 분야는 일종의 융복합 연구 분야인 "통합 가족문화연구"(Lampert 외, 2012)와 연결되고, 이 연구방법에서는 미디어를 포함한 사회적 환경 및 체제와 같은 것이 성장세대에게 큰 영향을 미치는 것으로 간주한다.

한 가족의 생활형태와 사회적 네트워크의 구조는 미디어와 더불어 자녀의 환경을 위한 근간이 된다. 협의영역에서 보아 자녀는 성장하면서 또래집단과 친구들이 점점 더 중요한 역할을 하게 되고, 유치원, 학교, 교사, 학업과 직업, 배우자 등과 같은 요인들도 큰 의미를 갖게 된다. 이들과의 관계 속에서 자녀는 나이와 성별, 이와 연결된 인지적, 사회적, 정서적 발달 상황과 자기성향, 사회적 상황, 물질 등과 관련된 요인에 따라 어릴 때부터 특정한 입장이나 위치를 갖게 된다. 각 개인의 특별한 감각과 취향, 가정의 수입이나 교육 수준, 이와 연결된 삶의 제반 사항에 따라 자녀와 부모의 가치관 같은 것이 각인되고, 이것이 가족의 사회화에 큰 영향을 미치는 요인이라는 점을 잊지 않아야 할 것이다.

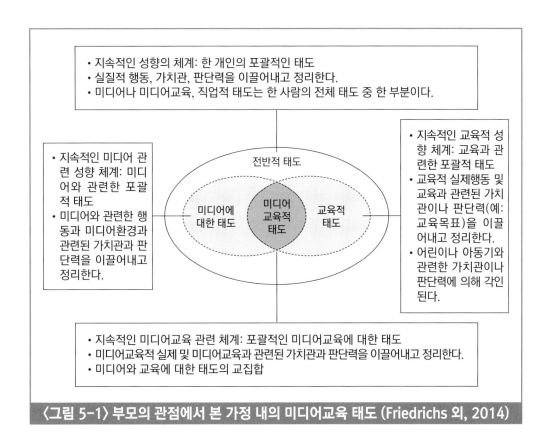

〈그림 5-1〉 부모의 관점에서 본 가정 내의 미디어교육 태도 (Friedrichs 외, 2014)

2) 가정 내 미디어교육의 유형 및 교육적 사고

일상 가정생활에서 시청각 대중매체에 대한 미디어교육을 위해서는 이들 대중매체가 주는 영향, 교육적 의미, 부모의 태도, 미디어에 대한 문제 해결 태도 등과 같은 요인들을 생각할 수 있다. 이들 요인은 각 가정의 생활양식과 주어진 현실에 따라 여러 가지 변수가 생기게 된다. 각 가정이나 부모의 특성에 따라 시청각매체에 대한 미디어교육을 크게 다음과 같은 다섯 가지(문혜성, 2004; Aufenanger, 1994; Lensen, 1986) 유형으로 나누어볼 수 있다.

(1) 프로그램 내용에 따른 허용

이 유형은 부모가 각 프로그램의 '질적 수준'에 따라 어린이들의 텔레비전 시청이나 컴퓨터 사용을 규제하려는 것이다. 이 유형의 부모들은 "텔레비전과 같은 시청각매체는 내 자녀의 발달에 도움이 된다면 좋은 것이고, 내 자녀에게 부정적 영향을 초래한다면 나쁜 것이다"라는 관점을 가지고 있다. 이들은 교육적 가치가 있는 것만 허용하려 한다. 폭력적이거나 지나친 액션물, 그리고 성인 프로그램은 금한다.

여기서 생각할 수 있는 교육적 사고는, 부모들은 자신들 스스로가 '좋고' '나쁜' 프로그램을 선별해서 그들이 선택한 프로그램만을 보게 하려는, 다시 말해 '양질의 기준'에 따른 시청각교육을 행한다는 것이다. 이런 교육방법을 취하는 부모들은 자녀의 발달에 대한 책임을 지려는 사람들이다. 그러나 두 가지 유의할 점은, 첫째, 주어진 제한조건은 어린이의 연령이 증가함에 따라 줄어들어야 하고, 이를 더욱 융통성 있게 넓혀야 한다. 연령의 증가와 더불어 시청각매체 활용도 더 개방적이 되어야 한다. 둘째, 부모가 지나치게 완고해서 자녀에게는 유치할 수도 있는 프로그램만 허락할 수 있다. 그러나 어린이들도 자기 나름대로 생활에서 오는 스트레스가 있고, 이들도 대중매체를 통해 즐거움을 찾고 또 무엇인가 해소할 여유가 필요하다는 것을 잊지 말아야 한다. 이 유형에 속하는 부모는 자녀들이 성장해나가고 있다는 사실을 늘 인식하고 있어야 한다.

(2) 시청 및 사용시간 제한

이 교육 유형에 속하는 부모들은 자녀들의 시청교육에 있어 대부분 '시간적 상황'만을 고려한다. 약간 신경을 쓰는 경우에는 일주일의 시청 시간을 조절해주기도 한다. 어린이들은 허용된 시간을 잘 활용하기 위해 특정한 프로그램을 선별하고, 또 스스로 시간을 정하고 분배하기도 한다. 시간 제한은 시청각매체의 사용으로 인해 다른 활동에 시간을 많이 빼앗기게 될 때 자주 적용되는 방법이다.

시간적 제한을 두는 시청교육에 대한 교육적 사고는 규칙 적용에 있어 부모들이 지나치게 엄격하지 않아야 한다는 것이다. 자녀의 자주성을 존중하면서도 어린이들 입장에서 이해할 수 있어야 한다. 이 방법에서 문제가 될 수 있는 것은 부모들의 일관성 없는 태도이다. 한편으로는 시청이나 사용 시간을 정해서 제한하고, 또 다른 한편으로는 특별한 상황에 따라 예외가 생기기도 하기 때문이다.

(3) 교육적 방침이 없는 방임형

이 상황에서는 텔레비전 시청이나 컴퓨터 사용에 있어 성인과 아동의 구분이 거의 없다. 무엇이든 함께 보고 때로는 어린이들에게 적합하지 않은 프로그램도 함께 보게 된다. 이러한 가정의 부모들은 대중매체나 프로그램 내용이 어린이들의 인성발달에 미치는 의미를 심각하게 생각하지 않는다. 이러한 가정에서는 성인이나 아동이 비슷할 정도로 제한 없이 텔레비전을 보거나 컴퓨터를 사용한다.

이러한 방임형 가정에서 생각해야 할 교육적 사고는, 부모의 시청 태도가 자녀의 미디어활용 태도에 매우 중요한 교육적 표본과 기준이 된다는 점이다. 이런 유형의 부모는 당연히 자녀들에게 대중매체의 역할을 고려하여 적절하게 사용하도록 요구할 수 없다.

(4) 텔레비전과 컴퓨터의 제거 – 사용금지

이 유형은 가정에서 텔레비전 수상기나 컴퓨터를 제거해버리는 경우이다. 이러한 가정에는 아예 텔레비전 수상기나 컴퓨터가 없으므로 이에 관한 시청 지도 또한 없는 것처럼 보인다. 이러한 부류에 속하는 부모는 두 가지 유형으로 나뉜다. 첫째, 인류학적 세계관을 가진 입장에서 자녀를 전파매체에 의존하게 하기보다 자연과 가깝게 접하게 하여, 타고난 그대로의 자연스러운 인간으로 키우려는 의도를 가진 부모이다. 둘째, 근본적으로 텔레비전이나 컴퓨터에 거부감을 갖는 부모이다. 텔레비전이나 컴퓨터는 사람을 바보로 만든다는 사고에서 출발하여, 자녀들에게 이의 사용을 금지하는 것이다.

이 유형의 부모가 생각해야 할 교육적 사고는, 부모가 미디어를 금지하는 교육방식을 취하는 데 있어 주변 환경과 사회적 상황을 매우 세심하게 고려하지 않는 한, 이러한 가정의 어린이들은 대중매체가 주는 문화세계로 인해 가정 안팎에서 어려움을 겪을 수 있다는 점이다. 집에서는 또래집단에서 인기 있는 프로그램을 볼 수가 없고, 밖에서는 그 때문에 공동의 대화주제에 참여하지 못해 자주 소외감을 겪는다. 이 유형의 부모들은 자신들의 의견을 계속 관철시키려 하지만, 강압적 방법을 계속 강행할 경우 자녀들로 하여금 꾀를 부리게 하거나 종종 거짓말을 강요하게 된다.

(5) 자녀들에 대한 신뢰와 상황별 허용

이 유형에 해당하는 부모들은 자녀들에게 텔레비전이나 컴퓨터 사용에 대해 자유로운 선택을 하게 하면서도, 자녀에게 의미가 있으며 스스로 책임지는 미디어 사용방법을 가르치고자 한다. 이러한 가정에서는 시청각매체와 관련한 교육에서뿐 아니라 전체적인 가족문화에서 부모들이 자녀의 발달을 도와주고 촉진해주는 교육적 분위기를 조성하고 있는 경우가 많다. 부모는 자녀를 신뢰하고 교육 방침에서 언제나 자녀의 책임감과 자율성을 중시한다. 대중매체도 가족 일상의 한 부분으로 간주한다. 아이들이 미디어에 매달리면서 일상생활을 등한시하고 가족과 함께하지 않으려 할 때에도, 일정 기간이 지나면 다시 일상생활로 돌아와 다른 활동 사이에서 평형감각을 되찾을 것을 알고 있다. 이런 부모들은 미디어가 장점과 단점을 동시에 갖고 있다는 것도 알고 있으며, 미디어를 통해 접할 수 있는 좋은 경험을 풍부하게 제공한다면, 자녀들이 일찍부터 미디어를 의미 있게 사용하는 것도 배울 수 있다고 생각한다.

3) 사회적 취약 가정의 미디어사회화와 교육

어린이들은 가정에서부터 올바른 미디어사회화와 교육적 지도를 받아야 하지만, 특히 사회적 취약층에 속한 가정의 가족구성원들은 미디어교육을 포함한 전반적 일상의 삶이 이상적으로 이루어지기는 매우 어려운 현실이다. '사회적 취약층'이라는 개념은 반드시 한 가지의 명확한 의미로 정의되는 것은 아니다. 여기에는 다양한 요인이 연결되는데, 재정적, 직업적 제한 조건뿐 아니라, 거주 상황이나 가족 안의 개인적 관계 상황과 같은 요인들이 모두 함께 작용한다. 이를 크게 '사회경제적 취약 요인'과 '사회정서적 취약 요인'으로 나누어볼 수 있다(Paus-Hasebrink 외, 2014). 사회적 취약층에 속한 사람들은 '희망의 상실'이나 '불투명한 미래' 같은 어려움을 동시에 느낄 수 있다. 이러한 점은 사회적 취약층 가정에 속한 자녀들에게 이들의 태도나 심리적, 물리적 건강에도 부정적 영향을 줄 수 있고, 이는 이미 큰 어려움 속에 있는 가족의 일상에 다시 영향을 주게 된다. 이들 사회적 취약층의 부모들도 대부분 어려운 일상의 무게에 과도하게 억눌려있는 경우가 많다. 이들은 자녀에게 여가활동으로써 미디어를 사용하게 하는 것 외에는 크게 제공해줄 수 있는 것이 거의 없다. 사회적으로 어려운 형편은 사회정서적 문제와 직결되고는 한다. 많은 경우, 이러한 가족의 부모들은 미디어와 관련된 교육은 유치원이나 학교에서 이행해주길 바라고 있다.

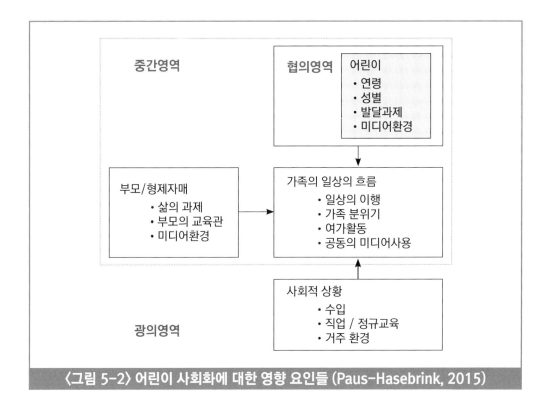

〈그림 5-2〉 어린이 사회화에 대한 영향 요인들 (Paus-Hasebrink, 2015)

　사회적 취약 가정의 자녀들은 더욱 다양해지는 미디어기기와 프로그램들을 통해 급변하고 있는 미디어사회 안에서 더욱 민감한 상태로 미디어 유년기를 형성하게 된다. 이들은 다른 사회화 기관을 통해서는 사회화 과정에 매우 적은 영향을 받지만, 미디어를 통한 미디어사회화에 이 과정이 편중되기 쉽다. 사회적 취약층 가속을 위한 복시 프로그램과 같은 것은 가능한 한 각 가정의 상황에 맞추어져 시행되는 것이 바람직하다. 이를 위해서는 특히 사회교육학적 지원이 필요하고, 이 지원은 철저히 지속적으로 이행되어야 한다. 이러한 지원 프로그램은 여러 유형의 가정과 연결된 네트워크 속에서 이루어져야 하는데, 여기에는 유치원이나 학교가 큰 역할을 할 수 있다. 근본적으로는 사회적 취약층 가정에 평생 연결되어있는 제반 문제들에 대한 사회적, 정치적 의지와 노력이 필요하다.

2. 학교와 미디어교육

미디어와 정보기술의 급격한 발달은 학교를 비롯한 여러 사회기관의 교육환경에 큰 영향을 미치고 있다. 미디어교육은 우선 공교육기관인 학교에서 실천되어야 하고 나아가 여러 사회문화기관과의 협력이 이루어져야 한다. "학교와 미디어교육"에 관한 주제는 제3부의 "미디어교수법과 교육문화콘텐츠 개발 – 스마트미니어와 교육공학적 접근"과 직결되어있다. 이 절에서는 사회문화적 측면에서의 학교교육과 미디어교육을 다루고, 제3부에서는 교육기관 내의 실질적 교육방법에 대해 논하고 있다.

1) 학교 미디어교육의 필요성과 의미, 교육방향

(1) "학교 교육학"과 학교교육의 특성

학교와 같은 공교육기관은 하나의 사회적 체제로써, 교육에 대한 기본적 자세를 일깨워주어야 하는 곳이다. 교육이란, 성장하는 사람들을 위해 이들의 모든 능력과 힘이 정신적, 도덕적(윤리적), 육체적으로 바르게 형성될 수 있도록 이끌어주면서 타인과 사회에 책임의식을 갖도록 하고, 흔들림이 없는 인격을 갖도록 뚜렷한 목표의식을 가지고 규칙적으로 작용하는 행위이다(Benner, 1994; Wahrig, 1994). 하나의 사회체제로서 학교는 교육을 위한 다양한 커뮤니케이션 과정을 기반으로 하여, 이를 통해 원칙적이고 이상적인 전문영역 안에서 커뮤니케이션능력을 지속적으로 발전시키기 위한 훈련을 할 수 있는 곳이다(Lenzen, 1998). 학교는 자라나는 어린이와 청소년들에게 있어 교육적, 사회적 커뮤니케이션이 가장 많이 이루어지는 공간이며, 또래집단과의 사회화가 자연스럽게 발달되는 곳이다. 따라서 어린이와 청소년들을 위한 체계적 미디어교육도 학교라는 사회적 기관에서 가장 이상적으로 실현될 수 있다.

교육학 이론에서는 일반적인 교육의 개념 외에 학교라는 특수 사회기관이 갖는 상황을 고려하여 "학교 교육학"(Einsiedler, 1994)이라는 분야가 세분화되어 발전하였다. 이는 '일반교수법', '수업지도', '실용교육학'등의 형태가 복합적으로 어우러진 교육학의 한 분야이다. 학교 교육학은 교육에 대한 개념이나 교육목표 설정 등에서 일반 교육학의 이론에 바탕을 두고 있다. 이러한 학교교육에 미디어교육이 도입됨으로써, 교사와 학생들은 각 학교가 처한 상황을 연결한 새로운 경험의 장과 새로운 접촉점을 개척하고 밝혀낼 수 있다. 학교 교육학은 일반교수법에서 한 단계 나아간 것으로, 여기에서 의미하는 "학교교육"은 다음과 같은 특성을 갖는다(Einsiedler, 1994).

- 학교 수업이란 단순히 기계적으로 주어진 학습 전제조건에 대한 접목만을 의미하는 것이 아니라, 학교교육과 수업의 엄청난 영향력을 어린이와 청소년들의 학습능력과 발달을 위해 교육(학)적으로 조사, 탐구하는 교수학습 과정이다.
- 학교 교육에서는 수업과 교수법을 큰 맥락으로 연결하여 이를 "학교 이론"으로 정리하고자 한다. 학교에서는 기관적(제도적) 전제조건이나 사회적 제한 사항에 앞서 '수업'이 더 중요하게 고려된다.

(2) 학교 미디어교육의 의미

하나의 특수한 행동능력으로서의 미디어능력은 초·중·고등학교 학생들에게는 이미 부분적으로 형성되어있는 능력이다. 이들이 하루 생활의 대부분을 보내는 학교나 그 밖의 여러 기관은 이들이 사회적 행동을 하는 영역이 된다. 이곳에서 학생들은 공동의 목표와 행동, 다양한 커뮤니케이션 행동 양식을 배울 수 있다.

특히 학급 집단은 또래집단의 형태 속에서 '공동의 작업과 연습', '차별화와 안정성' 그리고 '여러 유형의 선택적 미디어 행동 모델'을 시도해볼 수 있는 이상적 교육영역이다. 각각의 학급은 하나의 학습 체계로 간주될 수 있다. 학교에서의 미디어교육은 어린이와 청소년들에게 다음과 같은 교육적 의미를 갖는다(표 5-1).

〈표 5-1〉 학교 미디어교육의 의미

① 보상 교육	• 정체성 확립 및 이와 관련된 발달 과제 • 사회적 통합과 참여 • 학교로부터의 요구에 대한 성취
② 구성주의 학습이론의 실현	• 미디어교육을 통해 학생들은 하나의 학습환경으로서 자신들의 수업을 새롭게 구성할 수 있다. • 학생들은 자신들이 이미 가지고 있는 사고와 행동양식을 바탕으로 하여 새로운 지식체계와 교육환경을 자율적으로 구성할 수 있다.
③ 통합적 교육형태의 출발	• 미디어교육을 위한 통합적 교육과정 기획 • 미디어교육에 대한 능력과 흥미를 가진 교사와 학생들을 통한 도움 • 주어진 수업시간의 융통성 있는 활용 • 미디어교육에 대한 학교 측의 관심과 적극적 지원
④ 전인교육	• 미디어능력을 통한 미디어교육은 인간의 두뇌와 가슴과 손을 필요로 하는 '전인교육'이다. • 미디어의 기술적 능력 촉진, 사회성, 행동능력, 인성교육, 미학적 교육을 이루어낼 수 있다.

(Spanhel 외, 1996)

(3) 학생들을 위한 교육방향

미디어교육을 통해 학교에서 학생들에게 교육해야 할 사항과 이들이 습득해야 할 미디어능력을 정리하면 다음과 같다(Herreros 외, 2002; Tulodziecki, 2002).

- 미디어의 유해한 영향으로부터의 보호 및 가치 있는 내용의 보존
- 영화 및 대중문화 프로그램에 대한 문화예술적 가치평가와 미디어비평 장려
- 교육과 정치에서의 민주주의 의식 촉진
- 사회문화적 역할 속에서 미디어와 함께하는 성숙한 태도
- 사회적 비평과 자신의 관심사를 반영하는 자체적 미디어 프로그램 제작
- 제작과 수용과 같은 커뮤니케이션능력 기반의 미디어 행동

이 사항들을 바탕으로, 미디어교육의 체계적 목표설정을 위해 미디어와 관련한 학생

들의 행동지침은 다음과 같다(Herreros 외, 2002).

- 주어진 미디어 프로그램의 활용: 정보 획득과 학습, 게임과 오락, 문제해결과 결정능력, 커뮤니케이션과 단결 및 연합을 위한 신문, 텔레비전, 라디오, 인터넷의 효율적 활용
- 자체적 미디어 프로그램 제작과 표현: 학생들 자신의 프로그램, 학교신문 등 제작

2) 학교 미디어교육 방안

(1) 학교 미디어교육의 내용과 형태

미디어교육학은 미디어교육과 미디어교수법의 실증적 연구를 위한 이론적 토대를 제공하고, 구체적 교육행동을 위한 규범적 방향을 제시한다. 이러한 미디어교육학의 연구 영역을 학교라는 교육현장으로 옮겨올 때 〈그림 5-3〉과 같은 형식을 갖게 된다. 학교 미디어교육의 내용과 형태에 해당되는 〈그림 5-3〉의 각 분야들을 설명하면 〈표 5-2〉와 같다(Sacher, 2003).

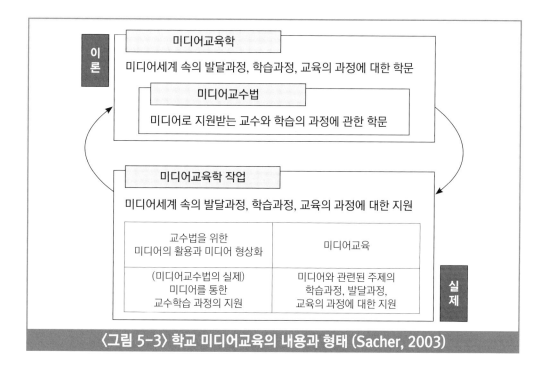

〈그림 5-3〉 **학교 미디어교육의 내용과 형태 (Sacher, 2003)**

〈표 5-2〉학교 미디어교육의 내용과 형태

학교 미디어교육의 내용과 형태	
이론	• **미디어교육학** : 미디어교육학은 미디어 세계 속의 발달과정과 교육과정에 관한 학문이며, 이 학문은 이 과정의 이론적 모델을 개발하고 여기에 관련되는 연구를 하는 분야이다. 미디어교육학 연구 주제에는 다음과 같은 내용이 해당된다. – 어린이, 청소년의 여가시간 활용에 있어 미디어 소비의 역할 – 청소년 미디어문화의 유형 – 부족하거나 결핍된 인간관계(교우관계)에 대한 대중매체의 역할 – 어린이들의 텔레비전 뉴스 인지능력과 이해 – 청소년 집단의 선호 장르, 예: 호러 필름, 폭력물
	• **미디어교수법** : 미디어교수법은 미디어기기에 의해 지원받는 교수와 학습과정에 관한 학문이다. 미디어교수법의 주요 논점은 다음과 같다. – 기술적 미디어를 활용한 학습과정 변화 – 교수매체와 학습매체의 교수 역할에 대한 요구사항 – 상호작용적 멀티미디어 학습시스템의 중요 요소 – 컴퓨터 네트워크상에서 교수와 학습의 기회나 위험요소 – 미디어 특징과 텍스트의 이해도
실제	• **미디어교육 작업** : 이 분야는 미디어교육학의 학문적 내용을 현실적 교육행동으로 옮기는 작업을 의미한다. 미디어교육 작업은 미디어 세계에서의 발달과정, 학습과정, 교육과정에 대한 실질적 지원을 목표로 한다. 이 작업은 교수법을 위한 미디어의 적용과 기획, 그리고 미디어교육으로 나뉜다. ① **교수법을 위한 미디어 활용과 미디어 형상화 (미디어교수법의 실제)** : 이 분야는 주로 교수와 학습의 과정에서 미디어를 통한 지원을 목표로 한다. 이에 대한 과제로는 다음과 같은 예를 들 수 있다. – 이해하기 쉬운 미디어사용 지침 – 체계적이고 일목요연한 컴퓨터 화면 구성 – 멀티미디어적 표현의 효율적 형태 – 작업 정리를 위한 기본 규칙 – 수업에서의 미디어 프로그램 활용 가능성 – 효율적인 학습결과를 위한 미디어 교육자료 활용 ② **미디어교육** : 이 분야는 미디어와 관련된 주제에 대해 학습과정을 지원하는 것을 목표로 한다. 미디어가 단지 수단으로서가 아니라 교수와 학습의 주제가 되고, 미디어 세계에서의 발달과 교육과정을 지원하기 위한 것이다. 미디어교육은, 예를 들어 다음과 같은 과제를 갖는다. – 어린이들이 시청하는 텔레비전 프로그램 정보에 대한 뒤 배경에 대한 학습 – 청소년들을 위한 수준 높은 영화 비평과 해석능력 촉진 및 이에 따르는 교육효과 – 청각 미디어를 이용한 놀이와 학습을 위해 적절한 표현 수단 개발과 이해능력 – 청소년들의 프로그램 제작을 위한 학습, 자신들의 경험과 생각을 대중매체에 소개하기 위한 준비 능력 – 컴퓨터게임 이용시간에 대한 자율적 조정능력

(Sacher, 2003)

(2) 학교 미디어교육을 위한 요구사항

학교와 수업에 있어 미디어와 관련하여 요구되는 사항은 '교수학습을 위한 적절한 미디어 사용', '미디어 관련 교육과제에 대한 인지', '초 · 중 · 고등학교의 미디어교육 기획' (Tulodziecki 외, 2004) 이 세 분야로 정리할 수 있다. 이러한 교육적 과제를 실현하기 위하여 학교와 수업에서의 미디어 도입과 미디어교육을 〈그림 5-4〉와 같이 나타낼 수 있다.

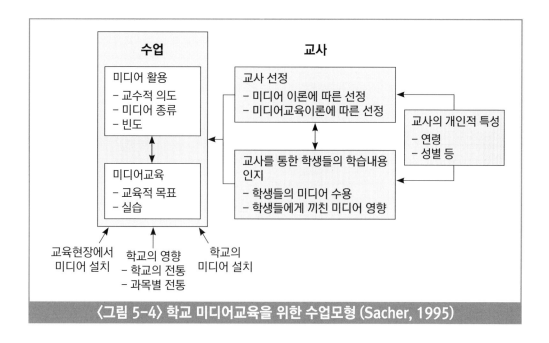

〈그림 5-4〉 학교 미디어교육을 위한 수업모형 (Sacher, 1995)

중요한 점은 학교 미디어교육에서는 앞의 세 분야가 부분적으로만 실시되더라도, 먼저 이러한 사항들을 연계하여 기획한 학습프로그램이 기저를 이루어야 한다는 것이다. 이러한 요구 사항들이 고려된 교육적 기획 없이 단순히 제작 위주의 교육만이 이루어질 때, 학교교육이나 미디어교육이 추구하는 전반적 교육철학이 실현되기 어렵고 제작을 위한 실습교육으로만 머물 우려가 있다. '교수학습을 위한 적절한 미디어사용'에는 다음과 같은 경우가 해당된다(Tulodziecki 외, 2004).

- 탐색 과제를 위한 미디어사용
- 문제해결 과제를 위한 미디어사용
- 과제 결정을 위한 미디어사용
- 표현과 제작 과제를 위한 미디어사용
- 판단과 평가 과제를 위한 미디어사용

3) 초 · 중 · 고등학교 미디어교육

(1) 초등학교 미디어교육

초등학교는 미디어교육을 실천하기에 가장 이상적인 교육기관이 될 수 있다. 한 교사가 같은 학습집단을 대상으로 많은 과목을 지도하며, 교사의 재량에 따라 자율적 학습시간 조절이 가능하기 때문이다. 미디어교육은 학생들이 속한 각 학년의 특성에 따라 인지발달능력도 다르기 때문에, 같은 교육방법에서도 강조되는 점이 차이가 날 수 있다. 초등학교에서는 미디어교육의 기본 방법들(4항 "학교 미디어교육의 방법" 참조) 중 '비평 · 성찰', '분석', '제작' 방법을 중심으로 하여 〈표 5-3〉과 같이 1학년에서 6학년까지 학년별 미디어교육 방법의 사례를 참고할 수 있다.

〈표 5-3〉 초등학교 미디어 프로젝트 교육을 위한 교육목표와 방법

과제영역 / 학년	미디어 경험과 체험에 대한 토론 : '비평 · 성찰'	미디어 프로그램과 미디어 기관에 대한 토론 : '분석'	능동적 미디어 작업 : '제작'
1~2학년	• 학생들은 미디어 체험과 경험에 대해서 언어적, 비언어적인 방법으로 표현해본다. • 미디어가 학생들의 일상생활에서 어떠한 의미와 기능을 갖는지 경험해본다.	• 학생들은 일상의 미디어 경험과 다양한 미디어기기와 프로그램 장르를 어린이 미디어 또는 어린이 미디어 프로그램을 예로 하여 구분해본다. • 학생들은 (어린이) 미디어프로그램을 통하여 현실과 허구의 세계에 대한 예를 알아본다.	• 학생들은 '감각'과 '사실'의 연결에 대한 능력을 지속적으로 쌓기 위해, 자신이 만들어내거나 주어진 이야기를 미디어 형식처럼 표현하고 상연해본다. (예: 텔레비전 모형 속에서 연기하기, 연극하기 등) • 학생들은 다양한 미디어기기의 기능적 특성을 배우고, 놀이적 방법으로 기기를 사용한다.
3~4학년	• 학생들은 미디어와 관련하여 갖게 된 감정, 정서를 서로 토론한다. • 학생들은 미디어사용이 자신들의 일상생활의 흐름 속에서 어떤 영향을 끼치는지 탐구해본다.	• 학생들 자신이 일상생활에서 사용하는 미디어들을 비평적으로 연구해본다. • 학생들은 미디어 프로그램이 보여주는 현실과 허구와의 관계를 탐구해본다.	• 자신이 만들어냈거나 주어진 이야기를 기술적 미디어를 사용하여 표현하고 상연할 수 있는 능력을 키우도록 한다. • 학생들은 기술적 미디어기기들의 실험적 사용과 행동을 통해 이들의 특징을 발견해낸다.
5~6학년	• 학생들 스스로 미디어가 야기하거나 요구하는 태도의 방향에 대해 비판적으로 토론해본다. • 학생들은 미디어사용이 자신들의 소비태도/소비문화에 영향을 끼치는지, 끼친다면 어떻게 영향을 끼치는지를 탐구하고 토론해본다.	• 학생들은 어떤 욕구가 미디어의 도움으로 해소가 되는지, 그리고 어떤 비미디어적 활동영역과 선택 가능성이 있는지를 의식적으로 연구해본다. • 학생들은 선택한 미디어 프로그램을 예로 하여, 현실이 미디어를 통해 어떻게 (재)구성되었는지를 인식해본다.	• 학생들은 단순한 미디어 작품을 점차 자율적으로 제작해보고(학교 내, 외에서) 공적으로 상연해본다. • 학생들은 기술적 미디어기기들의 특별한 기능을 배우고, 그 기능에 맞게 원하는 내용의 전달을 위해 사용할 수 있도록 한다.

(Schill, 1999)

(2) 중 · 고등학교의 통합 교육과정 및 융복합 연구를 통한 미디어교육

중 · 고등학교의 미디어교육 방법은 크게 두 분야로 생각할 수 있다. 첫째, 미디어교육을 하나의 독립된 영역으로 교육하는 방법, 둘째, 각각의 전공과목에 미디어교육을 통합시켜 교육하는 방법이다. 중 · 고등학교의 기존 교육과정에 미디어교육을 통합하여 전공 특성에 적합한 방식으로 교육할 수도 있다. 그러나 여기에는 다음과 같은 어려운 점이 있다(Gast 외, 1996).

첫째, 어떠한 전공도 개념, 방법, 문제영역, 연구대상, 주제 등에서 미디어가 갖는 복합성을 모두 포괄하기 어렵다. 미디어교육을 위해 각 전공과목의 특정 사례나 대상을 선별하게 하여 무리하게 미디어교육의 기본원리를 교육한다면, 현 상황에서는 교사들로 하여금 강제성을 느끼게 할 수도 있다.

둘째, 많은 교사는 이미 자신의 전공교육을 위해서도 충분히 많은 양의 작업을 하고 있다. 추가적으로 미디어교육을 시행하게 될 때 이들은 업무량에 과도함을 느끼게 될 것이다. 대부분의 교사는 학창시절에 미디어교육에 대해 전문적인 교육을 받지 못한 경우가 많다. 이 분야의 방법적, 개념적 지식에 대한 한계로 인해 학생들을 교육하는 데 어려움을 겪을 수 있다.

이러한 문제를 보완하기 위해 다음과 같은 교육방향(Gast 외, 1996)을 참고할 수 있다.

- 미디어교육은 각 학교의 현실에 맞도록, 그 학교의 기본 교육과정이나 교육적 일상에 연계되고 수용되어야 한다.
- 미디어교육을 각 전공에 실질적으로 접목시킬 수 있는 것은 해당 교사만이 할 수 있는 역할이다. 교사는 학생들과, 때로는 학부모도 함께 학교의 교육 일상에 미디어교육을 연결시킬 수 있는 방안을 모색할 수 있다. 교사들은 미디어에 둘러싸어 있는 학생들을 위해 어떤 방식으로 미디어와 관련한 다양한 주제를 수업에 연결시킬 수 있는지 연구해야 한다.
- 미디어와 연결하여 교육에 도입할 수 있는 분야로는, 예를 들어 첨예한 사회적 이슈, 미디어를 이용한 전공주제의 예술적 표현, 청소년에 대한 대중문화나 광고의 영

향, 저널리즘의 형식, 문학작품의 영상화, 미디어활용을 통한 대중문화와 전공 간의 문화적 교환 등이 해당된다. 이 교육을 장기적, 또는 중기적으로 하려 할 경우에는 정규 교육과정에 미디어교육이 통합되도록 시도하는 것이 더 바람직하다.

- 정규 교육과정에 미디어교육이 통합되거나 중·장기적으로 미디어교육을 실행할 때는 미디어교육 전문교사가 필요하다. 각 전공의 수업에서 이루어지는 여러 미디어교육 방법을 미디어교육 전문교사가 검토하고, 합당한 평가방법도 체계적으로 연구해야 할 것이다.
- 각 전공 고유의 교육적 가치를 살리면서도 여기에 조화되는 미디어교육을 실천하기 위해 각 전공 연구영역의 한계를 더욱 확장시켜야 한다. 통합적 융복합 교육형식으로 다양한 전공을 포괄할 수 있는 수업을 기획하거나, 전공 특수의 연구대상과 주제, 방법 등에 대한 경계선을 넓혀 수업내용 범위를 더욱 확장해야 한다.

이러한 사안들을 고려한 중·고등학교의 미디어교육 모델로서 〈표 5-4〉의 수업방안을 참고할 수 있다. 이것은 초등학교 5학년부터 고등학교 3학년까지 해당되는 모델이다. 〈표 5-4〉의 내용은 여러 과목 중 특히 **국어과목**을 중심으로 전개한 것이다. 오늘날에는 많은 문학작품의 영상화가 이루어지고 있고, 또 프로그램에는 기본적으로 텍스트가 있으며, 한 프로그램에는 매우 다양한 사회적 현실을 담아내고 있다. 따라서 국어과목을 예로 든 이 표의 교육과정 표를 응용하여, 교사는 자신의 전공 특성에 따라 융통성 있게 미디어교육을 기획할 수 있다.

- 〈표 5-4〉의 세로줄 설명 – 학년 간의 연계 : 이 교육모델에서 볼 수 있는 바와 같이, 미디어교육은 한 번의 일회적 프로젝트가 아니라 정규 교육과정의 변형과 확장 속에 함께 녹아들 수 있다. 학년이 올라가도 연속적으로 이 교육을 시도할 수 있는 교육적 토대를 가지고 있는 것이다. 여러 학년의 교육과정 속에서 전통적인 국어교육 내용을 기본으로 하고, 여기에 다른 과목들을 접목시켜 교육할 수 있는 사례이다.
- 〈표 5-4〉의 가로줄 설명 – 교육내용의 연계 : a에서 j칸에서는 교육의 주제를 보여주고 있다. 먼저 각 학년에서 학습할 수 있는 전통적 교육내용을 보여주고(a), 그 관점에서 거론될 수 있는 문제영역을 제시하고 있다(b). 교육의 대상이 될 수 있는 미디어 프로그램의 종류를 보여주고 있으며(c), 또한 여기에서 생각해볼 수 있는 스테

〈표 5-4〉 국어과목을 중심으로 한 통합 교육과정 미디어교육 방법의 사례

교육 주제 학년	a 전통적 교육과정 내용	b 문제영역	c 대상이 되는 미디어 프로그램	d 스테레오 타입	e 제작의 측면	f 미디어 표현에 대한 학습	g 수용의 측면	h 교육과정과 연결할 수 있는 미디어의 내용	i 교육과정의 교환, 통합	j 국어 외의 해당 과목들
초등5ー6학년	• 텍스트에 대한 연습 • 커뮤니 케이션 상황에 대한 분석	• 또래집단 내에서의 사회화 • 자유/ 모험/ 가족 • 세대 간의 커뮤니 케이션	• 영화 · 소설	• 노인에 대한 스테레오 타입 형상에 대한 극복	• 책에서 영화로 • 학생들의 무대 배우로서 의 경험 • 영화각본 연습	• 쉬운 영화언어 학습 • 영화와 책에 나오는 설명적 관점 학습 • 영화적 긴장감 표현을 위한 방법학습	• 인지형태 에 대한 단순한 형태: 주인공과 의 동일 시	• 영화나 소설의 내용 • 영화에 대한 서적 • 커뮤니 케이션 상황에서 의 언어	• 어린이 영화의 시청과 예술적 수준	• 교과활동: 도덕 · 사회 · 음악 · 미술 · 영어 • 재량활동 • 특별활동
중등1ー2학년	• 저널리즘 형태 • 언어와 커뮤니 케이션	• 뉴스의 미디어적 특징 • 뉴스와 논평 • 정보와 오락	• 텔레비전 뉴스 • 프로그램 장르에 따른 정보와 오락의 혼합 (Infor- tain- ment)	• 토론자 · 사회자 · 특파원의 역할 • 시각적 형상을 통한 스테레오 타입 형태	• 뉴스의 가치 • 기술적 표현 형태	• 언어적 · 비언어적 표현 • 텍스트와 화면 맞추기	• 영상 화면 · 편집 · 해설을 통한 인지 • 인지적 · 정서적 수용	• 미디어와 의 결합 을 통한 Infor- tain- ment • 공영과 민영 미 디어에서 보여주는 정보	• 정보전달 과 표현 을 위한 새로운 연출법 • 새로운 발전 (Con- frontain- ment)	• 미술 • 음악 • 사회 · 정치 · 경제 • 윤리 · 도덕 • 외국어 • 교양 • 재량활동

레오타입에 대한 수업의 요소를 예시하였다(d). 세로줄에서는 학년의 증가에 따르는 교육과정 내용을 보여준다면 e, f, g에서는 중요한 미디어 관련 주제를 다루고 있다. h에서는 다시 한 번 수업에서 교육과정과 연결할 수 있는 미디어내용을 제시하였고, i에서는 청소년들이 수업과 학교 밖에서도 수업 내용을 연결해볼 수 있는 미디어 커뮤니케이션에 대한 교환 가능성을 소개하였다. 마지막으로 j에서는 해당 주제를 연결하고 연합하여 미디어교육을 함께 시도해볼 수 있는 여러 과목의 사례를 제시하였다.

교육주제 \\ 학년	a 전통적 교육과정 내용	b 문제영역	c 대상이 되는 미디어 프로그램	d 스테레오 타입	e 제작의 측면	f 미디어 표현에 대한 학습	g 수용의 측면	h 교육과정과 연결할 수 있는 미디어의 내용	i 교육과정의 교환, 통합	j 국어 외의 해당 과목들
중등3 — 고등1학년	• 오락성 있는 문학작품 • 소설 시리즈	• 시청각이나 인쇄 매체의 오락적 내용에 나오는 직업의상(교사·의사·정치가 등)	• 텔레비전 연속물 • 가족 드라마·시트콤·범죄물	• 교사·학생·의사·간호사 등의 직업에 대한 스테레오타입 형태	• 프로그램 구조의 연속성 • 자체제작 프로그램, 또는 외주제작 프로그램의 제작비	• 연속물(연속극)의 행동에 대한 연출법 • 오락형태의 영화언어	• 영상화면, 몽타주(화면구성), 텍스트와 화면의 관계, 음악을 통한 인지의 축적 • 텔레비전 시청에 대한 통계자료	• 오락적 픽션물의 특징 • 평가 • 텔레비전 비평의 형식	• 재량활동·프로그램의 시장성 • 여가시간과 미디어 • TV 오락 프로그램의 사회적 기능	• 미술 • 음악 • 사회·경제 • 윤리·도덕 • 외국어 • 교양 • 재량활동
고등2 — 3학년	• 현대문학 • 고전문학, 50년대 문학	• 인간과 기술 • 설명의 형태	• "Homo Faber" 책과 영화 • 영화의 적용(텔레비전/극장)	• 국가와 인종에 대한 스테레오타입 • 성 역할	• 감독의 제작 동기와 의도 • 제작에 대한 국제적 제한상황	• 영화적 언어의 표현요소: 의미의 함축, 함축적 의미의 해석 • 몽타주 • 음악 • 출연자의 부각 • 미디어적 상징	• 출연자에 대한 동일시, 투영하기, 거리두기를 통한 인지 • 읽기와 시청하기에 대한 차별	• 수용하게 된 텍스트의 줄거리 • 미디어적으로 반영된 기술적 논쟁	• 미디어적 제한에서의 텍스트의 이해 • 다양한 각색방법에 대한 차별	• 역사 • 사회 • 법률 • 미술 • 음악 • 기술 • 윤리·도덕 • 외국어 • 교양

(Gast 외, 1996, 재구성)

(3) 초·중·고등학교 미디어교육과정 개발

　학교 미디어교육과정은 기존의 교과목이나 교육프로그램에 연계되는 과정으로 개발되어야 할 것이다. 이에 대한 사례로서 초등학교 고학년부터 고등학교 저학년까지의 연령별 인지발달 능력을 감안한 미디어교육과정 과목들을 제시할 수 있다(표 5-5~5-9, Tulodziecki 외, 2004). 여기에 해당되는 미디어기기는 기본적으로 인쇄매체에서 디지털 미디어나 스마트기기에 이르기까지 모든 미디어가 해당된다.

〈표 5-5〉 초등학교 1~2학년 미디어교육 프로그램 개발을 위한 기본 틀

교육목표 / 학습내용	해당 교과목
놀이를 위한 미디어 프로그램의 선택과 사용을 통한 창의성 함양	언어, 예술, 음악
정보를 위한 미디어 프로그램의 선택과 사용	모든 과목
그림과 사진을 통한 표현과 제작	예술, 언어, 모든 과목
청각 프로그램을 통한 표현과 제작	음악, 언어, 모든 과목
표현 형태(양식)에 대한 이해와 평가	언어, 예술, 음악, 모든 과목
표현 기술에 대한 이해와 평가	언어, 예술, 음악, 모든 과목
미디어에 의한 정서적 영향에 대한 인식과 소화작업	예술, 언어, 음악, 과학/지리학

〈표 5-6〉 초등학교 3~4학년 미디어교육 프로그램 개발을 위한 기본 틀

교육목표 / 학습내용	해당 교과목
자기주도적 학습을 위한 미디어 프로그램의 선택과 사용능력 함양	모든 과목
놀이를 위한 미디어 프로그램의 선택과 사용을 통한 창의성 함양	과학/지리학, 언어, 스포츠
워드프로세스 활용을 통한 표현/제작 활동	언어, 과학/지리학, 예술, 모든 과목
비디오 카메라를 활용한 표현/제작 작업	언어, 과학/지리학, 예술, 음악, 모든 과목
제작 의도에 대한 이해와 평가	언어, 과학/지리학, 예술, 음악, 모든 과목
미디어 영향에 의한 가치관 인식과 소화 작업	모든 과목에 대한 학습 전제조건 및 학습내용
미디어 영향에 의한 태도 형성에 대한 인식과 소화작업	과학/지리학, 종교, 언어, 모든 과목에 대한 학습 전제조건 및 학습내용

〈표 5-7〉 초등학교 5~6학년을 위한 미디어 교육과제와 해당 과목들

교육과제 영역	해당 교과목
오락적 요소를 감안한 미디어 프로그램의 선택과 사용	국어, 예술, 음악, 정치-사회
정보를 위한 미디어 프로그램의 선택과 사용	모든 과목
놀이적 요소를 감안한 미디어 프로그램의 선택과 사용	정치-사회
사진 작업	국어, 예술, 자연과학
인쇄물과 텍스트와 영상의 조화를 위한 작업	국어, 외국어, 예술, 정치-사회
각 미디어의 표현형식에 대한 이해	국어, 예술, 음악, 수학
미디어 영향에 의한 가치관 형성에 대한 인식과 소화작업, 정서적 영향	모든 과목
미디어제작과 미디어 전파의 경제적 제한 상황에 대한 통찰과 평가	정치-사회, 수학, 국어

〈표 5-8〉 중학교 1~2학년을 위한 미디어 교육과제와 해당 과목들

교육과제 영역	해당 교과목
학습을 위한 미디어 프로그램의 선택과 사용	모든 과목
Simulation을 위한 미디어 프로그램의 선택과 사용	정치-사회, 수학, 자연과학, 지구과학, 컴퓨터정보공학
청각 프로그램의 제작 작업	국어, 외국어, 음악, 자연과학
영상 프로그램의 제작 작업	정치-사회, 국어, 예술, 음악, 자연과학
미디어 표현기술의 이해와 평가	국어, 예술, 음악, 수학, 정치-사회
미디어 영향에 의한 정서에 대한 평가와 소화작업	예술, 음악, 종교, 윤리, 정치-사회, 국어
미디어 영향에 의한 태도 형성에 대한 인식과 소화작업	정치-사회, 종교, 윤리, 국어
미디어제작과 미디어 전파의 법률적 제한 상황에 대한 통찰과 비평	정치-사회, 컴퓨터정보공학, 종교, 윤리, 국어

〈표 5-9〉 중학교 3학년과 고등학교 1학년을 위한 미디어 교육과제와 해당 과목들

교육과제 영역	해당 교과목
텔레커뮤니케이션과 원격협동학습의 가능성을 위한 선택과 사용	모든 과목
컴퓨터를 기본으로 하는 제작 작업	국어, 컴퓨터정보공학, 예술, 음악, 수학
미디어 프로그램의 표현형태와 장르별 이해와 평가	국어, 예술, 음악
미디어 프로그램 제작의도에 대한 이해와 평가	정치-사회, 국어, 외국어, 예술, 수학
가치관 형성에 대한 미디어 영향 인식과 소화 작업	정치-사회, 종교, 윤리, 국어
사회적 맥락에 대한 미디어 영향 인식과 소화 작업	정치-사회, 종교, 윤리, 국어, 역사
미디어 프로그램과 소화 작업에 대한 개인적이거나 확장된 기구적 제한 상황에 대한 통찰과 비평	정치-사회, 종교, 윤리, 역사
미디어 프로그램 제작과 유통의 정치적, 사회적 제한 상황에 대한 통찰과 비평	정치-사회, 역사

4) 학교 미디어교육의 방법

학교라는 특성을 반영하여, 학교 미디어교육에서 필요한 미디어교육의 방법을 〈표 5-10〉과 같이 정리할 수 있다(1장 2절 4항 〈그림 1-12〉 "행동지향 미디어교육의 방법들" 참조).

〈표 5-10〉 학교 미디어교육의 방법

① 미디어의 문학성과 텍스트 : 미디어가 전하는 내용을 올바로 이해하기	– 다양한 부호들의 이해와 이용능력 – 표현 방식에 대한 이해와 이용능력 – 여러 기술적 미디어의 표현 가능성에 대한 이해 – 내용과 표현 형식에 대한 이해
② 미디어학 : 미디어의 기술적 원리와 사회적 맥락에 대한 지도	– 미디어의 역사적 발달 – 기술적 원리 – 사회적 미디어 상황과 미디어 경제 – 미디어의 영향 – 미디어 관련 법률 / 신문 · 방송제도 등
③ 미디어사용 : 미디어 프로그램에 대한 적절한 수용과 활용	– 프로그램들에 대한 이성적 선택 – 미디어 프로그램들에 대한 지식 – 수용(시청) 상황에 대한 표현 – 자신의 미디어사용이 타인에게 주는 영향에 대한 성찰 – 미디어가 전달한 내용에 대한 검증 – 여가선용과 자유시간에서 미디어 소비 외의 여러 가능성
④ 미디어 프로그램 제작 : 커뮤니케이션 수단으로서 미디어를 사용하는 능력	– 수업과 관련한 교육자료 제작 – 출판(인쇄)작업에 대한 미디어제작 – 픽션 내용을 다루는 미디어작업
⑤ 미디어분석과 미디어비평 : 미디어 내용에 대한 배경과 근거에 대한 질문	– 미디어 내용의 의도와 영향 – 제작 상황과 시청 상황에 대한 고려 – 시장성과 시장에 대한 관심 – 표현력, 객관성, 진실적 내용
⑥ 미디어를 통한 정치적 참여	– 미디어사회에서 사회적으로 용인되면서 어린이 · 청소년들도 포용할 수 있는 표현과 정치적 참여 – 문제성 있는 프로그램에 대한 적극적 의견 제시 – 교사들의 연합 – 학생들과의 협력 – 학부모와의 연계
⑦ 보상적 미디어작업 : 부정적 미디어 영향에 대한 대응방안 모색	– 미디어를 통해 왜곡되었거나 잘못 전달된 정보 파악 – 미디어에 의한 감정의 발생 파악 – 미디어에 의한 행동양식 파악
⑧ 미디어교육을 위한 학부모 교육 : 현재와 미래의 부모들을 위한 미디어 실제	– 학생들의 부모에게 미디어문화와 교육적 측면에 대한 정보 전 달과 조언하기 – 학생들이 부모가 되었을 경우를 예측 – 미래의 부모로서 미디어능력 키워주기

(Sacher, 2003)

5) 초·중·고등학교 학년별 프로젝트 미디어교육 방법

학교의 학년 단위는 대부분 일정한 연령대의 어린이와 청소년들로 구성되어있어, 학습자의 발달특성을 고려한 체계적인 행동과 발달지향 미디어교육을 실천하기에 이상적인 교육의 장이 된다. 미디어교육의 방법 중 특히 프로젝트 교육을 중심으로 한 교육방법을 설명하면 다음과 같다(문혜성, 2004; Tulodziecki, 1997, 9장 2절 2항 "초·중·고등학교의 스마트교육" 참조).

(1) 초등학교 1 – 2학년 프로젝트 미디어교육 방안

① 어린이들에게 익숙한 동화를 다양한 미디어들을 사용하여 재구성해본다. 예를 들어, 언어적 전달로써 이야기를 서술하게 하거나, 그림으로 이야기를 표현하게 한다. 또는 동화의 주인공들을 작은 인형들로 만들어 그림자놀이를 하거나, 이야기를 녹음하게 한 청각 프로그램을 만들어보는 프로젝트 수업을 기획한다. 이를 통해 어린이들은 같은 내용을 가지고 매우 다양한 감각양식(듣기, 보기, 말하기, 언어적 부호로 표현하기 등)을 사용하여 스스로를 표현할 수 있게 된다.

② 어린이들 생활세계의 한 부분을 주제로 하여 이 상황을 사진으로 촬영하게 하는 프로젝트 수업을 기획해본다. 예를 들어, 등굣길에 생기는 일, 또는 이용하는 교통수단, 엄마와 함께 장보기 등에 관한 것이다. 여러 상황을 사진 찍게 하고, 이를 통해 어린이들은 미디어의 도움으로 특정한 주제나 상황을 객관적으로 다시 한 번 생각하게 하고, 나아가 개선할 점도 찾아본다.

③ 어린이들이 미디어의 영향에 대해 생각해볼 수 있는 기회를 갖게 하는 프로젝트 수업을 기획한다. 예를 들어, 공포스럽거나 두려운 느낌을 준 프로그램에 관해 그림을 그리게 하거나, 어린이 스스로 무서운 이야기를 만들어보게도 한다. 자신들의 이야기를 사진, 효과음으로 표현하게 하거나 소리내보게 하거나 이야기하게 한다. 이를 통해 어린이들은 자신의 감정과 생각을 표현하게 되고, 또 무서운 내용을 스스로 소화하게 된다.

④ 특정 수업에서 프로젝트 수업방식을 취하여 어린이들이 하루 동안의 미디어사용에 대해 이를 특별히 의식적으로 관찰하고 생각하게 한다. 예를 들어, 컴퓨터나 텔레

비전을 하루에 어떤 방법으로, 그리고 하루 중 어느 시간에 어느 정도 사용하는지 스스로 관찰하고 정리하게 한다. 이를 통해 어린이 스스로가 자신의 생활리듬과 과제에 적절한 미디어사용 계획을 세우게 한다. 나아가 다른 어린이들과의 경험을 비교하게 한다.

• 이 연령기 발달능력에 필요한 교육적 사고 :

이 시기 어린이들은 비논리적 자기중심사고로부터 점차 객관적인 사고를 인식하는 논리적 사고 단계로 넘어가고 있지만, 많은 어린이들은 아직도 꿈과 같은 자신만의 내면의 세계를 가지고 있다. 미디어를 통하여 갖게 된 인상은 이들의 내면에 판타지적 요소로 작용하는 경우가 많고, 이를 자신의 현실세계에 끌어오는 경우도 많다. (예: 미디어 주인공 캐릭터를 자신의 실제 친구로 생각하여 함께 즐기기도 한다.)

따라서 이 시기에는 기술적 전자미디어에만 치중하게 하기보다는 그림과 책, 음악, 그리고 가능한 한 다양한 직접 경험을 하게 한다. 이를 통해 특히 이 시기에는 어린이들의 모든 오감을 개발하도록 하는 것이 중요하다. 무엇보다 교사와 부모와 같은 중요 관계인들이 잊지 말아야 할 것은, 어린 시기에 기술적 미디어와 같은 '인공의 경험'에 앞서 동물, 식물, 자연환경과 사람들에 대한 어린이들의 '자연에 대한 직접적 경험과 느낌, 감수성'을 우선 키워주는 데에 많은 노력을 해야 한다.

(2) 초등학교 3 – 4학년 프로젝트 미디어교육 방안

① 미디어의 영향을 인식하게 하는 교육 프로젝트로써 여러 프로그램에 등장하는 직업에 대해 어린이들이 미디어로부터 얻게 된 사고를 표현하게 한다. 예를 들어, 미디어를 통해 '경찰관', '제빵사' 등과 같은 사람들에 대해 갖게 된 사고를 표현하게 하고, 현실적으로 이들이 어떠한 역할을 하는지 구체적으로 탐색하게 한다. 미디어의 모습과 현실의 모습을 알도록 하여, 그 차이를 인식시키고 경험하도록 한다.

② 기획자의 관점에 따라 같은 미디어가 어떻게 다른 사고를 전달하는지 경험하게 하는 교육 프로젝트를 기획한다. 예를 들어, 어린이들이 비디오카메라나 핸드폰을 사용하여 자신이 살고 있는 주변 지역을 여러 관점을 주제로 촬영하게 한다. 즉, 지역

사회에 대한 정보를 전하기 위한 제작, 또는 홍보물, 또는 환경과 관련하여 계몽적 관점을 가지고 주변 지역을 촬영하게 한다. 이를 통해 같은 표현형태(예: 동영상 화면)를 사용하더라도 여러 관점에 따라 이 미디어적 표현형태가 어떻게 기능하는지를 파악하도록 한다.

③ 특정 수업에서 프로젝트 수업방식을 취하여, 어린이들이 소집단을 형성하고 자신들이 흥미 있어 하는 주제를 선택하게 한다. 해당 주제에 관한 정보를 수집하고 체계화하기 위해 다양한 미디어를 정보의 출처로서 활용하게 한다. 나아가 여러 미디어 유형에 대한 어린이들의 선호도와 한계점도 인식하게 한다. 예를 들어, 새, 곤충 등에 대해 자세히 학습하기 위해 자연도감, 청각 프로그램, 텔레비전의 다큐멘터리 프로그램, 교육방송 프로그램, 컴퓨터, 스마트기기 등을 활용하게 한다.

④ 특정 수업에서 프로젝트 수업방식을 취하여, 만화책에 대한 표현방법과 내용적, 형식적 틀을 이해하도록 하고 그 영향도 분석하게 한다. 나아가 어린이들이 공동으로 협력하여 자신들의 만화책을 만들어보도록 한다. 또한 자신들이 그린 만화들을 핸드폰 카메라로 촬영한 후, 이 사진들을 모아 디지털 만화집을 만들어보기도 한다. 뿐만 아니라 만화책 제작과 관련한 경제적 측면을 학습하게 하여, 만화책을 수용하는 것에 대해 다른 시각을 경험하게 한다. 이 '만화책 만들기', 또는 '디지털 만화책' 프로젝트 교육에서는 필요할 경우 미술교사나 이 분야 전문가와 함께 작업을 하는 것도 좋을 것이다.

• 이 연령기 발달능력에 필요한 교육적 사고 :

이 시기 어린이들은 텔레비전이나 영화의 형태적 구조에 대한 현실적 자의식이 커지면서, 동시에 허구의 세계를 자신의 세계로 가져오는 자기중심적 내면화도 계속 지속된다. 한편으로는 현실에 대한 감각이 더욱 뚜렷해지고 다른 한편으로는 미디어의 판타지세계를 계속 내면의 판타지세계로 연결하기도 하는 것이다. 따라서 허구의 세계와 현실세계를 동시에 받아들이는 경향이 있다.

이 연령기에는 여러 종류의 미디어에 대한 선호도도 커지면서 미디어로부터 영향을 많이 받게 된다. 따라서 미디어 프로그램에 대한 비평적 시각을 갖도록 교육해야 한다. 뿐만 아니라 이때에는 미디어를 기술적으로 사용하는 능력이 급격히 성장하므로 스스로 자료를 검색하여 정보를 체계화하는 연습을 할 수 있는 시기이다. 이 시기에는 좀 더 적극적으로 자신의 관점을 바탕으로 미디어를 사용하도록 하고, 만화책이나 컴퓨터 같이 자신이 좋아하는 미디어를 통해 여러 가지 사회적, 예술적, 언어적 능력을 키울 수 있도록 한다. 이와 더불어 미디어사용에 대한 사회적 책임을 확실히 인식시켜야 한다.

(3) 초등학교 5 – 6학년 프로젝트 미디어교육 방안

① 광고교육을 위한 프로젝트 교육을 기획해본다. 특정 주제(또는 사물)를 홍보하기 위해 지면을 이용하여 이 주제를 알리도록 한다. 나아가 같은 내용에 대해 녹음기를 이용한 청각 광고물을 제작하게 하고, 또 비디오를 이용하여 동영상 광고물을 만들어보도록 한다. 이를 통해 같은 주제라도 다른 감각 양식의 미디어를 통해 어떻게 우리에게 전달되는가, 그 차이를 인식해볼 수 있다(1장 2절 6항 "광고 미디어능력" 참조).

② 특정 수업에서 프로젝트 수업방식을 취하여, 미디어사용에 대한 갈등 상황을 성찰하도록 한다. 예를 들어, 컴퓨터게임이나 텔레비전 시청과 관련한 가족 내 문제 상황을 토론하게 하여, 자신의 미디어 활용 태도를 객관적으로 비평하도록 한다. 나아가 이러한 미디어사용과 내용을 판단하는 데 대한 사회윤리적 관점을 더욱 발달시키도록 한다.

③ 어린이들이 청각 프로그램을 자율적으로 제작하는 프로젝트 교육을 시도해본다. 평소 어린이들이 흥미를 갖는 주제를 선정하여 줄거리를 작성하게 한다. 나아가 어린이들이 줄거리에 따른 출연자의 역할 분담을 하도록 하여, 녹음기와 같은 청각 미디어를 활용한 프로그램을 제작하고 발표하게 한다.

④ 특정 수업에서 프로젝트 수업방식을 취하여, 어린이들이 즐겨보는 어린이 프로그램이나 드라마를 분석하게 한다. 이를 통해 텔레비전 프로그램의 실제 제작 방법, 시청자들에 대한 영향, 제작하는 기관(예: 방송국)적 제한조건, 사회적 맥락 등을 분석하게 하고 비평적 사고를 키운다. 이 내용들을 모두 정리하게 한다. 이러한 교육에서는 방송사 전문가를 초빙하거나 실무와 관련한 지식을 갖고 있는 교사들과 협조한다.

• **이 연령기 발달능력에 필요한 교육적 사고 :**

이 시기 어린이들은 이미 후기 아동기를 지나 초기 청소년기에 들어서고 있는 경우가 많다. 이제는 이미 다양한 미디어를 많이 접해본 시기이고, 따라서 여러 미디어의 감각 양식(시각, 청각, 시청각)에 따른 표현과 전달력의 차이를 인식하도록 한다. 무엇보다 스스로 자신의 작품을 만들어봄으로써 여러 미디어의 특징과 함께 자신의 생각을 적절히 표현해야 하는 책임감을 갖도록 한다. 특히 이 시기에는 컴퓨터 사용에 대해서뿐 아니라, 일상적인 생활에서도 부모나 형제간의 갈등이 커지는 시기이기도 하다. 부모는 아직도 자녀를 통제하려는 입장이고, 자녀는 자율적으로 미디어를 활용하고 싶어 한다. 미디어 프로그램에서도 친구들과의 갈등, 가족 간의 갈등에 관심을 갖게 되고 영향도 받게 된다. 따라서 이 시기에는 미디어사용과 그 내용에 대한 사회윤리적 관점을 확고히 키워주어야 한다.

(4) 중학교 1 – 2학년 프로젝트 미디어교육 방안

① 특정 과목(예: 사회, 국어, 윤리)에서 프로젝트 수업방식을 취하여, 청소년들로 하여금 미디어 프로그램에 나타난 인간관계의 갈등 상황과 태도를 토론하게 한다. 이와 함께 미디어를 통해 영향받은 자신의 태도 양식을 의식적으로 생각하게 한다.

② 청소년들이 자율적으로 선택한 주제에 대해 짧은 이야기를 만들게 하거나, 사진이야기, 청각 프로그램, 동영상 프로그램을 만들어보도록 한다. 이를 통해 각각의 미디어가 갖는 표현양식을 경험하고 작업하게 한다.

③ 청소년들이 컴퓨터의 문서작업 프로그램을 활용하여 신문을 제작해보도록 하는 프로젝트 교육을 기획해본다. 이를 통해 자신만의 주제를 신문이라는 형식을 통해 구성하고 작업하는 것을 배우도록 한다. 또한 신문제작을 위해 어떠한 정보기술과 커뮤니케이션 기술을 필요로 하는지 경험하도록 한다. 이 경우에도 신문과 관련한 전문가의 도움을 받을 수 있다.

④ 특정 수업에서 프로젝트 수업방식을 취하여, 그 수업과 관련된 주제를 다룬 동영상을 분석, 비교, 평가하게 한다. 이를 통해 상업적 미디어 프로그램들의 제작 양식, 영향, 제작을 위한 기관적 제한 상황과 마케팅 등에 대한 정보를 접해보도록 한다.

• **이 시기 발달능력에 필요한 교육적 사고 :**

이 시기에 청소년들은 사춘기에 속해있으며, 자신의 정체성과 동질성 확립이 매우 중요한 시기이다. 자신을 알아가고 이를 위한 역할모델을 찾게 된다. 이들에게는 또래집단이 매우 큰 역할을 한다. 따라서 미디어사용에서나 일상생활에서 인간관계에 대한 관심이 커진다. 미디어 프로그램에 등장하는 연예인들에 대한 동경심이 더욱 커지고, 미디어를 통한 상업성과 오락성뿐 아니라, 프로그램에 보이는 인간관계 속의 갈등 상황과 해결방안에 대해서도 많은 영향을 받게 된다. 그러므로 프로그램과 더불어 자신의 상황과 인생의 지향방향에 대해 숙고하게 하는 것이 필요하다.

이 시기에는 모든 미디어를 활용하는 제작능력도 더욱 커지는 때이므로, 여기에 적절한 기술적 능력개발과 함께 이와 관련한 커뮤니케이션능력, 사회적 책임감을 더욱 증진하여야 한다. 청소년기에는 청각미디어에 대한 선호도가 다른 연령대에 비해 매우 높다. 좋아하는 음악 장르나 뮤직비디오 등을 활용하여, 정서적 표현과 함께 이들 상업적 프로그램의 경제적 측면과 연결된 사회적 제반 상황을 학습하게 한다.

(5) 중학교 3 – 고등학교 1학년 프로젝트 미디어교육 방안

① 청소년들로 하여금 미디어, 특히 컴퓨터나 디지털미디어가 자신의 일상생활 속에서 어떠한 비중을 가지고 어떠한 역할을 하는지 깨닫게 하는 프로젝트를 기획해본다. 예를 들어, 학생들 스스로 특정 질문을 던지고 이 질문에 대한 의견조사를 해보도록 한다. 이를 통해 일상에 컴퓨터나 디지털미디어가 주는 영향에 대해 성찰하게 한다. 또한 컴퓨터나 디지털미디어가 검색이나 여론조사를 위한 도구로써 어떠한 기능을 갖는지 학습하게 하며, 동시에 이러한 기능에 대해 비평적으로 사고할 수 있도록 한다.

② 특정 수업에서 프로젝트 수업방식을 취하여, 학생들로 하여금 가상적으로 어떤 기업체의 대표자 역할을 해보도록 한다. 컴퓨터 시뮬레이션을 이용하여 결정 상황에서 이를 어떻게 이용할지에 대해 성찰적으로 경험하게 한다.

③ 학생들이 직접 동영상 영화를 제작하는 프로젝트를 기획해본다. 학생들이 자율적으로 주제와 영화 아이디어를 선정하게 하고, 이를 현실적으로 구성해내도록 한다. 이를 통해 자기 고유의 생각을 영화라는 미디어로 어떻게 제시하며 표현할 것인지

에 대해 경험하도록 한다.

④ 특정 수업에서 프로젝트 수업방식을 통해, 예를 들어 학생들이 컴퓨터와 스마트기기를 사용하여 상품의 경제체계를 분석하게 한다. 이를 통해 경제 분야에서 컴퓨터나 스마트기기를 활용하는 데 대한 가능성과 문제점을 스스로 경험하게 하고, 이에 대해 성찰하게 한다.

- **이 시기 발달능력에 필요한 교육적 사고 :**

이 시기에는 컴퓨터나 디지털미디어, 스마트기기가 단순한 오락적 목적이 아니라, 지식과 생활의 질적 향상을 위해 효율적으로 활용되어야 함을 진지하게 깨닫도록 해야 한다. 이를 활용하여 실제 현실 사회와의 연결이 이루어질 수 있도록 시도해보고, 실제 학습을 위해 자기주도적으로 미디어를 적극적으로 활용하도록 한다. 특히 미학적, 예술적, 창의적 감각 수준을 높여주는 것이 필요하다. 간단한 영상프로그램 제작 등을 통하여, 사회적 책임감, 커뮤니케이션능력, 예술적 감각, 창의성을 키워준다. 나아가 기존 프로그램들에 대한 사회비평적 안목과 능력을 더욱 증진해야 한다.

(6) 고등학교 2 – 3학년 프로젝트 미디어교육 방안

① 학생들이 데이터 네트워크를 사용하여 새로운 커뮤니케이션 형태를 체험해보는 프로젝트를 기획해본다. 특히 SNS를 활용하여 외국과 같은 다른 문화권의 청소년들과 커뮤니케이션을 해보도록 함으로써, 새로운 정보와 커뮤니케이션 기술의 가능성과 문제점을 사고해보도록 한다.

② 청소년들이 미래지향적 관점을 가지고 인류를 위한 문제를 생각해보도록 하는 프로젝트를 기획해본다. 예를 들어, 미래의 세계 발전(예: 환경, 건강, 복지, 전쟁 등)과 인류의 관계를 연결시켜 하나의 발전 모델을 개발하도록 한다. 나아가 이를 위한 시뮬레이션 프로그램을 개발하게 하고 해당 주제 수업에 활용해보도록 한다. 동시에 이 시뮬레이션을 토대로 상황에 따른 적절한 결정을 내리는 것을 학습하도록 한다. 이러한 프로젝트 교육을 위해서는 컴퓨터에 대한 기본 기술교육이 선행되어야 할 것이다.

③ 특정 수업에서 프로젝트 수업방식을 취하여, 청소년들이 여러 미디어에서 제공하

는 정치와 뉴스 프로그램들에 대한 기관적 특성(예: 신문사별 논설의 성격, 방송사별 정당지지 등)이나 제한 상황, 그리고 영향력에 대해 토론한다. 나아가 이를 통해 정치와 관련한 미디어 정보가 자신과 공공의 여론 형성에 어떠한 영향을 주는지 성찰하게 한다.

• 이 시기 발달능력에 필요한 교육적 사고 :

이 시기의 미디어교육에서는 미디어에 대한 인식과 감각 개발, 비평적 사고 형성뿐 아니라, 미디어 활용능력이 실질적인 '미래의 직업'과 연결되도록 교육할 필요가 있다. 나아가 이 사회의 중요한 구성원으로서 세계 속의 자신을 성찰할 수 있도록 한다. 자신과 주변사회뿐 아니라 국가와 세계관을 갖도록 이끌어주고, 정치, 경제 분야와 관련하여 미디어에 대해 보다 더 비평적인 관점을 키우도록 한다. 이 사회에서 미디어가 갖는 경제적 기능과 사회문화적 역할에 대해 더욱 넓은 관점에서 성찰하도록 지도해주어야 한다 (9장 2절 2항 "초 · 중 · 고등학교의 발전방향과 스마트교육"으로 연결).

3. 미디어 속 폭력과 미디어교육

미디어의 여러 긍정적 기능에도 불구하고 미디어를 통해 접하거나 미디어를 활용한 심각한 폭력성은 오늘날의 사회적, 교육적 문제와 갈등을 일으키는 중요 요인이 되고 있다. 미디어를 통한 폭력은 어떤 다른 주제에 앞서 미디어교육학에서 보다 체계적으로 연구해야 할 분야이다.

1) 폭력의 인과성과 맥락

폭력에 대한 현상은 사회과학의 넓은 범위에서 연구되고 있다. 사회적 기능에 따라 철학, 사회학, 정치학에서도 다루어지고 있고, 인간 간의 관계적 요인에 따라 심리학과 사회심리학 분야에서도 연구되는 주제이다(Teunert, 2010). 폭력은 사람 간의 관계에서 출발하여 사회적 상태와 사회구조로 연결되는, 매우 포괄적으로 연결되는 문제이다.

　폭력이란 매우 다양한 분야에 대한 통합 개념이다. 현실에서와 마찬가지로 폭력은 미디어상에서도 단지 물리적 행동만으로 나타나는 것은 아니다. 폭력은 그것을 인식할 때 정확하고 자세히 살펴보아야 할 면밀한 형태로 드러난다. 영화, 텔레비전, 컴퓨터게임, 인터넷 프로그램 등에 나오는 폭력에는 영웅이 악당을 징벌하는 형태에서부터 내적, 외적 희생이나 대참사, 파괴와 같은 것들이 공포스럽고 끔찍한 형태로 표현되는 경우가 많다. 이러한 미디어의 폭력성은 마치 보편적인 상황인 것처럼 꾸며지고 연출되면서 개개 시청자들 개인에게 스며들게 된다. 이런 현상은 미디어를 통해 일상적으로 퍼지게 되고, 이때 미디어는 정보의 출처나 커뮤니케이션 도구로써의 역할을 하는 것이 아니다.

2) 폭력의 개념

　미디어교육학에서는 한 개인의 폭력적 행동이나 폭력에 대한 개념을 심리분석적 공격이론, 철학적, 정치학적 요인들과 연결시켜 파악한다. "폭력이란 권력 및 지배에 대한 표현이다. 여기에는 여러 개인들 사이에, 그리고 집단에 대한 손상이 뒤따른다"(Teunert, 1996).

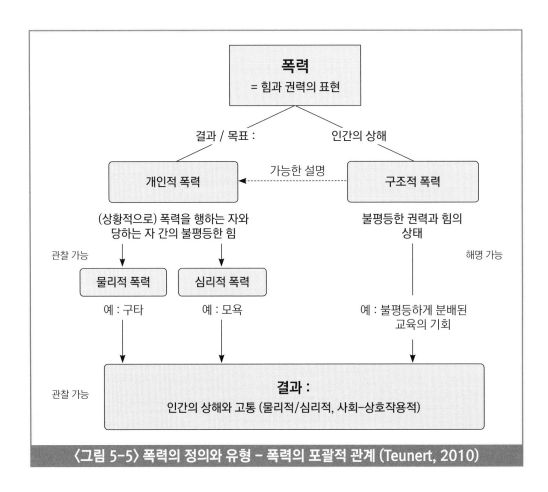

〈그림 5-5〉 폭력의 정의와 유형 – 폭력의 포괄적 관계 (Teunert, 2010)

폭력의 정의에는 한 사회에서 사람이나 집단 간에 불균등한 상황으로 이루어진 권력의 분포와 같은 것이 전제로 깔려 있다. 나아가 폭력에는 희생자에 대한 관점도 포함되어 있다.

3) 미디어와 연결된 폭력

(1) 주관적 해석과 편파 보도의 문제

미디어에 나타나는 폭력의 양상을 파악하기 위해서는 먼저 미디어 특유의 표현형태를 고려한 기준이 필요하다. 미디어가 실제 현실의 폭력 결과(전쟁, 파괴)나 폭력의 상태(제3세계의 기아문제, 교육기회의 불균등)를 전달한다는 것은 단순히 이 주제만을 묘사하는 것이 아니기 때문이고, 보도되는 내용은 각각의 흥미나 이해관계가 연결되어있는 선택과 해석의 결과이기 때문이다(Schorb 외, 2013).

(2) 현실을 왜곡시키는 내용

특정한 폭력의 표현양식을 통해 미디어는 그 자체가 폭력요인으로 규정지어질 수 있다(Teunert, 2010). 텔레비전, 영화, 컴퓨터게임 등의 오락 영역에서는 이념을 단순화시킨 프로파간다로서 과도하게 설정된 단순하고 진부한 상투적 선악이 매우 많은 부분을 차지한다. 현실에 대한 비뚤어지고 뒤틀린 표현방식은 통속 잡지나 리얼리티 쇼, 관찰예능 등의 프로그램에도 드러나는데, 이들은 일상생활에 늘 상주하는 한 부분으로써 위험과 위협의 형태로도 변질될 수 있다. 인간의 고통이나 불행을 너무나 자주 통속적으로 그려내는 이러한 표현을 통해 이러한 프로그램들은 시청자들을 멍한 상태에서 과도하게 몰입하는 구경꾼으로 수준을 떨어뜨리기도 한다. 토크쇼에서는 자신과 다른 생각을 가진 사람들이나 문화적 배경이 다른 지역 출신의 사람들, 또는 다른 가치관을 가진 사람들로부터 언어적 공격이나 멸시를 당하기도 한다.

(3) 가상세계 – 온라인에서의 폭력

미디어 폭력에 대한 다른 차원은 무엇보다 가상공간, 온라인에서 이루어지는 매우 적극적이고 공격적인 가능성이라 할 수 있다. 폭력적인 컴퓨터게임 사용자는 자신을 그 폭력 장면을 관찰하는 사람으로만 제한시키는 것이 아니라, 자신을 그 안으로 들여보내고 그곳에서 스스로가 폭력적으로 행동한다(Teunert, 2010). 가상의 게임공간에서는 부분적으로 현실과 매우 흡사하거나 현실적인 연출 상황 내에서 일반적으로는 금기시되는 사항이 깨지고 경계선이 허물어진다. 사적이고 공적인 삶을 왜곡하여 전달하거나 표현하는 방식은 사람들을 지치게 할 수 있고, 비현실적인 세계관, 편견의 형성, 갈등해결 형태나 문제성 있는 삶의 모습을 강화시킬 수도 있다. 현실감 있게 연출된 가상세계에서의 폭력적 행동과 가능성은 이와 연결된 위험적인 잠재요소를 더 증가시킨다.

4) 미디어의 폭력과 함께 성장하는 세대의 환경

(1) 현실생활과 가상세계가 연결되는 원인

미디어를 통해 접하게 되는 폭력이 우리에게 영향을 주는지를 파악하기 위해서는 다음의 세 가지 요인이 중요한 역할을 하게 된다(Fritz 외, 2003). 첫째, 미디어 폭력이 현실 속에서 어떤 일치성을 갖는가, 둘째, 가상세계의 폭력적 연출이나 폭력 장면이 적극적으로 활성화될 때 이것이 현실 경험과 삶의 맥락에 어떻게 통합되는가, 셋째, 현실적 맥락에서 이 폭력이 강화되거나 현실화될 가능성이 있는가와 같은 것이다.

미디어 폭력은 이미 폭력에 대한 인식이 형성되어있으면서, 언제든 폭력을 자신에게 적용하려는 사람들에게 와닿게 된다. 폭력에 대한 인식은 한 사람의 지식수준, 평가기준, 경험에 연결하는 정도, 행동성향 등과 같은 요인들과 결합하여 현실 폭력 또는 미디어 폭력으로 이끌어진다. 이 폭력에 대한 인식은 실제 삶의 맥락에서, 그리고 그곳에서 받아들여진 가치관의 방향에 따라 확장되고 구체적인 형태를 보이게 된다. 일상에서 구체화된 폭력에 대한 인식은 미디어 속의 폭력 환경으로 끌어 들여진다. 물론 반드시 이런 현상이 완전히 일치하는 것은 아니다. 미디어 폭력은 측량기준에서 볼 때 폭력의 강도가 일반적으로 현실에서보다 더 심하다. 여기에는 내용과 연출적인 맥락, 특히 허구와 현실이 관계되는 맥락, 그리고 폭력을 표현하는 여러 형태, 무엇보다 일련의 연출적 전개방식과 같은 것이 결정적 역할을 하게 된다.

(2) 연령과 사회적 배경에 따른 폭력의 수용

폭력의 영향에 있어서는 나이에 따른 차이가 불가피하게 영향을 끼칠 수밖에 없다. 성장하는 아이의 나이가 어리면 어릴수록 폭력에 대한 이해도는 덜 세분되어있고, 이에 대한 가치 척도는 더 안정적이지 못하고 견고하지도 못하다(Teunert, 2010). 따라서 이들이 폭력성을 인식하는 데 대한 미디어영향의 위험성은 더 커지게 된다. 연령과 함께 사회적 출신 배경과 성별의 차이도 영향을 미친다. 사회적, 교육적인 혜택을 많이 받은 사람들, 어린이, 청소년들, 그리고 여자 아이들은 심리적 폭력에 대해 전반적으로 더 민감하다. 지적 수준이 높은 환경의 청소년들은 사회구조적 폭력형태를 먼저 인지하게 된다.

(3) 미디어교육학의 역할

미디어교육학의 폭력에 관한 연구에서는 연령이나 사회적 배경 외에도 많은 요인들을 중시한다. 여기에는 어린이, 청소년들 스스로가 느끼는 폭력에 대한 인식이 중요한데, 이들도 일상과 미디어 프로그램 안에서 폭력을 당하는 희생자와 그들의 고통을 주목한다(Teunert, 2010). 폭력을 판단할 때는 이들의 일상 상황이 중요한 역할을 하게 되고, 미디어 속 폭력 내용이 현실적이면 현실적일수록 더욱 가깝게 다가온다. 어린이, 청소년들이 폭력을 어떻게 평가하는지, 그리고 이들이 이미 폭력에 접촉된 경험이 있었는지에 따라 폭력 희생자들에 대한 이들의 시각이 결정적으로 달라진다는 것을 감안한 연구방향이 필요하다.

4. 장애인 및 사회적 소수자와 미디어교육

장애를 가진 사람들이나 사회적 소외 집단에 속하는 사람들도 우리 사회를 함께 구성하고 있는 중요한 사회구성원들이다. 따라서 특수교육 분야에서뿐 아니라 모든 전문 영역에서 이들을 배려한 연구가 보다 심도 있게 이루어져야 한다. 그러나 장애인을 위한 교육의 방법을 일률적으로 표준화하는 것은 가능하지 않다. 그럼에도 불구하고 장애인이나 사회적 소수자를 보다 적극적으로 지원할 수 있는 미디어활용에 관한 교육적 연구는 더욱 활성화되어야 할 것이다.

1) "장애인 권리협약"과 사회적 소외집단

(1) "장애인 권리협약"과 장애인의 개념

유엔(UN)에서 비준된 "장애인 권리협약"(Müller & Fleischer, 2013)[1]에서는 한 사회에 속한 모든 인간의 동등한 사회참여에 대한 정치적 논의를 새롭게 했을 뿐 아니라, 이 사회적 참여에는 모든 사람들을 포괄하는 것을 구체적으로 장려하였다. 이 협약에서는 장애를 가진 사람들 쪽으로 정치와 학문의 초점을 다시 한 번 분명히 옮겨놓았다. 여기에서 표현한 '포괄'이라는 단어는 "장애인 정책과 학문에 대한 마법의 언어(Müller & Fleischer, 2013)"와 같은 의미를 갖게 되었고, 이 협약 내용은 미디어교육학의 학문적 연구와 실제에 힘을 실어주었다. 여기에서는 특히 지적 장애와 신체적 장애, 감각장애를 가진 어린이, 청소년들에 대한 미디어능력 촉진의 중요성이 더욱 강화되었다. 따라서 우리의 교육현실에서는 학교 안에서나 학교 밖에서 장애를 가진 학생들을 위한 미디어능력 촉진 관련 연구가 더욱 절실해지고 있다.

장애인에 대한 법률적인 규칙이나 근거가 아닌, 일반적으로 통용할 수 있는 개념을 정확히 규정하기는 어렵다. 전문분야의 특성에 따라 그 의미를 조금씩 다르게 부여하게 되는데, 의학, 심리학, 교육학, 사회학, 경제, 법률, 그리고 사회정치적 시각에 따라 장애인에 대한 주요 관점이나 무게 중심이 달라지기 때문이다. 현실적으로는 이렇게 차별화된 관점 속에서도 ICF("International Classification of Functioning, Disability and Health")에서 정리한 '개인적 측면'과 '사회적 측면'에 따른 장애의 개념(Schluchter, 2010)을 참고해볼 수 있다. ICF에서 정의한 장애란, 한편으로는 신체적 영역의 기능적 약화와 저해 및 개인적 활동 영역의 제한, 다른 한편으로는 사회적 참여에 대한 불이익 및 환경의 영향에 대해 근본적으로 차단 봉이 쳐져있는 상태(Müller & Fleischer, 2013)라고 설명하고 있다. 장애인에 대한 UN협약(UN-Konventionenen, 2008, Art. 24)에 따르면, 장애인에 대해서는 기회균등과 비차별을 바탕으로 한 교육체제에서의 "inclusive education"을 의무화하고 있다.

---

1) UN-협약, 24항: "기회균등과 비차별화를 근거로 하여 협정을 체결한 국가들은 'iclusive education' 교육체제의 모든 분야에서 이를 의무적으로 이행해야 한다"(Müller & Fleischer, 2013).

장애를 가진 사람을 바라보는 사회적 시각이 미디어 프로그램에 나오는 경우가 있다. 이때 장애인은 대부분 '문제적'으로 묘사되었고 '일반적이지 않은' 경우가 많았다. 그러나 한 방송 프로그램에서는 누군가 주인공에게 다음과 같은 이야기를 해준다. "나는 너의 인생에서 네가 하는 일들이 참 좋다고 생각해. 숨지 말고 너 자신을 바깥 세상에도 보여줘"("Leben mit einem Sorgenkind", ARD 1999). 이를 통해 우리는 미디어가 장애인에 대한 우리 사회의 의식 형성을 위해 이행해야 할 중요 역할을 분명히 인식할 수 있다. 장애인과 함께 살고 있지 않은 많은 일반인들은 미디어에서 보여주지 않으면 장애인을 분명한 현실로 쉽게 인식하지 않게 된다는 점이다.

(2) 미디어교육 시장에서의 소외 집단과 연구 부족의 원인

오늘날에는 컴퓨터기반학습(CBT)이나 웹기반학습(WBT)과 애플리케이션 활용 교육 등으로 교육의 방법이 매우 다양화되었고, E-Learning 시장에서도 변화가 보이고 있다. 그럼에도 불구하고 교육적으로 소외된 사람들에 대한 사회적 관심이나 연구는 디지털 분야의 기술적 발전에 비해 충분히 이루어지고 있지 않다. 미디어활용교육에 있어서 취약 층으로 분류되는 대상은 다음과 같은 집단에 속하는 사람들이다(Pfeffer-Hoffmann, 2007).

- **사회적 소외계층** : 실업자, 사회 취약계층의 청소년, 재소자
- **학업 취약층** : 학습지진아, 직업 전환기의 직업교육 이수자
- **장애인** : 신체적, 육체적, 심리적 취약점을 갖는 사람들
- **이주민, 다문화가족** : 다양한 문화적, 언어적 배경을 갖는 사람들
- **노년층** : 미디어능력에 있어 어려움을 겪고 있는 사람들

이들에 대한 교육적 연구가 충분히 활성화되지 않는 원인으로서, 첫째, 교육적 소외층의 교육적 필요에 대해 충분한 배려와 관심이 이루어지지 않고 있으며, 둘째, 이들을 위한 교육프로그램이 다른 일반 교육프로그램과는 분리되거나 여기에서 배제되어있다. 셋째, 이들은 학습프로그램의 소비자로서 수요 파악이 충분히 이루어지고 있지 않다. 넷째, 이들은 교육에 필요한 충분한 미디어기기를 보유하지 못하고 있는 경우가 많고, 이

에 대한 미디어능력도 부족하다는 점을 들 수 있다.

2) 장애인을 위한 능동적 미디어활용

(1) 장애인을 위한 미디어작업의 문제점

미디어는 공공의 장에 장애를 가진 사람들에 대한 올바른 인식을 심어주는 기회를 제공해야 할 뿐 아니라, 장애를 가진 사람들이 자신의 욕구를 실현할 수 있는 도구로서 활용할 수 있는 기능도 함께 이행해야 한다. 특히 능동적 미디어작업과 활용을 위해 미디어는 중요한 도구와 수단이 될 수 있다. 미디어교육학은 장애인의 능동적 작업을 위해 방법적 측면에서 다음과 같은 현안 문제들을 제시하고 있다(Müller & Fleischer, 2013).

① **과도한 미디어사용은 장애 어린이들의 발달에 부정적인 영향을 줄 수 있다.**
많은 특수교육학자들은 학습부진아 및 행동 이상 징후를 보이는 어린이들로 하여금 과도하게 미디어를 사용하게 할 경우, 이들에게 필요한 촉진이 덜 이루어진다는 문제를 제기한다. 과도한 미디어사용은 오히려 이 어린이들의 발달을 저해할 요인이 될 수 있다고 추측하는 것이다. 따라서 미디어를 어떠한 방법으로 도입하는가 하는 고민 이전에, 미디어사용을 감소시키는 것이 더 손쉬운 방법이 될 수 있다.

② **장애 어린이들은 미디어환경 안에서 교육정책의 이유로 미래의 기회를 얻는 데에 불이익을 당하고 있다.**
장애 어린이들은 미래의 기회에 있어 다른 사회구성원들에 비해 동등하게 속하지 못하고 있는데, 이들은 교육적 능력이 없는 것으로 간주되기 때문이다. 미디어능력 촉진이라는 교육적 사명에 있어서 일반 어린이들과는 다르게 취급되고 있다.

③ **미디어의 기술적 지원을 통해 장애의 보정이 이루어질 수 있다.**
청각장애인의 경우에는 무엇보다 의사소통을 위해 컴퓨터가 큰 의미를 갖지만, 지체 장애인에게는 조종 장치로 작동할 수 있는 기기들이 특히 중요하다. 지체 장애

에 있어서는 기술적 보정가능성의 논의가 지배적이고, 미디어의 도입은 큰 역할을 하지 못하고 있다.

④ 기술과 인력으로 인한 높은 비용 요인이 발생한다.

특수교육학자들은 장애인들을 간호하거나 돌볼 수 있는 중요한 요인으로서 교육인력의 추가적 역량 강화를 원하지만, 이와 직결되는 높은 비용 요소를 부담으로 간주하고 있다. 여기에 비싼 미디어기기의 도입과 간호 인력이 습득해야 하는 미디어능력 교육으로 인해 그 비용은 더 높아지게 된다.

⑤ 장애인을 위한 미디어교육 방법의 표준화는 가능하지 않다.

장애의 증상은 사람에 따라 여러 형태로 나타나고, 이와 연결된 제한점으로 인해 다양한 미디어교육학적 기획이 필요하다. 예를 들어, 지체 부자유 참가자들을 위한 미디어교육 프로젝트를 실행함에 있어, 이 교육은 지체 부자유 참가자들에게 가능한 운동능력만으로 교육이 제한될 수밖에 없다. 함께 참여하는 비장애인들에게 있어 이러한 성격의 프로젝트는 거의 아날로그적인 작업이 된다.

⑥ 능동적 미디어작업의 임상 치료적 가능성은 많이 실험되지 못하고 있다.

심리치료에서 사용되고 있는 연극이나 경험을 통한 교육방법과 비교해볼 때, 장애인을 위한 능동적 미디어작업은 그 명백한 활용 가능성에도 불구하고 아직도 임상 치료 작업이 매우 드물게 이루어지고 있다.

(2) 미디어가 주는 교육적 잠재성

이상과 같은 여러 문제점에도 불구하고 미디어활용교육은 특수교육학 분야에 다음과 같은 다양한 잠재성을 제공하고 있다(Degener, 2012).

① 미디어교육은 장애에 대한 하나의 보정으로 기여할 수도 있고, 교육의 과정을 촉진하거나 치료적 방법으로도 적용할 수 있다.

미디어활용을 통해 장애인들 삶의 상황을 공공의 장에 더욱 강하게 부각시킬 수도 있고, 그늘에 숨겨져 있는 장애인들을 공적인 인식의 장으로 한 걸음 이끌어내는 데 작은 기여를 할 수도 있다.

② 미디어는 장애인과 비장애인의 통합에 도움의 역할을 할 수 있다.

장애인과 일반 청소년들은 열정적으로 미디어를 사용하는 데 함께 동참할 수 있다. 이들을 통합하는 데에 있어 이러한 공통점을 프로젝트에 잘 활용할 수 있고, 장애인과 일반 청소년들이 함께하는 프로젝트 경험을 통해 상대의 세계에 대한 새로운 관점을 열 수 있는 가능성도 있다. 미디어는 또한 특정 부분의 장애에서는 매우 높은 보정 요인을 갖는데, 이로써 장애인들은 일반인의 세계로 동등한 진입을 할 가능성도 얻게 된다.

③ 인터넷은 장애인을 위한 교육에 매우 이상적인 플랫폼을 제공해준다.

예를 들어, 지체부자유 청소년들은 장애를 보이지 않으면서도 채팅을 할 수 있다. 장애인의 교육에 대한 권리를 강력히 요구하는 데 있어서도 미디어활용은 장기적으로 큰 영향을 미치게 되고, '교육적 능력'이나 '참여능력' 같은 주제에 내포된 장애인에 대한 편견에서 자유로워질 수 있는 가능성을 제공한다. 이를 통해 장애인은 미디어에 대한 손쉬운 접근이나 창의적 활용의 가능성을 키울 수 있다.

3) 지적 발달 장애인을 위한 미디어교육

(1) 지적 장애인의 미디어능력 촉진을 위한 교육내용

미디어교육은 이미 오래전부터 특수교육 분야와 연결되어 소중한 연구의 시발점이 이루어지고 있다(Schluchter, 2010). 그러나 미디어와 함께하는 지적 장애 어린이를 위한 연구는 아직도 매우 부족하다. 지적 장애 어린이나 청소년의 미디어사회화와 미디어기술 습득에 대한 연구는 절박하기까지 한 상황이라고도 할 수 있다. 미디어사회 안에서의 능력 촉진은 이미 사회적으로 중요한 요인이 되었다. 일반적인 미디어능력 촉진 연구에서 더 나아가 이제는 장애를 가진 사람과 그렇지 않은 사람 간의 미디어능력 촉진에 대한 차이를 연구해야 한다. 미디어사회에서는 지적 장애를 가진 사람과 그렇지 않은 사람 간의 차이를 고찰한 연구가 필요하지만, 많은 미디어연구에서는 장애를 가진 사람에 대한 관점이나 이들을 위한 치료관련 주제가 거의 배제되고 있다. 기존의 연구들은 개인의 특성보다는 일반적 통용에 부합할 수 있는 연구이고, 연구대상이 장애인이라는 특정한 전제조건이 있는 연구는 큰 도전 과제를 안을 수 있기 때문이다.

그럼에도 불구하고 장애인들이 미디어에 대한 능력을 키우게 된다면, 이것은 이들의 성공적인 사회참여나 자아형성 및 여가 시간의 활용을 위해 중요한 바탕이 될 수 있다. 장애를 가진 사람들을 위한 UN의 "국제권리 협약"(Müller & Fleischer, 2013)에 명시된 동등한 참여의 요구에 따르면, 차단의 벽을 벗어나는 교육적 의무조건을 통해 장애인에게도 미디어세계에 참여할 수 있는 더 나은 가능성이 존재한다는 것이다. 이와는 별개로, 미디어가 지배하는 현실적 환경에서는 장애인들도 일반인들과 동일한 요구사항을 가지고 있다. 지적 장애를 가진 사람들도 미디어교육과 미디어능력의 촉진을 위한 교육을 필수적으로 받아야 하며, 이를 위한 특수교육에서는 이와 관련한 교육과정이 필요하다. 교육내용에는 장애인 개인의 요구와 일상에 필요한 기본 능력을 충족시킬 수 있는 내용이 포함되어야 한다. 일상 능력의 발달을 촉진할 수 있는 실용적 능력과 기술적 숙련도의 학습, 문화기술의 습득과 적용 등과 같은 것이다. 장애학생들의 교육에 있어 사회적 장벽을 없앨 수 있는 정도의 다양한 미디어기기의 사용능력이 필요하기는 하지만, 최신 미디어 제품을 다루는 능력을 위한 교육은 큰 의미를 갖지 않는다.

(2) 학교의 특수교육 미디어활용 연구사례

지적 장애 어린이나 청소년들을 위한 학교 특수교육 교육과정에서 미디어와 관련된 교육과정이 정착되어있지 않았음에도 불구하고, 지적 장애학생들의 미디어능력 촉진이 이루어지는지를 연구하기 위한 질적 연구(Müller & Fleischer, 2013)가 교사와의 인터뷰를 통해 이루어졌다.

① 연구주제와 연구진행

지적 장애학생들의 미디어능력 촉진 연구는 특수교육 분야에서 전공영역에 포함되는 분야가 아니기 때문에, 이 인터뷰는 국가에서 인정받은 중등학교 과정의 특수학교 또는 일반학교의 통합교육 분야의 특수교육 교사 11명을 대상으로 진행되었다.

이 인터뷰는 일상 속의 미디어에 대한 지적 장애학생들의 강점과 약점, 그에 대한 미디어능력 촉진의 가능성에 관한 것이었다. 인터뷰 교사 중 몇 명은 교육 중에 미디어를 사용하지 않는다고 응답하였는데, 학생들이 교육과정과 미디어사용 간의 차이점을 분명히 인식하는 능력이나 기기를 다루는 숙련도가 부족했기 때문이었다. 이것이 의미하는 것은, 장애학생들이 미디어사용에 있어 가장 기본적인 인지능력을 가졌거나 얻게 되었을 때에야 이들의 미디어능력이 촉진될 수 있다는 것이었다.

② 연구결과

교사들은 학생들의 취약점이나 결핍 부분을 중심으로 교육하였고, 이들이 강점을 갖는 부분에서 미디어능력 촉진이 가능한 것으로 파악하였다. 그러나 교사들이 인식한 학생들의 강점이나 약점만이 중요한 것이 아니라, 자라나는 학생들을 위해 미디어가 그들의 삶에서 실용적 의미를 갖도록 하는 것도 중요하다고 생각하였다. 교사들 입장에서는 지적 장애학생들의 미디어사용이나 구성적 기능에 대한 지식이 상급학년에서 더 중요하게 될 것으로 생각하였는데, 미디어는 미래의 직업을 준비하는 수업에서 자극과 행동에 대한 능력을 부여하는 데 있어 촉진적인 역할을 하기 때문이다.

이에 비해 어린 학생들에게는 미디어가 그다지 큰 역할을 하지 않았다. 지적 장애학생의 미디어교육에서는 이들의 일상적인 능력을 습득하도록 하는 데 주안점이 놓여있었다. 일상생활을 극복해내고 성취하는 능력을 키우는 데 있어 그때그때 적절한 도움을 줄 수 있는 역할을 하도록 하는 데 목표가 있기 때문이다. 교사들의 입장에서는 미디어의 일상적 실용성의 의미가 학생들의 연령이 증가할수록 더 커지는 것으로 보고 있었다. 인터뷰에 응한 몇몇 교사는 특정한 사항을 주제로 하여 학생들의 수업내용에 미디어를 활용하기도 하였다. 교사들은 미디어를 주로 구체적인 방법적 결정을 위한 교수법의 도구로 활용하였다. 그러나 미디어의 기술적 원리나 제작 여건과 그에 대한 구조와 기능에 대해서는 거의 다루지 않았다.

(3) 자율적 미디어교육 행동과 교육과정 계획

① 일반학교와 특수학교의 차이점

지적 장애학생들을 위해 수업에서 미디어기기를 교육적 도구, 또는 교육의 대상으로 활용하는 데 있어 중요한 요소는 교수자들의 자율적 미디어교육 행동이라 할 수 있다 (Schluchter, 2010). 지적 장애학생을 위한 교육적 상황에서는 미디어를 사용할 수 있는 여건이 충분하지 못하고, 또한 교사 개개인의 미디어활용 프로젝트 수업을 촉진하기 위해서는 시간적으로 역량을 발휘해야 하기 때문이다. 이러한 맥락에서 보아 미디어능력 촉진을 위해서는 교육과정에서의 계획이 필요할 것이다.

② 교육과정에 대한 이론과 교수법의 기반 확립

지적 발달장애 학생들의 미디어능력 촉진이 주로 기기를 다루는 능력으로 분류되고, 또 능동적이고 적극적인 미디어활용에 관한 지식을 학습하는 것은 아닐지라도, 교사들의 노력과 준비를 통해 미디어능력을 촉진하기 위한 초석은 이미 놓여있다 할 수 있다 (Müller & Fleischer, 2013). 몇몇 교사들은 교육과정에서 구체적인 실습 사례의 교육지도에 대해 그 필요성을 분명히 표명하였다. 교사가 미디어에 대응하는 능력이 클수록 미디어를 주제로 하는 수업에서 스스로 큰 확신을 갖고 있는 것으로 나타났다.

4) 다운증후군 어린이, 청소년과 텔레비전

(1) 지적 장애인과 텔레비전 연구

미디어사용에 대한 연구에 있어 장애인을 대상으로 하는 연구는 매우 부족한 현실이다. 그러나 텔레비전은 지적 발달장애인에게도 큰 의미를 갖는다. 텔레비전은 이들에게 오락과 긴장완화에 도움을 주기도 하지만, 무엇보다 "세상으로 향하는 창문"의 역할을 하기 때문이다.

비록 충분한 양은 아니었으나 그간 이루어진 연구에 따르면, 지적 장애를 가진 사람들에게 있어 TV는 일상에서 중요한 자리를 차지하는 의미 있는 미디어라는 결과를 보여주고 있다(McGuire & Chicoine, 2008). 그러나 기존의 많은 연구의 결과는 지적 장애인들

의 미디어사용과 관련한 응답 대부분이 그들의 가족구성원이나 보호자의 구술이나 서면
질문을 통해 알게 된 것이었고, 장애인들과의 직접 교류를 통해 이루어진 것은 아니었
다. 그 이유는, 첫째, 연구자들이 장애인과의 직접 접촉에 어려움을 겪었고, 둘째, 이들
과의 의사소통 능력이 부족했기 때문이었으며, 셋째, 학문적 시각에서 미디어사용 질문
에 대한 연구자들의 정보 해석능력도 문제가 될 수 있었기 때문이었다.

(2) 다운증후군과 미디어활용 연구사례

다운증후군 사람들의 미디어사용에 관한 연구의 토대는 사실상 매우 희박하지만, 그
중에서는 미국 시카고의 "Adult Down Syndrome Center"(McGuire & Chicoine, 2008)에
서 연구된 내용이 중요한 자료로 받아들여지고 있다. 이 기관의 연구결과에 따르면 다운
증후군 사람들이 선호하는 프로그램은 주로 음악과 관련된 분야로써, 뮤지컬, TV 음악
쇼, 그리고 디즈니프로그램과 같은 것이었다. 이들은 가족여행이나 학교소풍 때 촬영했
던, 자신이 화면에 나오는 비디오영상을 매우 즐겼다. 이를 보며 이 비디오 촬영 당시 가
졌던 긍정적인 정서를 느끼면서 "마치 방금 있었던 일"처럼 생각하고는 하였다. 이들은
같은 영상물을 자주 반복해서 보았는데, 익숙함과 습관화된 의식처럼, 마치 "Grooves"처
럼 느끼는 이 영상을 보는 것은 이들에게 매우 중요한 습관이었다.

이 연구에서는 '늘 같은 것을 듣고 보는 것'이 다운증후군 사람들에게는 아주 기분 좋
게 작용하는 것으로 추정하였다. 다운증후군 사람들은 현재와 과거 같은 추상적 개념을
혼동하고, 과거의 어떤 결과가 어떻게 연결되는지를 잘 모를 뿐 아니라, 영화나 텔레비
전에서 체험했던 것을 구별할 수 없다고 하였다. 이들 대부분은 TV와 영화 속의 행동을
현실로 생각하였다. 이 사실은 이들이 화면에 보이는 사람들과 '이야기를 나누는 것'을
통해 파악할 수 있었다. 그러나 다운증후군 사람들이 TV나 영화의 주인공들과 대화를
나눈다고 해서 이들을 정말 현실의 인물로 생각하는지는 확실하지 않다. 미디어 속 인물
과 종종 이야기를 나누는 일반인들을 관찰한 경우, 화면 속 인물들과 이야기 나누는 것
을 습관화한 사람들도 있었기 때문이다. 중요한 점은, 다운증후군 사람들에게 있어 TV
의 내용과 진짜 현실의 개념이 서로서로 연결된다는 것이다.

(3) 다운증후군과 텔레비전 실험연구 사례

① 연구설계와 연구방법

3세에서 26세까지의 어린이, 청소년, 청년 다운증후군 자녀를 가진 독일의 8개 가족을 대상으로 하여 이들의 텔레비전 시청에 관한 연구(Zainel, 2013)가 이루어졌다. 연구대상자의 폭넓은 나이를 통해 연령에 따른 차이를 알아보고자 한 것이었다. 연구대상자들 모두 연구 당시 부모님과 함께 거주하고 있었다. 다운증후군과 텔레비전 사용에 대한 연구자료가 빈약하였으므로 연구방법의 선정에 있어 혼합된 방법을 선택하였다. 3세에서 7세 다운증후군 아동에 대해서는 부모를 대상으로 한 인터뷰와 연구자의 관찰이 동시에 이루어졌다. 13에서 26세 청소년들에 대해서는 부모와의 인터뷰 및 연구자의 일상 관찰과 실험을 통한 연구가 이루어졌다. 개개의 연구대상자를 대상으로 한 질적 연구가 이루어진 것이다.

모든 인터뷰는 각각의 가정에서 면대면으로 이루어졌다. 규칙에 따라 인터뷰는 우선 연구대상자의 어머니들과 진행되었으며, 경우에 따라 이들의 형제, 자매와 아버지도 함께하였다. 세 명의 어린이들에게는 수동적 관찰방법을 선택하였다. 연구자는 이 어린이들이 TV를 시청하는 동안 이들과 함께 같은 공간에서 이들의 모습을 영상으로 촬영하였다. 13세에서 26세 청소년들을 대상으로는 하는 다른 실험에서는 실험기간 당시 방영되던 TV프로그램들을 보여주었다. 예를 들어, 뉴스 프로그램, 스포츠 프로그램, 어린이 교육프로그램, 그리고 가수 서바이벌 프로그램과 같은 것이었다. 다운증후군 청소년들에게는 이들이 이 프로그램들을 알고 있는지, 어떤 방송사에서 이 프로그램들이 방송되는지, 그리고 이 프로그램들이 마음에 들었는지를 질문하였다.

② 연구결과

이 연구의 결과를 모든 다운증후군 어린이, 청소년들에게 일반화시킬 수는 없지만, 이들의 시청 상황에 대해서는 매우 의미 있는 결과가 나타났다. 결과적으로 볼 때, 이들의 텔레비전 사용에서는 다운증후군 그 자체보다는 이들이 속한 사회적 계층과 부모들의 교육적 역할, 형제, 자매들과의 관계, 여가시간에 가능한 활동양식 등이 더 큰 영향을 미친다는 것을 알 수 있었다.

3-7세인 세 명의 다운증후군 어린이를 관찰한 결과, 이들은 다른 어린이들이 보이는

일반적인 시청양식을 보여준다는 것을 알 수 있었다. 두 명의 어린이는 TV시청 중에 즉흥적인 혼잣말을 하기도 하였는데, 자신이 본 것에 대해 분명한 관심과 흥미를 표현하는 전형적인 방식을 보여주었다. 그중 7세의 한 남자 어린이는 어린이 프로그램 시그널뮤직이 시작되자 함께 노래를 부르기 시작했다. 또한 "삐삐", "티나", "사랑편지" 같은 그 프로그램의 주인공 이름과 중요한 단어를 반복하며 말하였다. 나아가 등장인물이 말을 탈 때는 "그가 말을 탄다" 등과 같은, 행동과 뜻이 일치되는 문장을 말하기도 하였다.

세 명 어린이 모두는 TV시청 중에 육체적, 생리적 반응을 보여주었는데, 소파 위로 뛰어오르거나 일어나기도 하고, 주변을 뛰어다니거나 빙빙 돌거나 손짓으로 동작을 보이기도 하였다. 특히 이 어린이들의 부모 모두가 공통적으로 응답한 내용은, '어린이 프로그램'의 시청 중에만 언어적 대화와 행동 반응을 보였다는 것이었다. 그중 5세 여자아이의 어머니는 자신의 딸은 특히 자기가 매우 좋아하는 만화영화를 볼 때 눈에 띄는 반응을 보였다고 하였다. 장애아가 아닌 일반 어린이들을 대상으로 한 연구(Anderson 외, 1984)에서도 프로그램에서 어린이 목소리가 나올 때 아이들은 더욱 관심을 갖고 반응을 보인다고 하였으며, 어린이 프로그램을 시청할 때 특히 더 집중하고 육체적 행동도 더 많이 한다는 결과를 보여주기도 하였다.

나이가 더 많은 다운증후군 청소년들은 당시 방영되던 TV프로그램을 잘 인식하고 있었고, 이들을 방영하는 특정 방송사와도 연결시키는 능력을 보여주었다. 예를 들어, 17세의 한 남자 청소년은 한 어린이 프로그램이 방송될 때, 정확히 그 방송사가 무엇인지는 몰라도 공영어린이 채널("Kinderkanal")이라거나 어린이 프로그램 전용방송국("Super RTL")이라고 추정하였다. 이 다운증후군 청소년은 이들 두 방송사가 오전 시간대에는 순수한 어린이 프로그램만 방영한다는 것을 알고 있었다.

전체적으로 보아 연구대상이 되었던 다운증후군 어린이, 청소년들의 TV 시청 태도는 매우 다양한 양상으로 나타났다. 이들의 시청 태도는 미리 가정했던 내용과는 달랐는데, 일반 어린이, 청소년들이나 전체 독일 국민의 시청 태도와 매우 유사한 결과를 보여주었다. 이는 그전에 이루어졌던 연구들의 결과를 반증하는 것이기도 하였다. 장애를 가진 어린이, 청소년들은 다른 일반인들처럼 주말에 시청 시간이 늘어났다.

인터뷰 결과, 성별에 따른 결과에서는 의미 있는 차이가 보이지 않았다. 그러나 13세의 한 다운증후군 소년의 어머니는 자신의 정상적인 다른 여자 자녀들과 비교했을 때 성별 특성과 관련된 차이가 존재했다고 언급했으며, 이것은 본 연구의 다른 연구대상자들에게서 나타나지 않은 결과였다. 여러 어머니들은 그들의 다운증후군 자녀들이 자신들의 장애를 받아들이기 어려워했고, 미디어에 등장하는 장애인들을 가능한 한 보지 않으려 거부한다는 것이었다.

전체적으로 보아 13-26세 다운증후군 어린이, 청소년들은 TV와 관련하여 이미 개인적인 취향을 갖고 있었으며 우발적으로 TV를 시청하는 경우는 적었고, 그들이 흥미 있어 하고 제대로 이해할 수 있는 것을 시청하는 것으로 나타났다. 이들은 자신의 정상적인 형제자매들보다 더 뚜렷이 좋아하는 프로그램을 선택하였으나, 여러 행동양식의 복합적 맥락은 이해하지 못하였다.

이들은 정상적인 형제, 자매들보다 TV 시청에 있어 부모들에 의해 더 많은 조절과 제한을 받았다. 가족들과의 공동시청은 이들에게 영향을 미치는 것으로 나타났는데, 자녀들은 부모의 TV 시청 성향을 따르기 때문이다. 다운증후군 어린이, 청소년들에게는 특히 음악이 큰 역할을 하였다. 가정에서의 영화시청은 8개의 가정 중 두 가정만 즐긴다고 하였다. 일반적으로는 사회적 수준이 낮을수록 TV 시청률이 높아지는 경향이 있다. 연구대상인 8개의 가족은 모두 상류층에 속하는 가족들이었으며, 이러한 요인은 TV 시청에 대한 연구결과에서 비교적 긍정적인 작용을 한 것으로 추측할 수 있었다.

결과를 정리하면, 다운증후군 어린이, 청소년들의 TV 시청행동에서는 이들 자신보다는 이들이 속한 가족의 사회적 계층 및 부모들의 가치관과 미디어교육 양식, 여가시간 활동의 선택 가능성과 같은 것이 더 큰 영향을 미치는 것으로 볼 수 있었다. 또한 정상적인 형제, 자매와 함께 성장하는 것도 다운증후군 어린이, 청소년들의 발달에 있어 긍정적인 영향을 미치는 것을 알 수 있었다. 이는 다른 형제, 자매의 능력이 이들의 일상과 행동에 긍정적인 동기를 유발할 수 있었기 때문이고, 결국 TV 시청에도 긍정적인 영향을 주게 된 것이었다. 물론 형제, 자매의 역할보다는 부모의 관점이 더 강한 영향을 미치고 있었다. 장애를 갖지 않은 자녀들의 TV 사용에 있어 부모의 조정이 특별히 드러나지 않는 것과는 관계없이, 다운증후군 어린이, 청소년들에게 중요한 것은 '부모를 통한 규칙'이었다.

5) 시각장애인을 위한 전자보조도구 – 태블릿 PC와 스마트기기

태블릿 PC의 몇몇 애플리케이션들(예: 열차시간 알리미 등)은 시각장애인 학생들과 교사들을 포함하여, 시각장애인들의 일상생활에서 이미 일정한 역할을 할 수 있는 잠재력을 보여주고 있다. 시각장애인들을 위해 태블릿 PC나 스마트기기를 유용하게 활용할 수 있는 연구가 보다 활성화되어야 할 것이다.

(1) 연구를 위한 고려 사항

시각장애인을 위한 스마트기기 활용 연구에서 생각해보아야 할 사항들은 다음과 같다 (Walthes, 2005).

- 스마트기기가 시각장애인들을 위해 이행할 수 있는 과제들
- 시각장애인들이 가정, 학교, 직장, 여가생활 등에서 스마트기기를 생활의 보조도구로 받아들이고자 하는 필요성
- 스마트기기를 사용할 수 있는 능력과 습득의 방법
- 스마트기기에 의존하게 될 경우, 그것을 지원해줄 수 있는 가능성
- 모바일기기의 크기와 무게를 시각장애인들이 견디어낼 수 있는 가능성
- 애플리케이션을 활용할 때 지역사회의 지원이 연결될 수 있는 가능성

(2) 이동성과 일상성

시각장애인 중에는 완전히 시력을 잃은 장애인뿐 아니라, 심한 약시 등과 같이 시력을 어느 정도 갖고 있는 시각장애인들도 많다. 태블릿 PC와 스마트폰과 같이 모니터화면을 갖는 모바일스마트기기는 그 이동성에 있어 다른 전자제품과 비교하여 이러한 시각장애인들에게 좋은 보조도구가 될 수 있다(Mihajlovic, 2014). 화면의 읽기 기능과 줌 조절 기능, 그리고 활자 크기 조절은 매우 실용적인 도구가 될 수 있다. 이러한 특성으로 스마트기기는 학교의 특수교육 교수법에서도 종종 이용되고 있다. 특히 카메라의 손쉬운 확대와 삭제 기능은 좋은 도움이 된다. 카메라의 줌 기능은, 예를 들어 버스시간표 찍어두

기 등과 같은 일상생활에서도 도움을 줄 수 있다.

　이러한 스마트기기는 특히 시각장애 청소년들이 매우 선호하는 기기이다(Cathomas, 2012). 다루기가 손쉽고, 화면 터치방식과 시각, 청각의 응답신호 같이 신뢰할 수 있는 기술은 간단한 손짓을 통해서도 습득할 수 있기 때문이다. 특히 복합적 장애를 안고 있는 어린이와 청소년들에게는 가벼운 무게감을 갖는 회전대, 보호대, 휠체어를 위한 고정 지지대 등과 같은 많은 부속품들도 유용할 수 있다.

(3) 교수학습에서의 활용

　수학, 언어 등을 위한 다양한 스마트기기 애플리케이션들은 시각장애인을 위한 교수법에서 적절히 사용될 수 있다. 스마트기기의 기술적 특성은 시각장애인들의 자립과 자율성을 위해 많은 가능성을 제공할 수 있다. 그러나 이를 위해서는 인터넷 사용이나 기술적 사용에 따른 비용 부담, 그리고 이를 교육할 교사들의 부족한 미디어능력이 문제가 될 수 있다(Gässlein, 2012). 따라서 일상에서의 컴퓨터 활용뿐 아니라 스마트교육에 대한 교사들의 미디어능력을 촉진하는 것이 중요하다.

　시각장애인 학생들뿐 아니라 사실상 모든 어린이, 청소년들을 위해서는 많은 애플리케이션들의 특징들, 예를 들어 시각적으로 분간하기 어려운 화면이나 과도하게 넘치는 정보의 양과 같은 부정적인 문제점들을 긍정적 요인으로 변환시킬 수 있어야 한다. 특히 인터넷 사용 경험이 많지 않은 장애 학생들로 하여금 애플리케이션에 빈번하게 등장하는 불필요한 정보들을 분류할 수 있게 하거나, 중요한 것과 중요하지 않은 내용을 정리할 수 있는 능력을 키워주는 것이 중요한 교육적 과제가 된다.

　이러한 문제점에도 불구하고, 다양한 스마트기기는 일상의 실질적 활용과 학교교육에 있어 많은 긍정적 기능을 가지고 있다(Janatzek, 2013). 무엇보다 장애학생들을 위한 교육에서 미디어기기를 선택할 때는 어떤 특정한 기기만을 확정하는 것보다, 각각의 학생들에게 의미 있는 기기가 무엇인가를 검토해야 한다. 이러한 점은 스마트기기 외의 다른 여러 전자 보조도구들에도 해당되며, 장애학생들에게 있어 이상적인 다른 여러 전자도구들의 사용을 완전히 배제하는 것은 바람직하지 못하다. 시각장애인 학생들 주변의 중요 관계인들에게도 미디어기기와 전자기기의 사용법을 알려주는 것이 필요하며, 장애학생들의 활용을 함께 지원해줄 수 있도록 해야 한다.

6) 교육적 취약층과 소외층을 위한 디지털미디어와 E-Learning

(1) 교육적 소수자를 위한 E-Learning의 교수법적 활용

교육의 역사에서 볼 때 E-Learning의 역사가 길지는 않지만, 이미 디지털기술은 일반교육이나 직업교육에서 하나의 일상적 교육방법으로 활용되고 있다. 위키피디아 등의 검색도구나 웹기반학습(WBT)을 활용하는 외국어 학습, 유튜브의 교수영상이나 인터넷의 작업자료 등과 같은 것을 생각해볼 수 있다. 이러한 E-Learning 및 디지털미디어를 활용한 교육은 특히 교육적 소외 집단이나 교육적 소수자를 위해 효율적인 교육의 기회를 제공해줄 수 있는 높은 가능성을 가지고 있다. 교육적 소외층이나 취약층, 교육적 소수자에는 '사회적 소외계층', '학업 취약층', '장애인', '이주민, 다문화가족', '노년층'이 해당된다(5장 4절 1항 참조).

교육적 소수자들 중, 예를 들어 감각 부분의 장애인을 위한 프로그램(예: 시각장애인을 위한 낭독, 청각장애인을 위한 텍스트 프로그램)과 다문화사회에서 이주민을 위한 이주지역의 국어와 자신의 모국어 활용 및 번역 프로그램들은 교육적 소수자를 위해 확장된 교육기회를 제공해줄 수 있다. 특히 교육적 소수자에게 디지털미디어는 학습에서 필요한 특성을 위해 그 의미가 크며, 그 특성은 다음과 같다(Pfeffer-Hoffmann, 2013).

- 디지털미디어는 이질적인 학습집단에게 변화와 차별적 상황에 대한 교수법적, 방법적 자산을 확장시킬 수 있다.
- 디지털미디어는 학습부진이나 학습단절을 겪는 사람들에게 높은 교육의 동기를 부여할 수 있다.
- 디지털미디어는 학습을 방해하는 문제점을 극복하는 데 보조역할을 할 수 있다.

(2) 교육적 소수자에 대한 디지털미디어 환경의 변화

디지털미디어의 도입으로 교육적 소수자의 교육환경에서도 다음과 같은 커다란 변화를 맞게 되었다(BMBF, 2012; Pfeffer-Hoffmann, 2013).

① 목표집단의 미디어능력

우리 일상의 거의 모든 분야에 디지털미디어가 뚫고 들어온 것처럼, 비록 단편적이고 불완전할지라도 교육적 소수자들에게도 디지털미디어는 많은 영향을 주고 있다. 이와 함께 E-Learning을 교육과 직업에 도입하고 적용하는 문턱도 낮아졌다. 동시에 모든 사용자들의 미디어능력 발전도 더욱 중요하게 되었다. 전체적인 측면에서는 먼저 윤리적, 비평적 성찰능력과 사회적, 창의적인 상호작용과 같은 것이 필요하다. 나아가 학교와 직장 등에서 디지털미디어의 다양한 기능을 교육적 소수자를 위한 여러 영역의 교육에서 적용할 수 있는 능력이 필요하다.

② 미디어문화 변환에 따른 사회적 환경

사회에 퍼져나가는 디지털미디어의 변화 속도는 점점 더 빨라지고 있다. 2004년에는 페이스북이, 2005년에는 유튜브, 2006년의 트위터가, 그리고 E-Learning도 이러한 다양하고 빠른 기기의 발전 속도에 맞추어져 발전해왔고, 이제는 모바일 전화의 여러 게임기능과 애플리케이션도 중요한 프로그램이 되었다. 미디어교육학 연구에서는 기능적 측면에 대해서만이 아니라, 이 모든 유형의 미디어와 아직 많이 알려지지 않은 미디어프로그램에 대한 창의적이고 학문적이며 비평적인 접근이 필요하다.

③ 프로그램의 다양화와 용이한 접근성

일반인 대상의 미디어 프로그램은 급증하고 있고, 프로그램 제작자들은 Web 2.0의 흐름을 타고 여러 미디어 채널, 학습내용의 모듈화(주파수를 활용한 다양한 조정), 오픈소스 라이선스와 함께 증가하는 열린 공개성 등을 통해 학습미디어에 대한 접근성도 매우 용이해지고 있다. 이러한 상황은 사용자들이 자율적인 교수와 학습에 대한 욕구를 가질 때 훨씬 효율적으로 현실화될 수 있다.

④ 기술적 장애물의 감소

인터넷을 통해 일상적으로 디지털미디어를 활용하고, 모바일네트를 통해 E-Learning 학습을 하거나 그 내용을 제작하고 전파하는 것이 이제는 미디어기기의 기능적 발전을 통해 기술적으로 더욱 단순해지고 있다.

⑤ 교육자들의 역량 강화

미디어기술의 급속한 변환과 프로그램의 다양화, 그리고 디지털미디어기기를 다루는 손쉬운 습득능력은 교육자들의 역할을 강화시키는 쪽으로 연결되고, 이것은 교육적 소수자들을 위한 교육에도 해당된다. 가르침의 기능에서나 새로운 내용을 검색하는 기능에서도 디지털미디어에 대한 교육적 역량이 필요하다. 디지털기기는 교육적 소수자를 위한 교육에서 교육내용의 질적 수준을 만족시킬 수도 있다. 교수자들은 집단 학습에서 학습자들에게 적절한 요구와 과도한 요구를 조절할 수 있어야 한다. 이들은 자율적으로 간단한 디지털 학습미디어 프로그램도 제작할 수 있어야 할 것이다.

5. 다문화사회의 미디어교육과 문화교류

1) 미디어를 통한 문화교류와 "탈영토적 공동체"(Diaspora) 형성

(1) 미디어 문화교류

다문화와 관련한 미디어교육학 연구에서는 지역적 이주에 따른 문화적 교류나 혼란뿐 아니라, 국가 영토와 같은 특정 지역의 경계선을 넘는 미디어 커뮤니케이션에 의한 범세계적 다문화 형성 또한 큰 의미를 갖는다(Hepp, 2006). 지난 수십 년간 우리는 미디어 커뮤니케이션을 통한 세계화가 급증한 것을 체험할 수 있었다. 범세계적인 커뮤니케이션 도구와 그 과정도 증가하였고, 이러한 커뮤니케이션의 접촉은 타문화를 보다 더 잘 이해하도록 하는 데 자연스럽게 기여하였다. 그러나 미디어 커뮤니케이션을 통한 문화교류에서는 각 민족의 다양하고 이질적인 전통문화를 오해하게 만들거나 갈등을 야기하는 측면도 있었다. 정치적 만화를 통해 다른 종교나 다른 정치적 기반을 갖는 나라를 풍자하여, 국가 간에 큰 갈등을 촉발한 것도 그러한 예가 된다.

"개인적으로 선호하는 과정"(Hartmann, 2006)만으로 미디어를 통한 정보의 습득이 이루어지는 것은 아니다. 특정한 지역적 특성 안에서 생산되는 미디어 프로그램은 각 사회의 전체 문화의 맥락 안에서 이해되어야 한다. 각 사회란 여러 국가뿐 아니라 소수집단의 공동체에 이르기까지, 매우 다양한 동질성과 문화적 지평을 수반하는 것이기 때문이다.

분명한 것은, 문화교류적 커뮤니케이션이 문화적 동질화, 균일화, 문화의 이해를 강요하는 것은 아니라는 점이다. 미디어 커뮤니케이션 및 이에 따른 문화교류적 커뮤니케이션이 반드시 어떤 변화와 연결되는 것은 아니지만, 미디어 커뮤니케이션의 세계화와 함께 "탈영토적 공동체"(Anderson, 1996)로 표현할 수 있는 공동체의 형성에 있어 어떤 의미를 갖게 되기도 한다. 이 탈영토적 공동체에는 "디아스포라"("Diaspora", Hepp, 2006), 즉 "이주공동체"도 해당된다. 디아스포라는 종교적 공동체나 팝문화 공동체, 그리고 정치적 공동체 등과 함께 소수 공동체의 형태로 분류되기도 한다. 여기에는 문화교류적 커뮤니케이션이나 영토의 개념을 벗어난 탈영토적 사회공동체 형성이 기본을 이룬다. 미디어 커뮤니케이션을 통해 강화된 세계화에 대한 중요성도 포함된다.

(2) 미디어 문화교류와 탈영토적 공동체의 동질성

영토를 넘어선 탈영토적 공동체화도 일종의 공동체 형성에 해당된다. 이러한 탈영토적 공동체의 사례에는 이미 윤곽을 형성하고 있는 같은 종족의 디아스포라, 청소년문화, 여가문화 및 팝문화, 그리고 사회운동과 관련된 정치적 공동체들 또는 종교적 공동체들도 해당된다. 탈영토적 공동체를 형성하는 데 있어서는 미디어사회화의 과정도 큰 역할을 하게 된다. 미디어를 통한 공동체 형성에서는 단지 한 개인이 부각되기보다는 더 넓은 공동체라는 감각의 관점에서 특정한 동질성을 나타내게 된다. 이러한 공동체에는 다음과 같은 세 가지 유형(Hepp, 2006)이 있다.

- **지역적 집단의 네트워크** : 탈영토적 공동체는 먼저 해당 지역의 면대면 커뮤니케이션을 통해 이루어지고, 지역적 범위에서 뿌리를 갖는 지역 집단 안에서 발생한다. 이러한 유형의 여러 지역집단은 지역을 넘어서 확산되는 네트워크로 연결된다.
- **지역을 넘어서는 감각영역** : 이 유형의 탈영토적 네트워크에서는 지역이나 장소를 넘어서는 의미나 정서가 존재하는데, 이러한 집단의 기초를 세우는 데 영향을 미치거나 함께 지향하고자 하는 공동의 정서나 감각과 같은 것이 해당된다.
- **탈영토적 범위의 확장** : 탈영토적 공동체라는 명칭이 설명하듯, 네트워크를 넘어선다는 것이 여기서는 단순히 어떤 특정지역에 한정된 것이 아니다. 이 네트워크 안에서는 국가적, 종교적 단합이 중요하다.

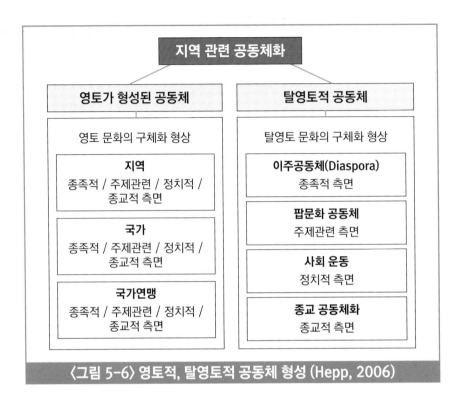

〈그림 5-6〉 영토적, 탈영토적 공동체 형성 (Hepp, 2006)

(3) 탈영토적 공동체와 미디어 문화교류의 의미

하나의 종족을 논리적인 측면에 따라 파악한다면, 이는 단순한 집단이라기보다는 한 민족의 공동 가치관에 기반을 두는 언어, 관습, 전통, 정서와 같은 문화적 특성으로 간주할 수 있다. 이러한 의미에서 종족을 구성한다는 것은 동질성을 만들어내는 공동체의 중심을 형성하는 것이다. 종족적 측면의 탈영토적 공동체는 세계적인 이주 형태를 통해 알 수 있다. 디아스포라의 개념에는 특정한 동질성의 정서도 연결되어있다. 그것은 이주민이 어떤 지역의 '이질적 외국인'이라는 사회문화적 맥락 안에서 자신의 동질성에 대해 신경을 쓰는 것으로, '동화하는 것'이 아니라 '고유의 동질성을 지켜나가는 것'이다(Hall, 1994). 미디어를 통한 지식과 정보습득, 동질성 확립이라는 관점에서 볼 때, 진보적인 세계화 속에서 문화교류적 커뮤니케이션의 필요성이 더욱 증가하고 있는 현실이다. 그러나 한 국가는 이미 존재하고 있는 사회집단이며, 국가가 미디어 커뮤니케이션의 세계화로 인해 그 기능이 약해지거나 효력이 없어진다는 것은 아니다.

2) 미디어세계의 문화와 동질성 상실, 동질성 확립

(1) 이주자의 사회화와 문화적 동화

이주자의 사회화에 있어서는 문화적 지위와 문화적 동화가 중요한 요인이 된다. 이주자들의 문화적 동화의 특성에 따라 이주민들을 다음과 같은 네 가지 유형으로 분류할 수 있다(Hoffmann, 2006).

- **동화하는 유형** : 이 유형에 속하는 이주민들은 자신의 문화적 특성을 새로 살아가게 된 나라의 그것에 적응시키고, 지배적인 다수 사회문화 안에서 기존에 자신이 가졌던 문화적 정체성을 남김없이 포기한다. 이들은 문화적으로 흡수되는 것이다.
- **격리 및 분리되는 유형** : 이 유형에 속하는 이주자는 새로 이주하게 된 다수 사회에서 실질적이고 본질적인 관계를 형성할 수 없는 사람들이다. 이들은 다수 사회로부터 분리되고 고립된다.
- **소외계층 유형** : 이 유형의 이주자들은 자신이 속했던 기존 종족집단에서도, 그리고 새로 편입된 사회의 구성원들로부터도 문화적, 심리적 접촉이 끊긴 사람들이다. 이들은 그 사회의 가장자리에서 완전히 고립되어 살아간다. 이들은 무기력, 이탈, 동질성 상실과 같은 정서를 보인다.
- **통합적 유형** : 이 유형의 이주자들은 자신의 문화적 강점을 잘 보존하면서도 새로 편입된 다수 문화사회에서 꼭 필요한 일부분이 되는 사람들이다. 이들은 다수 문화사회에서 종족집단끼리 서로 협력하고 공존하도록 하는 것을 가능하게 한다. 이러한 방법으로 새로 편입해 간 그 사회를 진정한 다문화사회로 다양화시키기도 한다.

(2) 이주자의 동질성 확립과 미디어

모든 인간은 전 생애에 걸쳐 자신의 동질성을 찾고자 노력한다. 동질성이란 개인적, 사회적, 문화적, 직업적 또는 다른 유형에서 파악할 수 있는 한 개인의 특성으로 성별, 직업, 교우관계, 부모, 자녀, 국적 등으로 표현될 수도 있다. 한 인간의 동질성은 어느 특정한 시간에만 국한되는 것이 아니다. 동질성 확립에 대한 필요성은 무엇보다 "동질성에 대한 느낌"(Akgün, 2006)을 허용하는(가능하게 하는) 개인적, 사회적 삶의 상황으로부터 발달한다. 이 느낌을 위한 전제조건은 사회적 인정과 소속감이다.

　이주민의 동질성 형성에는 대중매체도 중요한 역할을 하게 된다. 미디어가 이주자들의 개인적, 문화적 위치 확립과 동일시에 기여를 하는지, 또는 방해하는지와 같은 문제를 생각할 수 있다(Hoffmann, 2006). 미디어를 통한 사회화는 제한적일 수밖에 없는데, 미디어는 기본적으로 프로그램들과 특정한 프레임, 틀, 규범만을 제공할 뿐이지 그 이상은 아니기 때문이다. 주어진 내용을 얼마나 잘 소화하고, 적응하고 또 국제화의 시각까지 발전시킬 수 있는지는 개별 시청자의 역량에 달려있다.

3) 문화통합의 기회와 전망에 대한 미디어교육학의 역할
– 이주민 어린이, 청소년의 능동적 미디어 제작작업

(1) 이주민 어린이, 청소년의 능동적 미디어 제작작업을 위한 고려사항

　이주 청소년들에게는 새로운 개인적, 사회적 동질성 형성뿐 아니라 미래의 직업세계와도 연계할 수 있는 능동적 미디어작업이 중요한 교육주제가 된다. 이주 사회에서의 문화통합과 관련한 청소년 미디어작업이나 프로젝트에서는 다음과 같은 교육적 사항과 유의점을 고려하여 교육을 실행하는 것이 바람직하다(Niesyto, 2006).

- 사회적 경험을 소화해내기 위한 생활세계와 관련한 제작 작업
- 자신의 미디어제작 작업에 새롭고도 알려지지 않은 문화를 접속하는 아이디어
- 언어나 글의 표현 한계가 있는 분야에 미디어를 활용한 창의적 자기표현
- 공공의 커뮤니케이션 장에 자신이 직접 제작한 작품의 발표
- 자기 고유의 문화를 해석하고 설명할 수 있는 본보기의 구상
- 자아가치 부여와 자기 효율성의 강화
- 미디어내용의 비평 및 여성, 청소년, 가족, 지역사회 등에 대한 미디어영향과 조작 가능성을 보는 통찰력을 위한 미디어능력의 촉진
- 기존의 상업적 미디어 프로그램을 모방함으로써 야기된 부족한 창의성과 스토리에 대한 보완

- 기술적 기능에 대한 지나친 의존과 예술적 측면의 경시에 대한 문제의식 촉구
- 특정 주제에 대한 편향성 배제
- 이주 어린이, 청소년들이 겪는 어려운 교육환경이나 사회 환경으로 인한 장기 프로젝트 추진의 어려움 극복

전체적으로 보아 문화통합적 미디어작업은 이주민 어린이, 청소년들에게 더 큰 자아존중감과 자기효능성을 경험할 수 있도록 하는 커다란 잠재성을 내포하고 있다. 그러나 이러한 미디어작업은 몇 가지 전제조건이 충족되었을 때 교육효과를 얻을 수 있다. 첫째, 이들이 자신의 능력과 장점을 잘 활용할 때, 둘째, 구조적 틀과 개방성 사이를 잘 인식할 때, 셋째, 미디어적 표현과 현실적 표현의 차이를 잘 파악할 때, 넷째, 개인적 돌봄과 집단에 대한 돌봄 간의 조화를 잘 이루어낼 때 미디어작업이 성공할 수 있다(Maurer, 2004). 나아가 두 개의 언어 속에서 성장하는 어린이, 청소년들은 이를 서식 형태의 글로도 잘 쓸 수 있도록 해야 하며, 자신의 생각을 그림, 음악, 몸짓 언어로도 통합할 수 있어야 한다. 이러한 언어능력, 글쓰기능력, 미디어능력과 같은 세 가지 능력은 함께 연결되어 있으며, 이러한 능력은 문화적, 상징적으로 자기를 표현하고 민주사회로 참여하게 되는 동력이 되며, 장래 직업에서의 활동 가능성에서도 의미를 갖게 된다. 문화교류 연구에서는 이제 설문지, 인터뷰, 서술적 방법만으로는 충분하지 않게 된 것이다.

(2) 미디어학 분야의 연구관점

미디어를 통한 세계화 과정은 장점과 문제점을 동시에 수반한다. 이러한 관점에서 보아 문화통합 미디어연구는 이주 어린이, 청소년들의 미디어작업을 위해 본질적으로 중요한 과제이자 필수적인 사안이 되었다. 이 미디어작업에서의 핵심은 세계화 과정의 관점에서 보아 지역과 민족 특성적인 역사의 발달을 간과하지 않아야 하고, 이주민들이 겪었던 삶의 단절과 변화를 범세계적 미디어 형태와 함께 분석해야 하는 것이다(Großklaus, 2004). 또한 미디어에서는 종종 여러 문화적 사안들을 각기 다르게 해석하고 전달하는데, 종교와 문화가 이질적인 이주자들이, 예를 들어 이슬람 문화권이나 아프리카 지역 등에서 지배적인 가치관이나 문화적 발달사 등에 대해서도 서로 열린 시각으로 이해할 수 있도록 이끌어주는 것도 중요한 교육내용이 될 수 있다.

(3) 미디어정책 분야의 연구관점

문화와 미디어 분야에서도 경제적 이해나 시장 점유와 관련한 문제들이 점점 더 증가하고 있으며, 유네스코에서는 이미 수년 전부터 다양한 문화와 미디어에 대한 보호정책을 표명하였다. 여기에서 지향하는 중요한 가치는, 미디어 프로그램은 대중적인 성공, 시청률, 판매율과 같은 것만으로 그 가치의 기반을 이루어서는 안 된다는 것이다. 유네스코의 미디어정책은 "문화적 자기표현에 대한 인권"(Niesyto, 2006)과 관련하여 다양한 프로그램을 위한 넓은 행동반경을 보장해야 한다는 것이다. 가능한 한 높은 시청률, 시장 점유율, 많은 수입만을 추구하는 세상에서 미디어와 함께하는 문화적 다양성을 보장하는 기구가 있어야 한다는 것을 주장하였다.

(4) 미디어교육학 분야의 연구관점

문화통합 미디어교육 프로젝트의 관점에서 볼 때, 오로지 미디어의 가상세계에 관한 것만으로 이 교육의 교육적 의미가 충분하다고 할 수는 없다. 이 교육에서는 이주민 어린이, 청소년들과의 직접적 접촉이 필요하며, 미디어교육 프로젝트의 기획에서도 이러한 점을 고려해야 한다. 이주자들의 전통적 모임이나 세미나와 같은 교육형식도 미디어 작업에서 적극 활용되어야 한다(Niesyto, 2006). 이제는 유럽과 아시아, 라틴아메리카와 아프리카 등 세계 여러 지역의 나라가 함께하는 프로젝트도 현저히 증가하였다. 다양한 문화 속에서 이주민 누구도 소외감을 느끼지 않고 각 사회에 잘 융합되도록, 능동적 미디어 프로젝트는 오늘날의 다문화사회에서 더욱 촉진되어야 할 교육방법이라 할 수 있다.

6. 종교문화와 미디어교육

    사회 전반적으로 오늘날에는 미디어에 의해 많은 변화가 이루어지고 있고, 교육분야에서뿐 아니라 종교분야에서도 미디어에 의한 영향력은 더욱 커지고 있다. 인쇄매체에서부터 인터넷에 연결된 디지털미디어까지, 모든 유형의 미디어는 일반 교리교육과 종교적 커뮤니케이션을 위해 적극 활용될 뿐 아니라, 대중문화 콘텐츠에서 종교의 기본이념이나 가치관을 왜곡하여 전달하는 상황도 종종 일어남으로써 대중매체와 종교 간의 갈등 상황도 발생하기 때문이다.

1) 대중문화의 종교적 측면과 "종교유사구조"

(1) 미디어와 종교의 만남

    미디어와 종교는 과거에서 현재까지 크게 두 가지 측면에서 매우 밀접하게 연결되어 있다. 첫째, 종교의 입장에서 교육적 매체로서 대중매체를 활용하는 경우, 둘째, 대중매체 콘텐츠가 종교적 가치관을 활용하는 경우이다. 첫 번째 경우는, 모든 교육에서와 같이 종교교육에서도 성경책을 비롯한 인쇄매체뿐 아니라 영상매체, 디지털미디어, 스마트기기 등의 기술적 교수매체가 필요하다. 두 번째 경우는 대중매체가 종교 내용을 활용하는 것으로, 이를 다시 두 가지 측면으로 나누어 생각해볼 수 있다. 한편으로는 전통적인 종교적 현상이나 종교 내용을 형상화하거나 종교적 가치관을 전달하려는 경우이다(영화 〈천지창조〉, 〈Passion of Christ〉, 〈나니아 연대기〉 등). 다른 한편으로는 대중문화 콘텐츠 속에 종교적 현상이나 가치관, 종교적 요인이나 상징을 부분적, 간접적으로 차용하면서 상업적 의도를 가지고 이들을 이용하는 경우이다(〈다빈치코드〉, 〈매트릭스〉 등).

    종교와 일상이 밀착되어있는 삶의 형태에서 이미 벗어난 것처럼 보이는 현대사회에서도 사람들은 초현대적인 관점에서 다시 초감성적, 선험적인 것을 찾아 종교에 대한 은밀한 동경을 보이기도 한다. 우리는 이미 오래전부터 종교적인 것을 종교기관이나 종파 등을 통해서만 접하지는 않는다. 종교는 많은 부분 일상 생활세계와 미디어를 통해서도 전승된다. 이러한 것은 특히 "Kult-Marketing"(Bolz & Bosshart, 1999)의 형태로 광고, 영화, 팝문화와 같은 대중문화 콘텐츠 속에서 종교 프로그램이나 종교를 표방한 상품 또는 종교유사적 모습으로 나타나기도 한다

다양한 대중문화 콘텐츠가 생산되면서 현대사회에서는 종교의 실제 가치관보다는 종교에 내포된 요인이나 상징을 부분적으로 대중문화로 가져와, 이를 상업적 목적으로 이용하는 경향이 커지고 있다. 이 점에 대해서 대중매체의 종교유사성과 관련한 문화인류학적 입장을 생각해볼 수 있다. "모든 문화는 (종교)의식적이고 신화와 흡사한 기본적 표본이나 구조를 필요로 한다. 이러한 것들은 그 문화 속에 살고 있는 각 개인, 모든 인간의 기본 욕구이다"(Pirner, 2000). 이러한 인간의 기본 욕구를 우리는 대중매체를 통해 어느 정도 충족할 수 있다. 그러나 이러한 문화기능적 관점에는 반드시 문화비평적 관점이 보충되어야 한다.

(2) "종교유사구조"

대중문화의 문화비평적 관점에 있어서는 대중문화의 "종교유사구조"(문혜성, 2008; Pirner, 2004)가 중요한 연구주제가 된다. 고도의 산업화 사회에서도 현대의 대중문화는 전통적인 종교의 여러 기능을 차용하는 경우가 많다. 이 경우는 크게 두 개의 구조로 나뉘는데, 첫 번째는 잘 알려진 종교 내용이나 현상, 그리고 종교적 가치관이 병행되어 프로그램에 묘사되는 형태이다. 두 번째는 종교의 특정 내용, 그림, 상징, 종교에 나오는 무대장치나 소도구, 종교에서 의미 있는 기능 등을 부분적으로만 가져오는 경우이다. 이 두 번째에 해당하는 구조가 대중문화 프로그램의 "종교유사구조"이다. 이렇게 특정 프로그램에서 종교적 요인을 부분적으로 차용할 때, 이들은 대중에게 해당 종교의 정통 가치관을 전달하려는 의도를 갖는 것이 아니다. 오히려 그 종교에 나타난 상징을 빌려, 해당 대중문화 상품의 이미지를 더욱 강화하려는 의도를 갖는다. 이러한 의도를 읽어낼 수 있도록, 일반 대중에게 대중문화의 상업적, 정치적 기능과 세계화의 역할에 대한 문화 해석능력과 문화비평능력을 키워주어야 하는 것이 미디어교육학의 현실적 과제이다.

오늘날 청소년, 어린이, 성인들이 이용하는 많은 대중매체 프로그램 중에는 종교유사구조의 형식이 이용되는 경우가 드물지 않다. 예를 들어, 영화 〈매트릭스〉(1999)에서는 수많은 부분에서 그 근원을 그리스도교적 서술 동기에 두고 있으며, 이러한 중요한 시사점을 이해하기 위해서는 상당한 종교적 지식이 있어야 한다는 것이다(Pirner, 2000). 미

국의 SF시리즈물 〈스타트랙〉(1966)에도 이러한 종교유사구조가 들어있다. 이 프로그램들이 갖고 있는 종교유사구조는 영화의 현란함에 담겨있는 깊은 뜻을 추론하도록 할 뿐 아니라, 왜 영화제작자들이 이렇게 종교적 상징과 모티브를 영화에 끌어오는가에 대한 질문을 던지게 한다. 종교사회학의 관점에서는 "대중매체의 종교유사구조"의 기능을 다음과 같이 정리하였다(Kaufmann 1989).

- 감동 및 흥분과의 연결, 두려움의 극복과 정체성 발견
- 일상적 평범함을 넘어서는 행동양식
- 우연성의 경험에 대한 소화작업
- 공동사회(집단)에 대한 합법화
- 확고한 세상의 개념에 대한 의미와 질서 확인
- 부당하고 비윤리적인 사회 상태에 대해 거리를 둘 수 있는 가능성

〈그림 5-7〉

프로그램의 주제와 상관없이 종교적 상징을 이용하는 "종교유사구조"의 예로는 마이클 잭슨이나 프린스 등의 팝 스타들을 들 수 있다. 이들은 자신이 단순한 대중스타가 아닌 그 이상의 신과 같은 존재라는 것을 부각시키기 위해, 공연 중 양팔을 들어 십자가를 상징하는 모습을 종종 보여주기도 하였다(그림 5-7).[2] 이 모습은 마치 예수와 같은 형상을 암시하게 된다(Hurth, 1997). 가수 마돈나는 뮤직비디오 "Likc a prayer"에서 교회처럼 보이는 장소에서 두 손바닥에 난 못 자국을 보여주고, 그곳에서 피가 흐르는 장면을 클로즈업하여 보여주었다. 가수 마돈나는 다른 뮤직비디오에서도 십자가에 못 박힌 예수의 형상을 보였다(Buschmann,

〈그림 5-8〉　　〈그림 5-9〉

---

2) 〈그림 5-7〉~〈그림 5-15〉 출처 : medien praktisch, 3/1997, 4/1998, 2/2002, 1/2001

〈그림 5-10〉

〈그림 5-11〉

〈그림 5-12〉

〈그림 5-13〉

1998, 그림 5-8, 5-9). 그리스도교의 내용이나 상징을 이용하는 "종교유사구조"의 형태는 수많은 광고에도 사용되었다. 시스티나 성당의 미켈란젤로의 천지창조 그림 중 "아담의 창조" 부분은 여러 광고에 쓰이고 있다 (Bicielhaupt & Buschmann, 2002). 이 그림 부분은 첨단과학과 인간의 만남, 기계와 물질의 만남, 영화와 스타의 만남 등을 암시하는 컴퓨터, 담배, 영화광고 등에 사용되고 있다(그림 5-10, 11, 12, 13). 베네통의 진 자켓과 청바지 광고(그림 5-14)에서는 아담과 이브가 이 옷들을 입고 있고, 아담의 손에는 사과가 들려있다. 이 광고에서는 사과가 아닌 진 제품들을 통한 유혹을 암시하고 있다(Howoldt & Schwendemann, 1997). Audi 자

〈그림 5-14〉

〈그림 5-15〉

동차 광고(그림 5-15)에서는 넓은 아스팔트 길 양 옆으로 홍해 바다가 갈라지고 있다 (Buschmann, 2001). 이 엑소더스를 모티브로 하는 '길'에 대한 상징은 하나의 "인생에 대한 상징"(Biehl, 1989)을 의미하는 것으로, 항상 바쁘고, 변덕스럽고, 정신이 없는 상황에서 자동차와 거의 함께하는 현대 인간의 생활 모습을 간접적으로 보여주는 역할을 하고 있다.

대중문화 속에는 이렇듯 종교적 상징을 가져다가 결국 그들의 상업적 목표를 이루려는 시도가 적지 않게 행해지고 있다. 대중매체의 강력한 영향 속에서 자라나는 어린이, 청소년들에게 대중문화 속의 "종교유사구조"를 파악할 수 있는 해석과 비평능력을 키워주는 "종교미디어교육"은 매우 중요한 의미를 갖는다. 왜냐하면 어린이, 청소년들의 '대중매체를 통한 사회화'에 관한 문제가 대중매체와 종교의 연결로 인해 동시에 상당 부분 '종교적 사회화'가 될 수 있기 때문이다. 따라서 일방적인 세속화 가설에 대해 강조할 수 있는 것은, 오늘날 교회와 상관없이 살아가는 젊은 사람들이 반드시 '종교와 관련 없이'

살아간다고 할 수는 없다는 것이다. 종교와 관련하여 생각할 때 이들은 절대 "쓰이지 않은 백지"(Pirner, 2002)만은 아니라는 것이다.

2) 상징교수법

종교문화와 연결된 미디어교육학의 중요 과제는 영화나 광고, 팝문화 등에 나타나는 종교적 상징이나 종교성을 인지하고 발견하고 읽어내는 것을 학습시키고 가르치는 것이다. 또한 프로그램 속에서 종교와 대등하게 각인되는 대중문화의 표현형태를 파악하고 전달하는 것이다. 대중문화 프로그램에는 종교적 구조와 관습뿐 아니라 신화와 유사한 구조를 내포하기도 하고, 인간의 욕구에 대한 보상의 한 형태로써 종교적 전통의 요소들을 가져오기도 한다. "모든 문화는 그 문화 속에서 살고 있는 개인들의 기본 욕구를 충족시켜줄 종교적이고 신비로운 기본 틀이 필요하다"(Pirner, 2000)는 것이다. 대중문화에 나타나는 '종교적 상징', '종교유사성', '종교적 미디어사회화'와 같은 주제를 교육하는 교수법을 "상징교수법"("Symboldidaktik", Gutmann, 2000; Buschmann, 2003; Pirner, 2004)이라고 한다. 상징교수법은 실천적 종교미디어교육의 한 분야이다.[3]

(1) 종교적 상징, 종교유사성, 종교적 미디어사회화

대중문화와 대중매체가 갖는 교육적 의미를 두 가지 점으로 파악할 수 있다. 첫째, 대중매체가 갖는 매우 복합적인 역할에도 불구하고, 공공교육에 대한 이의 긍정적 기반과 전제조건이다. 닐 포스트맨은 저서 『The End of the Education』(Postman, 1995)에서 성공석인 공공교육을 위해서는 사회 전반적으로 공유되는 '이야기', '신화' 그리고 '신'과 같은 것이 전체의 상관관계 속에서 필수적으로 필요하다고 하였다. 이것은 학교 교육과정을 위한 기초와 테두리가 되어주기도 하고, 학교 밖의 교육으로도 전달되어야 하는 것들이다(Postman, 1995). 포스트맨의 주장에 따르면, 대중매체를 통해 우리는 탈근대적 성

---

3) 종교교육에서 의미하는 종교란 일반적으로 그리스도교를 의미한다(Buschmann, 2003). 이는 종교에 관한 체계적 교육방안을 주로 그리스도교에서 연구하였기 때문인 것으로 파악된다. 대중문화에는 다양한 종교가 등장하지만, 이 연구의 주된 연구대상 종교는 그리스도교이다.

향으로 퇴색된 '옛날이야기'가 특정한 의미나 가르침의 표시로서 어떻게 전승되고 가꾸어졌는지, 그리고 이러한 복합적인 내용과 가르침들이 미디어 구조 속에서 어떻게 '변화'가 가능해지는지를 볼 수 있으며, 대중매체의 긍정적 교육기능도 보여줄 수 있다는 것이다.

이상과 같은 대중매체의 역할과 관련한 두 가지 교육적 과제(Pirner, 2000)를 생각해 볼 수 있다. 첫 번째 과제는 '문화의 해석'에 관한 것으로, '미디어의 문화적 의미에 대한 이해'라고 할 수 있다. 현장의 미디어교육을 통해 대중매체 사용자들로 하여금 문화의 깊은 구조와 본질적인 기능에 대한 이해를 싹트게 하는 것이다. 두 번째 과제는 '문화비평'에 관한 것이다. 이것은 '문화의 기능과 문화비평 전통 간에 이루어지는 논쟁'이라고도 할 수 있다.

유럽 지역에서는 이미 종교교육에서 미디어교육학적 관점이 매우 중요한 역할을 할 뿐 아니라, 실제 교육에 종교미디어교육이 도입되고 있다. 뿐만 아니라 교육기관의 종교교육 내용에는 대중매체의 팝문화가 제공하는 문화해석의 관점과 교수법에 대한 연구도 많이 포함되어 있다(Failing & Heimvrock, 1998; Gutmann, 1998; Gottwald, 2000). 특히 청소년들과 어린이들의 일상적 미디어문화와 관련된 '상징'에 대한 교수법이 종교교육에서는 중요한 의미를 갖고 있다(Biehls, 1989, 1993, 1999). 이 상징에는 그리스도교의 많은 상징들, 예를 들어 성체의 빵과 포도주, 세례 때의 물, 기름, 소금, 십자가 등이 포함된다. 대중문화에서는 종교가 뜻하는 깊은 의미를 많은 상징들을 통해 비유적으로 나타내기도 한다. 이들 상징에 대한 수용과 이해, 그리고 이의 창조적이고 생산적인 관계는 종교와 생활세계, 개인과 사회, 무의식과 의식, 합리성과 미적 인지, 직감적 인지 사이의 교환적 추론과정을 돕는 촉매의 역할을 한다(Pirner, 2000). 이러한 종교적 상징은 우리의 정신생활을 풍요롭게 해주는 토대가 되며, 정신적 생활이나 교육에도 깊이를 더해줄 수 있다.

대중매체에서 지속적으로 다루는 주제에는 종교에서 중심이 되는 주제와 동일한 것들이 많다. 예를 들어, 죽음, 고통, 사랑, 희생, 죄악, 용서 등과 같은 것이다. 이러한 종교적 주제는 인간이 생활 속에서 겪게 되는 경험들 중에서도 특히 신과 관련되는 경험이라고도 할 수 있다. 이러한 경험은 우리의 인생에서 중요한 표본이 되기도 하고, 인간 사회에서 우리 인생을 이끌고 보호해주기도 한다(Pirner, 2004). 결국 대중매체 프로그램에서 다루는 여러 주제에는 종교 전통에 나타나는 이야기, 개념, 그림, 상징들이 많이 이용되고 있다는 것을 알 수 있다. 상징교수법에서는 종교적 상징의 의미뿐 아니라 이 상징들이 대중문화에 옮겨질 때 그 특성이 어떻게 표현되는가를 파악하는 것이 중요한 연구주제가 된다. 대중문화 속 상징의 특성을 다음과 같이 정리할 수 있다(Feifel, 1995; Fleckenstein, 2004; Schröder, 1994).

- (종교적) 상징은 삶과 초월성(초자연성) 간의 교환작용을 가시화시켜준다. 미디어 프로그램에서는 이러한 관계가 많은 경우 하나의 전제적 상황으로 깔리거나 예술적 표현으로 조화되기도 한다.
- 상징은 하나의 '표징' 속에서 시공간을 초월한 사건들을 표현해준다. 미디어도 이렇게 나타난 표징들을 흥미롭게 끌어내고, 심지어 새로 만들기까지 한다.
- 상징은 '성공한 삶을 지향'하는 표상이다. 미디어는 부가가치를 갖는 프로그램을 만들어내기 위해 이러한 표상들을 프로그램 속에 의식적으로 녹여낸다.
- 상징은 정체성 확립에 대한 이상적 표본을 제시한다. 미디어교육학 분야에서는 '수용자 연구'와 같은 연구를 통해, 미디어사용자들이 자신의 동질성 확립에 있어 미디어를 능동적으로 활용할 수 있는 이상적 표본을 구현해낼 수 있는 토대를 제공해주어야 한다. 미디어는 이러한 표본을 통일시키기도 하고, 부분적으로는 사용자들에게 이러한 표본이 각자의 생활세계와 '멀리' 떨어져 있다는 것을 보여주기도 한다. (미디어 대중문화 이전 시대의 사람들은 동질성 확립을 위한 표본을 자신의 생활환경 속에서만 얻을 수 있었다.)
- 상징은 공동체를 만들어내기도 한다. 이에 대해 미디어는 (인터넷과 같은 것을 통해) 단지 부분적으로만 힘을 가질 수 있다. 이러한 공동체의 결성으로 인해 미디어는 시청자들 간의 직접적 접촉이 가능하지 않던 상황에서 미디어가 해주던 보조 및 도움의 기능을 점점 상실하게 된다.
- 상징은 심층적인 현실에 대한 주의를 환기시킨다. 미디어는 이러한 것을 주로 비교양식을 통해 이루어낸다. 물론 미디어는 상업적 수익을 위해, 실제로 접할 수 있는 현실을 마치 심층적인 현실을 실현시키는 것처럼 만들어내려는 유혹에 직면하기도 한다.
- 성경에 나오는 상징들은 종종 '통보(통지)의 기능'을 갖는다. 이 상징들은 우리에게 신이 요구할 수 있는 것들을 전해준다. 이러한 신학적 차원의 특성은 미디어 프로그램의 상징들에서는 당연히 결여되어있다. 예를 들어, 십자가가 갖는 부활이라는 상

징성은 미디어에서 (많은 팝문화와 광고 등을 통해) 완전히 사라지고 또 반항적으로 사용되면서, 우리의 머릿속에는 소유적 가치관과 연결되는 광고와 같은 상징이 떠오르게 된다.

현대 문화 속에 나타나는 종교와 미디어 간의 이러한 다양한 연계성은 미디어에 의한 사회화가 상당 부분 곧 종교적 사회화가 된다는 것을 의미한다. 이것은 "종교적 미디어 사회화"(Pirner, 2004)를 말하는 것이다. 미디어에 의한 사회화 중에서도 종교적 가치나 상징과 관련한 종교적 미디어사회화는 '교육적'임을 표방하지 않은 상태에서 이루어지는 경우가 많다. 이것은 결국 오늘날 교회와 같은 종교기관과 떨어져 사는 많은 어린이, 청소년, 성인들도 이제는 더 이상 종교와 완전히 분리되어 살 수 있는 사회문화 속에 있지 않다는 것을 뜻한다. 종교에 대한 사회화를 의식적으로 느끼지 않은 상태에서 대중문화 속 종교적 상징과 종교유사성을 통해 우리는 때로 종교의 근본 가치관을 생각하게도 되고, 때로는 왜곡된 종교적 상을 형성하게도 된다. 이러한 사고는 단지 추측만이 아니라 실증적인 연구를 통해서도 밝혀지고 있다(Pirner, 2001, 2004; Scholtz, 2004). 이 연구들은 청소년들의 텔레비전 프로그램 선호도와 이들의 종교적-세계관적 가치관 사이에 상관관계가 있다는 것을 보여주었다. 한 연구(Pirner, 2004)에서는 가톨릭의 첫 영성체를 받는 초등학교 어린이들을 대상으로 종교적 미디어사회화를 조사하였다. 여기에서는 실제로 미스터리 영화를 즐겨보는 아이들이 과도할 정도로 귀신이나 지구상의 외계인의 존재를 믿는다는 결과를 보여주었다. 이러한 결과는 이들을 지도하는 종교교육 교사들의 경험에서도 많이 나타났는데, 미디어 경험이 학생들의 종교관이나 세계관, 윤리관을 형성하는 데 영향을 준다는 것이었다. 이 연구에서는 장시간 텔레비전 시청자(일주일에 15시간 이상 시청)일수록 귀신, 죽은 사람과의 접촉, 점성술, 새로운 탄생을 믿는 경향이 더 높았다는 결과를 보여주었다. 이러한 사회적 상황 속에서 종교적 미디어사회화는 종교미디어교육에서 필수적인 연구영역으로 그 의미를 갖게 된다.

(2) 상징교수법의 실천적 교육방안, 교육내용, 연구과제

일반적으로 종교교육은 종교의 전통과 현대의 생활세계 사이에서, 그리고 개인과 사회 사이의 상관관계적 상호작용을 해명하는 의미에서 그리스도 교회와 일상세계를 매개해주는 역할을 해야 한다(Buschmann, 2003). 종교적 언어는 항상 상징적 언어라 할 수 있다. 이 언어는 종교적 의미에 대한 방향을 제시하는 특징을 내포하고 있어, 상징교수법은 대중매체의 상징과도 연결되어있다. 상징교수법에 대한 기본 토대는 1980년대 초반부터 시작되어 종교교육학의 논점에서 상호관계 교수법의 맥락에 도입되었다. 이것은 "핵심적 그리스도교 상징의 명백함이 상실되는 것에 대한 반응"(Möring-Plath, 2000)으로 우리 사회에 등장하게 된 것이다. 이 교육의 목표는 그리스도교 신앙에 대한 '재상징화'로써, 무엇보다 종교교육을 인지적 학습방법에만 치중하는 교회 내부에 대한 일종의 비난이라고도 할 수 있다. 긍정적인 방향으로만 현실을 이해시키고자 하는 일방적 교육방법에 비해, 현실에 존재하는 것의 핵심을 만나도록 내면으로 집중시키고자 하는 교육이다.

상징교수법은 실천적 종교미디어교육의 한 분야이며, 이의 교육내용과 연구과제들을 다음과 같이 정리할 수 있다(Biehl, 1999; Pirner, 2000). 첫째, 종교해석학적 관점과 미디어문화의 해석적 관점을 연결한다. 둘째, 세계관이나 종교윤리적 사회화에 큰 영향을 끼치는 종교적 미디어사회화를 연구한다. 셋째, 윤리적 판단능력과 행동능력을 촉진함으로써 종교미디어교육의 관점을 윤리적 교육과제로 연결하여, 특히 어린이와 청소년들의 윤리적 판단능력을 키워주고 자율적 미디어 프로그램 제작과 같은 행동능력을 촉진한다. 넷째, 팝문화에 나타난 종교적 요인에 대한 연구를 촉진한다. 다섯째, 종교 커뮤니케이션을 위한 종교미디어교수법을 개발한다. 이것은 상징교수법을 발전시키는 것이다. 여섯째, 종교미디어교육을 위한 교사교육을 활성화한다. 이것은 종교적 내용과 미디어교육학, 발달심리학에 대한 이론을 바탕으로 이상의 분야를 교육현장에서 직접 교육할 수 있는 전문교사를 양성하는 것이다.

3) 종교미디어교육

오늘날의 대중매체나 대중문화 콘텐츠와 연결된 새로운 사회문화의 협력 형태로서 "종교미디어교육"이라는 학문 분야가 생겨났다. 이 분야는 미디어교육학의 이론 위에 종교교육학의 관점이 도입된 것이다.[4] 이 전문분야는 현대의 사회적 요구에 따라 종교 및 미디어와 관련한 교육문화에 대해 전반적인 방향을 제시하고 이끌어갈 수 있는 적절한 시각을 정립하려는 의도를 갖고 있다. 이 시대에는 종교의 근본적 입장과 현대 대중문화 속에 드러나는 종교문화, 이 둘 사이에 나타나는 갈등요소에 대해 조화로운 미디어교육의 방안이 필요하다. 종교문화와 미디어교육학의 연계를 통한 새로운 연구분야로서 종교미디어교육의 영역이 발생한 것이다.

(1) 이론적 발달과정 – 미디어교육학과 종교교육학의 연계

종교교육학과 미디어교육학은 각기 독립된 전문분야이다. 그러나 현대 대중매체의 활성화에 따른 사회적 현상과 요구에 따라 이 두 분야에서는 공통적 관점의 연구영역이 더욱 확장되게 되었고, 이를 통해 종교미디어교육 개념에 대한 토대가 마련되었다.

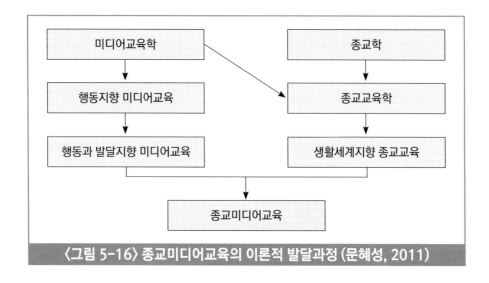

〈그림 5-16〉 종교미디어교육의 이론적 발달과정 (문혜성, 2011)

---

4) 각주 3) 참조

　융복합 학문의 성격을 가지고 있는 미디어교육학은 현대사회에 들어오면서 점차 종교학과 같은 다른 여러 전문분야들과도 연결되었다. 주로 정신적 영역에서 논의되던 종교란 개념은 점차 학문적 영역으로 연결되어 종교학이 발달하게 되었고, 이를 바탕으로 종교가 현실 사회와의 맥락으로 연결되는 종교교육학도 연구되기 시작했다(Knoblauch, 1999). 이 시대 종교교육학의 지향방향을 다음의 두 분야로 파악할 수 있다(Gottwald, 2004). 첫째, 기본적인 종교적 가치관과 구체적인 종교적 내용, 신념 및 신앙고백, 또는 세계관적 입장에 대해 확실한 교육을 해야 한다. 둘째, 현대사회에 공존하는 다른 여러 종교나 가치관 및 사회문화의 다양성을 인정하면서, 이에 대한 이해와 사회적 조화를 꾀해야 한다. 이러한 종교교육학의 지향방향은 종교교육학을 기반으로 하는 실천적 종교교육의 핵심이 된다. 이 두 방향의 조화로운 교육을 통해 종교적 전승에 대한 구체적 신앙교육과 종파의 입장이 교육될 수 있다. 반대적 입장을 취할 수도 있는 다른 종교와 다양한 사회문화적 가치관에 대해 긴장감 속에서 이해심과 비판력을 키우도록 하는 것이다.

　현대사회에서 종교교육학은 종교라는 영역을 일반 문화나 생활세계로 연결하는 종교의 사회적 변환을 연구하게 되었다. 이를 "생활세계지향 종교교육"(Buschmann, 2003)이라고 한다. 여기에서는 일상에서의 종교적 특성에 대해 비평적인 관심을 갖는다. 생활세계지향 종교교육에서는 특히 종교와 대중매체를 연계하고 이와 관련한 교육적 상황을 연구한다. 이러한 연구와 행동의 촉진을 위해 다양한 문화적 미디어가 효율적일 수 있다. 종교적 커뮤니케이션과 미디어 커뮤니케이션이 서로 연결되기 때문이다.

　종교교육은 이론적으로나 실질적으로 종교에 관해 개방된 커뮤니케이션의 범주에 포함되어있고, 또 개방적인 종교적 커뮤니케이션에 기여하기도 한다. 종교교육은 사회적 커뮤니케이션과 미디어 커뮤니케이션을 기반으로 하고 있으므로, 종교적 커뮤니케이션에서는 문화비평적 미디어교육과 이에 대한 전문적 미디어교수법이 요구된다. 이러한 사실은 종교교육학과 미디어교육학의 밀접한 제휴를 이끌어내도록 하였다. 종교교육학과 미디어교육학 두 분야의 연계적 협력이 가능한 연구영역을 〈표 5-11〉과 같이 정리할 수 있다.

　종교교육학의 생활세계지향 특징 중에서도 종교적 구조와 관점으로부터 대중문화를 해석하고, 나아가 대중매체와 관련한 종교문화를 미디어교육학의 관점에서 연구하는 분야를 "미디어경험지향 종교교육"이라고 한다. 이를 간단히 요약하여 "종교와 미디어교육" 또는 "종교미디어교육"이라고도 한다(Pirner, 2000). 종교미디어교육은 대중문화, 교

〈표 5-11〉 미디어교육학과 종교교육학의 연계적 협력 영역

미디어교육학	종교교육학
1. * 미디어교육학 / 미디어학 이론 　－ 미디어 프로그램의 제작과 유포 　－ 프로그램 수용과 분석 　　프로그램이 미치는 영향에 관한 연구 　－ 커뮤니케이션학 / 미디어학 / 미디어비평 　－ 미디어 언어 (화면 및 영상 / 음향 / 몽타주) 　*텍스트 분석 　－ 영화 분석 / 텔레비전 분석 / 영상 분석 / 　　음향 분석 (방법과 접근 과정) 　－ 영상의 세계 / 모티브 / 이콘 화법 　－ 영화음악 / 팝 음악 등 　－ 심층해석학적 관점 　* 미디어사용 　－ 미디어를 사용한 의식/미디어에 보이는 종교 　－ 이상적 상 : 인간, 세계, 신 　－ 일상의 신화 / 미디어 신화 　－ 가치 / 규범	1. * 종교교육학 이론 　－ 종교적 근원의 발생과 전승 　－ 종교의 효력과 그 힘에 대한 이야기 　－ 종교학 / 종교비평학 　－ 종교언어 교육 (표징, 상징, 은유 등) 　* 성서해석과 종교적 근원에 대한 해석 　(언어, 저서, 그림, 음향의 형태로 이루어진 　내용에 대한 해석) 　－ 성서해석 방법 (역사적, 철학적, 문학적, 　　언어학적, 서술적, 사회적, 문화적 해석 방법) 　－ 종교적 그림, 예술세계 / 이콘 화법 　－ 종교 음악 　－ 심층해석학적 관점 　* 신앙 및 경건성에 대한 실제 / 실습 　－ 종교의식 / 미사전례 　－ 신의 형상, 세계상, 인간의 형상 　－ 종교적 신화 　－ 가치 / 규범
2. 미디어사회화와 그 요인들 　－ 중재 / 중재자와 그 과정 　－ 환경 특수적 상황에 따른 미디어사용 　－ 미디어를 접하는 개인적 배경 　－ 커뮤니케이션의 표본 　－ 동일시 작업 　－ 상징에 대한 학습 / 상징에 대한 교육 　－ 이상적 상 / 가치 　－ 심층해석학	2. 종교적 사회화와 그 요인들 　－ 중개 / 중개자와 그 과정 　－ 신앙적 환경 　－ 종교를 접하는 개인적 배경 　－ 상호작용적 형태 / 공동체의 형태 　－ 동일시 작업 　－ 상징에 대한 학습 / 상징에 대한 교육 　－ 이상적 상 / 가치 　－ 심층해석학
3. 미디어교육학의 실제 / 실습 　－ 능동적 미디어작업 (프로그램 제작) 　－ 보도 / 다큐멘터리 / 미디어를 통한 이야기 　　(다양한 주제에 관한 내용들) 　－ 프로젝트 및 종교 관련 프로젝트 주제 　－ 미디어의 종교 / 미디어의 종교 비평 　－ 미디어-종교-인생과 일상 세계에 대한 토론	3. 종교 교육학의 실제 / 실습 　－ 종교적 주제에 관한 미디어프로젝트 　　예: 관습, 축제 　－ 보도 / 다큐멘터리 / 미디어를 통한 이야기 　　(성경의 내용, 교회 역사, 자신의 종교 및 　　타 종교에 관한 주제) 　－ 일반 정보미디어와 교육미디어 속의 미디어 　－ 종교-미디어-인생과 일상 세계에 대한 토론

(Gottwalt, 2004)

회, 종교교육 간의 관계를 미디어교육학의 관점에서 비평적, 해석적으로 연구하는 학문이다. 이 분야의 본질적 내용은 "자신과 타인을 위해 인생의 중요 경험과 갈등을 이해하고자 하는 것으로, 사랑, 미움, 동경, 죽음, 슬픔, 고독과 같은 종교의 핵심적 상징들을 논하는 것"(Gutmann, 2000)이다. 종교미디어교육 연구에서 의미하는 미디어란 교리공부나 영성을 키우기 위한 교육도구적 수단으로서뿐 아니라, 미디어 프로그램 자체가 교육의 대상과 교육내용이 된다(Gottwald, 2004)는 것을 뜻한다.

이 분야는 문화해석과 문화비평의 이중 과제를 내포한다. "종교미디어교육은 문화해석학에 관한 것이다. 이것은 미디어가 갖는 문화적 의미의 중요성을 이해하는 것으로, 문화의 심층구조와 본질적인 '기능의 역학'을 이해하도록 개척하는 것이다. 이는 또한 문화의 기능에 관한 논의, 그리고 다양하고 세분화된 문화비평적 전통으로부터 나온 논의 간에 이루어지는 문화비평이다. 미디어연구의 문화비평적, 이념비평적 흐름이 그 근거가 된다"(Pirner, 2000). 여기에서는 "문화기능적 관점"(Gutmann, 2000)도 의미를 갖는다. 문화기능적 관점은 문화의 깊은 구조와 본질적인 '기능적 역학'에 대한 이해를 싹트게 하는 것이다. 문화비평은 문화의 기능과 문화비평 전통 간에 이루어지는 논쟁이라고도 할 수 있다. 이는 대중매체 사용자들로 하여금 문화비평적 관점과 능력을 실질적 미디어교육을 통해 키우게 하는 것이다.

(2) 종교미디어교육의 교육과제, 교육목표, 교육방법

종교미디어교육의 교육과제는 미디어에 의해 왜곡된 특정 종교상(예: 이슬람교)이나 이데올로기 및 종교의 왜곡된 측면을 교정해주고 명확히 하고자 하는 것이다(Kübler, 1991). 또한 광고, 영화, 팝문화 등의 대중문화에서 상업적으로 종교적 상징을 이용하는 의도를 꿰뚫어볼 수 있도록 하고, 이를 비평적으로 평가할 수 있도록 하고자 한다. 나아가 미디어에 의해 실제의 현실 세계가 불분명하게 왜곡되었거나 희미해져 있는 것을 분명히 의식하도록, 미디어의 조작적 측면을 인식시키고 계몽하는 것도 종교미디어교육의 주요 교육과제이다.

종교미디어교육의 교육목표는 종교의 근본 가치, 그리고 미디어문화와 일상 생활세계가 보여주는 세계를 차별화하여 인지하는 능력을 키워주는 것이다. 또한 미디어나 종교커뮤니케이션이 보여주는 다중적 의미에 대한 개인의 해석능력과 인지능력을 촉진하는 것이다. 미디어의 기능뿐 아니라 이들이 전달하는 내용 및 종교와 종교의 특성이 전달하는 내용에 대한 이해와 비평적 판단능력도 촉진하고자 한다. 나아가 행동지향적 미디어교육 관점에서 모든 매체를 활용하여 자율적인 프로그램 제작과 미디어활용을 통해 사회문화 현상에 능동적으로 참여하며, 책임 있는 행동과 토론능력을 키우고 다양한 의견을 형성할 수 있는 능력을 촉진하는 것이 종교미디어교육의 교육목표이다(Gottwald, 2004). 이상의 교육목표를 구체적으로 교육할 수 있는 종교미디어교수법의 개발, 즉 교수학습 모형을 개발하고 교사교육을 활성화하는 것도 중요한 교육목표에 해당된다.

종교미디어교육을 교육하기 위한 방법으로는 '인지하기', '이해하기', '행동하기'와 같은 교육방법이 해당된다(Buschmann, 2003). 이를 기반으로 이 교육의 교육목표를 구현하고자 한다.

- **인지하기** : 일반적으로 사람들이 인식할 수 있는 현상 안에서 종교성이 내포되어있는 모든 객체와 이를 해석할 수 있는 인지능력과 언어능력을 촉진하는 것을 말한다. 종교학 및 신학적 지식을 전달하는 것도 인지하기 영역에 해당된다.
- **이해하기** : 미디어를 통해 얻게 된 미학적 경험을 (종교적) 세계관과 감각적 의미로 이해하고 관계를 맺으려는 노력이다. 개인의 믿음과 인생에 대한 성찰도 해당된다.
- **행동하기** : 인간에게 자유를 부여하는 커뮤니케이션 행동의 실제를 교육하는 것으로서, 얽매이지 않은 복음의 의미 속에서 비평적 판단능력과 행동능력을 발달시키는 것이다. 자율적 신앙고백과 전 세계 종교교회와 종교 간의 대화와 같은 것도 해당된다.

이상의 실천적 종교미디어교육에서 지향하는 교육과제, 교육목표, 교육방법의 내용을 전체적으로 **"인지하기, 이해하기, 인지내용에 대한 커뮤니케이션, 해석과 비평, 행동하기"**(Buschmann, 2003)로 다시 정리할 수 있다. 이것을 미디어교수법의 "행동과 발달지향 미디어교육"과 연결하여 다음과 같은 종교미디어교육 교수설계 모형을 구성할 수 있다(10장 1절 1항 "행동과 발달지향 미디어교육의 발생과 교수설계의 토대" 참조).

〈표 5-12〉 종교미디어교육 교수설계 모형

종교미디어교육 교육방법	행동과 발달지향 미디어교육 프로그램분석 과정	교육내용 (교수자 활동, 학습자 활동)
인지하기 (학습활동 준비)	① 대중문화 속 종교적 상징 관련, 교수학습 관련 사항 파악 / 목표 합의와 의미 파악	• 학습자들의 흥미와 특성, 학습 전제조건 파악 (학습자와 학습환경에 대한 요구분석) • 미디어사회화와 종교사회화와 관련한 교육적 목표와 의미 인지, 감각개발
	② 프로그램 선택	• 종교적 상징이나 종교유사성을 부분적, 전체적으로 도입한 프로그램 선택
이해하기 (문제상황 준비)	③ 미디어 관련 사항 / 진행방식에 대한 합의	• 수업에서 프로그램 분석을 실행할 단계 결정 • 수업 중 미디어 프로그램이 사용될 단계 파악 • 프로그램의 형태와 적절한 미디어기기 결정
	④ 종교적 상징 관련의 분석과 비평을 위한 기본 작업	• 분석의 기본 방법 학습 • 대중문화에 나타난 종교적 요인에 대한 연구 • 선택한 프로그램의 역사적, 사회적 맥락 파악 • 감독 및 제작자의 의도 파악
인지내용에 대한 커뮤니케이션 (문제규정, 아이디어 생성)	⑤ 분석과 비평 실행	• 선택한 프로그램이나 장면의 종교적 차원의 발견 • 위의 내용분석, 학습자 간, 교수자와 학습자 간의 의견 교환, 자율적인 해석
	⑥ 비교 및 종합	• 소집단의 대표가 분석 결과를 학급 전체에 발표 • 이에 대한 모든 학생들의 토론 • 분석과 비평을 통해 작업한 내용의 공동 요약, 종합
해석과 비평 (해결안 개발)	⑦ 교사와 학생이 함께하는 분석 과정 / 적용 및 활용	• 결과 소개, 토론, 소집단의 종합 견해들 정리 • 학급 전체에서 발표 • 이상에 진행된 경험과 내용을 종교해석학적 관점과 미디어문화의 해석적 관점과 연결하여 분석, 평가 • 프로그램에 나타난 종교유사성과 실제 종교적 가치관과의 차이 비교
행동하기 (수행 및 평가)	⑧ 학생들의 행동지향 미디어교육 촉진	• 프로그램 분석에 대한 전체 진행방식과 학습내용에 대한 학생들의 성찰 • 종교적 차원이나 내용을 두드러지게 강조하는 자율적 프로그램 제작과 미디어 활용방안 모색
	⑨ 교사의 지속적 교육과 평가 / 종교적 상징 관련 전체 분석수업 과정에 대한 교사의 평가기준과 평가방안 모색	• 교사는 교수설계 시작단계에서 의도한 교육목표가 달성되었는지 평가 • 분석요인들이 분석되었는지에 대한 점검 • 분석 수업이 학생들의 행동과 발달을 촉진했는가 점검 및 촉진 요인 파악 • 학습효과에 대한 적절한 평가방법 결정 (예: 토론, 시험, 과제 제출 등)

〈표 5–12〉의 종교미디어교육 교수설계 모형을 설명하면 다음과 같다. '**인지하기**'에서는 종교의 근본 가치와 미디어문화가 보여주는 세계를 차별화하여 인지하는 능력과 언어능력을 함께 촉진한다. '**이해하기**'에서는 미디어에 의해 왜곡된 종교의 측면을 교정하고 명료화하며, 대중문화에 나타난 상징과 상징적 측면을 인식하게 한다. 또한 대중문화에서 종교적 상징을 상업적으로 이용하는 의도를 꿰뚫어볼 수 있도록 하고, 이를 비평적으로 평가할 수 있는 능력을 촉진한다. 이를 통해 미디어와 종교 커뮤니케이션이 보여주는 다중적 의미에 대한 개인의 해석능력과 인지능력을 촉진한다. '**인지내용에 대한 커뮤니케이션**'에서는 인간에게 자유를 부여하는 커뮤니케이션 행동의 실제에 대한 교육을 실천하고자 하는 것으로, 얽매이지 않은 복음의 의미전달 및 비평적 판단능력과 행동능력을 촉진한다. '**해석과 비평**'에서는 교사가 종교 및 대중문화와 관련하여 학생들이 분석하고 발표한 내용을 전체적으로 종합하고 정리하면서, 미디어의 전달 내용과 종교가 전달하는 내용에 대한 이해와 비평적 판단능력을 촉진한다. '**행동하기**'에서는 실제 교육과 평가, 그리고 프로그램제작을 통해 사회문화 현상에 대해 능동적으로 참여하는 능력을 촉진한다. 또한 전반적 분석과정에서 학생들의 특성과 사고, 사회적 행동과 참여도 등을 관찰하여, 분석과정의 문제점과 보완점, 개선점을 기록하고, 일반 강의식 교육과 비교할 때 나타나는 장점, 단점을 파악하고 기록한다. 또한 종교적 주제와 관련한 학생들의 미디어 프로그램제작 방안을 모색해본다. 프로그램분석 결과 얻게 된 내용을 종교, 문화, 언어, 사회, 윤리 등과 같은 분야처럼 이 주제를 연결할 수 있는 다른 학습과제나 과목들과의 연결 방안(통합교육 방안, 융복합 연구)을 모색한다. 나아가 학습효과에 대한 적절한 평가기준과 평가방법을 모색한다.

4) 종교미디어교육의 지향방향

종교미디어교육은 개인의 전체적인 인격 발달을 위해서뿐 아니라 종교적 커뮤니케이션에 대한 이해와 실행을 위한 토대가 되도록 해야 한다. 일상생활의 상징과 종교적 전통에서 나오는 상징이 서로 연결되어 이들이 대화 속에 자연스럽게 나오도록 하고, 또 비평적이고 생산적인 일종의 즐거운 놀이로써 학생들의 윤리관과 일상에 섞이도록 해야 할 것이다. 그러나 일상과 종교의 상징은 서로를 더욱 강화하기도 하지만, 이들은 두 개의 상반된 가치를 동시에 함유하기도 한다는 것을 분명히 해야 한다. 일상생활이나 일상 대중문화에서 추구하는 가치가 종교가 추구하는 가치와 일치하지 않을 때가 많기 때문이다(Biehl, 1999). 따라서 종교미디어교육은 "현실의 해석에 대한 평화로운 투쟁" (Biehl, 1989)의 방법을 배우고 실습할 수 있는 장을 제공해주어야 한다. 종교미디어교육을 통해 우리는 학습자가 일상생활이나 대중문화, 그리고 종교의 전통 속에 들어있는 개인과 사회를 위해 유익한 상징을 스스로 발견하고 평가할 수 있는 능력을 키워주어야 한다. 결국 종교미디어교육은 학습자들의 인생에 도움이 되는 방향으로 실행되어야 한다.

　대중문화와 관련된 종교미디어교육은 학습자들로 하여금 "대중매체에 대한 심층적 이해를 돕기 위한 해석의 열쇠"(Pirner, 2002)를 부여하는 것이라고 표현할 수 있다. 이 교육을 통해 학습자들로 하여금 대중문화가 보여주는 프로그램의 줄거리나 연출방법과 함께 '종교유사성'이나 '종교함유성', 그리고 윤리적 연관성을 인지하고 찾아내도록 해야 하는 것이다. 이를 통해 우리 대중은 사람들이 대중문화에 열광하는 이유나 대중문화가 오늘의 우리 사회에서 차지하고 있는 엄청난 역할에 대해서도 더 잘 이해하게 될 것이다. 이러한 교육의 방향을 생각할 때, 미디어능력과 종교적 능력은 서로를 보완하고 지원하면서 연계되는 것이 중요하다는 것을 확인할 수 있다.

　종교미디어교육을 통해 학습자들의 이념비평적-계몽적 관점도 형성되고 발달할 수 있다. 예를 들어, 광고에서 왜 그렇게 종교적 내용을 광고 소재로 자주 택하는지에 대해 생각하게 함으로써, 결국은 광고가 우리의 본능적 동경심을 이용한다는 사실을 수용자들이 더욱 잘 꿰뚫어볼 수 있게 교육하는 것이다. 수많은 영화에서 으레 반복되는 '해피엔딩'도 영화의 의미에 대한 확인과 인간의 윤리적 지향욕구에 대한 응답으로 이해할 수 있다. 그러나 이러한 해피엔딩의 특성은 "대중에 대한 최면제"(Pirner 2002)로도 인식할 수 있다. 현실의 세계에서는 사실 많은 부분이 아름다운 해피엔딩으로 끝을 맺는 것은 아니기 때문이다.

　만일 Science-Fiction이나 판타지 영화 또는 호러 영화 등의 마술적, 초자연적 요소가 인간의 초감성적, 초경험적인 초월성에 대한 응답으로 동일시될 수 있는 것이라면, 이러한 인간의 동경심은 종교적 전통의 도움을 통해 언어화되고 작업될 수 있다(Biehl 1999). 이러한 점은 인생에 필요하거나 해가 될 수 있는 세계관이나 세계상, 종교적 형상을 비평적으로 논쟁할 수 있게 하는 힘이 될 수 있다. 또한 미디어내용에서 종교적 신화의 형태를 통해 폭력이 묘사된다면, 이것은 꼭 부정적으로 각인된 하나의 표본을 보여주는 것이 아니라 － 성경 속의 폭력에서와 같이 － 우선 개연성이나 죄의식의 경험, 고통의 경험을 나타내기 위한 기능도 갖고 있음을 인식시켜줄 수 있다.

종교미디어교육은 미디어의 내용을 조소거리로 만들려는 것이 아니라, 종교교육의 상
징 교육과 관련하여 학습자들의 미디어능력을 키우려는 것이다. 종교적 내용에 대해 우
리 대중을 의식 있고 비평능력이 있는 대중매체 사용자로 교육하기 위한 것이며, 이들이
더욱 깊이 있게 대중문화 콘텐츠를 즐길 수 있도록 하기 위한 것이다. 그러나 종교적 세
계관과 관련한 미디어교육은 아직 충분히 연구되지 않았고, 종교미디어교육은 사회적
필요성에 비해 교육 현장에서 충분히 실시되지 못하고 있는 실정이다. 이에 대한 충분한
교육이 실시되지 못할 경우, 수많은 청소년들과 어린이들은 대중매체에서 '뭔가 신과 같
은 것' 또는 초자연적 힘에 대한 표상을 보더라도, 이에 대한 객관적 시각을 형성할 능력
을 키우지 못한 채 계속 대중매체 프로그램으로부터 많은 영향을 받게 될 것이다. 학습
자들이 세계상이나 초자연적인 현상 등을 차별화하여 성찰하게 될수록 이들은 미디어의
판타지적 요소를 더 높은 수준에서 받아들일 수 있게 될 것이다. 이러한 점에서 종교미
디어교육은 앞으로 이 사회에서 더욱 중요한 의미를 갖게 될 것이다.

제2부.
평생교육과
디지털미디어교육

지식의 증가와 기술의 혁신적인 발전으로 인하여 사회문화와 생활양식이 급변하게 되었고, 인간에 대한 교육은 학교교육만으로는 부족한 현실이 되었다. 이에 따라 우리 사회에서 이루어지는 전반적인 교육을 평생교육의 개념으로 확장하여 재정립하는 시각이 대두되고 있다. 평생교육이란 인간 삶의 질적 향상이라는 이념을 추구하기 위해 태교에서부터 유아교육, 아동교육, 청소년과 청년교육, 성인교육, 노년층 교육을 수직적으로 통합한 교육과정이다. 평생교육은 가정교육, 사회교육, 학교교육을 수평적으로도 통합한 교육을 총칭하며, 개인의 잠재능력을 최대한으로 신장시키고 사회 발전에 참여하는 능력의 개발을 목적으로 하는 교육이다(김종서 외, 2007).

평생교육은 미니어교육학과노 맥락을 함께하고 있다. 인간의 미디어능력은 한 사람의 평생에 걸쳐 개발되어야 하는 능력으로써, 이 발달과정은 연령별 발달특성에 따라 그 교육적 촉진의 방향과 방법이 다르다. 미디어교육학은 이러한 미디어능력을 교육의 실무와 현실 삶의 질적 향상에 연결시키고자 한다.

6장.
연령별 발달특성과 미디어교육학, 미디어 인지심리

1. 평생교육과 미디어교육학의 일치점 및 협력분야

1) 미디어의 기술적 발전과 교육문화의 변화

'합리성', '세계화', '미디어화'라는 특성을 통해 표현되는 경제적, 사회적 현대화는 교육커리큘럼, 자격증 관련 프로그램, 전달방식, 학습기관 및 단체 등에 대해 다양한 관점에서 새로운 유연성을 요구하고 있다(Gruber, 2001). 여기에는 특히 평생교육과 미디어교육학 간의 일치점과 협력분야가 확대되어야 한다는 요구 같은 것이 해당된다. 이 두 분야의 협력을 위해서는 다음과 같은 사항들이 주요 주제가 될 수 있다. 예를 들어, 뉴미디어의 변화에 대한 잠재성, 학습의 개별화와 자율적 조절, 가상학습, 멀티미디어와 연결된 학습, 상황과 사례기반 학습, 수요에 상응하는 능력 습득, 조절되는 내용, 더 많은 정보 획득, 졸업과 관련 없는 교육, 학습장소에 구애되지 않는 새로운 교육기관, 서비스 관련 직업의 성인교육, 개방적 평생교육 시장, 프로그램의 네트화와 세계화(Büssing, 2000)와 같은 것이다.

평생교육에서는 지난 수십 년간 급속히 이루어진 기술적 발전과 함께, 직간접적으로 미디어의 의미가 지속적으로 증가하고 있다. 이러한 맥락 속에서 평생교육과 미디어교육학은 더욱 밀접하게 종속적으로 연결되며 발전하고, 이를 이행하는 교육기관, 사용자나 참여자, 그리고 교육내용에 대해 변화된 성과도 보여주고 있다. 오늘날의 평생교육에 있어 미디어는 크게 다음과 같은 세 가지 차원에서 기여를 하게 된다.

〈표 6-1〉 평생교육에 대한 미디어의 기여

• **기관적 차원에 대한 기여**	– 교수학습에서 교수법에 대한 지원 – 교수학습 구성과 기획에 있어 멀티미디어적인 표현방법 – 공공작업과 행정작업을 위한 도구
• **소비자/참여자 차원에 대한 기여**	– 전통적 교수학습에 대한 학습지원 – E–Learning 환경에서의 자율적 학습을 위한 토대 – 공공의 미디어 커뮤니케이션에 대한 참여 수단
• **교육프로그램 차원에 대한 기여**	– 수용자의 미디어작업 환경에서의 미디어관련 제작프로그램이나 행사의 내용 – 능동적 미디어작업 형태에서 미디어가 연계된, 미디어로 제작된 프로그램을 위한 도구

(Hüther, 2010)

이 밖에도 평생교육과 미디어교육학은 다음과 같은 "개별화와 자율학습의 장점"(Hüther, 2010)과도 연결되어있다.

〈표 6-2〉 평생교육과 미디어교육의 "개별화와 자율학습의 장점"

• 개별 학습자의 사전 학습조건, 학습속도, 학습시간, 학습장소의 자유로운 선택 • 선호하는 강의내용에 대한 자율적 반복 학습 • 차별화된 학습방법 및 프로그램 • 개개 참가자의 학습요구, 학습수준, 학습습관에 대한 고려 • 하이퍼텍스트 기반의 자율학습

(Hüther, 2010)

이렇게 미디어기술의 발전은 일반 교육뿐 아니라 평생교육 영역에도 큰 영향을 주게 되어, 학습자의 특성과 교육상황 및 교육주제 등에 적합한 미디어와 미디어 프로그램의 선택능력이나 기술적 사용능력이 더욱 요구되고 있다.

2) 인간의 발달단계와 미디어교육학 연구의 인지발달단계

평생교육에서는 인간의 연령에 따른 발달단계가 연구에 있어 중요한 요인이 된다. 인간의 발달단계를 시기별로 구분하는 데 있어 일반 교육학 연구와 미디어교육학 연구는 약간의 차이를 보이고 있다. 일반적으로 인간의 발달단계를 구분할 때 전 생애의 발달과정을 종단적으로 놓고 연령 범위를 기준으로 시기를 구분한다. 수정에서 출생까지를 '태내기', 출생 후부터 1개월까지를 '신생아기', 1개월 이후부터 2세까지를 '영아기', 2세 이후부터 6세까지를 '유아기', 6세부터 12세까지를 '아동기', 12세부터 19세까지를 '청소년기', 20세 이후부터 40세까지를 '성인 전기', 40세부터 65세까지를 '성인 중기', 65세 이후를 '노인기'로 나눈다(이영 외, 2015).

미디어교육학 연구에서는 인간의 발달심리와 미디어 인지심리를 연결하여 연령에 따른 시기를 구분하고 있다. 연령을 기준으로 할 때 미디어교육학 연구는 약 1–3세경의 유아들을 대상으로 시작하고 있으며, 그 이후 7세경까지의 유년기, 10세 정도까지의 아동기, 11–15세경 사춘기의 초기 청소년기, 16–20세경의 후기 청소년기, 그리고 청소년기 이후의 청소년 이후 시기(Postadoleszenz) 또는 청년기, 그리고 성인기와 노년기로 구분한다. 경우에 따라 미디어교육학에서 의미하는 청소년 이후 시기(Postadoleszenz) 또는 청년기는 30세 전후까지의 연령대도 해당이 된다(Baacke, 1999b). 대중매체와 뉴미디어로 인해 공동의 문화를 공유하는 연령대의 폭이 매우 넓어졌기 때문이다. 인간의 전반적인 수명이 연장되면서 미디어와 관련한 발달연구에서는 50, 60세 이후의 성인기와 노년기를 "50플러스" 또는 "60플러스"(Schweiger, 2004)로 재분류하기도 한다. 이와 같은 연령별 분류를 기준으로, 평생교육과 연결되는 미디어교육학 연구가 이루어진다.

2. 유년기와 아동기의 미디어교육

"끝도 없이 꼬마 프리도 녀석은 슈퍼맨 쇼에 대해 얘기를 했다. 슈퍼맨의 휘날리는 망토에 넋이 나갔다. 안데르센이나 그림 형제, 하우프에 대해서 그 애는 말도 꺼내지 않았다"(토마스 만의 일기, 1949-1950, Paus-Haase, 1991). 작가 토마스 만이 1949년 2월 3일 목요일에 쓴 일기의 내용이다. 손자 프리도에게 이 유명한 할아버지는 거의 매일 안데르센과 그림 형제, 그리고 하우프의 동화를 읽어주었다. 그러나 이 꼬마 남자아이의 열광은 인기 만화의 히어로, 슈퍼맨에게만 꽂혀있었다.

1) 어린이 미디어교육의 필요성

어린이들은 발달과정을 통해 주변의 사회생활 환경을 이해하고 소화해내는 인지능력이 함께 발달하게 된다. 이 사회적 생활환경에는 당연히 대중매체도 포함되어있다. 이에 대한 어린이들의 인지심리를 파악함으로써 조기 미디어교육의 필요성을 생각해볼 수 있다. 어린이들의 연령 수준에 맞추어 제작되지 않은 텔레비전이나 컴퓨터의 시각적 자극과 움직이는 화면이 전달하는 내용은 어린이들에게 불안정, 집중력 약화, 학습 및 행동장애를 일으킬 수 있다(Maier 외, 1997). 이러한 이유를 들어 일상생활에서 대중매체의 부정적 영향력에 노출되어있는 어린이들을 위해 유치원과 학교 같은 교육기관이라도 일종의 보호구역이 되어, 이들을 대중매체의 부정적 영향에서 보호해주어야 한다는 견해도 있다(Tulodziecki, 1989). 그러나 이러한 보호적 어린이 교육방법에는 한계가 있다. 대부분의 가정에서는 텔레비전이나 컴퓨터가 이들의 일상 리듬에 큰 영향을 주고 있기 때문이다.

한 연구(Maier 외, 1997)에 의하면 초등학교에서 어린이들을 관찰한 결과, 어린이들은 대중매체로 인한 영향력을 보유하기보다는 미디어사용을 부정적으로 보는 행동기준과 달리 그와 모순되는 가족 내의 미디어사용 상황 사이에서 오히려 더 큰 혼란을 느끼는 것으로 나타났다. 어린이 미디어교육에서는 이들을 위한 교육방법을 고민하기에 앞서, 어린이들이 대중매체를 수용하는 형태, 그리고 그 수용과 더불어 발달하게 되는 내면세계를 파악하는 것이 중요하다. 대중매체나 그들의 프로그램을 인지하는 어린이들 고유의 오묘하고도 섬세한 정신세계를 이해해야만 이들을 위한 실질적이고 창의적인 교육을 실행할 수 있고, 또 교육 효과도 기대할 수 있기 때문이다.

2) 아동기에 중요한 미디어능력의 영역

어린이들을 위한 미디어교육이 당연한 교육 주제가 된 것은 그리 오래되지 않는다. 그러나 10세 정도까지의 어린이들을 위한 조기 미디어교육은 매우 중요하다. 특히 각 연령대에 적합한 미디어능력에 대한 주제는 교육 전문가들이 큰 관심을 갖고 연구의 방향을 설정해야 한다. 어린이들 미디어능력 촉진을 위해 미디어교육학 측면에서 고려해야 할 관점을 다음과 같은 여섯 분야(Groeben, 2002; Merz Editorial, 2016)로 정리할 수 있다.

(1) 미디어와 미디어내용은 어린이 일상세계의 한 부분이라는 인식

미디어는 어린이들이 성인들과 함께 살아가는 일상세계의 한 부분이다. 미디어는 어린이들이 이해하려고 노력하는 우리 세상의 한 부분이며, 그 안에서 자신의 생활환경에 익숙해질 수 있도록 제대로 길을 찾아가는 것을 학습하게 된다. 이러한 것은 어린이들을 위한 교육에서 미디어교육이 당연하고도 진지하게 다루어져야만 하는 부분이며, 추가적으로 시간을 들여 찾아내야 하는 '특별히 분리된 영역'이 아니라는 사실을 의미한다.

(2) 미디어교육(Medienerziehung)을 위한 기회균등

가족 내에서 이루어지는 문화비평적이고 관습적인 미디어교육(Medienerziehung)은 부모의 성향에 따라 매우 다양한 형태로 나타난다. 부모들의 유형은 보호교육적 입장을 취하면서 미디어사용에 대해 많은 금지와 제약을 가하는 부모에서부터, 과도한 미디어사용도 무관심하게 방치하는 부모에 이르기까지 극단적인 차이를 보인다. 이에 따라 학교나 그 외의 교육기관들이 어린이들의 올바른 미디어능력을 지원하도록 그 역할을 위임받기도 한다. 이곳에서 어린이들은 우연히 또는 가끔씩 이루어지는 교육이 아니라, 근본적으로 잘 기획되고 구성된 콘셉트에 따른 교육을 받도록 해야 한다.

(3) 교육학의 분명한 구성요소 – 미디어교육(Medienbildung)

모든 전공분야의 교육과 학업 과정에서 어린이의 미디어능력을 촉진하기 위한 지원이 교육과정 속에 확고하게 정착되어야 한다. 이 교육이 단순히 컴퓨터 활용 등과 같은 기술 능력의 촉진에만 머무른다거나 산발적인 방식으로 이루어져서는 안 된다. 높은 수준의 미디어교육을 접하는 것이 개개 어린이의 '운 좋은 기회'에 달려있어서는 안 된다. 모든 국가에서는 이 교육이 전체 교육과정에서 충분히 교육될 수 있도록 통합되는 것이 바람직하다.

(4) 각 어린이의 미디어 활용방법 습득능력과 적응능력 특성과 차이점 고려

어린이들의 미디어 활용방법 습득에서도 교육적 지원이 요구된다. 특히 유아기 어린이들에게 이것은 하나의 도전이 될 수 있다. 뿐만 아니라 미디어내용을 자신의 논리적 구성력 안에서 인식하게 하고, 이 내용이 현실 상황의 주관적 구성을 위해 어떤 의미를 갖는지 학습하도록 해야 한다. 여기에서 어린이들은 능동적 미디어작업과 뚜렷한 목표하에 이루어지는 성찰을 통해, 미디어능력을 키울 수 있는 여러 가지 행동지향 미디어교육의 방법을 입증해 보여줄 수도 있다.

(5) 표현수단으로서의 미디어행동

미디어교육의 여러 교육 프로그램들은 미디어의 시청과 수용을 위해서뿐 아니라 능동적 미디어행동을 위한 장을 열어주는 것이다. 어린이들은 미디어를 자신의 창의적 표현을 위한 도구로서, 자신의 관심사를 따라갈 수 있는 수단으로서, 그리고 커뮤니케이션 기기로서 발견할 수 있다. 결국 이를 통해 어린이들은 자기 자신이 바로 미디어를 사용하는 주체라는 것을 경험하게 된다.

(6) 어린이의 상징적 표현형태로서 미디어의 영향 파악

어린이들은 그들의 행동에 영향을 미치는 주제나 그들의 문화 같은 것을 상징적 자료와 함께 소화해내고(본장 2절 4항, 5항 "어린이들의 판타지세계와 미디어교육" 참조), 이와 함께 그들 자신과 그들 환경 속에서 갖게 되는 질문과 주제들을 전달하기 위해 상징적으로 표현된 묘사를 사용하기도 한다(Bachmair, 1989). 교육 전문가들은 어린이들에게 적절한 표현양식(예: 그림, 역할놀이 등) 안에서 상징적 표현이라 할 수 있는 미디어의 흔적을 어떻게 읽어낼 것인가를 배워야 한다.

3) 어린이들의 새로운 사회생태환경[1] – 미디어

현대의 미디어세계에서는 어린이들도 매우 중요한 미디어 소비자이며 광고의 수용자이고 전달자이다. 부모들은 어린이들과 같이 이야기하고 토론하고 호기심도 보이면서, 어떤 미디어능력이 자녀들에게 형성되는가를 파악하는 결정적 역할을 할 수 있다. 어린이들은 자신이 속한 사회적 환경 속에서 기존에 가지고 있는 지식과 실제 경험, 정서적 상태를 바탕으로 대중매체 프로그램들을 주관적으로 수용한다.

(1) 어린이들의 생활세계와 사회생태학 영역

어린이들의 언어습관, 능력, 주변 환경을 해석하는 방식을 포함한 모든 활동은 사회적 맥락 속에서 축적된 것이다. 어린이들의 생활세계는 "사회생태계 속에서의 성장"인 것이다(2장 2절 1항 "인간의 사회화" – 〈그림 2-10〉 "사회생태학 범위" 참조). 아동의 생활세계는 '아동–어머니–(아버지)'의 기본적인 형태와 1차 생태적 중심인 가족에서 시작하여, 아동 교육기관과 또래집단의 의미가 더욱 중요해지는 다음 단계의 사회생태 환경으로 그 범위가 넓어지게 된다. 이 모든 환경은 사회의 변환에 따른 지배를 받고 있으며, 이와 함께 어린이들의 생활세계는 결코 확고부동하게 짜여있거나 영속적인 완결성으로 주어지는 것이 아니다(Baacke, 1999b). 인간의 발날은 이 생활세계에 내한 새로운 정보를 받아들이는 '동화'와 이 새로운 지식을 흡수하기 위해 자신의 생각을 변화시키는 '조절' 두 과정의 결과이며, 성숙과 환경 사이의 상호작용 결과(이영 외, 1997)이다.

'어린이들의 생활세계'란 어린이들이 생활하고 살아가는 세계이다. '생활세계'는 인간의 사회적 학습과 자연적인 주변 환경에 의해 사회문화가 형성되면서 이루어진다. 생활

세계는 인간이 생활하는 세계이며 사회생태학의 영역이 된다(문혜성, 2006a; Baacke, 1999b). 어린이들의 모든 활동사항은 사회적 맥락 속에 축적이 되고, 여기에는 아동의 언어습관과 그들의 능력, 주변 환경을 해석하는 시각도 포함이 된다. 아동은 자신의 생애를 사회적 존재로서 시작했으며, 우리가 생각할 수 있는 공간과 인간관계의 사회적 네트워크 속에 들어있다. 이 공간과 인간관계는 어린이들의 커뮤니케이션능력과 개인 행동, 또는 다른 사람들의 행동을 통해 채워진다. 아동의 생활환경을 하나의 체계로 파악하여 경계를 짓는 사회생태학 범위는 "4가지 사회생태학적 영역"(Bronfenbrenners, 1980)으로 표현된 그림과 같다(2장 2절 1항 "인간의 사회화" 〈그림 2-10〉 참조). 이 사회생태학 영역 중, 어린이들이 직접 경험하고 이들에게 해당되는 영역은 '미시적 체계'와 '중간 체계'이다.

세상이 변화하고 성장하는 것과 같이 어린이들도 세상 속에서 성장한다. 어린이들이 세상 또는 세상의 한 단면에서 성장할 수 있는 것처럼, 어린이들에게 적합한 사회적 세계도 빠르게 성장한다. 교육적으로 중요하게 고려해야 할 점은, 개인적 성장뿐 아니라 어린이들이 겪는 경험과 행동의 성장도 함께 뒤따라야 한다는 것이다.

(2) 어린이들의 미디어 세계

어린이들이 사회생태 영역 속에서 성장하고 사회와 교류하는 상황은 이들의 생활세계와 미디어와의 관계를 생각할 때 더욱 중요한 의미를 갖게 된다. 어린이는 출생 후 사회생태계 중심(가정)에서 이미 미디어와 함께 생활하게 되며, 이 미디어의 활용을 통해 사회화가 촉진되는 생활세계에 살고 있다. 엄마, 아빠가 불러주는 '생방송' 노래에서 시작하여, 그림과 그림책, 라디오, CD플레이어, 텔레비전 유아프로그램, 게임기기, 인터넷이 연결된 컴퓨터와 스마트기기 등과 같은 많은 미디어와 함께 유아들은 점점 더 일상적인 자기만의 비밀을 갖게 된다. 이 다양한 미디어가 전해주는 세계는 어린이들에게 특별하게 느껴지게 된다. 일상 생활세계란 언제나 현실에 존재하는 당연한 섭리로 느껴지는 것에 비해, 미디어 프로그램은 듣기, 보기, 또는 듣고 보는 조화를 통해 다양한 상징체계를 더욱 복합적인 형태로 제공해주기 때문이다(Baacke, 1999b).

어린이들의 방 안까지 침투하고 이들 손 안의 친구가 된 미디어세계는 현대문명의 사회적, 문화적 성과라고도 할 수 있을 것이다. 그러나 이것은 동시에 어린이 교육을 위한 도전이며 이 시대에서 정확히 평가되기 힘든 현대화의 결과로서, 사회적 변환에 대한 하나의 첨예한 문제이기도 하다. 이제 우리가 인생에서 접하는 거의 대부분의 공간에서는 인간과 미디어 간의 교환작용이 이루어지고 있고 '새로운 사회적 생태환경'이 만들어진 것이다. 이러한 새로운 사회생태환경 속에서 다양한 미디어를 적극적으로 활용하여 자신의 인생에 긍정적으로 통합할 수 있도록 이끌어주는 미디어교육은 인생을 시작하는 어린이들에게 필수적인 교육이 되어야 할 것이다.

4) 어린이들의 발달인지심리와 미디어 인지심리

(1) 어린이들의 발달인지심리

유치원과 학교를 미디어로부터 무조건 보호하려는 의지는 인간의 발달인지심리와 미디어와 관련된 인지심리와도 상반이 된다. 피아제에 의하면, 어린이는 약 7세 정도에서 구체적 조작기에 들어서면서 감정세계와 사고능력에서 결정적인 전환이 이루어진다고 하였다. '비논리적 자기중심사고'는 이 시기에서 끝나고, 대상과 사물에 대한 '논리적 사고'가 가능해진다는 것이다(Piaget, 1966). 비논리적 사고에서는 어린이들의 내면에서 변화하던 자아의 세계와 객관적 대상의 세계가 거의 분리되지 않은 채 서로 이동하고, 그 사이의 경계선인 소망의 세계와 꿈의 세계 그리고 현실 세계 사이를 흐르듯이 이동한다. 언어와 생각은 점점 발달하게 되는 '개념'에 의해서라기보다는 자기가 생각하는 '상'에 의해 더 강하게 영향을 받는다(Piaget, 1966). 따라서 어린 시절의 그림책, 만화영화, 게임 등은 어린이들이 어떤 개념에 대한 상을 설정하는 데 대해 상당한 역할을 한다. 자기중심적 사고는 인지, 사고(연상), 언어, 행동에 있어 동일한 정도로 나타나게 된다(Oerter, 1987).

건강한 어린이에게서는 7세 정도에 사고와 언어의 분리가 시작됨과 동시에, 개념을 정리하는 것이 보다 체계적으로 발달하는 단계가 나타난다. 언어적 작업은 '상상'과 '언어' 간의 '정확한 표현'을 하는 데 있어 자유롭게 흐르는 듯한 비논리적 형태에서, 차차 개념이 지배하고 현실에 의해 인상이 각인되는 자의식적인 언어 적용형태로 넘어가게 된다. 어린이들의 비논리적 자기중심사고는 내면의 자아세계와 외부세계를 분리할 줄 알게 되면서 '분리성'과 '자아동질성'이라는 양극화를 이루며, '다른 사람을 위한 언어'와 '내면의 언어'를 인식하기 시작한다(Maier 외, 1997).

출생 직후부터 아기는 (엄마의) 언어 리듬이나 목소리 인식하기, 몸짓 흉내 내고 따라하기, 관찰하고 요구하기 등과 같은 인지작업을 통해 발달이 촉진될 수 있다. 어린아이들은 인지하는 것 자체가 강한 감정과 연결되어있기 때문이다. 인지는 결코 인식적인 확인에만 기여하는 것이 아니기 때문에 어린이들이 꾸는 '꿈'은 이들에게 중요한 역할을 한다. 유아기의 아동에게는 그림(화면), 움직임, 자신의 행동, 이러한 것들이 서로서로 리드미컬하게 섞이게 되는데, 이때는 깨어 있는 상태와 잠든 상태가 각기 다른 세계로 크게 나뉘지 않는다(Baacke, 1991).

(2) 어린이들의 미디어 인지심리

인지발달 과정에서 어린이들은 자신이 대중매체를 통해 본 허구의 내용을 일상생활의 현실 속으로 동화시키는 성향을 보여준다(Livingstone 외, 2001). 이것은 텔레비전과 같은 대중매체가 어린이들의 정신세계에 미치는 영향이 현실로도 연계되는 작업이 이루어진다는 것을 의미한다. 어린이들은 미디어에 대해 인지하는 자신만의 독자적인 심리상태가 형성되면서, 대중매체에서 본 내용이나 캐릭터를 자신의 현실세계에 동화시키는 태도가 실제의 여러 상황에서 발견된다는 사실이다. 예를 들어, 어린이들은 "포케몬" (Pokémon)의 여러 캐릭터와 일상에서 함께 놀며 대화를 하고, "라이온킹"(Lion King)처럼 멋지게 걸으며 자신이 왕이 된 것처럼 행동한다. 여러 연구에서 보여주듯, 미디어의 캐릭터는 실제로 어린이들의 상상의 친구가 될 수 있다는 결과가 있다(Taylor, 2002; Rogge, 2002). 이것은 단지 대중매체가 주는 어떤 '영향(작용)'에 관한 것만을 말하는 것이 아니라 그 이상을 의미한다. 어린이들은 어린이 개개인의 상황에 따라 각기 매우 상이한 일상의 삶을 살고 있지만, 이들 대부분은 대중매체로부터 현실에 동화시킬 수 있는 어떤 자료를 얻게 된다. 그 자료들은 어린이들의 일상생활과 연계됨으로써, 어린이들이 표현하고자 하는 어떤 의미를 현실 속에 동화시키며 다시 이것을 드러내는 표징으로 작용한다(Bachmair, 2009)는 것이다.

어린이들의 현실세계는 미디어를 통한 세계와 구분될 수 있다. 어린이들의 텔레비전 시청형태에는 "현실적 시청형태"와 "비현실적 시청형태"(Baacke, 1991)가 있다. 어린이들이 일상에서 다양한 직접경험을 하면서 중요 관계인과의 만족도도 높을수록, 대중매체 프로그램의 세계와 실제 현실을 구별하는 능력이 커지는 "현실적 시청형태"를 갖게 된다. 반면, 대중매체 이외의 다른 놀이 가능성이나 직접경험이 부족하고 자신의 세계에 만족하지 못할 때, 또는 어린이들의 대중매체에 대한 상징적, 정신적 소화작업을 가까운 관계인들이 이해해주지 못할 때, 어린이는 대중매체 내용과 현실 사이를 잘 구별하지 못하는 "비현실적 시청형태"를 가질 수 있다. 이러한 시청형태는 어린이의 자아중심 사고와도 연결된다.

미디어심리학의 한 연구결과에서는 비연계적 논리의 측면에서 볼 때 어린이의 자아중심 사고와 잠잘 때나 깨어있을 때의 꿈의 세계, 그리고 텔레비전이나 영화의 내용 사이에는 구조적 일치가 존재한다는 사실을 보여주었다(Siegrist, 1986). 이 일치되는 구조의 특성은 우선 화면 지배적이며, 논리적 접속보다는 일종의 연계성을 갖는다는 것이었다. 또한 내용이나 그 내용의 표현형태를 통해 이 구조를 전체적으로 조망할 수 있도록 한다는 것이다. 이 주장이 옳다면, 어린이들은 텔레비전이나 영화의 화면과 음향언어의 세상 안에서 자율적이고 거리낌 없는 생각과 활동을 한다는 것을 뜻한다. 이는 유치원과 초등학교 어린이를 위한 미디어교육을 위해 두 가지 의미를 부여한다(Maier 외, 1997). 첫째, 자기중심의 사고에서 시작하는 어린이의 언어는 적절한 미디어 프로그램의 영향을 통해 조심스럽게 '내면의 언어'로 바뀐다. 이 언어가 갖는 가치 있는 창조적 힘은 '다른 사람을 위한 언어'에 대한 풍요로움으로 바뀔 수도 있다. 둘째, 만일 이것이 성공한다면, 이러한 언어의 풍요로움은 어린이들로 하여금 평생 지속적으로 화면과 음향언어를 창조적으로 생산해낼 수 있는 발달의 기회를 갖게 할 수도 있다는 것이다.

텔레비전이나 영화 같은 미디어내용에 대한 어린이의 인지는 우선 '형상적인 표현'에 대한 것으로 시작되는데, 아동에게는 이들이 거의 시각적이거나 외적 관심을 끌만한 것으로만 파악된다. 여기에는 무엇보다 어린이들이 좋아하는 만화영화나 게임의 움직이는 화면과 내용, 특히 구조적으로 변하지 않고 반복되는 표현형태 속에 깊숙이 놓여있는 특징이 하나의 '형태 기억' 속에 저장되고, 이것은 어린이들이 미디어를 사용하는 동안 감정적으로 매우 강하게 작용하게 된다. 이 전형적인 특징은 서로서로 교류되는 개념으로써, 계속해서 구성적으로 발전해나가는 하나의 안전장치와 같은 형태로 완성되어 어린이의 머릿속에 기억된다(Maier 외, 1997). 이렇게 미디어내용을 파악해나가는 의미 있는 변화, 곧 프로그램 내용에 대한 '정신적 소화작업'은 8세 무렵에 나타난다. 화면언어와 함께 청각매체, 텔레비전, 영화의 바탕이 되는 부호체계인 언어와 음악을 이해함에 있어서도 어린이의 '정신적 소화작업'이 나타난다.

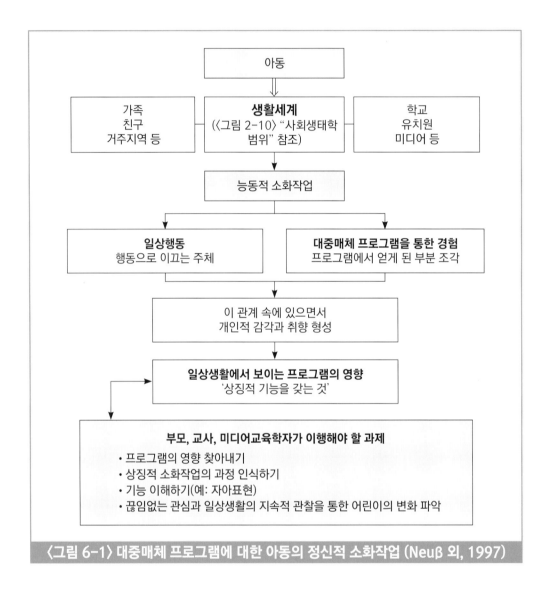

〈그림 6-1〉 대중매체 프로그램에 대한 아동의 정신적 소화작업 (Neuß 외, 1997)

　　대중매체에 대한 어린이의 정신적 소화작업과 관련한 한 연구(Strittmatter, 1994)에 의하면, 텔레비전이나 영화의 형태적 구조(변하지 않는 구조)에 대한 어린이의 자의식과 소화작업은 일반적으로 약 7세에서 10세에 나타난다는 결과를 보여주고 있다. 후기 아동기에 속하는 9-12세경의 어린이들도 정신적으로는 마술처럼 넘나드는 세계에 살고 있지만, 동시에 이들은 상상과 현실 사이에 분명한 경계선을 긋는 것을 배우게 된다. 이들은 꿈, 희망, 실제 사실과 같은 것을 통해 의식적인 '미학적 인지', 즉 '아름다운 것을 느끼는 것'에 대한 능력을 갖게 된다. 초기 유년기의 아주 어린아이들은 세상을 걸러서 보지 않은 채 살고 있지만 좀 더 큰 아이들은 자연경치의 아름다움과 여름밤의 서늘함과 부드러움을 느끼고 즐긴다. 따라서 TV와 영화, 동영상, 컴퓨터게임 등이 이들을 무척 황홀하게 하는데, 이 매체를 통해 아주 특이한 인상을 받게 될 상황을 얻게 되기 때문이다(Baacke, 1991). 따라서 어린이들의 지나치게 과다한 미디어 시청은 위험하다. 어린이들은 그들이 본 것에 대해 거리를 두거나 이것을 논리적이고 인지적으로 극복해내는 능력이 거의 없기 때문이다.

5) 어린이들의 판타지세계와 미디어교육

어린이 미디어교육의 이론적 연구를 토대로 하여 실시된 국제프로젝트 연구 "어린이들의 판타지세계에 미치는 대중매체의 영향 : 한국, 이스라엘, 독일, 미국 어린이들을 중심으로 한 국제 미디어교육 연구"[2](문혜성, 2003a; Götz 외, 2005)를 통해 대중매체와 어린이들의 정신세계를 연구하였다.

(1) 연구목적과 어린이 판타지와 미디어의 영향에 대한 질적 분석

이 연구에서는 한국, 이스라엘, 독일, 미국 어린이들의 판타지세계와 텔레비전 영향을 파악하여, 어린이들의 정신세계에 연결되어있는 대중매체의 영향과 역할을 분석하고 각 나라의 문화와 관련된 질적인 문제들을 밝혀보고자 하였다. 또한 이 네 나라 어린이들이 공동으로 갖고 있는 대중매체에 대한 정서 및 국가별 차이점을 알아보고, 오늘날의 대중매체가 어린이들에게 가져다줄 수 있는 문제점과 지향방향을 파악하고자 하였다.

본 연구프로젝트에서는 어린이가 자신의 판타지세계를 표현해낸 그림을 그리도록 하

---

2) 본 연구는 독일 제1공영방송국 ARD/BR(Bayerischer Rundfunk)의 지원을 받아 BR의 국제연구소(BR-IZI)에서 연구한 국제 프로젝트이다. 이 프로젝트는 본 저자와 독일의 Dr. Maya Götz, 이스라엘의 Prof. Dr. Dafna Lemish, 미국의 Dr. Ami Aidman이 공동으로 연구하였다. 이 연구는 어린이들을 대상으로 시작하였고, 그 후 성인들을 대상으로 한 연구(Götz, 2006)가 이어졌다.

고 이 그림에 대해 스스로 자신의 생각을 설명하도록 하였으며, 이 내용을 바탕으로 어린이의 정신세계와 미디어와의 관계를 분석하였다. 이론적 토대로서, 어린이들의 그림 내용을 서술적으로 재구성, 분석하고 판타지세계의 요인별 분류를 하기 위한 실증적 연구를 위해 글래저(Glaser)의 "Ground Theory"(Glaser 외, 1992)가 바탕이 된 슈트라우스(Strauss)의 "사회과학연구의 질적 연구토대"(Strauss, 1998)와 클루게(Kluge)의 "누적방법"(Kluge, 2001)이 적용되었다. 어린이들의 그림평가는 노이쓰(Neuss, 1999)의 연구방법을 기준으로 하였다. 슈트라우스의 질적 연구방법은 실증적 연구를 토대로 한 하나의 이론을 정립하는 것을 목표로 함으로써, 연구결과는 실증적인 자료에 깊이 연결되어있다. 진행방법은 내용을 체계적으로 부호화하여 분리하는 것으로, 인지감각이 중시되는 내용분석과 같은 것이다. 클루게의 "누적방법"에서는 각각의 그림들에 묘사된 내용을 서술적으로 재구성하고, 이를 바탕으로 그림의 요소들을 유사한 집단과 상이한 집단으로 범주를 나누고, 이를 통해 유형화의 변인들을 형성하는 것이다. 노이쓰의 어린이그림 평가방법이란, 그림을 그린 어린이들과의 인터뷰를 통해 개인의 주관적 감각으로부터 나온 어린이의 관점을 수용하고, 가능한 한 어린이들 자신이 표현한 그대로의 내용을 중시하며, 그로부터 어린이들에게 특별히 중요시되는 내용을 끌어내는 것이다. 어린이들이 그림 속에 표현한 내용은 어느 작은 요소라도 모두 중요한 의미를 갖게 되며, 이 요소들은 철저히 어린이들 고유의 사고로부터 나온 설명에 의해 의미를 부여받게 된다. 이렇게 하여 어린이들의 설명으로부터 하나의 이야기(줄거리)가 구성된다.

(2) 연구결과 – 어린이의 판타지에 나타난 미디어의 영향

본 연구의 결과는 크게 두 분야로 나뉘었다. 첫째, 네 개 국가 어린이들이 그림을 통해 공통적으로 보여준 판타지세계의 특징과 그 속에서 원하는 행동, 그리고 여기에 나타난 미디어의 영향, 둘째, 다른 나라 어린이들의 그림에서는 보이지 않는 각 나라의 특성과 차이점이다. 연구결과에는 남녀 어린이들의 성별에 따른 차이도 나타났다. 어린이들의 그림은 그린 방법의 특성에 따라 나라별로 한눈에 구별되게 큰 차이를 보였으나 내용면에서는 놀랄 정도의 유사성이 많이 나타났으며, 각 나라의 사회문화적 특성을 잘 보여주기도 하였다. 네 개 국가 어린이들이 그림을 통해 보여준 공통의 판타지세계는 아래의 네 가지 집단 유형으로 분류되었다.

- 어린이들의 판타지세계에 나타난 특성
- 어린이들이 소망하는 세계와 그곳에서 원하는 행동
- 판타지에 나타난 어린이들의 과거와 개인의 생활세계
- 어린이 판타지에 나타난 미디어의 영향

이 연구에서 보여주는 주요 결과들을 정리하면 다음과 같다.

① 어린이의 판타지에 나타난 미디어의 영향

어린이들이 공통으로 보여준 네 가지 판타지 유형 중, "어린이 판타지에 나타난 미디어의 영향"과 관련한 결과 중, 주요 내용의 일부를 설명하면 다음과 같다.[3]

가. 미디어로부터의 환경설정과 사물 표현

어린이들이 미디어 프로그램에서 본 장소, 환경 또는 배경을 취하여 그들의 판타지세계를 구성한 경우이다. 여기에는 판타지세계 구성의 전체 환경설정을 위해 미디어내용을 취한 것에서부터 사물이나 작은 요소들을 미디어로부터 가져온 경우가 해당된다.

이스라엘의 우디(Udi, 남 10세)는 『해리 포터』 책 시리즈에 기반을 둔 "해리 포터의 나라" 안에서 놀고 있다. 그의 그림에 보이는 네 개의 탑과 같은 성은 호그와트 학교의 네 기숙사, 그리핀도르, 후플푸프, 슬리데린, 레번크로를 그린 것이다. 미국의 잭(Jack, 남 8세)은 그의 꿈의 세계를 미국의 인기 퀴즈 쇼 〈Who Wants to Be a Millionaire?〉의 세트장으로 그리고 있다. 이 쇼의 출연자들처럼 잭은 그의 꿈나라에서 백만장자가 되었다. 한국의 귀형(남, 8세)은 자신의 판타지나라에서 화산이 폭발하고 공룡들이 피 흘리고 투쟁하는 공룡의 나라를 이쪽 산 너머에서 관찰하고 있다. 귀형이는 영화 〈쥬라기 공원〉에서 본 상황을 꿈의 나라 전개에 사용하고 있다. 독일의 카트린(Katrin, 여 8세)은 자신의 꿈의 세계를 독일의 만화영화시리즈 〈붐페디 부〉("Bumpety Boo")의 내용에서 따왔다. 이 만화영화의

---

3) 이 장에서는 어린이들의 이름들이 소개되어있다. 이에 대해 실험 전에 이미 어린이들의 부모들로부터 어린이 이름 소개에 대한 허락을 받은 바 있다. 여기에서는 성을 제외한 이름만을 소개하였다.

주인공들이 퀴즈쇼에 출현해 "슐라라펜란트(Schlaraffenland)"[4]를 상으로 따냈다〈그림 6-2〉.

Media Traces in the make-believe worlds: Setting

"The Age of Dinosaur", Gui`hyong,
8 years, Korea

"Gingerbread Land", Katrin, 8 years, Germany

"Harry Potter", Udi, 10 years, Israel

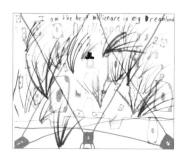

"The Best Millionaire", Jack, 8 years, USA

〈그림 6-2〉 판타지나라의 환경설정에 나타난 미디어의 영향

어떤 그림들에서는 미디어의 영향이 처음에는 눈에 띄지 않았으나, 미디어내용에 나온 사물을 그들의 판타지세계의 환경설정을 위해 가져다 놓은 경우도 있었다.

---

4) "슐라라펜란트(Schlaraffenland)"는 독일의 동화에 등장하는 유명한 동화 속 나라이다. 독일어의 '잠을 자다'는 동사 슐라펜(schlafen)을 연상하게 하는 '나라', '란트'(Land)라는 이름에서 알 수 있듯이, 이곳에서는 어린이들이 즐기고 향유하고자 하는 모든 것과 온갖 게으름이 허락되는 나라이다. 독일 어린이들이 그들이 바라는 환상의 나라를 꿈꿀 때 종종 비유되는 나라가 이 "슐라라펜(Schlaraffen) 란트(Land)"이다.

한국의 규상(남, 9세)은 마법의 가루로 사람들에게 좋은 일을 시키고, 전기로 작동되는 '자동 집'들이 있는 그의 환상의 나라에 자신이 평소 매우 즐기는 컴퓨터 자동차게임에 등장하는 눈이 달린 자동차를 가져왔다〈그림 6-3〉.

〈그림 6-3〉 판타지나라에 등장한 미디어 속의 사물 (규상, 남 9세)

나. 캐릭터

미디어 프로그램에 나오는 캐릭터를 그림에 등장시키는 경우도 있었다. 이때에도 한 캐릭터의 전체를 가져오는 것, 그리고 어떤 캐릭터의 특별한 능력, 외모, 이름, 의상 등과 같은 일부분만을 가져오는 경우가 있었다.

한국의 연우(남, 8세)는 그의 환상의 나라에서 컴퓨터 플래쉬애니매이션에 등장하는 "엽기토끼"와 "졸라맨"을 등장시켰다. 연우의 환상의 세계는 컴퓨터게임과 매우 유사한 구성과 진행을 보이고 있다. 게임에 흔히 등장하는 매우 작은, 그러나 파괴적인 힘을 가진 각 나라의 탱크들이 전쟁을 하고, 전투에서 이길 때마다 성안에서 각 나라의 군사와 병력의 숫자는 증가한다. 독일의 로비(Robby, 남, 9세)는 자신의 꿈의 세계에서 영화 〈Dragon Heart〉에 등장하는 용과 친구가 되었다. 그는 매일 밤 잠자리에 들기 전에 이 용 친구에게 그날 있었던 일을 이야기해주고는 한다〈그림 6-4〉.

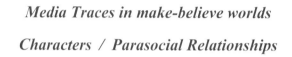

„Zolaman and the bad Rabbit",
Yon'uh, 8 years, Korea

„Me and my Dragon",
Robby, 9 years, Germany

〈그림 6-4〉 판타지나라에 등장한 미디어의 캐릭터

이 유형에 속하는 또 다른 예는 이스라엘의 오메르(Omer, 남 9세) 이야기이다.

"나의 판타지 나라에서 나는 내 나라의 지배자다. 난 아주 특별한 옷을 입고 있는데, 빨간 망토는 〈슈퍼맨〉의 것과 같은 것이고, 내 초록색 손으로 〈스파이더맨〉처럼 달라붙어서 어디든 기어오를 수 있다. 손 위의 파란 것은 레이저 검이다. 빨간 혁대는 〈포케몬〉에 나오는 것이다. 보라색은 나의 나는 신발이고, 머리의 뿔은 〈배트맨〉의 마스크에서 가져온 것이다. 나는 위대한 고수이고 〈스타워즈〉에 나오는 검을 가지고 있다. 내 주변에 보이는 것은 나의 방이다. 그곳은 매우 크고 온갖 캐릭터들이 살아 있다. ― 이곳에는 '포케몬' 캐릭터들이 있고, 굉장히 커다란 '피카츄'도 있다. 이 나라에는 좋은 사람들과 나쁜 사람들이 살고 있고, 성안에는 〈해리 포터〉에 나오는 '호그와트' 학교도 있다. 나는 이 학교를 이미 우수한 성적으로 졸업했다. 그곳에는 정글에서 자라는 열대성 식물들, 그리고 강아지 같은 동물들도 있다. 내 나라의 중앙에는 '쥘 베르느'의 소설에 등장하는 비밀에 가득 찬 섬이 있고, '모비 딕'과 같은 고래들이 많이 살고 있다."〈그림 6-5〉

Media Traces in the make-believe worlds: „Superheroes"

Batman

Spiderman

Star Wars, Episode 1

Pokémon

Superman

〈그림 6-5〉 오메르의 판타지세계에 등장한 캐릭터들

다. 이야기 줄거리

어떤 판타지세계에서는 어린이들이 특정 미디어프로그램에서 나온 줄거리 구조를 그들 자신의 꿈의 세계를 만들어 나가기 위한 이야기 토대로 사용하기도 하였다.

독일의 루벤(Ruben, 남 8세)은 판타지세계에서 영화 〈아마겟돈〉의 줄거리를 따라가면서 우주선을 타고 우주공간을 여행하였다. 미국의 마틴(Martin, 남 8세)에게는 농구 게임이 일상에서 중요한 활동이었고, 자신의 꿈나라에서는 영화 〈후크 선장〉에서처럼 성인이 된 피터 팬이 경기에 지고 있는 소년들을 위해 등장하는 장면을 그렸다. 한국의 준식(남, 9세)은 컴퓨터 게임 〈바람의 나라〉를 그의 환상의 나라에서 직접 경험했다.

이처럼 어린이들은 평소 멋지게 느껴지는 내용을 판타지나라에 가지고 간다. 그러나 위와 같은 허구세계의 것만이 아니라 때로는 다큐멘터리 프로그램이나 과학프로그램에서 본 전문지식이 어린이들의 환상의 세계에 영향을 준 사례들도 있다.

한국의 담덕(남, 8세)은 텔레비전의 자연과학 프로그램을 통해 우주에서 지구를 보았을 때 지구가 어떻게 보이는가를 알게 되었다. 담덕은 자신의 환상의 나라 "신나는 우주여행"에서 아버지와 형과 함께 커다란 물고기 모양의 풍선을 손에 들고 우주에 둥둥 떠서 지구를 관찰했다. 미국의 케빈(Kevin, 남 8세)은 닐 암스트롱에 관한 책을 읽은 적이 있다. 그는 암스트롱의 팀원이 되어 그와 함께 미국을 위해 새로운 세계를 발견하고 정복했다. 독일의 테씨나(Tessina, 여 8세)는 텔레비전의 다큐멘터리 프로그램을 통해 많은 동물들이 위협받고 있다는 것을 알게 되었다. 테씨나는 자신의 꿈나라에서 이들을 위한 보호처를 마련해주었다〈그림 6-6〉.

Media Traces in the make-believe worlds:
Factual Information

„An Exciting Journey on a Space Ship",
Dam'dok, 8 years, Korea

„Seychelles in the Night", Tessina, 8 years, Germany

„Galaxy", Gal, 9 years, Israel

„The Land Discovered by the USA", Kevin, 8 years, USA

〈그림 6-6〉 판타지나라에 나타난 다큐멘터리 프로그램

라. 고유의 경험과 관점의 심리적 상징화 및 커뮤니케이션 설정을 위한 미디어

미디어가 어린이의 경험과 관점을 상징화하는 수단이 되고 타인과의 커뮤니케이션을 위해 사용된 대표적인 사례는 독일의 파트리치아(Patricia, 여 9세)의 그림이다.[5] 평소 잠 자는 것을 매우 즐기는 파트리치아는 이 꿈의 세계를 "슐라라펜란트"(Schlaraffenland)[6] 라고 이름 지었다. 직업군인 아버지를 따라 외국과 국내에서 전학을 자주 다녔던 파트리 치아는 친구를 잘 사귀지 못하였고, 예쁘게 생긴 고양이 '미유'를 통해 자신 내면의 분노 나 공격성을 대리하여 표현하였다.

---

5) BR-IZI 연구팀은 파트리치아의 사례를 심층 분석하기 위해 스위스의 심리학자 Dr. Ruth Etienne Klemm 에게 미디어와 관련된 심리분석을 의뢰하였다. 파트리치아 사례의 분석결과에는 Dr. Klemm의 견해가 중요한 바탕이 되었다.

6) 각주 4)번 참조

이곳 "슐라라펜란트"에는 아주 편한 침대가 있고, 과일이 열린 과일나무들이 있고, 모든 '포케몬' 캐릭터들이 살고 있다. 자신처럼 잠자는 것을 좋아하는 '릴랙소'(Relaxo), 멋지게 나는 '스메트보'(Smetbo), 꽃을 좋아하기 때문에 꽃 괴물 '기플로'(Giflor)도 와 있다. 파트리치아가 가장 좋아하는 예쁜 '미유'(Mew). 정말 귀엽게 생겼지만 화가 나면 지구의 반도 폭파시킬 파괴력도 있다. 그러나 겉으로는 그것이 잘 보이지 않는다. '토게피'(Togepi)도 있지만 그는 지금 여기에 없고 달나라로 보내졌다. '토게피'는 그래서 지금 달나라와 "슐라라펜란트"를 왔다 갔다 하며 살고 있다. 달나라에는 그의 부모가 살고 있고, 거기서 그는 특수학교에 다니고 있다. 〈그림 6-7〉.

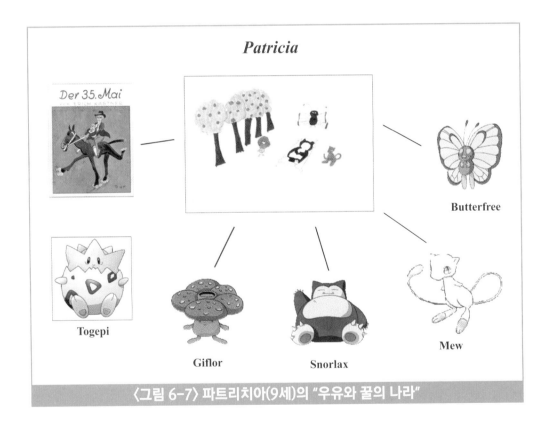

〈그림 6-7〉 파트리치아(9세)의 "우유와 꿀의 나라"

② 판타지세계의 표현에 나타난 성별의 차이

어린이들이 각자의 판타지세계를 표현해낸 결과에는 네 나라에서 모두 공통적으로 성별에 따른 차이점이 분명하게 나타났다. 국적을 초월하여 성별에 따라 남, 여 어린이들이 공통의 차이점을 보여준 것이다.

〈표 6-3〉 판타지세계 표현에 나타난 성별의 차이

	여자 어린이	남자 어린이
미디어에 대한 특성	• 미디어의 영향이 적게 나타남 • 미디어의 캐릭터가 남자 어린이들보다 적게 등장함	• 최신 미디어가 도입된 명백한 미디어의 영향이 자주 보임 (여자 어린이들의 약 두 배) • 미디어의 캐릭터가 여자 어린이들보다 직접적으로 많이 등장함
그림에 대한 특성	• 전체 그림이 종종 자연의 풍경으로 나타남 • 자신의 세계에 존재하는 위협이 있더라도 그것이 그림에 직접 나타나지 않고 대부분 서술을 통해 표현됨	• 많은 그림에서 전투장면이 보임 • 위협적인 괴물이나 전투(사람, 영웅, 공룡, 동물 간의 전투) 등이 대부분 직접 그림에 표현되어있음
사회적 특성	• 남자가 거의 등장하지 않음 • 다른 존재나 동물들과의 조화로움과 관계지향성이 강조됨 • 상황에 대해 책임을 느끼고 지속적으로 연결하려는 경향이 있음 • 위협적인 요소와 직접 싸우는 것이 아니라 나름대로 해결방안을 모색함	• 여자가 거의 등장하지 않음 • 조화로움을 거부하고, 전투적 상황을 찾고 즐기려는 경향이 있음 • 지속적인 연결성보다는 에피소드 중심의 액션이 강조됨 • 위협을 거부하고 선한 편에 서서 전투를 함 • 위협적인 요소와 그림 속에서 직접 싸움

③ 각 국가의 사회, 문화적 특성에 따른 차이

가. 한국 – 중요 미디어 : 컴퓨터게임

한국 어린이들이 판타지세계에서 보여준 특성은 〈표 6-4〉와 같다.

〈표 6-4〉 한국 어린이들의 판타지세계 특성

• 공부에 대한 압박감과 성인들의 간섭으로부터의 탈피	• 컴퓨터 및 컴퓨터게임의 영향
우리 사회에서 어린이들이 공부와 성적 향상 때문에 일반적으로 갖고 있는 과도한 압박감이 한국 어린이들의 판타지세계에 직접 표현되었다. 현아(여, 8세)는 "코리아 비행기"를 타고 미국에 가고 싶어 한다. 미국과 다른 나라 어린이들은 한국 어린이들처럼 공부를 많이 하지 않아도 될 것이기 때문이다. 세용(남, 9세)은 자신의 나라에서 어른들은 하나도 없고 친구들과 동물들과만 살고 싶어 했는데, 어른들의 간섭도 받지 않고 공부는 전혀 하지 않아도 되기 때문이다. 종현(남, 9세)은 자신의 꿈의 세계에서 어른은 전혀 없고, 친구들과 노는 것만이 중요하다. 공부는 전혀 하지 않는다. 이곳에는 모든 게임과 특수 자동차가 있고, 좋아하는 컴퓨터게임을 밤새도록 해도 괜찮다. 종현은 평소 즐겨 읽던 『톰 소여의 모험』에서처럼 친구들과 온갖 장난을 하면서 어른들은 하나도 없는 "우리들만의 세상"을 꿈꿨다〈그림 6-8〉	이 연구에서는 한국 어린이들 외에 다른 나라의 어린이들은 단 한 명도 컴퓨터 영향을 묘사한 경우가 없었다. 흥미로운 것은 한국 어린이들 중에서도 남자 어린이들만이 컴퓨터게임의 영향을 그림에 표현했는데, 〈표 6-3〉에서 언급된 영웅이 등장하는 대중매체 프로그램의 성별에 대한 특성과도 무관하지 않은 것으로 보인다.

South Korea
Escaping Pressure

〈그림 6-8〉 현아(8세)-"몽골", 세용(9세)-"하늘로 날아가는 나", 종현(9세)-"우리들만의 세상"

나. 이스라엘 – 중요 미디어 : 텔레비전과 서적

이스라엘 어린이들에게 있어 중요한 역할을 한 대중매체는 텔레비전과 서적이었다. 그러나 이 나라 어린이들의 판타지세계에 나타난 특수성은 사막지역이라는 지역적 특성과 유태계와 아랍계 두 민족의 구성에 따른 특징에서 더 두드러지게 나타났다. 이스라엘의 연구대상 어린이 51명 중 11명이 아랍계 어린이들이다. 우선 많은 어린이들이 자신의 판타지나라에서 보기 힘든 푸른 초원과 자연을 묘사하고 있다. '스위스'라는 특정 국가 자체가 환상의 나라로 동일시된 경우도 있었고, 공원과 해변 같은 장소도 꿈의 나라 일부가 되어주었다. 본 연구팀은 연구결과를 해석하는 데 있어 이 나라의 정치적 상황을 고려하였다.[7]

〈표 6-5〉 이스라엘 어린이들의 판타지세계 특성

- 아랍계, 유태계 어린이 모두 그들의 꿈의 세계 이야기에서는 두 민족 간의 증오심을 읽을 수 없었으며, 테러 공격, 자살 테러, 인종차별주의가 전혀 없는 세계를 꿈꾸는 것을 간접적으로 표현하였다.
- 어린이들이 군사영웅이 되어 적과 대항하거나 자신의 민족을 위해 싸우는 전투 이야기가 전혀 없었다.
- 유태민족이나 아랍민족, 그 밖의 어떤 국가적, 종교적 집단과 연결된 상징이 전혀 표현되지 않았다.
- 정치적 현실에 대해 미디어와 관련된 유일한 표현은 간접적으로 보였는데, 몇몇 유태계와 아랍 어린이들은 끔찍한 장면을 보지 않기 위해 더 이상 뉴스 프로그램을 보지 않는다고 하였다.

〈표 6-6〉 판타지세계에 나타난 아랍 어린이들과 유태인 어린이들의 특성

유태인 어린이	아랍 어린이
• 개인적 성향이 강하고, 서구적 현대 문화에 동화되어있음 • 타인이나 부모의 간섭을 싫어하고, 자기 혼자만의 세계와 자신을 위한 독립적 가치가 중요함 • 자신을 이스라엘의 국민으로 생각함	• 대가족이 중심이 된 집단의식 성향이 강하고, 전통적 문화가 중요한 문화배경이 됨 • 대가족이나 친구와 같이, 다른 사람들과의 행복한 공존이 선호됨 • 이스라엘 국민이면서도 이스라엘을 자신의 모국으로 동일시하는 경향이 없고, 자신을 현재 자신이 살고 있는 마을이나 도시에 속한 시민으로 보는 경향이 있음

---

7) 이스라엘에서 연구가 시행된 시기는 정치적 분쟁지역에서 폭발과 살상이 일어난 지 얼마 지나지 않은 시기였다. 그 당시 두 민족 간에는 정치적 위기와 두려움과 적개심이 더욱 확대되고 있는 시점이었다.

다. 미국 - 중요 미디어 : 영화

미국 어린이들이 판타지세계에서 보여준 특성은 〈표 6-7〉과 같다.

〈표 6-7〉 미국 어린이들의 판타지세계 특성

• 영화의 중요성	• 개인 힘의 강조
미국 어린이들에게는 다른 나라 어린이들에 비해 극장에서 상영되는 영화가 이들의 꿈에 매우 중요한 역할을 하는 것으로 나타났다. (네 명의 어린이가 당시 개봉되고 있던 〈슈렉〉을 판타지세계에서 직접 만나고 있었다.) 이것은 영화 개봉과 동시에 (또는 그 이전부터) 시작되는 마케팅-캠페인을 통한 판촉광고가 영화 제작과 긴밀히 연결됨으로써, 어린이들로 하여금 특정 영화에 대한 기대감을 부풀게 하기 때문이다. 예를 들어, 영화가 개봉되면서 어린이들이 좋아하는 패스트푸드 체인점이나 어린이가 애용하는 상점에서는 플라스틱 캐릭터를 어린이 메뉴에 넣어주는데, 이것은 "McDonaldization"(Ritzer 1993)의 맥락에서 보아 다른 여러 나라에서도 이와 유사한 현상이 일어나고 있다는 것을 말해준다. 이와 동시에 텔레비전에서는 이 영화의 광고를 집중적으로 내보내어, 어린이들에게는 영화 시작과 함께 영화 속 캐릭터들이 이미 어린이의 일상에 상주하는 친근한 존재가 된다. 또한 영화의 개봉 얼마 후에 DVD가 출시되어 다시 광고 캠페인이 시작됨으로써, 영화는 어린이들의 인식 속에 각인되기 쉽다.	미국 어린이들의 판타지에서는 개인의 힘이 강조된 경우가 많았다. 다른 나라 어린이들도 대부분 자신이 그 세계의 중심에 서는 경향을 보였으나, 미국 어린이들에게 있어서는 개인의 뛰어난 능력이 유난히 강조되었고 더 일반화되어있었다.

라. 독일 - 중요 미디어 : 텔레비전

독일 어린이들에게는 무엇보다 텔레비전의 역할이 다른 매체에 비해 큰 것으로 나타났다. 독일의 경우, 1990년대 중반부터는 제1, 제2 공영방송인 ARD와 ZDF가 방학기간마다 합작으로 공동의 어린이 프로그램을 제공하고, 이 방송사들은 주말 오전 시간대에는 광고가 전혀 없이 거의 어린이 프로그램만을 방영하고 있다. 1997년 두 공영방송사는 공동으로 "광고 없고 폭력 없는"(1997 von Gottberg 외) 어린이 프로그램 전용 공영방송국, "킨더카날"(Kinderkanal)을 탄생시켰다. 특히 두 공영방송사는 미국과 아시아에서 수입한 어린이 프로그램을 주로 방영하는 민영 상업방송과 차별화하여 독일과 유럽의 자체 제작 어린이 프로그램을 주로 방영하고 있다.

〈표 6-8〉 독일 어린이들의 판타지세계 특성

• 동물들이 자주 등장했다. 독일 어린이뿐 아니라 다른 나라의 많은 어린이들에게 있어 동물들은 이들의 판타지나라에 등장하는 중요한 어린이들의 친구였다. 그러나 독일 어린이들의 경우, 동물에 대한 갈등이 자주 표현되었다. 한편으로는 동물을 사랑하지만 한편으로는 고기를 먹는다는 모순과 갈등을 그들의 세계에서 정당하게 설명하려 애썼고, 고기를 먹더라도 동물을 사랑하며 이들을 보호해야 한다는 생각을 자주 표현하였다.

• 환경보호에 대한 높은 관심이 자주 나타났다. 자신들의 나라에서 이들은 공해 없는 자동차를 타고 다니고, 깨끗한 환경에서 동물들과 위험 없이 살고 싶어 했다. 환경 친화적 산업이 없는 다른 (환상의) 나라들과는 교류를 갖지 않았다.

• 다른 나라의 여자 어린이들에 비해 독일 여자 어린이들은 '자율적이며 자신이 정하는 대로의 행동'에 대한 행동소망을 매우 강하게 나타냈다.

---

(3) 어린이 판타지세계에 나타난 문제적 측면과 대중매체의 교육적 역할

연구결과를 통해 분명해진 사실은, 어린이들은 오늘날에도 매우 풍요로운 판타지의 세계를 가지고 있었고, 그 속의 많은 부분에는 현대의 대중매체가 뚜렷이 자리 잡고 있었다는 것이다. 그러나 미디어는 어린이들이 인생을 살아가는 데 적합하지 않은 표본을 제공하기도 하였다. 예를 들어, 미디어는 성별 역할과 다른 민족에 대해 부정적 편견을 조성할 가능성을 내포하고 있었다. 남성 영웅 위주의 프로그램은 어린이들의 성 역할에 대한 자아동질성 발견에서 균형 잡히지 못한 발달을 유도할 수 있다. 또한 선진국에서 종종 방영되는 제3세계에 대한 정보프로그램은 어린이들에게 다른 민족에 대한 우월감과 더불어 잘못된 편견을 키워줄 수도 있고, 또는 반대의 성향을 키울 수도 있다. 이렇게 미디어에 의해 지원받은 스테레오타입과 편견은 주관적으로 내재화되고, (국가적으로 분류된) 서열의식을 심어줄 수도 있다.

한 사회의 긍정적, 부정적인 다양한 사회 실태를 여러 각도에서 심도 있게 분석한 프로그램들이 균형 있게 방영되지 않고 어느 한쪽으로 쏠리는 경향이 있을 때, 아직 직접적인 인생 경험이 부족한 어린이들은 잘못된 편견을 형성하기 쉽고, 이 편견은 이들의 인생에 걸쳐 지속적인 영향을 주기 쉽다. 어린이들이 외부세계에 대한 허황된 꿈이나 잘못된 편견을 갖지 않도록 세심한 배려를 해야 하는 것이 오늘날 대중매체의 중요한 역할이다.

어린이들은 텔레비전이나 컴퓨터와 같은 대중매체를 다루는 능력이 일상생활에서 매우 뛰어나다. 한 연구(Singer, 1999)에서는 지속적이고 과도한 텔레비전 시청으로 인해 인간의 판타지 공간이 제한되기도 하지만, 현실에서 판타지에 대해 지나치게 부정적인 관점을 가질 때도 역시 판타지 공간이 위축된다고 하였다. 따라서 텔레비전과 같은 대중 매체를 활용하는 것 그 자체는 많은 경험을 쌓는 하나의 활동이 될 수 있다. 대중매체의 지속적 활용은 많은 내용을 접하고 경험을 쌓게 하여 인간의 발달과 판타지 확장에 매우 유용할 수 있지만, 반대로 이것을 잃게도 한다. 프로그램 제작자들은 어린이들을 단순한 소비자로만 생각하기보다 이들의 사회적, 정신적 발달에 책임감을 가져야 한다. 또한 어린이들 내면의 다양성을 진지하게 고려하면서 인간의 정신세계를 구성하는 데 중요한 역할을 해야 할 것이다.

3. 청소년과 청년기의 미디어교육

1) 청소년과 청년들의 미디어세계와 새로운 사회생태환경

미디어교육과 관련하여 가장 많은 관심을 끄는 집단은 어린이와 청소년이다. 그 이유는, 첫째, 미디어 소비로 인해 성장기에 놓여있는 세대가 부정적인 영향을 받을까 하는 우려이며, 둘째, 청소년들이 특히 뉴미디어에 대해 거부감이 거의 없어, 그것을 사용하고 생활에 연결시키는 데 상당히 개방적이기 때문이다. 이러한 특성은 결국 미디어로부터 올 수 있는 부정적 영향에 대한 우려를 낳게 한다.

(1) 교육에 대한 새로운 환경

새로운 사회적 생태환경에는 청소년들에 대한 새로운 교육환경도 포함된다. 미디어와 함께하는 사회문화에서는 청소년들의 교육과 문화에 대한 관점에도 변화가 오기 때문이다. 이것은 어린 시절부터 청소년의 세계 속에 미디어로 인한 "병렬–공간적 경험" (Baacke, 1997a)이 들어오는 것을 뜻한다. 이는 인간이 자신의 생활 속에서 육체적, 환

경적으로 직접 접촉할 수 있는 사람이나 공간으로부터 얻는 직접경험뿐 아니라, 미디어
를 통한 간접적인 생활경험을 하게 되고 다양한 형상을 접할 수 있게 된 것을 의미한다.
예를 들어, 육체적, 성적 문화나 폭력과 같이 교육적인 영역에서 보호되던 경험이 이제
는 미디어를 통해 어린이들에게도 너무나 가깝게 다가오게 되었다는 것이다. 이와 함께
과거 아동기에 이루어지던 교육계획이나 방향은 여러 대중매체로 인해 모순적 상황이
발생하게 되는 경우도 많다. 직접경험 세계에서는 어린이와 청소년들에게 억압되는 경
험이 미디어 이미지 세계를 통해서는 상징적인 도피시간과 도피세계가 허용되는 것으로
써, 교육에 대해 이제 새로운 환경이 조성되고 있다는 것이다.

(2) 청소년기와 청년기의 확장

　새로운 생태환경으로 인해 미디어교육학에서는 청소년기 연령대를 훨씬 더 넓은 폭으
로 확장한 시각을 갖게 되었다. 전통적인 청소년기의 구조가 점점 더 깨지고 있는 추세
이기 때문이다. 사춘기가 시작되는 연령이 빨라질 뿐 아니라 감정의 발산에 있어서도 청
소년의 전형적 행동유형이 이미 후기 아동기(약 10−12세)에서 시작됨으로써, 후기 아동
기와 초기 청소년기 사이의 경계선이 불분명해졌다. 이러한 현상은 당연히 어린이 문화
와 청소년기의 특성에도 영향을 주기 쉽게 만든다. 교육을 받는 기간은 점점 더 길어지
고 구직환경도 매우 어려워짐으로써 청소년기가 끝나는 시기 역시 길어져, 오늘날에는
교육연령이 20세에서 30세까지 계속되는 경우도 많아졌다.
　자아실현이 높은 가치를 갖는 사회에서는 직업에 대한 요구수준이 상당히 높아짐에
따라, 직업에 대한 만족을 얻기 힘든 경우가 많아지면서 일자리의 변동도 많아진다. 이
렇게 직업에서 불안정을 겪는 시기는 "청소년 이후 시기"("Postadoleszenz", Baacke
1997a)의 발달단계에 속한다. 예전에는 이 연령대의 청년들을 '성인'으로 분류하였다. 이
시기의 사람들은 문화적으로나 정치적으로, 그리고 생활형태에서도 자율적이며 독립적
이기를 요구하고, 교육적 감독을 더 이상 원하지 않기 때문이다. 그러나 경제적인 측면
과 최종적인 인생의 계획에 있어서는 아직도 종속적이고 완전히 정착되지 않아, 이 시기
를 명확히 정의내리기는 힘들다.
　이러한 상황은 학생에서 직업인으로 바뀌는 과정을 겪어보지 못한 청소년 또는 청년
들에게 사회심리적 문제도 가져온다. 한정된 사회적 환경 안에 머물며 직업인으로서 갖

게 되는 사회적 책임감이나 여러 상황을 겪지 못한 채, 연령 증가와 관계없이 정서적으로 전형적인 청소년기에 머물러있는 경우가 종종 있다. 이 성향은 이들의 미디어문화에도 반영이 되고, 이렇게 확장된 청소년기는 한 사회의 미디어문화와 미디어와 관련된 교육 연구에도 영향을 주게 된다.

(3) 청소년과 청년층의 미디어 활용태도

변화하는 사회생태환경 안에서 청소년과 청년들의 커뮤니케이션 양식도 급격히 변화하고 있다. 사람들 간의 커뮤니케이션은 이제 더 이상 동일지역과 동질집단 내에서만 이루어지지 않는다. 이제는 '대중매체를 통한 직접적 관계'(예: 페이스북, 트위터, 인터넷 동호회 등)가 이들에게 큰 의미를 갖는다. 청소년기는 타인을 통한 자아동질성과 모방의 모델을 찾는 시기이고, 이러한 성향은 미디어를 통해 한없이 증가되고 또 열려있기 때문이다.

미디어 커뮤니케이션 상황에서 청소년들이 보여주는 실제 행동에는 현실과 허구가 공존하는 경우가 많다. 이들이 미디어 속의 우상이나 환상적 존재와 갖는 수평−사회적 상호작용은 상대적으로 보아 불분명하고 우발적이며, 이들은 자신의 행동 결과에 의무나 책임을 지지 않는 경우가 많다(Baacke, 1998). 이러한 청소년기의 변화는 한편으로는 위험일 수도, 다른 한편으로는 기회일 수도 있다. 그러나 현재 이에 대해서는 사전에 명확히 등급화된 평가기준이나, 혼란스럽지만 어쩌면 생산적일 수도 있고 예측 불허의 무엇인가를 제시해 줄 수 있는 '교육적 규칙 총서' 같은 해답이 주어져 있지 않다. 급변하는 사회 환경 속에서 인간발달과 사회현실에 적합한 미디어의 역할과 방향을 제시할 수 있는 미디어교육학의 연구가 앞으로도 중요한 과제가 될 것이다.

2) 청소년과 청년층에 대한 미디어의 기능

청소년들의 미디어사용은 청소년들의 일상생활에서 미디어가 차지하는 시간적, 양적 상황을 보여준다. 그러나 이것만으로 이들의 주관적 사용에 대한 미디어의 질적 내용을 알 수 있는 것은 아니다. 미디어가 청소년들에 대해 갖는 질적 기능은 다음과 같다 (Eimeren & Klingler 외, 1995; Schmidt, 1995; Schell 외, 1997).

〈표 6-9〉 청소년과 청년층에 대한 미디어의 질적 기능

정보기능	인쇄매체와 더불어 전파매체는 더욱 강하게 전 세계의 새로운 이야깃거리와 정보를 급속히 전달할 수 있도록 제작된다.
오락과 휴식기능	이 기능은 미디어의 현실적인 사회적 기능을 의미하는데, 학교나 직업현장에서 겪는 일상의 경험이나 좌절감으로부터 벗어나 기분 전환과 휴식을 위한 여가 선용이다.
통합과 여론형성 기능	대중매체의 통합 기능과 여론 형성의 기능은 각 청소년들이 속한 가족 및 또래집단과 같은 사회적 공동체 내 상호작용의 강도나 커뮤니케이션의 질에 따라 그 영향력이 달라진다. 이 공동체의 끈이 강하면 강할수록 이 집단을 지배하는 개개인의 가치관, 기준, 중요 가치들이 더 강한 사회화의 힘을 갖게 되고, 대중 매체는 통합과 여론 형성에 있어 상대적으로 더 적은 기능을 갖게 된다.
시간 채우기 기능	미디어가 점차 장소의 제한을 받지 않게 되면서, 청소년들에게 미디어는 쓸모없는 시간을 채우기 위한 것만이 아닌 그 이상의 기능이 증가하고 있다. 청소년들이 미디어를 소비하는 것이 점점 더 일상화 되어가며 다른 활동들 사이의 대기 시간을 연결해주기도 하고, 또는 한 공간에서 몇 개의 미디어사용을 동시에 하는 경우도 많다.
삶의 질적 향상 기능	서적 외에도 컴퓨터나 스마트기기와 같은 새로운 기술시스템의 확산은 1980년대 중반 이후 학습에서의 미디어화를 가져왔다. 여러 교육 분야, 예를 들어 외국어 학습, 평생교육, 성인교육 등을 통해 미디어에 의한 질적 향상의 기능을 볼 수 있다.
사회적 위신 확립 기능	사람들은 대중매체를 통해 많은 지식을 획득할 수 있고, 이러한 행동은 사회적 체면을 유지하는 데 어느 정도 도움이 된다. 이를 통해 사용자들은 '정보화된' 듯한 인상을 준다.
인간 간의 커뮤니케이션 대리 기능	이 기능은 미디어 사용자의 커뮤니케이션능력이나 커뮤니케이션에 대한 기회나 조건과 관련하여 큰 상관관계를 갖는다. 미디어는 일종의 인간 친지의 '대리파트너' 역할을 한다.
컴퓨터와 스마트기기의 종합적 역할	이 유형의 미디어는 청소년들에게 위의 항목에 언급된 여러 기능을 종합적으로 제공해줄 수 있는 매우 매력적인 미디어이고, 청소년들은 이러한 다양한 기능을 통해 인간 간의 직접적 커뮤니케이션을 대체할 수 있을 만큼 흡인력이 강한 미디어이다. 그러나 컴퓨터 과다 사용과 이로 인한 지나친 종속성은 단지 매체와 인간 간의 문제만이 아니라, 이들을 둘러싼 사회 환경과 직결된 문제라는 것을 인식해야 한다.

(Eimeren & Klingler 외, 1995; Schmidt, 1995; Schell 외, 1997)

3) 록 음악(Rockmusic)의 역할과 청소년들의 문화

청소년들의 음악적 사회화와 문화적 정체성 확립에 있어서는 그 어느 장르보다 록 음악의 세계를 통해 이들의 문화적 실태를 잘 파악할 수 있다. 록 음악이 청소년들에게 크게 와닿을 수 있는 이유는, 첫째, 록 음악은 모든 일상생활에 내포되어있고 문화적 실생활에 대한 인식방법이자 접근방법이며, 둘째, 모든 생활양식에 특정한 요소로 영향을 줌으로써 청소년들의 일상과 정서를 잘 표현할 수 있기 때문이다(Mikos, 1998). 그러므로 Rock'n'Roll은 단지 특별한 음악의 형태일 뿐 아니라 청소년들이 갖는 인생의 감각, 감정에 대한 표현인 것이다. 따라서 '록 문화'에 대해 이야기할 때는 단순히 음악에 관계된 것만이 아니라, 이 음악 사용자들의 사회적, 경제적 상황과 음악과의 관계, 찢어진 청바지와 같은 미학적인 관습과 유행, 언어와 움직임과 댄스 스타일, 이념적 태도, 그리고 미디어 표현양식과의 관계를 함께 이야기해야 할 것이다(Grossberg, 1992).

"록의 구성은 현재 사회의 실질적인 생활 속에서 정말 특별한 공간을 구성하는 것이다. 그들의 정체성과 힘은 팝문화와 인간의 관계를 떨어질 수 없게 하고, 인간이 팝문화 속에서 산다는 사실에서도 떨어질 수 없게 한다"(Grossberg, 1992). 이러한 록 음악 문화는 세계적으로 2차 대전 후, 사회 현실에 대한 인식과 미디어가 전달하는 내용에 대한 의식이 커지면서 대중문화에 큰 파장을 가져오게 된 것이 중요한 계기가 되었다.

다양한 록 음악의 형태는 역사적으로 보아 젊은 사람들이 이 사회에 보여주는 그들의 정서였으며, 일종의 '사회참여'라고도 할 수 있다. 록 음악은 청소년들의 경제적, 사회적, 감정적 상태뿐 아니라, 이들이 살고 있는 사회적 상황과도 연결되어있다. 시대별 사회상황에 따라 젊은이들은 인생의 감정을 표현하거나 이념적 이상을 록 음악을 통해 구현해냈다. 1950년대 엘비스 프레슬리의 등장, 1960년대 말의 제퍼슨 에어플랜 등의 하드 록, 1970년대의 히피문화와 존 바에즈 등의 반전 음악, 그리고 1970년대 말의 리듬 앤 블루스, 로큰롤, 1980, 1990년대의 레게, 테크노, 2000년대의 힙합 등의 형식으로 등장하였다(Mikos, 1998). 록 음악은 예술과 인생 사이의 연결을 보여주는 대중 미학이며 인생의 기본 바탕에 깔린 인간의 감정이라고 할 수 있다.

록 음악이 청소년들의 정서적 표현을 위해 본격적으로 의미를 갖기 시작한 것은 1950년대 이후이다. 1950년대에는 두 가지의 큰 사회문화적 변환이 있게 된다. 한편으로는 텔레비전과 함께 새로운 대중문화의 수준이 발달되기 시작하였고, 다른 한편으로는 개인

의 존재가 경쟁사회에서 성공의 표본으로서 큰 의미를 갖게 되었다. 그러나 1950, 1960년
대 이후 전 세계적으로 경제가 급격히 성장하면서, 성공적인 사회적 업적이나 경력을 위
한 노력이 성인에게뿐 아니라 어린이, 청소년들에게도 요구되기 시작했다. 청소년들은
사회적 경쟁 속에서 전통적 가치에 의문을 품고 이질감을 느끼게 되었으며, 이때 록 음
악은 청소년들의 감각과 상징을 대리해주는 기능을 갖게 되었다. 록 음악은 청소년들의
정서적, 감정적 발언과 표현으로 간주되었고, 정서적 이질감에 대한 변론으로도 사용되
었다. 록 음악은 세상으로부터 인정을 받기 위한 수단이었으며 성인세대로부터 권력의
양도를 받기 위한 투쟁이었다. 같은 시대에 등장한 〈이유 없는 반항〉(1955)과 같은 영화
들과 함께, 록 음악은 청소년들이 그 사회에서 갖고 있는 특수한 위치에서 나오는 일종
의 "절망의 외침, 절망적 절규"(Grossberg, 1992)에서 출발하였다.

그 이후로도 시대의 흐름과 사회적 상황에 따라 청소년들의 정서를 표현하는 여러 형
태의 록 음악이 나오게 되었다. 그러나 여러 종류의 록 음악 형태 속에는 근본적으로 청
소년들이 이 세상을 인지하는 양식과 이 세계에 동참하는 접근 형태, 사회화의 형태가
포함되어있으며, 이 형태는 청소년들에게 여전히 큰 영향력을 갖고 있다. 청소년들은 이
음악 장르를 공유하면서 젊은 세대의 문화에 서로 영향을 주고받으며 새로운 문화를 함
께 형성하면서, 이 사회에 자신들을 표현하고 전달하는 자아사회화의 과정을 밟고 있다.

4) 광고모델과 청소년들의 정체성 확립

청소년기의 인지능력 발달단계는 형식적 조작기의 단계(Piaget, 1966)에 들어서게 되
고, 이 단계에서는 한 개인이 자신의 동일화 문제, 정체성 확립에 관한 설정을 스스로 할
수 있는 능력을 갖게 된다. 정체성 확립, 자아동일성 형성은 결코 하나의 고립된 상태나
주체로서 이루어지는 것이 아니고, 다른 사람들과의 사회적 관계에서 가능해진다. 사회
적 관계를 통해 자신이 동일시할 수 있는 대상이 생기는 것이다. 자신의 주체성에 대해
인식하거나 이를 변화시키는 것은 커뮤니케이션을 통한 상호작용과 밀접하게 연결되어
있다. 커뮤니케이션을 통한 "상징적 상호주의"(Leschig, 1999)에 의하면, 커뮤니케이션
을 이행하는 각 주체들 간의 커뮤니케이션 과정은 하나의 사회적 과정이며 이를 통해 자
신의 동질성을 발달시키는 과정으로 간주하게 된다.

미디어를 통한 커뮤니케이션도 하나의 사회적 행동형태이다. 산업화된 사회에서는 인

간 간의 직접적인 커뮤니케이션이 줄어들면서 미디어를 통한 커뮤니케이션이 증가하게 되고, 더불어 광고의 영향력도 커지고 있다. 그러나 대중매체가 보여주는 내용이나 형상은 이미 완성된 하나의 객관적이고 고정적인 개념으로만 주어지는 것이 아니고, 이를 받아들이는 수용자의 무의식 속에서 내용이나 형상에 관해 독자적인 구성이 이루어진다. 이러한 구성 과정은 미디어에 의해 더욱 자극되고 강화된다. 미디어 커뮤니케이션은 이러한 방식으로 개인의 자아 구성에 대한 재고, 재구성, 고착화에도 영향을 미치게 된다(Beck, 1994). 그러나 미디어 커뮤니케이션은 토론과 같은 방식을 통해 사회적 지식의 타당성에 영향을 미치기는 하지만, 반드시 '현실과의 일치' 같은 진실의 기준에 의거한 검증이 이루어지는 것은 아니다. 이러한 사회문화 속에서 청소년들은 더 이상 미디어의 상업성 문제와 관련하여 간접적인 관계에 놓여있게 되는 것이 아니라 직접적인 관계에 놓이게 된다(Baacke, 1994). 생활세계의 질서의식을 인식하는 데 있어 여과장치나 중재자 없이 미디어의 내용이나 요구사항에 혼자 내버려지는 형상인 것이다(1장 2절 6항 "광고 미디어능력" 참조).

이 상황에서 가장 눈에 띄는 현상은 광고를 통한 청소년문화의 상업화이다. 광고는 청소년들의 커뮤니케이션에 있어 점점 더 중요한 상징적 기능을 갖게 되었다. "광고는 단지 광고일 뿐이다"(Leschig, 1999)라는 사고는 청소년들 사이에서 점점 희박해져 가고 있다. 광고는 그들의 문화를 전달해주고 유행을 이끌어가기까지 한다. 광고를 통해 보이는 다양한 모델들은 청소년들의 사고, 행동, 외모에 대한 동일시 현상에 무의식적으로 큰 영향을 준다. 많은 광고에서 유명인들에게 거금의 출연료를 주고 이들을 상품모델로 기용하는 것도 이러한 이유 때문이다. 청소년들은 광고를 통해 특정 상품을 무조건 신뢰하게 되기보다는, 신뢰하고 선호하는 인물을 통해 그 상품에 대한 신뢰와 호감을 더 키우게 된다. 특정 상품에 등장하는 모델은 그 상품을 소개할 뿐 아니라, 마치 개인적으로도 항상 그 상품을 사용하는 듯한 암시를 한다. 청소년들은 특정 광고에 나오는 상품의 소유를 통해 이들이 갖는 이미지나 상징성을 공유하고 싶어 한다. 광고에서 보이는 인물에 대한 강력한 동일시 현상이 일어나는 것이다.

이러한 광고의 영향은 오늘날 대중매체를 통해 엄청나게 쏟아지는 많은 양의 광고들과의 접촉으로부터 나온 결과이다. 무엇보다 특정 상품을 대변하는 광고 속의 수많은 모델들은 동일시로서의 대상만이 아니라, 그 사회 스테레오타입의 형성에 강력하게 영향을 미친다(Leschig, 1999). 이것은 사회심리학적으로 심각한 주제가 될 수 있는 사항

이다. 광고 속 허구의 인물들이 현실에 공존하는 듯한 느낌이 강화되면서, 실생활에서
도 그런 느낌과 상징을 전달할 수 있는 인물을 찾으려 하기 때문이다. 이러한 사회문화
는 많은 사람들을 스테레오타입으로 만들어갈 뿐 아니라, 그 당시 선호되는 외모의 형상
을 갖지 못한 사람들로 하여금 때로는 사회적 편견을 감수하게도 한다. 특히 외모와 유
행에 대한 감수성이 매우 높은 청소년들은 이러한 사회적 편견을 개인적인 문제로 받아
들이는 경향이 많다. 이렇게 광고와의 끊임없는 접촉은 특정 상품에 지속적인 관심을 갖
게 하고, 이 상품에 대한 선호도와 모델에 대한 동일시 현상이 발달하는 것을 간접적으
로 부추긴다. 광고는 전적으로 상업적 의도를 가진 완벽한 허구의 세계이지만, 그 모습
은 허구를 보여주는 것이 아니라 매우 이상적인 사회의 현실을 보여주는 것처럼 느끼게
하기 때문이다. 청소년들에 대한 광고의 영향을 정리하면 다음과 같다.

〈표 6-10〉 청소년들에 대한 광고의 영향

• 청소년기의 중심 주제는 자신의 개인적, 사회적 동질성 발견이다. • 청소년기의 이러한 중심 주제들은 개인화의 경향을 더욱더 강하게 한다. • 더욱 강해지는 개인화의 경향은 미디어와 광고의 중요성을 더 크게 한다. • 미디어와 미디어를 통한 광고는 동질성 확립을 야기하는 측면이 있다. • 광고는 유행을 따르고, 이를 통해 중심 주제를 만들어가고, 광고는 청소년문화와 관계되   는 상징의 전달자로서 부가적 의미를 얻게 된다. • 이러한 현상을 통해 광고는 더욱더 청소년문화의 상업화를 초래한다.

(Leschig, 1999)

사춘기에는 감정 변화가 매우 빠르며, 동시에 청소년들은 자신의 외모와 자아상에 대
한 관점도 자주 바뀌게 된다. 여기에서는 다른 사람과의 비교가 매우 큰 역할을 한다. 이
러한 사실은 자신의 동질성 확립에 영향을 주게 되고, 특히 일상에서는 광고 속 인물과
자신을 쉽게 비교하게 된다(Hurrelmann, 1982). 동질성 확립의 발달 상황에서 나타나는
한 특성은, 개인이 자신에 대해 갖는 이상적 자아상이란 바로 사회가 요구하는 이상적
형상과 일치하게 된다는 것이다.

5) 11-15세 초기 청소년기 미디어교육

청소년기는 오늘날 미디어교육과 관련하여 사실상 상당히 넓은 폭의 연령대를 포괄한다. 미디어교육학 연구에서는 청소년 시기를 11-15세경의 초기 청소년기와 16-20세경의 후기 청소년기 및 청년기로 분류한다. 물론 이 연령별 구분은 개인에 따라 차이가 날 수 있으며, 특히 20대의 성인들도 문화적으로는 후기 청소년기 및 청소년 이후 시기(Postadoleszenz), 청년기에 속한 집단으로 간주할 수 있다.

(1) 11-15세 청소년기의 사회-인지 능력과 미디어교육의 방향

11-15세 청소년들의 미디어능력 촉진을 위해서는 이들이 가지고 있는 정신적, 사회적 전제조건과 일상의 미디어환경의 형태뿐 아니라, 이들이 내면에 품고 있는 문화적, 정서적 세계를 파악하는 것이 중요하다. 이 세계에서 청소년들은 자신의 일상 경영과 인격 도야를 위한 방향을 설정하고, 여기에는 여러 미디어가 중요한 역할을 하게 된다. 이 연령기 청소년들의 사회적, 정서적 특징을 일목요연하게 정리한다는 것은 결코 쉬운 일이 아니다. 이 발달 시기는 바로 '사춘기'에 놓여있어 인생의 여러 의미 있는 사건이 유입될 수 있는 연령기이기 때문이다(문혜성, 2004). 이 시기에는 소년, 소녀들이 성적인 발달을 겪게 되고 남성과 여성 역할을 형성하고 체험할 뿐 아니라, 부모로부터 이탈하려는 욕구가 시작되고 또래집단 내에서 지위 부여와 동질성 확립, 사회적 경험과 행동공간에 대한 요구가 매우 중요해진다.

이러한 사춘기의 섬세하고 예민한 정서적 변화 속에서 청소년들의 사회-인지능력을 이해해야 한다. 이 연령기에는 논리적 사고가 광범위하게 포괄적으로 발달하고, 사회적 태도와 윤리적 판단을 하는 데 있어 이를 수용하는 능력이 더욱 증가하고 또 섬세해진다. 무엇보다 청소년기의 시작과 함께 집단의 규칙과 가치를 중시하게 되고, 판단을 하는 데 있어 자신들이 분명히 인식할 수 있는 사회적 기본 동의를 받아들이게 된다(Stolzenburg 외, 1999). 그러므로 이 시기의 청소년 미디어교육에서는 미디어 프로그램에 대한 인지적, 윤리적인 능력을 키우도록 하는 것이 중요하다. 특히 자신의 미디어사용 태도를 중요 논쟁점으로 끌어올 수 있어야 하는데, 이를 위해서는 미디어사용에 대한 상황 판단과 자신의 견해를 표현할 수 있는 미디어능력이 필요하다.

감정에 이끌리기 쉬운 이 연령집단에서 미디어능력의 개발을 위해 본질적으로 중요한 점은, 자신의 감정을 개념적, 추상적으로 표현하고 이러한 것을 잘 이끌어나갈 수 있는 태도와 행동에 대한 성찰능력을 키워야 한다는 것이다. 이러한 미디어능력을 발달시킬 수 있는 구체적 방향에 대해서는 여러 가지로 의견이 분분하다. 그 한 예로, 이 연령기에는 교육적 행동을 위한 미디어능력의 규범적 개념이 기본 바탕이 되어야 한다는 주장(Spanhel 외, 1996)이 있고, 다른 예로는 자라나는 청소년들의 발달상태에 맞춘 실증적 연구결과를 토대로 하여, 이에 맞는 청소년 미디어능력 개발에 대한 적절한 행동목표가 이루어져야 한다(Stolzenburg 외, 1999)는 주장이 있다.

(2) 11-15세 청소년들의 사회화

청소년들의 미디어교육에서 이들이 갖는 사회화의 과정을 파악하는 것이 필요하다. 11-15세에 통과하게 되는 중요한 사회화 과정은 바로 '사춘기'로서, 이 시기에는 육체적 변화나 심리적 불확신과 함께 자신에게 주어진 사회 환경에 대해 많은 요구사항을 갖게 된다(Stolzenburg 외, 1999). 따라서 이 연령기를 전체적으로 통일된 형태로 묘사하기는 어렵다. 이 시기의 청소년들은 한편으로는 아직 아동기의 특성을 보여주고 또 다른 한편으로는 청소년기의 특성이 시작되면서, 그 사이에서 분열되는 양상을 나타낸다. 이 시기에 오는 육체적 변화에 대해서뿐 아니라 자신과 타인에 대한 새로운 인식을 함과 동시에, 다른 성에 대한 의식에도 눈을 뜨고 이들과 함께 생활해나가는 것을 알게 된다. 성별에 따른 동질성을 찾게 되고, 여성 및 남성 역할에 대한 자신의 희망과 사회적 기대를 통합하게 된다.

11-15세 청소년들의 미디어능력 형성을 위해 매우 중요한 것은, 이들이 강압적 또는 자율적으로 활동하게 되는 다양한 교육 행동영역에서 어떠한 과제가 주어지는가, 그리고 이 과제를 이행하기 위해 현실에 어떠한 제한 상황이 있는가를 명확히 파악하는 것이다. 이 시기에도 '가족'이 기본적으로 중요한 역할을 하지만, 미디어와 함께하는 환경 속에서 가족은 청소년들에게 하나의 본보기로서의 기능이 점점 감소하게 된다. 청소년들의 생활에서는 가정보다는 이제 자신들만의 세계를 실천에 옮겨볼 수 있는 영역이 더욱 중요하게 느껴지는 것이다. 이 영역은 성인들의 세계와는 경계가 그어져 있고, 청소년들이 자신만의 세계를 찾는 상황에서 미디어는 이들의 동질성 확립과 사회화에 지대한 역

할을 하게 된다. 의무적 교육기관인 '학교'도 성인들과의 경계선을 그어주는 영역이며, 동시에 여러 또래집단과의 접촉 가능성을 열어주는 영역이다. 또래집단 내에서는 무엇보다 정체성 발견의 과정을 겪게 되고, 이 집단은 개인적, 집단적 관계와 사회적, 문화적 특성도 내포하고 있다. 일상에서 접하게 되는 미디어는 이제 단순한 오락적 기능을 넘어서게 된다. 미디어는 이 시기 청소년들의 감정 조성과 표현에 사용되고, 특히 개성과 인생 설계에 대한 방향 설정을 위해 상당한 의미를 갖게 된다.

6) 16-20세 후기 청소년기와 청년기 미디어교육

인생을 표현하는 많은 이야기들 중, 이 시기는 인생에서 가장 아름답게 꽃 피는 시기로 묘사되곤 한다. 이 시기의 청소년과 청년들은 세상이 자신들의 발아래에 있고, 아직 불명확하지만 모든 자유가 허락될 것 같고, 멋진 인생을 설계하고 꿈을 꾸기도 한다. 자신의 동질성을 확립하고 자아상을 설정하는 데 갖게 되는 꿈, 환상 그리고 희망과 같은 것들이 16-20세 청소년들, 또는 30세 정도까지도 포함될 수 있는 후기 청소년기, 청년기 또는 청소년 이후 시기(Postadoleszenz)의 특성이 될 수 있다.

(1) 16-20세 청소년과 청년들을 위한 미디어교육의 방향

이 연령기에 미디어는 청소년의 세계와 성인 세계를 분리하는 데 지대한 역할을 한다. 이들은 많은 성인들이 이해하기 힘들어하는 미디어나 그 기술에 대해 다른 어떤 연령대의 사람들보다 더 많은 지식과 사용 경험을 가지고 있기 때문이다. 이 시기의 청소년들은 종래의 사회화 기관들(예: 학교, 가정)이 자신들에게 지나치게 큰 부담을 준다고 생각하기도 한다. 따라서 종래의 사회화 기관들이 기존의 영향력을 잃지 않기 위해서는 청소년들을 위한 미디어교육에서 단지 '기술적 숙련도'만을 촉진할 것이 아니라, 이 시대 청소년들의 문화와 흥미를 잘 파악하는 것이 필요하다.

16-20세 청소년들을 위한 미디어교육에서 중요한 것은, 행동이론과 미디어교육 이론이 병행되는 미디어능력을 교육하는 것이다. 이를 위해서는 이들에게 이미 내재되어있고 형성되어있는 능력을 잘 파악하고 수용하면서, 부족한 부분을 인지시켜주고 이 부분을 발달시킬 수 있도록 지도해주어야 한다(Stolzenburg 외, 1999). 이를 바탕으로 한 단

계 더욱 발전된 미디어교육 모델을 개발하고 발전시켜나가야 한다.

(2) 16–20세 청소년들의 사회화

사회화 연구에서 볼 때, 이 시기 청소년들은 상당히 능동적인 사회화 행동의 주체자로 간주된다. 종래에는 이 시기 청소년들을 위한 사회화의 요소로서 대개는 확고한 제도적 집단이나 기관(예: 학교), 그리고 개인적 주변 인물들을 간주하였지만, 이제는 '자아 사회화'의 개념이 더욱 큰 의미를 갖게 되었다. 또한 동질성 확립 역시 이 시기 청소년들에게 있어 여전히 중요한 사회화 요인이며, 아직도 사회화 기관으로부터 계속된 지원과 도움을 받아야 하는 시기이다(Vogelgesang, 1999). 오늘날 청소년들의 동질성 확립에 중요한 기관이나 집단(Sander, 1999; Ferchhoff, 1999)을 정리하면 다음과 같다(Sander, 1999; Ferchhoff, 1999).

- **또래집단** : 같은 연령대의 또래집단은 16–20세의 청소년, 청년들의 사회화에 있어 가장 중요한 기준점이자 근거가 된다. 이 또래집단은 스스로 다른 연령집단에 대한 경계를 지으면서, 자신들의 의견 형성과 커뮤니케이션 행동, 사회적 행동을 다양한 형태로 맛볼 수 있게 하는 '보호구역'이 되어준다.
- **일과 직업교육** : 16–20세 연령층에는 학생만 있는 것이 아니라 자신의 일을 시작했거나 직업교육을 받는 청소년들도 많다. 무엇보다 경제적 능력을 갖게 되는 청소년이나 청년의 경우, 부모와의 관계에서 보다 더 독립적이 될 수 있다. 그러나 직업연수 기회 획득이 어렵고 청소년 실업률도 높을 뿐 아니라 많은 청소년들이 아직 학생으로 있기 때문에, 이 시기에 완전한 경제적 독립을 이루는 경우는 많지 않다. 가족은 아직 이들에게 매우 중요한 위치에 있으며, 경제적 종속성은 부모로부터 독립할 수 있는 분리의 과정을 어렵게 한다.
- **미디어** : 미디어 자체도 중요한 사회화 요소가 된다. 미디어는 청소년들 일상에서 하나의 중요한 존속 부분이고, 가족이나 또래집단과 같은 종래의 사회화 기관과의 맥락 속에서 미디어는 하나의 독자적인 사회화 기관으로 간주될 수 있다.

(3) 16-20세 청소년들의 미디어교육 유형

① 학교 미디어교육

학교에서 청소년들의 미디어능력을 촉진할 수 있는 가능성은 "실질적 행동지향 미디어교육"(Hedrich 외, 1999)을 기획하는 것이다. 그러나 현실적으로는 학교의 교육구조 때문에 이 교육을 무조건적으로 도입하는 것은 무리가 있다. 미디어교육을 위해 정규 교과 시간에 전공 수업내용을 속박하거나 제한하는 것도 곤란하고, 학교에서 허락하는 한정된 내용과 주제만을 다루게 하는 것도 문제가 있다. 학교에서는 학교행정과 교사 육성을 통해 미디어교육을 뒷받침할 수 있다. 학교는 청소년들의 사고와 활동을 지나치게 통제하지 않으면서 이들의 자율성을 받아들이고, 이들이 미디어를 통해 얻는 즐거움을 충분히 인정할 수 있어야 한다.

② 자유시간 미디어 제작작업

이제 우리 사회에서는 학교 외의 여러 미디어센터나 미디어 연구기관 및 청소년기관, 그리고 지역 방송국, 종교 및 시민단체 등의 기관에서 청소년들을 위한 미디어교육이 활성화되고 있다. 그러나 이러한 양적 변화에 비해 청소년의 인지발달에 맞는 실질적 미디어교육 연구기획은 그 내용에서 사실 큰 변화가 없다.

청소년들의 자유시간 미디어작업은 단지 하나의 완성된 작품을 만드는 것에 그쳐서는 안 되고, 청소년들을 대상으로 한 주제를 선정하여 이들의 자의식을 강화할 수 있는 교육목표가 설정되어야 한다. 청소년들이 자기들이 겪는 갈등이나 문제점을 다루면서 모범적 본보기를 제시하고자 노력하고, 스스로 이에 대한 해결 방안을 찾을 기회를 갖도록 하는 것이다. "청소년이 주제가 되거나 삶의 방향을 제시해줄 수 있는 직접적 미디어 제작작업"(Grosse-Loheide, 1999)을 통해 청소년들은 미디어와 커뮤니케이션의 구조적 배경을 학습하는 유익한 기회를 얻을 수 있다.

③ 직업능력 개발

이 연령기에 속한 청소년들에게는 미디어를 활용한 미래의 직업 능력개발 교육도 중요하다. 16-20세의 청소년 중에는 직업을 갖기 위해 교육을 받고 있거나, 이미 직업을 가지고 자신의 일을 시작한 경우도 있다. 직업능력 개발을 위한 미디어능력 촉진을 위해서는 직업을 위한 사회적 능력, 커뮤니케이션에 관한 능력, 창의적 능력이 중요하게 인식되어야 하지만, 이러한 사고가 정규 교육과정에서 교육내용의 일환으로 논의되거나 교육되는 경우는 많지 않다. 그러나 이러한 능력을 개발하는 교육은 직업교육 분야에서는 반드시 이루어져야 하는 것으로, 일과 더불어 청소년들에 관한 주제와 이들의 흥미를 연결할 수 있는 미디어교육이 필요하다.

7) 청소년 미디어교육을 위한 미디어교육학의 지향방향

이상의 사고를 토대로 하여, 청소년과 청소년들의 미디어 세계를 위한 미디어교육학 연구의 지향방향을 정리하면 다음과 같다.

- 청소년들이 우리 사회와 이 사회의 미디어문화에 대해 인식하도록 하고, 이에 대한 성찰 능력을 키우도록 한다.
- 타인과 더불어 사는 사회 속에서 능동적이며 책임 있게 행동하는 능력을 키우도록 한다.
- 인간 간의 커뮤니케이션, 미디어와 인간과의 커뮤니케이션에 대해 의식하도록 하고, 커뮤니케이션에 대한 경험과 학습을 통해 이에 대한 능력을 발달시키도록 한다.
- 다양한 사회적 상황에 따른 미디어내용을 비판적으로 수용하는 능력을 발달시키도록 한다.
- 자신의 경험과 문제에 대한 사고를 화면과 언어로 옮길 수 있는 행동능력, 언어능력을 발달시키도록 한다.
- 미디어가 기본적으로 갖고 있는 기능의 의미를 깨우치도록 하여, 자신의 목표설정을 위한 하나의 도구와 수단으로 사용할 수 있는 능력을 키우도록 한다.
- 미디어의 내용은 전체 기획과 제작자의 흥미에 따라 화면이나 내용적 조작이 가능한, 중재된 현실이라는 사실을 청소년들이 인지하게 한다. 또한 청소년 자신도 미디어활용 제작행동을 통해 스스로 현실을 보여줄 수 있으며, 이 내용은 다시 자신과 타인의 행동에 반작용이 있을 수 있다는 사실을 인지시킨다.
- 공동의 미디어작업을 통해 연합적이고 민주적인 작업능력을 촉진한다.
- 미디어의 여러 표현형태를 통해 자신의 사고를 객관적으로 타인에게 전달할 수 있

는 커뮤니케이션능력을 키우도록 한다.

• 미디어와 함께하는 모든 행동과 사고는 결국 우리가 속해 살고 있는 그 사회 속에 서 이루어지게 되는 '사회적 행동'이라는 사실을 인지시킨다. 또한 민주사회 속에서 갖는 한 개인의 권리를 행사하면서도, 이것이 타인이나 사회에 해가 되지 않도록 하 는, 미디어와 관련한 사회적 책임의식을 키워주어야 한다.

4. 성인과 미디어교육

성인을 위한 교육은 평생교육 분야의 중요 영역이다. 성인들을 대상으로 하는 미디어 교육은 변화하는 사회 환경 안에서 성인들이 외부 세계에 적응할 수 있는 능력을 키우 고, 그것에 자신의 내면세계를 융화시킬 수 있도록 도움을 주는 것에 그 핵심이 있다. "성인교육의 핵심 토대는, 급변하는 사회에서 요구하는 인생의 여러 가지 도전에 응답과 도움을 주고자 하는 것"(Lenzen, 1998)이기 때문이다. 성인교육은 결국 삶의 과정에 도 래하는 변화에 적응하고 극복해내는 능력을 키워주고자 하는 것이다.

조직적인 성인교육은 유럽의 경우 19세기 초부터 '기계'가 도입되며 봉건사회가 산업 사회로 전환하면서, 그에 따른 변혁과 함께 시작되었다. 당시의 시민계층은 개인적이 고 상향지향적인 '국민교육'으로서 성인교육에 대한 의무감을 느끼게 되었으며, 이를 '복 지사업' 또는 '사회사업'으로 인식하기 시작하였다(Dräger, 1984). 독일에서는 이 국민 교육이 1871년 "국민교육 확산 협회"("Gesellschaft zur Verbreitung der Volksbildung", Lenzen, 1998)의 설립을 계기로 체계적인 활성화가 시작되었다. 이러한 성인교육은 20세기 에 들어와 새로운 과제들을 갖게 되었다. 기존의 성인교육이 개인교육과 문화적 내용 에 치중되었던 것과는 달리, 1960년대경 20세기 후반에 들어와 성인교육은 성인들의 직 업상황과 직업시장을 고려한 교육목표를 지향하게 된 것이다. 이것은 성인교육이 직업 과 연결된 자격을 부여할 수 있는 방향으로 교육의 성격이 전환되는 "평생교육의 개념" (Lenzen, 1998)으로 그 의미가 확장된 것을 의미한다.

1) 성인교육과 미디어교육의 연계

성인교육은 평생교육의 중요 부분으로서, 인생의 '변혁의 상황'에서 인간에게 도움을 주고자 하는 학문이다. 삶이 변화 속에 놓이게 되는 상황에서는 기존에 가지고 있던 사고와 지향하던 목표가 힘을 잃게 되고 태도에 대한 불확실성도 증가하면서, 사회적으로는 성인들을 돕기 위한 연구에 대해 수요가 커지게 되었기 때문이다(Arnold, 1988). 이것은 미디어교육학 연구에서도 마찬가지이다. 오늘날 성인 대상 미디어교육 연구에서는 대부분 뉴미디어에 의해 야기된 개인적, 사회적 혼란에 따르는 시대적인 응답을 추구하게 된다. 첨단 미디어와 관련된 문제들은 그 당시의 정치적, 경제적, 미디어기술적 발달과 더불어 발생하기 때문이다.

평생교육과 미디어교육이 연계되는 상황은 크게 두 가지 형태로 나뉜다(Hüther, 1997b). 첫째, 평생교육의 관점에서 미디어교육학의 개념을 받아들이는 것이다. 둘째, 미디어교육학의 영역으로 평생교육에서 요구하는 문제와 요구사항을 끌어들이는 것이다. 이 두 분야는 서로 유사한 두 가지의 과제를 설정하였다(Hüther, 2010). 첫째, 디지털미디어와 관련하여 이 기술의 사용에 대한 교육(Bildung)정책에 관한 요구이다. 둘째, 미디어 사용자들이 수동적인 미디어소비의 역할과 미디어에 대한 종속성에서 벗어나 독자적인 미디어행동을 이끌어낼 수 있도록 미디어능력을 고양시키는 것이다.

성인을 위한 정보기술교육에서는 행동방향에 대한 지식의 측면도 같은 비중으로 교육이 되어야 하고, 컴퓨터나 디지털미디어의 사용에 있어 기술적 교육뿐 아니라 자의식적 미디어 사용형태와 사회적, 창조적 행동능력도 구성할 수 있도록 교육해야 한다. 이러한 교육을 통해 정치관 형성이나 정치교육도 행해질 수 있는데(Podehl, 1997), 우리 사회와 여러 정책에 대한 미디어의 역할과 영향력을 인식하고, 우리 사회의 정치와 문화에 대한 적극적 참여를 유도할 수 있기 때문이다.

2) 기업교육과 성인대상 교수학습의 방법 - 미디어

(1) 교수학습 상황에서의 미디어 도입

기업체 및 성인교육의 교수학습 상황에서 미디어를 도입하게 되었다는 것은 크게 두 가지 의미를 갖는다(Hüther, 2010). 한편으로는 부분적으로라도 미디어를 통한 교육기술이나 정보기술이 출발하였다는 것을 뜻하고, 다른 한편으로는 성인교육에서도 미디어를 활용하여 학습자들의 참여를 적극적으로 유도하는 행동지향 및 참여지향 미디어교수법이 출발하게 되었다는 것을 뜻하는 것이다. 성인교육을 위한 교수학습에 필요한 미디어기기의 종류를 결정하기 위해서는 〈표 6-11〉과 같은 여러 요인들을 고려해야 할 것이다.

〈표 6-11〉 성인 교수학습에서 미디어 선택을 위한 고려 사항들

교수법에서 어떠한 과제를 미디어가 이행하는가?	→ 동기 유발, 주제의 시작, 정보 획득, 요약, 삽화나 도해를 통한 표현, 참여의 적극적 활성화 등
어떠한 교수법 요인이 미디어를 필요로 하는가?	→ 미디어 투입을 위한 학습내용에 대한 사전 준비와 후속 학습, 학습목표 도달을 위한 필수적 보완
어떤 학습자 집단을 위해 미디어를 고려하였는가?	→ 학습자 집단의 크기(인원수), 사회적 동질성, 연령, 사고의 수준
미디어의 투입을 위해 어떠한 기술적, 경제적, 조직적 투자가 요구되는가?	→ 미디어기기의 (교육기관 내) 제공 여부, 보조 요원의 필요성 여부, 공간의 여유에 대한 사항, 비용과 사용의 관계, 시간과 사용의 관계
필요한 미디어 소프트웨어를 어떻게 공급할 것인가?	→ 자체적 제작, (교육기관) 고유의 미디어텍, 영상자료 대여기관에서의 대여, 자체적 구입

(Micshke, 1995)

(2) 개별화와 자율학습에서의 컴퓨터

성인교육에서는 멀티미디어나 디지털미디어를 활용한 자율학습이 중요한 교육주제가 된다. 개별화된 상황에서 성인 스스로 미디어를 활용하여, 자신의 직업이나 관심사와 관련한 자율적인 자아학습 형태의 교육이 특히 중요한 역할을 하게 된다.

교육에서 경제적인 측면을 고려하게 되고 교육학의 행동학습이론에 대한 인식이 커지면서, 이미 1950년대부터 미디어를 교수학습에 도입하여 이를 합리적으로 이끌 수 있는 성인교육 교육프로그램이 시작되었다. 학습자들이 자유시간에 미디어를 활용하여 비형식적 개인학습 형태로 이루어지는 "자아학습센터"(Jüchter, 1971)와 같은 것이다. 그러나 1960, 1970년대, 그리고 그 이후의 서적, 언어학습 도구, 컴퓨터 지원수업을 통한 학습프로그램은 기대한 만큼의 성과를 얻지는 못하였다.

1990년대부터는 특히 직업을 위한 성인교육 분야에서 "컴퓨터기반학습(Computer Based Training: CBT)"의 형식을 통해 자아학습에 대한 논의가 새롭게 대두되었다. 초기의 컴퓨터기반학습은 CD-ROM에 의한 학습체제나 인터넷이 연결된 상태에서 교육기관과 기업체에서 사용될 수 있는 자율적인 개별학습으로 적합성이 인정되었다(Schanda, 1995). 오늘날에는 이러한 자아학습에 대한 논의가 "E-Learning"으로 통합되었고, 인터넷과 컴퓨터 네트워크 시스템을 통해 전자적 가상공간에서 지식을 공유하며, 누구나 언제, 어디서든 필요한 지식을 적시에 제공받을 수 있는 교육의 형태로 빠르게 확산되고 있다(나일주, 2003; 송영수, 2000; 송영수, 2001; 유영만, 2001; Rosenberg, 2001).

디지털미디어를 통한 상호작용적 학습에서는 집단학습이 가능하며, 네트화된 체계 속에서 한께 해답을 이끌어낼 수도 있다. 그러나 교수 활동에서 편의성과 기술의 과도한 소비로 인해 기업경영 등에도 영향을 주게 되었다. 이에 따라 1990년대 초반부터는 컴퓨터지원에 의한 개별학습 성과능력도 더욱 현실적으로 인식하게 되었다. 무엇보다 학습자들의 구체적 학습환경이 더욱 중시되기 시작하였는데, 컴퓨터와 네트 속에서의 교육은 특히 개개인 학습자와 개별 상황에 관련되는 학습을 가능하게 하기 때문이다. 직장과 연결된 특수한 데이터와 정보를 빨리 획득할 수 있게 되어 "E-Learning" 형식의 교육에 대한 요구는 더욱 커지게 되었다(Leuthäusser, 1996).

성인들을 위한 "E-Learning"에서는 특히 이들의 직업과 관계된 교육프로그램들이

주를 이루고 있다. 2003년에 독일 전역의 998개 시민대학을 대상으로 실시된 한 연구 (Stang, 2003)에 의하면, 전체 성인 대상 평생교육을 위한 시민대학 개설 강좌 중 컴퓨터 와 관련된 교육프로그램에는 "일−직장"과 관련된 프로그램이 전체의 92.5%를 차지하고 있었다.

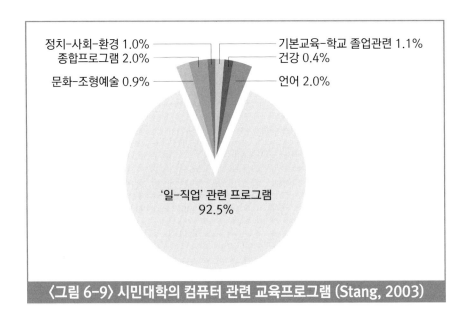

정치-사회-환경 1.0%
종합프로그램 2.0%
문화-조형예술 0.9%

기본교육-학교 졸업관련 1.1%
건강 0.4%
언어 2.0%

'일−직업' 관련 프로그램
92.5%

〈그림 6-9〉 시민대학의 컴퓨터 관련 교육프로그램 (Stang, 2003)

3) 성인 대상 미디어교육의 지향방향과 대안 미디어작업 – "시민네트워크"

성인교육에서 미디어교육의 형태는 크게 보아 두 분야의 교육으로 방향을 설정할 수 있다(Schell, 1999). 첫째, 미디어의 조직과 구조, 정치적 의미와 심리적 영향 및 작용, 그리고 미디어 내용의 분석능력 고양, 조작 형식에 대한 인식 등을 교육하는 것이다. 둘째, 미디어 사용자로서 사용 태도 학습, 미디어 커뮤니케이션에 대한 적극적 영향력 행사와 더불어 공공의 정치적 사고의 표현수단으로서 미디어사용과 제작에 대해 교육하는 것이다. 첫 번째 교육방향은 기본적인 미디어교육학 이론학습의 교육형태이고, 두 번째 교육 방향은 능동적 미디어작업, 행동지향 미디어교육의 형태를 의미한다. 이는 성인을 위한 미디어교육에 있어 미디어가 인간 사회에 주어지는 제반사항에 대한 성찰의 대상이며 교육의 주제도 된다는 것을 뜻한다.

성인들의 능동적 행동지향 미디어작업에 대한 시도이자 새로운 교육의 영역으로서, "시민네트워크"(Hüther, 2010)와 같은 비영리적인 자치단체나 지역별 시민방송 같은 것을 들 수 있다. 광범위한 네트체계를 형성하여 지역 사회기관 등에서는 여기에 필요한 기능을 학습할 수 있는 교육과정을 제공할 수 있고, 일반 성인들은 이 시민방송을 사용하거나 이를 통해 서로 커뮤니케이션을 할 수 있다. 이것은 일차적으로는 능동적인 미디어작업 형식을 취하는 것이며, 더 나아가 일종의 "자유 미디어작업" 또는 "대안 미디어작업"(Hedrich, 1997)을 의미한다.

이러한 시민방송에서는 그러나 디지털미디어의 사용이나 네트워크의 기술적 측면을 습득하고 고급 정보를 획득하는 데 있어 모든 사람들이 균등한 기회를 갖기 어렵다. 이러한 문제는 사람들 간의 교육수준과 정보 획득 능력의 수준 차이를 더욱 벌려놓을 수 있다. 따라서 성인을 대상으로 하는 시민방송 형태의 미디어작업에서는 교육목표 설정이나 교육내용에 있어 교육에서 많은 특권을 받은 고객들 위주가 아닌, 교육적 혜택을 받지 못한 많은 사람들을 위한 상쇄와 보상의 역할에 대해 사회적 의무감을 갖는 것이 중요하다.

기술이 급속히 팽창되는 현시대에 성인대상의 미디어교육은 사적, 직업적 세계에서 그 입지가 굳어지고 있다. 이 교육은 하나의 "정보기술의 범례에 대한 변환"(Knoll, 1993)을 가져온 것이다. 이것은 "인간이 기술 숭배 또는 기계 공략과 같은 너무 편리한 극단적 상황을 거부하고, 대신 '능동적인 제작과 부담 없이 사용할 수 있는 기능의 활용', 그리고 '디지털미디어의 창조적 가능성에 대한 인식'으로 미디어교육의 방향을 변환시키는 것"(Terlinden, 1988)이다. 성인을 위한 미디어교육은 기술적 지식을 습득하는 것에서 시작하여 디지털 커뮤니케이션의 네트 속으로 개인의 일과 삶을 연결하는 추세에 있다. 여기에서 이 교육은 첨단 미디어와 더불어 살아가는 우리 일상에서 사회적 합리성을 갖기 위해 의미 있는 균형을 잡아주어야 한다.

5. 노년층을 위한 미디어교육

　급속한 고령화의 문제는 이제 우리 사회에서 중요한 사안이 되었으며, 우리나라 노년층의 증가 속도는 세계 최고라는 보도를 자주 접하게 된다. 노년층을 위한 미디어교육에서 중요한 점은, 우리에게 주어진 다양한 미디어를 효율적으로 활용함으로써 노년층 사람들이 자신의 삶을 보다 의미 있고 건강하게 만들어 나가도록 하는 것이다. 건강이 좋지 않거나 경제력이 취약한 경우가 빈번한 노년층을 대상으로 하는 교육에서는, 이들이 경제적 부담을 크게 지지 않으면서 삶의 의미와 사회적 소속감을 느낄 수 있도록 하는 것이 중요한 교육의 지향방향이다.

1) 노년층의 개념과 대중매체의 의미

(1) 노년층의 개념

　노년층에 대한 개념은 각 시대의 사회문화적 상황에 따라 변하고 있다. 1980, 1990년대까지만 하더라도 통상적으로 일반 직장에서는 정년의 개념이 유지되면서, 대체로 60세 정도부터, 또는 경제활동을 통한 소득이 없어지는 시기부터를 노년층으로 보는 경향이 강했었다. 그러나 21세기에 들어오면서 변화하기 시작한 여러 사회경제적 상황으로 인해 이러한 경계선을 일반적으로 적용하기가 어려워졌다. 사회학 연구에서는 노년층의 정의를 통상적인 개념으로 뚜렷이 구분하기보다는 전체 사회적 환경의 맥락 속에서 파악한다(Hiegemann, 1994). 교육수준, 재정상태, 가족구성, 이웃관계, 건강상태, 주거환경, 주택의 위치, 인생에 대한 가치관, 그리고 개개인 삶의 역사와 같은 요소들을 통해 노년층의 모습을 규정하게 된다.

　20세기 후반부터 여러 세대가 함께 사는 대가족 형태가 점점 해체되기 시작한 이후, 신체적, 정신적, 경제적 문제가 있는 노년층 사람들을 외롭고 고립된 '문제집단'으로 보는 부정적인 시각이 커지는 경향이 있다. 경제 불황으로 인해 정신적, 육체적으로는 건강하면서도 경제활동을 하지 않는, 그러나 아직 일에 대해 큰 욕구를 가지고 있는 적극적인 '젊은 노인' 또는 '새로운 노년층'이 생겨나게 되었다. 이러한 상황에서 이제 노년층

집단을 하나의 단순한 동질집단으로 규정하기는 어려운 현실이 되었다.

(2) 노년층의 특징, 여가활동, 대중매체

모든 사람들에게 있어 일을 하는 시기가 끝나고 은퇴를 하게 되면, 더 많아진 여가시간을 위해 다양한 형태로 무엇인가 하고자 하는 새로운 상황을 맞이하게 된다. 이때는 다시 새로운 인생의 과제와 목표가 설정되어야 하고 이들을 실현시키고자 한다. 여가시간의 활용에서는 대부분의 경우 사회적 접촉을 갖는 형태로 연결되길 원한다. 일반적으로 노년기의 사람들은 다음과 같은 욕구를 갖는다(Schmitz-Scherzer, 1989).

〈표 6-12〉 노년층의 일반적 욕구

• 반응에 대한 욕구
• 경제적 부담감에 대한 보상적 욕구
• 정보와 방향성 찾기에 대한 욕구
• 사회적 접촉에 대한 욕구
• 필요한 존재가 되고 싶은 욕구와 어디엔가 소속되고 싶은 욕구
• 시간의 건설적 활용과 생활리듬에 대한 욕구

(Schmitz-Scherzer, 1989)

노년층의 여가시간 활용은 한 개인 혼자서 고립적으로 이루어지는 것이 아니라, 그 사람의 지난 삶의 형태와 생활 상황으로부터 필연적인 영향을 받게 된다. 경제적 상황과 건강상태는 물론, 노년층의 여가시간도 젊은 시절과 비슷한 성향으로 진행되는 경우가 많다. 그러나 노년의 여가활동은 연령의 증가, 질병, 배우자의 사망 등으로 중단되는 일이 많다.

노년층 사람들의 일반적인 특징은 경제적인 능력이 약하고, 건강상에 어려움이 있는 경우가 많다. 여러 이유들로 인해 이들은 사회적으로 고립된 느낌을 안고 있으며, 이에 따라 대중매체는 이들에게 사회로의 연결이나 접촉, 인간적 접촉이나 일에 대한 보상, 사회적 소속감, 생활의 리듬 설정 등을 위해 기여할 수 있다. 이것은 대중매체가 젊은 사람들보다 노년층의 일상생활에서 더 큰 의미를 가질 수 있다는 것을 뜻한다. 노년층을 위한 미디어교육은 이제 사회적으로 필수적인 교육주제로서 자리잡아야 한다.

(3) 노년층 미디어교육의 연구대상

노년층을 위한 미디어교육 연구에서는 이 집단에 해당되는 연령을 정확히 구분하지는 않는다. "50플러스" 또는 "60플러스"(Schweiger, 2004)라는 말을 사용하면서, 대체적으로는 50-60세 이후의 사람들을 대상으로 연구하게 된다. 그러므로 노년층을 위한 미디어교육 연구는 반드시 노인들만을 위한 것이 아니라, "아직 노동능력이 있으나 실제 경제활동을 하지 않아 새로운 일을 찾는 사람들, 그리고 높은 연령으로 인해 사회적, 경제적 활동이 용이하지 않은 사람들"(Kübler, 2010)을 주로 대상으로 하게 된다.

이와 관련한 기존의 여러 연구(MalwiztpSchütte, 2000; Bösiger, 2001; Ehler, 2004; Grunau, 2004; Handrow, 2004; Schultz, 2004 등)에서도 연구대상의 연령을 대개 55세 전후부터 잡고 있다. 이 연구들에서 볼 수 있는 연구대상자들의 특징은 "오늘날 사회적, 경제적 일상의 큰 변화로 인해 직업전선에서 일찍 떠나게 된 사람들"(Handrow, 2004), 그리고 "젊은 성인들보다 차별화된 요구와 전제조건을 가지고 있으며, 육체적, 심리적, 인지적, 사회적 측면에서 역시 차별화된 가치척도를 가지고 있는 사람들"(MalwiztpSchütte, 2000)이라고 할 수 있다. "오늘날 노년층 미디어교육의 연구대상이 되는 사람들은 대략 55세경에서 시작하며 인생의 기대가 높아져 있는 사람들로서, 오늘날에는 100세까지 바라보는 사람도 드물지 않다. 이 집단은 각기 인생에 대해 너무나 다른 상과 형태를 보여주는 매우 이질적이고 다양한 인간집단이며, 개인에 따라서 무척 차별되게 진행되는 연령층"(Bösiger, 2001)을 말한다. 따라서 이 분야의 연구도 성인교육에서 소개한 평생교육의 차원, 즉 "변화하는 사회환경 안에서 성인들이 외부에 대한 적응과 자신의 내면세계를 융화할 수 있도록 도움을 주는 방향"(Lenzen, 1998)으로 접근하는 것이며, 연구대상의 연령 폭은 더욱 확장되었다는 것이다.

2) 노년층과 텔레비전

(1) 텔레비전의 기능

　디지털미디어가 보편화되면서 텔레비전은 약간 시대에 뒤처진 미디어로 인식될 수 있다. 그러나 많은 노년층의 사람들에게 있어 텔레비전은 일상에서 아직도 가장 중요한 역할을 하는 생활의 동반자일 것이다. 텔레비전은 인간 간의 커뮤니케이션과 더불어 가장 중요한 미디어로 인식되고 있는데, 이것은 노년층에게 다음과 같은 기능을 충족시키는 데 있어 가장 편리한 매체로 간주되고 있기 때문이다(Hiegemann, 1994).

〈표 6-13〉 노년층을 위한 텔레비전의 기능

- 일차 커뮤니케이션의 대용품
- 바깥세상과 근접지역에 대한 창문
- 일과 여가시간을 구별하고 구성하는 데 대한 도움
- 일상 리듬 유지
- 오락과 휴식
- 정보 전달자
- 의견 전달자
- 과거를 다시 경험하도록 하는 동기부여의 요소
- 외로움을 감소시키는 생활 동반자

(Hiegemann, 1994)

(2) 텔레비전 과다 시청에 대한 연구

　1964년에서 1985년까지 이루어진 한 장기적 종단 연구(Berg 외, 1987)에서 55세 이상의 노년층을 대상으로 하여 과다 시청자와 과다 청취자에 대한 문제를 연구하였다. 연구 결과에서는 하루 2시간 30분 이상 텔레비전을 시청하는 과다 시청자 집단 사람들은 시간 소비를 위해서뿐만 아니라, 정서적으로 대중매체와 결속되어 이를 거부하지 못하는 데에 장시간 시청의 원인이 있었다.

이 연구에서는 연구대상자의 연령, 교육수준, 직업, 가족, 수입 등의 사회인구적 요인도 많은 역할을 하였다. 이 연구결과에서는 날마다 텔레비전을 시청하는 과다 시청자 집단이 45분 이하의 짧은 시청시간을 갖는 집단보다 일상의 변화가 다양하지 못한 것으로 나타났다. 과다 시청자의 경우 하루 여가시간의 85퍼센트 정도를 집에서 보냈으며, 시청시간이 적은 사람들은 여가시간의 50퍼센트 정도를 집 밖에서 보내는 것으로 나타났다. 결국 긴 텔레비전 시청시간은 반드시 지루함 때문만이 아니라, 여가시간을 보낼 수 있는 다양한 흥미와 사람들 간의 접촉이 부족하기 때문인 것으로 나타났다. 이 연구에서는 과다 시청을 하는 사람들에게 있어 텔레비전이 인생의 다양함에 대한 보상적 기능을 이행하고 있다는 것으로 결론을 지었다.

7장.
평생교육과 디지털미디어교육

1. 유년기와 아동기의 디지털미디어

디지털미디어가 일상의 당연한 부분이 되어버린 현실에서, 어린 연령층 사람들에 대한 교육적 연구나 대책이 시급한 것은 자명한 사실이다. 디지털미디어와 관련한 어린이 미디어교육 연구는 기본적으로 6장 2절의 "유년기와 아동기의 어린이 미디어교육"에 그 기반을 두고 있다. 그러나 인터넷으로 연결된 디지털미디어로 인해 어린이들에 대한 교육적, 심리적, 사회문화적 영향은 더욱 강렬하고 복합적으로 되었으며, 이로 인한 결과는 더 심각해지고 예측도 어려워졌을 뿐 아니라 명확한 교육적 방안을 제시하는 것도 매우 힘들어졌다. 디지털미디어와 어린이 미디어교육의 연구결과나 해결방안이 채 검증되기도 전에 새로운 미디어기기가 끊임없이 쏟아져 나오고, 이에 따른 교육적 문제와 사회적 현상도 시시각각 변하고 있기 때문이다.

1) 디지털 환경 속의 어린이와 교육적 갈등 – 학부모의 디지털미디어능력

(1) 교육적 현실과 부모를 위한 조언

어린이가 처음으로 인터넷을 접하는 시기는 점점 더 빨라지고 있다. 이러한 현실은 부모들에게 끊임없는 도전이 되고 있으며, 어린 시기부터 자녀들의 안전한 미디어사용에 대해 고민하게 한다. 우리나라 유, 아동의 인터넷 중독이 전체 어린이들 중 5.6%(143천 명), 청소년 12.5%(768천 명)이며, 스마트폰 사용에서는 청소년 중독 위험군이 29.2%(1,562천 명, 미래창조과학부 & 한국정보화진흥원, 2015)라는 등, 나날이 새롭게 높아지는 디지털미디어 중독관련 통계치는 우리에게 경각심이나 두려움을 주는 차원을 넘어서서, 이제는 마치 당연한 사회적 발전 과정인듯한 착각마저 불러일으킨다. 외국에서도 유사한 상황을 보여주는데, 3–6세 자녀를 둔 402명의 부모를 대상으로 한 연구(Lutz, 2013)에서 이 어린이들 중 52%가 인터넷 사용 경험이 있으며, 최소 일주일에 한 번은 인터넷에 접속한다고 하였다. 이 어린이들의 World Wide Web에 대한 접근은 이들 부모의 인터넷에 대한 선호도에 따라 비례하여 증가하는 것으로 나타났다.

어린이가 소비하는 미디어 프로그램에는 더 이상 텔레비전의 어린이 프로그램만이 해당되지 않는다. 인터넷과 모바일 앱, E-Book을 활용한 읽기와 그리기, 학습용 애플리케이션, 인터넷을 통한 유년기 아동용 프로그램 등 엄청나게 많은 디지털프로그램이 제공되고 있다. 이로 인해 어린이들의 미디어사용은 또다시 급증하게 된다. 자녀들의 과도한 미디어사용을 제한하고 거리를 둘 수 있도록 하기 위한 부모들의 지도방안은 다음과 같다(Lutz, 2013).

- 어린이들의 현실 삶에서 일상적 활동을 더욱 적극적으로 이끌어준다. 인터넷에게 '베이비시터' 역할을 맡겨서는 안 된다.
- 어린이를 위해 좋은 프로그램을 선별해주고, 각 어린이의 발달시기에 따라 적절한 시점에 적절한 프로그램을 권해준다.
- 명확한 사용 규칙을 정해주고, 또 사용에 제한을 둔다.
- 사회적 능력을 훈육한다. 디지털세계 속에서도 어린이들은 무엇인가 불쾌하고 언짢은 상황에서는 "싫다"라고 말할 줄 알도록 배워야 하고, 스스로 경계선을 인식할 수 있도록 해야 한다. 인터넷상에서 접하는 사람들과 서로 존중하는 것을 배워야 하고, 두려움을 극복하는 것도 사회적 능력의 학습에 해당된다.

(2) 성장과정과 함께하는 미디어 – 긍정적 영향으로 삶을 변환시키기

부모들은 어린이들을 위한 교육을 '언제', '어떻게' 하는 것이 효율적인가를 고려해야 한다. 부모나 교육자들은 어린이들을 위해 미디어의 내용을 선별해주거나 조금이라도 해가 될 것 같은 영향을 막아줄 수는 있을지라도, 미디어로 인한 '장기적 영향'에 대한 문제는 남아있게 된다. 아주 어릴 때부터 접하는 미디어는 한 사람의 아동기에 너무나 매력적으로 영향을 미치게 되고, 이 영향은 성장하며 나이가 들어가면서도 미디어사용에서 선택의 폭을 제한시킬 수 있다(Lutz, 2013). 예를 들어, 유치원과 같은 기관에서 어린이들의 건강한 식습관을 위해 의도적으로 야채를 많이 배식하더라도, 결국 어린이들은 자기가 좋아하는 음식만을 가려먹는 것과 같은 상황이다.

한 어린이가 성장한다는 것은 인생의 한 부분을 살아가는 과정이고, 이것을 인위적으로 프로그래밍할 수는 없다. 성인들은 아이들이 자라서도 그들이 어린 시절의 좋은 부분을 기억하고 그로부터 무엇인가 잘 활용하길 희망할 수 있을 뿐이다. 일곱 살 때 배웠던 피아노 연주를 기억하고, 그때의 능력으로 노년이 되어서도 다시 연주할 수 있거나 최소 좋은 음악을 즐길 수 있길 바라는 것과 같은 것이다. 그러나 어린이가 새로운 미디어세계의 도전에 대해 준비하기를 원하더라도 미디어는 너무나 다이내믹하게 발달하고 있으므로, 미디어를 사용하는 어린이들의 미래에 어떤 상황과 판단이 이루어질 것인지 현시점에서는 예측할 수 없는 점이 너무도 많다는 문화적 비관론(Elschenbroich, 2002)도 있다. 그럼에도 우리는 미래 세대에 대한 신뢰를 바탕에 두고 교육학적 연구를 진행해야 한다.

어린이를 양육하는 성인들의 미디어사용 태도는 훗날 자신의 어린이들이 미디어를 사용하는 데 있어 그 표본이 된다는 것을 깨달아야 한다. 이제는 하루 종일 스마트폰이나 태블릿 PC를 보는 성인들의 모습이 당연한 현실이 되어버렸다. 어린이들의 미디어교육을 위해 어린이에게만 시선을 둘 것이 아니라, 먼저 어른들 자신의 미디어사용 태도를 눈여겨보아야 한다. 이뿐만 아니라 어린이들에게 다양한 행동양식의 기회를 제공해주어야 한다. 가족과 함께 수영장, 동물원을 가기도 하고 모래장난을 하기도 하는 직접경험이 매우 중요하기 때문이다. 그러나 이러한 가족행사를 일상적으로 늘 할 수 있는 것도 아니고, 그것이 미디어에 대한 어린이들의 흥미를 줄여주지도 않는다. 밖으로 나들이를 가더라도 아이들은 몰래 가지고 온 스마트폰으로 게임을 한다. 이럴 때 부모는 이런 행태를 과연 문젯거리로 생각해야 하는가 의문을 갖게 된다. 부모는 무조건 스마트폰 사용을 금지하기보다, 오히려 그것으로 다양한 행동과 표현능력을 발달시킬 수도 있다는 것을 인식해야 한다(Lutz, 2013). 인터넷에 머물러있으면서도 새로운 상황에 대해 사진을 찍게 하고, 그것을 할머니, 할아버지께 보내게 하기도 하고, 작은 뉴스를 만들어 친지들에게 이메일을 보내게 할 수도 있다.

"어린이들의 미디어소비가 새로운 기록을 경신했다", "어린이들의 미디어사용 연령이 점점 더 낮아지고 있다", "미디어가 어린이들을 바보로 만들고, 반사회적으로 만들고 있다"는 등, 날마다 새롭게 쏟아져 나오는 뉴스에 부모들은 지나치게 걱정하거나 긴장하기보다는, 자녀에 대한 믿음을 가지고 이들의 창의적인 표현능력을 발전시킬 수 있도록 도움을 주어야 한다. 좋은 면으로든 나쁜 면으로든, 어차피 자녀들은 부모들이 바라는 대로만 성장하지는 않는다. 부모들은 이상적인 교육방향을 파악하고자 인터넷을 뒤져 자녀들의 교육방법을 찾기도 한다. 디지털미디어와 관련한 교육에서도, 결국 부모 자신이 각 가정의 현실과 어린이의 특성을 파악하여 스스로 교육방법을 결정할 수 있는 학부모의 미디어능력이 필요하다. 자녀를 위한 미디어교육이 비록 단시간 내에 성공하지는 못하더라도, 자녀를 위해 끊임없는 관심과 사랑으로 노력하려는 부모의 자세가 더 중요하다. 변화가 격심한 현대의 미디어 세계에서는 어느 것도 확실하지 않고 누구도 완벽한 답을 줄 수 없다. 그럼에도 우리는 어려운 상황을 포기하거나 교육적 노력을 멈추어서는 안 된다. 인간과 미디어의 긍정적 잠재력에 신뢰를 두고, 교육적 연구를 지속해야 할 것이다.

2) 어린이와 컴퓨터 간의 상호작용

(1) 어린이와 컴퓨터 상호작용의 정의

디지털미디어는 컴퓨터 기능을 기본 바탕으로 하고 있는 경우가 많다. 따라서 어린이들의 디지털미디어교육을 연구함에 있어 어린이와 컴퓨터 간 상호작용의 특성을 파악하는 것이 필요하다. 초기의 "Human Computer Interaction"(HCI) 분야에서는 어린이와 컴퓨터에 대한 관심 사안을 주로 형식적, 비형식적 학습과정의 지원 및 기술적 사용으로 제한하는 경향이 있었다. 1990년대 후반에 들어서서 "Child Computer Interaction"(CCI) 영역의 몇몇 연구에서는 컴퓨터와 학교교육의 맥락을 다루게 되었고, 어린이들과 "Usability-Evaluationsprozess"(유용성과 평가과정)를 연결시키게 되었다(Michaelis, 2015). 근래에 "CCI"의 관심영역은 주로 어린이와 디지털미디어 활용, 급격히 증가하는 어린이들의 컴퓨터, 태블릿 PC, 스마트폰 사용을 통한 일상에서의 미디어화에 쏠리고 있다. 이것은 디지털미디어의 전문성과도 관련이 있다. 그럼에도 불구하고 "CCI"에서는 이러한 디지털사회 문화 현상에 관하여 명확한 정의를 내리지 않았다. 오히려 "HCI"에서는 '어린이'를 '인간'이라는 관점으로 확장하여 어린이와 컴퓨터의 상호작용에 대해 정의

하고 있다. "어린이와 컴퓨터 상호작용이란, 어린이들의 컴퓨터 사용을 위한 상호작용적 컴퓨터 시스템의 디자인, 평가, 실행에 관한 규율이며, 이들을 둘러싼 주요 현상에 관한 연구"(Hanna 외, 1997)라는 것이다.

(2) 어린이와 컴퓨터 상호작용의 본질

학계에서는 어린이와 컴퓨터 간에 발생하는 상호작용의 본질, 즉 "Nature of Child Computer Interaction"(Read & Bekker, 2011)의 개념을 다음과 같은 네 분야로 정리하였다.

- **어린이들이 컴퓨터를 사용하는 배경 및 주변과의 연관관계** :
  어린이들이 컴퓨터를 사용하게 되는 배경은 미디어의 사용 환경으로부터 나온 어린이들의 행동에서 오게 된 것이다. 어린이들은 특히 컴퓨터를 활용한 게임, 학습, 그리고 커뮤니케이션에 집중한다.
- **컴퓨터시스템 설계구조와 인터페이스(접속기) 설계구조** :
  컴퓨터의 기술적 유형과는 관계없이 어린이를 위한 프로그램이나 제품은 다양한 상황에 적합할 수 있는 디자인으로 구성되어야 한다. 어린이들은 지속적이고 반복적으로 인터페이스(인간과 프로그램 간, 그리고 하드웨어 인터페이스와 소프트웨어 인터페이스 간에 상호작용할 수 있는 접속 경계)에 적응한다.
- **발달과정** :
  프로그램 개발이나 사용을 위한 평가, 디자인, 연구를 진행함에 있어 어린이들의 복지와 쾌적함이 고려되어야 한다. 좋은 프로그램을 만들어낼 수 있도록 어린이들의 관점을 존중해야 한다. (여기에서 '즐거움'이나 '오락성' 같은 요인은 '사용의 편이성'보다 더 중요하게 고려되기도 한다.)
- **어린이 능력의 특성 서술 및 묘사** :
  어린이들은 신체적 크기나 물리적 능력, 기억력과 내용에 대한 소화력 및 읽기능력 등과 함께 계속 발전해나가고 세상에 적응한다. 능력의 측면에서는 같은 연령집단 어린이들 안에서도 서로 이질적일 수도 있다는 것을 잊어서는 안 된다.

이를 종합적으로 정리하면, 어린이와 컴퓨터 간의 상호작용이란 "종종 다른 사람들(대부분 성인들)에 의해 부분적으로 (대개는 완전하지 못한) 조절과 규정으로 간섭받는 상황에서, 어린이와 컴퓨터 기술과의 상호작용 안에서 어린이들의 행동, 태도, 관심사, 흥미 그리고 능력에 관해 연구하는 것이다"(Read & Bekker, 2011). "CCI"(Child Computer Interaction) 분야의 주요 연구대상은 주로 5-11세경의 어린이들이다. 이에 반해 3세 이하 어린이들에 대한 연구는 매우 드물게 이루어지고 있다(Read & Bekker, 2011). 부모가 이해하기 쉽게 설명해주거나 그림을 그려주게 된다면, 이렇게 어린 연령의 어린이들에게도 어린이와 컴퓨터 간의 상호작용에 대한 개념이 적용될 수 있다.

3) 인터넷으로의 첫걸음 – 인터넷과 어린이 미디어교육

(1) 인터넷을 시작하는 어린이를 위한 지침

오늘의 어린이들에게 있어 디지털미디어에 대한 능력은 미래의 직업세계를 위한 결정적인 전제조건이 될 수 있다. 따라서 어린이들은 이러한 사회문화를 빨리 파악할수록, 그리고 사회생활을 위해 자신을 발달시키고 그것에 빨리 적응할수록 미래의 기회균등에 대한 충족조건을 얻게 될 것이라는 사고도 있다(Eder & Roboom, 2002). 어린이들은 적절한 시기에 인터넷과 친숙해질 기회를 갖는 것이 필요하다. 그러나 인터넷을 단지 교육과 작업의 수단으로만 보지 말고 그 오락적 기능도 중요시해야 한다. 어린이들은 성인들이 생각하는 것보다 자신들의 연령에 비해 더 자율적으로 컴퓨터나 인터넷을 사용할 수 있다. 무엇보다 성인들은 어린이들이 생후 처음 컴퓨터를 접하고 마우스를 잡는 그 순간부터 반드시 어린이와 함께해야 한다. 특히 사이버 세계에서 지켜야 할 윤리성에 대한 교육은 인터넷을 시작하는 이 시기부터 철저히 이루어져야 한다.

① 어린이 전문사이트가 지켜야 할 사항
인터넷과 함께 살아가는 오늘날의 사회에서는 어린이를 위한 전문 사이트도 다양하게 생겨나고 있다. 이들 어린이를 위한 전문 사이트는 다음과 같은 사항(Köster, 2002)을 준수해야 하고, 어린이를 교육하는 사람들은 이 사항이 지켜지는지를 중시해야 한다.

- 상업적 의도를 가져서는 안 된다.
- 상호작용의 가능성이 주어져 있어야 한다.
- 어린이들이 이해할 수 있는 언어로 구성되어야 한다.
  (문장 내용, 문장의 길이, 외래어, 외국어 사용 등)

② 어린이 인터넷교육을 위해 부모와 교사들이 고려해야 할 사항

어린이의 올바른 인터넷 사용 습관을 육성하기 위해 부모와 교사들은 다음과 같은 사항을 고려해야 한다(Köster, 2002).

- 인터넷상에 주어진 여러 프로그램이나 사이트에 대한 전반적 관점을 가져야 한다.
- 어린이가 처음 인터넷서핑을 시작할 때는 어린이와 함께 작업해야 한다.
- 성인과 어린이 모두 인터넷서핑을 위한 기술적 능력이나 기기에 대해 친숙함을 키우는 것이 좋다.
- 어린이가 제안한 분야에 관심을 갖고, 이에 적합한 자료를 찾는다.
  (예: 자신의 홈페이지 만들기, 친구 찾기 등)
- 상업적인 목적으로 제공되는 무료 이메일 주소나 사이트에 대해서는 사용 전에 철저한 조사를 하고, 경우에 따라 사용하지 않는다.
- 채팅이나 토론 등과 같은 커뮤니케이션을 위한 인터넷 프로그램에서는 이를 주최하는 진행자가 있는 프로그램을 선정하는 것이 좋다.
- 메일주소나 번호를 타인에게 줄 때 발생할 수 있는 위험을 인지시켜야 한다.
- 인터넷상에 주어진 프로그램이 모두 다 검증되고 걸러진 프로그램이라고 전적으로 신뢰해서는 안 된다.
- 온라인에 머물러 있는 시간이 격증하게 되면 컴퓨터의 사용시간을 제한해야 한다.
- 어린이들로 하여금 어린 시절부터 타인의 인격을 존중하는 자세를 갖도록 해야 한다. 개인에 대해 근거 없는 정보를 함부로 유포해서는 안 된다는 것을 가르친다.
- 타인의 정보를 함부로 무단 도용해서는 안 된다는 것을 가르친다.
- 타인에게 전달하는 내용은 스스로 정확히 아는 것과 책임질 수 있는 것만을 전하도록 가르친다.

(2) 인터넷과 컴퓨터 사용에 대한 지침

인터넷이나 컴퓨터 사용 습관에 대해 부모와 교사들은 어린이들의 나이에 따라 차별화된 기준으로 이들을 지도해야 한다. 각 어린이의 연령에 따른 발달과 인지능력이 다르기 때문이다. 어린이의 나이에 따른 인터넷 사용 특성과 연령별 교육지침(GMK, 2003)은 다음과 같다.

① 3세까지

3세 정도까지의 유아들은 생활 습성에서 부모를 모방하는 경향이 많고, 컴퓨터 사용에서도 그러하다. 이들은 컴퓨터뿐 아니라 여러 인쇄매체, 시청각 매체 속의 많은 역할 상들을 보면서 다양한 동질성의 모델을 보게 된다. 이 연령기까지 인터넷은 큰 의미를 갖지 않는다. 스마트기기의 등장으로 이제는 3세 이전의 아기들도 이 기기를 사용하는 경우가 빈번해졌다. 그러나 아기들은 이것을 인터넷과 연결된 기기로 인식하는 것이 아니라, 음향과 화면이 어우러지고 손으로 조작도 가능한 매우 신기한 장난감으로 생각한다. 3세 정도의 유아는 부모와 함께 마우스를 가지고 단순한 게임이나 그림그리기 등으로 컴퓨터를 시작해볼 수 있다.

② 4-6세

인터넷을 이용한 학습이나 게임프로그램은 이 연령대 어린이들의 컴퓨터에 대한 흥미를 급속히 일깨우게 된다. 부모들은 어린이들과 함께 조금씩 인터넷서핑을 즐기는 것도 좋을 것이다. 부모들은 자녀의 발달특성과 성향, 필요한 주제 등에 따라 자신이 먼저 여러 인터넷사이트를 철저히 파악한 후, 자녀들에게 사이트를 소개하고 설명해준다. 어린이 스스로 유익한 사이트를 찾을 수 있도록 쉬운 언어로 설명해주면서, 이 복합적인 세계를 이해시키고 일상생활에 잘 통합시킬 수 있도록 이끌어주어야 한다.

③ 7-11세

이 시기 어린이들은 이제 인터넷상에서 자신들의 취미를 찾는 것을 즐기게 된다. 연예인 스타이든 스포츠 영웅이든 어린이들은 자신만의 흥미를 갖고 있으며, 인터넷은 이에 대한 내용을 제공해준다. 부모들은 이들이 찾는 사이트를 선택해주고 함께 검색해본다.

처음에는 어린이 혼자 컴퓨터를 사용하게 내버려 두어서는 안 된다. 인터넷의 해가되는 요인으로부터 어린이를 보호하기 위해 유해사이트 차단 프로그램을 깔아주는 것도 한 방법이다. 그러나 좋은 보호 프로그램이라고 하더라도 완벽하게 안전을 보장하지는 않는다는 것을 잊어서는 안 된다. 부모들은 자녀들이 인터넷서핑을 할 때 옆에서 함께해주고 도와주어야 하는데, 처음에는 이들에게 적절한 하나의 주제를 권할 수도 있다. 그러나 어린이들의 연령이 증가함에 따라 복잡하고 복합적인 내용을 어린이 스스로 잘 찾아내도록 이끌어주어야 한다.

④ 12세 이상

이 후기 아동기의 어린이들은 이제 어린이라기보다 초기 청소년기에도 속할 수 있는 발달특성을 갖는다. 이 연령대의 어린이들은 이미 온라인 세계에 대해 상당한 지식을 가지고 있다. 가상세계의 만남, 동호회 사이트나 특정 팬 사이트에 가입하여 타인과의 교류를 시작하고 게임을 즐기기도 하며, 온라인상에서 음악이나 동영상을 다운받기도 한다. 따라서 온라인에 머무는 시간도 급증하고, 유료사이트 사용이나 정보를 위해 지불해야 하는 비용 때문에 가정경제에 상당한 영향을 미치기도 한다. 자녀들의 컴퓨터 관련 지식이 급증하고 이것이 일상생활에 미치는 영향도 급격히 커지면서, 부모들의 우려도 이와 비례하여 증가한다. 그러나 이렇게 상황이 급변할수록 부모들은 침착하고 냉정하게 대처해야 한다. 부모들이 지나치게 조바심을 내거나 지나치게 무관심한 것, 그 어느 것도 바람직하지 않다. 자녀들의 온라인 세계에 함께 참여하고 이해하려 하는 것이 중요하다. 자녀들이 접하는 인터넷 사이트에서 부정적인 요인이 발견되었을 때는 무엇이 문제인지를 명확히 설명해주어야 한다. 무조건적 금지는 적절하지 않다. 부정적일 수 있는 확실한 이유와 요인이 있을 때, 그 배경을 설명해주고 왜 금지하는지를 납득시켜야 한다.

4) 모바일 애플리케이션과 초기 부모-자녀관계
– 미디어교육학, 발달심리학, 정보공학의 만남

(1) 애플리케이션의 사용 현실과 학문적 과제

"먼저 스마트폰을 만지작거리며 놀고, 그 후에 신발을 신을 줄도 알고 수영도 할 줄 알게 된다"(AVG, 2013). 이미 유아기 때부터 스마트폰을 가지고 노는 어린이들을 보는 것이 이제는 드문 일이 아니다. 기존의 미디어와 다르게 어린이들은 직관적이고 직감적으로 멀티터치(Multi Touch) 조정 장치가 있는 수많은 모바일 애플리케이션을 사용한다. 이에 따라 보존교육학 입장에서는 어린이들의 과도하고 집중적인 조기 컴퓨터 사용으로 인한 "디지털 정신박약"("Digitaler Demenz", Spitzer, 2012)을 우려한다. 그러나 생산자 입장에서는 이의 긍정적 측면을 강조하려고 애를 쓴다. 예를 들어, 프로그램 제작자들은 역할놀이, 판타지영화, 모험게임 등과 같은 것은 상상력과 논리적 사고와 조합능력을 촉진할 수 있고, 시뮬레이션 게임은 집중적인 듣기작업을 통해 게임단계에 따른 원인과 작용의 관계를 조화롭게 설명할 수도 있다고 주장하는 실증연구들(Gerstenberger, 2006 등)을 제시하고 있다. 그러나 현대사회가 디지털화되었다 하더라도 부모는 어린 자녀에게 가장 중요한 존재임에는 변함이 없다. "미디어화된 사회에서도 부모는 자녀를 위해 가장 중요한 관계인이고, 사회화 과정에서 방향 설정을 해가는 원천이 된다"(Fleischer, 2014)는 것이다.

어린이들, 심지어 수많은 아기들도 모바일 애플리케이션을 즐겨 다루고 있다. 유아기 아동과 관련한 모바일 앱의 연구는 미디어교육학, 발달심리학, IT 정보공학이 함께 연계되는 것이 이상적이다. 어린이와 앱 사용문제에는 너무나 많은 사안이 복합적으로 연결되어있기 때문에, 어느 한 분야만의 연구로는 이 사안에 대한 문제점이나 긍정적 측면을 구체적으로 명확히 검증하기 어렵기 때문이다(Michaelis, 2015). 여기에서 우리는 어린 아이들이 어떤 방식으로 앱을 사용해야 하는지, 부모와 어린이는 어떻게 앱을 함께 사용해야 하며 이는 부모-자녀 상호작용에 어떤 영향을 미치는지, 앱의 디자인도 영향력을 갖는지, 긍정적인 부모-자녀 상호작용을 지원하기 위해 앱은 이를 어떻게 뒷받침해주어야 하는지 등의 질문을 하게 된다. 이러한 질문에 대한 답을 위해 앱을 사용하는 부모와 어린이의 미디어능력, 이와 관련한 인지적, 조작적 전제조건을 규명하는 것이 미디어교육학의 학문적 과제이다(Fleischer, 2014). 또한 Interface—디자인의 실질적 활용이나 부모, 자녀가 앱에 대해 갖게 되는 요구사항과 기대치도 파악해야 한다.

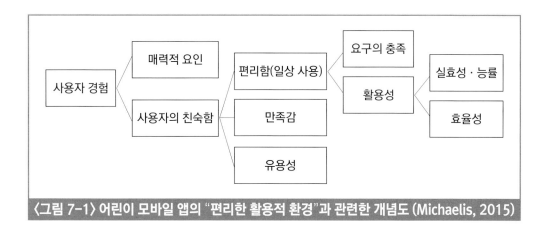

〈그림 7-1〉 어린이 모바일 앱의 "편리한 활용적 환경"과 관련한 개념도 (Michaelis, 2015)

(2) 모바일 앱의 '상징'에 대한 이해와 조작능력

"어느 특정한 시점에서 어린이들은 그래픽적 상징, 표준이 되는 모델, 그림표시 같은 상징으로 표현되는 대상물을 다루는 법을 배우게 된다"(Michaelis, 2015). 어린이들의 애플리케이션에 대한 관심을 이해하기 위해서는 근본적으로 이들의 관심을 형성하는 데 필요한 '상징'을 생각해보아야 한다. 일상에서 잘 볼 수 있는 상징에는 대표적으로 교통신호 같은 것을 들 수 있다. 앱을 개발할 때는 사용자들이 관심을 갖는 바로 그 주제에서 원하는 목표를 이룰 수 있도록, 앱의 작동을 위한 상징을 사용한다. 여기에는 앱 언어, 문자, 그림, 이모티콘, 언어 등과 같은 상징이 해당된다. 어린이들은 언어, 문자 등과 같이 앱에서 사용되는 상징들의 의미를 (유아기의) 발달과정 속에서 습득하게 된다(Fleischer, 2014).

앱의 상징들을 통해 커뮤니케이션을 성공적으로 이끌기 위해서는 커뮤니케이션 파트너와 함께 앱에 사용된 상징의 의도를 함께 이해하는 것이 필수적이다. 그런데 어린이들은 실제의 물리적 대상이 상징으로 적용될 때는 그것을 이해하는 데 어려움을 겪는다. 예를 들어, 스마트기기라는 실제 대상물의 화면에서 네모난 애플리케이션 방의 모습이 모든 앱 방의 복합적 상징과 표준척도라는 것을 이해하는 것과 같은 것이다. 나이가 어린 어린이들은 현실적 대상물이 조작을 할 수 있는 프로그램이면서, 동시에 고유의 의도와 상징성을 갖는 상징적 대상이라는 복합성을 이해해야 한다. "한 대상에 대한 상징성을 파악하는 것(이해하기와 사용하기), 이것은 약 12-18개월 정도의 영아기 어린이들에게는 어려울 수 있는데, 이 꼬마들은 무엇인가 계속 활성화해야 하고 조작할 수 있는 대상이 손 안의 공간으로 들어오게 되면 이를 멈출 수 없기 때문이다. 멈추는 능력은 조금 후에야 발휘된다"(Michaelis, 2015). 아이들은 태블릿 PC나 스마트폰에 들어있는 사진이나 동영상의 줌을 당겨보기도 하는데, 부모들은 자녀의 이러한 행동능력을 크게 의식하지는 않는다. 유아기 어린이들은 이미 학습된 "잡는 행동"("핀셋처럼 잡기")을 이 상황에 적용하는 것이고, 줌을 당기는 행동과 같은 변형된 행동이 우연히 이러한 상황에 영향을 미치는 것이다(Fleischer, 2014). 의도적으로 터치스크린을 만지는 능력은 아직 발생한 것이 아니다.

(3) 영아기 어린이와 터치스크린의 '직관적' 활용과 조작능력의 토대

수평과 수직 방향으로 손을 문지르는 동작은 약 8-13개월 정도에 습득하게 된다. 이 동작은 스마트폰이나 태블릿 PC를 조절하기 위한 기본 움직임이며 '직관적으로 습득하는' 능력으로서, 터치스크린을 잘 다루는 데 기여하기도 한다(Peez, 2014). 예술교육학 분야의 한 연구결과(Stritzker 외, 2008)에 따르면, 영아기(약 1개월-2세)나 유아기(약 2-6세)의 어린아이들이 걸쭉한 재료를 가지고 문지르며 노는 구조적 특성과 터치스크린을 다루는 기본적 움직임 사이에 주목할 만한 일치를 보여준다는 것이었다.

영아기 어린이들에게서 관찰할 수 있는 일상행동에는 스마트기기를 활용할 때 쓰는 동작과 유사한 것이 많다. 처음으로 아기들이 이유식이나 죽과 같은 재료를 접할 때, 아기들은 조심스럽게 검지손가락 끝으로 이 음식들을 살짝 건드려보기도 한다. 터치스크린을 다룰 때 이를 살짝 건드리거나 두드리는 "Tap 제스처"(톡톡 두드리는 제스처)는 터치스크린의 기능을 접하는 본질적인 행동이다. 아기들이 자신의 몸을 향해 세로 방향으로 이유식을 끌어당기는 몸짓뿐 아니라, 가로 방향으로 손을 움직여 마구 색을 칠하고 그리는 행동도 볼 수 있다(세로와 가로 방향의 "스크롤 당기기 제스처", "화면 밀어서 열기", "삭제하기" 등). "핀셋처럼 잡기"와 같은 행동은 재료를 탐색하거나 촬영하는 "줌-제스처"와 부합하는 것이다(Peez, 2014). 마구 문지르거나 그리는 시기(약 8-13개월)는 무엇인가를 서툴게 써나가는 시기로 마무리되고, 이때 어린이들은 펜이나 크레파스를 사용하는 것을 배우게 된다. 비뚤비뚤하고 서툴게 그린 자신의 결과물 형태를 관찰하면서 아기들은 무엇인가를 연상하게 되는데, 예를 들어 동그란 모양을 접시나 달, 자동차 바퀴와 같은 것으로 연상하기도 하고 여기에 이름을 붙이기도 한다(Peez, 2014). 즉, 어린이는 스스로 상징을 만들어낼 수 있는 인지적 능력이 이미 발달되어있다는 것이다.

어린이는 앱을 다루는 데 필수적인 움직임에 대한 토대를 이미 어린 아이 때부터 학습한다. 그러나 이러한 조작적 능력을 통해 앱을 이리저리 사용해보는 것이 가능하기는 하지만, 그렇다고 이 시기 어린이들이 분명한 목표를 가지고 앱을 다루는 것은 아니다. 그것을 위해서는 그 이상의 발달능력이 필요하다.

(4) 현실과 디지털공간 상징들 간의 커뮤니케이션

애플리케이션과의 관계는 여러 형태의 상징들과 함께하는 관계이다. 예를 들어, 내비게이션의 아이콘, 애니메이션, 음향, 언어, 문자, 그리고 그 밖의 여러 상징을 활용한 멀티미디어의 혼합 형태로 자주 표현된다. 아동-앱-부모가 함께 연결되는 상황에서는 앱을 사용하는 능력과 함께, 손으로 무엇인가를 가리키는 제스처를 이해할 수 있는 인지능력이 중요한 역할을 하게 된다(Michaelis, 2015). 부모는 손으로 가리키는 제스처, 그 밖의 다른 제스처, 얼굴 표정, 언어를 사용한다. 어린 아동은 상징적 커뮤니케이션이나 앱에서 보여주는 상징의 의미를 풀어야 하는 과제 앞에 서게 된다. 이 과제는 특히 언어를 아직 구사하지 못하는 단계의 어린이들에게 매우 까다로운 과제이다. 어린이는 자신과 앱 사이의 상호작용 속에서 '상징 위로 터치하기'와 같은 신체적-기계적 자극이 다시금 독특한 디지털적 반응을 불러일으킨다는 것을 배우게 된다.

누르면 '삐삑' 소리가 나면서 직접적인 신체적-청각적 반응을 야기하는 일반적인 장난감과는 달리, 앱을 사용할 때는 상징물을 터치함으로써 '삐삑' 소리와 같은 디지털적 반응을 야기한다는 것을 알게 된다. 이것은 아마도 기계적 '삐삑' 소리일 수도 있고, 또는 화면에 나오는 오리가 내는 소리일 수도 있고, 둘 다 해당될 수도 있다. 여기에서 던질 수 있는 질문은, 어린이들은 과연 언제 이러한 것이 디지털기술에 관한 것임을 깨닫는가 하는 것이다. 어떤 특정한 연령까지 어린이들은 텔레비전에 등장하는 캐릭터들을 텔레비전 수상기 뒤에서 발견할 수도 있다고 추측하기 때문이다.

어린이들은 애플리케이션에 등장하는 그림, 애니메이션, 동영상이란 현실의 대상물이 가상공간 속에서 상징적으로 표현된 것이라고 인식한다. 앱의 그림들은 사진으로 촬영한 것이 아니라 대부분 '어린이들의 눈높이에 맞춘' 만화책의 일러스트레이션과 같은 것으로, 더 많은 소비를 촉진하게 하는 인지적 소화작업을 유도하고자 한다(Michaelis, 2015). 이러한 앱의 상징적 표현들은 조그만 그림엽서나 게임 피규어와 같은 구체적인 사물이 아니라 가상의 사물이고 3차원적인 것이다. 직접 만질 수 있는 것도 아니고 거칠고 뻣뻣하거나 부드럽고 말랑말랑한 것도 아니며 따뜻하거나 차갑지도 않다. 현실세계에 있는 물건이 가상적으로 표현되었다는 것을 이해할 합당한 인지능력 없이는 어린이들에게 있어 그 대상들은 아마도 단순히 얇은 판 뒤에 있는 어떤 것, 또는 상자 속에 있는 무엇, 또는 울긋불긋한 것에 지나지 않을 것이다.

부모 자녀 간, 그리고 어린이와 대상물 간의 복합적 상호작용에 관한 발달심리학이나 인지심리학 연구결과들을 통해 어린이와 상징과의 상호작용을 이해하는 데 대한 도움을 받을 수 있다(Michaelis, 2015). 어떤 연령단계, 어떤 발달단계에서 어떠한 인지능력이 명확해지는지가 이 분야의 연구를 통해 많이 알려져 있다(6장 2절 "어린이들의 발달인지심리와 미디어 인지심리" 참조). 예를 들어, 어린이들이 언제부터 미디어의 내용을 어려워하거나 실망하지 않고 이해할 수 있는지와 같은 것이다. 그러나 이 연구들 대부분은 아날로그적 대상과의 관계를 연구한 것이다. 터치스크린 기술과 관련한 상호작용, 물리적 조절, 디지털 대상물에 관한 현실적 연구는 아직은 미흡한 실정이다.

(5) 애플리케이션의 제작과 사용에 필요한 요구사항 ― 어린이와 성인

앱의 질적 수준뿐 아니라 긍정적인 부모 자녀 간의 상호작용을 위한 애플리케이션의 활용, 그 의미와 적합성 등에 관한 법률적, 교육적 측면의 적절한 가이드라인이나 스타일가이드는 아직도 체계적으로 마련되어있지 않다. 특정 회사에서 제작하는 대부분의 제품들은 그 회사 특유의 스타일가이드에 맞추어 통일된 질과 일관성 있는 외관을 갖기는 하지만, 유아들 같은 특정 집단의 욕구에 맞도록 제작된 것은 아니다. 어린이를 위한 애플리케이션을 제작할 때에는 다음과 같은 사항이 요구된다.

① 아동과 성인의 상이한 인지능력을 고려한 앱 디자인

모바일 앱 분야에서는 스타일가이드와 모바일 플랫폼이 서로 연관이 된다. 이들은 앱 디자이너와 앱 개발자에 의해 조정된다. 예를 들어, 애플사의 "iOS-스타일가이드"[1]에서는 내용의 표현과 사용 요소에 있어 "위에서 아래쪽으로"를 고려하는 것을 권하는데, 위쪽의 테두리 부분이 사용자에게 가장 잘 보일 수 있기 때문이라는 것이다(Apple, 2012). 그러나 많은 간접 증거들이 시사하는 바로는, 무엇인가 인지하는 데 있어 어린이들은 아마도 성인들과는 다른 순서를 따를 것이라는 관점(Rumpelt, 2013)이 있다.

아동과 성인은 색상의 표현이나 요소들의 배합 등에서 서로 다른 선호도를 갖는다(Jones, 2009). 성인은 한눈에 일목요연하게 이해하기 쉬운 디자인, 예를 들어 쉽게 조망할 수 있는 일정한 숫자 및 관련된 요소들, 잘 맞추어져 있는 색상, 지나치게 울긋불긋하지 않으면서도 명확히 구분이 되며, 텍스트가 뒷받침되는 내비게이션 기능 등을 선호한다. 반면 어린이들은 자신들이 호기심을 느끼고 실험도 해볼 수 있으며, 울긋불긋하고도 각 요소들이 북적대고 와글거리는 디자인에 긍정적으로 반응한다.

② 앱 개발을 위한 요구사항

성인과 어린이들 간의 차별적인 선호도를 고려하면서 애플리케이션뿐 아니라 웹페이지 개발에도 적용할 수 있는 사항들을 정리하면 다음과 같다(Nielsen, 2010).

- 어린이들은 성인과는 다른 디자인 지침에 따른 디자인 스타일을 필요로 한다.
- 첫인상이 매우 중요하다. 홈페이지가 어린이들을 즉시 사로잡지 못하면 어린이는 빠른 시간 내에 다른 페이지로 옮겨간다. (이 점은 성인에게도 해당된다.)
- 오늘날의 어린이들은 제대로 앉게 되자마자 마우스를 사용하고, 스크린을 두드릴 줄 알게 되자마자 컴퓨터를 경험한다. 따라서 2000년대 이후에 출생한 7-12세 정도 어린이들은 이미 웹 사용자라 할 수 있다. 또한 3-6세 정도 어린이들도 벌써 인터넷 세상 속을 '아장아장 걸으며' 돌아다닐 수 있다.
- 웹 사용 능력을 키워주는 데 있어 인터넷 속에서 접하게 되는 경험은 어린이들에게

---

1) "iOS"는 애플이 개발하고 제공하는 임베디드 운영체제로, 아이폰, 아이팟터치, 아이패드, 애플 TV 등에 탑재되어있다(Apple, 2012).

는 다른 어떤 경험들, 심지어 읽기능력보다 더 핵심적인 요인이 된다.

- 성인도 어린이도 긴 텍스트를 읽으려 하지 않는다. (어린이) 사용자가 웹 경험이 많을수록 읽는 것은 줄어든다.

- 어린이들은 (성인들도 마찬가지로) 일정의 조절기능을 원한다. 만약 기대하는 기능, 예를 들어 'Skip하기'와 같은 기능이 주어지지 않는다면 실망하게 된다.

- 어린이들은 그들이 원하는 것을 찾는다. 사용방법과 마찬가지로 내용을 파악하고 움켜쥐는 과정은 단순하게 구성되어야 한다. 성인들은 주로 정보를 찾아내려 하는 반면, 어린이들은 즐기기 위해 온라인에 접속한다.

- 어린이들도 자신보다 다른 사람이 나이가 많고 적은지의 연령 차이를 잘 인식하고 있다. 디자인은 각 사용자 연령대의 상황에 맞추어 개발되어야 한다. 어린이들은 이러한 것에서 벗어난 디자인을 거부한다. 예를 들어, 한 여섯 살짜리 꼬마는 이렇게 말한다. "이 페이지는 애기들을 위한 것 같아요. 아마도 네 살이나 다섯 살 아이들이요. 만화나 움직임을 보면 그런 것을 알 수 있어요"(Nielsen, 2010).

(6) 애플리케이션과 사회적, 학문적 과제

아동기 어린이나 유아, 영아들에게까지도 늘 주변에 미디어가 주어져 있고, 또 이를 사용하는 오늘날의 현실을 부정하기는 어렵다. 급속한 모바일기기의 증가와 이에 부합하는 애플리케이션들은 이러한 경향을 부채질한다. 뿐만 아니라 가까운 미래에는 Wearable 기기, 스마트홈, 인공지능, AR(Augmented Reality), VR(Virtual Reality) 등으로 이러한 현상이 더욱 강화될 것이다. 이것은 다시 사용자의 연령 발달 특성에 맞는 3D-콘텐츠의 의미 있는 적용이나 3D-공간 속의 쾌적하고 편리한 인터페이스 디자인에 관한 질문을 던지게 하고, 이러한 것이 본질적으로 우리와 우리의 어린이들에게 무엇을 할 것인가에 대해 생각하게 할 것이다.

이제는 이 사회의 애플리케이션 사용자들로 하려금 혁신을 이끌어내고, 이를 의미 있게 사용하도록 자극을 줄 수 있는 전반적인 가이드라인을 제시해야 하는 것이 애플리케이션과 관련한 사회적, 학문적 과제이다. 만약 긍정적 부모 자녀 상호작용을 지원해줄 수 있는 부모 자녀 공용의 모바일 앱에 신경 써야 할 점이 있다면, 그것은 이 작업에 해당되는 다양한 전문분야 간의 융복합적 연구와 그 연구결과를 앱 개발에 연결하는 것이다(Michaelis, 2015). 모바일 앱이 부모 자녀 관계에 어떤 영향을 주는지에 대해 기존의 연구들은 명확한 답을 주지 못하고 있다. 설령 자녀와 부모의 요구사항이나 이들의 능력과 기대치를 고려한 사용자 경험중심의 디자인을 바탕으로 모바일 앱이 설계되어 개발되더라도, 지금 시점에서 이에 관해 완벽한 답을 줄 수는 없다. 앱 개발에 필요한 여러 전문분야 간의 통합적 연구가 이상에 언급한 질문에 대해 연구의 필요성을 체계적으로 정리할 수 있는 하나의 방안이 될 수 있을 것이다.

5) 스마트기기를 활용한 초기 언어발달과 읽기능력 촉진

(1) 스마트기기와 함께하는 '읽기'에 대한 새로운 사안

읽기교육은 어린이들의 인지발달, 도구화된 활동, 일반적 지식 습득 방법으로서 중요한 의미를 갖는다. 최근 어린이 읽기교육에서 스마트기기를 활용한 연구(Hoffmann & Spanhel, 2013)가 진행되었다. 이 연구에서는 텍스트를 읽는 데 있어서의 흥미 구조와 사용 구조 간에 상관관계가 있다는 것을 밝혀주었다. 또한 읽기교육에 미디어(화이트보드, 전자칠판, 그림, 청각 카세트테이프, 영화, 인형극 등)를 지원함으로써 읽는 것에 대한 동기를 유발하고, 여기에 문학교육을 연결하는 것도 촉진할 수 있다고 하였다. 스마트기기를 활용한 읽기능력 촉진에 필요한 사항들은 다음과 같다(Hoffmann & Spanhel, 2013).

- 어린이들의 읽기능력을 촉진하기 위해서는 모든 어린이들을 대상으로 하는 읽기전략이 개발되어야 하고, 이들의 이해력 증진을 위해 적절한 감독과 관찰이 이루어져야 한다. 어린이들이 자율적으로 읽는 활동을 조정하기 위해서는 특수화된 프로그램뿐 아니라 일반 수업에서도 읽기교육이 통합될 수 있도록 해야 한다.
- 읽기능력의 촉진을 위해서는 인지학습을 위한 읽기능력에서부터, 읽기의 동기유발, 읽는 것에 대한 즐거움 등과 같은 정서적 측면을 고려해야 한다.
- 읽기능력에서는 정보와 지식의 습득을 촉진해 주는 읽기능력에서부터, 문학적, 미학적 교육에 대한 촉진까지 이루어져야 한다.
- 읽기능력을 촉진하기 위해서는 삶에 의미가 있는 수준 높은 내용의 텍스트가 사용되어야 한다.

- 어린이들의 미디어경험을 고려하고, 가능한 한 '미디어 텍스트'(텍스트와 그림, 그림 책 등)를 바탕으로 하여 읽기능력의 촉진이 이루어져야 한다.

(2) 온라인 애니메이션 그림책 읽기

현재 온라인에는 어린이들을 위해 개발된 많은 온라인 그림책들이 있다. 이들을 활용한 어린이들의 읽기능력 교수법이 연구되고 있다. 즉, "온라인 애니메이션 그림책과 함께하는 교수법적 방법과 가능성"(Richter & Plath, 2012)으로, 이를 위한 요인들은 다음과 같다.

- 어린이들이 언어의 미학적 차원을 인식하도록 한다.
- 언어를 의식적, 창의적으로 사용하도록 한다.
- 언어를 놀이적 환경 속에서 사용하도록 한다.
- 언어를 통한 표현 가능성의 다양성을 일깨워준다.
- 자신만의 표현 시도를 해보는 즐거움을 일깨워준다.
- 언어를 상황에 적합하게, 사실에 정확하게, 목표에 적합하게 사용하도록 한다.

(3) 언어가 함께하는 놀이 환경 조성

교사들은 읽기능력이 부족한 어린이들에게 미디어기기를 사용하여 학생들 앞에서 읽어주며, 학교의 일상에서 이들의 읽기능력을 증진시켜줄 수도 있다. 특히 읽기를 막 시작하는 아주 어린 아이들에게는 태블릿 PC, 빔프로젝트 등의 기기와 함께 다음과 같은 방법의 읽기교육을 시도해볼 수 있다(Hoffmann & Spanhel, 2013).

- 학생들이 읽기 시간에 함께 큰소리 내어 읽기
- 교사들이 소리 내어 읽어주기
- 교사-학생 간에 풍부한 대화하기
- 짝지어 읽기
- 소리 내어 읽는 것 연습하기
- 언어발달 과정과 외국어나 전문분야 학습을 위한 보조도구로써 미디어 사용하기

읽기영역에는 태블릿 PC, 빔프로젝트 등과 같은 기기를 활용하여 즐기면서 읽기능력을 촉진할 수 있는 다양한 방법적 가능성이 있다. 어린이 읽기교육에서는 어린이들이 즐겁게 놀며 언어를 학습하는 분위기 조성이 중요하기 때문이다.

2. 청소년과 청년기의 디지털미디어

1) 네트워크로 연결되는 정서적 사안

우리는 이제 각종 소셜웹을 통해 자신을 표현하고, 친구를 찾고, 서로서로 반응한다. 페이스북, 카카오톡, 트위터 등, 소셜웹은 이제 우리 사회의 거의 모든 청소년, 청년들의 일상이 된 지 오래다. 여기에서는 공공연하게 자신의 감정, 욕구, 관심사가 회자되고, 함께 수용하고 소비하고, 네트 속에서 마음을 열기도 한다. 네트워크 안에서 타인들과의 상호작용과 커뮤니케이션을 통해 공동의 정서가 유발되는 것이다. 정보 수용에 있어서도 십대들은 대부분 스마트폰을 이용하는 경우가 많은데, 시간당 7~8개, 한 달 평균 약 3,417개의 뉴스를 스마트폰을 통해 접하고 있다는 통계(Tuma, 2012)도 있다. 사회성, 연결성, 단결성에 대한 욕구뿐 아니라 각각의 개성, 만족감, 행복감, 정신적 삶의 기쁨을 반영함과 동시에, 조절능력을 상실하기도 하고 조심스러움과 주저함을 없애기도 한다.

많은 업체들은 이미 청소년과 청년들의 이러한 동경을 오래전에 알아채고, 이 젊은 소비자들을 하나의 독립적인 소비대상으로 간주하여 새로운 상품들을 연결시키려 한다(Cwielong, 2012). 청소년들의 소셜웹에 대한 정서를 보다 더 정확히 이해하기 위해서는 이에 관한 구체적 연구가 필요하다. 예를 들어, 청소년들의 정서가 SNS와 연결될 때 나타나는 "플래시몹"이나 "Planking Owling"과 같은 집단 만족감 또는 사회적 현상을 어떻게 파악할 것인지, 기업체들은 자신의 제품을 위해 얼마나 구체적으로, 그리고 어떠한 가치를 두는 전략과 도구를 필요로 하는지, 청소년들의 정서는 여기에 어떤 역할을 하는지와 같은 연구들이다.

'정서'라는 것은 감정, 기분의 움직임, 흥분이나 감정의 표현 등으로 설명될 수 있는 것으로서, '합리성'이나 '이해'와 같은 개념과는 다르게 약간 모호하고 부정적인 측면으로 규정되는 경향이 있다(Scheve, 2011). 그러나 '더불어 살아가는 인간의 삶'에 있어 인간의 정서는 중요한 의미를 갖는다. 사회적 관계(또래집단, 집단, 공동체, 사회 등) 속에서 더불어 사는 우리의 삶과 사회 환경 사이에는 상관관계가 존재하기 때문이다. 따라서 사회적 관계는 사람들의 정서가 형성되는 데에 영향을 주게 된다. 특히 청소년들은 개인적, 공익적, 사회적인 관점에 이러한 정서를 연결시킨다. 이러한 특성은 청소년들의 소셜웹 사용에서도 많이 반영되는데, 청소년들은 스스로 책임을 지는 것, 자율적 결정을 하는 것, 친구들이나 마음이 맞는 사람들을 찾고 서로 인정하고 또 다른 사람들과 접촉하는 것, 인간관계 정리하는 것과 같은 것을 중요시한다. 청소년들의 주된 관심사는 페이스북이나 유튜브 등 소셜웹상의 커뮤니케이션과 상호작용, 그리고 네트로 연결할 때 갖게 되는 옵션들이라고 최근의 여러 연구들(JIM, 2011; Schmidt & Paus-Hasebrink & Hasebrink, 2009; Schorb 외, 2010)에서 밝히고 있다(그림 7-2). 소셜웹상에서 이루어지는 청소년들의 정서는 다시 기업체의 Virale 마케팅(본장 4절 "청소년과 온라인 광고" 참조)과도 직결된다.

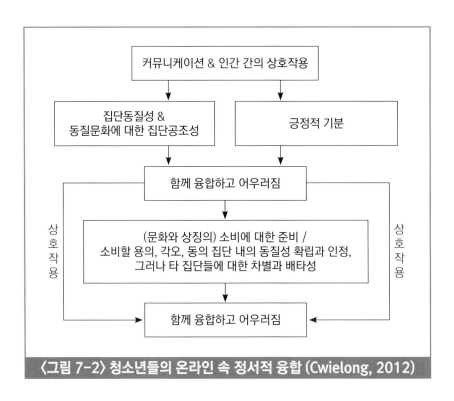

〈그림 7-2〉 청소년들의 온라인 속 정서적 융합 (Cwielong, 2012)

2) 온라인상의 갈등, 폭력, 사이버불링, 사이버모빙

"학교에서보다 페이스북에서 싸우는 일이 더 많아요. 그러니까 우리는 페이스북에서 더 많이 싸우는 거죠. 그렇지만 이것은 싸운다기보다는 토론하는 거예요"(중학교 여학생, Wagner 외, 2013). 이제는 청소년들의 갈등이 더욱더 미디어화되는 양상을 보이고 있다. 페이스북과 같은 소셜네트워크 서비스와 같은 미디어 구조 안에서 이를 어떻게 사용하는가에 따라 성공적인 사회적 과제나 결속, 그리고 타인으로부터의 인정 같은 것에도 영향을 받기 때문이다. 특히 청소년들에게 있어 온라인 프로그램은 현실 세상의 삶과 사회적 접촉을 획득할 수 있는 사회적 공간으로 파악될 뿐 아니라, 사람들과 연결되는 접속 지점이기도 하다. 그러나 이 때문에 소셜네트워크에서는 언제나 인간적인 갈등도 발생한다.

(1) 사이버불링, 사이버모빙 연구사례

온라인 미디어 세상에서 일어나는 청소년들의 극심한 갈등과 논쟁은 "사이버불링", 독일어권에서는 "사이버모빙"으로도 표현되며, 이는 매우 극단적인 형태로 발전하기도 한다. 최근의 한 연구(Wagner 외, 2013)에서는 13-16세 청소년들의 미디어 속 갈등과 심리적 문제, 그리고 미디어교육학적 지향점을 모색하고자 하였다. 이 연구에서 청소년들은 온라인상에서 접했던 갈등의 대상을 '친구'가 아닌 '친구의 친구'로 표현하고 있었다. 오프라인에서는 그저 얼굴만 보는 정도의 관계일지라도, 온라인 커뮤니티에서는 그런 사람들과도 커뮤니케이션을 하는 것이 일반적이기 때문이다. 연구대상이 된 청소년들의 온라인상 갈등의 형태를 다음과 같이 정리할 수 있다(Wagner 외, 2013).

① 장난으로 싸우기

청소년들 사이에서는 온라인상에서 자주 '가시적인' 논쟁을 일으키기도 한다. 청소년들은 그들만의 원칙에 따라 그 논쟁이 '장난'인지 심각한 것인지를 개인적으로 스스로 평가한다. 그러나 한쪽에서는 장난으로 했던 말이 상대편에게는 장난으로 받아들여지지 않는 경우에는 문제가 된다. 이런 종류의 오해는 청소년들로 하여금 다른 사람으로부터 모욕이나 공격을 받았다는 느낌을 들게 하면서, 이를 심각한 갈등으로 확장시킬 수도 있게 한다. 사회심리학적으로 보아 이런 현상을 두 가지 요인으로 정리할 수 있다. 첫째, 온라인상의 다이내믹한 커뮤니케이션 스타일이다. 온라인상에서는 탈억제와 같은 정서를 느끼면서, 현실에서 가질 수 있는 부끄러움이나 주저함을 벗어버리는 경우가 많다. 모욕감과 장난의 경계가 모호함에도 불구하고, 처음에는 장난으로 받아들이던 것도 그 정도가 심해지는 것이다. 둘째, 청소년들의 SNS 커뮤니케이션 대화상대의 범위가 점점 더 확장되면서, 오해와 갈등이 더 커지는 요소가 되기도 한다.

② 의견 대립

장난으로 싸우는 것만큼이나 청소년들에게 있어 온라인상의 의견 대립은 일상적인 것이 되었다. 이것은 어떤 사안에 대해 차이가 나는 시각과 내용을 언어적으로 실어 나르는 것이다. 만약 의견 대립을 보이는 어떤 주제가 매우 심각한 내용일 경우, 즐기는 것을 넘어서서 내용을 과장되게 옮기거나 거짓 정보를 퍼뜨리기도 하는 심한 행동이 따르기도 한다.

③ 싸움

온라인에서 발생하는 싸움은 감정적이고 심각한 것이다. 청소년들의 관점에서 보는 싸움이란 내용적인 것에 대한 결론이라기보다 갈등에 따른 관계의 문제이다. 사회적 관계를 나타내는 표현이나 이를 구성하는 것과 관련하여 다른 생각을 가진 갈등 대상자들과 겪는 공공연한 긴장감이다. 청소년들이 생각하는 온라인상의 싸움이란, 비판적인 내용을 상대방이 장난처럼 표현한 것을 개인적 공격으로 잘못 해석한 결과로 야기된 그릇된 판단이며, 제삼자에게도 잘못된 내용을 전달함으로써 온라인 커뮤니티에서 발생하게 되는 싸움이다.

④ 사이버불링(Cyber Bulling) / 사이버모빙(Cyber Mobbing)

사이버불링은 윤리적 이해력에서 너무나 벗어나 버린, 온라인에서 발생하는 공격적이고 폭력적인 행동에 대한 총체적 개념으로서, 독일어권에서는 이를 사이버모빙으로 표현한다. 이것은 특정인을 사이버상에서 집단적으로 따돌리거나 괴롭히는 행위이며, 디지털 통신장비를 이용하여 누군가를 모욕하거나 위협하는 것, 욕설, 인신공격 등 익명의 타자에게 적대감과 분노 등을 표출하는 글과 행동이다.

사이버불링, 사이버모빙은 종종 체계적 공격에 따라 퇴학, 광란의 질주, 자살 등과 같은 극단적인 부정적 귀결을 맺기도 한다. 많은 청소년들이 자신만큼은 개인이나 집단 간에 발생하는 사이버불링에 선을 긋고 있다고 생각한다. 그러나 특정한 공격적 태도양식에 거리를 두는 청소년일지라도, 이들이 일상의 사이버불링의 행태에서 완전히, 전혀, 어떤 경험도 하지 않았다는 것을 의미하는 것은 아니다.

(2) 갈등 속에 해결책이 내포되어있는 다양한 행동양식

청소년들의 온라인 문화에 대한 이상의 연구(Wagner 외, 2013)에서 보여주는 것은, 온라인상의 갈등은 이미 청소년들 일상의 한 부분이 되어버린 채 여러 방식으로 논의된다는 것이다. 이 연구를 통해 알 수 있었던 것은, 청소년들이 갈등을 더 확대시키지 않고 빠른 시간 내에 해결하려는 노력을 보여주기도 하였다는 점이다. 갈등 상황을 함께 해결하려 한다든가, 해결책을 위한 행동 가능성을 모색하려는 것과 같은 것이다. 또한 '무시하기'와 같은 사이버상의 해결책도 내포하고 있었는데, 무시한다는 것은 침착함을 유지하며 주권을 가지고 즉각적 대응을 하지 않으면서, 의식적으로 논쟁을 피하고 저지하는 것을 의미한다. 그러나 다른 한편으로는 대응을 하지 않고 행동하지 않음으로써, 그 갈등이 잠재의식에 계속 깔려있거나 결말은 지어지지 않고 문제가 해결되지 않은 채 남아 있다는 것을 의미한다.

이 상황에서 어려운 점은, 청소년들은 장난으로 즐기는 것과 심각함 사이에 경계를 긋거나 이에 대한 주관적 평가를 내리는 능력이 부족하다는 것이다. 여기에는 개인적 가치관, 사회 안에서 인정받고자 하는 욕구, 청소년들이 성장하고 있는 생활환경, 특정하게 선호하는 행동방식 같은 것도 영향을 미친다. 사회적으로 인정받는 행동이나 또래집단이 선호하는 특유의 행동은 청소년들의 갈등을 형성해나가는 방향을 만들기도 한다. 서로 간의 갈등으로 악담이나 육체적 폭력, 성별에 대한 모욕 등을 표현하기도 한다. 청소년들이 사회적 기대에 부응하는 규범이나 행동을 선택할 때는 교육적 배경에 따라 차이를 보이기도 한다. 온라인 갈등에서는 제삼자의 적극적인 역할도 영향을 줄 수 있다.

(3) 사이버불링, 사이버모빙에 대한 미디어교육학의 지향방향

온라인상의 갈등에 관한 주제는 청소년들에게 있어 매우 민감한 교육적 사안이다. SNS는 사회적 관계 형성에 있어 뗄 수 없는 요인이 되었고, 인간 간에 발생하는 갈등 상황의 윤곽도 보여주고 있다. 청소년들의 삶은 미디어화되었고, 오늘날 미디어 공간의 현실적 상황은 청소년들의 자율적, 주도적, 주권적인 미디어 사용에 대한 새로운 도전이 되고 있다. 미디어화된 커뮤니케이션 공간 속에서 청소년들은 사회적 관계를 맺는 표현양식을 발달시키고, 그 속에서 갈등도 해결할 수 있는 미디어능력을 키워야 한다. 청소년들과 함께 진행한 연구(Wagner 외, 2013)를 통해 파악할 수 있는 미디어교육학의 관점은 다음과 같다.

① 학문적 연구 작업은 청소년들의 관점과 가치관을 토대로 이루어져야 한다.

청소년을 위한 미디어연구에서는 온라인상의 갈등에 대한 청소년들의 적절한 행동양식을 논의해야 한다. 갈등이 최고조로 확대된 형태인 사이버불링, 사이버모빙과 같은 것을 외면해서는 안 되며, 이를 야기하는 원인을 간과해서도 안 된다.

② 갈등의 여러 형태 사이에는 각 갈등의 특성이 변질되어가는 경계가 명확하지 않다는 것을 인식해야 한다.

청소년연구에서는 무엇보다 또래집단 간에 일어나는 행동과 그 이면에 놓여있는 동기와 보호욕구에 대해 더욱 섬세한 감각을 가져야 한다. 청소년들이 그들만의 생각과 의문점을 표현하고, 성찰하고 토론할 수 있는 기준이나 지침이 설정되어야 한다.

③ 갈등 행동 속에서 가치판단의 방향을 성찰한다.

갈등은 자신의 삶과 경험 속에서 생기기도 하는데, 그러한 갈등 속에서도 청소년들은 사회적으로 용납되는 가치관과 기준을 찾아낼 수 있어야 한다. 분명한 것은, 갈등 상황에서도 폭력의 형태에 대한 판단이 이루어진다는 것이다. 청소년들에게 중요한 사안은 우정, 교우관계, 단결심, 자율적 결정, 자율성, 체면이나 자존심 지키기와 같은 것이다.

④ 갈등 자체가 아니라 확대되어가는 갈등 행동을 문제시해야 한다.

청소년들이 온라인상에서 겪는 갈등의 사례와 범위를 생각할 때는 반드시 그것과 연결된 처신이나 태도를 중시해야 하며, 갈등 그 자체만을 문제시해서는 안 된다. "갈등은 우리가 피하려 해도 피할 수 없는 것이다. 오히려 이를 적절한 형태와 방법으로 이겨내는 것이 더 중요하다"(Caesar, 2003). 이러한 말은 갈등에서의 가해자-피해자 양상이라는 통상적 생각을 깨는 것이고, 갈등의 당사자는 자신을 위해 갈등을 극복할 수 있는 적합한 방법을 결정해야 한다고 강조하는 것이다.

3) 소셜네트워크 환경과 청소년의 동질성 확립 – "페이스북"

페이스북과 같은 소셜네트워크 서비스에서는 사용자 간의 상호작용이 매우 긴밀하게 엮여있고, 청소년들의 미디어행동은 오프라인상으로 연결된 사회적 공간에서도 밀접한 관계를 맺는다. 이러한 점을 고려하여 13-17세 청소년들을 대상으로 "SNS에서의 동질성 형성과 사회적 공간 속의 미디어행동에 대한 연구"(Schemmerling & Gerlicher & Brüggen, 2013)가 이루어졌다.

(1) 연구결과

이 연구에서는 페이스북을 중심으로, SNS에 대해 청소년들이 갖는 의견과 사고를 정리하였다. 청소년들은 페이스북이 다양한 방식으로 성장기의 동질성 확립에 있어 연관이 있다고 생각하는 경향을 보였다. 그 내용은 다음과 같다.

① 페이스북의 사용 기능을 선택할 때 13-17세의 청소년들은 성별이나 교육배경과 관계없이 개인의 관심분야에 따라 자신에게 우선시되는 옵션을 선택한다.

② 페이스북은 청소년들에게 있어 무엇보다 또래집단끼리의 교류를 갖는 사회적 공간의 의미가 컸다. 친구들과 함께 학교생활, 취미활동 등에 대해 대화를 나누는 공간으로서, 오프라인에서 할 일을 온라인에서 결정하는 경향이 있었다. 그 외에도 팬사이트 활동과 같이, 개인적 영역의 특정 내용을 확산하는 장이 되기도 하였다.

③ 청소년들이 자신을 표현하기 위해 어떤 주제를 선택할 때는 자기가 갖고 있는 자아상이나 생활 세계에서 오는 성취욕구가 큰 영향을 주게 된다. 온라인상에서 이들이 만드는 것, 다른 사람들에게 보여주고자 하는 것, 그리고 통합하려고 하는 것은 자신의 관점에서 보아 신뢰할 수 있는 것들이어야 한다. 대부분의 경우에는 자신이 정말 어떤 사람인가를 보여주고자 하는데, 페이스북에서의 동질성 확립을 위한 작업은 (범죄의 경우는 다르지만) 생활환경이나 개인적 도전에 대한 성취로서, 여기에는 주제별 관심 사안, 개인적 특성, 미디어행동 등이 함께 작용한다.

④ 청소년들의 동일시 작업은 소셜웹상의 여러 프로그램들과 내용적으로 아주 가깝게 수렴이 되고 연결이 된다. 그 내용에는 상호 교류범위 안에 있는 청소년들 사이에 일어나는 일뿐 아니라, 대중매체나 광고 내용에서 생성된 내용들이 자신의 프로필에 나타나기도 한다. 유튜브 등과 같이 소셜웹으로 연결된 대중매체의 내용이 이 경우에 큰 역할을 하게 된다.

⑤ 사회적 장으로 연결되는 미디어행동은 청소년들의 동질성 확립과도 밀접한 관계에 놓여있다. 미디어화된 사회적 공간 안에서 청소년들은 사회적, 사회문화적 관계를 맺게 되고 세상 속에서의 자신의 위치를 찾게 된다. 페이스북을 사용하는 청소년들은 미디어 속의 사회적 장에서 '모방'의 방법을 찾게 되고, 사회적 공간의 영역과 크기를 변화시키게 하는 '등급을 매기거나 분류'하는 방법들도 발견하게 된다.

(2) 사회적 장으로 연결되는 청소년들의 미디어행동에 대한 제약과 확장성

이상의 연구결과를 통해 청소년들의 페이스북과 관련한 행동양식을 다음과 같이 정리할 수 있다.

① 청소년들은 미디어세계 속의 변화를 '행동가능성의 확장'으로 인식하고 있다.

많은 청소년들은 미디어세계를 행동양식의 다양성을 볼 수 있는 곳으로 받아들이고 있었다. 소셜웹은, 예를 들어 친구들과의 교류를 위한 연결, 많은 사람들이 접하는 대중매체의 흥미로운 내용, 세미 프로페셔널한 내용이나 작업을 접하는 경로로 사용하고 있었다. 그러나 가족구성원과 같은 청소년들의 중요 관계인들은 소셜웹에서의 청소년들의 미디어행동을 문제성이 있고 도전적이며 위험하게 간주하는 경향도 있었다.

② 페이스북 안의 여러 영역에서 동질성 확립을 위한 중요성을 발견할 수 있다.

사용자의 다양한 사용 동기에 따라 페이스북과 같은 소셜네트워크 서비스는 그 중요성이 달라질 수 있다. 동질성 확립을 위한 여러 형태는 이들의 생활영역에 활기를 불어넣어주거나 촉진해주기도 한다.

③ 개인적 미디어행동은 다시 공동의 실제행동과 병행하여 연결된다.

페이스북은 개인적인 미디어사용이며, 미디어사용의 개인화를 촉진하기도 한다. 이와 동시에 사용자는 다른 친구들, 다른 사람들과 교류를 하고 정보를 교환하기도 한다. 이런 미디어행동을 통해 청소년의 개인적 미디어사용은 다시 실질적인 공동의 미디어행동으로 병행하여 진행되는데, 온라인상에서 공동으로 함께하는 실질적 행동이나 공동단체 만들기와 같은 것이다. 이에 따라 미디어의 내용은 현실적인 사회적 공간을 만들어내기도 하고 개인의 소속을 알릴 수도 있다. "중요한 것은 많이 클릭해주는 것"이라는 응답에서 이들의 원하는 바를 알 수 있었다. 새로운 뉴스를 클릭할 때 청소년들은 다른 사람들이 이미 접한 뉴스에 대한 반향도 접하게 되고, 이는 청소년들의 생각의 흐름과 크기에도 영향을 미친다.

④ 정보나 새로운 내용에 대한 다양한 통로는 오히려 청소년들이 가질 수 있는 기회와 문제점에 대한 관점을 숨기게 하기도 한다.

소셜네트워크 서비스를 통해 청소년들은 양적으로도 매우 많은 정보를 얻게 되고, 이를 타인에게 넘겨주기도 한다. 이들은 정보의 내용 출처가 대부분 명확하지 않을지라도, 자신의 흥미에 따라 정보를 찾아내고 강화할 수도 있다. 이 과정에는 문제점도 분명히 존재하는데, 「청소년보호법」에 어긋나거나 이를 방해할 수도 있는 내용들을 자주 접하게 되는 것이다. 불법적으로 생성된 내용, 또는 특정 인물이 매우 수치스럽고 고통스러울 수 있는 내용을 공개하기도 한다.

(3) 청소년들이 인식해야 할 미디어교육학의 관점과 문제점

이 연구결과에는 질문에 응답한 청소년들이 자신도 잘 인식하지 못하고 있는 몇몇 문제점들을 내포하고 있었다. 미디어교육학 관점에서 보아 고려해야 할 시각은 다음과 같다.

① 성별에 따라 다른 행동양식의 특성을 보인다.

SNS의 청소년 미디어행동에 관한 이 연구(Schemmerling & Gerlicher & Brüggen, 2013)에서는 성별에 따른 특성을 보여주었다. 남자 청소년들은 자기를 주장하는 태도가 미디어행동 속에서 강하게 드러났고, 자기를 표현하는 데도 자신의 관심분야를 중심에 세우는 경향이 있었다. 남자 청소년들은 (아웃사이더가 아닌) 인사이더 코드를 가지고 다른 사람들과의 경계를 분명히 했으며, 이를 통해 공격적인 미디어행동 양식을 보여주기도 하였다. 온라인상에서는 남자 청소년들에게 있어 남성적 스테레오타입에 대한 동화의 압박감이 상당히 크다는 것을 유추할 수 있었다. 반면 여자 청소년들은 자신의 자아표현을 '깨끗이' 그리고 '오해가 발생하지 않도록' 증명해보이려는 태도가 많이 나타났다. 여자 청소년들에게 나타난 미디어행동은 오히려 방어적이고 그 행동반경이 제한적이었다.

② 페이스북의 기술적 형상들은 청소년의 자율적 행동에 대한 가능성과 토대를 약화시킨다.

SNS 사용자들은 페이스북 안에서 영향력을 발휘할 가능성이나 자신의 사용 태도에 대해 내부적 평가를 인식하거나 통찰력을 갖기 어렵다. 이러한 것은 자신의 페이스북 내용을 표현하는 방법과도 관련이 있는데, 다른 사람과 친구 맺기 기능을 활용하거나 사회적 공간의 구성 같은 점에 매우 예민해질 수 있다.

③ 청소년들은 자기표현이나 다른 사람들과의 상호작용에 있어 (자아)지배권을 타인에게 이양하는 것을 경험하게 된다.

청소년들이 좋아하는 페이스북의 공감놀이("좋아요")와 같은 것은, 예를 들어 SNS에서의 소속감, 사회적 편입, 타인의 인정과 같은 것을 이끌어내게 된다. 이러한 작업을 통해 이미 모든 생활영역에서 타인에게 지배권을 이양하는 현상이 일어난다는 것을 알 수 있다.

4) 청소년과 온라인 광고 – 소셜웹상의 사업모델과 소비자 권리

"비평적이고 성숙하게"(Brüggen 외, 2014) – 이론적으로는 소비자의 이상적인 모습을 이렇게 설명하고 있다. 그러나 소셜웹의 현실은 어떠한지, 그리고 오늘날의 많은 청소년과 청년들이 어떻게 온라인 광고와 제품에 대해 성숙하게 반응할 수 있는지를 생각해보아야 할 것이다. 사업의 영역에서 미성년자들은 보호가 필요한 대상으로 간주된다. 이제는 청소년이나 청년들이 소셜웹의 광고와 사업모델에 대해 무엇을 알고 무엇을 생각하며, 소비자로서의 권리를 어느 정도나 인식하고 있는가에 대해 심각하게 접근해야 할 필요가 있다.

(1) 광고 미디어능력과 소비자교육

청소년과 청년들에게 사랑받는 소셜웹상의 많은 프로그램들이란 결국 거의 대부분 상업적인 프로그램이라고 할 수 있다. 따라서 대다수의 젊은 사람들은 단순한 온라인 사용자가 아니라 상품의 소비자 역할을 하게 되는 것이다. 거의 모든 프로그램에서는 광고를 목적으로 개인정보를 활용하는데, 이것은 사용자에게 동의를 요구하는 형식으로 이루어진다. 그러므로 소비자들은 온라인에 제공된 프로그램을 이용하는 데 있어 자율적으로 깊은 성찰을 하는 것이 특히 중요하다. 이때 가장 필요한 것은 각 개인 소비자의 미디어능력이다. 미디어능력은 미디어화된 사회에서 주권적으로 삶을 이끌어나가는 능력이다 (Schorb & Wagner, 2013, 1장 2절 6항 "광고 미디어능력", 3장 4절 "SNS 주권과 미디어능력" 참조).

특히 온라인과 소셜웹상에서 필요한 미디어능력은, 첫째, 미디어 구조와 미디어의 (사회적) 기능에 대한 지식, 둘째, 윤리적, 사회적, 미학적 기준과 척도에 대한 평가능력이다(Brüggen 외, 2014). 이 두 가지 사안은 올바른 미디어행동의 방향을 스스로 찾아나갈 수 있는 근간이 된다. 미디어행동에는 사회적, 문화적 그리고 정치적 삶에 참여하며, 이를 함께 형성할 수 있는 의지와 능력도 포함된다. 광고 미디어능력의 이 두 영역은 경제와 관련한 소비자교육의 중요한 목표가 되며, 이를 통해 이 두 영역의 공통점도 분명하게 드러난다(그림 7-3 참조). 경제와 관련한 소비자교육을 통해 사람들은 소비자들 권리에 대한 전문지식과 기본지식을 습득할 수 있고, 이 교육은 각자의 소비 습관이나 미

디어환경 등에 관한 감각을 깨우칠 수 있도록 도와준다. 행동지향 미디어교육과 소비자
교육, 이 두 영역은 소비자의 적극적인 행동과 정당한 관심사를 실질적으로 실천하도록
한다는 공동의 교육목표를 갖고 있으며, 이를 통해 이 두 분야는 서로 통합이 된다.

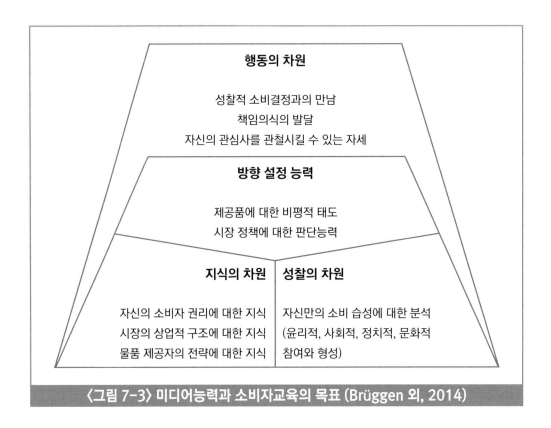

행동의 차원

성찰적 소비결정과의 만남
책임의식의 발달
자신의 관심사를 관철시킬 수 있는 자세

방향 설정 능력

제공품에 대한 비평적 태도
시장 정책에 대한 판단능력

지식의 차원	**성찰의 차원**
자신의 소비자 권리에 대한 지식 시장의 상업적 구조에 대한 지식 물품 제공자의 전략에 대한 지식	자신만의 소비 습성에 대한 분석 (윤리적, 사회적, 정치적, 문화적 참여와 형성)

〈그림 7-3〉 미디어능력과 소비자교육의 목표 (Brüggen 외, 2014)

(2) 청소년들의 온라인 광고에 대한 인식

청소년과 청년층 대상의 온라인 광고에 대한 연구가 독일 뮌헨(München)의 "미디어교
육학 공공연구소 – JFF"(JFF[2], 2014)에서 이루어졌다. 이 연구의 결과에 따르면, 많은 청
소년과 청년층이 소셜웹상의 구매와 관련하여 오히려 감정을 상하고 상처받는 소비자라

---

2) "JFF" – Institut Jugend Film Fernsehen – Institut für Medienpädagogik in Forschung und Praxis,
   öffentlich gefördertes medienpädagogisches Forschungsinstitut in München, in Wikipedia-Deutsch,
   2016.

는 것을 보여주었다. JFF(2014)의 이 연구에 따르면 청소년과 청년들의 온라인 광고에 대한 평가와 시각은 다양한 것으로 나타났다. 이들은 대부분의 광고 내용을 비판적으로 주시하고 있었지만, 광고를 접하는 태도는 소비자교육의 이상에 부합하지는 않았다. 청소년과 청년들이 광고를 평가하는 기준은 자체적인 사용에 따른 주관적 관점에서 출발하는 경우가 많았고, 제품이 자신에게 얼마나 흥미를 끄는지, 그리고 자신이 그 제품의 대상자로서 얼마나 적절하게 취급되는지가 중요한 요인이 되었다. 대부분의 청소년들은 어떤 광고가 흥미롭다고 느끼는 한 그 광고를 그냥 감수하며 받아들였고, 이를 저지하는 경우는 매우 드물었다. 광고가 비록 여러 면으로 비판받으며 사람들을 방해한다고 느낄지라도, 이들 대부분은 광고를 이미 어쩔 수 없이 주어진 것으로 받아들였고 선택할 가능성이 있는 것으로 보는 경우는 거의 없었다.

이 연구에서는 젊은 사람들 대부분이 광고의 표현 방식을 잘 인식하고 있었다는 것을 보여주었다. 그러나 개인적으로 와닿은 광고를 어떻게 평가할지에 대한 방법은 알지 못하였다. 공공의 장에서 SNS 광고를 집중적으로 논의하게 된다면 광고의 다양한 원리와 그 이면에 놓인 의도를 인식할 수 있는 가능성도 볼 수 있었다. 그러나 연구대상자들 대부분은 페이스북을 사용함에 있어 거기에 등장하는 광고를 보면서, 동시에 자신의 개인 데이터가 누군가에게 수집당한다는 것을 심각하게 느끼지 않는 경향도 많았다.

성장하는 청소년들이나 청년층 사람들은 자신이 좋아하는 온라인 플랫폼의 사업 형태나 사업모델에 대해 별로 알지 못하거나 전혀 모르는 경우가 많았다. 대부분은 그저 막연하고 불완전한 지식을 가진 채 잘못된 연관성과 맥락을 따르는 경우가 많았다. 청소년들은 소셜웹 프로그램의 시장성과 조직적 흐름에 대해 제한된 지식만을 갖고 있었다. 청소년들의 입장에서는 무료로 선택할 수 있는 프로그램을 선호하였다. 그러나 이들은 자신이 여러 형태의 자금조달을 위한 대상이 될 수 있으며, 그것이 갖는 장단점에 연결되는 입장에 선다는 점은 크게 인식하지 못하고 있었다.

(3) 소셜웹 속의 소비자 권리와 소비자 보호에 대한 인식

"어떤 사이트에 가입하거나 물건을 구입할 때, 사용과 관련한 동의서를 모두 세세하게 읽지 않는 한 소비자는 불리할 수밖에 없어요. 회사 입장에서도 소비자에게서 무엇인가 허락받았다면 그들도 권리를 가질 수 있겠지요. 그러나 그것에 대항하여 사실상 우리는 아무것도 할 수 없어요"(인문고등학생, Brüggen 외, 2014). 디지털미디어 서비스를 통한 상품제공 방식과 일반 소비자 간의 불공정한 관계로 인해, 소비자는 법적근거를 마련하여 온라인상의 권리를 확실하게 보호받기를 원한다. JFF(2014)의 연구결과에 의하면 청소년들은 소비자로서 자신의 권리에 대해 단지 부분적으로만 조금 알고 있다는 것을 보여주었다. 청소년들은 소비자로서 공정하게 취급받기를 바라고 있지만, 소비자 권리에 대해 깊이 생각하고 있지는 않았다. 따라서 자신이 상품 소비에 있어 공정하게 취급되지 못한다고 생각하는 상황에서도 그것에 대한 권리를 적합하게 적용하고 실천할 수 있는 기초가 갖추어져 있지 않았다. 단순히 피상적인 지식만을 갖고 있으면서, 상품 제공자들에게 자신의 권리를 어떻게 관철시켜야 할지는 몰랐다. 제공자의 정보도 너무나 다양한 형태로 표시되어있었고, 소비자 권리를 다루는 기관과 연결해보려는 시도도 매우 적었다.

(4) 온라인 광고에 대한 소비자교육 방법

이상의 내용을 통해 알 수 있는 것은, 상품의 발달과 함께 청소년을 소비자로 보호해야 하는 교육학적 지침을 전문적으로 연구해야 할 필요가 더 높아졌다는 것이다. 이를 위해서는 소비자교육이 필요하고, 이 교육에서는 행동지향 미디어교육과 관련한 다음과 같은 소비자교육(Brüggen 외, 2014)이 이루어져야 할 것이다.

① 소비자교육을 위한 기본 토대로서 청소년들의 경험을 활용한다.

청소년들이 소비자교육을 효율적으로 학습하도록 하기 위해서는 그들의 경험을 교육에 연결시켜야 한다. 소셜웹상의 중요한 광고 프로그램들을 제시하며, 학습집단 안에서 이들을 교육적 논의를 위한 토대로 활용한다. 자신의 온라인 광고 경험을 스스로 설명하도록 하고, 다른 사람들로부터 지지를 받도록 한다. 교육전문가라 하더라도 청소년들이 접하는 모든 프로그램을 다 알 수는 없다. 서로의 의견 교환을 통해 청소년들은 많은 광고를 비교하고 자신의 생각을 발전시켜 나갈 수 있다.

② 청소년들 간의 의견 교환을 장려하고 정보를 제공해준다.

청소년들에게 있어 동일 연령집단은 광고를 수용하거나 애플리케이션의 평가를 위한 중요한 정보원이다. 그러나 또래집단 내에 널리 퍼져있는 정보라 해도 그것이 반드시 적절하거나 정확한 것은 아니다. 청소년들에게 익숙한 정보수집의 방법은 그 정보와 관계 있는 배경이 함께 연결되어있는 경우도 많다. 소비자교육에서는 청소년이 즐기면서 의견을 교환하도록 장려해주는 것이 좋다. 이러한 방식으로 적절하지 않게 생각되는 의견에 대해 서로 교정도 해줄 수 있다. 만약 잘못된 정보가 돌게 된다면, 그것을 언급한 청소년에게 그 정보의 정확성을 얼마나 확신하는지 질문하는 것도 도움이 된다. 이 방법은 정보의 출처를 명백히 밝힐 수 있고, 신뢰할 수 있는 정보와 그 정보의 출처를 알게 할 수 있는 가능성을 열어준다.

③ 청소년들의 행동능력을 강화한다.

소비자교육에서 전통적으로 지향하는 방법은 그 제품을 직접 실험해보는 것이지만, 소셜웹상에서는 제품을 직접 체험하는 데 어려움이 있다. 온라인이나 모바일 폰과 관련한 청소년 교육에서는 재정지원이 부족하기도 하고, 작업 진행에 있어 아직도 윤리적, 조직적 접근에 대한 문제가 남아있다. 그럼에도 불구하고 온라인 광고교육은 가능한 한 실용적으로 연결될 수 있는 지식을 쌓도록 교육해야 한다. 온라인 광고에 대한 청소년들의 행동능력을 강화하기 위해서는 이들이 안고 있는 문제와 질문을 개방적으로 논의하면서, 직접 사용했던 제품들에 대한 의견을 전달하고, 또 계속 진행되는 교육과정에서 이 경험을 다시 반영하여 흥미를 일깨우는 것이 도움이 된다.

(5) 개인적, 사회적 차원의 주제와 성찰

온라인 광고교육에서는 개인적이고 사회적인 차원 속에서 다음과 같은 주제를 고려하여 교육을 진행해야 한다(Brüggen 외, 2014).

① 교육적 과제로서 청소년 소비자교육의 설정

많은 청소년과 어린이들은 오늘날의 미디어 세계에서 어린 시절부터 이미 소비자로서의 역할을 인식하고 있다. 청소년들은 온라인상에 소개된 개개의 제품에 대해 나름대로는 중요한 내용을 많이 인지하고 있다고 생각하지만, 예를 들어 개인정보 보호나 데이터 보호, 가격과 관련한 데이터 문제, 광고의 목적에 따른 데이터 활용 등과 같은 사안에 대해 보다 전문적이고 면밀한 소비자교육은 철저히 이루어지지 못하고 있다. 청소년들이 광고에 대한 판단을 잘못했을 때는 공격적인 표현을 하거나 "상처받은 소비자"(Micklitz 외, 2010)가 되기도 한다. 이와 관련하여 광고를 소비자교육의 중요한 주제로 간주하여, 가능한 한 어린 시절부터 성장세대에게 소비자교육을 실시해야 하는 것이 중요한 교육학적 과제라 할 수 있다.

② 개인적 차원

온라인상에서 할 수 있는 평가의 가능성이나 방법을 다른 학생들과 함께 공유하게 함으로써 온라인 광고에 대한 개인적 차원의 성찰이 시작될 수 있게 한다. 결과적으로 누가 무엇 때문에 그 정보를 받아들이고 흥미를 갖는지, 나아가 그 평가방법을 적절히 활용하는지를 파악하는 것도 중요하다. 이와 함께 그 정보가 상품 공급자에게 전달되거나 다른 기관과 소비자 집단에게 정보의 내용이 신뢰감 있게 받아들여질 때는 어떤 결과가 나오는지도 파악해볼 수 있다.

③ 사회적 차원

어떤 상품의 평가가 각 개인에게는 어떤 결과로 연결되는지, 그리고 다양한 소비자 집단이나 기관들이 그 정보를 알아낼 수 있는지 고민하게 될 때, 이미 개인의 소비의식은 사회적 차원으로 넘어가는 과정에 놓이게 된다. 이것은 개인의 권리라고 할 수 있는 '사적인 일'의 가치를 존중하는 민주사회의 의미를 다시금 깨닫게 하는 시발점이 될 수 있다. 이러한 맥락에서 볼 때, 소비자교육은 하나의 교육주제가 되면서도 또한 드러나지 않는 정보기관을 통한 철저한 감시감독이 이루어지도록 촉구하게 된다. 소비자교육과 미디어능력 촉진을 위한 노력은 민주적 기본 질서에 연결된 '자유의 권리', '보호의 권리'에 대한 가치를 실감나게 느끼게 함으로써, 결국에는 넓은 의미에서 정치교육과도 연결이 된다.

3. 성인과 직업세계의 디지털미디어

1) 개인의 동질성과 직업세계 간의 조화 찾기 – "디지털세계 속의 자기 경영"

전 세계적으로 직업과 일상의 모든 분야에서는 다양한 기술의 발달로 인해 포괄적인 변화가 일어나고 있다. 이 변화의 요인에는 특히 모바일 커뮤니케이션이 해당되는데, 직장 일이나 많은 작업을 함에 있어 조직사회의 변화와 실적에 대한 압박이 더욱 증가하고 있기 때문이다. 자신이 일하는 직장에서 버티어나가는 것이 점점 불확실해지고, 이 모든 현실의 상황은 지속되고 있다. 여기에서는 자신이 추구하는 동질성과 직업세계에서 강요하는 요구 사이에 조화를 찾고 적응하는 능력(Sennett, 1998)이 더욱 필요해진다(3장 2절 1항 "디지털 커뮤니케이션의 개념과 사회적 현상" 참조).

다양성과 정치의 민주화를 지향하며, 단일적 특성이 아닌 복수적 특징을 갖는 "탈근대 시대"("Postmodern", Wahrig, 1994)의 "직업유목생활"(Keupp, 2013) 속에서 사람들은 남녀 모두 직업적 이유로 거주지를 옮기고, 모바일화와 삶의 유연성이 더욱 확고해지는 현상이 이제 당연한 것이 되어버렸다. 이에 따라 성인교육과 직업교육에서 디지털미디어의 역할과 영향은 간과할 수 없는 교육학적 연구주제가 되었다(3장 2절 "모바일 커뮤니케이션과 모바일교육", 9장 "미디어교수법과 스마트교육, 모바일교육" 참조.)

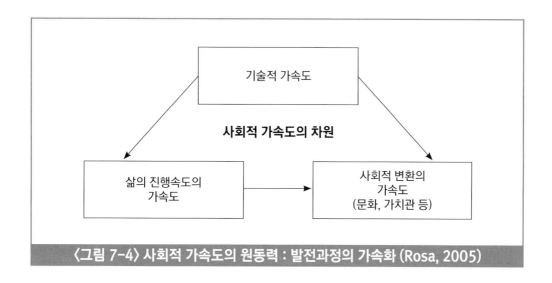

〈그림 7-4〉 사회적 가속도의 원동력 : 발전과정의 가속화 (Rosa, 2005)

오늘날의 급속한 세계화 속에서 직업과 관련된 교육이나 업무수행에서 일어나는 극적인 변화는 각 개인의 동질성을 찾아가는 과정에도 큰 영향을 미치고 있다. 이제는 자신의 '개인적 욕구'와 '직업세계가 요구하는 강압' 사이에 균형을 잡고 적응하는 것이 오늘을 사는 현대인에게 참으로 필요한 능력이 되었다. 이것은 개인의 업적과 성과를 촉진하기도 하지만, 그 사람의 건강을 해치는 원인이 되기도 한다. 이미 지난 20세기 후반부터 직업에 대해 사람들이 가졌던 가치관에도 변화가 일기 시작하였다. 근면한 윤리관으로서의 가치관, 즉 질서, 정확함, 복종과 같은 가치는 이제 젊은 성인들에게는 쾌락적이고 개인주의적인 가치관, 예를 들어 즐거움, 향유, 개인적 자아성취와 같은 것들로 대치되기 시작하였다(Keupp, 2013). 직업교육에서도 개인의 자아성취가 더욱 높은 가치를 갖게 되었다. 이제 직업의 세계에는 디지털미디어가 함께하는 새롭고 다양한 직종들이 많이 생겨나고 있으며, 특히 젊은 성인들이 이러한 직종과 연결되는 경향이 많다. 직업의 선택에 있어 그 폭이 넓어졌으며, 직업교육도 고정적이고 표준화된 형식에서 벗어나 교육방법도 일률적으로만 진행되지 않게 되었다(그림 7-5). 디지털미디어 세계 속에서는 직업교육이란 분야가 이제는 일종의 "자기 경영"(Keupp, 2013)이 된 것이다.

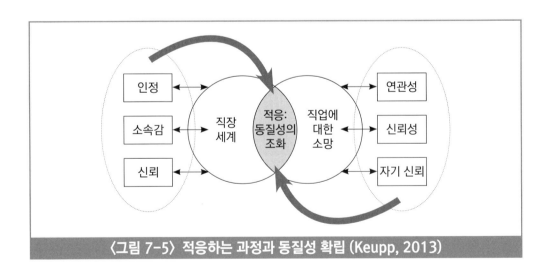

〈그림 7-5〉 적응하는 과정과 동질성 확립 (Keupp, 2013)

어떤 직업이 갖는 특성과 한 개인의 역량은 서로 중요한 연결고리가 된다. 청년들은 일 대신 즐거움을 찾을 뿐 아니라, 즐거움을 주는 일을 하고 싶어 한다. 그럼에도 불구하고, 직업교육 이수 후에 연결되는 수입의 정도가 그 사람의 사회적 지위를 만든다는 생각이 직업과 관련한 청년들의 동질성 형성에 중요한 역할을 한다. 성인들을 위한 직업교육은 타인으로부터의 인정뿐 아니라 "자아실현의 의미를 찾아내는 중요한 기관"(Keupp, 2013)이 되기도 한다.

2) 미디어화된 직업세계의 특징과 "DigiCom 근로자"

직업의 성격이 더욱 유동적이고 탄력적으로 변함으로써, 직업을 위한 성인교육의 주제와 방식도 변화하고 있다. 직업시장에서 필요한 중요 역량은 컴퓨터, 인터넷, 모바일 커뮤니케이션과 연결된 디지털미디어능력이라 할 수 있다. "미디어, 시간, 공간 간의 다이내믹"(Roth-Ebner, 2013)이라는 연구에서는 오늘날의 미디어화된 직장생활에서 디지털미디어능력을 강력히 요구받고 있는 직장인들을 "DigiCom(Digital Communist) 근로자"라고 지칭하였고, 이들의 특성을 설명하고 있다. "DigiCom 근로자"란 직업행동 특성상 주로 디지털테크닉을 통해 커뮤니케이션이나 정보 관련 일을 수행하는 사람들을 뜻한다. 또한 가상공간과 온라인으로 이루어진 작업현장에서 시간과 공간을 넘어 자유롭게 일할 수 있는 사람을 말한다(Roth-Ebner, 2013). "DigiCom 근로자"는 사무실에서 작업하는 매우 다양한 직업군의 사람들에게도 해당된다. 경영인, Key Accounts, Koordinator, 국제프로젝트, 연구소 등과 같이 잠재적으로 디지털미디어와 연결된 능력이 요구되는 모든 직종의 직장인을 말한다.

"전통 미디어의 기능과 활용 목표가 변하고, 뉴미디어가 정착한다는 것은 사회적 커뮤니케이션의 변화를 의미한다. 이 커뮤니케이션으로 구성된 현실은 후기 현대사회의 문화, 사회, 가치관, 인간의 일상을 변화시켰다"(Krotz, 2007). 이 말은 미디어의 기술적 변환에 관한 것이 아니라 인간 간의 사회적 커뮤니케이션 행동에 초점이 놓여있는 것이다. SNS와 채팅 등으로 인간의 의사소통에 있어 문자적 형태는 매우 짧아지고, 문법과 올바른 글쓰기의 기준은 관대해지고 허술해지기까지 하였다. 여기에 정보기술과 커뮤니케이션 기술의 발달로 이메일과 온라인 커뮤니케이션의 의미는 더 커지고 있다.

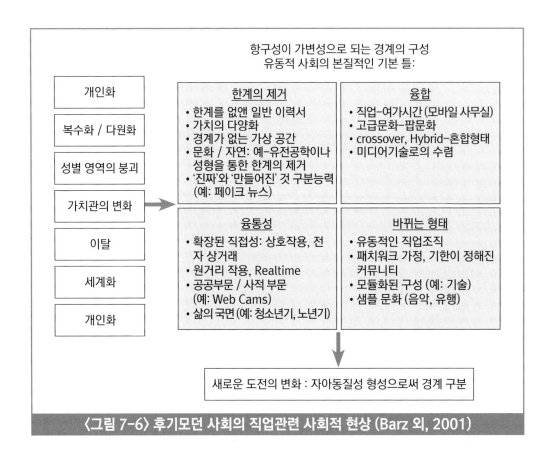

〈그림 7-6〉 후기모던 사회의 직업관련 사회적 현상 (Barz 외, 2001)

이러한 현상은 직업적 업무에도 나타나고 있다. 오늘날의 미디어화된 직업세계의 특징을 정리하면 다음과 같다(Roth-Ebner, 2013).

① 가상화, 정보화

지식과 정보사회 시대의 직업에서는 정보와 커뮤니케이션이 큰 비중을 차지하며, 이에 따라 가상세계도 더욱 확장되고 있다. 소프트웨어와의 컬래버레이션을 통해 지리적 경계를 넘어서 실제 시간에 가상의 공간에서 작업하는 것이 가능해졌다.

② 유연성, 유동성

작업을 수행함에 있어 모바일미디어와 인터넷은 어디에든 함께 할 수 있으며, 시간과 공간의 한계로부터 자유롭다. 이러한 조건에서 하게 되는 작업은 유연성과 이동성을 지속적으로 갖게 된다. 이와 같은 직업문화의 유연성은 여기에 합당한 기술을 요구하게 된다.

③ 세계화와 커뮤니케이션의 네트화

세계화된 시장은 세계화된 커뮤니케이션과 네트워크화를 필요로 한다. 인터넷은 이렇게 네트화된 세계의 기술적인 표현이며, 범세계적 네트로 연결된 조직들은 국제적 협력작업을 통해 이 기술이 더욱 촉진되고 활기를 얻는다.

④ 주관적 해석과 판단능력

정보와 커뮤니케이션 기술로 인해 인간이 자신의 능력과 일의 능률을 올리는 데 있어 주관적인 해석능력이 더욱 필요해졌다. 이것은 어려운 기술적 문제도 극복해나가면서, 예전에는 각기 다른 분야였던 여러 직업영역들의 상이한 요인들을 컴퓨터의 지원을 통해 한 사람이 혼자서 총체적으로 일을 해결해낼 수 있는 주관적 해석과 판단능력을 말한다.

⑤ 삶의 다양한 영역 간의 경계 허물기

디지털미디어는 "유행이나 주제를 결정하는 주체들(Trendsetter) 간의 영역을 허무는 존재"이다. 이는 직업과 사적 생활 간의 경계를 완화시키는 데 큰 역할을 한다. 여기에는 융통성 있는 생각과 판단능력도 필요하다. 인터넷과 모바일미디어로 인해 오늘날에는 많은 직무를 어디에서든 할 수 있으며, 동시에 직무를 수행하면서 수많은 사적 기분전환이나 오락거리도 즐길 수 있다(예: 페이스북, 유튜브).

3) 미디어화된 직업세계와 성인 직장인에게 필요한 능력

(1) 미디어능력과 기술적 능력

정보와 커뮤니케이션 기술을 사용하는 사람들은 "미디어의 다양성을 연주하며 즐기는 것"(Schachtner, 2002)을 주도할 수 있어야 한다. 이를 위한 핵심적인 사안은 전송매체 고유의 특성을 인식하고, 각각의 상황과 필요에 적절한 미디어를 적합한 언어로 사용하는 것이다. 여기에서 의미하는 미디어능력을 바아케(Dieter Baacke)의 미디어능력 개념(1장 2절 "미디어능력과 디지털미디어능력" 참조)에 의거하여 다음의 여섯 분야로 정리할 수 있다. '기구 및 자격의 차원', '미디어정책적 차원', '지식 습득과 표현의 차원', '비평성찰적 차원', '미디어윤리적 차원', '일상과 경험 내용 구성에서의 미디어통합 차원'과 같은 것이다(Schachtner, 2002). 이를 '커뮤니케이션능력', '협동능력', '문화교류의 능력'으로 확장하여, web 2.0상에서 증가하는 잠재적 상호작용성을 계산하고 이행할 수 있는 능력(Roth-Ebner, 2013)으로도 설명할 수 있다.

미디어화된 직업세계에서 필요한 능력으로서 "미디어능력과 기술적 능력"(Zorn, 2011)을 강조할 수 있다. 이것은 디지털미디어의 복합적인 기술적 특성에 관한 이해를 요하는 것으로, 디지털미디어의 데이터분석 과정 같은 것이다(Zorn, 2011). 예를 들어, 온라인 마켓 "아마존"에서 표명한 바와 같이, 컴퓨터체제를 통해 웹 사용에서 새로운 내용을 어떻게 생산해야 하는가, 판매제품을 여기에 어떻게 연결하며 소비자들에게 어떠한 방법으로 이들의 관심을 이끌어내는가와 같은 것을 말한다(Roth-Ebner, 2013).

디지털미디어와 관련한 미디어능력은 현장의 중견 경영인들에게는 반드시 해결해내야 할 현실적 사안이다. 예를 들어, 작업을 할 때 접하게 되는 정보의 흐름과 경향을 파악하고 분석할 수 있는 미디어능력을 키우는 것, 커뮤니케이션과 관련한 역할과제를 해결하는 것, 자신의 일이 소비자나 동료직원들과 지속적으로 연결되게 하여 판매가 원활히 진행되도록 하는 것, 그렇게 함으로써 완성된 정보와 커뮤니케이션의 총체적 결과를 낳는 것을 말한다.

(2) 시간과 공간의 경영 능력

디지털미디어와 연결된 성인교육에서 중요한 또 다른 능력은 시간과 공간을 경영하는 능력이다. 이는 직접적으로 미디어와 관련된 것은 아니지만, 작업의 맥락에서 여러 면으로 유연성을 갖게 된다. 이것은 특정한 일에 있어 장소, 시간, 상황에 따라 적절하게 업무의 상황이 변화하는 경영전략으로서, "placing work"(Roth-Ebner, 2013)라고 표현되기도 한다. 이 주제와 관련한 연구(Roth-Ebner, 2013)에서 "DigiCom 근로자"들은 모바일을 활용한 업무가 근무일상의 복합적 요구를 이행하기 위해 중요한 행동전략이라는 것을 확인해주었다. 예를 들어, 한 기업인은 미국에 거주하면서 유럽에서 사업을 운영하고 있는데, 여기에는 물론 이메일이나 SNS, 또는 팀 소프트웨어와 같은 디지털미디어의 도움이 큰 부분을 차지한다. 이 기업인은 6-8주 정도의 간격을 두고 유럽을 방문하고 근무하면서, 자신의 회사 사원들에게 경영인의 모습을 보여준다. 유럽에 체류할 때는 미국과의 시차를 이용하여 업무가 끝난 후 미국의 고객들을 관리하기도 한다.

(3) 경계 완화 및 경영속도의 완급 조절 능력

여기에서 의미하는 경계란 사적 삶과 근무 작업 사이의 경계를 말하는 것으로, 미디어로 인해 이 경계가 약화되는 것을 의미한다. 속도의 완급 조절이란, 디지털미디어가 업무에서 지대한 역할을 하는 오늘의 현실에서 때로는 이로부터 어느 정도 거리를 두며 "뒤로 물러나는 능력"(Geißler, 2004)도 필요하다는 것이다. 스마트기기를 늘 옆에 지니고 있는 오늘날의 직업인들이 근무 시간 이후에도 미디어를 통해 오게 되는 과도한 업무를 어떻게 거부하고, 어떻게 사적 삶을 보호할 수 있는가를 판단하고 관리할 수 있는 능력을 말한다. 여기에는 공간적, 시간적 측면만이 아니라 회사 업무와 신자유주의적 가치 사이에서, 점점 더 불분명해지는 경계를 명확히 긋는 것을 말한다. 예를 들어, 기업체의 사원이 업무가 급히 처리되어야 할 경우, 거의 모든 업무를 디지털미디어와 함께 진행해야 하는 상황에서도 밤늦게 사무실에 남아 일은 하지만 절대 일을 집으로 가져가지는 않으며, 집에는 일할 공간을 마련하지 않는 것과 같은 것이다. 일과 사적인 삶 사이에 일종의 경계를 긋는 전략이다. 휴가 때나 여가시간에도 미디어를 멀리함으로써, 가족관계, 교우관계, 운동 등 자기관리를 하는 것이다.

4) 성인교육에 요구되는 보편적 능력

(1) 사회적 능력, 문제해결 능력, 학습에 대한 능력

급속한 사회문화적, 기술적 변화 속에서도 시대를 초월하여 성인교육에서 강조되는 보편적 능력이 있다. 여기에는 우선 앞 절에서 언급한 여러 능력을 포괄적으로 엮어내는 통합능력을 들 수 있다. 이와 함께 커뮤니케이션능력과 문화교류의 능력을 포함한 사회적 능력은 일과 직장의 공동생활을 위해 가장 기본적인 능력으로 꼽히고 있다. 여기에 추가적으로 디지털 커뮤니케이션능력도 필요하다. 디지털미디어는 주로 문서화되어 있고 간결한 표현방식으로 작성되어있어 사회적 행동을 어렵게 만들 수도 있기 때문이다. 직무가 점점 국제적 차원으로 이루어지는 현실에서, 영상회의 때 커뮤니케이션을 조정하는 능력도 중요하다.

사회적 능력과 함께 오늘날에는 직장인들에게 문제해결능력이나 성찰능력도 중요한 직무능력으로 간주되고 있다. 이것은 미디어 커뮤니케이션에 대한 확장능력으로서 업무와 관련해 지속적으로 발생하는 새로운 도전에 대응하고, 발전을 위한 잠재성과 문제점을 스스로 평가하고 해결해나가는 능력을 말한다. 또한 비평적 거리를 두기 위해 의식적인 속도조절과 일을 중단할 줄 아는 능력도 중요하다. "배우는 방법을 학습하는 것"(Roth-Ebner, 2013)을 말하는 것이다.

(2) 평생교육, 공교육, 학부모교육과의 연결

디지털사회의 성인교육을 위한 토대로서 어린이와 청소년에 대한 미디어교육을 그 시작으로 보는 관점도 있다. 어린이와 청소년들의 미디어사용은 그들이 속한 사회적 계층에 따라 영향을 받게 된다(Schachtner, 20010). 이에 대해서는 무엇보다 "Digital Divide"의 간극을 좁힐 수 있는 정책적 조치가 요구된다. 그러나 이미 주어진 획일적인 교육방식의 틀 안에서, 앞서 언급한 여러 능력을 훈련하기에는 이 능력들은 너무나 복합적이고 포괄적이다. 성장하는 사람들로 하여금 현대의 미디어화된 직업세계에서 책임감 있고 성찰적인 행동을 할 수 있는 토대를 마련해주기 위해, 유치원에서 성인교육에 이르기까지 다양한 조처가 필요한 것이다(Gruber, 2001).

무엇보다도 미디어윤리와 미디어능력을 촉진하기 위한 강력한 교육적 기획이 공교육의 교육과정에 정착되어야 하고, 미디어교육학의 관점에 기반을 둔 여가시간 활동, 교사교육, 학부모교육이 더욱 강화되어야 할 것이다. 성인을 위한 직업교육에서는 단순히 융통성, 이용성, 성과 창출 등을 위한 능력개발의 차원이 아니라 직업세계에서 유용하며 이상적인 능력의 근거를 찾고, 잠재적 문제점을 알아낼 수 있는 경제적 지원이 이루어져야 할 것이다.

4. 노년층과 디지털미디어

1) 노년층의 디지털미디어 활용과 능동적 미디어작업

(1) 인터넷과 디지털미디어의 유용성

디지털미디어와 인터넷은 노년층 사람들에게도 매우 중요한 삶의 환경이 되고 있다. 인터넷이 노년층에 유용할 수 있는 요인들과 디지털미디어를 활용한 노년층 미디어교육의 의미는 〈표 7-1〉과 같다.

〈표 7-1〉 노년층을 위한 인터넷과 디지털미디어의 유용성

인터넷이 노년층에 유용할 수 있는 요인들	디지털미디어를 활용한 노년층 미디어교육의 의미
• 가족과의 긴밀한 관계 유지	• 사회적 통합
• 타인과의 접촉 활성화	• 정치적 참여
• 젊은 세대와의 교감 활성화	• 새로운 교육 및 학습
• 취미생활의 풍요화	• 여가선용 및 오락
• 일상생활에서의 실질적인 활용	• 쇼핑 및 실생활 과제 이행
(예: 홈뱅킹, 홈쇼핑 등)	• PC 및 SNS의 인터넷능력 촉진 및 시작에
• 공공생활의 참여	대한 동기부여 (초기 투자)
(예: 시민정보, 시민참여 등)	• 기술에 대한 신뢰 형성
• 정보수집	• 커뮤니케이션 문화에 대한 이해

(Schweiger, 2004; Kübler, 2010)

(2) 디지털미디어를 활용한 능동적 미디어작업과 교육방법

미디어교육학 연구에서는 학습자 중심의 프로젝트 교육을 통한 행동지향 미디어활용과 작업을 발전시키는 것에 의미를 두고 있다. 이것은 "현실에 대한 자율적 적응 및 자율적 결정과 능동적 발전"(Schell, 2003)으로써, 행동지향 미디어작업은 노년층에게도 신

뢰할 수 있는 경험이 된다. 예를 들어, "생애의 구성"과 같이 인생과 관련된 프로젝트는 노년층 사람들에게 미디어에 대한 지식이나 개인적 습관, 가치관, 선호도 등을 전달할 수 있는 밑받침이 된다. 그러나 노년층에 속한 사람들은 각각의 성향이 너무나 이질적이므로 이들을 위한 세부적 행동 지침을 표준화한다는 것은 매우 어렵다. 그럼에도 불구하고 디지털미디어와 함께하는 노년층의 능동적 미디어작업은 큰 의미가 있으며, 이 교육을 효율적으로 이끌어낼 수 있는 교육방법은 다음과 같다(Hartung, 2009).

① 디지털 기술을 활용한 자신의 문화와 삶의 역사 만들기 – "Digital Storytelling"

구술 방법을 통한 전통적인 역사 서술을 첨단의 미디어기술과 연결하는 "Digital Storytelling"의 방법이다. 노년기에 접어든 사람들은 일상적 삶에 필요한 능력뿐 아니라 젊은 사람들에 비해 상대적으로 특별한 경험과 숙련도, 그리고 자신만의 스타일을 더 많이 가지고 있다. 이들은 자신들 삶의 의미나 선호하는 바를 미디어를 활용하여 실제 문화로 연결할 수 있다. 예를 들어, 자기 삶에 대한 성찰과 추억을 디지털사진을 활용하여 창의적인 개인작업으로 만드는 것이다. 가족구성원, 친지들과 함께 인터넷에서의 교류도 일상화할 수 있다. 방법적으로는 이런 것이 "Digital Storytelling"이 된다.

② 자기성찰과 자기표현을 위한 기관이나 공간과 디지털미디어
– "연령대의 구조 변화"

삶의 특성이 이미 굳어졌고 일상 습관도 관습적으로 되어버린 나이 많은 사람들이라고 해서 결코 사회화나 교육과의 관계가 단절된 것은 아니다. 삶의 방향성을 찾기 위한 인생의 과정은 늘 지속되기 때문이다. 이것은 개개인의 삶이 매우 다양해졌고 전통적으로 인식되던 각 연령대의 특성도 변화하고 있는 "연령대의 구조 변화"와도 관계가 있다. 이렇게 변화하는 인간 삶의 흐름에서 디지털미디어는 각자의 삶에 의미가 있을 수 있는 주제를 실제 행동으로 구현해볼 여러 가능성을 제공해주고, 자율적으로 세상 속에 자신을 연결하는 방법도 배우게 한다.

노년층 사람들은 디지털미디어 활용교육을 통해 자신의 주관적 관점을 피력하고, 이러한 방식으로 노년층에 대한 사회적 논의나 대화에 참여할 수도 있다. 이로 인해 갖게 된 신뢰감, 경험, 진가, 그리고 자신의 관심분야를 공공의 장에 전달하게 된다. 짧은 동영상이나 영상물을 제작해보며 기존의 노년층이 쉽게 이야기하기 어려웠던 주제뿐만 아니라, 이 연령대의 일반적 가치관과는 대치되는 내용들, 예를 들어 성소수자, 욕망과 소망, 자신의 정서 등을 소개할 수도 있다. 이 연령층 사람들을 지배하는 문화나 사회정치적 관점을 논하는 장으로서 디지털미디어를 적극적으로 활용하기도 하고, 고통스럽고 부정적인 경험에 대해 새로운 인식을 갖도록 힘을 실어줄 내용을 전달해줄 수도 있다.

③ 온라인 미디어 공간 속의 만남, 교류, 참여

노년층 사람들에게 온라인상의 미디어 활동을 통한 사회적 연결은 중요한 가치를 갖는다. 세상에서 일어나는 일에 관한 정보를 얻어 가족, 친지들과 이야기를 나누거나 사회적 흐름에 참여하는 데 있어 이러한 미디어 활동은 좋은 성찰의 계기가 되기 때문이다. 미디어를 통해 접하게 되는 내용은 대화 소재를 제공하고 사회적 만남의 동기와 장이 된다. 디지털 커뮤니케이션 기술이 발전하고 사회적으로 이것이 크게 확산됨으로써, 우리의 삶은 네트 속에서 디지털화되고 있다. 이것은 결국 노년층에서도 삶과 행동의 장이 확장된다는 것을 의미한다. 노년층을 위한 디지털미디어교육이란 이들에게 단순히 기술적 능력만을 전수하는 것이 아니다. 보다 결정적인 것은, 노년층 사람들이 자신의 내면을 표출할 수 있도록 풍부한 표현력을 키워주고, 적극적이고 능동적으로 사회적 커뮤니케이션에 참여할 능력을 키울 수 있도록 하는 것이다. 이러한 맥락에서 온라인상의 동호회 같은 것도 의미가 있는데, 이러한 모임에서는 노년층 사람들이 서로 의견을 교환하고 이해력을 도와줄 가능성도 제공해주기 때문이다.

④ 세대가 함께하는 미디어문화, 미디어 프로젝트

노년층 사람들과 젊은 세대가 공동으로 진행하는 미디어 프로젝트는 노년층뿐 아니라 젊은 사람들에게도 교육적 효과가 크다. "젊은 사람들과 노년층 사람들이 함께 제작하는 영화 만들기"(Schmolling, 2009)와 같은 것이다. 이러한 작업에서 어려운 점은 미디어 테크닉에 능숙한 젊은이들이 미디어 사용능력이 뒤처지는 노년층 사람들과 함께 작업하면서, 이들이 첫걸음을 떼도록 새롭게 학습할 기회를 주는 것이다. 중요한 점은 두 세대 간의 불균형한 학습 상태를 고려하면서, 서로의 의견을 활성적으로 교환하고 공평하고 통합적인 표현을 구성해나가는 것이다. 그러나 노년층 사람들이 중시하는 자기 삶의 역사가 젊은 층과 내적으로 어떠한 연결도 없다는 점이 학습주제의 결정에 어려움을 줄 수 있다. 여기에서 교육학적 판단이 필요하다. 노년층 사람들이 극복해야 할 부족함은 반드시 기술적 무능력에만 놓여있는 것이 아니다. 오히려 프로젝트 진행에 있어 세대 간의 상이한 관심사와 상이한 삶의 배경 때문에 발생할 수 있는 여러 문제들을 노년층 사람들이 객관적으로 판단할 수 있도록 이끌어주는 것에 더 많은 교육적 주안점을 두어야 한다.

2) 어린이와 함께하는 노년층의 디지털미디어교육

이제는 연령이 높은 사람들이 자신보다 어린 사람들에게 컴퓨터를 배우는 것이 흔한 경우가 되었다. 이는 "Digital Divide" 현상의 결과로도 볼 수 있는데, 노년층 사람들은 디지털미디어에 대해 접근을 꺼리는 경향이 있기 때문이다. 여기에는 노년층 사람들의 기술적 친밀도, 인터넷 사용에 대한 주변의 권장과 일반적 시각, 교육수준과 수입의 정도도 중요 변인이 될 수 있다(Schelling & Seifert, 2010). 따라서 앞의 항에서 언급한 "세대가 함께하는 미디어문화, 미디어 프로젝트"는 노년층을 위한 디지털미디어교육의 좋은 방법이 될 수 있다.

(1) 프로젝트 사례와 연구내용

노년층 사람들의 디지털미디어나 인터넷 사용에 대한 사회적 수요에 부응하여, 전통적인 교육 상황을 바꾸어 어린이가 어른들을 가르치는 디지털미디어 프로젝트가 실시되었다(Gener, 2013). 이 연구에서는 세대 간의 대화를 통해 컴퓨터학습과 데이터 활용교육이 이루어졌고, 특히 뉴미디어가 세대 간의 관계를 어떻게 변화시키는지를 파악하고자 하였다. 이 연구에는 총 130명의 어린이, 130명의 노년층 사람들, 25명의 팀 지도자와 10명의 학부모가 참여하였다. 노년층에서는 여성 참가자가 남성 참가자보다 두드러지게 많았다. 어린이들의 평균 연령은 10세, 노년층은 70세, 팀 지도자들은 40세였다. 노년층, 팀 지도자들, 학부모 이 세 집단은 자신들의 어린 시절에 각기 다른 미디어로부터 많은 영향을 받으며 자란 사람들이었다.

디지털미디어와 함께하는 이 '뒤바뀐 학습상황' 프로젝트는 새로운 교육 형태가 될 수도 있지만, 이 연구에서도 전통적인 학습방법이 더 많이 활용되었다. 이 프로젝트에 참여한 어린이들은 디지털미디어에 대한 선입견 없이 이 작업에 임했으나, 중간세대인 팀 지도자들로부터 미디어의 기술적 능력, 노년층에 대한 태도, 그리고 교수법과 같은 것을 많이 학습했기 때문이다. 연구의 실험에 앞서 각 세대에게 의미 있는 미디어, 그리고 이 프로젝트에 참여하게 된 동기를 조사한 결과는 〈표 7-2〉와 〈표 7-3〉과 같다.

〈표 7-2〉 연령별 집단에게 의미 있는 미디어

노년층	팀 지도자들과 학부모
과거 : 책, LP판, 신문, 라디오, 녹음기, 텔레비전	과거 : 책, 텔레비전, 카세트테이프, LP판, CD, 잡지, 라디오
현재 : 신문, 텔레비전, 라디오, 책, 휴대전화(또는 스마트폰), CD	현재 : 인터넷, 휴대전화(또는 스마트폰), 신문, 텔레비전, 책

〈표 7-3〉 세대별 프로젝트 참여 동기

어린이	노년층	학부모
• 컴퓨터와 인터넷에 대해 더 많이 배울 수 있다. (74%) • 나이 드신 분들에게 무엇인가 가르쳐드릴 수 있다. (65%) • 의미 있는 프로젝트에 참여하고 싶었다. (40%) • 나이 드신 분을 만나는 것이 즐거웠다. (37%) • 다른 어린이들을 만나는 것이 즐거웠다. (16%)	• 컴퓨터 지식을 향상하고 싶었다. (79%) • 사회적 연결을 잃고 싶지 않았다. (55%) • 세대 간의 대화를 원했다. (46%) • 어린이들에 대해 알고 싶었다. (12%) • 같은 연령대의 다른 사람들을 만나고 싶었다. (7%)	• 컴퓨터에 대한 기술적 지식을 더 얻고 싶었다. (80%) • PC 환경에 대한 책임의식을 갖고자 하였다. (70%) • 세대 간의 대화를 원하였다. (50%) • 가르치는 방법을 배우고자 하였다. (30%) • 자율적으로 컴퓨터를 활용하고자 하였다. (10%) • 강화된 자아의식을 갖고자 하였다. (10%)

(2) 연구의 의미와 연구결과

① 전반적 의미

세대 간의 대화에 가장 중요한 의미가 놓여있었던 이 연구는 여러 가지 뜻깊은 결과를 보여주었는데, 무엇보다 노년층 사람들과 어린이들이 상대 세대에 대한 인식과 정서가 많이 좋아진 것을 들 수 있다. 노년층 사람들과 팀 지도자들에게 가장 중요한 덕목은 참여 어린이들에 대한 인내심이었다. 어린이들은 결과적으로 팀 지도자, 부모, 그리고 노년층 사람들의 이야기를 따름으로써 연구과정을 통해 사회적 능력과 자기 신뢰감을 얻게 되었다. 60%의 어린이들은 이 프로젝트 진행 후, 나이 든 사람들에 대한 생각이 긍정적으로 변했다고 응답하였다. 과반수 이상의 노년층 사람들도 요즘 어린이들에 대한 관점이 긍정적으로 변화되었다고 하였다. 이 프로젝트에 대해 가졌던 기대치가 노년층에게는 97%, 어린이들의 98%가 채워졌다고 응답하였다.

특히 어린이들은 이러한 학습상황을 일차원적으로 간주하지 않고, 자신만의 학습성취로 느끼기도 하였다. 또한 성인들이 하는 것과 다르게 어린이들은 '복잡하지 않게' 설명을 함으로써 노년층 사람들에게 용기를 주기도 하였다. 노년층 사람들은 "어린이들이 할 수 있다면 나도 할 수 있다"는 생각을 가지게 되었다.

② 노년층과 팀 지도자

평생교육과 관련한 다른 연구들에서와 마찬가지로, 노년층 사람들은 학습속도에 있어 개인차가 매우 컸다. 여성 참가자가 남성 참가자보다 더 많았으며, 65세 이상의 연령집단에서는 남성이 컴퓨터와 인터넷을 훨씬 더 많이 사용하고 있었다.

노년층 사람들은 예외 없이, 어린이들이 자신들에게 무엇인가를 가르쳤다는 것에 대해 긍정적인 생각을 나타냈다.

"내가 어린이에게 같은 질문을 편히 할 수 있었다는 것이 아주 좋았습니다. 나는 컴퓨터로 무엇인가를 해본 적이 없었기 때문에 긴장을 했었지요. 그런데 어린 친구가 참을성이 있었고, 모든 것을 잘 기록해주는 것이 참 좋았어요. 나는 스트레스 없이 두 번, 세 번 질문을 할 수 있었습니다."

프로젝트의 중요한 초점이 주로 '어린이와 나이든 사람들 간의 인간관계'에 놓여있던 이 연구에서는 팀 지도자들의 역할이 중요하였다. 팀 지도자들은 프로젝트 참가자를 모집하고 연구진행 과정을 구성하는 능력에서부터 컴퓨터나 교육학적 지식이 필요했을 뿐아니라, 그룹 내에서 동기부여가 잘 되지 않는 노년층 사람들에 대한 섬세한 감각도 필요했다. 또한 경비문제를 조절하고 프로젝트의 진행속도를 잘 통제할 수 있어야 했으며,

전반적으로는 컴퓨터를 전혀 사용하지 않던 세대에게 늘 힘을 주고 실력이 향상되도록 신경을 써야 했다.

③ 어린이

어린이들은 나이가 많은 어른들에게 컴퓨터 지식을 가르친다는 구체적이고 현실적인 단기적 교육목표 외에도, 추가적으로 또 다른 교육효과와 학습성과도 얻게 되었다. 많은 어린이들은 인내심을 배웠고, 컴퓨터를 가르칠 때 손을 사용하지 않고 언어로 잘 설명하는 방법도 습득하였다. 어린이들은 노년층 사람들로부터 컴퓨터가 없던 시절의 이야기를 들었고, 과거 이들이 여가 시간에 무엇을 했었는지도 들었다. 어린이들은 노년층 사람들의 질문과 학습과정을 꼼꼼히 기록하기도 하였다. 어린이들은 이 '뒤바뀐' 교육의 경험에 대해 다음과 같은 의견을 표하였다.

• "저는 뭔가를 배우면서도 다른 사람을 가르칠 수 있었다는 게 멋졌어요. 우리는 언제나 스스로 뭔가를 배우기만 하는 것이 아니고, 다른 사람들에게도 어떻게 하는지를 보여줄 수 있어요."
• "저는 선생님이 어떻게 하는지 느껴보는 것이 흥미로웠어요."
• "아주 좋은 경험이었구요, 가끔 노인분들이 컴퓨터가 아닌 다른 것에 대해 무엇을 생각하시는지도 알게 되었어요."

이 프로젝트에 참가한 어린이들은 "Digital Natives"(Schmeider 외, 2013) 집단, 즉 디지털미디어와 함께 성장한 집단에 속한다. 그럼에도 불구하고 어린이들은 노년층 사람들을 가르치기 위해 미리 "office-programm" 등과 같은 많은 영역의 컴퓨터 프로그램을 배워야 했다. 이 프로젝트에 참가한 어린이들이 가장 좋아하는 여가활동은 그러나 결코 디지털미디어에만 국한되어있지는 않았고, 놀이, 수영, 축구와 같은 것이 해당되었다. 세대 간의 대화가 중심이 되는 이 연구에서는 노년층뿐 아니라 어린이들도 상대 세대에 대한 인식과 정서가 상당히 긍정적으로 변한 것이 뜻 깊은 연구결과로 남았다.

④ 여러 세대가 함께하는 프로젝트 미디어교육에서의 뉴미디어

어린이나 노년층에게 있어 프로젝트 참여의 주된 동기는 컴퓨터를 가르치고 배우는 것이었다. 그러나 양쪽 모두 세대 간의 공감에 대해 더 큰 배움을 얻게 되었다. 뉴미디어는 세대 간의 대화를 실천하는 데 매우 적절한 매체임을 보여준 것이었다. 예를 들어, 스위스의 온라인 플랫폼 "intergeneration.ch"는 이 프로젝트 참가자들이 가장 많이 방문한 사이트였다. 그렇다고 해서 이 프로젝트가 "뉴미디어는 세대 간의 새로운 관계 개선에 적합한가?"와 같은 질문에 대해 일괄적으로 적용할 수 있는 답을 주는 것은 아니다. 세대 간의 관계에는 다양한 요소가 영향을 미치는데, 예를 들어 수입의 분배, 건강, 종교, 정치적 관점, 문화적 활동 등에 따라 영향을 받게 되기 때문이다.

3) 청년층과 함께하는 노년층의 디지털미디어교육

(1) "시각적 자율학습그룹" 프로젝트와 교육의 진행

새로운 정보와 커뮤니케이션 기술을 노년층을 위한 평생교육 프로그램에 적극 활용하기 위한 방안으로서, 노년층을 위한 디지털미디어활용 프로젝트가 실시되었다. 독일 울름 대학(Ulm-Universität)의 평생교육학과에서는 새로운 기술에 대한 통합 교육에 흥미를 갖는 노년층을 대상으로 "시각적 자율학습그룹 프로젝트"(Gast, 2002)를 실시하였다. 이 연구는 다음과 같은 방식으로 진행되었다.

① 공개토론회

이 프로젝트 진행의 첫 부분은 독일 여러 도시에서 온 참석자들이 모두 함께 모여 공개토론을 갖는 것이었다. "개인이나 가족은 두 개의 고향을 가질 수 있다. 그 하나는 자신이 태어난 곳, 다른 하나는 스스로 만들어 가는 곳"이라는 문장을 주제로 하여 의견을 교환하는 토론시간이었다. 참석자 중 한 사람이 "고향과 이방인"을 주제로 모임을 이끌었다. "집에 있다는 것", "이방인이 된다는 것", "세계화" 등에 대해 많은 의견들이 모아졌다. 참석자들은 다시 두 그룹으로 나뉘어 좀 더 세분화된 주제들에 대해 토론을 했다. 함께 내용을 정리하는 공동작업을 "시각적 두뇌의 흐름"이라 명하고, 다음번 토론을 약속하였다.

② 컴퓨터 기술교육

이 프로젝트의 중점은 컴퓨터 기술교육을 통한 노년층과 청년층의 만남, 그리고 세대 간의 공감대 형성에 놓여있었다. 젊은 대학생들은 자신에게는 그리 힘들지 않은 컴퓨터의 기본 기술을 노년층에게 지도하면서 서로 많은 의견도 교환할 수 있었다. 첫 토론회 이후 오프라인상의 직접 만남을 통한 토론회는 큰 의미를 잃어갔고, 오히려 이메일이나 채팅이 참석자들 사이에 활성화되었다. 기본적인 컴퓨터기술 교육을 통해 참석자들은 이메일 보내고 받기, 파일 첨부하기, 워드파일 작성, 파일을 저장하고 여러 색으로 만들어 보내기, 인터넷 토론을 위한 텍스트 복사와 삽입하기를 배웠다. 그 후 참석자들은 온라인저널 "학습카페"를 개설하고, 거기에 자신들의 토론내용과 정리된 결과들을 발표하였다. 매주 수요일마다 채팅을 통해 공동 토론을 하기도 했다.

③ 채팅을 통한 토론

많은 참가자들에게는 채팅이 매우 놀라운 경험이었고, 동시에 부정적인 반응을 보이기도 하였다. 예를 들어, 채팅을 통해 생면부지의 사람들에게 가벼운 취급을 당했던 기억이 있는 사람들은 채팅이 시간낭비이며 새로운 커뮤니케이션 형태도 아니라고 생각하였다. 그러나 실제 모임에서 알게 된 사람들끼리 실명을 공개하고 의견을 교환하면서, 타인에 대한 호기심과 삶의 즐거움을 느끼게 된 경우도 많았다. 이들은 먼저 한 사람이 글을 쓰고 그것을 다음 사람에게 보내면 두 번째 사람은 다른 색의 글씨로 그에 대한 의견을 쓰고, 또 다음 사람은 다른 색의 글씨로 의견을 계속 써서, 이를 모아 다시 정리하였다. 이 교육과정을 통해 얻게 된 실질적 학습내용과 의견, 토론 결과 등은 모두 "학습카페"에 소개되고 저장되었다.

(2) 연구결과

참석자들은 이 공동 학습과정을 통해 컴퓨터의 다양한 기술적 방법이나 시각적 학습 집단을 활성화하는 데 대해 모두 높은 동기를 부여받게 되었다. 이들은 기존에 가지고 있던 기술적 능력을 활용하는 것이 아니라 대부분 처음으로 컴퓨터 다루는 법을 배우게 되었으며, 또 취약한 부분에 대해 서로를 지원해주고 함께 기술적 능력을 키워나갔다. 이들은 이메일, 공개토론, 채팅, 홈페이지 등과 같은 방법들 중 선호하는 커뮤니케이션

방법을 통해, 앞으로의 지속적 발전을 위한 방안을 집중적으로 의논하였다. 이 자율적 조직과 조정을 통한 공동 학습과정이 보여준 성공적인 교육결과는 다음과 같다.

- 공동의 흥미와 목표를 위한 적극적 발전
- 학습 프로젝트 주제에 대한 연합적인 컴퓨터 사용과 적극적 개발
- 책임감 조정능력
- 기술적 문제에 대한 상호적이고 단결적인 지원
- 개인적 관심사의 상호적 촉진과 개인 문제에 대한 의견 교환과 지원
- 그룹 내의 공동작업과 진행과정에 대한 성찰
- '공동학습'이라는 프로젝트 성격에 대한 성찰

이 교육 프로젝트의 중요 요인은 전문적인 교육기획에 놓여있었다. 표면적으로는 학습 참석자들의 자율적 조정에 의해 교육의 많은 부분이 진행되었지만 그 이면에는 이 학습집단의 작업이 전문가에 의한 지도를 통해 전체적인 진행이 이루어졌다는 점이다. 이는 대학의 평생교육학과와 같은 전문 교육기관의 지원이 큰 의미가 있다는 것을 뜻한다. 전문적 지도에는 다음과 같은 사항이 해당된다.

- 공개토론의 사회 보기와 참석자들 간의 갈등 조정
- 이메일, 토론회, 채팅 등의 커뮤니케이션을 위한 기술적 기반과 인터넷 공간 제공
- 기술적 지원을 포함한 개개인 문제에 대한 조언
- 오프라인상의 실질적 만남의 주선

연구의 참석자들은 1차 교육이 끝난 후에도 '함께 남기'를 원했으며, 지속적인 작업을 위해 시간을 조절하기도 하였다. 이 교육이 알려지면서 평생교육에 관심이 많은 시니어들의 문의가 잇따랐으며, 스스로 터득한 기술적 능력을 써볼 수 있는 활용의 장을 원하기도 하였다. 무엇보다 이러한 자율적 학습은 큰 비용이 들지 않는 데에 그 장점이 있다. 비슷한 관심사를 가진 사람들이나 가까운 지역에 사는 사람들이 네트상에서 함께 모이게 되고, 스스로 선택한 주제에 대해 함께 토론하고 정보를 찾으며 조절해나가게 되었다. 이러한 디지털미디어교육과 네트화를 위해 대학교 측에서는 더욱 적극적으로 재정 지원자들을 찾게 되었다.

제3부.

미디어교수법과
교육문화콘텐츠 개발
- 스마트미디어와 교육공학적 접근

미디어 교육학의 학문적 개념과 내용을 구체적이고 현실적으로 적용할 수 있는 교육의 방법이 필요하다. 제1부와 제2부가 인간을 중심으로 한 문화비평적 미디어교육에 관한 것이었다면, 제3부에서는 미디어와 관련한 사회문화 현상을 교육의 실제로 연결하는 미디어교수법을 다루게 된다.

가르치는 방법, 교수법을 연구함에 있어서는 사실 어떠한 이론적, 기술적 능력에 앞서 자연스러운 인간의 내면을 생각해볼 필요가 있다. 모든 성인 안에는 한 사람의 어린이와 한 사람의 청소년이 살고 있고, 어린이와 청소년들을 교육할 때 자신의 어린 시절의 감정과 생각을 돌아보는 것은 참으로 좋은 교육방법이 될 수 있다. "청소년들이 문제를 안고 있을 때, 청소년들을 가르치는 모든 성인은 자기만의 '그 시절'을 떠올리며 그들의 문제를 보는 시각을 '안다'. 스스로 삶의 어려움을 겪어본 사람이라면 어린 사람들의 마음을 이해할 수 있다"(Baacke, 1994). 이 내용은 계몽시대의 교육학자 루소("Emil", Rousseau, 1762 in Baacke, 1994)의 사상과, 괴테의 청소년교육 이론에 근거를 둔 것이다. 괴테는 성장에 대한 총체적인 형상과 의미를 어린 시절의 일상적 모습과 생각에서 그 근원을 찾았다. "어린 시절을 생각한다는 것은 내 책상 맨 밑 서랍 속의 '황금상자' 안을 들여다보는 것이다"("Wilhelm Meisters Lehrjahre", Goethes, 1795 in Baacke, 1994).

이러한 계몽시대의 사고는 현대의 "미디어교수법"으로 발전하였다. 미디어교수법은 기술적 미디어의 특성이나 교육적 잠재성뿐 아니라, 특정한 주제, 학습대상자, 교육기관을 위한 미디어활용 교육문화콘텐츠 개발을 연구하는 분야이다. 이를 지도할 수 있는 전문가 교육과 교육행정 연구도 이 분야의 중요한 연구주제이다. 오늘날에는 특히 디지털미디어, 스마트기기에 대한 합리적이고 체계적인 연구가 필요하다. 미디어교수법은 그 내용에 있어 교육공학과 합치되는 연구영역이라고 할 수 있다.

8장.
미디어의 특징과 교육적 잠재성

1. 미디어의 개념과 교육적 특징

1) 미디어의 개념과 미디어교육학에서의 미디어 개념

미디어와 관련되는 모든 교육적 행동을 이해하기 위해서는 먼저 '미디어', '매체'에 대한 개념을 정리할 필요가 있다. 미디어란 정보에 대한 전달이나 연결을 하는 사람 또는 사물을 이야기한다(Faulstich, 1995). 미디어의 개념을 살펴보면 다음과 같다(Duden, 1996).

- 사고를 표현하기 위해 전달하는 요소, 예를 들어 언어 또는 음악
- 의견, 정보, 문화적 자산의 전달을 위한 설비 또는 조직적이고 기술적인 기기
- 정보의 전달과 교육에 기여하는 수업 보조도구, 예를 들어 책, 컴퓨터
- 특정한 물리적, 화학적 과정의 운반자 및 음파를 전파시키는 매체로써의 공기
- 초자연적인 분야를 연결하는 데 특별한 능력을 가진 것으로 보이는 사람
- 자신의 정신적, 육체적 상태를 바탕으로 실험을 실시하도록 하는 사람, 예를 들어 최면술이나 의약품 실험을 위한 것

미디어교육학에서는 미디어의 개념을 뚜렷한 목표하에서 기술적으로 전달되는 경험의 형태로 한정 짓고 있다. 이는 미디어의 개념을 기술적으로 전달된 경험과 내용으로 파악하며, 이를 연구하고 학문적으로 정리하고자 하는 특수한 행동양식을 내포한다는 의미이다(Tulodziecki & Herzig, 2004b). 미디어란 정보전달이나 연결을 하는 사람 또는 사물로서, 미디어는 크게 인간적 미디어(교사, 부모 등)와 기술적 미디어로 분류할 수 있

다. 이 중 미디어교육학에서 간주하는 미디어의 개념은 주로 기술적 미디어를 의미한다. 이를 정리하면, **미디어교육학에서 의미하는 미디어란 "커뮤니케이션의 맥락에서 기술적인 지원을 받아 전송되고, 저장되고, 재생되고, 정리되거나 작업되고, 그리고 모사적, 상징적 형태로 표현이 되는 잠재적 부호(신호)를 통한 전달 매개체(전달체)", 즉 기술적 미디어**(Tulodziecki 외, 2004b)로 간주한다.

2) 미디어의 교육적 가능성

미디어가 교수자와 학습자에게 제공하는 여러 교육적 가능성을 정리하면 다음과 같다 (Hagemann & Tulodziecki, 1978).

- 미디어는 우리에게 초소형이나 초대형 영역에서 이루어지는 형상화의 과정이나 실태를 눈으로 볼 수 있도록 하고, 그것을 처음 볼 수 있는 기회를 주기도 한다.
- 미디어는 직접경험을 하지 못할 때 간접적으로 전달된 경험을 할 수 있도록 한다.
- 미디어는 직접적인 인간적 만남을 대신한 사회적 교환형태를 가능하게 해준다.
- 미디어는 학습내용의 다양한 표현형태를 보여주기 위해 활용될 수 있다.
- 개개의 교육과정 단계에서 미디어를 활용하여 미디어와 교수기능을 나눌 수 있다.
- 미디어는 융통성 있고 효율적인 교수학습 과정을 가능하게 한다.
- 큰 규모의 학생집단을 대상으로 한 교육에서는 교육프로그램을 비교하며 사용함으로써 멀티플 교육효과를 거둘 수 있다.
- 미디어는 교수학습 과정의 전달자 및 하나의 기관으로만 기능을 갖는 것이 아니라, 미디어 그 자체가 분석과 평가의 대상이 될 수 있으며, 또 그렇게 되어야 한다.
- 교수자나 학습자의 입장 모두에서 자신만의 프로그램 제작이나 개발을 위해 미디어를 사용할 수 있고, 또 그렇게 사용하여야 한다.

3) 미디어 분류법과 교육과 관련한 미디어의 특징

학습상황에서 미디어와 미디어 프로그램의 사용이 증가함에 따라 이미 1950년대부터 학습에서의 미디어와 그 의미를 파악하게 되었고, 각각의 특성에 따른 분류가 시작되었다. 이를 "미디어분류법"("미디어분류학"–"Medientaxonomien", Tulodziecki, 1994)이라고 한다. 미디어분류법은 교수학습 과정에서 사용될 미디어를 원활하게 결정하기 위해 미디어를 특정한 기준에 따라 정리한 것이다. 미디어분류법에는 크게 두 가지의 정리 기준이 있다. 첫 번째 기준은 '학습과 관련되는 미디어의 특성'에 따라 미디어를 정리하는 것으로, 예를 들어 표현형식이나 감각양식에 따른 정리(Dale, 1954)와 같은 것이다. 두 번째 기준은 '수업의 범주'에 따라 미디어를 정리하는 것으로, 예를 들어 수업의 기능적 측면이나 수업의 목표를 고려한 것이다(Gagné, 1969; Allen, 1967).

〈표 8-1〉, 〈표 8-2〉의 미디어분류법에서는 구체적 학습목표나 학습내용, 학습의 전제조건, 방법적 도입 방안, 구체적 미디어 프로그램의 다양한 미디어 표현들과 같은 것이 간과되어있다. 또한 실증적 방법에 대한 조처도 결여되어있다(Hagemann & Tulodziecki, 1978). 이러한 취약점에도 불구하고 미디어분류법은 학습 및 수업과 관계되는 초기 사고에서 필수적으로 인식해야 할 미디어의 특징을 파악하는 토대를 제공해 주었다. 교육에 적용할 수 있는 다양한 유형의 미디어의 특성을 〈표 8-3〉과 같이 정리할 수 있다.

〈표 8-1〉 수업의 기능에 따른 미디어분류법

미디어 기능	사물의 실연	구두적 커뮤니케이션	인쇄매체	정적인 형상	동영상	영화(음향)	교수 기기
자극의 제시	+	△	△	+	+	+	+
집중력과 다른 활동의 조정	−	+	+	−	−	+	+
기대되는 성과 모델의 준비	△	+	+	△	△	+	+
외부적 도움	△	+	+	−	−	+	+
사고의 축적	−	+	+	−	−	+	+
이동의 유도	△	+	△	△	△	△	△
결과의 점검	−	+	+	−	−	+	+
응답의 전달	△	+	+	−	△	+	+

+ = 그렇다, − = 그렇지 않다, △ = 제한적이다   (Gagné, 1969)

〈표 8-2〉 특정한 수업 과제의 적합성에 따른 미디어분류법

미디어 학습목표	그림(형상)	영화	텔레비전	3D-Object	녹음기	프로그램 교수	시연	서적
사실 인지에 대한 학습	△	△	△	−	△	△	−	△
시각적 정보에 대한 학습	+	+	△	+	−	△	−	−
원리 · 개념 · 규칙에 대한 학습	△	+	+	−	−	△	−	−
방식의 인지에 대한 학습	△	+	△	−	△	+	+	△
운동적 기능에 대한 학습	−	△	−	−	−	−	△	−
관점 · 의견 · 동기의 발달	−	△	△	−	△	△	△	△

+ = 그렇다, − = 그렇지 않다, △ = 제한적이다   (Allen, 1967)

〈표 8-3〉 다양한 유형의 미디어가 갖는 특성

미디어 종류	인쇄미디어	시각(영상)미디어	청각미디어	영화, 비디오, 텔레비전영화 (영상)	컴퓨터 기반의 미디어
부호 양식	상징적-구두적	모사적-실사묘사; 모사적-도형적	모사적-실사묘사; 모사적-특징묘사; 상징적-구두적; 상징적-비구두적	모사적-실사묘사; 모사적-도형적; 상징적-구두적; 상징적-비구두적	모사적-실사묘사; 모사적-특징적 묘사; 상징적-구두적; 상징적-비구두적
감각 양식	시각적-정적 (정역학적)	시각적-정적 (정역학적)	청각적	시청각적 (시각-동적)	시청각적 (시각-정적; 시각-동적)
표현 형태	문서적 텍스트	실사적 표현, 그래픽적 표현, 구두적ㆍ비구두적 상징들	녹음된 원음, 음향효과를 이용한 모조음, 이야기하는 텍스트, 비구두적 상징들	실사적 필름(영화), 만화, 애니메이션, 구두적ㆍ비구두적 시각효과 상징들, 음향미디어를 사용한 청각적 구성ㆍ합성	문서적, 시각(영상)적, 음향적 미디어와 필름을 개별적 또는 조합적으로 사용한 모든 표현형태
진행 구조	직선적-정지 상태	개별적-정지 상태	순차적-흐름적, 스쳐 지나감	순차적-흐름적, 스쳐 지나감	개개의 조합은 개별적 또는 직선적; 응답ㆍ반응; 적응; 전달적; 커뮤니케니션
표현 기술/ 구성 기술	표시하기, 밑줄 긋기, 각주, 인쇄술(활자체, 활자 크기, 활자 굵기, 활자 위치, 대소문자), 색깔, 배열(줄간격, 줄길이, 줄정논, 칸 떼기), 명암 등	모사적(구성적)영상; 카메라의 위치 (피사체의 크기), 시각방향, 원근, 빛의 광도, 조명, 명암, 형태, 색채 등 논리적 화면; 등급분류, 색채, 시각ㆍ원근(예: 도표), 선ㆍ점의 강도 정보그래픽; 텍스트와 화면의 조화, 화살표, 분리선, 구성 등	텍스트 녹음, 음악과 소리, 음량ㆍ음의 강도, 편집, 소리ㆍ음악의 삽입(fade in), 멀티플레이, 기술효과, 소리의 고저 조절, 소리의 혼합 등	화면의 시간적 길이, 카메라의 위치 (피사체의 크기), 초점심도, 카메라 각도, 시각방향, 원근, 줌, 카메라의 선회, 화면의 속도, 주관적 관점의 카메라촬영, 고속촬영, 저속촬영, 소리ㆍ음악의 삽입 (fade in), 자막 삽입, 편집, 화면의 사라짐, 몽타쥬, 조명, 카메라 움직임, 음향의 구성 등	텍스트-, 화면-, 청각- 및 영상미디어와 동일; 그 외; 링크, 진행의 프로그래밍과 직접적인 조작(항공, 항해 등) 등 도구, 자료 저장, 커뮤니케이션 및 협동 한경, 실험적 시뮬레이션 환경, 학습놀이, 개방교수체제, 연습프로그램, 교수프로그램, 그래픽 브라우저, 메뉴, 애니메이션, 하이퍼텍스트 등
구성형태 (구체적인 프로그램 형태)	보고서, 논평, 인터뷰, 다큐멘터리, 글로세(촌평), 풍자, 논술 등	다큐멘터리 촬영, 도형적 그림, 차트, 지도, 회로도, 선으로 그린 그림, 아날로그 화면 등	보고서, 논평, 다큐멘터리 촬영, 인터뷰, 레포타쥬, 토론, 청각장면, 청각놀이, 배경음악, 과제/질문 등	다큐멘터리 촬영, 상연 장면, 트릭 장면, 문자 삽입, 인터뷰, 사회 보기, 배경음악, 등	

(Tulodziecki & Herzig, 2004b)

2. 영상미디어의 특징

1) 영상의 구성 형태

사물이나 현실을 직접 경험하는 것이 가능하지 않거나 비효율적일 때, 교수학습에서는 그림이나 사진, 전파 화면매체와 같은 영상물을 사용할 수 있다. "학습과정에서는 참가자들이 서로 연결되고 보완되는 영상매체의 커뮤니케이션 과정을 통해 지식 습득이 성공적으로 이루어질 수 있다. 영상화면 제작자는 내용을 입증할 수 있는 근거와 대상을 구상하고, 또 여기에 적합한 시각적 형태를 고안한다. 수용하는 사람은 주장하는 내용의 근거를 이해하고 해석해나가는 과정을 통해 이를 재구성한다"(Weidenmann, 1994a).

문헌상으로 영상은 '예술적', '오락적', '정보적' 영상의 세 분야로 나뉜다(Schnotz, 2002). 이들 중 미디어교수법에서는 교수학습 과정에 중요한 의미를 주는 '정보적 영상'을 주로 다루게 된다. '정보적 영상'은 특정한 내용에 대한 성찰과 논의를 활성화하고, 교육 상황에서 학습자들이 지식을 습득하는 능력을 강화하기 위한 것이다. '정보적 영상'은 다시 '모사적 영상'과 '논리적 영상'으로 나뉜다. 또한 이 두 형태의 영상이 혼합된 '인포그래픽'(Infografiken) 영상이 있다(Weidenmann 외, 1998; Schnotz, 2002). 정보적 영상에는 다음과 같은 유형이 있다.

〈표 8-4〉 정보적 영상의 유형

모사적 영상	모사적 영상은 실제의 모습과 실상을 표현하는 것으로, 대상의 유사성과 실상을 표현한다. 부호양식으로는 모사−실사적 표현과 모사−도형적 표현이 해당된다. (예: 특정 대상의 사진, 그래픽을 활용한 회화적 표현)
논리적 영상	논리적 영상은 한 실상의 질적 특성과 양적 특성의 연관성을 표현해준다. 부호양식은 상징적 표현에 해당된다. (예: 구조적 도표, 표)
인포그래픽	인포그래픽은 모사적 영상과 논리적 영상이 혼합된 형태이다. 상징적, 모사적으로 표현된 내용을 '설명적으로 시각화한 화면'이다. (예: 저널리즘적 목표에서 시작하여 자연과 사회의 본질적 실태를 전달하는 'Press-graphic')

(Weidenmann 외, 1998; Schnotz, 2002)

2) 영상의 기능

학습자가 가지고 있는 지식과 관련한 전제조건에 따라 학급과정에서 인지할 수 있는 영상화면의 기능들을 분류하는데, '촉진적 기능', '구성적 기능', '초점기능', '대리기능' (Weidenmann, 1994b)과 같은 것이다.

〈표 8-5〉 영상화면의 기능

촉진적 기능	화면에 표현된 현실이나 대상을 학습자가 이미 알고 있다면, 이것에 상응하는 상이나 내적 모델 형성을 위해 영상은 이를 더욱 활성화하고 환기시켜주는 촉진적 기능을 갖는다. 이러한 경우에는 아주 간략화된 그림, 특징적 또는 도형적 표현만으로도 충분할 수 있다. (예: 심벌 디자인, 교통표지판)
구성적 기능	영상을 봄으로써 어떤 지식이 처음으로 형성될 때 영상은 구성적 기능을 갖는다. 이때는 학습자가 이미 알고 있으면서 해당 주제와도 관련 있는 다른 대상들의 그림을 사용할 수 있다. 전체적으로 영상에 표현된 맥락과 과정진행을 통해 학습자는 해당 주제에 대한 지식이나 내적 모델을 처음으로 형성하게 된다. (예: 물건의 사용설명서, 기기의 조종방법 설명서, 자연과학의 학습서적)
초점 기능	학습자가 이미 기본적인 지식을 가지고 있는 대상에 대해서도 내적 모델이나 도형을 더욱 차별화할 수 있게 한다. 영상은 부분적 수정도 가능하게 하면서 그 대상에 대한 초점을 명확하게 하는 초점기능을 갖는다. (예: 오토바이의 점화기능을 텍스트나 그래픽을 통해 더욱 자세히 학습할 수 있다.)
대리 기능	학습자가 어떠한 대상에 대해 사전지식이 전혀 없을 때, 영상은 내적 모델을 형성하는 데 대리적 기능을 할 수 있다. 특히 직접적 인지와 일상에서의 경험이 가능하지 않을 때 해당된다. (예: 의학 분야에서 사용하는 그림, 영상)

(Weidenmann, 1994b)

3. 컴퓨터의 특징과 학습소프트웨어 유형

1) 컴퓨터와 인터넷의 교육적 잠재성

컴퓨터와 인터넷이 특히 학교와 같은 교육기관의 교수학습에 적용될 때는 교육학적 맥락에서 보아 다음과 같은 사항들을 고려하여야 한다(Tulodziecki & Herzig, 2002).

- 컴퓨터와 인터넷을 따로 분리하여 생각할 것이 아니라 미디어와 관련된 전체 상황 안에서 포괄적으로 파악해야 한다.
- 이미 오래전부터 진행되고 있는 미디어교수법과 미디어교육학 연구 쪽으로 컴퓨터 와 인터넷을 끌어와야 한다.
- 컴퓨터, 인터넷과 함께하는 학습이나 이와 관련한 교육적 주제들의 연구는 정보와 지식사회의 맥락에서 이루어져야 한다.

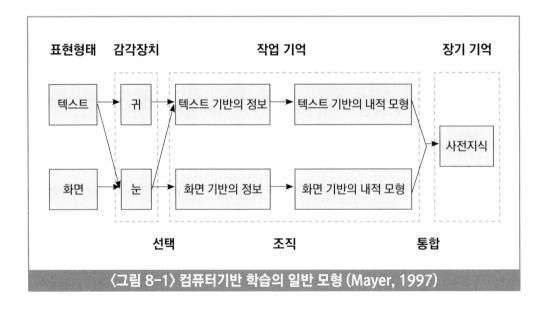

〈그림 8-1〉 컴퓨터기반 학습의 일반 모형 (Mayer, 1997)

컴퓨터를 교육에 적용하는 데 있어 어떠한 가능성이 있는지를 파악하여 이를 교육적 으로 더욱 의미 있게 활용할 수 있을 것이다(표 8-6).

〈표 8-6〉 컴퓨터의 교육적 잠재성

도구적 컴퓨터	컴퓨터의 도구적 성격은 자료와 텍스트, 다른 미디어의 입력 작업을 통해 이루어 진다. 데이터뱅크 관리를 통한 텍스트작업과 도표의 산출 프로그램 및 다양한 표 현양식도 이러한 도구적 성격을 규정한다. 이 모든 프로그램들은 교육기관이나 성인들을 위한 평생교육 과정에서뿐 아니라 모든 직업교육과 직업준비 교육에서 도 교육적 기능으로 사용된다.
학습을 위한 컴퓨터	학습소프트웨어나 에듀테인먼트 같은 다양한 학습 프로그램의 도움으로 사용자 들은 정보나 지식을 습득할 수 있다. 학교에서뿐 아니라 방과 후 자율학습 등에 서 놀이형태와 즐거움을 가지고 이러한 프로그램을 통해 학습할 수 있다. 컴퓨터 와 함께 학습할 수 있는 가능성은 프로그램의 기저에 깔린 학습이론의 개념에 따 라 그 양식과 질적 수준이 달려있다.
학습 대상의 컴퓨터	컴퓨터 그 자체도 인간의 미디어능력을 습득하고 촉진할 수 있는 미디어로 간주 된다. 하드웨어와 소프트웨어의 사용에서는 인지적 능력만이 아니라 사회적, 윤 리적, 미학적, 정서적 능력도 요구된다. 교육기관과 여러 사회기관에서는 다양한 주제를 중심으로 이러한 능력들을 교육할 수 있다.
커뮤니케이션을 위한 컴퓨터	컴퓨터는 특히 인터넷을 통해 커뮤니케이션 기능이 강화되는데, 이메일, 영상콘 퍼런스, 채팅, 그리고 World Wide Web(WWW)의 형태로 이루어지게 된다. Web 은 정보를 제공할 뿐 아니라 특정 프로젝트를 진행할 때 여러 지리적 상황에서 오는 경제적 자료를 통해 주제를 분석할 수 있다. 인트라넷을 통해서도 교육적인 연합과 협동작업을 진행할 수 있다.
시뮬레이션을 위한 컴퓨터	자연과학이나 사회과학의 많은 주제는 실제의 현실적인 현상으로 관찰하기 어렵 기 때문에, 컴퓨터를 이용한 시뮬레이션 학습이 매우 유용하다. 화학실험이나 원 자폭탄에 관한 것, 또는 정치적 선거와 연결된 요인들을 개괄적으로 파악하는 데 도움이 된다.
창의적 작업을 위한 컴퓨터	컴퓨터의 창조적 잠재성이나 이와 관련한 소프트웨어를 여러 측면으로 활용할 수 있다. 다양한 그림 작업 프로그램뿐 아니라, 멀티미디어적 기능을 활용한 디지 털 동영상 프로그램 제작, 그리고 컴퓨터로 음향을 만들거나 작곡을 할 수도 있다.
게임을 위한 컴퓨터	컴퓨터게임은 많은 교육자들로부터 교육적 분야로 인식되기보다는 오락적 미디 어로 인식되고 있다. 그러나 몇몇 컴퓨터게임들은 과거 역사 장면들을 통한 역할 놀이나 연합적 사고, 인지적 능력과 인지적 복합성, 감정이입 등의 내용을 제공하 므로, 이를 교육적 자료로 활용할 수 있다.

(Aufenanger, 2005)

2) 컴퓨터 기반 학습소프트웨어의 유형

교수학습과 관련 흥미를 끄는 소프트웨어들은 교육소프트웨어, 학습소프트웨어, 수업소프트웨어로 분류되기도 한다(Baumgartner & Payr, 1999). 이들을 학습소프트웨어로 총칭하기도 한다. 소프트웨어를 유형화하는 데는 분명한 선이 그어져 있는 것은 아니고, 모든 소프트웨어를 유형화하는 것이 사용자들에게 큰 의미를 갖는 것도 아니다. 유형화의 대상이 되는 학습소프트웨어는 교육적으로 조정된 상황 또는 비형식적 상황에서 학습과정을 활성화하고 지원해줄 수 있는 소프트웨어이다.

학습소프트웨어는 다양한 기준이나 특징에 따라 여러 형태로 분류된다. 학습과 관계된 프로그램이므로 각각의 소프트웨어를 활용하는 데 학습의 종류나 작업형태와 관련된 분류 기준이 의미를 갖는다. 학습에서의 자율성 정도 및 소프트웨어와 연결된 학습방법의 정도에 따라 소프트웨어를 분류하기도 한다(그림 8-2).

자율적 조절학습

교사 중심적 수업

- 문제해결 도구
  (예: 특정 학습자를 위한 모형 체제, 특성화된 프로그램 기획 환경)
- 문제해결 방법을 위한 지적 튜터(보충학습) 체제
- 계획되고 표현된 데이터(숫자, 텍스트, 그래픽, 영상, 음향)를 통한 지식 습득
  (예: 텍스트와 쓰기 구조화 체계, 스케치 구조화 체계, CAD)
- 커뮤니케이션 도구와 커뮤니케이션 미디어(네트상의 지역 간, 집단 간 협력학습도 해당)
- Data-server(retrieval도 해당)
- Data-server(retrieval도 해당)시뮬레이션
- 역할놀이(컴퓨터는 통계장부나 파트너의 역할)
- 튜터(보충학습) 프로그램(학습성과 점검 유무 모두 해당)
- 연습프로그램

〈그림 8-2〉 소프트웨어 분류 (Gorny, 1998)

이 밖에도 소프트웨어의 유형은 상호작용의 형태로 구별하거나, 프레젠테이션 및 비주얼용 소프트웨어, 훈련 및 테스트 소프트웨어, 튜터 시스템(보조학습 체계), 시뮬레이션과 마이크로세계 속에서의 모델 형성으로 분리되기도 한다(Baumgartner & Payr, 1999). 이러한 소프트웨어의 유형들을 교수목표와 행동목표, 학습내용과 교수전략과 같

은 내용이 포괄되는 "발견적 학습(소프트웨어)모델"로도 구분한다(Baumgartner & Payr, 1999). 이 분류에는 개개의 소프트웨어 제품에 이론적 학습모델이 반영되어 있는 것이다. 소프트웨어의 유형을 분류할 때는 우선 프로그램의 기본적인 기획 관점을 뚜렷이 파악해야 한다. 유형화의 기본적 기준들을 고려하고, 학습단계의 조정 정도와 학습내용 습득에 대한 개방성 정도에 따라 다음과 같이 프로그램을 분류해볼 수 있다(LSW, 1999; Tulodziecki & Herzig, 2004).

〈표 8-7〉 컴퓨터 프로그램 유형별 분류

교수 프로그램	이 프로그램은 명백히 자율학습을 위해 구상된 프로그램 유형이다. 일반적으로 이러한 프로그램에는 분명하게 한정된 주제영역이 있고 제한된 목표를 위해 기획되어있다. 교수프로그램은 엄격히 짜인 프로그램의 진행에 따라 사용자들에게 새로운 내용을 전달하게 된다.
연습 프로그램	연습 프로그램들도 한정된 주제영역을 다루고 있고, 엄격히 짜인 프로그램 진행방식을 갖고 있다. 교수프로그램과의 차이는 내용적 측면에 있다. 내용에 있어 새로운 내용을 전하는 것이 아니라, 이미 학습자들이 알고 있는 내용을 연결시키는 것이다.
개방적 교수체계 프로그램	교수와 연습 프로그램은 학습하려는 '주제'에 관한 것이다. 이에 비해 개방적 교수체계 프로그램은 '형식'에 관한 것이다. 이 프로그램은 독립된 전문분야에 대해서가 아니라 주제별 맥락에 따른 정보들이 멀티미디어와 네트로 연결된 내용구조로 되어, 교수의 형태와 하이퍼미디어 형태로 형성되어있다. 여기에서는 사용자들이 선택할 수 있는 정보 단위들을 자유롭게 준비하거나 조직할 수 있다. 이 프로그램에서는 엄격히 구성된 프로그램 형식을 따라가는 것이 아니라, 사용자의 다양한 사전지식과 학습전략에 따라 이들에게 유용할 여러 학습의 길을 찾아갈 수 있는 가능성이 깔러있다.
학습게임	학습게임은 지식이나 문제해결전략 습득에 우선적인 목표가 있는 것이 아니라, 교육(학)적으로 의미 있는 과제의 범주 내에서 이들을 적용하려는 것이 목표이다. 이를 위해 이 프로그램 형태는 기본적으로 문제지향적 상황을 제공하고, 게임을 하는 사람 및 집단이 갖고 있는 사전 지식과 숙련된 기술의 도움을 통해 이 상황을 바꾸거나 또는 어떠한 결과로 끌어갈 수 있게 만들어진 것이다. 게임의 구조를 통해 사용자는 이미 기획된 행동영역 속에서 다양한 능력과 숙련도를 활성화할 수 있다.

실험환경과 시뮬레이션 환경 프로그램	이 범주에 속하는 프로그램은 주어진 변수나 변화 가능한 매개변수를 갖는 현실 또는 허구의 상태를 소개한다. 이를 통해 가설을 검증하거나 변화의 과정을 관찰하게 된다. 실험적 환경이나 시뮬레이션 환경은 현실에 존재하기는 하지만 직접 조달하기 어려운 대상, 자료, 상황들을 가상적으로 만들어준다. 전체 맥락 속에서 해당 주제를 사고할 수 있는 능력을 가르쳐준다. 예를 들어, 운전, 항공운행, 자연과학 실험, 사회정치적 분야의 실험 등이다.
커뮤니케이션 환경과 협동환경 프로그램	이 유형의 프로그램은 많은 정보와 경험, 의견의 교환, 그리고 프로젝트의 공동작업이나 공간적으로 떨어진 상황의 협동작업을 위한 기초 구조를 제공한다. 따라서 커뮤니케이션과 협동 환경은 일반적으로 모든 경우에서 네트 기반의 상황에서 이루어지며, 커뮤니케이션 기능과 함께 데이터 관리를 위한 것이기도 하다. 예를 들어, 다양한 교육적 서버의 작업, 기업의 인터넷 발표 포럼, E-Learning 분야의 웹 기반 플랫폼 등이다.
데이터 보유 프로그램	온라인(예: WWW)과 오프라인(예: CD-Rom)은 특정 주제들과 관련된 영상, 문자텍스트, 음향기록으로 구성되어있는 데이터들을 제공한다. 일반적으로 이러한 자료 모음은 교수법에 따라 구성되어있는 것은 아니다. 사용자는 검색도구를 통해 내용을 찾아내고, 자료실이나 그 외의 링크를 통해 자료들을 찾아다닌다. 보유된 데이터들은 문제지향적, 자기주도적 학습과 작업을 지원해줄 수 있다. 예를 들어, 백과사전, 작품들, 특정 주제 관련의 웹사이트 등이다.
도구 프로그램	도구 프로그램들은 처음부터 특정 주제와는 상관없이 내용적으로도 특정 분야와는 연결되어있지 않은 프로그램이다. 이들은 텍스트, 영상화면, 음향, 필름이나 시뮬레이션을 구성하고, 제작하고, 전달하는 데 도움을 준다. 이러한 도구 프로그램들은 분리되어있는 개개 과제를 이행할 수 있다. 이들은 앞서 언급된 프로그램 유형들을 통합할 수도 있다. 도구 프로그램은 정보를 조사하고, 체계화하고, 모델을 만들고 프레젠테이션을 할 때, 그리고 정보 교환을 촉진하는 교수학습 과정에서 적합하다. 예를 들어, 문서화 작업이나 그림 작업 프로그램, 시뮬레이션 연습, 도표 정산이나 데이터뱅크 프로그램, 자료의 중간 저장장치, 검색 기계, 이메일 프로그램 등이다.

(LSW, 1999; Tulodziecki & Herzig, 2004)

4. 디지털미디어의 교육학적 의미와 교수법적 잠재력

첨단의 미디어 장비를 도입하는 것만으로 '더 나은 학교'가 되는 것은 아니다. 새로운 미디어에 필요한 교육을 받은 교사진이 창의적으로 이들의 기술을 교수법에 적용할 때만 그 학습효과를 기대할 수 있다. 이를 위해 교사들은 교육학적, 심리학적 배경지식을 가지고 있어야 하며, 디지털기기가 어떤 잠재력을 갖는지를 알아야 한다. 디지털미디어는 프로그램화된 저장과 기록을 위한 미디어로서뿐 아니라, 일방향적 진행구조를 갖는 기존 교과서와 유사한 기능으로도 활용될 때 그 잠재력이 효과적으로 구현될 수 있다.

태블릿 PC, 스마트폰, 컴퓨터 등의 디지털미디어를 단순히 시청과 검색을 위한 용도로만 사용할 때, 이들의 잠재력은 제대로 활용되지 못한다. 학습심리와 일반 교육학 관점에서 보아 구성주의적 학습상황이나 상호작용적인 교수학습 방법은 학습의 동기를 유발하고 학습효과가 장기적으로 지속되게 하는 데 영향을 미치게 된다. 디지털미디어를 교육에 적용함에 있어 커뮤니케이션학적인 분석과 함께, 교과서와 공책 같은 아날로그 교육미디어와 비교를 해봄으로써, 디지털미디어의 교육적 잠재력을 구체적으로 살펴볼 수 있다.

1) 구성주의 학습이론 관점 – "상호작용적 구성주의"

디지털 기술이 학교의 교육을 기획하는 데 있어 어떤 잠재력을 갖는지를 학습심리나 학습이론과의 밀접한 관계 속에서 파악해볼 수 있다. 넓은 의미에서 볼 때 학습과 관련된 모든 과목은 그 과목의 전문적 관점이나 그 전공을 위한 학습모델을 통해 훈련이 된다. 교육학, 미디어교육학, 학교 교육학 분야에서 의미 있게 간주하는 새로운 학습모델은 "상호작용적 구성주의"(Knaus, 2016)의 출발이다. 이것은 학습에 동기를 부여해주고 교육에 장기간 영향을 미칠 수 있는 전제조건이 주어진 학습을 실행하는 교육형태이다. 학습에서의 구성주의적 관점의 뿌리는 장 피아제의 발달심리이론(Piaget, 1973)에 놓여있으며, 학습이란 확고하게 주관적이고 구성적으로 짜이게 된다는 것을 말한다(1장 2절 3항 "인간의 교육성과 현실의 구성능력", "구성주의" 참조).

구성적으로 짜인다는 것은 학습과정의 결과가 구성적이고 주관적인 '현실'이며, 이 현실은 한 개인의 고유한 경험으로 이루어지는 것이고, 그 경험은 그 개인이 또 다른 새로운 경험을 하게 될 때 다시 환기된다는 것을 의미한다. 따라서 교육학적 시각에서 학교에서 진행되는 학습이란 자율적인 조정 또는 스스로 생성하는 경험의 구성(Knaus, 2016)으로 간주한다. 학습자는 자기 삶의 세계의 특성과 자신의 흥미에 따라 자기에게 해당되는 적절한 범주 안에서 자기만의 현실을 구성하게 된다. 여기에서 학습을 위한 구성적 상황의 범위가 드러나게 된다. 학습자가 자율적으로 수업을 조정하고 경험을 구성하는 방법을 학교교육의 교수법으로 적용할 경우, 이 방식이 학습자들에게 학습에 대한 동기를 부여할지 그리고 학습과정을 효율적으로 조정하게 할 가능성이 있는지 그 타당성을 점검해보아야 할 것이다.

2) 상호작용 − 지속적 학습의 전제조건을 위한 동기유발

학습이론 관점에서 보아 구성주의는 그 초점이 한 개인에게만 집중되어있다는 비판을 받기도 한다. 예를 들어, 기관적 차원의 학습환경, 즉 학교나 교실과 같은 교육환경과의 관계가 어떻게 인지되는가에 대한 논의가 부족하다는 것이다. 구성주의에서는 경험의 구성에 대한 설명에서 사람들 간의 상호적 행동이 전혀 간주되지 않거나 지엽적인 것으로만 받아들여진다. 이러한 문제점에 대해 심리학자 비고츠키는 한 개인의 인식과 사회화 간의 연계를 강조한다(Vygotski, 2002). 여기에서는 언어가 중요한 역할을 하는데, 언어는 한 개인이 자신만의 개성을 갖게 되는 개별화 과정에서 그 시작이 되어주고 사회화의 도구가 되어주기도 한다(Baacke, 1973b). 언어능력과 사회적 '연결성'을 통해 각 개인들 간의 상호작용이 가능해지고, 그 안에서 학습동기를 유발할 수 있는 답을 찾을 수 있다. "상호작용적 구성주의"(Knaus, 2016)의 학습모델을 통해 자발적인 동기가 이루어지고, 디지털미디어와 함께하는 교육방법으로 학습을 구성해나갈 수 있다. 디지털미디어를 활용하는 학습모델을 위한 요건으로서 다음과 같은 사항(Knaus, 2013)을 들 수 있다(9장 3절 "학습자 디지털미디어능력 − 실용주의 미디어교육 이론" 참조).

- 학습자들에게는 학습에 대한 자율성과 자유로움이 필수적으로 주어져야 한다.
- 학습에 대한 기본적인 동의와 준비가 있어야 한다.
- 학습주제나 대상은 학습자들의 일상 삶의 상황에 적절하게 접목되어야 한다.
- 학습하거나 주어진 지식을 연결시킬 능력을 가져야 한다.
- 학습자들은 다른 학습자들로 인해 도움이 되거나 방해를 받을 수도 있지만, 이들과 함께 사회적으로 연결되어야 한다. 이러한 사회적 연결은 다른 (언어적) 상호작용이나 이를 통한 구성의 과정을 더욱 촉진할 수 있기 때문이다.

3) 아날로그 공책의 한계 극복 – 텍스트 중심의 일방향적, 물리적 제한성의 극복과 문제점

학교에서 학생들의 공책이란 학습내용을 정리하고 저장하여 공부내용을 스스로 제작해내는 학생 고유의 작품이 될 수 있다는 점에서 특별하다. 크게 인식되지는 못하고 있지만, 이러한 특성은 구성주의적 관점에서 보아 공책이 학습을 효율적으로 촉진할 수 있는 중요한 수업 미디어란 것을 일깨워준다. 그럼에도 불구하고 공책이 갖는 기능을 디지털미디어와 비교할 때 이 아날로그의 물리적 미디어는 교육기획에서 취약점을 갖는다. 일방향의 직선적 진행과 물리적 소모와 같은 것이다. 표현양식으로는 문자적 텍스트의 기록만 가능하고 영상, 그림, 동영상, 청각 등의 다양한 방법은 제외된다. 공책이 갖는 텍스트 표현의 한계를 시각적으로 보완할 수 있는 멀티미디어적 표현이 적절한 방식으로 활용될 때, 복합적인 학습주제를 이해하는 데 더 큰 도움이 될 수 있다(Tulodziecki & Herzig, 2004). 공부내용을 스스로 제작함으로써 학생 고유의 작품이 되는 공책의 기능을 디지털미디어에 연결하여 확장시킬 때, 학습이 촉진될 수 있는 가능성도 더욱 커진다.

교수법적으로 잘 기획된 미디어활용 교육은 학습자 개인의 특성에 맞게 지속적으로 학습의 동기를 유발하고 교육주제를 적절하게 구성해낼 수 있도록 해준다. 디지털미디어는 하나의 기기와 하나의 플랫폼 안에서, 그리고 하나의 학습단위를 능동적으로 이행하기 위한 도구로서 교육에 통합될 수 있다. 이 도구는 미디어의 다양한 요소를 연결할 뿐 아니라 자체적으로 학습대상과 보조도구를 포괄적으로 연결하고 융합한다. 이를 통해 학습도구와 보조도구가 함께 융합이 되고, 기록물이 제작되고 조절된다. 디지털미디어는 많은 애플리케이션, 교육소프트웨어, 이들과 연결된 주변 프로그램들을 사용하여 개인이 스스로 통합하고 편집할 수 있는 기능을 갖고 있다. 이 미디어는 교육적으로 높은 기능성을 가지면서, 이론적으로만 생각한다면 끝없는 확장 가능성도 있다.

이러한 디지털미디어의 특성은 이 미디어와 함께 학습내용이나 학습대상이 형성되어 간다는 것뿐 아니라 디지털미디어가 점차 학습의 도구로 되어간다는 것을 의미한다. 여기에서 태블릿 PC 등과 같은 디지털미디어 형태의 학습도구는 기술적인 네트 연결을 기반으로 하여, 역시 이론적으로는 네트상에서의 무한정한 퍼포먼스의 가능성과 저장 가능성을 제공해준다. 웹상의 많은 애플리케이션이나 소프트웨어는 이미 한계가 있거나 제한된 자원이 아니며, 예를 들어 클라우드 컴퓨팅과 같은 네트 속에 확산되어있는 서버에서 이론적으로는 무한정한 자원의 출처를 제공하고 있기 때문이다(Knaus, 2016).

여기에서 문제가 되는 것은, 조직적인 학습을 준비하는 데 있어 무한정한 자원과 온라인상의 한계 없는 자유로움이 학생들을 과도하게 촉진하거나 방향성을 상실하게 할 우려가 있다는 점이다. 경험이 있는 모든 교수자라면 "자유와 강요"(Kant, 1960) 간의 다양한 변화, 그리고 "자율성과 타율성 사이의 자율성"(Knaus, 2016)을 잘 알고 있을 것이다. 학습자가 성숙하면 할수록 자유의 정도는 훨씬 포괄적이고 해박한 결과를 가져다줄 수 있다는 점을 교수자가 인식하고 있다는 것이다. 미디어와 함께하는 학습의 구조나 방향성에 있어서는 교육이 진행됨에 따라 외부로부터 주어지는 도움은 점차 약화되고 개인의 능력은 강화되는 방향으로 교체된다(CTGV, 1993)는 연구결과도 있다. 디지털미디어와 함께하는 학교교육에서는 지속적인 영향력과 함께 '동기부여'라는 상반된 전략이 반드시 필요한데, '자율적 조정'과 '외부로부터의 조정'과 같은 것이다(Knaus, 2016). 이를 위한 전제조건은 학습대상 집단의 인지적 능력, 교육과정에 있어 이에 부응하는 열린 공간, 여기에 적합한 도구에 관해 예민한 감각을 키울 수 있는 '시간'이라 할 수 있다.

5. 교수학습과 미디어활용 효과연구, 미디어 유형별 평가 요소

교육의 상황에서 미디어를 사용하는 것만으로 교육적 역할이 완성되는 것이 아니다. 선택한 미디어나 교육콘텐츠를 통해 원하는 교육적 의도가 적절히 표현되고 전달되었는지 면밀히 점검하고 평가해야 한다. 여러 유형의 미디어는 감각양식, 표현양식, 진행양식에 있어 각기 다른 특성을 갖고 있으며, 몇몇 교육콘텐츠들은 기술적으로는 문제가 없더라도 교육적, 내용적으로 적절하지 않은 것들도 있기 때문이다. 이러한 사항들을 고려하여 교수자는 미디어의 특성과 교육자료에 따라 차별화된 평가 요소를 결정해야 하고, 선택한 미디어가 교육적으로 긍정적 효과를 가져왔는지 점검해야 할 것이다.

1) 미디어 유형별 교육콘텐츠의 평가 요소

미디어 유형별 교육콘텐츠의 평가 요소는 여러 유형의 미디어에 관한 일반적인 평가 요소이다. 프로그램 분석이나 제작 등과 같은 개별적 교육에서의 평가방안은 전체 교수설계의 맥락에서 결정해야 한다(10장 "미디어활용 교육문화콘텐츠 개발과 스마트교육, 모바일교육 교수설계" 참조). 미디어를 활용한 교육에서 해당 미디어의 교육적 평가를 위해서는 〈표 8-8〉에 제시된 평가 요소들을 참고할 수 있다.

〈표 8-8〉 미디어 유형별 교육문화콘텐츠 평가 요소

인쇄자료	시각자료	시각디자인	청각자료	시청각자료	비디오	컴퓨터소프트웨어	컴퓨터하드웨어	디지털미디어
교육과정과의 연관성,	교육과정과의 연관성,	전반적 패턴 : 정렬, 모양, 균형, 스타일, 색채, 색 호소력	교육과정과의 연관성,	음질, 화질, 조작 용이성, 가격, 견고성/신뢰성, 유지 용이성, 수리 용이성	교육과정과의 연관성,	교육과정과의 연관성,	조작 용이성, 견고성/신뢰성, 소프트웨어, 활용가능성, 모니터화면이질, 키보드 구성과 촉감, 확장 가능성, 사용자 안내, 문서, 기술 지원, 서비스 지원, 비디오 화면, 투사능력, 이동의 용이성	교육과정과의 연관성,
정확성 및 최신성,	정확성 및 최신성,	배열 : 근접성, 방향(제시물), 그림-배경, 대비, 일관성	정확성 및 최신성,		정확성 및 최신성,	정확성 및 최신성,		정확성 및 최신성,
언어 사용의 적확성,	언어 사용의 적확성,	언어적 요소 : 글씨체, 글자 크기, 여백	언어 사용의 적확성,		언어 사용의 적확성,	언어 사용의 적확성,		언어 사용의 적확성,
동기유발 및 흥미 유지,	동기유발 및 흥미 유지,	매력성 : 경이감, 질감, 상호작용	동기유발 및 흥미 유지,		동기유발 및 흥미 유지,	동기유발 및 흥미 유지,		동기유발 및 흥미 유지,
학습자 참여,	학습자 참여,		학습자 참여,		학습자 참여,	학습자 참여,		학습자 참여,
기술적 품질,	기술적 품질,		기술적 품질,		기술적 품질,	기술적 품질,		기술적 품질,
효과성 관련 자료 (현장적용 결과 등),	효과성 관련 자료 (현장적용 결과 등),		효과성, 관련자료 (현장적용 결과 등),		효과성 관련자료 (현장적용 결과 등),	효과성 관련자료 (현장적용 결과 등),		효과성 관련자료 (현장적용 결과 등),
편견 및 광고성,	편견 및 광고성,		편견 및 광고성,		편견 및 광고성,	편견 및 광고성,		편견 및 광고성,
사용자 안내,	사용자 안내 및 문서화,		사용자 안내 및 문서화,		사용자 안내 및 문서화,	사용자 안내 및 문서화,		사용자 안내 및 문서화,
독해 수준,	사용가능성,		사용가능성,		대상자에 대한 속도 적함성,	안내문의 명료성,		안내문의 명료성,
적절성,	간편성,		간편성		인지적 학습전략 활용 (예; 개요, 단서, 요약)	참조적 자극		참조적 자극
조직성,	색상의 적합성							
내용 목차 및 색인								

(설양환 외, 2002; Heinrich 외, 2002)

2) 교수학습과 미디어활용 효과연구

(1) 텔레비전과 컴퓨터의 학습효과 연구

미디어 효과와 관련한 초기 미디어교수법 연구에서는 주로 미디어를 도입한 수업과 그렇지 않은 일반적 수업을 비교하며 그 효과를 측정하였다. 1960년대부터 1980년대까지는 주로 교육방송 관련 연구가 많이 이루어졌다. 초기의 한 연구사례(Chu 외, 1968)에서는 텔레비전을 활용한 수업이 그렇지 않은 수업과 비교하여 교육적으로 큰 효과가 없다는 결과를 보여주기도 하였다. 또한 1980년대에 이루어진 한 연구사례(Cohen 외, 1981)에서도 텔레비전을 활용한 수업이 특별히 주목할만한 학습효과를 나타내지 못한다는 결과를 보여주었다. 이 연구들을 비롯한 여러 텔레비전 학습효과 연구를 분석한 메타분석[1](Jamison 외, 1974; Dörr, 1997)에서는 텔레비전을 활용한 수업이 특별한 교육효과를 가져다주지 못하고 있다는 결과를 보여주었다.

이와 비교하여 1990년대부터 2000년대 초반까지 컴퓨터를 활용한 학습과 다른 일반 수업을 비교한 메타분석에서는 컴퓨터를 활용한 기초학습에서 교육적으로 많은 장점이 있었다는 것을 보여주었다(Tulodziecki 외, 2004). 또 다른 한 연구(Kulik 외, 1991)에서는 다양한 방식으로 컴퓨터를 활용한 학습과 일반 학습을 비교한 총 248개의 연구를 평가하였는데, 이 중 94개의 연구(=38%)에서는 컴퓨터 활용학습의 경우 학습효과가 통계적으로 현저히 높게 나타났고, 6개의 연구(=2%)에서는 기존 수업방식에서 학습효과가 현저히 높은 것으로 나타났다. 60%의 경우에는 통계학적으로 명확한 차이가 발견되지 않았다. 하지만 94개의 현저한 학습효과를 보여준 연구를 포함한 총 202개(81%)의 연구결과에서는 컴퓨터 활용학습이 학습결과에 긍정적인 영향을 미친다는 결과를 보여주었다. 그러나 여기에서는 CBT(Computer Based Training) 강좌를 수료한 사람이 비교연구의 실험 대상이 되었다. 또한 의지가 부족하거나 학습과정을 스스로 통제하는 능력이 부족하여 강좌를 중도 포기한 사람들은 결과에 포함되지 않았다. 또 다른 비교연구(Wallace 외, 1997)에서는 같은 주제영역을 학습할 때 웹기반 학습환경에서 작업하는 대

---

1) 메타분석(Metaanalyse, meta analysis) : 특정한 동일 연구주제와 관련된 여러 연구 보고물의 결과를 종합하고, 이를 다시 객관적으로 고찰하고 분석하는 연구방법(이종성, 2003)이다.

학생들이 일반강의를 들은 대학생들보다 강좌를 포기하는 경우가 더 많았다는 것을 보여주었다.

컴퓨터를 비롯한 미디어 활용학습에 대한 학습효과 연구에서는 전반적으로 통일성이 없는 연구결과들이 많이 소개되었다. 예를 들어, 1978년부터 1988년까지 컴퓨터 지원을 받는 상호작용적 비디오의 효과에 대한 63개의 연구들을 바탕으로 이루어진 메타분석(Mcneil 외, 1991)에서는 이 연구들의 결과가 전체적으로 통일성이 없다는 것을 보여주었다. 또한 웹기반 학습에 관한 연구들을 종합분석한 연구(Astleitner, 2001)에서도 대부분의 연구결과들이 '의미 없는'('nicht-signifikant') 결과가 나왔다는 것을 보여주었다.

전체적으로 보아 결국 '미디어의 일반적 효과연구'(미디어 활용학습과 사람을 통해 전달하는 전통적인 학습방식의 비교연구)에 관한 많은 연구들은 미디어를 활용한 학습이 기본적으로 더 우세하다거나 더 열등하다는 것을 보여주지 않고 있다. 결국 미디어의 일반적 효과에 관한 여러 연구들은 여러 미디어 종류를 활용한 학습과 교사가 지도하는 전통적 수업을 전체적으로 비교하는 것 자체가 큰 의미가 없다는 것을 보여주었다. 왜냐하면 미디어를 활용한 학습과정의 효과에는 많은 변수들이 영향을 미치기 때문이다. 이미 1970년대 후반에도 "학습은 미디어의 유형보다 미디어의 내용과 구조적 전략에 의해 더 많은 영향을 받는다"(Clark, 1994)라고 주장되기도 하였다. 미디어가 학습효과에 진정한 영향을 미치는가를 파악하기 위해서는 학습상황에 대한 일반적 비교연구가 의미 있는 결과를 가져오기 어렵다는 것을 뜻한다.

(2) 연구방법의 문제점과 연구평가 연구

미디어 학습효과에 대한 비교연구가 전체적으로 큰 의미를 갖지 못하는 것은 연구의 방법론적 문제점에 기인하기도 한다. 이 문제점들을 다음과 같이 정리할 수 있다(Strittmatter 외, 2000; Tulodziecki 외, 2004).

- 연구 결과물을 통해서는 일반적으로 교육에서 실시된 연구방법이 충분히 설명되지 않았기 때문에, 개개인에 대한 지시와 상호작용에 대해 실감 있는 체험을 할 수 없다. 변인들에 대한 통제가 부족하여 연구결과의 원인과 영향을 차별화하는 데 있어 결과 해석이 어렵다.

- 기본적인 비판 요인은 실험의 상황에 놓여있다. 실험은 부분적으로 인위적인 상황 속에서 이루어지므로, 연구결과를 '현실'의 학습상황에 적용하기 어렵다. (이것은 미디어 비교연구뿐 아니라 다른 교습학습 연구 영역에도 해당된다.)
- 비교연구에서는 연구 실험 중의 상호작용 상황을 경시한다. 상호작용적 맥락이 실험의 상황에서 근본적으로 중요하다는 것을 가정한다면 "실험조건이 비교되어야 하지만, 실험의 조건은 사실 비교할 수 없다"(Schulmeister, 2002)는 것이 된다.
- 많은 연구들이 이론을 기반으로 하지 않는다. 따라서 연구결과들이 미디어 활용학습에 관한 이론 구축에 대해 제한적으로만 기여를 하게 된다. 다른 한편으로는 이론적으로 근거 없는 가설에 기인한 연구가 이루어지기도 한다.
- 미디어활용교육의 일반적 효과 연구가 의도하는 것은 학습자의 지식 습득, 기억능력, 학습시간을 고려한 학습의 효율성을 파악하고자 하는 것이다. 그러나 많은 경우 학습방법과 그 밖의 교육과정의 변인을 고려한 시각의 차이를 구분하지 않았다.

이상과 같은 이유로 미디어활용교육에 관한 비교연구는 근래에는 많이 실시되지 않고 있다. 그러나 한 연구(Mehlenbacher 외, 2000)에서는 전통적인 학교수업과 온라인 수업을 통한 작문수업을 비교하였다. 이 연구에서는 교사(전통수업) 또는 미디어 활용수업에 따른 학습효과의 비교를 통해서는 일반적으로 적용할 수 있는 보편적 결론을 찾기 어려웠고, 두 실험집단의 학습효과를 비교하여 결과적으로 현저한 차이가 났더라도 그 원인은 분명히 규명할 수 없었다고 하였다. 통제되지 않고 상호적으로 영향을 주는 변수가 너무 많아, 특정 변수에 따른 명확한 학습 성공을 규정할 수 없었기 때문이었다. 이 연구결과에서는 오히려 부작용이나 '의외의 결과'로 분류된 결과들이 상당히 많이 나타났다. 예를 들어, '온라인 학습집단에서의 성별 차이'와 같은 요인으로써, 실험을 이끌게 되는 가설을 설명하지 않았기 때문이다.

미디어활용 학습효과 연구에서는 실험연구와 함께 평가연구도 이루어졌다. 실험연구는 (일반적인) 가설을 명확하게 검증해보이거나 확인하는 "인식지향적 방식"을 따르는 반면, 평가연구는 학습방안의 영향을 개선하거나 검증해보려는 "결정지향적 방식"으로 그 성격을 구분할 수 있다(Tulodziecki, 1989). 평가연구는 미디어를 활용하는 개개 수업에 대해 이루어지기도 한다(예: 어학용 CD와 교재를 사용하는 어학수업). 또는 다양한 기준을 바탕으로 교육의 목표를 설정하거나 부작용을 평가하고자 하는 포괄적인 교육적 대안을 위해 이루어지기도 한다(예: 학교의 컴퓨터활용 학습형태의 도입). 이러한 평가연구를 통해 학교에서의 미디어활용에 대한 장점이나 문제점을 예상할 수도 있고, 교육프로그램 내용을 개선하거나 사용하기 위해 학교 상황을 향상시키는 데에 도움을 줄 수도 있다.

3) 교육텔레비전 방송 평가연구

평가연구의 유형으로서 1970년대에는 교육텔레비전 방송에 대한 연구가 많이 이루어졌다. 한 연구(Salziger, 1977)에서는 교육방송의 다양한 구성형태에 관한 기존의 평가연구들을 교수자와 학습자의 관점에 따라 정리하였다. 여기에서는 만화영화, 영상보고서, 기록영화, 정지 영상들이 학습효과에 있어 비교적 유리하다는 평가를 받았다. 이어서 대화, 토론과 인터뷰 프로그램이 다소 긍정적인 평가를 받았다. 그러나 사회자가 진행하는 프로그램들은 부정적 평가를 받는 경우가 많았다. 또 다른 텔레비전 평가연구(Kozma, 1991)에서는 텔레비전 방송의 표현기술들 중 학생들의 집중력을 향상시키거나 감소시키는 기술들을 평가하였다. 예를 들어, 집중력을 자극하는 것은 어린이나 여성의 음성, 웃음소리, 희귀한 소리, 음향효과, 음향의 변화와 영상의 움직임과 같은 것이었다. 집중력을 유지시키는 것은 특수한 영상효과, 카메라의 선회, 그리고 강렬한 신체적 움직임이었다. 집중력을 떨어뜨리는 것은 남성의 음성, 긴 시간을 소요하는 줌인(zoom in)과 움직임이 없는 정지화면이었다.

교육방송에 관한 평가연구의 다른 예로서 '교사'를 변인으로 설정한 연구(Tulodziecki, 1977)가 있었다. 이 연구에서는 특히 교사에 의해 긍정적이고 성공적인 학습이 이루어진 경우를 평가하였다. 이 평가연구서는 교육방송을 활용하여 긍정적인 학습효과를 얻기 위해 교사들에게 필요한 사항들을 다음과 같이 제시하였다.

- 내용에 대한 확실한 사전지식과 교육 경험
- 텔레비전방송의 사전 시청
- 수업에서 텔레비전을 활용하는 데 대한 부담감 감소
- 교육방송의 창의적 사용능력
- 선택한 프로그램과 교육방송의 일반적 가능성에 대한 긍정적인 평가

이 연구에서 보여주는 바와 같이, 학습효과를 평가하기 위해 교수자를 변수로 규정하였다는 것은 미디어를 활용한 대규모의 교육에 대해 일반적으로 기대했던 희망사항이 충족되지 않았다는 것을 의미한다. 예를 들어, 이 평가연구(Tulodziecki, 1977)에서는 학교의 일상적 교육에서 교육방송이 교사를 대신할 수 없다는 것을 보여주었다. 그리고 모든 학생이 개인적 학습 전제조건과 상관없이, 또는 교사의 도움 없이 교육방송만으로 모두가 좋은 학습결과를 끌어낼 수 있는 것도 아니었다. 같은 미디어활용 수업이라도 학생의 학습 전제조건이 더 좋았거나, 교사가 과목이나 주제에 관한 교육을 미리 받았을 때 학습효과가 더 좋은 것으로 나타났다. 따라서 같은 교육 프로그램의 강좌를 받는다고 하여 학교와 학교 간의 다양한 차이를 균등화하기는 어렵다는 것이었다.

4) 컴퓨터 활용 평가연구

컴퓨터기반 학습 분야에서도 학습효과와 관련한 평가연구가 이루어졌다. 한 연구(Weidenmann, 1993)에서는 기존의 다양한 연구결과들을 바탕으로 하여 소프트웨어의 구성과 관련한 내용을 평가하였다. 소프트웨어를 더욱 발전시키기 위해서는 다음과 같은 디자인 원칙이 중요한 것으로 나타났다.

- 소프트웨어의 단순함과 명료함
- 동일한 외형과 시각적 일관성
- 반복되는 요소들의 동일한 공간 배열
- 화면에서의 직접적인 조작 가능성
- 실수에 대한 간단한 알림과 도움 요청 방식
- 각 단계를 되돌릴 수 있는 역행 가능성
- 방향성에 대한 도움

또 다른 한 연구(Issing 외, 2002)에서는 총 4년간에 걸친 연구를 통해 노트북의 도입으로 모바일 컴퓨터가 학교생활에 가져오는 변화를 조사하였다. 이 연구는 인문고등학교(Gymnasium)에서 실시한 비교 평가연구였다. 이 연구에서는 주제별로 부분 연구를 실시하고, 연구결과들을 최종 비교하였다. 이 연구의 주요 부분 주제는 '수업에서의 실습

교육의 변화', '학교 안팎에서의 학습에 대한 영향', '교과과정이 요구하는 핵심 역량의 습
득 및 학습목표 달성에 대한 기여도'와 같은 것이었다. 이 연구에서는 학생과 교사에 대
한 양적, 질적 설문조사가 이루어졌고, 비디오 녹화를 통한 수업의 관찰, 그리고 다양한
능력과 자격에 관한 시험이 실시되었다. 이 비교 평가연구에서는 다음과 같이 대체로 매
우 긍정적인 결과를 보여주었다.

- 노트북은 특히 문서작성과 자료조사, 공동의 협동적 작업을 위해 사용되었다.
- 수업 상황에서는 학생주도적 상황과 자율적 책임을 갖는 복합적 과제설정이 늘어났다.
- 노트북은 수업에서 학생들의 개인화와 차별화, 그리고 활성화에 크게 기여하였다.
- 노트북을 이용한 학교 학습은 더 흥미롭고 더 생생하고 더 많은 동기를 부여하였다.
- 노트북의 활용은 공동작업에 대한 선호도를 높였다.
- 컴퓨터에 관한 지식과 능력이 증가하였고, 성별 차이가 적었다.
- 노트북을 이용하지 않은 전통수업과 비교했을 때, 전문지식에 대한 전체적인 학습
  능력에는 큰 차이가 없었다.
- 국어과목과 같은 특정한 과목의 작문 시간에는 노트북을 사용함으로써 학습 능률이
  현저히 올라갔다.

앞으로는 미디어 프로그램의 개발 단계에서부터 학습이론 및 교수법적 근거를 적용하
여, 내용의 질과 전달에 있어 더 나은 조건을 만들어야 할 것이다. 또한 평가연구는 일반
적으로 특정한 조건하에서 이루어지는 연구로서, 이러한 연구결과는 특정 주제를 대표
하는 연구가 되기 어렵다는 것을 인식해야 한다(Tulodziecki, 1983; Kummer, 1991). 따
라서 평가연구의 연구물에서는 일반적으로 적절한 판단지침을 줄 수 있는 연구의 제반
상황과 연구조건, 연구방법을 가능한 한 자세히 설명하여야 할 것이다. 이를 통해 미디
어활용 교육에 대한 이론적 발전과 수업기획에 대한 평가를 위해 의미 있는 진전이 이루
어질 수 있을 것이다.

6. 교수학습을 위한 미디어활용의 장점과 단점

여러 유형의 미디어는 교육적 상황에서 교수학습을 지원하게 된다. 그러나 미디어
가 반드시 교수학습 과정에 긍정적으로만 작용하는 것은 아니고, 장점과 문제점을 동시
에 내포하고 있다. 교수자는 교수학습에서 미디어가 기여할 수 있는 장점을 활성화하
고 한계점을 미리 보완할 수 있도록 미디어의 장단점을 잘 파악하고 있어야 할 것이다.
교수학습에서의 미디어의 장점과 한계점 및 복합적 상황은 다음과 같다(문혜성, 2011;
Kozma, 1991; Sacher, 2003; Tulodziecki 외, 2004).

1) 장점

(1) 기능적 장점
- 과제의 발표 수단
- 작업을 위한 자료 준비
- 정보의 출처와 학습보조
- 과제해결을 위한 도구와 기구
- 특정 주제에 대한 분석의 대상
- 작업 계획 및 의견 교환의 도구, 결과의 저장과 발표 도구, 커뮤니케이션과 협동
  과 연합의 수단

(2) 컴퓨터 활용의 장점
- 방대한 자료 속에서 유용한 정보 선택
- 텍스트, 동영상, 그래픽과 같은 다양한 표현형태의 복합적 연결
- 추가적 설명이 필요할 경우, 상황에 적절한 자료 검색
- 결정 상황에서 학생들의 의견 교환을 통한 신속한 행동 촉진
- 기존 자료에 대한 창의적 작업, 영상 편집이나 기존 자료의 그래픽화
- 학습과정에 직접 관련되지 않는 역학적 계산 등의 전문적인 작업 위임
- 기록과 저장의 단순화(예: 학습과정을 디지털 화집으로 만들기)
- 네트로 연결된 시각적 가상공간에서 주제나 프로젝트에 대한 협력과 협동과정 구현

(3) 학생들의 자율적인 정보검색과 정보선택 능력 함양 및 정보에 대한 평가능력 촉진

(4) 학습자 중심의 수업 전개 활성화 및 탐구적, 프로젝트 지향적 학습환경 조성

(5) 교실수업, 소집단 학습, 파트너 개별학습으로의 전환 및 사회적, 개인적 학습 단계의 지원

(6) 학습 단계의 시각적 연결

(7) 파트너 학급과 같은 다른 학습집단, 학부모 및 특정 분야 전문가와 같은 인적 집단, 공립 도서관과 같은 여러 사회적 기관 등과의 교류 활성화

(8) 정보와 학습, 놀이와 오락, 문제해결과 결정 방법의 발견, 교육적 목표와 커뮤니케이션, 문학과 예술에 대한 접근을 위한 다양한 가능성 제공

(9) 사회적 인접공간의 한계를 넘어선 국제화, 세계화에 대한 지식 제공

(10) 흥미 있는 결과의 자율적인 기록, 창조적이고 독창적인 표현 가능성, 개인과 사회를 위한 문제의 공적 제작에 대한 가능성

(11) 의미 있는 주제를 국제적인 커뮤니케이션으로 확장할 수 있는 가능성

2) 단점

(1) 시각적, 청각적 특성으로 인한 감각적 자극의 강화는 보고 듣는 감각에 대해 과도한 자극을 유발할 수 있다. 이 점은 학습자들이 학습내용보다는 시청각적 자극에 집중하게 할 가능성도 내포하고 있다. 프로그램에서 극적 장면을 지나치게 자주 보여주는 연출법은 '내용의 소멸' 또는 내용에 비해 표현형식을 더욱 중요하게 하는 문제를 키울 수 있다.

(2) 미디어 프로그램 중에서도 특히 빠르게 변하는 자극들, 허구와 실상의 혼합과 기록적 형태, 그리고 세부적 정보로 가득 찬 프로그램들은 단시간 내에 사용자들로 하여금 과도한 여러 감정 자극을 유발하게 한다. 예를 들어, 회의, 놀라움, 슬픔, 기쁨, 동정, 분노, 경악과 같은 감정은 인간세계의 복잡한 상황이나 상이한 가치와 행동기준을 통해 발생하게 된다. 여기에는 어린 사용자들로 하여금 체념적인 짜증과 이기적 행동양식에 빠지게 할 수 있는 위험요소가 내포되어있다.

(3) 현대 기술의 발달은 인간의 사회성 발달을 저하시키거나 약화시킬 수 있다. 예를 들어, 어린이방에 컴퓨터나 텔레비전이 따로 놓이게 됨으로써, 이를 사용함에 있어

가족 간에 필수적으로 있어야 할 논의의 과정을 불필요하게 만든다. 인간의 사회성 발달을 위해 반드시 필요한 '사회적 갈등'이라는 전제조건이 '기술적 방법과 복지'라는 형태로 약화되기 때문이다. 사회성 발달은 휴머니즘에 입각하여 미디어나 기술을 사용하고 조절하기 위해 우리에게 절실하게 필요한 발달요인이다.

3) 복합적 상황

미디어를 교육에 활용할 경우, 장점이나 단점을 명확히 구분하기 어려운 상황도 발생한다. 교수자는 미디어의 이러한 복합성을 파악하여, 자신이 담당하는 해당 교수학습의 교육효과를 높일 수 있어야 할 것이다. 교육적 상황에서의 미디어의 복합성은 다음과 같다(Tulodziecki 외, 2004).

(1) 미디어를 통해 보이는 모습(그림, 사진 등)이 현실에 매우 가깝게 표현되었다고 해서 이것이 반드시 교수법적으로 더 낫다고 할 수 없다. 예를 들어, 의과 대학의 사람 심장에 대한 학습에서, 심장의 실제 사진이나 현미경을 통한 해부학적 단면을 보는 것보다 사람의 심장을 명암의 차이가 있게 스케치한 그림으로 학습했을 때 더 나은 학습효과가 있다는 연구결과가 있다.

(2) 미디어적 표현은 어떤 구체적 실상(실태)을 보여줄 때 '현실보다 더 강하게' 느껴지게 하거나, 본질적으로 덜 중요한 것은 더욱 약화시켜 보여줄 수 있다. 미디어는 우리가 어떤 특정한 현실에 처음 접근하게 하거나 무엇인가를 처음 경험하는 것을 가능하게 해준다. 미디어를 통해 우리는 지나간 과거의 것을 접하기도 하고 경험해 보지 못했던 것을 접하기도 한다. 멀리 떨어져 있는 것, 또는 너무 크거나 너무 작은 것을 볼 수 있게 하고, 속도를 빨리 또는 천천히 조절할 수도 있게 한다. 또는 매우 위험한 현상을 접하게 할 수도 있다. 이렇게 우리는 우리가 조절하거나 사용할 수 없는 '현실 그 자체'에 대한 학습의 대안으로서, 감각과 언어를 통해 구성되는 '현실'을 미디어의 도움으로 학습할 수 있다.

(3) 기술적 미디어를 사용하여 교육 공간이나 교사와의 직접 교류(대면) 없이도 자율적 교수학습이 가능한데, 이 교육방법은 특히 소극적이고 교육효과의 성취 정도가 낮은 학생들에게 효율적일 수 있다.

(4) 위와 같은 장점에도 불구하고 미디어를 통해 '실제 경험'을 할 수는 없다. 예를 들어, 컴퓨터 시뮬레이션은 유사 경험만을 가능하게 하므로, 미디어와 함께하는 학습에서는 가능한 '현실 그 자체'가 우선시되어야 하고 그렇게 이루어져야 한다.

(5) 미디어를 활용하는 학습에서는 학습자에게 교육내용에 대해 친근감을 가져다 줄 수 있다. 그러나 학습 상황에서 이에 부응할 수 있는 대응책이 마련되지 않는다면 바로 이러한 특성 때문에 학습자를 쉽게 수동적으로 만들 수 있고, 학습자는 기계의 기술적 강점을 맹신하게 될 수도 있다.

(6) 기술에 대한 맹신은, 예를 들어 현실 실험 상황에서 실수를 파악하는 것보다 미디어 속 과학실험이나 시뮬레이션상 실수를 파악하는 것을 더 어렵게 만들 수 있다. 현실의 상황은 미디어를 통한 재현보다 더 모순적일 수도 있다. (현실에서는 실험이나 교육의 진행상황이 항상 완벽하지 않다.) 그래픽을 통해 현실을 지나치게 왜곡하거나 폭력을 미화하는 만화영화, 컴퓨터게임 등을 자주 접함으로써, 점차 실질적인 현실감각을 왜곡하거나 잃게 할 수 있는 위험도 있다.

(7) 미디어적 표현을 학습하는 데 있어 능력을 가지고 책임감 있게 사용하는 것이 매우 어려울 수 있다.

(8) 미디어와 함께하는 학습에서는 어느 정도 현실을 간략화한 모델을 학습하게 된다. 이러한 특성은 학습자들로 하여금 짧은 안목만을 발전시킬 위험성을 내포하고 있고, 교수학습에서 현실의 풍부하고 다양한 형태의 실제 학습내용을 적용하거나 변환할 때 어려움을 겪을 수 있다.

(9) 미디어는 사실 부분적인 감각만을 전달할 뿐이고, 전체의 모든 경험을 전달하는 것은 아니다. 멀티미디어도 시각적, 청각적 감각 자극을 내포하지만, 인간의 오감과 모든 감정을 전달하지는 못한다.

(10) 미디어를 활용하는 학습은 잘못된 학습과정을 유도할 수 있다. 예를 들어,
　－학습한 내용을 현실에 적용하지 않는 경우가 많고, 미디어 표현의 편리함 안에만 머물 수 있다.
　－미디어와 함께하는 학습은 그 자체가 목적이 되어버릴 수 있다. 미디어를 활용하는 교육을 통해 지식을 습득하기보다, 미디어 다루는 기술을 더 잘 학습할 수 있다.

(11) 기술적 미디어는 송신자와 수신자 간의 내용 교환에 있어 이들의 직접적 대면을

불필요하게 한다. 이것은 모든 학습에서의 사회적 성격을 경시하게 하는 위험을 내포하고 있다. 학습자 개개인은 학습과정이나 사회적 발달에서 어떠한 손해도 겪지 않으면서, 오로지 자기가 필요할 때만 자신을 드러내 보일 수 있다.

4) 미디어활용과 교수자의 유의점

교수학습에서 미디어를 활용할 경우, 교수자는 다음과 같은 점을 명확히 인식해야 한다.

(1) 교수자는 학습자들에게 해당 교수학습에서 미디어를 활용하려는 교육목표와 지향해야 할 교육방향을 분명히 제시해주어야 한다.

(2) 교육적 상황에서 미디어를 활용할 경우, 미디어가 교수자와 학습자, 그리고 학습자들 간의 인간적 커뮤니케이션을 약화시키지 않아야 한다.

(3) 미디어 활용에 앞서 교사와 학생, 학생과 학생 간의 충분한 인간적 교감이 선행되어야 한다. 미디어를 활용하더라도 개인 간의 논의나 협의, 토론이 항상 병행되어야 한다. 미디어는 현실에 관한 사고를 형성하게 해줄 여러 경험을 제공하지만, 이로 인해 가르치고 배우는 과정에서 학생과 교사의 정서적 측면이 소홀하게 간주된다면 이것은 오히려 교육에서 제한점으로 작용하게 된다.

(4) 미디어를 학습자들의 발달수준에 맞게 사용하는 것이 중요하므로, 미디어의 개념을 파악하고 이를 활용하는 데 따른 교육적 책임이 요구된다. 미디어 프로그램을 사용하기 위해서는 학습과정에 미디어를 적절하게 도입하고 개발하려는 사고가 필요하다.

(5) 미디어사용이 단지 교수학습 과정에서 발생하는 의문사항을 해결하기 위한 것뿐이라면, 미디어에 대한 교육학적 관점은 꽃피지 못하게 된다. 교사들은 학습자들의 인지발달과 정서적 수준에 맞추어 미디어를 적절히 활용하도록 숙고해야 한다.

9장.
미디어교수법, 스마트교육과 모바일교육

1. 미디어교수법의 개념과 교육실무의 적용

1) 미디어교수법의 발생

교육하고자 하는 내용을 효율적으로 전달하기 위해 가르치고 배우는 방법을 위한 이론과 실제를 연구하는 '교수법'이란 분야가 생겨나게 되었다. 교수법은 지도계획에 대한 단순한 이론만이 아니라 더 많은 영역을 포함한다. 가르치는 일에서의 기능, 즉 기술적 측면과 인성적 측면 모두를 중시하는 포괄적 의미로 사용된다(Tulodziecki 외, 2004). 교수법은 모든 학습과 지도에서 일어나는 현상을 내포하는 연구영역이며, 이 분야에 대한 모든 과정과 요소를 파악하고자 하는 것이다.

이상과 같은 일반교수법 이론에 미디어 이론이 연결됨으로써 미디어교수법이 발생하게 되었고, 이에 따라 미디어교수법은 교수법의 한 분야로서 학문적 가치를 인정받게 된다. 미디어교수법은 그 내용과 개념에 있어 일반교수법 이론뿐 아니라 같은 비중으로 미디어이론에도 근거를 두고 있기 때문이다(Tulodziecki, 1997). 미디어교수법이란 교수자들이 교수학습에서 미디어를 도입하여 사용할 때 무엇을 알아야 하고 무엇을 고려해야 하는가에 대한 교육방법을 연구하는 분야이다(Kron & Sofos, 2003). 이것은 일반적 미디어교육의 여러 방법을 실제 교수학습 현장에서 적용하기 위한 교수법을 말한다. 미디어교수법에 대한 연구는 교육적 상황에서 미디어교육과 활용에 대한 적절한 지도방법 연구이며, 이를 통한 효율적 학습효과를 지향한다. 이것은 교육의 내용에 관한 사항이라기보다는 방법적 접근이라 할 수 있다.

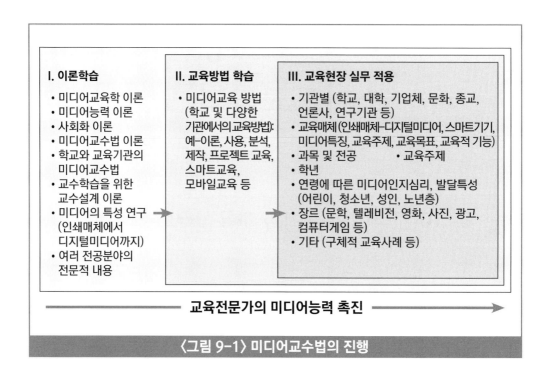

<그림 9-1> 미디어교수법의 진행

2) 미디어교수법의 역사 — 계몽시대에서 디지털미디어 시대까지

역사적으로 교육이라는 개념에 학문적 가치를 부여하여 "교육학"이라는 학명이 생긴 것은 몇 세기 전 계몽주의 시대부터였다. 교육학자이자 심리학자인 헤어바트(Johann Friedrich Herbart)는 『일반 교육학』("Allgemeine Pädagogik", 1806)이라는 저서에서 "교육학"이라는 용어를 사용하였고, 교육학은 하나의 전문적 학문으로 자리 잡게 되었다. 그는 교육과 직업을 연결하여 교사를 전문적 직업인으로도 분류하였다(Blankerz, 1992).

인간을 위해 어떠한 형태와 도구를 사용하여 효율적으로 교육할 것인가 하는 초기 미디어교수법적 사고도 17세기 계몽주의 시대에 시작되었다. 성직자이자 교육학자였던 코메니우스(Johann Amos Comenius, 1592−1670)는 미디어교수법의 이론과 실제의 체제를 정립하였고, 미디어를 활용하여 수업의 질을 향상시키려는 노력을 한 최초의 학자로 기록되어있다(2장 1절 2항 "미디어교육의 시작 − 계몽주의 시대" 참조). 그는 "Didacta Magna", 곧 "대 교수법"("Große Unterrichtslehre")에서 교수법에 대한 이론과 실제를 체계화하였다(Blankertz, 1992). 코메니우스는, 예를 들어 "학교에서는 지루함과 쓸모없는 노력이 있어서는 안 된다. 교사는 적게 가르치면서도 학생들은 많이 배울 수 있어야 한다. 이를 통해 더 많은 자유와 만족감, 그리고 진정한 발전이 있어야 한다"(Hüther 외, 1997)는 것을 주장하였다. "대 교수법"의 내용은 교수법 이론의 근간이 되었고, 그가 주장한 교수법의 목표는 그 당시뿐 아니라 현대에 와서도 이 분야 연구에 있어 중요한 바탕이 되고 있다.

코메니우스는 1657년 수도원 학교 "Scola pansophica"에서 자신의 역사 수업시간에 신문기사를 적극 사용할 것을 권장하였다는 기록이 있다. 그는 1658년에 그림으로 지구와 자연을 표현한 자연과학 교재『Orbis sensualium pictus』(Hüther 외, 1997)를 저술하였으며, 수업도구로써 신문뿐 아니라 달력을 이용하여 강의하였다고 기록되어있다. 이 기록에 의하면 코메니우스에 의해 '미디어교수법'의 이론과 실제에 대한 개념적 토대가 최초로 정립된 것으로 전해지고 있다. 코메니우스 이후 18, 19세기에 이르러서는 '서적'과 '신문'이 대중매체로서 뿌리내렸으며, 이들은 이미 계몽매체로써의 교육적 의미를 갖기 시작하였다.

이후 19세기의 교육학자 페스탈로치(Pestalozzi, 1820)는 학습을 지원해주는 자료가 교수자들의 손에 의해서만 발전되는 것이 아니라 학습자들의 손에 의해서도 발전될 수 있다고 주장하였다(Blankertz, 1992). 이러한 사고는 특히 19세기 말에서 20세기 초(1890-1930)에 발달한 "개혁 교육학"(Roth, 1994)에서 많이 수용되었다. "개혁 교육학"은 교육을 학습자의 관점에서 출발하여 학습자의 자발성과 활동성을 증진하고자 하는 교육목표를 갖는 교육학의 한 분야이다. 이 이론에서는 학습을 위한 자료들을 작업을 위한 수단으로 간주하였다.

그 이후에도 많은 교육학자들이 적절한 교수법을 개발하기 위해 적합한 실물 학습 자료나 학습수단을 찾아내고자 노력하였다. 그러나 처음에는 이러한 사고를 "학습방법론"("Methodik des Lernens", Döring, 1969)으로만 구분하였다. 그 후 교육학자 하이만(Heimann, 1962)은 1960년대 초반, 교육에서도 전자 대중매체의 중요성이 점점 커지게 될 것이라는 것을 주장하였다. 이에 따라 일반교수법에서 중시하는 교육적 의도, 학습주제나 교육방법, 그리고 여러 인위적인 사회문화적 전제조건과 병행하여 적절한 미디어의 선택도 교수와 학습의 중요한 구성요소로 규정함으로써, 유럽에서는 미디어교수법이 체계적으로 발전하기 시작하였다(Dohmen, 1973). 이러한 미디어교수법의 범위 안에서 미디어의 교육적 활용을 위한 미디어교수법적 분류 개념에 대한 연구(Flechsig 1976; Hagemann 외, 1978)도 많이 이루어졌다.

코메니우스 시대에 등장한 자연으로부터 온 식물표본과 같은 실제 사물 모델이나 그림이 그려진 학교성경책 등과 같은 '오리지널' 교육 미디어들은 많은 세대를 거쳐 더욱 기계화되고 전자화되어, 오늘날에는 시각적 교실수업을 가능하게 하는 E-Learning과 디지털미디어교육에까지 이르게 되었다. 계몽시대에서 디지털미디어 시대까지, 미디어 교수법이 다루어야 하는 교육적 연구과제도 엄청나게 변화되고 있다.

3) 교수법과 미디어교수법의 개념

(1) 교수법의 개념 – '교수기획'과 '교수설계'

교수법이란 가르치는 방법 또는 교육하는 방법을 말하며, '가르치는 것 – 교수', '배우는 것 – 학습', 다시 말해 교수와 학습을 위한 이론과 실제를 의미한다(Tulodziecki 외, 2004). 교수법에는 우선 '교수기획'이 포함된다. 교수기획은 계획을 하는 과정으로서, 큰 범위의 교수방법 영역 속에서 각 교수학습 상황을 규정화하는 것이다. 교수기획은 한 사회가 그의 존속을 확고히 유지하고자 하여, 그 사회의 모든 지식과 능력, 사고와 행동에 관한 내용을 포함하며, 이미 설정된 교육체제를 어린이와 청소년들에게 전달하는 것이다(Haft 외, 1986). 교수기획은 교육을 실천함에 있어 큰 범주의 교육상황을 기획하는 것으로, 한 학년, 한 학기, 학교 전체의 교육과정과 같은 장기 계획을 설정하는 것이다. 이에 비해 '교수설계'에서는 주로 단위학습의 교수학습 과정을 기획한다(Tulodziecki 외, 2004, 10장 "미디어활용 교육문화콘텐츠 개발과 스마트교육, 모바일교육 교수설계" 참조).

교수법은 모든 학습과 지도, 교수학습에서 일어나는 현상에 대한 연구영역이며, 이와 관련한 모든 과정과 요소를 파악하고자 하는 것이다. 더불어 이에 관해 작용하는 제한 사항과 그로부터 나오게 되는 작용을 포함한다. 사실 교수학습과 같은 복합적인 과제에서는 사고의 흐름이 언제나 똑바르게 진행되거나 뚜렷한 것은 아니다. 여기에는 여러 가지 측면이 내포되어있고 느닷없는 변화가 있을 수도 있으며, 대개는 여러 요인들이 복합적으로 함께 구성되어있다. 교육의 진행을 위해서는 기획단계에서 무조건 일련의 확고한 순서에 맞추어 획일적으로 구성해나가기보다, 교수법을 기획할 때 생각할 수 있는 여러 관점을 고려하여 융통성 있게 이 과정을 계획하고 진행해나가야 한다. 일반적으로 교수법을 기획할 때에는 다음과 같은 사항들이 고려되어야 한다(문혜성, 2006a; Tulodziecki 외, 2004).

- 각 교수학습의 전개에서 발생 가능한 일을 예측하는 창의적 구성
- 교수학습의 목표, 내용, 전제조건, 다른 수업과의 연계성을 고려하여 의도하는 조처에 대한 철저한 검토
- 선택할 수 있는 가능성과 새로운 관점에 대한 치밀한 숙고, 교수학습 진행의 안정된 보장을 위해 조직적 세부사항에 대한 신중한 결정
- 교수학습의 준비에 있어 합리적 지도방법을 위한 논리적 사고 및 즉흥적인 착상, 생산적인 상상력, 그 당시의 상황에 따른 결정과 과감한 아이디어 모색

일반교수법에서도 미디어는 중요한 요소가 된다. 전통적 교육학의 언어적 관습에서 볼 때, 미디어란 교수학습을 개선하는 데 기여하기 위해 교수법적으로 기획된 상황에서 사용되는 모든 '기술적 보조도구'를 뜻한다(Hagemann & Tulodziecki, 1980). 이 경우에는 칠판, 분필, 게시판, 교과서, 지구본, 교육방송, 언어실습실, ICT 활용교육, 상호학습체계 등과 같은 것이 모두 포함된다. 대부분의 일반교수법 모델에서는 기본적으로 미디어를 교수학습을 지원하는 요소로만 간주한다. 교육이나 교수학습에서의 필요성으로 미디어가 따르는 것이지, 미디어가 있어 교수학습이 이루어지는 것이 아니기 때문이다.

(2) 미디어교수법의 개념과 의미

미디어교수법이란 교수자, 즉 가르치는 사람이 교수학습에서 미디어를 도입하여 사용할 때 무엇을 알아야 하고 무엇을 고려해야 하는가에 대한 교육방법을 연구하는 분야이다. "행동과 발달지향 미디어교육"(10장 1절 1항 참조)의 여러 방법을 실제의 교수학습 현장에서 실행하기 위한 교수법이기도 하다(문혜성, 2006a; Tulodziecki 외, 2004). 미디어교수법은 여러 유형의 교육기관에서 이루어지는 다양한 학습과정 속에 미디어를 도입하고 또 효율적으로 작용시키기 위한 것으로 교수법, 교수기획, 교육과정의 개념에 미디

어 이론이 연계된 것이다(Hüther, 1997). 미디어교수법은 일반교수법 이론과 미디어 이론에 그 근거를 두고 있다.

교수학습 매체에는 교수학습의 목표를 위해 적용되는 모든 미디어가 해당된다. 그러나 미디어교수법에서는 교수학습의 '도구'로서 미디어의 기능적 측면을 고려할 뿐 아니라, '교수자', '학습자'와 함께 '미디어'를 교수학습을 구성하는 '본질적인 구성요소'로 간주한다(Tulodziecki, 1994). 구성요소라 함은 교수학습의 진행방식과 내용에 풍요로움을 가져다주거나 여기에 통합될 수 있는 요소로써, 이 두 성격의 조화를 통해 미디어를 적용하는 교수학습의 구성요소에 대한 개념을 형성하기도 한다.

교육의 내용적 측면을 위해서는 교수학습에서 어떤 미디어를 사용할지 결정하기에 앞서, 전달하고자 하는 학습내용과 학습목표가 선택된 미디어를 통해 어느 정도나 잘 표현되고 전달될 수 있는가를 생각해야 한다. 또한 교수법적 측면의 목표설정에 있어 어떤 미디어가 해당 내용을 전달하는 데 가장 적합한가를 고려해야 한다. 방법적 문제에 있어서는 수업의 전체 맥락 안에서 미디어의 도입이 어떠한 역할을 해야 할지 결정해야 한다. 수업의 어느 시점, 어떤 상황에서 미디어를 활용하며, 수업진행에서 미디어가 어떤 과제를 내포해야 하는가도 결정해야 한다. 나아가 계획한 미디어를 수업에 도입하기 위해 학습 공간, 기기, 소프트웨어와 같은 조직적 전제조건을 어떻게 충족시키며, 경우에 따라 이를 어떻게 이루어내거나 개선해야 할지를 결정해야 한다.

4) 미디어교수법의 교육실무 적용을 위한 능력과 교육방향

미디어교수법은 이론학습 및 분석, 제작, 프로젝트 미디어교육과 같은 미디어를 활용하는 교육의 여러 방법을 실제 교수학습 현장에서 실행하기 위한 교수법(Didaktik)이라할 수 있다. 미디어교수법은 미디어를 활용하는 포괄적인 교육방법에 대한 연구이며 교육문제 해결을 위한 체계적 접근이다. 미디어교수법은 미디어를 활용하는 모든 교수학습 상황에 적용된다. 따라서 실제적 교육콘텐츠를 개발하고 또 콘텐츠개발을 진행하는 교수학습 과정을 기획할 때, 미디어교수법의 이론이 중요한 바탕이 된다.

미디어교육학을 구성하는 미디어교육과 미디어교수법의 이해를 위해서는 미디어와 정보기술이 오늘의 수많은 교육적 과제와 연계되어있다는 사실을 먼저 인식해야 할 것이다. 미디어교육학이 교육적 과제를 통해 추구하는 근본적인 교육목표는 **어린이와 청소년, 성인**

들이 미디어에 의해 영향받는 이 세계에서 사실에 정확하고 자기주도적이며, 창의적인 인 간으로 성장하도록 하고, 사회적 책임감과 윤리성을 바탕으로 지식과 통찰력, 능력, 미디 어기술에 대한 숙련도를 습득하도록 하는 것이다.

이러한 미디어교육학의 교육목표는 미디어와 관련한 교육적 과제를 연구함에 있어 기 본적으로 습득해야 할 행동능력의 분야를 제시한다. 이 행동능력의 분야를 크게 다음과 같은 두 분야(Tulodziecki, 1997; Tulodziecki 외, 2002)로 분류할 수 있다.

① 미디어 및 미디어 프로그램의 사용 및 분석과 관련한 행동능력

예: 텔레비전 프로그램, 영화, 미디어 교육자료, 인터넷의 생태, 경제, 자연과학, 정 치적 정보 등에 대한 분석 능력 및 다양한 미디어의 활용능력

② 미디어 프로그램의 자체적 제작(구성, 기획) 및 표현과 관련한 행동능력

예: 인터넷상의 홈페이지 구축 또는 학교신문 제작, 영상교육자료 제작 능력

이러한 두 가지 유형의 행동능력은 사실에 대한 정확함, 자기주도적 능력, 창의력, 사 회적 책임감을 갖는 행동과 지식, 이해심, 윤리성 그리고 분석과 판단능력을 요구한다. 이러한 능력은 다시 다음과 같은 세 분야의 능력과 연결되어있다(Tulodziecki, 1997; Tulodziecki 외, 2002).

① 구성 및 기획 능력

미디어를 활용하여 교육적 과제를 구성하고 기획하는 능력을 의미한다. 교육적 상황 에 적절한 미디어를 선택하여 활용하는 능력이며, 우리에게 주어진 모든 미디어 프로그 램을 분석하고 해석할 수 있는 능력이다. 예를 들어, 일반적 지식과 정보전달을 위해 유 명 건축물의 사실적 그림을 표현하는 것에서부터 지구상의 인류 발전에 대한 추상적 표 현에 이르기까지, 미디어와 관련한 다양한 구성과 기획 능력이다. 또한 언어적 표현에서 부터 웹에서의 커뮤니케이션을 위한 이모티콘 사용까지, 표현에 관한 모든 능력이며 표 현된 내용을 분석하는 능력이다.

② 미디어사용과 영향력의 인식능력

미디어가 개인의 감정, 가치관, 태도양식에 미치는 영향을 인식하는 능력이다. 공공

여론 형성과 정치적 의사 형성을 위해 매스커뮤니케이션이나 온라인과 오프라인에서 개인 간의 커뮤니케이션을 적절히 사용하는 능력이다.

③ 미디어 프로그램 제작과 유통에 대한 파악능력

프로그램의 제작과 유통의 과정을 파악하고 인식하는 능력이며, 자율적으로 프로그램을 제작할 수 있는 능력이다. 또한 데이터 보호와 저작권을 존중하며, 개인 이메일 사용을 위한 기술적 능력에서부터 컴퓨터 산업과 네트 공급자에 대한 경제적 사안이나 관련 기업체들의 숨겨진 의도를 파악하는 것에 이르기까지, 프로그램의 제작과 유통, 보급에 대한 파악능력을 의미한다.

이상의 능력은 미디어와 관련한 교육적 과제와 연결하여 다음의 다섯 가지 교육영역으로 다시 정리할 수 있다(Hagemann & Tulodziecki, 1978; Herzig, 2003; Tulodziecki 외, 2004). 궁극적으로 이 영역들은 미디어교수법 연구의 기본 틀을 구성하게 된다.

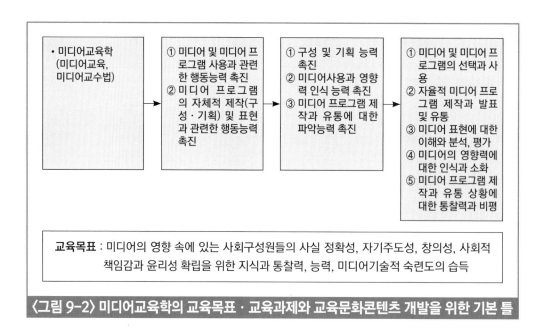

〈그림 9-2〉 미디어교육학의 교육목표 · 교육과제와 교육문화콘텐츠 개발을 위한 기본 틀

① 미디어 및 미디어 프로그램의 선택과 사용

교수자와 학습자들은 교육상황에 적절한 미디어와 미디어 프로그램을 선택하여 활용할 수 있어야 한다. 또한 미디어 프로그램, 커뮤니케이션을 위한 서비스들의 여러 기능을 인식하여 이를 의식적으로 사용하는 능력을 키워야 한다. 미디어 프로그램이나 커뮤니케이션을 위한 서비스는, 예를 들어 인터넷상으로 제공되는 외국 저널의 기사, 검색엔진과 같은 도구, 또는 유명인과의 온라인 채팅서비스 등이다. 미디어 프로그램을 신중하게 선택하고 사용하기 위해 학습자들은 각 프로그램을 기능별로 비교한다. 이를 위해 학습자들은 현실 학습상황 속의 연구나 조사와 같은 오프라인상의 비미디어적 행동방안도 고려한다. 미디어의 선택과 사용을 통해 오락성, 정보 획득, 학습, 게임, 시뮬레이션, 원격 커뮤니케이션, 원격 협동작업과 같은 기능을 수행할 수 있다.

② 자율적 미디어 프로그램 제작과 발표

학습자들이 자신의 가치관을 미디어로 표현하는 능력을 습득하도록 교육해야 한다. 자신의 미디어 프로그램을 제작, 발표하고 유포하는 것이다. 프로그램의 유형은 다큐멘터리, 픽션, 실험적 작품, 교육문화콘텐츠 등 다양하다. 이를 위한 전제조건은 원하는 프로그램 유형에 적합한 미디어기기의 조작능력과 표현 및 구성 기술을 습득하는 것이다. 일반적으로 미디어 프로그램 유형에는 그림이나 사진(영상물), 청각 프로그램, 글–그림(사진)의 조합(예: 신문, 잡지, 팸플릿, 포스터), 동영상 프로그램, 컴퓨터 활용 프로그램과 같은 것이 해당된다.

③ 미디어 표현에 대한 이해와 평가, 프로그램에 대한 분석과 해석

학습자들이 미디어적 표현양식과 구성형태를 적절히 이해하고 평가할 수 있는 능력을 키우도록 교육해야 한다. 이를 위해 문자, 텍스트, 영상과 음향("미디어 언어")의 특성을 배우도록 한다. 미디어 프로그램에 대한 비평적 분석과 해석적 시각도 키우도록 해야 한다. 전달하는 내용 또는 연출된 내용으로 미디어적 표현을 인식하고, 다양한 미디어적 구성 의도를 구별할 수 있는 능력을 키워야 한다.

④ 미디어의 영향력에 대한 인식과 내면화 ― 미디어와 인간의 사회화

학습자들은 미디어가 자신에게뿐 아니라 다른 사람들 모두에게 영향력을 행사한다는 사실을 인식해야 한다. 미디어에 의한 인간의 사회화에 대한 관점을 발달시키는 것이다. 이러한 학습을 통해 학습자들은 미디어의 영향을 의식하고 이를 표현하고 적절하게 정리하거나 내면적으로 소화할 수 있어야 한다. 이러한 맥락에서 학습자들은 특정한 영향이나 작용과 관련 있는 미디어의 구성적 특징을 통찰할 수 있어야 하고, 미디어적 표현과 현실 간의 차이를 구별할 수 있어야 한다.

⑤ 미디어 프로그램 제작과 유통 상황에 대한 통찰력과 비평

학습자들은 미디어 프로그램의 제작과 유통에 대한 경제적, 법률적, 조직적 문제들과 기관의 상황, 정치적, 사회적 상황에 대한 통찰과 판단 능력을 획득해야 한다. 이러한 상황은 인쇄매체, 방송프로그램, 음악프로그램, 인터넷프로그램, 정치적 정보 등을 통해 학습할 수 있다. 예를 들어, 현대 사회의 음악시장과 관련하여, 텔레비전, 라디오, 인터넷에서의 활동과 CD나 음원 판매량 등을 통해 특정 음악의 현황을 조사할 수 있다. 이와 함께 불법 다운로드, 친구들 간의 CD나 음원 복사 등에서 비롯되는 저작권 침해 문제와 같은 음악시장과 관련한 잠재적 갈등 요소들을 다룰 수 있다. 저작권에 대한 학습은 미디어를 활용한 자신의 작품제작이나 창작 예술작품 등을 통해 직접적으로 의식하고 학습할 수 있다.

2. 스마트교육, 모바일교육
　　　– 디지털교육의 잠재력과 학교발전

"Tell a story, Play a game, Make it social, Make it immersive, Make it Mobile" ("The five Superpowers of Learning for the Digital Age", in ASTD–"American Society for Training & Development", 2012). 어떤 특정 교육주제에 대해 이야기를 구성하고, 마치 게임하듯 즐기며, 사회적 관계를 맺고, 증강현실이나 가상현실의 세계도 활용하며, 어디든 가지고 다닐 수 있는 디지털시대 교육 프로그램의 특성을 보여주는 이 말은 오늘날 교육문화의 흐름을 압축적으로 표현하고 있다. 교육방법에 있어 모바일교육으로의 급진적인 전환은 경계할 필요가 있다는 시각에도 불구하고, 현재의 교육문화는 손안에 들어오는 미니컴퓨터와 함께 매우 큰 변화를 맞이하고 있다. 스마트기기, 모바일기기의 양적 확산은 사회의 거의 모든 분야에 새로운 자극을 주고 있다. 인재양성을 위한 교육전략으로써 이제 우리나라에서는 스마트교육을 통한 학교 교육패러다임의 변화를 추진하고 있다(교육과학기술부, 2012; 서순식 외, 2015). 또한 여러 기업체에서도 창의성, 정보에 대한 민첩성, 재무기반의 비즈니스 감각, 의사결정능력, 부하직원들과의 소통을 위한 스토리텔링 등의 실행을 강조하는 혁신을 추구하고 있다(ASTD, 2012). 오늘의 사회 현실에서 스마트기기와 모바일기기를 활용한 교육문화에 대해 보다 체계적인 연구의 접근이 필요할 것이다.

1) 스마트교육, 모바일교육의 개념과 교수법

(1) 스마트교육, 모바일교육의 개념

스마트교육은 스마트기기를 활용하는 학습형태로서, 이동이 가능하여 시간과 장소에 얽매이지 않고 교육이 가능한 모바일교육의 형태로 이루어지는 경우가 많다(Bachmair 외, 2011). 국내의 연구에서는 이 분야에 대해 스마트교육이라는 용어를 많이 사용하는 반면, 유럽과 미주 지역에서는 모바일교육이라는 용어를 더 많이 사용하는 경향이 있다. 이 분야에서는 용어의 혼재에 대해 아직도 많은 어려움을 논하는 경우도 많다.

스마트교육 또는 모바일교육은 21세기 지식 정보화 사회에서 요구되는 교육체제 전반의 새로운 변화를 이끌기 위한 지능형 맞춤 교수학습 지원체제이다. 또한 최상의 통신환경을 기반으로 인간중심의 커뮤니케이션, 협업, 집단지성, 지식공유의 특성을 갖는 소셜러닝을 연결하는 학습형태이다(교육과학기술부, 2012; 문혜성 외, 2013). 기존의 이러닝을 통해 기초능력에 대한 정보나 사실적 지식의 획득이 주로 이루어진다면, 좀 더 고급화된 정보 획득이나 신속한 현장 적용능력은 스마트교육으로 이루어지는 경향이 있다(강현모, 2012). 스마트교육을 통해 교육역량, 교육방법, 교육내용, 시간과 공간의 모든 분야에 대한 확장이 이루어질 가능성이 커진 것이다.

스마트교육은 Web 3.0의 Sematic Web, Immersive Internet, Mobile Web의 기반에서 이루어진다. 스마트교육은 크게 학습효과 및 성과 창출과정을 촉진하는 PSS(Performance Support Suite)와 이 PSS를 기반으로 학습활동을 촉진하는 지식창출 전략인 LSS(Learning Strategy Suite)를 활용하여, 필요한 지식을 필요한 사람이 필요한 시기에 창조하고 공유하는 교육모델이다(송영수, 2012). PSS에는 사람(Human Networking)과 시스템(Information Networking)이 포함되며, LSS에는 형식교육, 비형식교육, 사회적 교육이 해당된다.

스마트교육에서는 "솔루션: 전달방식의 혁신"과 "운영: 서비스의 혁신"이 중요한 교육방식이 된다(임준철, 2012). '솔루션'과 '운영' 중심의 스마트교육은 전달방식에 대한 문제를 개선하고, 학습자 스스로 고품질의 콘텐츠를 짧은 시간 내에 검색하고 학습할 수 있도록 하는 교육방식이다. '솔루션'은 학습자의 자율적 검색과 활용을 학습활동과 업무의 일부분으로 통합시키며, 현장지향 학습목표를 달성하고자 학습효과와 성과 창출에 영향을 미치도록 한다. '운영'은 학습자에게 자발적 학습동기를 제공하여 높은 학습효과를 달성할 수 있는 서비스 제공에 관한 것이다. 솔루션의 구축과 콘텐츠 활용에 있어서는 자체적 구축 및 제작, 또는 외부의 서비스 활용과 외부 콘텐츠 사용방식이 있다(그림 9-3).

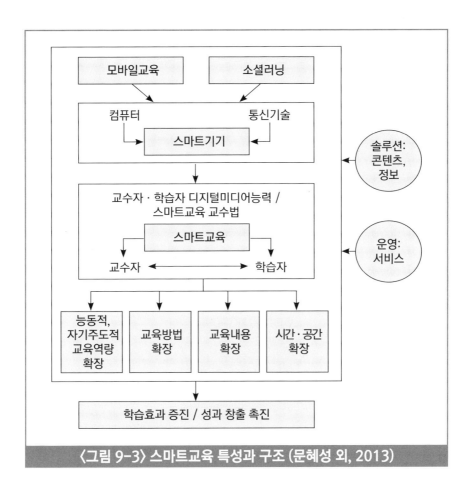

〈그림 9-3〉 스마트교육 특성과 구조 (문혜성 외, 2013)

스마트교육에서는 다음과 같이 멀티미디어 기능을 활용한 여러 유형의 학습이 가능하다(Bachmair, 2009).

- 개인적이고 지속적인 지참 및 활용 가능성
- 동영상, 사진, 오디오, 음악작업 등을 위한 능동적 미디어작업의 가능성
- 캘린더, 알람, 내비게이션 등을 이용한 일상 조직에 대한 적용 가능성
- 소리, 문자, 그림 등의 다양한 표현형태를 위한 높은 저장능력의 가능성
- SMS(Short Message Service), MMS(Multimedia Messaging Service), Telefon 등의 다양한 개인 커뮤니케이션에 대한 접근 가능성
- 인터넷이 갖는 특별한 커뮤니케이션의 특성과 정보의 미디어 저장성, 상호적 대화 창 등의 인터넷에 대한 접근 가능성

　스마트교육은 개인화를 통한 자기주도적 학습, 검색의 용이성, 학습과 업무의 일체화, 교육비용의 저비용 고효율 구조 등과 같은 많은 장점을 갖는다. 이러한 요인들은 온라인 교육을 대체할만한 특성을 가질 뿐 아니라, 학교교육의 여러 영역에서 다양한 효과를 끌어낼 수 있는 많은 가능성들을 안고 있다. 이러한 가능성들을 실질적인 교수법과 연결시킬 때, 보다 더 긍정적인 교육효과가 촉진될 수 있을 것이다.

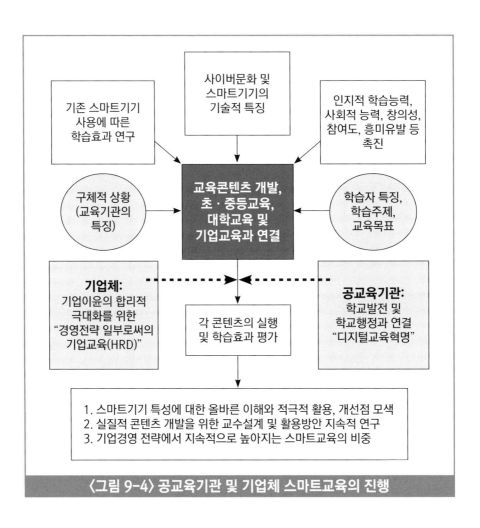

〈그림 9-4〉 공교육기관 및 기업체 스마트교육의 진행

(2) 모바일교육과 스마트교육 교수법

모바일기기와 스마트교육을 통해 교육의 질을 향상시키기 위해서는 실제 교수학습 상황에서 교수법적 특성을 체계적으로 운용하는 것이 중요하다. 교수법의 시각에서 보아 모바일교육, 스마트교육이 갖는 의미를 정리하면 다음과 같다(Bachmair 외, 2011).

- 모바일교육과 스마트교육은 많은 사회구성원들의 변화된 미디어문화와 학습문화에 대한 교수법적 응답이다.
- 일상을 지배하는 새로운 미디어문화의 특징으로 개인화, 이동성, 수렴성의 성격을 갖는다.
- 증가하는 비형식적 학습, 감소하는 학교학습을 뜻하기도 한다.

모바일 형식의 스마트교육을 학교교육의 관점에서 본다면, 이 교육은 비형식적 학습이면서 학생들의 일상이나 일상적 커뮤니케이션을 학교생활과 연결해주고, 스마트기기의 문화적 교육자원 및 문화생태학적 공간기능을 활용할 수 있는 특성을 갖게 된다(Pachler 외, 2010). 이러한 교수법적 특성을 스마트교육에 연결하는 데 있어 교수학습 기획과 분석이 필요하며, 여기에는 다음과 같은 "스마트교육 교수법의 여섯 가지 구조적 특성"(Bachmair 외, 2011)을 적용할 수 있다.

① 스마트기기와 함께 비형식적 학습을 학교에 통합한다.
② 스마트기기와 함께하는 에피소드로 상황학습을 이룰 수 있다.
③ 스마트기기는 학생들에게 하나의 도구로써 새로운 학습의 맥락을 이루게 하고, 학습과 스마트기기와의 맥락을 생성한다.
④ 스마트기기는 학생들의 일상과 학교교육 간의 교량 역할을 하고, 학교 밖의 올바른 생활과 학교학습 간의 연결을 이루어준다.
⑤ 스마트기기와 함께 학생들은 학교와 일상에서 개인 작업을 유도하는 능동적 전문가가 된다.
⑥ 스마트기기와 함께 학습 맥락에서 학생들의 감각적 발달을 촉진할 수 있게 한다.

〈그림 9-5〉 스마트교육 교수법의 여섯 가지 구조적 특성 (Bachmair 외, 2011)

이상의 교수법적 특성을 커뮤니케이션 구조 안에서 해석할 때, 스마트기기를 활용하는 모바일교육에 대한 구조를 다음과 같이 표현할 수 있다(그림 9-6).

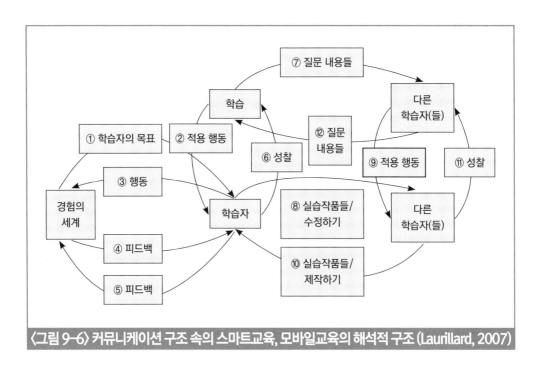

〈그림 9-6〉 커뮤니케이션 구조 속의 스마트교육, 모바일교육의 해석적 구조 (Laurillard, 2007)

(3) 스마트교육을 위한 학습자와 교수자의 디지털미디어능력

스마트기기와 같은 기술적 미디어의 발전은 학교교육에도 큰 영향을 미치고 있으며, 동시에 새로운 교육적 과제를 요구한다. 특히 다양한 컴퓨터게임에 익숙한 이 시대의 많은 학생들은 문제해결 방식 및 갈등해결 양식에 있어 새로운 감각적 자극에 대한 욕구를 가지고 있고, 이들에게는 SNS를 통한 개방된 상호 대화와 자유로운 경험의 교류도 중요하다. 또한 E-Learning을 비롯한 컴퓨터와 통신기반 학습형태는 분명 일선 교육기관의 학습형태에도 큰 영향을 미치게 되고, 교수자와 학습자에게는 새로운 미디어능력을 요구한다. 여기에는 인류학적, 학습심리적 전제조건도 고려되어야 한다(Spendrin, 2013).

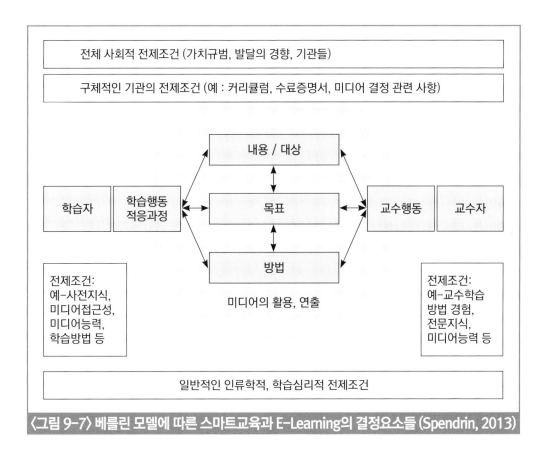

〈그림 9-7〉 베를린 모델에 따른 스마트교육과 E-Learning의 결정요소들 (Spendrin, 2013)

　스마트교육의 방법을 활용하여 효율적인 교육효과를 이끌어낼 수 있도록 하는 것은 결국 교수자와 학습자의 역량과 직결된 것이며, 이 역량은 다음과 같은 디지털미디어능력의 촉진을 통해 발전될 수 있을 것이다.

① **학습자의 디지털미디어능력(문혜성 외, 2008; Baacke, 1999a)**

- 스마트기기를 활용한 콘텐츠기획 및 제작에 대한 표현능력
- 개인에 대한 미디어의 영향력 인식능력 및 공공여론과 정치적 의사 형성에 대한 대중매체와 개별 커뮤니케이션의 윤리적 능력
- 미디어제작과 유통에 대한 제반사항, 기관과 개인 소비자와의 관계 파악능력
- 정보보호에 대한 법률적 문제 습득능력
- 컴퓨터산업 관련의 경제적 문제 및 네트워크 관련 기업에 대한 기술적 전제조건 학습능력

② **교수자의 디지털미디어능력(Kübler, 2005; Tulodziecki, 1999)**

- 교수자는 스마트교육을 위해 교육주제와 관련한 문제해결 및 결정능력, 정치적 영향력 인식과 예술적 감각을 촉진하고, 사회적으로 제공되는 프로그램이나 소프트웨어, 애플리케이션 등에 대한 선별능력을 키워야 한다.
- 스마트기기의 기술적 체계나 표현기술에 대한 '미디어 언어'를 이해하며, 학생들에 대한 영향력과 특히 부정적 정서, 왜곡된 태도와 가치관 정립에 대해 먼저 인식할 수 있어야 한다.
- 스마트기기의 확산에 따른 기술적, 경제적, 법률적, 사회적, 기관적, 정치적 제반사항에 대한 판단능력을 가져야 한다.
- 자신의 전공분야와 관련하여 미디어 프로그램의 기획의도, 내용, 표현방법, 미디어에서 보여주는 관점 등을 분석하고 선별하며, 자신만의 교육콘텐츠 개발을 위한 기획과 제작능력을 키워야 한다. 이를 자신의 교수학습 상황에 발전적으로 접목시킬 수 있어야 한다.
- 각각의 전공에 대한 독립적 연구는 물론, 여러 분야의 전공을 포괄하는 융복합적 상황에 적합한 미디어내용과 활용방안을 연구해야 한다.
- 개인적, 기관적 차원의 미디어환경을 파악해야 하며, 학생들의 미래직업과 연결되는 전문성을 고려한 미디어교육 환경을 발전시킬 수 있도록 해야 한다.

2) 초·중·고등학교의 스마트교육

첨단 미디어를 활용한 교육문화의 발전에 대한 기대감은 "디지털교육혁명"(Dräger 외, 2015)이라는, 조금은 성급하고 흥분된 표현을 통해서도 잘 드러나고 있다. 우리나라를 비롯한 아시아, 미주, 유럽 등 세계 여러 지역에서는 미디어를 통한 학교 발전을 위해 막대한 교육예산을 투자하고 있다.[1] 디지털미디어 또는 모바일스마트기기를 학교교육에 도입했을 때, 이것이 장기적 관점에서 학교발전에 어떤 연관성을 갖는지는 그 실용적 경험 기간이 짧아 아직은 체계적으로 정리하기 어렵다. 무엇보다 학교교육의 도입을 위해서는 엄청난 재정적 투자가 있어야 하고, 교육효과와 학교발전을 위해 스마트교육에 필요한 교육적 사안을 점검해보아야 할 것이다(10장 5절 "교육전문가를 위한 교사교육과 학교행정" 참조).

(1) 스마트미디어가 주는 교육학적, 교수법적 희망 –
기술적 혁신만으로는 변화되지 않는 교육의 질

스마트기기를 사용함으로써 교육학적, 교수법적 측면에서 희망할 수 있는 사항은, 학습자 개인의 학업성취 능력을 더욱 향상시키고 보다 더 탄력성 있는 교수학습 과정을 조직적으로 준비하여 협동학습을 강화하며, 학생들이 전반적인 미디어능력을 습득하고 이를 더욱 발전시킬 수 있도록 하는 것이다. 학계에서는 디지털기기가 보편화되면서, 비용의 부담은 낮아지고 다양한 교육용 애플리케이션과 소프트웨어의 개발을 통해 이를 모든 전문분야에 적용하기를 희망한다. 뉴미디어를 학교에 도입하여 규칙적이고 체계적인 '교육의 첨단화'를 기대하기도 한다. 그러나 이 모든 것이 단순히 교육에 첨단 미디어를 도입하는 것만으로 가능한 것은 아니다. 기술적 혁신만으로 이상적인 교수학습 과정의 혁신이 자동적으로 이루어지지 않는다는 것은 분명하다.

한편으로는 기술의 혁신적 활용 가능성이라는 측면, 다른 한편으로는 전통적으로 깊

---

[1] 이에 대한 한 사례로, 독일의 Baden-Wüttemberg 주에서 2015년에 실시한 "태블릿 PC 활용 학교교육 프로젝트"에서는 200만 유로를 투자하여 학생들에게 태블릿 PC를 지급하고, 250만 유로를 교사진의 연수와 교육을 위해 지원하였다. (www.schule-bw.de/unterricht/tablet_projekt[Zugriff: 09.12.2015]).

이 뿌리내려져 있는 교육적 실무나 교육양식과 이를 이끄는 교수자들이라는 다른 측면, 이 두 측면 간의 상충되는 속성은 지난 수년간 학교교육에서 늘 고민하는 중요한 영역이었다(Brüggemann, 2016). 미디어교육학에서 추구하는 교육목표가 현실적인 교육적 실무 아래에 놓이게 될 때, 그 의미는 빛이 바라게 될 가능성도 있기 때문이다. 예를 들어, 학생들의 인터넷 자료검색 능력과 조사능력, 정보에 대한 판단능력을 촉진하려는 교육목표를 이행하고자 할 때, 학생들은 역시 인터넷을 활용하여 특정 내용을 검색하게 된다. 그러나 학생들이 검색을 위해 적용한 내용의 출처 역시 인터넷 안에 들어있다면, 결국 그 교육적 논제 자체가 불합리하게 될 뿐이다. 첨단의 디지털미디어는 상호작용의 기능뿐 아니라 교수법적으로도 다양한 가능성을 내포하고는 있지만, 매우 철저하게 설계된 교수학습 상황이 아닐 경우 이를 도입한다는 것은 오히려 그 기술이 수업 실무를 지배하는 상황이 되어버릴 수도 있다(8장 6절 "교수학습을 위한 미디어활용의 장점과 단점" 참조).

(2) 학교발전을 위한 스마트미디어의 교육적 연결

스마트기기를 도입하여 궁극적으로 학교의 발전을 꾀하고자 한다면 학교 조직의 발전, 수업의 발전, 인적 발전과 같은 측면이 학교행정, 학교의 연간 기획, 과목별 기획 등과 실질적이고 체계적으로 어우러져야 한다.

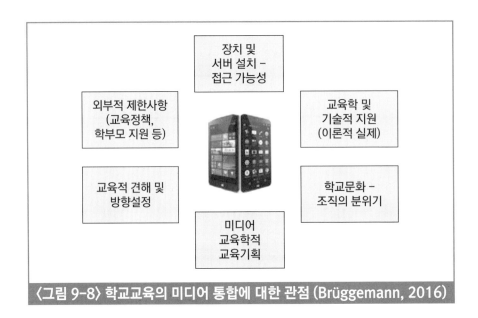

⟨그림 9-8⟩ 학교교육의 미디어 통합에 대한 관점 (Brüggemann, 2016)

특히 기술적 지원은 학교 행정조직의 차원과 연계가 잘 이루어져야 한다. 기술적 도입에 있어 전체 학교발전을 위해 고려되어야 할 교육적 방향은 다음과 같다(Autorengruppe Paducation, 2014; Brüggemann, 2016).

① 커뮤니케이션의 확장에 대한 인식

스마트기기를 설치하는 범위가 더욱 넓어지면서 커뮤니케이션 행동 공간 간의 경계가 허물어지고, 그와 연결된 학교 커뮤니케이션 구조의 변화도 이루어졌다. 학생들 과제와 관련한 커뮤니케이션이나 학생들 간의 커뮤니케이션 실습도 전반적으로 크게 확장되었고, 학교의 울타리를 벗어나는 경우도 많아졌다. 학생과 학생, 학생과 교사, 학교와 학부모 간의 커뮤니케이션이 더욱 강화되면서 작업과정이나 교육과정과 관련된 내용이 가상공간으로도 이전하게 되고, 사적 커뮤니케이션의 주제도 여기에 섞이게 되었다는 것을 이제는 명확히 인식해야 한다.

② 사용 규칙에 대한 숙지와 적용

다양한 스마트기기를 수업에 도입하게 될 때, 학생들의 관심이 급격히 미디어기기 쪽으로 쏠리거나 수업에 방해가 되는 것처럼 보일 수도 있다. 교육과제가 반복되어도 이에 대해 적절한 훈련이 되어있지 않은 경우도 많다. 따라서 스마트기기와 함께하는 교육에서는 이로 인한 방해를 느끼지 않고, 또 학생들의 관심이 미디어기기에만 치중되는 것을 피하기 위해 적절한 지침과 사용 규칙을 먼저 일깨워주는 것이 좋다. 학생들이 각각의 해당 교육주제에 적합한 규칙과 함께 자율적 책임과 자율적 조정능력을 확고히 하며 스마트기기를 사용할 수 있도록 하는 장기적인 교육목표를 설정해야 한다.

③ 정보보호, 개인정보보호, 사용자 권리에 대한 인식과 책임

교육에서 스마트기기를 사용할 때는 정보보호, 개인 신상보호, 그리고 이 모든 것을 관리할 수 있는 사용자에 대한 관리는 늘 하나의 도전거리가 된다. 클라우드 컴퓨팅을 활용하거나 서버를 통한 지역적인 관리를 하거나, 데이터 저장은 매우 중요한 사안이다. 스마트기기와 함께하는 교육에서는 데이터 관리의 투명성을 위한 규칙을 정하는 것이 필수적이다.

④ 아날로그 미디어와 디지털미디어의 연계

학교교육에서 아날로그적 작업과 디지털 작업을 서로 연결하거나 전환하는 교육방식은 피할 수 없는 사안이다. 이 주제는 미디어를 활용하는 학교의 교육과정에 이미 내재되어있는 요인이다. 교수자는 그때그때의 교육상황에 어떤 방법이 교육효과를 더 높일 수 있을지를 판단하고, 그에 적절한 미디어를 찾아내야 한다. 예를 들어, 학생들이 시험을 치를 때 평소 수업에서 익숙하게 사용했던 미디어나 소프트웨어 없이 종이에 쓰는 작업으로 평가를 받게 된다면, 문제를 푸는 데 걸리는 시간이 길어져 불리해질 수도 있는 경우와 같은 것이다.

⑤ 안정적인 인프라 구조의 연결

새로운 스마트미디어를 활용하는 교육작업에 있어서 지속적이고 안정적인 인터넷 망의 연결, 그리고 교육 소프트웨어의 라이선스 허가에 대한 사전 준비가 필요하다.

⑥ 학교 공동체 및 학교 위원회의 동의

학교교육에서 스마트미디어를 보다 적극적으로 활용하기 위해서는 국가의 정책적 결정만이 중요한 것이 아니다. 교사진과 학생, 학부모 모두에게 이 교육의 특성과 교육적 기능에 대한 명확한 설명이 필요하고, 설득을 통한 합의의 과정도 중요하다.

⑦ 교사진을 위한 지속적 교육연수와 실무 경험의 교환

스마트미디어를 학교교육에 활용하는 데 있어 가장 중요한 점은, 이를 이행하는 교사진들의 미디어교육학에 대한 지식과 능력이라 할 수 있다. 이를 위해서는 교사들을 위한 지속적인 연수와 교사교육이 필요하고, 교사들의 팀티칭과 실무 경험에 대한 의견 교류도 활발히 이루어져야 한다. 미디어 관련 교육주제를 개발하는 데 있어서는 교사들이 서로의 입장에 서서 어떤 것을 지원하고 준비해주어야 하는지, 어느 정도의 수준으로 그 자격의 요건을 맞추어야 하는지가 논의되어야 할 것이다.

⑧ 미디어활용 교육콘텐츠 개발과 토대

학교 발전을 위해 스마트기기를 도입할 때는 '학교교육의 전략적 도구'로서 이를 활용해야 한다. 이와 관련한 중요 주제로써 교육콘텐츠의 기획과 개발을 들 수 있다(10장 "미디어활용 교육문화콘텐츠 개발과 스마트교육, 모바일교육의 교수설계" 참조). 스마트기기를 활용한 콘텐츠 기획과 개발을 위해 다음의 세 가지 요인을 고려해야 할 것이다.

- **교육학적 토대** : 수업 구상, 교육콘텐츠, 자격 획득을 위한 훈련과 지원, 미디어 관련 구상, 교사진의 교육적 신념과 확신 등
- **기술적 토대** : 데이터 처리, 플랫폼, 네트의 연결, 사용 권리와 역할, 교육 소프트웨어 및 애플리케이션의 분배, 안전성 등
- **조직적 체계화** : 도입 과정의 신중한 진행, 사용 규칙, 지원 조직, 조절집단, 평가, 미디어를 활용한 발전 계획 등

(3) 학교행정 및 조직과 함께하는 스마트교육

스마트기기를 학교교육에 도입한다는 것은 교수학습 과정, 조직적 체계의 구조, 커뮤니케이션 구조, 기술적 발전, 교사진과 학교 측의 자율적 이해, 과제에 대한 이해 등과 같은 다양한 사안을 아우르는 복합적 혁신의 과정이다. 그러나 학교교육의 혁신은 학교행정 발전과정 속에서 함께 이루어질 때 실질적으로 이루어질 수 있다. 뿐만 아니라, 기존의 수업방식과 수업구조, 스마트미디어 간의 교환작용이 잘 드러나게 하고, 이에 대해 충분히 논의하고 이 경험들이 축적되어야 한다. 이 모든 것이 학교의 조직과 구조 속에 잘 어우러져야만 현실적인 교육과정으로 성공할 수 있다.

스마트기기와 같은 뉴미디어가 충분히 제공된다는 것은 매우 중요한 요건이지만, 교수학습 과정을 개선하는 데 있어 거의 모든 것을 충족시켜주는 것은 아니다. 스마트기기를 많이 보유한 학교는 직, 간접적으로 학교의 교수학습에 많은 영향을 줄 수 있고 또 전략적으로 기획을 짜기도 하지만, 체계적인 기획 없이 사용되기도 한다. 학교에서의 효율적인 스마트교육을 위해서는 우선 스마트 미디어교육에 대한 적절한 평가방법이 개발되어야 하고, 학문적 지원이 지속적으로 이루어져야 한다. 무엇보다 교육에서 특별한 교육효과를 얻지 못했다면 그 원인들을 잘 파악해야 한다. 이러한 기본적 요건이 충족될 때 스마트기기는 앞으로 많은 교육 프로젝트에 더욱 큰 영향력을 발휘하게 될 것이다.

(4) 스마트폰 활용 교육 연구사례

① 연구방법과 연구내용

스위스의 초등학교 5학년 학생들과 교사들을 대상으로 "교실 안의 스마트폰"(Swertz, 2011)에 관한 연구가 이루어졌다. 이 연구에서는 학교수업에서 스마트폰을 사용하는 데 대한 적합한 수업방법, 학교 밖에서의 학습 촉진, 학생들의 정보 해석능력 및 미디어 해석능력의 촉진, 사회적 관계에 대한 모바일 기술의 영향, 학교수입과 자유시간 간의 연결과 같은 것을 파악하고자 하였다. 학생들에게는 스마트폰(Apple iPhone 3G)을 제공하고 2년간 학교나 사적 생활에서 무료로 사용할 수 있도록 하였다. 사전에 학부모와 학교행정 측으로부터 허락을 받았으며, 인터넷과 모바일전화기를 사용할 때 발생할 수 있는 위험에 대해 사전에 알려주었다. 학생들은 자율적으로 사용 규칙을 이끌어내기도 하였다.

이 연구는 본 절 3항의 "대학교육의 발전방향과 스마트교육 − '행정'−'교육'−'연구'의 조합"의 "산학협동 프로젝트 교육 − 프로젝트 지향 교수법"의 일환으로 진행되었다. 이 연구는 오스트리아 빈 대학교의 미디어교육학 세미나의 과제로 진행된 실습 프로젝트였고, 연구결과는 이 세미나를 수강한 대학생들이 분석하였다. 연구를 위한 실험은 8주간 진행되었다. 실험 중에는 교사들 및 일부 학생들과의 인터뷰가 진행되었고, 실험 후에는 학교교육에서의 스마트폰 사용에 대한 설문조사가 이루어졌다. 연구를 통해 나타난 주요 내용은 다음과 같다.

- 교사의 입장에서 보아 수업방법의 전반적인 변화는 없었다.
- 수업의 기술적 측면에 관한 Microlearning 부분에서 변화가 나타났다.
- 교사와 학생들 간의 커뮤니케이션이 사적인 영역으로도 확장되었다.
- 스마트폰은 많은 학생들에게 하나의 학습도구로써 높이 인식되기 시작하였다.
- 성적의 향상도 나타났다.

② 연구결과

이 연구에서는 수업의 방법에 있어 스마트폰을 기존의 수업 콘셉트에 쉽게 연결할 수 있다는 것을 보여주었다. 그러나 이 연구결과가 다른 모든 수업에도 반드시 똑같이 적용될 수 있다고 할 수는 없다. 여기에서는 수업의 방법이 기술에 접목된 것이 아니라, 기술이 수업의 방법에 접목된 것이다. 이 연구는 참여 교사들의 입장에서 개인적 수업실습 프로젝트를 발전시키고자 한 것이 아니라, 교사들에게 새로이 등장한 커뮤니케이션 경향과 스마트기기를 하나의 옵션으로서 사용할지를 제안하는 것이 더 의미 있었던 것이다.

연구결과에서는 교사의 관점에서 보아 스마트폰의 도입으로 수업방법에 있어 특별한 변화는 없었다는 것을 보여주었다. (학습환경에서 위키피디아 같은 사전이 간혹 사용되기도 하였다.) 수업 기술적 측면의 Microlearning 분야에서는 변화가 있어, 학생들의 즉흥적인 작업이 잘 이루어졌다. 예를 들어, 빨리 인터넷을 보고, 빨리 말하고, 빨리 단어를 찾는 것 등과 같은 것이다. 스마트폰을 통해 개인적 컴퓨터를 지참함으로써 컴퓨터실을 찾아가거나 컴퓨터를 준비하는 등의 시간도 절약되었다. 교사와 학생 간의 커뮤니케이션 양식에도 변화가 생겨, 수업시간 외에도 수업에 관해 교사가 응답을 해주기도 하였다.

학생들은 SMS나 이메일을 통해 공부에 대한 것뿐 아니라 학생과의 개인적 대화도 가능하게 되어, 연구자가 기대했던 것 이상으로 교사와 학생들 간의 간극이 줄어든 것으로 나타났다. 이를 통해 학생들은 교사의 더 많은 지원을 받게 되었고, 스마트폰과 함께 더 많은 연습과 훈련의 가능성을 갖는다고 생각하게 되었다. 성적도 향상되었다. 특히 수학 성적이 좋아졌는데, 스마트폰의 학습프로그램을 사용함으로써 시간이 지남에 따라 성적이 더 좋아졌기 때문이다. 결과적으로 학생들은 성적 향상과 스마트폰을 사용한 연습 사이에 상관관계가 있다고 생각하였다. 모든 학생이 성적 향상을 보인 것은 아니었지만, 대부분의 학생들은 스마트폰의 연습기능에 대해 긍정적인 평가를 하였다. 학생들과 교사 간의 긴밀해진 관계는 학생들로 하여금 학교생활과 학교 밖 생활 간의 경계를 완화시켰고, 교사와의 커뮤니케이션이 학교 밖에서도 이루어지게 되는 것에 도움이 되었다.

③ 연구의 시사점

이 연구에서는 교사와 학생 간의 커뮤니케이션이 더욱 긴밀해진 것에 비해 학생들 간의 커뮤니케이션 정도는 매우 낮게 나타났다. 학습그룹 같은 것이 만들어지지 않았기 때문이다. 그 이유는, 첫째, 동일 연령의 학습집단에서는 다양한 연령의 학습집단에서보다 상호적 수업의 빈도가 낮기 때문이다. 둘째, 모두가 같은 주제로 작업을 하지 않는 개별화된 수업방법으로 인해 교환학습이 약화되었다. 셋째, 실험 프로젝트가 시작된 지 얼마 되지 않아 인터뷰가 이루어져, 이때는 학습 커뮤니티의 발생을 촉진하려는 동기가 거의 없었기 때문이었다.

결과적으로 이 연구에서는 대부분의 학생들이 스마트폰이 특별한 것이 아니라, 일상적인 학습의 도구로서도 사용될 수 있다는 인식을 갖게 되었다는 것을 보여주었다. 교육에서의 스마트폰의 적용은 커뮤니케이션을 유도하여 학급 분위기에 영향을 줄 수 있고, 효과성을 이해하는 과정에도 변화를 줄 수 있을 것으로 보인다. 그러나 이 연구는 이러한 것이 지식사회의 작업에 있어 효과적인 준비과정이 되는지, 또는 인간의 교육을 위해 의미 있는 기여가 될지에 대한 답은 열어놓고 있다.

3) 대학교육의 스마트교육과 교육과정 개발 ─ '행정'-'교육'-'연구'의 조합

스마트기기와 SNS에 익숙한 대학생들이 새로운 노동인력으로 성장하면서, 현재의 대학생들은 가까운 시간 안에 기존의 산업현장과 인력시장에서 더욱 많은 비중을 차지하게 될 것이다. 대학교육 연구에 있어서는 스마트기기와 SNS가 밀착되어있는 대학생들의 문화를 고려하고, 전공별 특수성과 장래 직업이 직결되는 기업교육과의 연계성 속에서 대학교육의 발전방향을 모색해야 할 것이다.

(1) '행정'-'교육'-'연구'가 함께하는 대학기관의 뉴미디어와 교육의 방향

대학은 스마트기기와 같은 뉴미디어의 도움으로 그 발전과정이 최적화될 수 있는 하나의 조직이다. 대학교의 여러 전공분야는 끊임없이 새로운 교육프로그램을 생성하고, 그 시대의 뉴미디어는 대학교육 문화에 큰 영향력을 미치게 된다. 대학교육은 새롭고 다양한 프로그램들이 '행정', '교육', '연구'의 세 분야와 직결되어있고, 톱니바퀴처럼 맞물려 함께 변화되어간다. 이 세 분야의 특성은 다음과 같다(Tulodziecki, 2005).

- **'행정'**: 학사지원, 입학사정, 등록, 학교 시설관리 등의 분야에서 학교직원과 학생들을 위한 학교행정에서 뉴미디어를 어떻게 활용하는가 하는 것이다.
- **'교육'**: 이는 대부분 가상교육의 형태와 연결이 된다. 여기에서는 기술적 지원을 통해 온라인으로 작업할 수 있는 학습이 의미 있는 현실이 되고, 광범위한 정보와 커뮤니케이션 프로그램이 다양한 형식으로 표현된다.

- '**연구**' : 가상으로 접할 수 있는 전문저널의 연구물은 새로운 연구의 근거와 자료가 될 수 있다. 뉴미디어는 여러 정보와 학문적 지식뿐 아니라, 연구과정 자체의 최적화에도 기여할 수 있다. 뉴미디어를 활용하여 다양한 전공분야와 연구기관들 간에 지역적 거리를 넘어선 융합과 커뮤니케이션도 가능하다.

이러한 구조 속에서 대학의 여러 전공이나 학과가 뉴미디어를 활용한 교육프로그램을 개발하기 위한 기본 구조를 〈그림 9-9〉와 같이 설명할 수 있다.

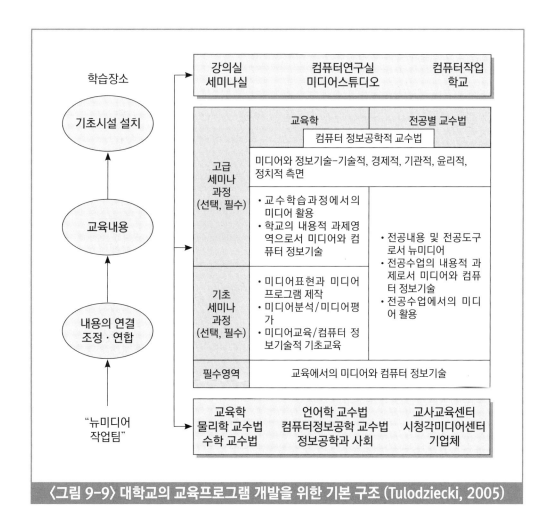

〈그림 9-9〉 대학교의 교육프로그램 개발을 위한 기본 구조 (Tulodziecki, 2005)

대학교의 '행정', '교육', '연구'의 분야와 직결된 뉴미디어의 특성은 다시 "대학교육에서의 미디어형태"와 "대학연구에서의 미디어형태"로 구분된다(Spanhel, 1999). "대학교육에서의 미디어형태"는 사이버캠퍼스와 같은 가상대학, 사이버캠퍼스를 통한 가상세미나, 역시 사이버캠퍼스를 활용하는 보충 교육프로그램이 해당된다. "대학연구에서의 미디어형태"에서는 미디어를 활용하여 여러 연구들을 연합(병합)하는 병행형태와 미디어 프로그램이나 콘텐츠 및 소프트웨어 등, 미디어 자체가 연구대상이 되는 형태가 있다.

대학교에서 뉴미디어를 활용하는 교육프로그램을 개발하는 데 있어서는 전공교육과 교양교육, 교직과목 및 실습교육 등 모든 교육분야가 해당될 수 있다.

(2) 스마트교육과 전공교육 − "학교 교육학" 및 "창의적 관점의 교육"

전공분야와 관련한 스마트교육은 학생들의 장래 직업과 밀접한 관계에 놓이게 된다. "학교 교육학"(Jörissen, 2007)의 관점에서 보아 전공교육에서의 스마트교육 활성화를 위해서는 다음과 같은 두 가지 전제조건이 필요하다.

첫째, 더 나은 교육을 기획하기 위한 한 방안으로써, 스마트기기를 활용한 여러 전공 간의 융합교육과 같은 방법을 통해 새로운 교육의 가능성과 구상이 요구된다.

둘째, 스마트기기를 활용하여 학생뿐 아니라 교수자의 올바른 언어능력 촉진 및 화면, 음향, 소리를 통한 상징적 표현능력이 촉진되어야 한다.

전공교육을 스마트교육과 연결한다는 것은 스마트기기와 전공 특수성에 따른 직업분야와의 연계, 단위 수업에서의 창의적 교육콘텐츠 개발, 스마트기기의 특성에 대한 기술능력과 행동능력에 대한 연습으로 정리할 수 있다. 스마트교육이란 단순히 새로운 미디어를 교육에 활용하는 것이 아니다. 여기에서는 전공교육과 교육내용을 스마트기기와 연결하고, 체계적 교육을 위해 '전공−스마트기기'의 연계를 위한 창의적 사고가 필요하다. "창의적 관점의 교육을 위한 사고"(Böhme, 2006)를 토대로 하여, 창의적 스마트교육을 기획하기 위한 연구 관점을 다음과 같이 정리할 수 있다.

- 전공의 의도 및 전공에 대한 이해로서, 스마트기기가 각 전공 내용을 이해하게 하는 데 어떠한 효과나 성과를 가져올 수 있는가?
- 상호적 구성 역량으로서, 스마트기기를 통해 전공 내용이 얼마나 효율적으로 전달될 수 있으며 전공 주제 범위를 얼마나 변화시킬 수 있는가?
- 목표와 방법의 공존으로서, 교육대상의 스마트기기와 교육도구의 스마트기기 같은 이중적 복합기능을 어떻게 활용할 것인가?
- 과제설정에 있어 스마트기기를 교육에 활용할 때는 어떤 표준이 있어야 할 것인가?

(3) 산학협동 프로젝트 교육 – "프로젝트 지향 교수법"

대학교육에서 학생들이 일선 기업체의 프로젝트와 연결한 교육을 스마트교육 방식으로 하게 될 때, 학생들은 전문지식과 실무 감각을 학습할 수 있는 실용적 교육을 체험할 수 있다. 이를 위해 디지털미디어를 활용하는 교수법인 "프로젝트 지향 교수법"(문혜성, 2011; Zimmer, 2003)이 있다. 이 교수법은 학습자의 작업 상황에 활용되는 교수법으로써, 대학생들이 학습 및 특정 프로젝트의 연구과제 기획과 구성능력을 키우는 데 필요하다. 이 과제지향 교수법은 "직업분야와 개인적, 사회적 분야에서 요구하는 전형적 과제나 일반화된 과제의 이행"(Zimmer, 2003)에 그 의미와 필요성이 놓여있다(그림 9-10).

이 "프로젝트 지향 교수법"은 특히 대학기관에서 활용되는 교수법으로, 대학생들이 훗날 직업을 갖게 될 때를 대비하여 직업적 상황이나 학문연구 활동에서 필수적으로 필요한 능력과 숙련도를 키우기 위해 개발된 교수법이다. 이것은 넓은 의미에서 볼 때 개인과 사회에 대한 행동영역과 역량을 확장시키게 한다. 이 교수법에서 촉진하고자 하는 역량(Zimmer, 2003)은 다음과 같다.

- 개인의 인성교육
- 사회적 협동작업과 협동생활에 대한 계몽
- 디지털미디어에 필요한 기술과 숙련도에 대한 능력 촉진
- 이미 작업되었거나 사용된 자연(환경)의 보존능력과 윤리적 능력 촉진
- 과제를 현실화하는 작업의 기획능력 촉진
- 사회적 생활환경의 발전에 대한 기여

이 교육에서는 직장이나 학습과정에서 요구하는 과제를 이행하기 위해 스마트기기와 같은 디지털미디어를 사용하게 되고, 과제들의 다양한 특수성에 따라 다음과 같은 필수적 능력(Zimmer, 2003)을 촉진하고자 한다.

- 직업적 과제의 의미와 학습과제에 대한 지식 습득 능력
- 자기 자신의 행동 관심사를 성찰하고 규정하는 능력
- 특정 분야에 적합한 과제이행을 위한 필수적 전문지식과 방법에 대한 습득 능력
- 성공적 작업을 목표로 하는 사회적 교제(인간관계)에 대한 능력
- 사실에 합당한 결정 수행 능력
- 과제해결 방안의 개념과 진행 및 결과에 대한 평가능력

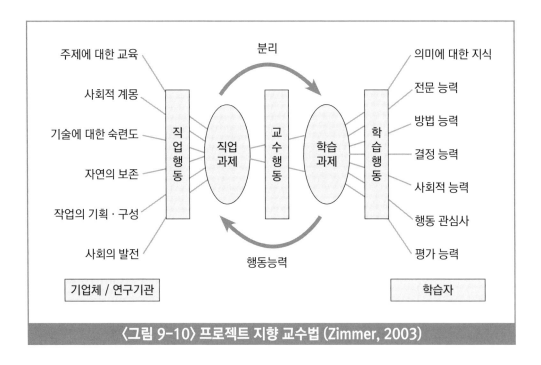

〈그림 9-10〉 프로젝트 지향 교수법 (Zimmer, 2003)

〈그림 9-10〉에서 보여주는 '직업과제'는 이 작업에 필요한 '학습과제'와 분리가 된다. 이 학습과제는 훗날 직업상황에서 요구하게 되는 능력을 습득하기 위한 것이다. 대학교의 학습과제를 통해 이러한 능력을 습득하기 위해서는 특히 교수자나 튜터 간에 교수기획과 교수법에 대한 논의와 합의가 이루어져야 한다. 이러한 교육프로그램을 구체적으

로 시행할 때는 직업행동과 동일시되는 차원, 그리고 이로부터 나오게 되는 학습행동의 차원이 분리되어 나타난다. 이들은 교육프로그램의 진행내용과 커뮤니케이션 형태, 과제 이행을 위한 학습자원을 포괄한다. 학습내용, 정보들, 연습과제들, 시뮬레이션, 지시사항, 질문들, 자극 등과 같은 것이다.

(4) 대학교육에서의 스마트교육 적용에 대한 인식과 지향방향

대학교에서 스마트교육을 실천하는 데 대해 대학생 209명과 직장인 102명을 대상으로, 이들의 인식과 요구사항을 조사한 연구(문혜성 외, 2013)의 결과를 토대로 분석한 대학교육의 스마트교육 실행방안을 정리하면 다음과 같다.

① 대학생과 직장인의 인식 및 문제점

가. 일반적 인식 및 긍정적 견해
- 대학생과 직장인의 스마트교육에 대한 인식과 교육방향을 조사한 연구결과, 이 교육이 전반적 교육방법에 활성적으로 적용된 비율은 아직 높지 않았으나, 그 인식과 필요성 및 교육적 기능 등에 있어서는 대다수의 응답자들이 긍정적인 반응을 나타냈다. 특히 일선에서 업무를 이행하는 직장인들은 스마트교육의 도입에 더 적극적인 반응을 보였다. 이 교육을 대학교육에 도입하는 데 있어서도 상당수의 응답자가 긍정적인 반응을 보였고, 특히 대학생들은 이 교육의 토대를 마련하기 위한 전제조건으로서 무엇보다 자신들을 위한 스마트기기의 보급에 큰 관심을 나타냈다.
- 실제 교육실습 면의 전제조건에서는 기기사용의 가능성과 기술적 기반 확충 등, 기술적 제반사항에 대한 요건을 중시하는 경향을 보였다. 또한 이 교육을 위한 교육프로그램과 콘텐츠 개발에 대한 요구도 높게 나타났다. 대학생들은 교수들의 스마트교육에 대한 미디어능력도 많이 중시하고 있었다.
- 교육방식에서는 온, 오프라인교육을 병행하는 블렌디드방식을 가장 선호하였고, 평가방식에서는 개인별 과제와 집단협력 학습과제, 그리고 창작물을 많이 선호하였다. 이는 스마트교육을 통해 시간과 공간은 물론, 기존 교육방식의 틀을 벗

어난 학습문화도 병행할 수 있다는 장점이 있었기 때문인 것으로 나타났다.

- 많은 응답자들은 교수자와 학습자 간의 밀접한 커뮤니케이션을 통한 학습촉진과 대인관계에 있어서 스마트교육의 장점을 높이 인식하고 있었다. 무엇보다 사회적 경험이 많은 직장인들이 이 부분에서 대학생보다 더 긍정적인 반응을 보였다.
- 교육심리적 측면에서는 학교 밖의 학습으로 인한 학업부담 감소와 교수자와의 밀접한 커뮤니케이션을 통한 학습 부담감 감소라는 요인에 대해서, 교육기술 측면에서는 비형식적 학습이나 정보 활용 유용성에 대해 긍정적 반응이 많이 나타났다.
- 직장인들이 대학에서 학생들에게 교육해주기를 원하는 중요 분야로서 '인성교육'을 꼽았다.

나. 부정적 견해

스마트교육을 대학교육에서 실시하는 데 대한 부정적 요인도 상당히 드러났는데, 특히 단위학습에서 이 교육을 실행할 수 있는 실질적인 교육프로그램이나 콘텐츠가 부족할 뿐 아니라, 대학교육의 전체 맥락 속에서 이 교육이 진행될 수 있는 교육과정이 부족하다는 점이었다. 또한 대학생들은 교수자의 역량 부족에 대해서, 그리고 직장인들은 명확한 평가방안 부족에 대해 우려를 표명하였다. 대부분의 연구대상자들은 학교 행정가의 인식이 부족하다는 점, 그리고 기술적 측면으로 IT 기반시설이 미흡하다는 점을 부정적 요인으로 들었다. 교육상황에서의 부정적 측면으로서 스마트기기의 과도한 사용과 지나친 의존성을 염려하였으며, 기존 학습에 대한 방해를 우려하는 목소리도 높았다.

스마트교육의 부정적 요인을 통해 파악할 수 있는 것은, 첨단 미디어가 우리의 삶에 기여할 수 있는 측면을 배제할 수는 없으나, 그에 앞서 기존 교육방식의 발전과 스마트교육의 융합을 위한 지속적인 연구와 투자가 반드시 병행되어야 한다는 것이었다.

다. "프로젝트 지향 교수법"과 융복합 교육에 대한 요구

산학협동 프로그램의 활성화를 위해서는 스마트교육이 최적으로 구현될 수 있는 수업주제 및 수업과정이 설계되어야 하고, 이와 관련된 학습프로그램이 개발되어야 한다는 의견이 많았다. 이것은 일선 산업체에서 진행되는 프로젝트와 전공내용이 연결된 실무적 교육프로그램 개발이 우선되어야 한다는 것으로 파악할 수 있다.

이러한 결과는 직장인과 대학생들이 희망하는 교육내용과도 일치하는 것이었으며, 대학교육에서 산업체 현장실습 및 연수와 같은 실무적인 현장교육의 필요성을 많이 언급함으로써, 산학협동 교육에 대한 요구가 높다는 것을 알 수 있었다. 대학생들이 희망하는 교육내용은 다양한 전문분야의 통합학습에서 언어학습에 이르기까지 여러 분야에 걸쳐 고른 응답이 나왔는데, 이것은 대학생들이 거의 모든 분야의 교육을 스마트교육 방식으로 진행하는 데 큰 거부감이 없다는 것으로도 해석할 수 있는 것이었다.

모든 응답 항목에서 전공에 따른 의미 있는 차이는 없었다. 이것은 오늘의 대학생들이 보편적으로 스마트기기와 친숙하여, 스마트교육에 대한 인식 차이가 전공별로 크게 다르지 않다는 것으로도 해석할 수 있다.

설문결과에서는 외국의 이론들과 일치하는 결과도 종종 나타났는데, 다양한 전공분야의 융복합적 교육방식과 협력학습에 대한 요구가 그러한 것이었다. 특히 우리나라의 직장인들이 희망하는 교육분야는 앞서 언급한 "프로젝트 지향 교수법"(Zimmer, 2003)에서 설명한 내용과 많은 항목에서 일치하였으며, 국내외 모두 '개인의 인성교육'을 강조한 것이 흥미로운 점이었다. 이상의 내용을 산학협동 교육프로그램이나 교육과정을 개발하기 위한 토대로써 활용할 수도 있을 것이다.

② 대학교육에서의 스마트교육 활성화 방안

가. 단순한 웹 강의의 모바일 접속이 아닌 대학의 특성, 모바일기기 특성, 사용자를 고려한 모바일교육 서비스 개발

각 대학교에서는 기존의 컴퓨터 실습실이나 사이버캠퍼스 운영 등과 같은 맥락으로, 학생들에게 학습용 스마트기기 지원이나 임대에 대한 방안을 모색해보아야 할 것이다. 기술적 측면에서는 교육 수요자 관점에서의 접근이 필요할 것이다. 모바일교육 서비스시스템 구축을 통한 IT 시설 기반 확충이나 상이한 기기들의 호환성 및 소프트웨어의 호환 등을 위해, 학교 차원에서 기업체와의 긴밀한 협조를 모색해야 할 것이다. 모바일 포털을 구축하여 통신회사 간 호환성을 향상시켜 네트워크 환경이 빠르게 구축되도록 해야 할 것이다. 모바일교육 서비스가 단순히 웹 강의를 모바일로 접속한다는 것을 넘어서서, 대학의 특성과 모바일기기 특성 및 사용자를 고려한 모바일교육

서비스를 개발해야 하는 것이다. 웹상으로 관리되는 캠퍼스가 모바일이라는 채널로 확대되어 적용되어야 하는데, 모바일교육 서비스를 통해 행정서비스, 학사관리, 학습관리, 연구지원, 기타 캠퍼스생활 등의 전반적 대학운영의 상황이 그대로 반영되도록 해야 할 것이다.

나. 교수자의 디지털미디어능력 강화

교수자들의 디지털미디어능력 강화와 관련하여, 교수자들은 자신의 전문분야를 스마트기기에 연계할 수 있는 기술적 능력과 미디어 표현능력, 프로그램 선별능력, 교육 콘텐츠를 기획하고 개발하는 능력을 키우도록 해야 할 것이다. 한국뿐 아니라 외국의 정규 교육기관이나 대학교, 기업체에서 공동으로 적용할 수 있는 평가방안 등과 같은 스마트교육 표준화에 대한 연구를 활성화해야 할 것이다. 특히 교수자는 디지털문화와 관련하여 학생들의 부정적이고 왜곡된 가치관과 태도 형성에 큰 관심을 기울여, 이에 대한 윤리적, 법률적 사안 등에 대한 지침을 제공할 수 있어야 한다. 또한 학생들과의 밀접한 커뮤니케이션을 통해 학업 이행에 있어 학생들을 고무시키고, 상호 간의 친밀감 조성과 사회적인 대인 관계에도 도움을 줄 수 있어야 할 것이다.

다. 학습자의 디지털미디어능력과 사이버 윤리의식 강화

이 교육이 활성화되기 위해서는 학생들 스스로 스마트교육과 관련한 디지털미디어 능력을 양성하기 위한 노력이 있어야 할 것이다. 디지털미디어 사용에서는 기술적 능력에 앞서 사회윤리적 능력과 사이버 윤리의식이 우선되어야 한다. 학생들은 작업을 이행함에 있어 저작권이나 공공 의견표명 등과 같은 문제에서 타인과 사회에 대한 책임의식을 가져야 한다. 원활한 대인관계와 경험 공유 및 협력학습 능력을 촉진하기 위한 개인의 인성교육은 학생들이 향후의 산업인력으로 활동하는 데 큰 자산이 될 수 있을 것이다. 기술적 측면에서는 자신의 전공분야와 관련하여 스마트기기의 활용능력, 콘텐츠기획 및 제작 능력, 개인에 대한 미디어의 영향력, 대중매체와 개별 커뮤니케이션의 영향력, 미디어제작과 유통, 기관과 개인 소비자와의 관계, 정보보호에 대한 법률적 문제, 컴퓨터산업 관련의 경제적 문제 및 네트워크 관련 기업에 대한 기술적 전제조건 등에 대한 지식과 기능을 학습해야 할 것이다.

라. 부정적 측면에 대한 적극적 해결

이 연구의 결과에 나타난 ①, 나. 항의 스마트교육에 대한 "부정적 견해"의 내용을 중요하게 고려해야 할 것이다. 스마트교육이 실질적으로 학습효과에 긍정적 영향을 줄 수 있도록, 적합한 교육프로그램과 교육과정 개발이 있어야 한다. 학교 행정가와 학생들에게도 이 교육에 대한 특성을 정확히 인식시키도록 해야 할 것이다. 특히 첨단의 스마트기기를 보유하지 않은 학생들이 심리적 부담감이나 소외감을 느끼지 않도록, 학교 측의 배려가 충분히 이루어져야 한다. 무엇보다 스마트기기에 대한 지나친 의존으로 기존 학습형태가 방해받아서는 안 될 것이다. 기존 교육방식의 발전을 위한 지속적인 연구도 반드시 병행되어야 한다. 교수자와 학습자, 학습자와 학습자 간의 직접적 교감이 약화되지 않도록 해야 한다.

마. 장기적 교육과정의 맥락과 연결되는 융복합 교육 및 산학협동 교육

장기적 교육과정의 맥락에서 체계적인 스마트교육을 실천할 수 있도록, 여러 전공분야를 통합하는 융복합 교육 및 협력학습에 대한 교육프로그램을 적극적으로 개발해야 할 것이다. 산학협동을 통한 현장 교육프로그램 등을 통해, 학생들이 미래 직업에 대한 실무를 경험할 수 있는 기회를 충분히 제공해야 한다. 이 교육에서는 기업체 등에서 현재 진행 중인 교육내용과 직장인들이 언급한 요구사항들을 참고하여, 업무와 직결되는 직무역량과 기능교육, 리더십, 가상의 직장업무 체험과 적응훈련, 자기계발과 관련한 내용들이 교육되어야 할 것이다. 교수자와 학습자 모두 교육콘텐츠 기획과 개발능력에 대한 교육을 받을 수 있는 교육과정도 있어야 할 것이다.

(5) 대학교이 미디어교육학 교육과정 개발

교육전문가를 양성하는 대학교에서는 미디어와 관련된 미래의 전문가 양성을 위해, 하나의 전공분야로서 미디어교육학에 초점을 맞춘 교육과정의 개발이 중요한 교육과제라 할 수 있다. 앞의 (4)항에서 언급된 바와 같이, 많은 대학생과 직장인들도 첨단 미디어와 관련한 체계적인 교육과정의 개발을 필요로 하고 있었다. 전체 사회문화가 미디어화, 디지털화되어가는 현실에서 이에 적합한 미디어교육학의 교육과정이 개발되어야 하며, 그 내용은 다음과 같은 방향으로 진행되어야 한다(Tulodziecki, 2017a).

첫째, 디지털미디어를 기반으로 특징 지어지는 정보화된 미디어 사회 환경

둘째, 디지털 표현양식과 상호작용 구조에 대한 미디어의 전달 방식과 내용

셋째, 인간을 통해서뿐 아니라 전산화의 과정을 통해 생산되는 미디어의 내용

넷째, 더욱 증대되는 개인, 사회, 공동체에 대한 미디어의 영향

다섯째, 기술적, 법률적, 경제적, 개인적, 기관적, 사회적 관점에서의 (디지털)미디어 생산물과 미디어 확장성에 대한 전제 조건

이와 같은 내용을 바탕으로 대학교의 미디어교육학 교육과정 개발을 위한 기본 틀을 구성하면 〈표 9-1〉과 같다(Tulodziecki, 2017b).

〈표 9-1〉은 전공 특수성과 교육의 목표를 설정해나가야 할 방향을 보여주고 있으며, 미디어나 디지털미디어, 스마트기기와 함께하는 교수학습의 특성을 제시하고 있다. 이것은 앞으로도 지속적으로 촉진되어야 할 미디어교육학의 과제와 연구의 방향, 대학교육에서의 활동영역을 설명하는 교육과정의 기본 구조라고 할 수 있다.

〈표 9-1〉 미디어교육학 교육과정 개발을 위한 전문 내용의 구조

전문지식 영역 전문분야 / 교육분야	미디어 및 디지털미디어 환경 속의 교수학습	미디어화, 디지털화에 따른 교육과 상담의 내용 인지	학습에서의 미디어, 디지털 미디어 관련 프로젝트 또는 교수학습 단위의 개발과 평가	미디어교육학 이론의 교육적 활용을 위한 기관 차원의 전제조건 개선

미디어교육학
관련 교육행동의
성찰과 조망
	• 미디어교육학의 기본 개념, 부분 영역, 주제별 사안 정리
	• 전 사회적인 미디어화, 디지털미디어화의 의미
	• 미디어사회화와 미디어에 대한 습득
	• 미디어교육학과 연결되는 미디어학 및 커뮤니케이션학
	  연구결과와 연구방법 및 학습, 교육(Erziehung), 교육
	  (Bildung)을 위한 적용
				• 미디어교육학
				관련 교육행동
				을 위한 기관적
				전제 사항, 예: 개
				인, 법률, 재정,
				교육과정, 조직,
				기술 장비 등에
				관한 전제 조건

미디어교육학 관련 교육행동에 대한 이론과 실증연구의 특성화와 평가	• 미디어 및 미디 어교수법에 관 한 교수 이론 사항 • 미디어 또는 디 지털 환경에서 의 학습에 대한 실증적 연구	• 미디어화, 디지 털화의 맥락 속 에서 교육과 진 로상담에 관한 이론적 사항 • 미디어에 관해 제기된 문제들과의 맥락 속에서 교육(Erziehung), 진로 상담, 교육(Bildung)에 대한 교육학 의 실증적 연구결과	• 미디어와 관련된 교수학습 이론 • 미디어와 관련 된 학습을 위한 전제조건, 내용, 목표, 진행양 식, 보조 도구	• 각 기관의 교육 환경으로서 미 디어교육학 관 련 교육행동을 위한 교육 장비 의 조직과 혁 신, 이에 대한 이론적 사항
미디어교육학 관련 교육행동 사례들의 분석과 평가	• 미디어나 디지 털 환경 속의 교 수학습에 대한 계획, 실행, 후속 조치의 사례들	• 문화비평적 미 디어교육의 영 향력과 진로상담 을 위한 사례들	• 미디어와 관련한 교수학습 단위 및 프로젝트의 계획, 실행, 후속 조치의 사례들	• 교육기관의 발 전으로서 미디 어교육학 관련 교육행동을 위 한 촉진과 강화

미디어교육학
관련 교육행동을
위한 고유의 제안,
이론을 확장시킬
수 있는 발전
방안 제시
	• 교수학습 자료 또는 학습환경에서의 실무와 이론의 발달
	• 미디어화, 디지털화의 맥락 속에서 미디어가 지원되는
	  교수학습 또는 교육(Erziehung), 진로상담, 교육(Bildung)
	  의 과제에 대한 실무와 이론의 발달
				• 미디어와 관계
				되는 기관, 개인,
				조직, 교육과정,
				기술 장비의 진
				행 과정

미디어교육학 이론을 기반으로 하는 미디어 관련 교육행동 사례의 실험과 평가	• 미디어교육학과 관련된 활동에 대한 연구조사와 프로젝 트의 계획, 실행, 진단으로서 실무와 이론에 대한 평가			

(Tulodziecki, 2017b)

4) 기업체의 스마트교육

현재 기업체에서는 스마트교육에 대한 연구가 활성적으로 이루어지고 있으며, 이미 이 교육을 실시하고 있는 경우도 빈번하다. 국내의 173개사를 대상으로 한 기업체의 스마트교육 현황에 대한 조사(Industry Media, 2012)에 의하면, 금융기관 72%, 공공기관 54%, 대기업 52%가 이미 이 교육을 도입했고, 현재 도입하지 않고 있는 기업들 중 90% 이상이 2013년 이후 이를 도입할 것으로 예상하고 있다. 특히 1인당 스마트교육 도입예산이 2011년 4.7만 원에서 2012년 7.5만 원 정도로 대폭 증가할 것으로 예상하였는데, 이는 최근의 불황 속에서 시사하는 바가 크다 할 수 있다.

스마트기기가 보편화되기 시작한 2010년경부터 기업체에서는 스마트교육 및 SNS나 블로그 등의 소셜미디어를 활용하여 타인과 함께, 타인을 통해 학습하는 소셜러닝을 통한 비형식적 교육형태가 전체 기업교육 프로그램에서 70-90% 정도의 비중을 차지할 정도로 그 의미가 커지게 되었다. 이에 비해 '형식적 교육훈련 및 형식적, 비형식적 멘토링/코치'로 이루어지는 형식적 교육은 20-30%의 비중을 차지하고 있다(송영수, 2012). 이와 함께 기업체의 스마트교육을 위한 스마트교육 모델도 개발되고 있다. 스마트교육 모델이란, 성과창출 과정을 촉진하는 PSS(Performance Support Suite) 및 PSS를 기반으로 학습활동을 촉진하는 지식창출 전략 LSS(Learning Strategy Suite)를 활용하여, 필요한 지식을 필요한 사람이 필요한 시기에 창조하고 공유하는 모델이다(송영수, 2012).

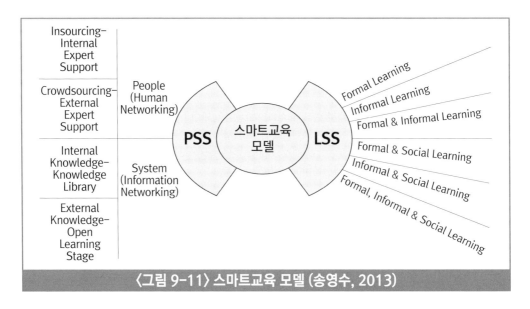

〈그림 9-11〉 스마트교육 모델 (송영수, 2013)

스마트교육 모델의 연구사례로는 "기업교육의 스마트교육 활성화"(임준철, 2012a, 임준철 2012b), "산학연계를 통한 스마트교육"(강현모, 2012), "평생교육과 자기주도학습 및 인재육성의 일환"과 관련한 연구(Industry Media, 2012) 등이 있었다. 이러한 기업체의 교육문화는 "스마트 워크"(이찬, 2013)를 이끌어내게 되었다.

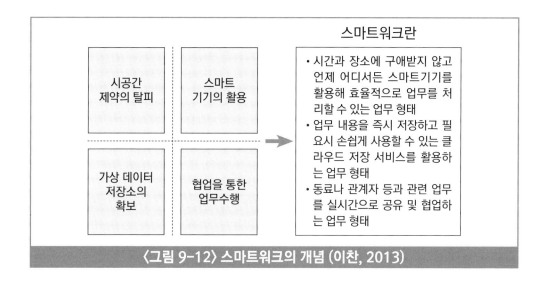

스마트워크란

- 시간과 장소에 구애받지 않고 언제 어디서든 스마트기기를 활용해 효율적으로 업무를 처리할 수 있는 업무 형태
- 업무 내용을 즉시 저장하고 필요시 손쉽게 사용할 수 있는 클라우드 저장 서비스를 활용하는 업무 형태
- 동료나 관계자 등과 관련 업무를 실시간으로 공유 및 협업하는 업무 형태

〈그림 9-12〉 스마트워크의 개념 (이찬, 2013)

스마트교육이 활성화되면서 이를 적극적으로 활용하는 "스마트기업"(이찬, 2013)의 개념도 생겨나게 되었다. 기초능력 정보, 사실적 지식의 획득은 E-Learning으로, 고급의 현장적용 능력은 스마트교육으로 주로 이루어지는 스마트기업 기업교육(HRD)의 방법과 내용은 그 역할, 활동, 관계, 가치에서 전통적인 기업교육과 차이를 보이고 있다.

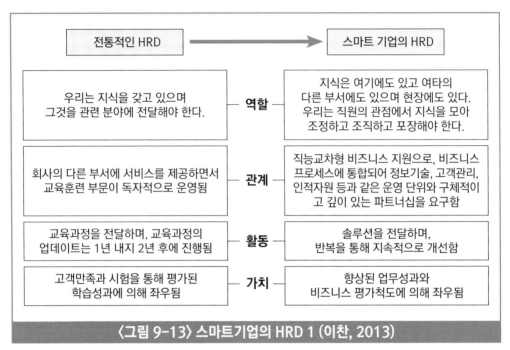

〈그림 9-13〉 스마트기업의 HRD 1 (이찬, 2013)

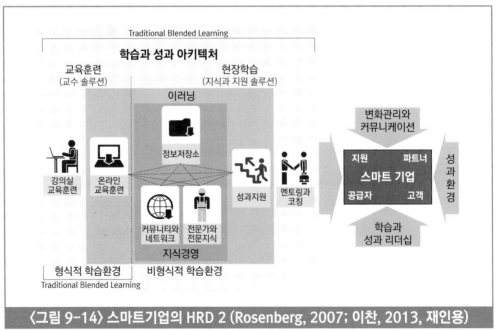

〈그림 9-14〉 스마트기업의 HRD 2 (Rosenberg, 2007; 이찬, 2013, 재인용)

5) 국제적인 디지털교육 쏠림에 대한 우려의 측면

(1) OECD 국가의 현실적 상황

학교의 유형과 관계없이 스마트기기는 어떤 교육현장에서도 교육의 일상이 되어가고 있고, "BYOD"(Bring Your Own Device)는 산업현장에서뿐 아니라 교육의 형식에도 커다란 변화를 가져오게 되었다. 이러한 현상은 스마트기기로 인한 "분필시대의 끝"(Merz Editorial, 2016)으로도 불리면서, 학교교육에서는 수많은 애플리케이션이나 교육소프트웨어와 함께 학업능력을 강화할 수 있는 창의적 도구로서, 그리고 상호작용적 교과서로써 사용되고 있다. 스마트폰, 태블릿 PC, 디지털교과서 등의 스마트미디어를 활용한 새로운 교육의 물결이 한계를 보이지 않고 밀려오고 있는 것이다.

세계적으로 앞서있는 우리나라의 IT 기술능력과 함께 우리나라에서는 이미 2010년경부터 스마트교육에 대한 연구가 활발히 진행되고 있다. 이러한 경향은 전 세계적으로도 확산되어, 2015년경부터는 교육체제 내에서의 디지털미디어에 대한 논의가 폭발적으로 증가하였다(OECD, 2015). 강력히 미디어화되는 오늘날의 사회문화 속에서 국가별, 지역별, 교육기관별 특성에 따라 디지털미디어를 활용한 교육문화 연구는 일종의 문화 환경에 대한 동화의 현상으로서 큰 관심을 끌게 된 것이다. 한 예로, 디지털정보의 신뢰성에 대한 검증(Kammerl, 2016)에서 OECD 국가의 교수자들 중 평균 52%(독일 교수자는 29%)가 이에 대해 긍정적 평가를 내렸다.

(2) 교사교육과 미디어교수법의 중요성

학습자들의 디지털미디어능력이나 학습효과는 단지 IT 기술을 제공하는 것만으로 발전하는 것이 아니고, 수업과 관련한 모든 요소가 서로 함께 어우러지는 맥락 속에서 증가하게 된다. 더 나은 IT 기술이나 첨단기기의 도입이 더 나은 수업으로 연결된다는 생각은 너무나 일괄적으로 일반화된 것이고 구체성도 부족하다(Herzig, 2014). 학교에 컴퓨터가 설치되는 것이 이제는 거의 필수적인 요건이 되었지만, 반드시 그것이 학생들의 교육능력을 키워주는 수업의 전제조건이 된다는 것은 아니다. 컴퓨터의 도움이 교육에서 높은 효과를 내기 위해서는 무엇보다 교사교육 내용에서부터 미디어활용교육과 미디어능력을 촉진하는 교육이 더욱 철저하게 선행되어야 한다. 기술적 지원만이 아니라 이를 교육에 적합하게 녹여낼 수 있는 교사진에 대한 미디어교수법 교육이 중요하다는 것이다(본장 5절 "초ㆍ중ㆍ고등학교의 애플리케이션 및 교육용 소프트웨어 활용과 교수법" 참조).

교사들은 단순한 IT 활용능력만이 아니라 각각의 전공영역에 있어 차별적으로 디지털미디어의 역할을 교육에 적용할 수 있는 미디어능력을 가져야 한다. 컴퓨터정보공학이나 컴퓨터 활용능력 교육이 활성적으로 이루어지는 반면, 여기에 국어, 수학, 자연과학, 사회과학, 언어, 예술, 윤리 등의 다른 분야를 적용시킬 수 있도록 하는 교육은 그 중요도에 비해 적은 비중으로 다루어지는 경향이 있다. 2015년에 발표된 OECD 통계자료 평가에 따르면, OECD의 평균치보다 훨씬 더 높은 비율로 전공과목에 디지털미디어를 투자한 국가의 학생들 능력의 증가 폭이 그렇지 않은 국가보다 오히려 더 좋지 않게 나타났다는 것이다(OECD, 2015). 컴퓨터나 디지털미디어를 활용하는 능력과는 별개로, 수업에 이들을 적절하게 녹여내는 교수법적 능력이 부족할 경우에는 수업의 질은 더 떨어질 수도 있다(Eikelmann 외, 2014)는 것을 의미하는 것이다.

3. 학습자 디지털미디어능력 – "실용주의 미디어교육 이론"

1) 자기주도학습 환경 속의 학습자 디지털미디어능력

네트가 기반이 된 학습환경은 학습자의 자기주도적 자율학습을 더욱 강화할 수 있다. 이는 결국 학습자들이 디지털미디어를 활용함에 있어 상당한 디지털미디어능력을 가져야 한다는 것을 뜻한다. "타인에 의해 주도되는 학습환경에서는 학습과정의 자극과 관련한 대부분의 활동이 학생을 가르치는 교수자나 이 교수자의 미디어활용에 집중되는 것"(Wilbers, 2001)에 반해, 자기주도적 학습환경에서는 학습자가 이러한 기능을 부여받게 된다. 자기주도적 학습은 높은 수준의 자율적 조직능력과 자율적 성찰능력을 필요로 하며, 이 학습은 하나의 포괄적인 교육의 현상을 만든다. 이러한 자기주도적 학습에서는 다음과 같은 학습자의 디지털미디어능력이 요구된다(de Witt, 2005).

- 학습을 스스로 준비할 수 있는 능력
- 학습행동을 스스로 이끌어낼 수 있는 능력
- 학습행동을 스스로 규정하고 조정할 수 있는 능력
- 학습성과를 스스로 평가할 수 있는 능력

2) 실용주의 미디어교육 이론과 학습자의 구성능력

자기주도적 학습에서 학습자의 디지털미디어능력은 "실용주의 미디어교육 이론"(de Witt, 2005)에 근거한 사고를 통해 더욱 발전할 수 있다. 실용주의 미디어교육 이론은 다음과 같은 전제사항에 기반하고 있다.

- 특정한 학습 상황을 새로운 경험을 위한 출발점으로 생각한다.
- 하이퍼미디어 구조의 미디어 흐름의 과정을 놓치지 않고 지속적으로 진행한다.
- 특정 주제를 여러 맥락과의 연계성 속에서 사고하며, 다양성을 인지하고 세계를 향

해 열린 마음을 갖는다.

미디어교육학에 대한 실용주의 교육이론의 관점은 '미디어가 갖는 가치'에 대해 규정을 하고자 하는 것이지 '미디어 그 자체'에 대한 규정을 하고자 하는 것은 아니다. 따라서 디지털미디어는 그 자체로써 미디어교육학 연구에 의미를 준다기보다는, 이들이 실제 교육과정과 교육문제의 맥락 안에서 학습태도나 학습과정을 변형시킬 때 의미를 가질 수 있다(Kerres, 2001). 학습자는 인터넷에 자신을 연결하여 자신이 선택한 학습의 길을 (재)구성한다. 이 학습의 과정에서는 내용을 비평적으로 사고하고, 이 내용이 연결되어 있는 문제의 정보를 찾아내고, 성찰의 과정을 통해 이를 효과적으로 이행하는 능력이 필요하다. 실용주의 교육이론에서는 이러한 학습태도를 멀티미디어 활용 인터넷 기반 학습 환경의 출발로 간주한다. 여기에서 미디어는 단순한 도구로만 고려되는 것이 아니라, 해당 학습상황 자체로써 의미를 갖는다.

E-Learning에 있어서도 학습자는 적절한 학습과제(사례), 커뮤니케이션 형태, 경쟁 상황에 편입하기 등과 같은 것을 통해 자기 행동의 귀결을 미리 예측하고, 책임있는 행동으로 자신을 이끌어나가야 한다. 인터넷 기반의 자기주도적 학습에서는 전반적인 학습기획을 고려해야 하는 것이다. 이러한 학습기획을 위해 필요한 학습자의 디지털미디어 능력은 다음과 같다(de Witt, 2005).

- 개방된 상호작용 과정에서 자율성과 자율적 기획능력 및 커뮤니케이션능력을 발달 시키는 능력
- 주어진 상황을 인지하는 능력
- 전체 학습 행동의 결말을 조망할 수 있는 능력

현대사회에서는 사회구성원들에게 다양성과 융통성, 즉흥적 창의성, 그리고 상당한 정도의 과제 수행능력을 요구한다. 실용주의 미디어교육 이론에 바탕을 둔 학습자의 디지털미디어능력은 현대의 사회문화에서 작업의 수행능력에 대한 방향성을 제시해줄 수도 있다. 이 실용적 미디어교육 이론은 결국 미디어교수법과 그 맥이 닿아 있다. 일방적으로 이론만 전달하거나 계획 없이 이루어지는 실습과정을 방지하기 위해, 실용적 사고를 통한 미디어교수법을 기획할 수 있다. 미디어교수법의 기획을 통해 해당 학습상황을

고려한 학습목표와 방법들을 한 맥락으로 연결시킬 수 있기 때문이다.

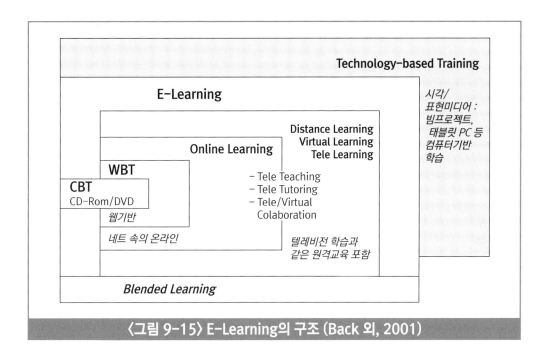

〈그림 9-15〉 E-Learning의 구조 (Back 외, 2001)

4. 교수자 디지털미디어능력과 대학교 교직과정 교육 – "성찰적 교육행동능력"

이 시대의 교육자들에게는 뉴미디어와 관련한 디지털미디어능력이 상당히 요구되고 있다. 거의 모든 교육상황에서 첨단매체가 사용되고, 이를 효율적으로 자신의 교수행동에 연결시켜 적극적으로 현시대의 교육문화 구성에 참여해야 하기 때문이다. 교수자의 디지털미디어능력은 미디어능력의 기본적 내용과 그 맥을 같이한다.

1) 대학교 교직과정 교육 - "성찰적 교육행동 능력"

(1) 교직과목에 대한 대학생들의 요구사항

대학교에서 교사를 양성하기 위한 교육은 대학교의 교직과정을 통해 교육받는 전문교수법에서 시작되고, 이 교육을 훗날의 예비교사(대학생)들이 일하게 될 교육현장에 적용할 수 있어야 한다. 교직과목을 이수한 대학생을 대상으로 진행한 한 연구(Herzig 외, 2001)에서는 많은 대학생들이 대학교의 교육학 및 교수법 관련 강의 내용과 실제 학교 실습의 현실 간에는 많은 차이가 있다는 의견을 제시하였다. 이 연구 응답자의 약 35%가 교수법의 (이론적) 지식이 학교의 실질적 상황에 전혀 상관이 없거나 매우 적게 관련되었다고 응답하였다. 응답자 중 54%는 교육내용의 절반 정도만 관련이 있다고 응답하였다. 이 연구를 통해 교사지망 대학생들이 보여준 교직과목에 대한 요구사항들은 다음과 같다.

- 매우 많은 대학생들은 교육현장에 직접 적용할 수 있는 실용적 지식을 요구한다.
- 대학생들은 학생 때 습득한 교수법의 이론적 지식을 자신이 처한 실제 교육적 상황에서 적용하는 것이 어렵다고 느꼈다.
- 이론적 교육학 지식을 활용하게 되는 경우가 매우 적었다.

이러한 결과가 의미하는 것은 이론적 지식이 전문성을 신장하는 데 의미가 없다는 것이 아니라, 전공지식을 전문적 교수능력으로 발전시킬 수 있는 방법과 전공지식과 교수법적 전문지식 간의 관계를 연결시키는 방법에 관한 문제였다. 교수법 이론지식이 실습과 관련하여 낮은 평가를 받은 것은 이 이론의 학문적 중요성이 적어서가 아니라, 교수법 분야를 가르치는 '대학에서의 교수법'에 문제가 있다는 것이었다.

(2) "성찰적 교육행동 능력"

대학교 교수법 문제에 대한 하나의 해결방안으로써 "성찰적 교육행동 능력"(Herzig, 2003)과 같은 교수법 연구를 들 수 있다. 이것은 "사회적 행동으로써의 교수학습 이론"

(Tulodziecki, 1996)에 의거한 연구이다. 이는 미디어교수법 연구 중 특히 디지털미디어 능력과 직결되는 교수법 연구이다. "사회적 행동으로서의 교수학습 이론"에서 주장하는 것은, "교수행동(가르치는 행동)은 인간의 특수한 하나의 행동양식으로서, (인간을) 만족스럽고 의미 있는 상태로 만들기 위해 욕구와 상황에 따라 의식적으로 이루어지는 심리적, 물리적 활동의 일반적 형태"(Tulodziecki, 1996)라는 것이다. 이러한 일반적 교수행동을 대학의 교수자와 학습자들의 성찰적 교육행동으로 연결시키고자 하는 것이 "성찰적 교육행동 능력" 연구이다.

이 연구에서는 대학교의 교수법 세미나 시간에 먼저 아날로그 및 디지털미디어를 사용하여 교육사례를 관찰하고, 기본 교수법 이론지식을 토대로 이 교육사례 구조를 재구성하는 것이다(그림 9-16). 이 성찰적 교육행동에서는 한 교육사례를 모델로 하여, 여기에서 일반적인 교육의 법칙과 이 교육사례가 갖는 상황특수성 간에 발생할 수 있는 모순적 구조를 밝혀내게 된다. 나아가 이 교육사례에 적절한 교육방법을 다시 기획하는 것을 연습하는 교수법이다. 이 교육방법에 필요한 사항은 다음과 같다.

- 관찰한 교육사례의 행동을 행동구조 또는 행동국면으로써 파악하고, 이를 재구조 또는 재구성한다.
- 이 구조를 자기만의 관점(주관적 가설, 평가)과 (교육)이론지식과 연결한다.
- 실제 경험적 사고와 이론에 근거한 행동가능성을 발전시킨다.

(3) 미래의 교사들, 대학생들에게 필요한 성찰의 과정

대학생들은 자신의 교수 행동상황이나 교수 행동구조를 스스로 구성해야 하는데, 여기에는 다음과 같은 성찰의 과정을 필요로 한다(Herzig, 2003).

- 관찰한 수업(교육사례) 속의 특수한 상황과 사례의 동일시
- 특수 상황에 대한 분석
- 설명을 위한 가설이나 기획의 가능성 및 상호작용의 가능성 구상
- 주관적 구상에 대한 토론, 이론지식이나 전문가 지식과 같은 더 넓은 내용의 수용과 이에 따른 결과 토론

이러한 성찰의 과정을 바탕으로 대학생들은 해당 교육사례를 다시 재구성하여 자신만의 교수법을 기획하는 실질적 능력을 키우게 된다. 이 과정은 다음과 같다.

- 교육사례의 전체 구조 분석
- 교육사례의 개개 교육 국면 및 단계 분석
- 분석 내용에 교육학 및 교수법 이론 지식의 연결
- 자신을 위한 교육행동 모델 및 교수법 기획

(4) 디지털미디어능력과 교수설계 능력 개발

"성찰적 교육행동 능력"을 위한 교사교육에서는 디지털미디어 활용을 위한 디지털미디어능력을 요구하게 된다. 먼저 학생들은 아날로그 미디어(예: 동영상 촬영)나 디지털미디어로 제작된 교육사례 프로그램을 관찰한다. 아날로그 미디어에 비해 디지털미디어를 활용할 경우, 자신의 교육기획을 현장에서 적용하는 수업을 진행할 때 더욱 다양한 교수법을 전개시킬 수 있다. 이 교수기획 능력의 훈련과정에는 졸업 후 실제 직업에

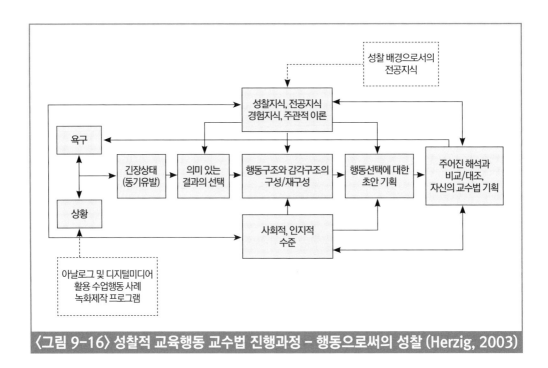

〈그림 9-16〉 성찰적 교육행동 교수법 진행과정 – 행동으로써의 성찰 (Herzig, 2003)

서 필요한 교수설계 방법을 학습하는 것도 포함이 된다. 이것은 수업의 각 진행단계(예: 수업의 도입, 진행, 평가 부분 등)에서 디지털미디어를 포함한 각종 미디어를 교육내용과 도구적 측면에서 적절히 도입하는 미디어교수법을 학습하는 것이다. 지식의 습득을 위해서는 학습환경을 능동적으로 구성하고 이 학습환경에 적응하는 것이 매우 중요한데, 디지털미디어는 이러한 학습촉진적 환경을 제공할 수 있는 기능을 내포하고 있다. 디지털미디어를 활용하여 얻을 수 있는 학습촉진적 기능으로서는 복합적 전개, 신뢰성과 상황성, 복수의 다양한 관점, 명료함과 성찰성, 사회적 교환 속에서의 학습과 같은 것(Mandl 외, 2002)이 해당된다.

2) E-Learning과 튜터의 능력

디지털미디어능력과 관련된 교수자의 능력에는 E-Learning에서의 텔레튜터 능력도 해당이 된다. 튜터는 구체적 교육상황에서 교육내용과 방법에 대한 기획과 함께 다양한 과제를 이행함으로써, 온라인 학습프로그램에서 학습자에게 영향을 미치게 되기 때문이다. 튜터의 지도 방향은 다음과 같은 여러 측면으로 이루어져야 한다(Rautenstrauch, 2001; Thillosen, 2003; de Witt, 2005).

- 시각적 학습상황에 대한 교수법의 구성
- 자기주도적 학습에 있어 이를 체계적으로 구성하도록 하는 지도 및 지원
- 연합적 원격학습에 대한 조언을 통해 학습자들과 교수자의 사회적 관계 형성 유도
- 학습내용에 대한 전문지식에 대한 지도
- 개인과 학습집단에 대한 지도
- 기술적 문제에 대한 도움

이상과 같은 튜터의 과제와 역할은 실제 상황에서 서로 뚜렷이 구분되는 것이 아니라 함께 교환적으로 적용되어야 한다. 이러한 방식을 통해 시각적 학습이 효율적으로 지원될 수 있기 때문이다. 시각적 학습상황과 커뮤니케이션 도구를 사용하는 교육상황을 구성하기 위해, 그리고 자기주도적 학습과 집단작업을 지원하기 위해 튜터들의 미디어능력이 매우 중요하다. 여기에 커뮤니케이션능력, 전문지식에 대한 능력, 그리고 디지털미

디어능력도 필요하다(Arnold 외, 2004).

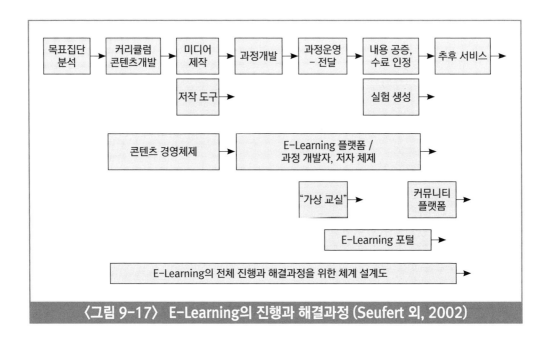

〈그림 9-17〉 E-Learning의 진행과 해결과정 (Seufert 외, 2002)

5. 초·중·고등학교의 애플리케이션 및 교육용 소프트웨어 활용과 교수법

학교는 디지털문화와 관련한 우리 사회의 현실을 반영해주는 중요한 기관이다. 컴퓨터뿐 아니라 태블릿 PC를 포함한 스마트 모바일기기, 그리고 이와 연결되는 애플리케이션 및 여러 교육용 소프트웨어는 교수학습 과정에서 매우 중요한 역할을 하고 있다. 애플리케이션이나 교육용 소프트웨어를 학교교육에서 효율적으로 활용하기 위해서는 교육적 의미나 교수법에 대한 성찰이 이루어져야 한다.

1) 애플리케이션과 교육용 소프트웨어 활용에 대한 논의점

애플리케이션이나 교육용 소프트웨어의 활용을 통해 학습자들이 구성적이고 자율적인 학습과정을 이끌어내기 위해서는 이들 중 적절한 프로그램을 선택해야 한다. 교육에 적절한 애플리케이션이나 교육용 프로그램을 선택하는 데 고려해야 할 점들(Rösch 외, 2014)은 다음과 같다.

(1) 학습내용과 방법에 대한 교육적 전문성

현재 시장에 나와 있는 교육 관련의 수많은 애플리케이션과 소프트웨어 중에는 겉보기에는 매우 현대적이고 멋있어 보이는 제품들이 많다. 그러나 학습자 입장에서 반드시 가져야 할 관점은 이들 제품이 모든 학습과정에서 실질적으로 학생들의 능력을 신장시키는지, 아니면 해당 프로그램이 결국은 (기계적이고) 행동주의적인 학습모델로만 제한해버리는 것은 아닌지에 질문을 던져야 한다. 이 콘텐츠를 기획한 프로그래머가 신뢰할 수 있는 교육학자인지에 대한 것뿐 아니라, 교수자의 의미에 대한 본질적이고 교육학적인 통찰과 인식이 잘 정립되어있는지를 반드시 파악해야 한다.

(2) 학습목표

중요한 것은 그 프로그램의 학습목표가 정확히 어디에 있는가를 분명히 알아야 한다. 해당 애플리케이션의 목표가 학습내용의 몰입에 관한 것인지, 빨리 클릭하여 다음의 진행을 잘 실현시키는 것처럼 기본적인 미디어기술의 숙련도에 놓여있는지를 잘 파악해야 한다. 특정한 목표를 위해 특수화되어 제작된 앱은 현실적으로 필요한 학습문제에 단기적으로는 도움이 될 수 있지만, 그 학습과정이 다른 영역으로도 확장되고 전체적인 학습효과에 반드시 기여할 수 있는지는 분명하지 않기 때문이다.

(3) 학습환경

만약 선택한 교육용 애플리케이션이나 소프트웨어의 내용이나 특징을 전체 교육 맥락과의 관계 속에서 논리적으로 제대로 숙고하지 않는다면, 그저 그 프로그램을 지배하는 진행구조만을 따라가게 될 수 있다. 태블릿 PC나 애플리케이션 등과 함께하는 첨단의 수업을 하면서도, 경우에 따라서는 오히려 교수자 중심의 일방적 수업이 진행되고 학생들은 아무 생각 없이 내용만 습득하는 '벼락치기 공부'를 할 수도 있다.

(4) 학습자

잘 만들어진 애플리케이션의 홍보자료를 통해, 개인적 또는 집단적으로 이를 성급하게 선택하는 상황이 발생할 수 있다. 이러한 역동성은 개개 학습자의 학습과정을 면밀하게 파악하는 것을 소홀하게 할 수도 있다.

(5) 교수자

교육을 진행하면서 교수자가 즉흥적으로 무엇인가 결정해야 하거나 어떤 한계를 느낄 때, 교수자는 너무 성급하게 특정 애플리케이션을 교육에 적용할 수도 있다. 그러나 어떤 경우에는 교수자 자신이 그 애플리케이션의 장점이나 어려움을 잘 알지 못할 수도 있다. 따라서 교수자가 어떤 애플리케이션을 선택하거나 적용할 때는 다른 교육자료를 선별할 때와 같은 방법으로 이들을 선별해서 사용해야 한다. 교육적 전문성을 가지고 해당 교육상황에 능동적으로 이들을 연결시키는 것이다.

2) 애플리케이션 활용과 교수법적 전문성을 위한 사항들

교수학습에 교육용 애플리케이션이나 소프트웨어를 활용할 때는 이를 위한 체계적이고 전문적인 '교수법적 전문성'이 필요하다. 이것은 신뢰할 수 있는 교수법에 대한 근본이고 철저한 논쟁을 의미한다. 이 논쟁에서 중요한 점은, "애플리케이션 등은 교육의 중심에 서는 것이 아니라, 전체 교육기획의 범주 안에서 교수법적으로 의미가 있는 부분적 기능"(Rösch 외, 2014)으로 되는 수업 콘셉트를 개발해야 하는 것이다. 이를 위해 다음과 같은 점을 고려해야 한다.

(1) 교수학습의 맥락 속에서 어떤 교수법적 기능을 충족시키는가?

사용하고자 하는 교육용 애플리케이션이 해당 교수학습 상황에서 어떤 의도로 활용되는지를 먼저 생각해야 한다. 예를 들어, 이 애플리케이션이 순수한 학습도구로써 사용되는가? (예: 언어습득 등) 이것이 포괄적인 전문지식을 구체적으로 설명하는 것인가, 또는 한 주제에 대해 전문적 정보를 전달하는 것인가? (예: 태양계 시스템) 어떤 사물의 구성이나 제작에 관한 교육주제를 위해 설명하기 위한 것인가? (예: 온라인 동영상, 음향, 포토샵, 서적, 텍스트, 웹사이트 등) 정보에 대한 조사, 종합적 추론, 구조화, 문서나 자료정리가 주된 목표인가? 애플리케이션을 통한 오락이나 휴식도 교수자와 학습자의 수업 부담을 덜어주는 것과 같은 기능을 할 수 있는가? (예: 소음경보 앱, 주의력 분산의 조정, 알람, 일정표 등)

(2) 작업방식이 개방형인가 폐쇄형인가?

교육용 애플리케이션을 사용할 때는 그 학습의 결과를 이끌어내는 방식을 고려해야 한다. 진행방법, 작업방식, 내용과 형식, 구성형태를 고려하고, 의도한 학습목표에 도달하기 위해 해당 애플리케이션이 교수자와 학습자에게 어떤 활동의 장을 제공하는가에 대한 것이다. 여기에는 크게 두 가지 형식이 있는데, 폐쇄형과 개방형이다. 학습과정의 결과나 목표한 해답이 이미 확실하게 정해져 있고 학습활동의 진행에서 학습내용과 형태가 이미 정해져 있다면, 이것은 폐쇄형이라고 할 수 있다. 개방형 애플리케이션은 원칙적으로 내용, 학습형태, 결과를 자유롭게 선택하도록 설계되어있다. 이러한 형식에서는 학습자가 자신만의 내용을 구성해나갈 수 있도록 하는 본보기 예시나 형식을 제공해주기도 한다. 텍스트 또는 논술 프로그램과 같은 것도 여기에 해당된다.

(3) 어떠한 커뮤니케이션 구조나 상호작용 구조를 가지고 있는가?

교수자는 애플리케이션을 활용한 학습이 학습자들의 사회적 관계를 형성하게 하는지, 또는 개인 작업형태로 구성되어있는지를 파악해야 한다. 이 애플리케이션을 수업 전반에 걸쳐 연결할 수 있는지 또는 도입단계나 특정 단계에서만 연결할 수 있는지, 그리고 이것이 협동적인 스토리텔링 작업을 실현해낼 수 있는지, 이 모든 사항을 진지하게 고려해야 한다. 교수자는 수업에 특정 애플리케이션을 도입하기 전에, 선택한 애플리케이션과 전체 수업의 흐름이 어떻게 진행될지를 집중적으로 파악해야 하며, 애플리케이션 작업방식의 흐름은 어떻게 제작되었는지 미리 시험해보아야 한다.

이러한 과정은 시간을 요하는데, 교육의 총체적 기획 속에서 이 애플리케이션을 연결한 교수설계를 기획해야 하기 때문이다. 교육에 활용된 애플리케이션에 대한 최종평가는 전체 교육과정과 결코 따로 분리된 채 이루어져서는 안 되고, 학습목표나 학습자 등과 같은 다른 특별한 교육요인과의 연관성 속에서 이루어져야 한다.

(4) 어떠한 학습이 이루어져야 하는가?

오늘날 우리 현실이 안고 있는 중대한 교육 현안은, 급변하는 현대사회의 경제적, 사회적 상황 속에서 어린이, 청소년들로 하여금 자신의 삶을 잘 준비해가도록 도움을 주고, 또 이에 합당한 능력을 키워주어야 하는 것이다. 모바일학습, 스마트교육, 온라인교육과 같은 교육형식은 행동지향교육, 사회적 교육, 문제해결학습, 자율적 개발을 위한 교육, 구성주의 교육 등과 같은 학습형태와 함께 학교의 교육에서 활성화해야 할 교육방법이다. 학교와 교사진 입장에서는 이러한 교육방법을 도입함에 있어 자신의 교육적 작업을 위해 어떤 교육목표와 방법을 설정해야 하는지, 그리고 이에 부합하여 교수자와 학생은 어떤 역할을 이행해야 하는지를 숙고해야 한다.

(5) 스마트기기, 모바일기기, 애플리케이션은 어떤 역할을 하는가?

기존의 전통적 학교교육 구조를 크게 변화시키지 않으면서도 학습자 중심의 수업으로 교육을 변환하고, 스마트 모바일기기와 그 기능들은 이를 지원해줄 수 있는 적절한 교육기획의 일환으로서 큰 도움이 될 수 있다. 그러나 이를 위해서는 스마트기기 활용교육에 적합한 애플리케이션 및 교육용 소프트웨어를 잘 선택해야 한다. 많은 애플리케이션을 무분별하게 선택한다면, 특별한 교수법적 의도와는 상관없이 앞서 언급한 애플리케이션 관련의 여러 교육적 체계가 부적절하게 진행될 수 있기 때문이다.

6. 대학교육의 온라인 백과사전 – "위키피디아" 활용의 가능성과 한계

"왜 교수님들은 과제를 할 때나 세미나에서 위키피디아 사용을 금지하시고, 그럼에도 불구하고 왜 우리 모두는 이것을 사용할까요? … 어떤 특정한 주제나 사안에 대해 빨리 정보를 얻을 수 있어 저는 위키피디아를 즐겨 사용해요"(대학생, Hooffacker, 2015). 오늘날의 많은 대학생들이 온라인의 여러 검색도구를 활용하고 있는 현실에서, 위키피디아나 포털사이트의 검색도구가 과연 학생들의 교육을 위해 적절한지, 또는 어느 정도 도움이 되는지, 또는 집단지성이라는 협력적 작업을 통해 지식을 구성한다는 것이 어떻게 이해되는지를 파악할 필요가 있을 것이다.

지난 수년간 여러 연구에서는 위키피디아가 전통적인 참고서적과 비교하여 어느 정도나 질적 수준을 갖추고 있는지, 그리고 온라인 백과사전이 다른 자료들에 비해 결함이 많은지 아닌지에 대해 질문을 던져왔다. 이와 관련한 연구로서 한 치의학과 세미나에서 학생들이 전공 관련 주제의 내용을 분석하였는데, 그 결과 28%의 위키피디아 항목(74개 항목)은 교과서 수준이었고, 56% 항목(146개 항목)은 교육자료로 적당하였으며, 16% 항목(41개 항목)은 교육자료로서 적절하지 않은 것으로 나타났다(Lorenz, 2009). 이 연구와 같은 사례들을 통해 위키피디아의 내용을 대학 전공교육에 활용하는 것이 전문적으로 적절한지에 대한 연구의 필요성도 더욱 커지게 되었다.

1) 연구사례

온라인 백과사전이라 할 수 있는 위키피디아를 대학생들은 어떻게 활용하는지, 위키피디아를 통해 얻을 수 있는 것은 무엇이며 그 한계는 무엇인지에 대한 연구(Hooffacker, 2015)가 이루어졌다.

(1) 연구방법, 연구과정

저널리즘 및 미디어학을 전공하는 대학생들과 교수진은 대학생들의 위키피디아 활용과 관련한 상황을 파악하기 위한 연구를 진행하였다. 이들은 전공 세미나 시간에 학생들이 위키피디아를 활용한 학습을 하도록 하고 공동의 지식 구성에 대해 논의하였다. 위키피디아를 전통적인 학문의 원리와 비교하며, 저자들의 성격과 내용의 창의성에 대해서도 연구하였다. 교수진은 학생들에게 위키피디아에 소개된 저널리즘 및 미디어기술과 관련한 주제 30개를 선택하여 주었다. 학생들이 부여받은 과제는 주제들 중 하나를 선택하여 위키피디아의 내용을 검색하고 선택한 내용을 학문적으로 검증하였을 때, 그것이 얼마나 올바른 내용으로 소개되어있는가를 검사하는 것이었다. 교수진은 선택한 30개의 자료를 학문적 신빙성에 근거하여 그 내용을 등급화하였다. 이 자료들을 '매우 괜찮은 것'에서부터 '평균적 수준으로 볼 수 있는 것' 그리고 '학문적으로 보아 별 가치 없는 내용'으로 분리하였다.

학생들은 교수진과 논의하여 자신이 관심 있는 항목을 선택하였고, 이에 대해 혼자 또는 두 명이 함께 작업하였다. 여기에서 작업한 내용은 "컴퓨터정보공학 기초수업"에서 실제 과제로 활용하도록 하였다. 이 전공 관련 기초 작업은 대학 도서관의 "공공 온라인 카탈로그"(OPAC-Online Public Access Catalogue, Öffentlich zugänglich Online Katalog) 및 기본 교양프로그램과 연결하였고, 작업한 내용 중 일부를 분석하여 관련 세미나 과정의 구성과 참고문헌을 위한 구체적 자료로 제공하였다.

(2) 공동의 지식 구성과 내용분석

연구에 참여한 학생들은 선택된 30개 항목의 내용분석에 앞서 공동으로 지식을 구성해보기도 하고, 또 위키피디아의 구성 형식에 대해서도 논의하였다. 그 후 이 학생들은 교수진이 선택한 30개의 항목에 대해 그 내용을 분석하였다. 그 결과, 30개 항목 중 11개 항목에서는 선례나 예문이 완전히 빠져있거나 결함이 매우 많았다. 이미 기존의 사용자들로부터 "선례나 예문이 빠져있다"고 표시되어있기도 하였다. 그러나 학생들은 그렇게 내용이 완전하지 않고 결함을 느꼈음에도 불구하고, 이 내용을 과제를 이행하는 데 잘 활용하였다고 하였다. 선택한 항목의 내용에 대해서 6개의 항목은 올바르게 잘 설명되었다고 분석하였고, 17개의 항목에서는 부분적으로 내용의 완성도가 낮고 충분한 설명이 없었으나 그런대로 적절하다고 평가하였다. 나머지는 틀린 내용이 있거나 명백하게 잘못된 내용이 쓰여있는 것으로 분석하였다.

(3) 내용평가

전체적인 학생들의 평가는 다음과 같다. '해시태그'와 같은 기능은 구조적으로 괜찮았지만 더 개선할 수도 있으며, 내용은 그런대로 잘 정리되어있었으나 그 이상은 아니었고 많은 주제들은 단지 피상적으로만 설명되어있었다고 정리하였다. 분석 대상 항목들은 학문적 검증에 대해 '충분하다'에서 '부족하다'와 같이 여러 평가단계로 나뉘었다. 이중 'PR 관련' 항목에 대해 분석한 학생은 다음과 같은 평가를 하였다. "위키피디아에 소개된 PR 관련 항목의 내용은 제가 보기에 그리 좋은 상태는 아닌 것 같아요. 내용이나 주장이 너무 막연하게 설명되어있었고, 개개 사항에 대한 논의나 문헌출처 등이 철저하지 못했습니다. 내용적으로나 언어적 실수에서 보나 해당 항목의 내용이 충분한 수준이 아니라는 생각입니다"(대학생, in Hooffacker, 2015).

그러나 이 학생 역시 많은 항목들(20-30개)은 그 내용이 학문적으로 모두 입증되지는 않았더라도, 학생들이 제대로 평가만 할 수 있다면 최소 그 내용을 처음 파악하는 데 있어서는 유용할 수 있다는 의견을 덧붙였다. 그럼에도 불구하고 어떤 전문분야의 내용에 대해 그 출처를 점검해보고, 다른 참고문헌 또는 표준이 되는 전문 참고문헌의 내용과 함께 비교해볼 때 위키피디아의 내용은 부족하다는 것이었다. 미디어학 관련 내용 항목 30개 중 7개(23%) 항목의 내용은 어쨌든 원하는 요구수준에 미치지 못하였다는 것이 학생들의 전체적인 평가였다.

(4) 연구의 의미와 결론

이 연구의 목표는 이러한 연구프로젝트를 중·고등학생이나 다른 전공의 대학생들에게도 적용해볼 수 있는지와 같이, 온라인 백과사전의 적절한 활용과 확장성을 알아보고자 한 것이었다. 이 연구가 성공적으로 학생들의 흥미를 끌 수 있었던 본질적인 요인은 교수진이 학생들의 흥미와 직결되는 주제를 선택하였기 때문이었다. 또한 주제나 항목의 선택에서 학생들의 의견이 적극 반영된 것도 중요한 이유가 되었다(10장 1절 3항 "미디어활용 교육문화콘텐츠 개발의 토대" – "교육심리적 요구사항" 참조). 그렇다고 해서 항목들이 특정 주제와 관련하여 무작위로 선택된 것은 아니었다. 교수진이 협력하여 실험 전에 분명한 기준에 따라 내용의 수준이 연계되도록 30개의 항목들을 선택하였다는 점이 중요한 것이었다. 항목 내용의 질적 수준에 대해서 교수진이 '좋음', '그렇게 좋지 않음' 등과 같이 분류한 것을 학생들이 사전에 알지 못한 채 내용을 분석하도록 함으로써, 학생들의 객관적 시각이 분석에 적극 반영되도록 연구가 설계된 것이 이 연구의 의미라고 할 수 있다.

2) 위키피디아 활용교육을 위한 제언, 공동 지식 구성에 대한 대학생들의 견해

(1) 위키피디아 활용교육을 위한 제언

위키피디아를 교육에 활용하고자 할 때, 학습효과를 높이기 위해 다음과 같은 사항들을 고려할 수 있다(Hooffacker, 2015).

- 교육에 앞서 위키피디아에 대한 기본 지식을 먼저 전달한다.
  (이를 위해 학생들이 보고서를 쓰도록 하고, 그 내용을 함께 논의하도록 하는 것도 바람직하다.)
- 학생들이 공동으로 내용을 분석하는 데 도움을 줄 수 있도록, 내용분석에 대한 기본 교육을 한다. (10장 3절 "프로그램 분석을 통한 교수설계" 참조)
- 주제를 선정할 때 학생들의 흥미와 지식수준에 적절한 분야를 선택한다.
  (10장 1절 3항 "미디어활용 교육문화콘텐츠 개발의 토대" – "교육심리학 관점의 요구사항" 참조)
- 과제를 쉽게 개관할 수 있도록, 위키피디아에 소개된 내용들 중 교육주제를 너무 광범위하게 선택하지 않는다.
- 교수진은 항목 내용의 질적 수준을 여러 단계로 나누어 일련의 연계성을 갖고 평가하고, 학생들에게는 처음부터 그 평가결과를 알려주지 않는다.
- 결과를 미리 알려주지는 않지만, 분석한 연구결과는 다 함께 공유하여 이것이 학문적으로 기록에 남도록 한다.
- 모든 전공 영역에서 이러한 방식을 활용해볼 수 있다.

(2) 공동 지식 구성에 대한 대학생들의 견해

위키피디아는 모든 내용을 무료로 볼 수 있는 온라인 사전이자 참고문헌이라 할 수 있는 자유로운 형식의 백과사전이다. 모든 사용자는 스스로 항목에 대한 내용을 기입하거나 변경할 수 있다. 앞서 소개한 연구에서는 '사진'이라는 주제에 대해 정확한 규칙에 따라 내용을 써넣었던 학생들이 자신이 조사한 내용에 대해 다음과 같은 의견과 아쉬움을 표현하였다(Hooffacker, 2015).

- 위키피디아는 사용자들에게 특정 내용을 검색하고 취재를 할 수 있는 가능성을 제공한다.
- 개개 항목을 읽을 때 그 내용을 그냥 받아들여도 좋을지, 아니면 그 근거를 다시 찾아보아야 할지를 신중하게 고려해야 한다.
- 위키피디아의 '사진'에 대한 개념 설명은 학문적으로 충분한 토대를 갖고 검증한 내용이 아니었다.
- 이 '자유로운 백과사전'에 누구나 쉽게 무엇인가를 편집할 수 있는 위키피디아의 특성상, 그 내용을 맹목적으로 신뢰하지 않을 것을 권한다.
- 학생들이 검색했던 주제는 이미 앞서 43명이 이 내용을 구성했는데, 여기서 수정된 내용이 모두 정확한지 보장할 수 없다.
- 어떤 주제에 대해 전반적인 시각을 얻기 위해서라면 학생들은 위키피디아를 잘 활용할 것이다. 그러나 전문적으로 그 내용이 정확한지 알기 위해서는, 예를 들어 전공서적과 같은 다른 참고문헌을 늘 함께 사용할 것을 권장한다.

10장.
미디어활용 교육문화콘텐츠 개발 및 스마트교육, 모바일교육 교수설계

가르치고 배우는 과정을 더욱 효율적으로 진행하기 위해 우리는 다양한 미디어와 미디어 프로그램들을 활용한다. 일선 학교나 교육 관련기관의 교수자뿐 아니라, 기업교육 전문가들도 이제는 교육실무와 기업체 상황에 적절한 교육문화콘텐츠를 스스로 기획하고 개발할 수 있는 미디어교수법에 대한 미디어능력이 필요하다. 이를 위해 인쇄매체에서 디지털미디어나 스마트기기에 이르기까지, 다양한 기술적 미디어를 활용하는 교육문화콘텐츠 개발과 교수설계 방법을 연구하고, 그에 대한 평가방법과 교육 실무에서의 적용방안을 연구해야 할 것이다. 미디어교수법에 기반을 둔 교수설계 연구는 스마트기기나 모바일기기를 포함하는 모든 유형의 미디어를 활용하는 교육을 기획하는 것으로서, 스마트교육 또는 모바일교육에도 적용되는 설계방법 연구이다.

1. 미디어활용 교육문화콘텐츠 개발의 토대

1) "행동과 발달지향 미디어교육"의 발생과 교수설계의 토대
– '학습'과 연결되는 인간의 사회적 행동모델

(1) "행동과 발달지향 미디어교육"의 개념과 특징

교육이란 것은 중요한 행동요인에 대해서 사실에 입각한 행동, 자기주도적이고 창조적인 행동, 사회적 책임감을 갖는 행동과 같은 행동능력을 양성하고 준비시켜주는 과정이라 할 수 있다. 이 과정은 학습자의 발달특성에 맞게 이루어져야 하고, 더 높은 수준의 발달을 이루어낼 수 있도록 하는 과정이어야 한다. 여기에 필요한 중요한 행동요소에는 옳고 그름에 대한 주장, 활용성에 대한 판단, 합당한 판단에 대한 분별력, 윤리적으로 정당한 행동양식을 판별하는 능력이 포함된다. 이것이 "행동과 발달지향 교육"(Tulodziecki 외, 2002)에서 추구하는 이념이다.

이 "행동과 발달지향 교육"의 근본 취지는 많은 국가에서 교육에 대한 토대로 적용되고 있다. 민주국가에서는 일반적으로 교육법과 교육기관의 기본 법령을 제정하는 데 있어 사회적 책임하에 개인의 인격과 개성을 펼쳐나가도록 하는 데 그 기본 방향을 설정하고 있다. 예를 들어, 우리나라 "제7차 교육과정의 기본 방향"(교육인적자원부, 1997)에서는 교육의 운영 측면에서 "학생의 능력, 적성, 진로에 적합한 학습자 중심교육을 지향한다. 또한 전인적 성장의 기반 위에 개성을 추구하고, 창의적 능력을 발휘하는 사람, 민주의식을 기초로 공동체 발전에 공헌하는 사람을 육성하는 것을 추구한다" 등의 내용이 명시되어있다. 외국의 경우 독일에서는 「독일연방공화국의 교육기본법」(GG) 1항에 "인간의 존엄성은 훼손될 수 없다"고 명시되어있다. 2항에는 "모든 사람은 다른 사람의 권리를 침해하거나 법률적 질서나 관습에 저촉되지 않는 한, 자신의 개성을 자유롭게 펼칠 권리가 있다"(KMK, 1977)고 규정되어있다. 이 내용들을 요약하면, 교육에서의 기본 방향은 학습자의 인격을 존중하고 사회적 책임의식하에 개인의 개성과 자기주도적 능력을 함양시키는 것이라 할 수 있다.

이러한 내용은 학교교육과 일반교육을 위한 교육적 논의에 많은 영향을 끼쳤고, 이 사고를 종합하여 여러 학자들은 다음과 같은 정의를 내리고 있다. "교육법에서 추구하는 근본 방향은 자기주도적 능력, 공동 결정능력, 단결력이다. 이것은 능력, 자율성, 단결력이다. 이것은 교육의 목표로서 민주화와 인본주의를 요구하는 것이다"(Klafki, 1985; Schulz, 1981; Winkel, 1983) 등과 같은 내용으로 정리되어있다. 이러한 내용은 미디어 교수법을 위한 "행동과 발달지향 교육과 교수법"(Tulodziecki 외, 2002)의 중요한 토대가 되었다. 이 내용은 일반적 교육목표로서 인간이 추구해야 할 핵심적인 능력의 의미를 보여주었고, 교육의 내용적 측면보다는 일반적 능력이나 개인의 행동 특성과 관련된 측면으로 연결되는 경향을 보여준 것이다. "행동과 발달지향 교육"의 사고는 미디어교수법의 핵심적 토대이며, 이를 실제 교수학습 상황에 연결시킬 때 파악해야 할 점은 다음과 같다.

- 행동지향의 원칙에서 의미하는 행동의 개념
- 행동과 발달지향 교육을 위한 행동 개념의 특징
- 행동과 발달지향 수업에서 보이는 학습활동의 특징

유럽의 교육계에서는 1960년대 말과 1970년대 초부터 "행동과 발달지향 교육"을 토대로 하여 개인이 실생활 속에서 미디어를 활용하여 자신의 생활세계를 능동적으로 구성할 것을 지향하는 "행동지향 미디어교육" 또는 "행동지향 능동적 미디어교육"을 전개하게 되었다(Baacke, 1999a). 능동적 미디어작업이란 행동지향 미디어교육의 가장 기본적인 방법으로서, 이것은 사회적 현실의 대상을 인쇄매체(예: 사진), 시청각매체(예: 영화, 컴퓨터, 디지털 미디어)의 도움으로 소화하고 작업해내는 것이다. 스스로 손에 넣을 수 있는 미디어기기를 가지고 커뮤니케이션의 도구로 삼는 것이다(1장 2절 4항 "미디어능력의 실용적 전개 — 행동지향 미디어교육" 참조).

이 행동지향 미디어교육은 다시 한 단계 더 나아가 "행동지향 및 인지지향 미디어교육"(GMK, 1996)을 추구한다. 이는 미디어교육을 실행할 때 우선 개인의 인지발달 능력에 따라 교육목표와 기획방안을 설정하고, 여기에 적극적 행동이 따르도록 하는 미디어교육이다. 이것은 다시 "행동과 발달지향 미디어교육"(Tulodziecki 외, 2004)으로 발전되었다. 이 교육은 특히 청소년이나 어린이와 같이 발달의 과정에 놓인 학습자를 대상으로 교육을 할 때, 이들의 인지발달 상황을 중시하고 행동과 발달을 촉진하는 교육주제와 방법과 목표를 정하는 교육방법이다.

행동과 발달지향 학습의 특징은 다섯 가지의 요인들로 정리할 수 있는데, '필요성(욕구)과의 연결', '새로운 가치추구', '적절한 난이도', '이해력', '표본적 의미 제공'과 같은 것이다(Tulodziecki 외, 2002). 이 다섯 가지 요인은 행동과 발달지향 학습과정에서 전개되어야 할 교육적 특성을 보여준다.

(2) 행동의 개념과 행동의 결정과정, 기본 교수설계 모형의 토대

"행동과 발달지향 미디어교육" 이론에서는 인간의 '행동'을 중요한 출발점으로 보고 있다. 특히 이 교육에서의 행동은 '사회적 행동'으로 간주되며, 인간의 행동은 결국 '학습'의 개념으로 연결된다. 여기에서 의미하는 행동이란 인간의 욕구와 상황에 따른 심리적 또는 육체적 활동으로서 만족스럽고 의미 있는 상태에 도달하기 위해 의식적으로 이행하는 활동이다(Tulodziecki, 1997). 이 개념 정의에는 행동의 사회적 요소에 대한 '상황조건적' 특징이 포함되어있다. 이 특징은 '만족스럽거나 의미 깊은 상태에 도달하기 위한 것'과 관련되는 것으로, 행동의 결과적 요소 및 목표적 요소를 보여준다(Aebli, 1983; Gudjons, 1986). 따라서 인간이 선택하는 행동양식의 진행과정은 결국 교육을 위한 교수설계 과정의 근간이 된다. 인간은 자신이 선택한 행동양식으로 행동이 결정되는데, 이 행동양식은 자기 자신이나 타인의 사회적, 윤리적 사고를 토대로 자극받았던 욕구를 충족하기 위해 결정이 된다. 선택한 행동양식은 결과적으로 만족이나 실망 또는 갈등을 유발할 수 있다. 각 행동에서 얻게 되는 결과는 미래에 발생할 비슷한 상황에서 다시 이 행동을 선택할 수 있는 확률에도 의미를 갖는다. 이러한 행동의 결정 과정은 〈그림 10-1〉과 같다.

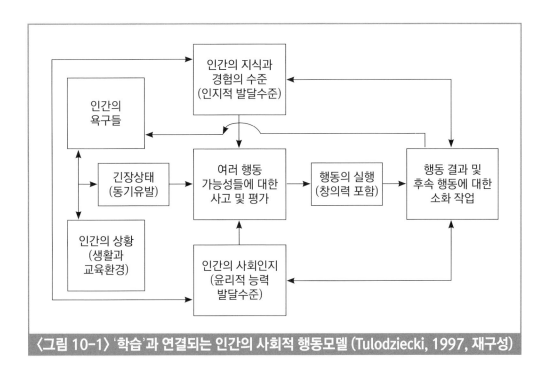

〈그림 10-1〉 '학습'과 연결되는 인간의 사회적 행동모델 (Tulodziecki, 1997, 재구성)

　〈그림 10-1〉에서는 행동에 영향을 미치는 여러 요인들이나 이들 간의 교환적 상관관계를 화살표를 통해 보여주고 있다. 이 중에서도 특히 인간의 지식이나 경험의 수준, 그리고 사회적 인지발달 수준 및 윤리적 발달수준 사이의 교환작용은 모든 요인에 많은 영향을 미친다(Tulodziecki 외, 2004). 행동이란 인간의 욕구 및 상황에 따른 심리적 또는 육체적 활동으로서, 각 개인의 지식수준[1]이나 사회윤리적 수준[2]에 의해 이 행동양식이

---

1) 지적 발달수준의 다섯 단계(Harvey 외, 1961) : 1. 고정적 사고단계 — 하나의 목표를 향하여 고정된 사고만 갖는 지적 발달수순이다. 미디어활용과 관련하여서는 시무하나는 생각이 들었을 때 단순히 인터넷 하기를 떠올리게 된다. 2. 고립된 사고단계 — 사고에 대한 맥락이 없으나, 문제해결이나 평가 · 판단 또는 행동양식에 선택의 여지를 갖는 수준이다. 미디어사용에서는 선택을 생각하기는 하지만 우선적으로 직접적인 욕구와 관련하여 선택한다. 3. 차별 및 부가적 사고 단계 — 구체적으로 차별화하여 생각하는 수준이다. 다양한 문제해결과 행동가능성의 장점, 단점을 비교하는 단계이다. 미디어사용에서는 각 미디어의 장 · 단점과 사용, 행동의 선택에 대한 평가, 그리고 신중한 검토가 이 단계에서는 가능하다. 4. 차별 및 체계적 단계 — 체계 연관적 · 체계 추구적 사고의 수준이다. 5. 비평 및 성찰적 사고의 단계 — 행동양식을 선택하는 데 여러 범주에서 우선순위를 정하여, 주제별로 생각하는 수준이다. 미디어활용에서는 미디어사용이나 선택에 각 미디어의 중요한 원리를 비평적으로 성찰하고 선택할 수 있는 수준이다.

결정된다.

중요한 것은 이러한 행동모델이 바로 '학습'에 대한 개념을 포함하고 있다는 것이다. 무엇인가 배우는 것, 즉 학습한다는 것도 인간의 중요한 행동양식이기 때문이다. 동시에 특정한 행동에 있어서는 기존에 겪었던 모든 경험이 인식수준이나 사회인지수준(사회윤리적 수준)에 영향을 미치게 된다. 이러한 영향이 실제 발생할 때 "무엇인가 배웠다"라고 하게 된다. 이런 점에서 〈그림 10-1〉의 인간의 행동모델은 곧 "학습을 위한 모델" (Tulodziecki 외, 2004)이 된다. 이 모델은 행동과 발달지향 교육이 추구하는 교육적 특성과 기본 교수설계 모형을 정립하는 토대가 된다. (9장 1절 4항 "미디어교수법의 교육실무 적용을 위한 능력과 교육방향" 참조.)

---

2) 사회윤리성 발달수준의 여섯 단계(Kohlberg, 1977) : 1. 자기 자신의 욕구에 기반을 둔 자아(ego)중심의 고착단계이다. 미디어사용에서는, 예를 들어 부모가 인터넷 사용을 금지하였을 경우, 이에 대한 통제로서 처벌이나 부정적인 귀결을 회피하고자 할 때만 제한한다. 2. 기구-교환적 의미로서 타인의 욕구를 배려하면서 자신의 욕구를 지향하는 단계이다. 미디어사용에서는, 예를 들어 밤에 인터넷을 하게 해주면 숙제를 하겠다는 요구조건을 내세우기도 한다. 3. 타인의 기대에 부흥하려는 태도를 갖고, 자신의 관계인과 관계 집단으로부터 인정을 추구하는 단계이다. 미디어사용에서는, 예를 들어 다른 친구들이 즐기는 사이버상의 이야기를 알고 함께 이야기하면서 집단의 기대에 부응하기를 원한다. 4. 개개인의 욕구와 소망을 넘어서서, 가능한 한 공동의 복지에 기여할 수 있는 사회적 체제를 지향하는 단계이다. 미디어사용에서는, 예를 들어 미디어를 사회적으로 중요한 정보의 출처로서 생각한다. 필요한 경우에는 오락적인 것보다 그 당시의 중요한 사회, 정치적 현안을 다루는 프로그램을 선택하게 된다. 5. 다른 개인이나 자신의 권리, 그리고 사회에 대한 권리를 고려하고, 상황에 관련된 비평적이고 신중한 사고를 지향하는 단계이다. 미디어사용에서는, 예를 들어 금지된 게임을 하지 않거나 사이버상의 거짓 정보나 확인되지 않는 정보는 함부로 유통하지 않는다. 왜냐하면 인간의 존엄성을 해치거나 특정 인간을 비하하거나 하는 것이 결국 이런 프로그램이나 거짓 정보를 유포한 제작자들에게만 유리하다는 것을 파악할 수 있기 때문이다. 6. 보편적인 윤리적 원리의 지향단계로서, 윤리성의 발달이 인습, 관습, 형식을 넘어선 자율적이고 원칙적인 수준의 단계이다. 미디어사용에서는, 예를 들어 자신의 미디어사용이 자신과 타인, 그리고 보편적인 사회 관습이나 인간의 존엄성에 기여하는지, 또는 해가 되는지를 자율적으로 생각할 수 있는 단계이다.

(3) 학습과 연결되는 행동의 요인과 목표

① 학습에 연결되는 요인

행동과 발달지향 미디어교육에서 추구하는 원칙을 바탕으로 인간의 행동이 학습행동과 연결되기 위해서는 다음의 두 가지 요건을 고려해야 한다(Tulodziecki 외, 2004). 첫째, 학습은 학습 이후에 후속적으로 따르게 되는 행동에 의미 있게 작용해야 한다. 둘째, 학습을 한다는 것이 앞의 항에서 설명한 "행동의 개념" 의미에서의 행동으로서 수행되어야 한다.

학습자들의 발달을 촉진하기 위한 자극을 주기 위해서는 학습 행동에 있어 다음의 세 가지 지향점(Tulodziecki 외, 2002)을 반영해야 할 것이다.

- **욕구지향** :
  학습자들의 욕구가 행동의 출발점으로서 진지하게 받아들여져야 하는 것과 이들의 욕구를 존중해주는 것을 의미한다. 이러한 배려를 통해 학습자들은 자신들의 욕구가 수업의 과정 속에 편입될 수 있는 기회를 얻어야 한다.

- **상황지향** :
  학습과정의 출발을 위해 선택되는 과제는 학습자들의 생활상황을 보여줄 수 있어야 하고, 이 새로운 학습과제는 학습자들의 생활상황에 관계되는 것이어야 한다.

- **경험 및 발달지향** :
  학습자들이 기존에 겪었던 경험을 학습과정을 위한 출발점으로 활용할 수 있도록 해야 한다. 학습과정 속에서 직간접적인 방법으로 새로운 경험을 접할 수 있는 토대를 제공해야 한다.

② 지적, 사회적 측면의 학습목표

행동과 발달지향 교육에는 학습자의 지식과 경험의 수준, 사회인지적 수준을 지속적으로 발전시키려는 의도가 내포되어있다. 특히 사회인지적 수준은 학습자의 현재와 미래의 지적 수준, 사회윤리적 수준을 향상하는 데 있어 중요한 의미를 갖는다. 이 교육에서 추구하는 지적, 사회윤리적 측면의 학습목표는 다음과 같다.

- **지적 측면을 고려한 학습목표**
  - 환경과 상황적 관점에서 요구되는 문제해결 능력과 행동가능성의 확대
  - 다양한 행동양식의 선택 상황에서 서로 균형 잡을 수 있는 능력의 개발과 지속적 발달
  - 개인의 행동양식에 대한 평가와 결정 능력 및 구성 결과를 연결시킬 수 있는 평가 기준요소의 확대
- **사회윤리적 측면에서 추구하는 요인들**
  - 사회적 관점의 확장
  - 사회적 책임을 이행하려는 준비된 자세 양성
  - 사회정의감의 발전

(4) 학습자들의 행동과 발달지향 학습과정 활성화 방안

행동과 발달지향 미디어교육에서 학습자들의 학습활동을 활성화하는 데 필요한 사항들을 정리하면 다음과 같다(Tulodziecki 외, 2004).

① 학습자들은 학습주제와 관련하여 자신이 가지고 있는 사전지식을 적극 활용하고 주어진 과제해결을 위해 즉흥적인 제안을 하도록 한다.

② 학습자들은 과제에 대한 논의에 있어 학습목표 설정에 참여하고, 자신의 행동의 의미를 의식적으로 생각해본다.

③ 학습자들은 어떠한 질문에 대해 정보를 찾아야 하는지, 그리고 어떻게 이를 찾아내야 하는지를 생각해야 한다. 경우에 따라서는 과제해결을 위해 어떤 작업기술과 숙련도가 필수적인지 생각해본다.

④ 학습자들은 정보를 수집하고 이들을 기록한다. 과제가 부여하는 임무에 따라 이 정보들의 내용을 이해하고 체계화한다. 정보에는 지식의 토대, 진행양식, 평가규범과 같은 요소가 들어있다. 경우에 따라서는 (미디어조작 등을 위해) 필수적으로 필요한 작업기술이나 숙련도를 습득해야 한다.

⑤ 학습자들은 주어진 과제의 문제를 해결하기 위한 방향을 설정하고, 문제해결을 위한 작업을 한다. 그 과정에서 학습자들은 지적, 사회윤리적 행동 같은 여러 행동양

식들을 발달시키고, 결정과 평가를 위한 기준들에 대해 의견을 나누고 토론할 수도 있다. 학습한 작업과제를 구성하고 발표하기 위해 기술적 숙련도(예: 프레젠테이션 기술 등)를 익힌다.

⑥ 학습자들은 자신들이 찾은 해결(해답)을 소개한다. 이들은 자신들의 답 외에도 다른 팀(다른 학습자들)이 찾은 여러 해결 내용과 문제해결 방향을 비교하고 평가한다. 학습자들은 정보의 토대와 행동양식들, 판단의 기준들을 요약하거나 체계적으로 분류한다.

⑦ 학습자들은 자신들이 학습한 내용을 적용할 수 있는 다른 과제들이나 사례들을 깊이 숙고해본다.

⑧ 학습자들은 교육의 진행 속에서 지속적으로 적용할 수 있는 질문들에 대해 생각해본다. 자신들이 학습한 내용을 성찰하고 평가하면서 현재와 미래의 행동(예: 지적, 사회적 행동 등)의 관점에서 학습과정 전체에 대해서도 성찰하고 평가해본다.

2) 교수법적 요구사항

행동과 발달지향 미디어교육의 교육문화콘텐츠 개발 교수설계에 있어서는 먼저 학습자들을 배려한 교수법적 요구사항을 파악하는 것이 중요하다. 미디어의 활용은 소집단 토론, 자율적 과제, 주간 계획, 프로젝트 작업 등과 같은 다양한 교육형태를 통해 이루어지기 때문이다. 이러한 미디어활용 교수학습의 여러 형태를 위해 미디어교수법적 측면에서 다음과 같은 사항을 고려해야 한다(Tulodziecki 외, 2004).

(1) 학습자들의 다양한 일상 경험의 수용

학생들의 학교 밖 생활 형태는 다양한 양상으로 변화하고 있다. 여기에는 일상적이고 적극적인 미디어사용도 포함이 된다. 따라서 학교에서는 학생들의 학교 밖 일상 경험을 교육현장에 연결시킬 수 있도록 해주어야 한다. 이를 위해서는 학생들에게 의미 있으면서도 이들의 흥미를 가질 수 있는 주제를 정하고, 자신들의 경험을 자유롭게 토론하는 방법이 적절할 것이다. 이는 오늘날 정보전달과 학습이 학교에서만 독점되는 것이 아니고, 학교 밖에서도 많은 교육과 학습이 이루어지고 있는 현실을 수용하게 되는 것이다.

(2) 사회성 촉진

학교의 미디어교육은 학생들의 사회성을 촉진할 수 있어야 한다. 학생들의 서로 다른 관심분야, 다른 학습 전제조건, 그리고 다른 학습목표 등은 학생들의 자율적 학습에 대한 중요성을 더욱 강화시킬 수 있다. 자율적 학습은 개별학습이나 소집단, 파트너 학습의 형태 등으로 진행될 수 있다. 이때는 교과서부터 인터넷까지 모든 미디어가 중요한 작업 수단과 학습 보조물의 역할을 한다. 학습공간과 미디어 장비가 갖추어진 교실은 '학습환경'으로서, 그리고 도서관이나 시청각실, 컴퓨터실과 같은 곳은 전체적인 '학습세계'로 기여한다. 자율적 학습에서는 교육학적 관점에서 보아 다음과 같은 문제를 고려해야 하고, 지나치게 개인적 형태로 진행되어서는 안 된다.

- 개인 간의 만남과 사회적 상호작용 속에서 사회적 발달과 책임감을 키워야 한다.
- 학습과 작업형태는 사회적 요구를 수용할 가능성을 제공해야 한다.
- 학교는 학생들의 학교 밖에서의 활동이 점점 고립화하고 개인화되어가는 현상에 균형을 잡아주는 역할을 해야 한다.
- 가정환경과 관계없이 모든 어린이와 청소년들은 사회 속에서 배울 권리를 가지고 있고, 발달을 촉진할 수 있는 권리를 가지고 있다.

이상과 같은 의미에서 학교는 학생들을 위한 사회적 만남의 장소로서 특별한 과제와 기능을 가지고 있다.

(3) 수업의 중요성 고려

이상의 사고를 통해 알 수 있듯이, 교사의 노력과 지도가 필요한 학교의 수업은 미래에도 학생들의 학습과 발달 촉진을 위해 항상 중요한 사회적 역할을 하게 될 것이다. 이와 더불어 미디어는 학습과정에 자극을 주고 도움을 주게 될 것이다. 따라서 미래의 수업이 어떤 형태로 이루어지게 될지에 대해서도 구상을 해보아야 한다.

(4) 학교 교육에서의 프로젝트 미디어교육 활성화

학교에서는 수업이나 과제 외에도 다양한 학교활동을 제공하고 있다. 학교 정원이나 교실을 가꾸게 하기도 하고 학교 축제도 있다. 이러한 여러 학교 활동들은 부분적으로 프로젝트 미디어교육을 가능하게 한다. 프로젝트 미디어교육과 기존 수업이 연결됨으로써 미디어교육학의 교육적 가치가 실현될 수 있다.

3) 교육심리학 관점의 요구사항

미디어를 활용하는 교수학습의 기획을 위해서는 교육심리학적 관점에서도 다음과 같은 요구사항이 충족되는지를 미리 파악해야 한다(Tulodziecki, 1996).

(1) 학습자들에게 흥미 있는 주제 선택

수업은 학습자들에게 의미 있게 와닿는 과제에서 출발해야 한다. 과제의 유형은 탐구과제, 문제해결 과제, 결정 사례, 구성 및 기획과제, 평가과제로 구분된다.

- 탐구과제에서는, 예를 들어 학교 폭력이라는 주제에 관해 학교에서 중요한 자료를 수집하고 문서를 작성할 수 있다.
- 문제해결 과제에서는, 예를 들어 전기와 가스를 많이 사용하는 가정에서 기존의 편리함을 유지하면서도 전기와 가스 사용량을 줄일 수 있는 방안을 모색해본다.
- 결정 사례의 경우에서는, 예를 들어 최근 높은 경제적 손실을 본 기업체의 회생을 위해 어떤 조처를 취할 수 있는지 결정해본다.
- 구성 및 기획과제는, 예를 들어 학생들이 학교 홈페이지를 새로 만들어야 하는 수행과제 같은 것이다. 새로운 홈페이지 제작을 위해 기존의 홈페이지는 분석의 대상이 되고, 새 홈페이지를 더욱 잘 만들게 하는 자극이 될 수 있다.
- 평가과제는, 예를 들어 원격작업(Teleworking)에 관해 이루어질 수 있다. 먼저 네트의 연결과 지원상태를 실험해보고, 이 실험결과와 함께 전반적인 사회 관점에서 원격작업을 분석하고 비평할 수 있다.

(2) 학습자들의 기존 지식과 능력 활용

수업은 한 주제의 영역에서 학습자들이 기존에 가지고 있는 지식과 능력을 활성화할 수 있는 방향으로 기획되어야 한다. 교육을 통해 학습자들이 갖고 있는 지식과 가치관이 교정되거나 발전하고, 각자의 사고가 차별화되거나 통합되어야 한다.

(3) 학습자들의 적극적 참여

수업은 학습자들의 적극적이고 협력적인 토론을 통해 과제를 해결할 수 있도록 진행되어야 한다. 그 과정에서 학생들은 적절한 정보를 찾아내고, 자율적으로 해결방안을 발전시키고 실험해볼 수 있어야 한다.

(4) 학습자들의 다양한 경험과 발달 촉진을 위한 수업의 역할

수업에서는 다양한 해결방안을 비교할 수 있도록 기회를 제공하여야 한다. 해당 학습주제에 적절한 지식과 진행방식, 그리고 이를 지속적으로 이행하고 성찰하는 것을 체계화하고 적용할 수 있도록 해주어야 한다.

4) 여러 교육기관 간의 공동 수업

일반적으로 한 개의 학교나 교육기관에서, 그리고 한정된 학습집단을 대상으로 이루어지는 미디어활용교육의 교육 프로그램을 다른 학교나 교육기관, 다른 학습집단과 연결하여 추가적인 정보를 얻고 더욱 넓은 교류를 확장할 수 있다. 하나의 교육기관에서 마친 작업내용과 결과를 다른 집단과 함께 공유하고 비교, 연구할 수 있다. 그 방법은 다음과 같다(Tulodziecki 외, 2004).

(1) 작업결과의 발표

학생들은 자신들이 특정한 주제, 예를 들어 "청소년들의 정치적 관심사" 등과 같은 주제에 대해 학급 내에서 작업한 학습결과나 토론내용을 네트에 올려, 다른 사람들과 함께 공유할 수 있게 한다.

(2) 일반적인 정보 교환

인근 지역이나 먼 거리에 떨어져 있는 두 개 또는 여러 개의 학급이나 학교에서 공통의 관심사에 대해 정보 교환을 합의하고 지속적으로 관리한다. 국내뿐 아니라 외국 학교와도 교류가 가능하다.

(3) 목표를 갖는 정보 교환

어떤 특정 주제에 대해 파트너 학급이나 학교에서 해당 주제에 대한 중요 정보를 제공해줄 수 있을 경우, 인터넷을 통해 이를 부탁하고 서로 제공받을 수 있다. 예를 들어, 학생들이 아시아 국가의 학교체제를 비교할 때, 이웃 일본의 학교에 정보를 부탁할 수도 있다.

(4) 주제에 대한 작업내용의 평행적 비교

둘 이상의 학습집단이 같은 주제에 대해 연구하기로 합의하고, 평행적으로 정보를 수집하고 작업한다. 이때에 얻은 결과를 서로 제시하고 비교하면서 토론한다. 예를 들어, 두 도시의 건축양식을 각기 조사하여 비교할 수 있다.

(5) 주제에 대한 공동 작업

둘 이상의 학습집단이 같은 주제에 대해 네트상에서 텔레커뮤니케이션을 동해 함께 토론하고 작업한다. 예를 들어, 국내, 국제의 경제시장에 대한 조사를 함께하고 토론한다.

(6) 작품이나 실행의 공동 구성과 기획

두 개나 여러 개의 학습집단이 다 같이 함께 하나의 작품을 제작하거나 실행하기 위해 인터넷을 이용하여 진행을 구성하고 기획한다. 예를 들어, 청소년들이 흥미를 가질 수 있는 학교 신문을 제작한다.

2. 미디어교수법과 "행동과 발달지향 미디어교육"의 기본 교수설계

'인간의 행동양식과 학습'에 대한 개념을 토대로 하는 "행동과 발달지향 미디어교육"을 위한 교수설계 연구(Schulte, 1983; Hasebrook, 1994; Spanhel 외, 1996; Tulodziecki, 1997)는 미디어교수법의 핵심이라 할 수 있다. 미디어교수법에서는 미디어를 활용하는 교육문화콘텐츠를 기획하고 개발하는 교수설계를 통해, 이론과 교육의 실제를 연결할 수 있는 근본적 바탕을 제공하게 된다. 여기에서는 학습자의 자기주도학습 교육형태를 기본으로 하고 있다.

미디어교육학에서는 미디어와 함께하는 교육적 행동능력을 크게 두 가지로 제시하는데, 첫째, 미디어 및 미디어 프로그램의 사용 및 분석과 관련한 행동능력, 둘째, 미디어 프로그램의 자체적 제작(구성, 기획) 및 표현과 관련한 행동능력이다(9장 1절 4항 "미디어교수법의 교육실무 적용을 위한 능력과 교육방향" 참조). 이러한 교육행동을 실제 교육현장으로 옮기기 위해 미디어교수법에서는 교수설계의 방법을 크게 세 분야로 나누게 된다. 첫째, "행동과 발달지향 미디어교육의 기본 교수설계", 둘째, 이를 토대로 발전시킨 "프로그램 분석을 통한 교수설계", 셋째, "프로그램 제작 및 프로젝트 미디어교육 교수설계"가 해당된다. "프로그램 분석을 통한 교수설계"는 이미 제작된 프로그램을 분석한 후, 이를 토대로 새로운 교수학습 과정이나 교육문화콘텐츠를 설계하는 방식이다. "프로그램 제작 및 프로젝트 미디어교육 교수설계"는 새로운 교육프로그램을 개발하고 제작하는 교육문화콘텐츠 교수설계방식이다.

교수설계란 교수, 즉 '가르치는 교육행동'의 과정을 이해하고 개선하기 위해 적절한 교수방법을 연구하고 기획하는 것이다. 설계의 목적은 교수자가 추구하는 학습목표를 성취하기 위하여 최적의 수단을 강구하고자 한다(이명근, 1993). 같은 시간과 노력을 들여 최대한의 교육효과를 이끌어내고자 하는 것이다. 교수설계에서는 학습자의 지식과 기능 면에서 기대할 수 있는 변화와 발전을 가져오기 위한 최적의 교수방법을 처방해야 한다.

1) 교수학습의 구성요소

미디어는 교수학습 과정의 여러 구성 영역에서 활용될 수 있다. **미디어교수법에서 의미하는 미디어는 일반교수법에서와 달리, 미디어가 단순한 '보조도구'가 아니라 교육과 학습에서 '본질적인 구성요소'로 작용한다.** 교육의 구성요소란 해당 교수학습을 구성해 주는 요인이고, 교수학습 과정을 효율적으로 만들어나가는 데 기본적으로 필요한 것들이다. 구성요소는 그 성격이 고정되어있는 것이 아니라 상황에 따라 변경이 가능하다.

교수학습의 본질이 가르치는 사람과 배우는 사람 간의 상호작용을 촉진하는 것이라면, 미디어활용 교수학습의 본질적인 구성요소에는 우선 학습자(학생)와 교수자(교사)가 해당되며, 여기에 미디어가 또 다른 구성요인이 된다(Tulodziecki 외, 2004). 이에 따라 학습자와 교수자가 갖는 특성과 행동, 미디어나 미디어를 통한 경험도 구성요인에 해당된다.

미디어나 미디어를 통한 경험은 그 밖의 수업의 구성요인인 학습의 전제조건, 학습행동, 교육목표 설정, 교수행동, 교육내용, 사회적 형태와 같은 구성요인들을 재현해내거나 설명해준다(그림 10-2). 학습자들은 특정한 학습 전제조건(지적 능력, 사회적 능력, 특기, 관심사 등)을 가지고 수업에 임하게 되고, 이를 바탕으로 특정한 학습활동을 하게 된다(문혜성, 2006c). 교수자는 특정한 교육목표를 가지고 이에 따른 교수법을 실행한다. 학습효과를 성공적으로 이끌 수 있는 교수활동을 통해 학습자들의 행동에 변화와 수정을 가져올 수 있도록 한다. 미디어를 활용한 교육문화콘텐츠가 활용되는 교수학습에서 학습자와 교수자 각각의 활동은 특정한 교육내용, 미디어나 미디어를 통한 경험과도 연결되어있고, 학습집단이나 기관 등과 같은 사회적 제한의 맥락 속에 있다.

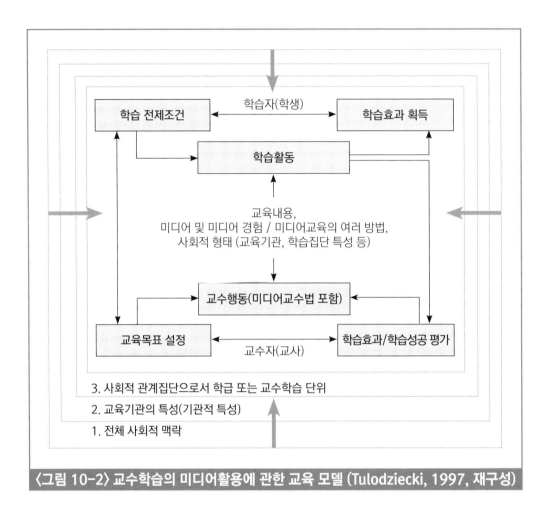

〈그림 10-2〉 교수학습의 미디어활용에 관한 교육 모델 (Tulodziecki, 1997, 재구성)

2) "행동과 발달지향 미디어교육" 기본 교수설계 방법 – 7단계

미디어를 활용하는 교육이나 교육문화콘텐츠를 개발하고자 할 때, 교수자는 학습자들의 수준과 교육기관의 교육목표와 함께 최대의 교육효과를 얻을 수 있도록 교육의 방법을 설계해야 한다. 앞의 〈그림 10-2〉의 진행양식을 토대로, 기본적인 교수설계를 다음과 같은 7단계로 기획할 수 있다(문혜성, 2006a; Tulodziecki 외, 2004). 이 7단계의 설계과정은 "실제 교육실행 이전 교수자의 사전 기획 설계과정"이다.

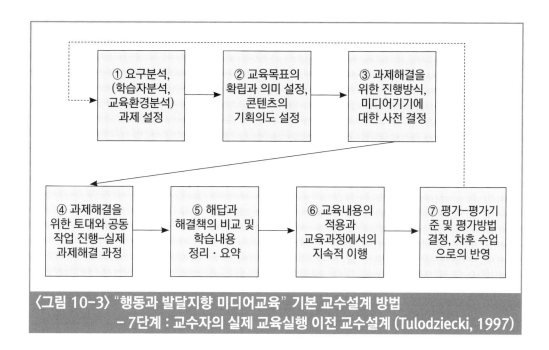

〈그림 10-3〉 "행동과 발달지향 미디어교육" 기본 교수설계 방법
– 7단계 : 교수자의 실제 교육실행 이전 교수설계 (Tulodziecki, 1997)

(1) 1단계 – 학습자 및 콘텐츠 사용자에 대한 요구분석
– 학습자 및 교육환경에 대한 분석 및 과제 설정

- 학습자 및 콘텐츠 사용자들의 교육에 대한 요구사항 파악 – 학습자의 특성, 교육환경, 연령, 지적 수준, 윤리적 수준, 성향이나 관심사, 학습자의 경험과 생활환경 등
- 교수학습의 출발점으로서 의미 있는 주제 및 과제 선정
- 주제의 교육적 필요성, 문제점, 결정사항, 평가방안, 제작 제안, 즉흥적 의견 수렴
- 주제의 특성과 의미 파악, 학습자 수준을 고려한 난이도 결정
- 주제에 대한 학습자, 콘텐츠 사용자들의 흥미 파악
- 학습자, 사용자들의 사전지식을 확장할 수 있는 가능성, 학습자들이 가진 지식의 분류와 통합에 대한 활성화
- 주제 관련 정보검색에 대한 학습자, 사용자들의 자율적인 작업 촉구
- 과제해결 방법과 결과 비교 및 방법의 체계화(기록, 저장) 방법 결정
- 해결 내용의 적용 방안에 대한 계획 수립
- 교육기관의 사회적 형태 파악(예: 초·중·고등학교, 대학교, 기업체, 연구기관,

문화기관, 종교기관 등)

• 교육기관의 사회문화적 특성과 교육기관의 교육목표 파악

(2) 2단계 – 교육목표의 확립과 교육의미 설정, 콘텐츠의 기획의도 설정

• 교수자 및 콘텐츠 개발자의 교육철학 정립
• 해당 주제 및 과제에 대한 교육적 목표 설정
• 교육적 측면에서의 의미 파악(교육의 윤리성 확립)
• 교육과정에 대한 적합성 판단

(3) 3단계 – 과제해결을 위한 진행방식과 미디어기기에 대한 사전 결정

• 교육과제나 주제에 대해 필요한 질문 및 교육내용 설정
• 과제해결 진행방식 결정 및 콘텐츠 개발을 위해 고려되어야 할 사항
  – 학습자, 콘텐츠 사용자들의 개인적 경험과 가치관, 적합한 난이도, 과제의 의미
  – 학습자, 사용자들의 사전지식이나 이에 대한 확장, 분류와 통합의 활성화
  – 학습자, 사용자들의 학습집단 형성(전체 학급, 모둠별 소집단, 파트너, 개인 등)
  – 정보조사에 대한 자율적인 작업 분담, 과제해결 방법과 결과 내용의 비교
  – 정보조사 방법 논의
  – 작업의 체계적 정리 및 분담, 해결 내용의 적용과 성찰, 기록, 저장방법 결정
• 사용될 미디어기기 결정, 기본적인 사용 기술 습득
• "행동과 발달지향 미디어교육 기본 교수설계 방법–7단계"와 "미디어활용 교수학습 과정의 이상적 진행 구조–8단계" 중 선택한 미디어를 활용할 단계와 활용방식 결정
• 교육방법 결정(예: 강의, 토론, 모둠별 작업, 발표, 프로그램 제작을 위한 인터뷰, 사전답사, 촬영 등을 위한 기획과 작업 등)

(4) 4단계 – 과제해결을 위한 토대와 공동작업 진행 – 실제 과제해결 과정

• 정보 조사와 정보 획득

- 조사한 내용 중 원하는 정보의 내용 선별 및 확정
- 설정된 과제와의 관계 연구
- 과제해결을 위한 작업 구상
- 과제해결 및 과제 결과에 대한 논의

(5) 5단계 – 해답과 해결책의 비교 및 학습내용 정리, 요약

- 전체 교육과정을 통해 얻게 된 해결방안과 해답 소개, 이에 대한 토론
- 이상의 내용에 대한 요약, 정리, 기록, 저장

(6) 6단계 – 해결한 과제 내용의 적용과 교육과정에서의 지속적인 연결

- 학습을 통해 획득한 내용과 해결방안을 적용할 가능성이 있는 또 다른 교육과제나 주제의 선택, 새로운 주제에 도입하고 작업할 수 있는 방안 연구
- 다른 교육주제, 다른 과목, 다른 학년과의 연계방안 모색(융복합적 연구방향 모색)
- 교육과정 내에서 학습내용 및 학습방법의 지속적 활용 및 이와 연결되는 질문 설정

(7) 7단계 – 평가 (평가기준 및 평가방법 결정, 차후 수업으로의 반영)

- 초반에 설정한 교육목표가 어느 정도 이루어졌는가, 교육주제와 내용이 정확히 나타났는가, 교육과정 이후 학습자들에게 어느 정도의 학습효과를 가져왔는가를 평가
  - **학습효과 평가기준의 예** : 교수자가 설정한 교육목표의 성취 여부, 학습자들의 과제에 대한 이해 정도, 다른 교육주제에 대한 응용력, 정보검색이나 분석 및 제작을 위한 미디어 활용능력, 비평적 사고와 토론능력, 학습자들의 흥미 유발, 참여도, 창의성, 예술적 감각, 발표력, 공동작업 능력, 타인에 대한 배려, 사회성, 교수학습에 미친 긍정적, 부정적 영향 등
  - **학습관련 행동발달 평가기준의 예**: 자기주도적 학습능력, 교육주제에 대한 이해와 습득, 적극적 참여, 과제에 대한 탐구능력, 학습에 대한 흥미 향상, 협동심, 사회성 등

– **미디어능력 발달 평가기준의 예**: 미디어 프로그램에 대한 비평적 능력, 미디어의 기술적 사용능력, 적절한 프로그램 선택능력, 교육주제와 관련한 프로그램 해석 능력, 미디어 프로그램의 사회적 영향력에 대한 파악능력, 자신의 감수성과 프로그램을 연결하는 능력, 자체적 프로그램 제작을 위한 아이디어 및 지식 습득 등

• 과제 내용의 표현, 발표 및 경험 방식 평가
  (수업진행 과정이나 방식이 이상에 언급한 행동과 발달을 전반적으로 촉진하는 행동지향적 교육이었는지, 비행동지향적 교육이었는지 등)

• 미디어 및 미디어 프로그램의 사용과 경험에 따른 장점, 가능성, 한계 평가

• 수업진행 과정에서 학생의 행동을 촉진하지 못하였거나 문제점이 보였을 경우, 그 부분을 개선하여 다음번 수업에 발전적으로 반영할 수 있는 방법 모색

• 활용한 미디어가 학습과정과 학습결과에 미친 영향 평가

• 이상의 영향이 작용하게 된 원인 파악 및 이 영향의 평가방법 연구
  (예: 작품내용과 교육주제의 부합 여부, 교육적 의미, 진행방법의 제한사항 등)

• 프로그램 제작 수업의 경우, 학습자들의 미디어작품 표현방법 및 이에 대한 가능성과 한계 평가

• 제작 작품의 교육적 의미 및 교수학습에서의 의미 평가

• 평가방법 결정 : 교수자의 판단에 따라 교육내용과 교육목표에 부합되는 방법 결정
  (평가방법의 예 : 결과 내용에 대한 과제물 제출, 결과물 발표, 토론내용 및 참여도 관찰, 기록과 저장, 지속적 활용방안 모색, 학습내용에 대한 지필시험 등)

• 교수학습 과정의 마지막 단계로써 '평가'에 따른 결과가 다시 추후 교수설계의 각 요소에 발전적인 영향을 미치게 되는 것에 대한 고려(그림 10-3)

3) 미디어활용 교수학습 과정의 이상적 진행 구조 – 8단계

교육의 실행 전에 교수자가 미리 설계하는 "행동과 발달지향 미디어교육 기본 교수설계 방법–7단계"의 과정은 다시 "미디어활용 교수학습 과정의 이상적 진행 구조–8단계"의 과정과 연결된다(문혜성, 2011; Schulte, 1983; Hasebrook, 1994; Spanhel 외, 1996; Tulodziecki 외, 2004). 이 8단계의 설계과정은 기본 교수설계 7단계와 같은 내용, 같은 맥락을 갖는데, 8단계 설계는 "학생들과 함께 진행되는 실제 교육의 과정"을 의미하며,

이것은 학습자 중심의 "자기주도학습"의 형식으로 진행되는 교육방식이다.

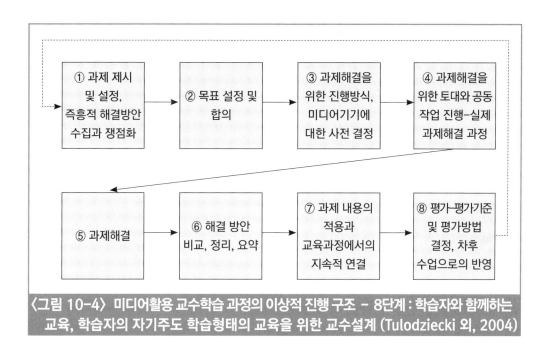

〈그림 10-4〉 미디어활용 교수학습 과정의 이상적 진행 구조 – 8단계 : 학습자와 함께하는 교육, 학습자의 자기주도 학습형태의 교육을 위한 교수설계 (Tulodziecki 외, 2004)

(1) 1단계 – 과제(교육주제) 제시 및 설정, 즉흥적 해결방안의 수집과 쟁점화

다양한 교육주제들, 예를 들어 '학교 폭력', '가정의 전기사용량', '기업체의 경제개혁', '학교 홈페이지 만들기', '청소년과 팝문화' 등 여러 주제에 관한 과제를 위해 컴퓨터를 이용하여 동영상, 사진, 텍스트, 음향, 시뮬레이션 등의 형태로 제시함으로써, 학습자들이 과제에 대해 흥미를 가질 수 있도록 한다. 이 과제들에 대해 학생들은 소집단 내에서 개별 대화를 하고, 이에 대한 해결방안도 즉흥적으로 생각해보도록 한다.

(2) 2단계 – 목표 설정 및 합의

교사가 교수학습 단위나 교육목표에 대해 미리 기획한 내용을 학생들과의 토론을 통해 다시 한 번 정리하고 학생들의 의견도 적극 반영하면서, 교사와 학습자 간의 교육적 합의를 이루어나가는 과정이다. 이 교육목표가 현재와 미래에 갖게 될 의미에 대해서도 생각할 기회를 갖도록 한다. 이 목표가 학습자들의 교육을 위해 의미 있다는 점을 인식시킨 후, 미디어를 통해 적절한 방법으로 형상화할 수 있다는 것을 인지하도록 한다.

(3) 3단계 − 진행방식에 대한 협의와 미디어기기에 대한 사전 결정

진행방식은 학습집단 내에서 토론과 대화를 통해 결정되어야 한다. 이 단계에서는 과제를 위해 중요하고 적절한 진행방식을 결정할 수 있는 질문사항들을 수집하고, 계획과정을 포함하여 진행에 대한 전체 방법을 결정한다. 진행방법에서는 모든 참가자들이 작업 단계와 자신에게 부여된 활동에 대해 언제든지 문의하고 확인할 수 있도록 한다. 이러한 방법은 프로젝트 수업에서 특히 중요하다. 단계별로 사용될 미디어기기를 결정한다.

(4) 4단계 − 과제해결을 위한 토대 작업

컴퓨터나 인터넷을 이용하여 정보를 수집하고 이를 정리, 작업하도록 한다. 컴퓨터를 정보 제공이나 학습 보조로 이용하고, 동영상, 청각자료, 텍스트를 학습도구로 사용할 수 있다. 예를 들어, 학교 폭력, 에너지 절약, 기업의 구조조정, 홈페이지 구축, Teleworking 등과 같은 다양한 과제에 대한 정보를 인터넷 등에서 검색할 수 있다. 정보수집뿐 아니라 주어진 과제를 해결하기 위해 행해진 모든 작업, 예를 들어 이론학습이나 과제해결을 위해 교수자와 학습자들이 필요하다고 생각하는 준비작업 등이 해당된다. 프로그램 분석이나 실험, 실습 등과 같은 것은 교육목표에 따라 이 4단계나 다음의 5단계에도 해당될 수 있다. 과제해결을 위한 토대로 수집된 정보나 작업내용은 기록하고 저장하여 모든 참가자들에게 제공한다.

(5) 5단계 − 과제해결

수업 도입 부분에서 소개된 과제나 교육주제에 관한 정보를 학습자는 자율적으로 소화하여 사고의 전환을 꾀하도록 한다. 이 5단계에서는 주어진 과제를 해결하기 위한 실제 교육행동이 이루어지게 된다. 이론적으로 학습한 내용을 프로그램 분석, 제작, 실험, 실습 등에 적용하는 과정이다. 이때는 개인별, 파트너별, 또는 소집단별로 작업할 수 있도록 한다. 경우에 따라 컴퓨터나 프레젠테이션 프로그램을 사용한다. 여러 과제에 대한 작업에서 중요한 것은, 기존의 컴퓨터 프로그램은 단지 학습과 분석을 위한 도구로 사용될 뿐이라는 것이다. 주어진 과제는 근본적으로 학습자들이 자율적으로 해결해야 한다는 것을 인식해야 한다. 작업한 내용을 문서화하고, 발표할 수 있도록 준비한다.

(6) 6단계 − 다양한 해결방안의 비교와 정리, 요약

이 단계에서는 기록된 작업 내용을 다른 학습자들이나 다른 소집단들에게 발표하고 함께 토론하도록 한다. 여러 가지 해결방안에 대해 학생들이 직접 의견을 제시하고 토론하는 이러한 방법은 교육적으로 매우 중요하면서도 이상적인 방법이다. 이렇게 요약된 결과의 내용을 컴퓨터에 기록하고 저장한다.

(7) 7단계 − 해결한 과제 내용의 적용과 교육과정에서의 지속적인 연결

이 단계에서는 학습활동을 통해 얻게 된 학습결과를 다음번의 학습이나 교육과정에 어떻게 연결할지를 생각해야 한다. 이 교육이 일회성으로 끝나는 것이 아니라, 다음에 이어서 진행하게 될 학습주제, 다른 과목, 다른 학년 등과 어떻게 연결되게 할 것이며, 어떻게 전체적인 교육의 맥락을 이루어낼 것인가에 대한 교육기획을 모색해야 한다. ①단계의 "과제제시 단계"에서와 같이, 컴퓨터의 동영상, 음향, 텍스트, 시뮬레이션 프로그램 등을 사용하여 해결한 과제 내용을 발표할 수 있다. 이를 통해 학습내용을 학습주제에 직접 적용할 수 있는 흥미로운 연결형태를 보여줄 수 있다. 이러한 모든 작업은 학습자들이 자율적으로 행하여야 한다. 여기에서도 컴퓨터는 하나의 도구로서 사용된다. 과제해결 방안에 대해 전체 학습자들의 토론과 질의가 이어진다.

(8) 8단계 − 학습한 내용과 학습방법의 지속적 이행 및 평가 기준과 방안 모색

교육주제에 대해 학습자들이 흥미를 보이는 질문들을 수집한다. 경우에 따라 컴퓨터를 사용하여 질문에 대한 정보를 수집할 수도 있다. 그 외에도 여러 질문들에 대해 토론을 하는 것이 바람직하다. 마지막으로 학습내용과 방법에 대한 성찰과 평가는 학생들의 토론을 통해 이루어지게 한다. 이때 미디어의 활용 측면에 대한 성찰과 평가도 이루어져야 한다. ("기본 교수설계 7단계"의 "(7) 7단계 − 평가" 부분 참조)

이상의 "기본 교수설계 7단계"와 "이상적 진행구조 8단계"는 다음의 그림과 같은 방식으로 하나의 교수설계 프로그램에 통합할 수 있다.

1단계 요구분석(학습자분석, 교육환경분석), 과제 설정		1단계 과제 제시 및 설정, 즉흥적 해결방안 수집과 쟁점화
2단계 교육목표의 확립과 의미 설정, 콘텐츠의 기획의도 설정		2단계 목표 설정 및 합의
3단계 과제해결을 위한 진행방식, 미디어기기에 대한 사전 결정		3단계 과제해결을 위한 진행방식, 미디어기기에 대한 사전 결정
4단계 과제해결을 위한 토대와 공동작업 진행 -실제 과제해결 과정	상호연계성	4단계 과제해결을 위한 토대와 공동작업 진행 -실제 과제해결 과정
5단계 해답과 해결책의 비교 및 학습내용 정리·요약		5단계 과제해결
6단계 교육내용의 적용과 지속적 이행		6단계 해결 방안 비교, 정리, 요약
7단계 평가-평가기준 및 평가방법 결정, 차후 수업으로의 반영		7단계 과제 내용의 적용과 교육과정에서의 지속적 연결
		8단계 평가 - 평가기준 및 평가방법 결정, 차후 수업으로의 반영

〈그림 10-5〉 "행동과 발달지향 기본 교수설계 방법 – 7단계"와 "미디어활용 교수학습 과정의 이상적 진행 구조 – 8단계"의 통합 (Tulodziecki 외, 2004)

　　"미디어활용 교수학습 과정의 이상적 구조 8단계"에 '요구분석'의 단계를 포함시키고 자 할 때는 〈그림 10-6〉과 같은 방법으로 진행될 수도 있다.

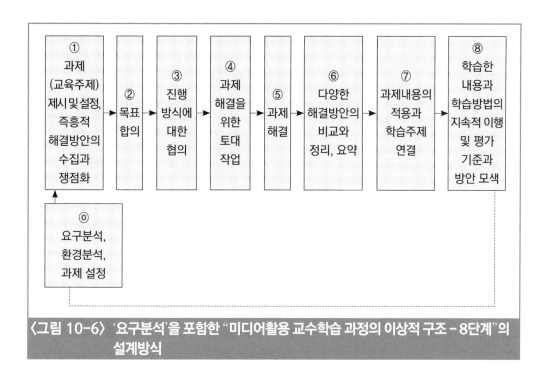

〈그림 10-6〉 '요구분석'을 포함한 "미디어활용 교수학습 과정의 이상적 구조 – 8단계"의 설계방식

4) 교수학습 과정 진행단계별 미디어 기능과 이상적 변환

"미디어활용 교수학습 과정의 이상적 진행 구조–8단계"의 각 단계에서는 미디어를 활용하게 되는데, 이때 각 8단계에서의 이상적인 미디어의 기능을 살펴보면 다음과 같다 (Tulodziecki, 1996b).

(1) **1단계 – 과제(교육주제) 제시 및 설정 단계** – 과제 제시나 과제 설정에 있어 학습자들의 흥미 유발, 토론을 위한 사실적 상황 전달, 작업을 위한 자료 준비, 의견의 저장
(2) **2단계 – 목표 설정 및 합의 단계** : 목표 설정에 대한 합의 사항의 저장
(3) **3단계 – 진행방식에 대한 협의 단계** : 진행방식에 대한 합의 내용의 문서화
(4) **4단계 – 과제해결을 위한 토대 작업 단계** : 과제해결을 위한 토대 작업을 위한 정보원, 학습 보조도구, 구성하는 방법, 저장하는 방법
(5) **5단계 – 과제해결 단계** : 과제 결과의 발표 방법, 다른 결과에 대한 비교 및 토론, 정리를 위한 도구

(6) 6단계 – **다양한 해결방안의 비교와 정리, 요약 단계** : 과제의 적용을 위한 미디어의 활용, 보충 정보 출처, 학습 지원, 자료, 도구, 저장하는 방법, 발표하는 방법

(7) 7단계 – **과제 내용 적용과 교육과정에서의 연결 단계** : 확장된 정보 출처

(8) 8단계 – **학습한 내용과 학습방법의 지속적 이행 및 평가 기준과 방안 모색 단계** : 과제 결과의 소개와 확산, 커뮤니케이션과 협력, 합동작업 방법

5) 교육문화콘텐츠 설계와 발표 방법의 예시

하나의 콘텐츠는 하나의 상품이라고도 할 수 있으며, 이를 개발한 사람에 대한 권리(저작권)가 보호되어야 할 뿐 아니라, 이를 효율적으로 알리고 전달하는 발표 또한 중요하다. 이 콘텐츠를 실제로 사용하려는 교육 담당자는 발표를 통해 이 콘텐츠의 내용과 기획의도를 명확히 파악하여, 해당 교육상황에 적합한 콘텐츠를 선택할 수 있는 기회를 가져야 한다. "행동과 발달지향 미디어교육"의 기본 교수설계 방식을 활용하여 콘텐츠를 개발하고, 이를 실제로 사용하게 될 교육 소비자들에게 효율적으로 그 내용과 기획의도를 전달하기 위한 하나의 방안으로서 다음과 같은 설계와 발표의 형식을 예시로 들어볼 수 있다.

(1) 콘텐츠의 전반적 소개

① 콘텐츠 제목 및 핵심 주제
　　가. 큰 주제 (예: 개인정보, 인터넷과 법, 저작권 등)
　　나. 작은 주제 – 큰 주제와 관련하여 선택한 콘텐츠의 소주제
② 기획의도 ③ 교육목표 및 교육적 의미 ④ 교육대상 ⑤교육기관
⑥ 콘텐츠 내용 – 간략한 개요 ⑦ 교육방법 ⑧ 평가방법

(2) 요구분석 및 이론적 배경

학습자들에 대한 지적, 윤리적 상황과 이들이 해당 교육주제에 요구하는 관심사항을 분석한 내용을 소개한다. 나아가 해당 전공 관련 및 주제 관련 이론, 미디어교육 이론,

등을 간략히 설명한다. (예: 콘텐츠 주제와 관련되는 전문적 이론, 논문이나 통계치, 기사 등 기존에 발표된 자료, 연령별 발달특성 및 미디어인지심리, 미디어 특성 등의 인용)

(3) 콘텐츠 기획을 위한 설계

교수설계의 틀을 간략하게 소개한다.
① "행동과 발달지향 미디어교육" 미디어활용 기본 교수설계의 틀 〈그림 10-2〉
② 교육문화콘텐츠 개발을 위한 "기본 교수설계 – 7단계" 〈그림 10-3〉
③ '미디어활용 교수학습 과정의 이상적 진행 구조 – 8단계' 〈그림 10-4〉, 〈그림 10-6〉

(4) 선택한 프로그램의 분석 내용 또는 제작하고자 계획하는 시나리오 내용 소개

(5) 콘텐츠의 전반적 진행 방향 소개

콘텐츠의 전반적 내용을 대략적으로 소개한다. 회차 및 차시의 회수는 교수자가 자율적으로 결정한다.

〈표 10-1〉 콘텐츠의 전반적 진행 방향 소개

교육 회차 및 차시 (해당 교육에 적절한 회차 및 차시 분량 결정)	회차 및 차시별 교육주제 (회차별 교육내용 소개)
1회차(차시)	(첫 차시 전체 교육콘텐츠의 진행을 위한 오리엔테이션 등, 목표, 주제, 교육방법 소개 등)
2회차(차시)	
3회차(차시)	
4회차(차시) 등	
다른 교육과의 연계, 지속적 활용방안, 평가 등, 교육 이후의 지속적 활동 (예: 사이버공간을 활용한 전문적 지도 및 토론, 모임별 활동)	

(회차 및 차시의 수는 교수자가 자율적으로 결정한다.)

(6) 콘텐츠의 전반적 내용의 상세한 소개

콘텐츠의 회차 및 차시별 교수설계에 대한 전반적 내용을 상세하게 소개한다. 차시, 회차 수는 교수자가 자율적으로 결정한다.

〈표 10-2〉 콘텐츠의 전반적 내용의 상세한 소개

교육 회차 및 차시 (해당 교육에 적절한 회차 및 차시 분량 결정)	기본 교수설계 7단계	미디어활용 교수학습 과정 진행구조 (8단계 중 해당 단계 적용)	프로그램 분석과 관련한 교육 주제	프로그램 분석과 관련한 교육 목표	프로그램 분석과 관련한 교육내용		촉진 미디어 능력 분야 및 사용 기기	기대되는 교육적 효과	온라인 학습 병행 및 스마트 교육 실행 여부
					교수자의 역할	학습자의 역할			
1회차(차시)									
2회차(차시)									
3회차(차시)									
4회차(차시) 등									
교육 이후의 지속적 활동 (예: 사이버공간을 활용한 전문적 지도 및 토론, 모임별 활동)									

(회차 및 차시의 수는 교수자가 자율적으로 결정한다.)

(7) 본 교수설계 진행

각 회차(차시) 및 각 교수설계 단계의 구체적 내용과 해당 내용에 부합하는 이미지 사진 등을 소개한다. "기본 교수설계 7단계" 및 "미디어활용 이상적 진행구조 8단계"에 따른 단계별 내용을 설명한다.

(8) 한계점 및 제언, 결론

설계를 진행한 후, 이 콘텐츠에 대해 예상되는 한계점과 그 한계점을 보완할 수 있는 방안을 제시해본다. 전체 내용과 설계 후에 갖게 된 관점 및 교육적 의미를 정리해본다.

3. 프로그램 분석을 통한 교수설계

미디어와 함께하는 교육적 행동능력은 크게 두 분야를 들 수 있다. 첫째, '미디어 및 미디어 프로그램의 사용 및 분석과 관련한 행동능력', 둘째, '미디어 프로그램의 자체적 제작(구성, 기획) 및 표현과 관련한 행동능력'으로 분류된다. 이 중 첫 번째 행동능력은 "행동과 발달지향 미디어교육의 기본 교수설계"를 기반으로 하는 "프로그램 분석을 통한 교수설계"를 활용하여 촉진될 수 있으며, 프로그램 분석을 통한 교육문화콘텐츠 개발의 중요한 토대가 될 수 있다.

1) 프로그램 분석의 의미와 교육적 적용

미디어에서 제공하는 프로그램의 분석 능력을 키우는 것은 미디어능력을 키우는 직접적인 교육방법이다. 프로그램 분석은 사회구성원들로 하여금 그 사회문화의 산물인 미디어와 미디어 프로그램을 제대로 수용하고 비평할 수 있는 능력을 키우게 한다. 특히 교수자들 자신도 미디어활용교육을 위해 주어진 자료나 정보를 올바르게 분석하여 교수학습에 적용하는 능력을 필요로 한다. 프로그램 분석을 통한 교육문화콘텐츠 기획은 언어, 자연과학, 사회, 예술 분야 등 어떠한 교과과목에서나 적용할 수 있는 교육방법이다. 무엇보다 제작에 대한 실제 경험이 많지 않은 교사와 학생들은 프로그램을 정확히 분석하는 능력을 키움으로써, 기존의 프로그램들을 모델로 한 자신만의 프로그램을 개발하고 제작할 수 있는 토대를 학습할 수 있다.

미디어교육학에서 의미하는 프로그램 분석이란 단지 미디어의 내용이나 표현양식과 같은 미디어 언어를 읽어내고 해석하는 미디어 리터러시의 영역만을 뜻하는 것이 아니다. 프로그램의 내용과 기획의도 및 표현양식을 분석하고, 프로그램이 인간과 사회에 대해 갖게 되는 영향력과 이들 간의 상호작용을 파악하는 것이다. 해당 교수학습 상황의 교육목표에 적합한 프로그램을 선택하고 분석하며, 교육적 활용에 대한 평가방안을 결정하는 능력까지 요하는 미디어교육 방법이다.

예를 들어, 단순한 정보검색을 위해서도 우리는 대량의 정보들 속에서 원하는 주제에 적절한 정보를 찾아내는 능력이 필요하다. 또한 검색한 정보의 내용을 분석하여 적합한 방법으로 해당 교육과제에 통합하는 능력도 있어야 한다. 교육주제와 목표에 맞게 특정 프로그램을 선택하고 분석하며, 적절한 교수학습의 진행 단계에서 활용하여 의도하는 교육적 효과를 이끌어내는 능력은 오늘날의 교수자와 학습자 모두에게 필요한 미디어능력이다.

　프로그램을 직접 제작하지 않는 일반 사용자 입장에서 시도하는 프로그램 분석은 우리의 미디어능력을 키울 수 있는 가장 직접적이고 손쉬운 능동적 미디어교육이며, 미디어와 인간 간의 적극적인 상호작용이다(Bachmair, 1989). 필요한 정보를 검색하고 분석하거나 영화, 텔레비전 프로그램, 신문기사, 인터넷기사 등을 분석하는 것은 미디어교육의 가장 기본적인 교육방법이며, 이 방법을 통해 미디어교육학의 교육원리를 학습할 수 있다. 프로그램 분석을 통해 미디어 프로그램의 구조에 대해 구체적으로 의식하게 되면서, 일반적인 미디어능력이나 미디어에 대한 성숙함을 고취시킬 수 있다. 무엇보다 프로그램 분석이라는 교육방법은 '이론과 실제', 그리고 '학문적 연구와 현실적 프로그램', 이 두 영역 간의 거리를 좁힐 수 있는 역할을 한다. 이는 미디어와의 능동적 상호작용을 위한 중요한 출발점이 된다. 프로그램 분석을 통해 얻게 되는 능력을 정리해 보면 다음과 같다(문혜성, 2004).

- 미디어의 전반적 영향력에 대한 인식과 소화작업 능력을 고양시킬 수 있다.
- 프로그램을 의미 있게 선별, 사용, 평가할 수 있는 비평능력을 키울 수 있다.
- 전체 사회적 맥락에서 미디어를 파악하고, 그 사회에 대한 미디어의 영향력을 인식할 수 있다.
- 오락적, 미학적, 교육적 관점에서 보아 수준 높게 제작된 프로그램을 선별할 수 있는 능력을 키우고, 이를 통해 자아 형성을 위해 중요한 표본을 찾을 수 있다.
- 프로그램을 통해 인생의 다양한 형태를 파악하고, 변화되는 사회적 맥락에 따라 개인의 생활세계 구성에 대한 지향방향을 찾을 수 있다.
- 자기만의 미디어 프로그램 제작을 위한 방법과 중요 표본으로서 기존 프로그램을 참고할 수 있다.
- 많은 대중매체의 프로그램을 실질적인 교육 자료로 활용할 수 있다. 교육목표에 부합하는 프로그램을 좋은 교육의 도구로 활용할 수 있다.

2) 프로그램 분석 방법과 분석 유형

(1) "실증 - 사회학적 방법", "해석적 풀이 과정"

프로그램 분석 방법에는 "실증–사회학적 방법"과 "해석적 풀이 과정" 두 가지 방법이 있다(Hickethier, 1996). 이 두 과정은 '양적 분석'과 '질적 분석'(이종성, 2003)으로도 분류할 수 있다. 양적 분석이란 수치로 측정하거나 측량할 수 있는 개념에 대한 연구 작업으로서, 개개 변인들을 정확히 측정할 수 있는 연구방법이다. 질적 분석이란 수치로 측정하거나 측량이 될 수 없는 개념에 대한 연구로서, 개개 사례의 복합적인 성향을 연구자가 해석적으로 연구하는 방법이다.

"실증–사회학적 방법"에서는 영상분석과 같은 프로그램 분석이 일종의 양적 내용분석이 된다. 여기서의 내용분석은 객관적인 방법, 즉 수치나 퍼센테이지 등의 양적인 연구 방식으로 대중매체의 표현형태 구조를 연구한다는 목표를 갖는다(Wersig, 1968; Ritsert, 1972). "해석적 풀이 과정"은 질적 분석을 의미하는 것으로, 미디어 프로그램에 대한 해석학적 분석 과정이 곧 텍스트 해석에 대한 이론과 실제가 된다는 것을 뜻한다(Szondi, 1975). 이것은 예술적인 텍스트의 의미를 이해하기 위해 이에 몰두하며 비판적으로 숙고해나가는 과정을 의미하는 것이다.

프로그램 분석이란 한 전체를 구성하는 부분들이나 구성요소들을 가능한 한 정확히 구분해내고 이들의 성격을 특성화시키는 것이다. 또한 이 요소들을 서로 연결시키거나 하나로 만들어나가는 작업이다. 프로그램 분석은 영화나 텔레비전 프로그램의 미학적 구조에 대해 분석자가 느끼고 깨달은 것을 언어로 표현하고 전달하는 것, 즉 '언어화'하는 것이다(문혜성, 2004; Hickethier, 1996). 분석을 통해 미디어 프로그램을 '재구성'하거나 프로그램 구조를 새로 만들어내는 것이 아니라, 언어적 묘사나 해석을 통해 단지 그 프로그램에 대한 접근양식을 만들어내는 것이다(Leibfried, 1980).

해석이란 프로그램을 구성하는 조각들과 함께 깊이 있는 내면을 추론하고, 이를 통해 점차적으로 신뢰감을 쌓아가기 위해 방향을 잡아가는 과정이다. 따라서 해석이란, 어느 한 프로그램이 전달하고자 하는 진정한 의미를 파악하기 위해 해석하는 관찰자 두뇌의 흐름 속에서 방향을 잡아가는 과정이라 할 수 있다(Merten, 1983). 텍스트 해석이란 텍스트를 이해하고 풀어나가고 해석하는 것으로, 단지 텍스트의 이해할 수 없는 것을 이해할 수 있도록 한다는 의미만이 아니다. 텍스트 해석이란 텍스트에 뚜렷이 드러나 있지 않고 숨겨져 있는 의미를 가시화하는 것이다. 이 해석학적 질적 분석은 그리스도교의 성경을 해석하는 "종교해석학"(Hickethier, 1996)에서 비롯되었다.

이러한 해석을 통한 영상 프로그램 분석은 내용의 의미와 감각의 이해에 관한 것으로, '시청자나 분석자의 주관성'이 배제될 수 없다. 따라서 이런 해석을 요하는 질적 분석에서는 해석자의 현재 입장, 흥미, 시청 조건, 고유의 인생 경험 등이 많은 작용을 하게 된다. 전체적으로 해석이라는 것은, 자신 외에 타인과의 의견 일치를 위해 타인을 이해시키려는 시도이다(Schutte, 1990). 따라서 프로그램에서 받은 인상과 정서, 감정 등과 같은 주관적 사고의 흐름은 객관적으로 정확하게 표현되어야 한다.

이상의 내용을 다시 설명하면, '분석을 한다'는 것, 특히 화면이나 내용을 통해 수신자가 프로그램에 담긴 의도와 메시지, 제작 이면에 깔려 있는 배경 등을 해석해낸다는 것은 분석하는 사람 고유의 해석이 필요하다는 것이다(Mikos, 2003). 물론 비평도 뒤따른다. 따라서 프로그램의 분석 내용은 상당히 주관적일 수 있다. 주관적 연구라는 것은 객관적으로 검증된 자료에 의해 양적 상태를 측정하거나, 또는 검증된 정답에 의해 옳고 그름을 선별하는 작업은 아니다. 따라서 분석 중에서도 특히 해석적인 질적 분석이란 "해석자의 두뇌와 감성의 흐름"(Hickethier, 1996)이고, 분석자의 주관적인 해석이라고 할 수 있다. 그러나 이 주관적인 해석은 객관적으로 설명이 가능해야 하며, 분석자 외의 다른 사람들이 공감할 수 있는 근거가 마련되어야 한다. 이를 위해 때로는 방영시간, 장르별 분포 비율 등 수치로 측량하는 양적인 측정이 필요하고, 질적 분석에 대한 객관적 분석기준도 필요하다.

(2) 내용분석

내용분석에 있어서는 프로그램이나 정보의 내용이 주는 불확신의 요인들을 파악하여, 이를 명확히 설명하는 것이 필요하다. 내용분석은 '질적 분석' 방법에 해당된다. 이 요인들을 인식하고 내용에 대해 적절한 판단을 내리는 내용분석에 있어서는 **인식론적 접근**, **실용주의적 접근**, **미학적 접근**, **윤리적 접근**의 방식(Doelker, 1998)이 기본 토대가 된다. 이 접근방식은 내용분석을 위한 기준을 설정하는 근거를 제공해준다. 이 접근방법은 다음의 내용을 포괄한다.

- **인식론적 접근** : 정보의 진실성과 신뢰성에 관한 문제
- **실용주의적 접근** : 정보가 제안하는 행동방식에 대한 실용성에 관한 문제
- **미학적 접근** : 정보가 주는 관점을 행동으로 연결시킬 때 모순되지 않고 조화롭게 전개되는 방식에 관한 문제 및 전체 프로그램의 미적 표현에 관련된 문제
- **윤리적 접근** : 정보와 연결된 행동과 행동목표의 윤리적 정당성에 관한 문제

이상과 같은 내용분석의 기본 접근 방식을 통해 프로그램 분석을 위한 일반적 기준과 분석 요인들을 설정할 수 있다. 해당 교육주제와 교육목표에 적합한 프로그램을 선택한 후, 이에 대한 내용분석은 가장 먼저 다음의 두 가지 질문에 대한 답을 통해 시작된다(Zöllner, 1998).

첫째, 시청자에게 해당 프로그램의 어떤 기획의도가 수용되었는가?
둘째, 제작자 측에서 제시한 기획의도와 시청자에게 수용된 기획의도가 일치하는가?

이상의 두 가지 사항을 시작으로, 그다음으로는 정확한 분석을 위해 다음과 같은 분석 기준에 대한 내용을 정리한다(문혜성, 2004; Moon문혜성, 1999).

- 줄거리의 정리 및 요약
- 장르의 분리
- 내용 · 논증 전개를 위한 연출법
- 프로그램 핵심 주제의 흐름
- 시청 대상, 연령층
- 교육적 목표에 대한 고찰과 비평
  - 문화적 상황에 대한 전달
  - 사회적, 정치적 학습
  - 인생을 살아가는 데 대한 도움
- (교육방송 프로그램 등의) 교수설계 방식

　이상의 기준점을 고려하여 해당 프로그램의 전반적인 내용을 먼저 정리한다. 그 후 분석하고자 하는 프로그램의 세부적 분석 요인들을 선정하여 그에 따른 내용을 각각 정리해본다. 내용분석을 위해서는 각 프로그램에 내포된 여러 내용과 요인들을 가능한 한 정확히 파악하고 정리하기 위해 평가요소들도 결정한다. 이에 관한 의견도 정리한다. 프로그램 내용이 각 분석 요인에 있어 어떠한 방식이나 어느 정도의 강도로 요인을 표현하고 전달했는가 하는 의견을 정리해본다. 예를 들어, '갈등 해결 방안'의 경우, 프로그램 내용에서 등장인물의 갈등이 어떠한 방식으로 해결되었는가를 생각하고, 갈등이 폭력적(언어적, 물리적, 복합적 등)으로 해결되었는지, 대화와 이해 등을 통해 평화적으로 해결되었는지를 생각해보는 것이다. '역할상'이나 '인물의 성격' 같은 경우, 등장인물들이 보수적 성격이거나 일률적인 스테레오타입의 인간상을 소개하는지, 삶의 동질성 확립을 위한 다양한 모델을 제시하는지를 생각해볼 수 있다.

　분석 요인은 확고하게 정해진 것이 아니라, 교육목표와 의도에 따라 분석자 자신이 스스로 필요한 분석 요인을 결정하는 것이다. 내용분석을 위해서는 다음과 같은 분석 요인들을 참고할 수 있다(문혜성, 2004; Moon문혜성, 1999).

- 폭력성　　　• 미적 수준　　　• 독창성　　　• 오락성　　　• 긴장감
- 위트 · 유머 · 진행 속도　　　　　• 인간사회와 자연 및 환경에 대한 영향
- 청소년이나 어린이들, 성인들의 생활세계와 감성세계
- 역할상 – 보수적인 성격에서 진보적인 (성)역할까지
- 상황 설정 – 판타지세계 중심에서 현실적 세계까지
- 인물의 성격 – 독특하고 다양한 성격에서 스테레오타입까지
- 갈등 해결방안 – 폭력적 해결방안에서 평화적 해결방안까지
- 화면과 텍스트의 일치 여부　　　• 친구관계 및 인간관계 설정 상황
- 창의성 · 상상력에 대한 촉구　　　• 자율적 행동 촉구
- 문화적 자극에 대한 촉구　　　　• 시청자의 참여도
- 배우로서 어린이의 역할　　　　• 종교문화적 요인
- 상업지향성 및 광고시장과의 연결 여부　　• 국가문화　　　• 경제문제
- 학교 교수학습에서의 활용 가능성 및 학교 밖 교육에 대한 적용 여부 등

이 밖에 해당 교육문화콘텐츠의 교육목표 및 교육주제와 연결되는 분석 요인의 자율적 결정

---

(3) 영상분석

시각매체나 시청각매체의 경우, 화면 영상을 통해 우리는 그 프로그램이 의도하는 방향이나 상황을 이해할 수 있다. 때로는 그 의도가 직접적으로 표현되어있지 않더라도, 제작자는 다양한 카메라 기법과 카메라 위치, 또는 특정 색상을 통해 자신의 의도를 상징적, 간접적으로 표현하기도 한다. 이렇게 화면에 담긴 제작자의 의도를 영상해석이라는 방법을 통해 더욱 정확하게 분석할 수 있다. 영상분석은 '질적 분석' 방법에 해당된다. 영상분석에서는 다음과 같은 세 가지 분석방법을 생각해볼 수 있다(문혜성, 2004; Korte, 1999).

① 카메라의 촬영 위치에 따른 제작자의 의도와 프로그램 내용에 대한 해석

카메라의 촬영 위치에는, 예를 들어 원거리나 파노라마, 익스트림 롱 쇼트, 롱 쇼트, 풀 쇼트, 미디엄 쇼트, 아메리칸 쇼트, 반 근접, 근접이나 클로즈업 쇼트, 디테일 또는 익스트림 클로즈업 쇼트, 하향 관점, 상향 관점 등이 있다. 이러한 다양한 카메라 위치와 움직임에 따라 각 화면이 보여주고자 의도하는 내용을 해석하는 것이다.

원거리나 파노라마의 화면을 통해 시청하는 사람은 단 시간 내에 전체의 상황을 파악할 수 있다. 프로그램의 배경이 되는 장소, 시대, 상황 등을 짧은 시간 안에 파악할 수 있다. 여기에서 피사체의 세부적인 모습은 확인하기 어렵다. 반 근접 화면에서는 촬영자가 이미 피사체가 있는 장소에 함께 있으며 피사체의 모습을 확인할 수 있으나, 아직 상세한 모습은 파악하기 어렵다. 여기에서는 피사체의 행동이나 운동성, 전체 모습을 볼 수 있다. 근접 또는 클로즈업, 그리고 익스트림 클로즈업 화면에서는 피사체의 세부적인 요소들을 확인할 수 있다. 주로 인물의 표정 변화나 섬세한 감정의 변화를 전달하거나 극도의 집중을 이끌기도 한다. 아메리칸 쇼트는 1950, 1960년대 미국의 서부활극에서 많이 쓰이던 카메라 위치이다. 주로 사람의 상반신과 허리와 무릎 중간 부분까지를 보여주는데, 서부활극의 등장인물들이 허리 아래에 권총을 차고 있는 높이와 비슷하다. 이 화면에서는 피사체를 가까이 볼 수 있으면서 이들의 움직임도 확인하기 용이하다(Mikos, 2003).

② 영상의 상징적 의미에 대한 심리분석 - 영화〈타이타닉〉(1997)

화면에 직접 드러나지 않은 숨겨진 의도나 심리적, 상징적 의미를 읽어냄으로써 영상 프로그램이 뜻하는 바를 더욱 정확히 분석하는 것이다. 영상 표현에 담겨있는 제작자의 숨겨진 의미나 의도, 그리고 심리를 분석하고 해석하기 위한 것이다. 프로그램 제작자는 줄거리나 대화에 자신의 의도를 직접 드러내지는 않지만, 영상화면을 통해 의도하는 내용이나 심리적 상황을 간접적으로 또는 상징적으로 표현함으로써 프로그램이 의도하는 바를 관객에게 전달하는 경우가 종종 있다.

영상 텍스트의 상징적 화면에 대한 분석 사례로서 영화〈타이타닉〉(1997)을 들 수 있다. 이 영화에서는 대사가 아니라 영상화면을 통해 인간 사회의 계층 간 갈등과 화합, 그리스도교의 의미와 사랑, 등장인물들의 심리적, 사회적 상황을 상징적으로 자주 표현하고 있다. 이 영화의 시작과 중간 부분에 자주 등장하는 원거리 풀 컷의 타이타닉호의 전경(그림 10-7)[3]

〈그림 10-7〉

에서는 배의 여러 층의 불빛을 통해 우리 인간 세상의 여러 사회계층을 압축적으로 상징화하여 보여주고 있다. 불이 켜진 각층은 우리 사회의 상류층, 중산층, 하류층을 상징한다. 선박 내부 장면에서는 홀 중앙에서 커다란 '계단'이 자주 등장하는데, 여기에서 계단은 인간의 상, 하 계층의 연결을 이루어주는 상징적 공간을 의미한다(Vasel, 1999). 이 계단 가운데에서 주인공 남녀가 만나 손에 키스하는 장면은 인간 사회 계층 간의 화합을 보여주는 것이다. 영화 마지막 부분에 나오는 여주인공의 꿈속 장면 중, 배 가운데에서 두 주인공이 키스하는 장면이 있다(그림 10-8). 여기에서는 배 안의 위, 아래 모든 층의 사람들이 주인공을 향해 박수치고 기뻐하며, 계층 간의 화해와 화합을 이루는 유토피아를 보여준다(Luca, 1999).

〈그림 10-8〉

이 영화에는 그리스도교적 상징도 종종 등장한다. 배가 침몰하는 상황에서 목사가 요한 묵시록(요한계시록) 21장을 외친다. "나는 또 새 하늘과 새 땅을 보았습니다. … 거룩한 도성 새 예루살렘이 신랑을 위하여 단장한 신부처럼 차리고 하늘로부터 하느님에게서 내려오

---

3) 〈그림 10-7〉 ~ 〈그림 10-13〉 출처 : medien praktisch, Sonderheft/1999.

는 것을 보았습니다." 이렇게 절박한 상황에서 신은 어디에 있는가? 어떻게 이러한 혼돈을 내버려 둘 수 있는가? 신의 부재에 대한 이러한 괴로운 질문은 영상화면의 어둡고 깊은 은유적 묘사를 통해 계속된다. 목사의 설교가 계속되고, 그 후 수수께끼 같은 영상화면이 나온다. 신부복을 입고 신부화장을 한, 그러나 이미 죽어있는 여인이 물속에 팔을 벌리고 둥둥 떠있고, 그 위로는 고딕양식의 그리스도교 조형예술에 등장하는 것 같은 왕관 모양의 커다란 등불이 하늘의 예루살렘인 것처럼 비춰진다(그림 10-9). 이와는 대조적으로 여자 주인공은 배 안 선실에서 익사하기 직전의 상황에서도 깨어나는 영혼으로 하늘 방향을 바라본다. 여기에서 여자 주인공은 사랑하는 사람과의 약속을 떠올리고, 사랑의 힘을 통해 생명의 의지를 일깨운다. 이 두 장면에서는 대참사의 상황에서 신의 존재에 대한 믿음이 파괴되는 인간의 모순적 반응과 함께, 신에 대한 인간의 의지도 보여주고 있다(Behr, 1999).

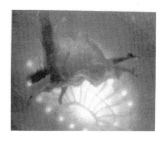

〈그림 10-9〉

〈그림 10-10〉

그리스도교 사랑의 의미를 가장 잘 보여주는 장면은 뱃머리에서 두 주인공이 함께 양팔을 벌려 새처럼 날아가는 느낌을 맛보는 화면이다(그림 10-10). 이 장면은 화면의 전체 구도를 통해 그리스도교의 십자가를 상징하고 있다. 이 장면에

〈그림 10-11〉

서는 주인공들의 몸과 양팔에 의해 전체 화면이 상하, 좌우 십자 모양으로 나뉘고, 주인공들의 전체 모습도 십자가의 형상을 만들어낸다. 두 사람이 이중으로 겹쳐 서 있는 모습을 통해 십자가도 이중의 십자가 형상이 된다. 이 장면에서 남자 주인공은 여자 주인공을 위해 희생하는 현대적 예수의 형상을 상징적으로 나타내는 것이다. 두 사람이 함께 팔을 벌림으로써 십자가의 상징적 의미도 배가가 된다(Vasel, 1999).

　등장인물의 심리를 상징적으로 전달하는 장면으로서, 신분이 낮은 노동자 계층의 사람들과 춤추며 놀고 온 딸을 비난하며 어머니가 주인공의 코르셋을 꼭 조이고, 주인공은 이 때문에 괴로워하고 숨 막혀 하는 장면이 있다(그림 10-11). 여기서 코르셋은 그 당시 사회가 여성에게 바라고 강요하는 강제적 삶과 사회적 압박을 간접적으로 상징하는 것이다(Behr, 1999). 같은 맥락에서 상반되는 상황을 보여주는 영상은, 머리에 꽂았던 나비 모

〈그림 10-12〉

〈그림 10-13〉

양의 핀을 빼버리며 그림을 그리도록 머리를 풀어헤치는 장면이다. 나비 핀 또한 그 당시 여성을 옭아매던 사회적 압박의 상징물이다(그림 10-12). 이러한 장면을 통해 주인공은 자신을 얽매던 사회적 억압에서 스스로 벗어나려는 의지를 간접적으로 보여준다(Luca, 1999). 이후 장면에서는 타이타닉호 선장이 선원들로부터 암초가 나타났다는 보고를 들을 때, 손으로 찻잔을 저으며 등장한다. 이때 찻잔이 커다랗게 클로즈업되고, 선장은 숟가락으로 레몬조각을 넣다 뺐다 하는 것을 반복한다(그림 10-13). 이 찻잔 속의 차는 대서양을, 그 위에 떠있는 레몬조각은 빙산을 상징하는데, 이 장면은 결정을 주저하는 선장의 심리를 상징적으로 보여준다(Vasel, 1999).

③ 색채분석

특정 상황의 전달이나 심리적 분위기 조성을 위해 조명이나 의상, 소품, 무대배경, 그리고 화면 전체에서 색감을 이용하는 경우가 있다. 영상이 갖는 색상의 특징을 파악해내는 것도 영상을 통한 내용해석이 될 수 있다. 특정 색상이 주는 심리적 또는 상징적 의미를 사용하여, 그 당시의 분위기를 전달하려는 의도이다(Neuß, 1999). 색채분석은 '질적 분석' 방법에 해당된다. 흑백 영상프로그램인 경우 다양한 명암의 차이나 조명을 이용하고, 색채 프로그램일 경우에는 여러 가지 색감을 이용하여 제작자가 의도하는 바를 간접적으로 전달하는 경우가 많다.

색이 갖는 주요 기능으로는 '정보 기능', '구도 기능', '감성표현 기능'을 들 수 있다(Zettl, 2001). 색의 '정보 기능'에는 색이 갖는 상징성도 포함된다. 색은 삶과 죽음, 증오, 신앙 등을 상징하기도 하는데, 이러한 상징적인 연상작용은 학습에 의한 것이며, 시대에 따라 그리고 민족의 관습이나 가치관, 종교에 따라서 달라질 수 있다(Zettl, 2001). 색의 '구도 기능'을 이용하여 제작자는 화면의 일부분이나 전체를 특정 색으로 강조할 수 있으며, 이 부분을 화면의 핵심 포인트로 하고 다른 색으로 화면의 균형을 맞추어나가는 형태로 화면 구도를 잡을 수 있다. 색의 '감성표현 기능'은 특정 색이 어떤 일의 특징이나 분위기를 표현한다는 것이다. 보석의 포장에 어울리는 색, 치약이나 사무용품에 어울리

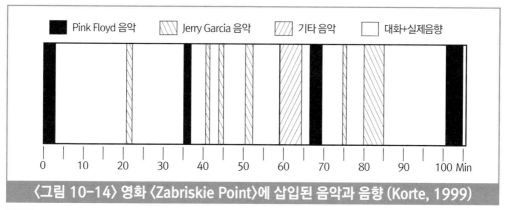

〈그림 10-14〉 영화 〈Zabriskie Point〉에 삽입된 음악과 음향 (Korte, 1999)

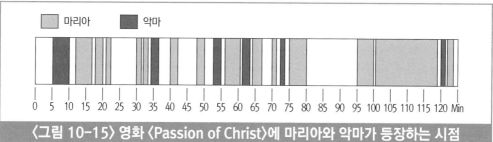

〈그림 10-15〉 영화 〈Passion of Christ〉에 마리아와 악마가 등장하는 시점

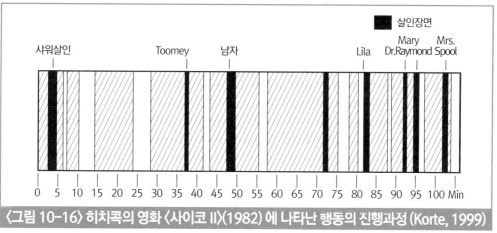

〈그림 10-16〉 히치콕의 영화 〈사이코 II〉(1982)에 나타난 행동의 진행과정 (Korte, 1999)

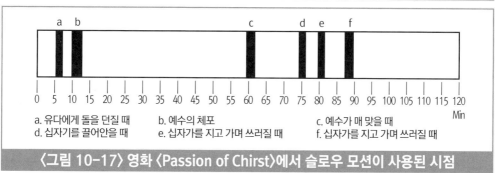

a. 유다에게 돌을 던질 때   b. 예수의 체포   c. 예수가 매 맞을 때
d. 십자기를 끌어안을 때   e. 십자가를 지고 가며 쓰러질 때   f. 십자가를 지고 가며 쓰러질 때

〈그림 10-17〉 영화 〈Passion of Chirst〉에서 슬로우 모션이 사용된 시점

는 색, 즐거움을 느낄 때와 병자를 돌볼 때 어울리는 옷의 색깔 등의 색을 통해 감정이나 상황에 대한 감성표현이 가능하다는 것이다.

(4) 체계적 분석

이 분석 방법은 프로그램 내용을 구조적으로 시각화하여 이를 체계적으로 분석하는 방법으로서, 프로그램의 상영시간을 하나의 시간 띠(시간흐름 도표)로 작성하여 진행한다. 체계적 분석은 '양적 분석'에 해당된다. 특정 주제나 요인(분석기준)을 선택하여 이 요인이 나타난 시작 시간과 끝나는 시간을 표시하고, 그 요인이 표현된 정도의 강도를 달리하여 표시한다. 이러한 도표를 통해 전체 프로그램의 흐름 속에서 특정 요소가 나타난 상황과 그 강도를 전반적으로 파악할 수 있다. 예를 들어, 다음과 같은 분석기준이나 요인으로 내용구조를 시각화할 수 있다.

- 전개 상황 및 과정 (도입, 클라이맥스, 종결 부분 등)
- 청각적 과정과 배경음악 부분(대화 부분, 효과음악 부분, 주요 테마음악 부분 등)
- 주요 출연자의 등장 부분 (출연자들의 등장 시점 등)
- 행동의 진행 과정 (주요 출연자들의 행동에 따른 부분 등)
- 장소 (주요 출연자들이 등장하고 활동하는 장소들)
- 카메라 기법 (여러 카메라 위치 중 한 기법의 선정, 슬로우 모션, 클로즈업 등)

3) 프로그램 분석을 통한 교수설계

미디어를 활용하는 교육이나 교육문화콘텐츠 개발을 위해 기존에 제작된 프로그램을 분석하는 것을 기본으로 하는 설계방식이다. 미디어 프로그램들 중 해당 교육주제에 적합한 프로그램을 선택하고 분석한 후, 독자적인 교육프로그램을 기획할 수 있다. "행동과 발달지향 미디어교육의 기본 교수설계" 모형을 확장시킨 "프로그램 분석을 위한 교수설계"이다. 이 설계방식에는, 첫째, 처음부터 교육적 의도로 제작된 프로그램을 분석하는 "교육용 프로그램 활용 교수설계", 둘째, 그 외의 모든 대중매체 프로그램을 대상으로 하는 "문화비평적 프로그램 분석 교수설계"로 나뉜다(문혜성, 2006a; Tuldziecki 외, 2004).

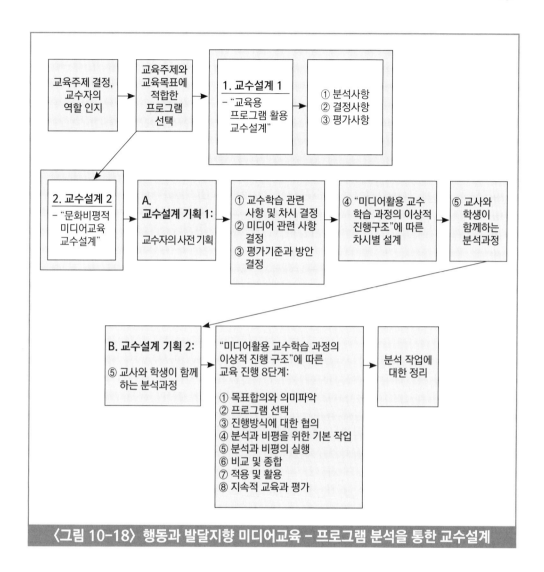

〈그림 10-18〉 행동과 발달지향 미디어교육 – 프로그램 분석을 통한 교수설계

(1) 교육주제 결정 및 교수자의 역할, 프로그램 선택

프로그램 분석에서뿐 아니라 미디어를 활용하는 수업에서는 이를 진행하는 교사의 역할이나 진행방식과 같은 교사의 미디어능력이 수업의 성과에 큰 영향을 미치게 된다. 교육주제를 결정한 후, 이에 적합한 프로그램을 선택하는 것도 중요하다. 각 교사들은 이론적 연구에 앞서 프로그램 분석 교육 전반에 대한 적절한 지도 방향을 고려해야 한다. 프로그램 분석에 대한 교수자의 역할은 다음과 같다(문혜성, 2011).

- 학습자들의 연령이나 정서적, 지적, 윤리적 발달수준과 교육목표, 교육주제에 적합한 프로그램 선택 – 교수자의 사전 선택 또는 학습자들과의 협의 후 함께 선택
- 프로그램 분석방법 지도
- 개방적이고 즐거운 교육 분위기 조성, 권위적인 교육태도 지양
- 분석과정 진행 및 방향제시
- 객관적 시각 유지

(2) 교수설계 1 – "교육용 프로그램 활용 교수설계"

교육을 위해 활용할 수 있는 기존 프로그램들 중, 기획단계에서부터 특정 주제나 전공 과목을 위해 교육적으로 사용할 목적과 의도로 제작된 교육 프로그램을 활용하는 교수 설계의 방식이다. 교육방송 프로그램, 교육용 비디오, CD-Rom, 그리고 많은 교육용 인 터넷 프로그램을 사용하게 된다. 분석을 위한 프로그램을 선택한 후, 수업에서의 활용을 위해 가장 먼저 생각해야 할 사항은 다음과 같다(Leufen, 1996; LSW, 1999).

첫째, 수업의 목표와 내용, 학습 전제조건과 연결하여 볼 때 선택한 프로그램은 어떠한 특징과 표현형태, 진행구조, 구성형태를 갖는 것이 적절한가?
둘째, 이 프로그램을 분석하기 위해 어떠한 미디어 기기가 적절한가?

교육용 프로그램을 선택한 후, 교수자는 분석을 위해 '분석사항', '결정사항', '평가사항' 의 세 분야에 대한 교수설계를 기획해야 한다(문혜성, 2006a; Tuldziecki 외, 2004).

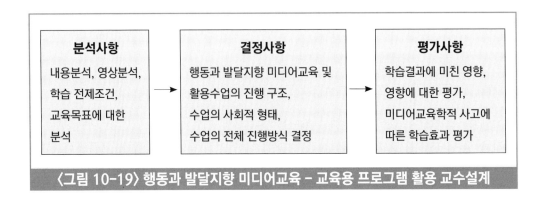

분석사항	**결정사항**	**평가사항**
내용분석, 영상분석, 학습 전제조건, 교육목표에 대한 분석	행동과 발달지향 미디어교육 및 활용수업의 진행 구조, 수업의 사회적 형태, 수업의 전체 진행방식 결정	학습결과에 미친 영향, 영향에 대한 평가, 미디어교육학적 사고에 따른 학습효과 평가

〈그림 10-19〉 행동과 발달지향 미디어교육 – 교육용 프로그램 활용 교수설계

① **분석사항 : 다음의 사항들을 분석한다.**

- 미디어 프로그램의 세부적 표현 속에 나타난 내용
- 부호양식 / 감각양식 / 표현양식 / 표현기법 / 진행구조 / 구성형태
- 프로그램 이해를 위한 적절한 학습 전제조건
- 미디어 프로그램과 교육목표와의 부합

② **결정사항 : 다음의 사항들을 결정한다.**

- "행동과 발달지향 미디어교육 및 활용수업의 진행 구조—8단계"의 ①에서 ⑧단계 과정 중 미디어 프로그램의 적용 단계 결정
- 수업에서 미디어 프로그램을 적용하기 적절한 사회적 형태(강의식, 집단, 소집단, 개인 등) 결정
- 전체 수업의 진행방식 결정

③ **평가사항 : 다음의 사항에 대한 평가의 기준과 방안을 마련한다.**

- 설정했던 교육목표가 어느 정도나 교육과정을 통해 이루어졌는가를 평가
- 학습과정과 학습결과에 대한 미디어 활용의 영향 및 부작용
- 영향에 대한 평가방안 (교사의 관찰, 과제, 시험, 토론, 발표 등)
- 미디어교육학적 측면에서 고려해야 할 사항들 (미디어능력의 촉진 등)

(3) 교수설계 2 – "문화비평적 미디어교육 프로그램 분석 교수설계"

① 교수설계 기획 1 – 교사의 사전 기획

가. 교육적 의미

　오늘날 현대사회에서 제공되는 수많은 미디어 프로그램들은 교육적 의도로 제작된 것이 아니므로, 이들 프로그램은 특히 자라나는 어린이나 청소년들에게 부정적 영향이나 부정적 사회화를 조성할 수 있는 가능성이 크다. 따라서 모든 미디어 프로그램에 대한 분석과 비평능력을 키워, 인성발달과 모든 발달과정에 긍정적 영향을 미칠 수 있도록 미디어능력에 대한 교육이 필수적이라 할 수 있다. 일반 영화 및 텔레비전

프로그램, 신문기사, 인터넷 프로그램, 컴퓨터게임, 광고 등 모든 유형의 프로그램들이 문화비평적 미디어교육을 위한 프로그램 분석의 대상이 될 수 있다.

이들 현대사회의 거의 모든 대중매체 프로그램들은 교육상황에 있어서도 해당 교육목표에 부합되도록 교육의 자료로 활용할 수 있다. 문화비평적 능력을 키우기 위한 미디어교육 방법이면서도, 동시에 해당 교육주제와 관련 있는 프로그램을 교육의 자료로도 사용할 수 있는 것이다. 이 시대의 교수자들은 자신의 교육적 의도에 맞추어 교육 프로그램만이 아닌 일반 프로그램도 교육자료로 적절히 활용할 수 있는 미디어능력을 개발해야 할 것이다.

나. 교수학습 관련 사항 및 차시 결정

- 계획된 수업 및 교육주제와 관련되는 교육목표 설정
- 학습자들의 흥미와 특성, 예측되는 학습 전제조건 파악
- 교육목표와 연결되는 과제와 내용 설정
- 교수학습 진행을 위한 전체 회차 및 차시 결정
- "미디어활용 교수학습 과정의 이상적 진행 구조–8단계" 중 프로그램 분석을 실행할 단계 결정

다. 회차 및 차시별 설계

교수자는 교육을 이행할 회차나 차시를 결정한 후, 다음과 같은 항목과 그에 해당하는 내용을 정리한다.

〈표 10-3〉 프로그램 분석교육을 위한 회차 및 차시별 설계의 틀

교육 회차 및 차시 (해당교육에 적절한 회차 및 차시분량 결정)	기본 교수설계 7단계	미디어활용 교수학습 과정 진행구조 (8단계 중 해당단계 적용)	프로그램 분석과 관련한 교육 주제	프로그램 분석과 관련한 교육 목표	프로그램 분석과 관련한 교육내용		촉진 미디어 능력 분야 및 사용 기기	기대되는 교육적 효과	온라인 학습 병행 및 스마트 교육 실행여부
					교수자의 역할	학습자의 역할			
1회차(차시)									
2회차(차시)									
3회차(차시)									
4회차(차시) 등									
↓ 교육 이후의 지속적 활동 (예: 사이버공간을 활용한 전문적 지도 및 토론, 모임별 활동) ↓									↓

(회차 및 차시의 수는 교수자가 자율적으로 결정한다.)

② 교수설계 기획 2 – 교사와 학생이 함께하는 분석과정
– "미디어활용 교수학습 과정의 이상적 진행 구조 – 8단계"에 따른 교육 진행

교수자의 사전 설계 후(① 교수설계 기획 1), 학습자들과 함께 진행해나가는 교육의 과정이다. 이것은 학습자들이 주도적으로 이끌어가는 자기주도학습 형태의 프로그램 분석 교육이다. 교육주제와 관련하여, 예를 들어 영화, 드라마, 다큐멘터리 등 일반 프로그램들을 분석할 때, 다음과 같은 과정으로 교수설계를 기획할 수 있다(문혜성, 2006a; Neumann 외, 1982; Tulodziecki 외, 2004).

가. 1단계 : 목표 합의와 의미 파악
교사는 학생들에게 해당 수업의 교육주제와 관련한 교육목표를 설명한다. 교육주제와 관련하여 프로그램 분석을 통해 무엇을 파악하고 학습할 수 있을지를 이야기한다. 또한 주제와 관련하여 선택하기에 적절한 프로그램의 장르나 구체적 프로그램들의 사례를 생각한다. 이 프로그램들에 대해 이미 발표된 정보와 여러 의견들 및 이해된 내용, 비평의 이유 등에 대해 이야기한다. 선택한 프로그램을 분석하는 의미를 설명해주어 이에 대해 함께 생각해보는 과정이다.

나. 2단계 : 프로그램 선택

교사는 해당 교육주제와 관련하여 적절하다고 판단한 프로그램을 자신이 선택하거나, 학생들과의 토론을 통해 분석해야 할 프로그램을 결정한다. 교사는 학생들이 해당 프로그램에 대해 가지고 있는 지식과 능력의 의미도 생각한다. 이것은 교사들로 하여금 학생들이 프로그램을 개인에 따라 차별적으로 인지하는 것을 이해할 수 있게 한다.

다. 3단계 : 진행방식에 대한 협의

교육목표와 교육주제와 관련하여 학생들이 인지해야 할 내용을 구체화하기 위해 분석의 진행과정을 합의하는 단계이다. 학생들이 내용을 적절히 이해하게 하고 미디어 프로그램에 대해 다양하고 차별화된 비평을 할 수 있도록, 학생들과 함께 토론할 질문들과 정보들을 수집한다. 예를 들어,

- 분석과 토론을 위한 적절한 사회적 형태는 무엇인가?

  (예: 개인별, 소집단별, 학급 전체 – 경우에 따라 소집단으로 나누는 것이 이상적)
- 학습주제와 관련하여 해당 프로그램에서 특히 파악해야 할 점은 무엇인가?
- 어떠한 역사적, 사회적 맥락에서 이 프로그램이 등장하였나?
- 감독이나 제작자는 프로그램을 통해 어떠한 내용을 전달하고자 하였나?
- 프로그램에서는 어떠한 표현방법이 사용되는가?
- 시청자들에게 어떠한 영향이 기대되는가?
- 프로그램의 분석, 비평적 평가 및 해석을 위해 어떠한 기준이나 주요 관점을 생각해야 하는가?

이러한 사항들을 함께 설정한 뒤, 교사와 학생들은 필요한 정보를 찾아내는 방법을 논의한다(예: 영화제작의 기법, 제작과 관련한 일반적 지식, 사회문화적, 역사적 상황 해설 등).

라. 4단계 : 분석과 비평을 위한 기본 작업

교사는 학생들이 프로그램을 잘 이해할 수 있도록 프로그램이 등장하게 된 역사적, 사회적 배경에 대해 간단히 설명한다. 다음으로 교사는 (영상)프로그램의 언어를 이해할 수 있도록 학생들에게 영상적 구성방법을 이해할 수 있는 지식을 교육한다. 이를 통해 잘 만들어진 영화와 그렇지 못한 영화를 구별할 수 있는 능력을 키워준다. 프로그램 분석을 위한 여러 방법을 학습한다(본장 3절 2항 "프로그램 분석 방법과 분석 유형" 참조).

마. 5단계 : 분석과 비평의 실행

선택한 프로그램을 소개하고, 이 프로그램이 분석과 비평의 대상이 된다는 것을 알려준다. 교육주제와 교육목표에 합당한 분석기준이나 분석 요소들을 제시해준다. 경우에 따라 설명과 해석을 요하는 프로그램의 해당 부분만 부분적으로 보여줄 수도 있고, 전체 프로그램을 시청하기도 한다. 분석을 위해 필요한 부분을 함께 시청하거나, 시간 절약을 위해 같은 프로그램을 집에서 보고 오도록 과제로 미리 제시한다.

교사는 학생들의 프로그램 시청 후, 즉흥적으로 떠오르는 생각을 이야기할 수 있는 기회를 준다. (각자 따로 프로그램을 시청하도록 했을 경우, 이 방법은 학생들의 프로그램 시청 여부에 대한 점검도 될 수 있다.) 그 후 분석기준과 분석 요인들에 대한 비평적 견해를 제시하도록 하고, 이 내용을 기록한다. 다양한 견해가 나올 가능성이 높다. 이들 의견을 바탕으로 프로그램에 대한 어떠한 비평이 적절한지, 그리고 세부 사항에서 어떤 방식으로 판단을 하는 것이 좋을지 생각해볼 수 있다.

이 과정을 다시 설명하면, 분석에 있어 전체 프로그램을 시청하거나 학생들과 함께 필요하다고 생각되는 프로그램의 부분을 선택한다. 학생들을 소집단으로 나누고, 소집단별로 분석기준과 분석 요인에 따라 프로그램의 구성형태와 이 프로그램이 줄 수 있는 영향에 대해 분석한다. 그 후 선택한 장면을 분석, 비평한다. 이에 대한 자율적 해석을 해 보도록 한다. 분석 결과의 내용은 학급 내의 발표를 위해 기록하도록 하고 발표를 준비한다.

바. 6단계 : 비교 및 종합

분석하고 평가한 결과의 내용을 소집단의 한 사람이 대표로서 학급 전체에서 발표한다. 이에 대해 모든 학생들이 함께 토론한다. 그 후 지금까지 전체 학급에서 프로그램 분석과 비평을 통해 작업한 내용 및 획득한 지식들을 함께 요약하고 종합한다.

특히 교육목표와 교육주제와 관련하여 선택한 프로그램을 통해 학생들이 인지한 내용과 그 밖의 관점을 정리한다.

사. 7단계 : 적용 및 활용

학생들이 소집단별로 나누어 프로그램을 부분적으로 분석했을 경우 다시 전체 학습자들이 전반적인 내용을 함께 토론하고, 이 경험을 토대로 그 프로그램의 또 다른 장면들을 찾아보고 분석하고 평가한다. 결과들을 소개하고 토론한다. 소집단 내에서 종합이 된 견해들을 정리하고 학급 전체에서 발표한다.

교사는 학생들이 분석하고 발표한 내용을 다시 전체적으로 종합하고 정리해준다. 이 내용이 교육목표나 주제와 관련하여 어떠한 의미가 있는지, 이를 통해 학생들이 학습한 내용이 무엇이었는지를 설명해준다. 나아가 해당 과목이나 단원의 전체 맥락과 관련한 분석의 의미를 설명해준다.

아. 8단계 : 지속적 교육과 평가

교사는 프로그램 분석결과를 통해 얻게 된 내용을 다른 학습과제나 과목, 다른 학년에도 연결시켜 본다. 프로그램 분석의 지속적 교육을 위해 학생들이 분석 및 비평의 맥락에서 얻게 된 많은 흥미로운 질문사항들을 수집한다. 이 질문들에 대해 논의한다.

교사는 분석과정에서 학생들의 특성과 사고, 분석상황에서의 학생들의 사회적 행동과 참여도 등을 관찰하여, 분석과정에서의 문제점과 보완점, 개선점을 기록한다. 또한 일반 강의식 교육과 비교할 때 나타나는 장점 및 단점 등도 파악하고 기록한다.

마무리하는 단계에서 교사는 학생들로 하여금 프로그램 분석의 전체 진행방식과 학습한 내용에 대해 성찰하도록 한다. 교사는 학습효과를 평가할 수 있는 적절한 평가방안을 구체적으로 모색한다. 이 단계는 다음 4항의 "분석 작업에 대한 정리"로 연결된다.

③ 전체 분석수업 과정에 대한 평가

교사는 이상과 같이 진행된 전체적인 프로그램 분석 교육에 대해 학습효과와 관련하여 다음과 같은 점을 고려하여 평가한다.

- 처음 설정한 교육목표가 해당 교육주제나 내용과 비교하여 어느 정도 이루어졌는가, 즉 교육과정 이후 학습자들에게 어느 정도의 학습효과를 가져왔는가?
- 분석 수업이 학생들의 행동과 발달을 촉진하였는가?
  분석 수업의 어떠한 측면이 이를 촉진하였는가?
  - **학습관련 행동 발달의 예**: 자기주도적 학습능력, 교육주제에 대한 이해와 습득, 적극적 참여, 과제에 대한 탐구능력, 학습에 대한 흥미 향상, 협동심, 사회성 등

- **미디어능력 발달의 예** : 미디어 프로그램에 대한 비평적 능력, 미디어의 기술적 사용능력, 적절한 프로그램 선택능력, 교육주제와 관련한 프로그램 해석능력, 미디어 프로그램의 사회적 영향력 파악능력, 자신의 감수성과 프로그램을 연결하는 능력, 자체적 프로그램 제작을 위한 아이디어 및 지식 습득 등

- 수업진행 과정이나 방식이 전반적으로 행동과 발달을 촉진하는 행동지향적 교육이었는가 또는 비행동지향적 교육이었는가?

- 수업진행 과정에서 학생의 행동을 촉진하지 못하였거나 문제점이 보였을 경우, 그 부분을 어떻게 개선하여 다음에 진행하게 될 수업에서 발전적으로 반영할 것인가?

(4) 분석 작업에 대한 정리

분석 이후에는 분석 작업의 전체 과정과 이를 통해 얻어진 내용을 다시 한 번 정리한다. 분석과정이나 정리과정은 교수자나 학습자가 개인별 또는 집단으로 함께 참여하여 다음과 같이 작업할 수 있다.

① 프로그램의 전체 내용을 간단히 요약한다.

② 프로그램에 대한 질문이나 의문사항을 정리한다.

③ 각 분석 요소에 따라 분석한 내용을 모두 정리한다.

④ 전체적으로 중요하게 학습되었던 내용이나 이에 대한 평가부분을 요약한다.

⑤ 학습자들 스스가 분석했던 내용과 이에 대한 해석 및 비평 내용을 작성한다.

⑥ 앞으로의 수업이나 관련 과목 및 주제와의 연관성을 생각하여, 분석내용에 대한 지속적 활용방안을 검토한다.

⑦ 분석한 프로그램의 제작 형태와 내용전달 방법 등의 요인을 고려하여, 자체적 작품 제작을 위한 방안을 모색해본다.

⑧ 이상에 정리한 내용을 다시 체계적으로 정리하여, 그 내용을 해당 프로그램 제작기관이나 제작자에게 전달한다. 이렇게 시청자에게 와닿은 프로그램의 의도와 특성 등을 제작자 측에 알려줌으로써 미디어와의 상호작용이 더욱 적극적으로 진행될 수 있다. 이를 통해 제작자에게 대중매체 프로그램에 대한 대중의 의사와 수준을 파악하게 하여, 향후 더욱 질적으로 발전된 프로그램을 제작할 수 있도록 자극을 줄 수

있다.

⑨ 교수자는 프로그램 분석의 모든 과정을 진행하고 난 뒤, 설정했던 교육목표가 어느
　정도 이루어졌으며 교육과정을 통해 학습자들에게 어느 정도의 학습효과를 가져다
　주었는가에 대한 평가 기준과 방안을 생각한다.

4. 교육문화콘텐츠 제작 및 프로젝트 미디어교육 교수설계

미디어와 함께하는 두 가지 교육적 행동능력의 중요한 한 축으로서 '미디어 프로그램
의 자체적 제작(구성, 기획) 및 표현과 관련한 행동능력'을 들 수 있다. 이 행동능력 역시
"행동과 발달지향 미디어교육의 기본 교수설계"를 기본 바탕으로, "프로그램 제작 및 프
로젝트 미디어교육 교수설계"를 통해 자신만의 교육문화콘텐츠를 개발할 수 있다.

미디어교육의 중요한 교육방법인 제작교육은 미디어의 이론학습, 사용, 분석을 포함
하여 미디어 프로그램 제작을 경험하게 하는 학습방법이며, 프로젝트 미디어교육을 위
해서도 활용할 수 있는 교육방법이다. 프로그램 제작은 학습자들과 교수자가 미디어 기
기의 도움을 통해 학습자의 커뮤니케이션능력과 미디어능력을 개발할 수 있는 가장 고
급단계의 미디어교육 방법이라 할 수 있다.

1) 프로그램 제작교육의 교육적 의미 – "행동하는 인간의 자유"

현재와 미래의 팽창하는 정보사회에서는 어떤 규정된 감독이나 통제, 또는 문화적 거
부도 적합하지 않다. 중요한 것은 새로운 미디어 현실을 신속하게 전개할 수 있고, 공간
의 제약을 받지 않으면서 우리가 항상 인식하고 있어야 하는 것, 곧 "행동하는 인간의 자
유"(Baacke, 1997a)에 관한 것이다. 그러나 인간이 미디어와 관련하여 자유로운 행동을
스스로 이끌어나가기 위해서는 무엇보다 제작과 관련한 우리의 미디어능력을 개발하는
것이 중요하다.

"행동과 발달지향 미디어교육"(Tulodziecki 외, 2004)을 토대로 프로그램 제작교육이 활성화되었다. 이 교육에서는 '취재'라는 방법을 도입하여 의도하는 교육적 주제와 정보의 중요성을 일깨울 수 있고, 해당 주제에 대한 관점을 객관적으로 보여주려는 것이다 (Baacke, 1997a). 여러 가지 상황에 대해 전달자(취재자, 제작자)가 자신의 의견, 흥미, 가치관, 행동양식 등을 여러 사람들에게 보여줄 수 있으며, 여기에 담긴 전달형태와 내용을 통해 타인에게 영향을 주는 것, 즉 미디어를 통한 사회화와 상연의 수단이 되는 것이다.

2) 프로그램 제작교육의 목표

프로그램 제작교육의 목표는 제작을 통해 한 개인이 여러 가지 사회적 상황과 관련한 주제에 대해 전달자의 역할을 하도록 하는 것이다. 이를 통해 자신의 의견이나 의도, 상황에 대한 관점이나 행동양식을 표현하고 전달하는 커뮤니케이션 양식을 훈련하게 된다. 나아가 다른 사회구성원들에게 해당 주제에 대한 감각을 일깨우고 자극을 주며, 이들을 계몽시키고자 하는 것이 이 교육방법의 중요한 교육목표이다(Baacke, 1997a). 제작교육을 통해 기술적 미디어를 활용하여 자신의 가치관을 객관적으로 전달하고 여론형성에 적극적으로 참여할 수 있는 인간의 커뮤니케이션능력과 미디어능력을 키우고자 하는 것이다.

제작교육이란 단순히 카메라를 사용하여 촬영을 하고, 영상과 편집기술을 지도하여 하나의 영상프로그램을 만들어내도록 하는 것만이 목표가 아니다. 중요한 것은 어린이, 청소년들과 모든 사회구성원이 미디어를 활용한 프로그램을 제작해봄으로써 자신의 커뮤니케이션능력을 인식하고, 사회적 커뮤니케이션 과정에 대한 사회적 책임감을 진지하게 의식하도록 하는 것이다. 미디어가 우리 인간에게 사회적, 정서적으로 어떠한 영향력을 갖는지, 그리고 지식의 증진을 위해 이를 교육적, 사회적으로 어떻게 선용해야 하는지를 성찰하게 하고, 미디어능력에 대한 전반적 개념을 학습할 수 있도록 하는 것이다.

제작하려는 프로그램 유형에는 영상물만이 해당되는 것이 아니다. 해당 교육주제와 특히 학습자들의 연령, 발달능력, 기술적 능력 등을 고려하여, 그림이나 인쇄매체로 만드는 학습자료, 포트폴리오, 사진, 동영상 작품, 청각 프로그램, 디지털미디어 활용 제작 등 모든 유형의 프로그램 양식이 해당된다. 이상의 교육적 과제를 통해 인간은 스스로가 커뮤니케이션능력을 갖는 자율적인 존재라는 것과 사회적 주체라는 것을 인식하게 하고, 우리의 자율성을 방해하는 요인을 깨닫게 하려는 것도 이 교육의 목표이다.

3) 제작교육을 위한 이론적 토대 – "인간의 사회화"

행동지향 미디어교육은 계몽교육의 일환이라고 할 수 있다. 이 교육방법에서는 무엇보다 한 사회의 주체로서 개개인이 그 중심에 서게 된다. 모든 개인은 기존 사회 속에 이미 주어져 있는 그대로의 상태로서만 간주되는 것이 아니고, 근본적으로 자신만의 사회적 행동능력과 표현능력을 갖는 존재로 정의된다(Schell, 1999). 따라서 이 교육행동에서 가장 우선시되는 교육적 과제는, "인간으로 하여금 기존의 사회적 상태에 대해 성찰하고 변화를 가능하게 하는 것"(Baacke, 1997a)이다. 이러한 교육목표는 결국 인간의 '계몽'과 '성숙함'(Schorb, 1997)으로 귀결된다.

행동을 지향하는 미디어교육, 능동적 미디어제작 작업은 이론적으로 "미디어에 의한 인간의 사회화"(2장 2절 2항 참조)에 근거를 두고 있다. 이것은 인간의 사고와 행동은 결국 인간과 사회의 상호작용 속에서 발달한다는 이론이다. 한 개인의 사회화는 전체 사회의 맥락, 그리고 개인과 사회의 교환적 영향 속에서 한 개인이 다른 개인들과 갖게 되는 비판적 성찰과 상호작용의 과정이며 결과이다.

프로그램 제작 교육방법의 이론적 토대인 "미디어에 의한 인간의 사회화" 이론(Charlton 외, 1995; Schorb, 1997)에는 세 분야가 포함된다. 미디어가 사회화의 요인으로 작용하는 '미디어-사회화 요인', 사회에 동화하기 위한 보조수단으로 미디어를 사용하게 되는 '미디어-사회화 중개자', 그리고 인간의 사회화를 위해 우리 스스로 미디어를 자율적 도구로써 미디어를 사용하는 '미디어-사회화 도구' 세 가지의 개념이다. 그중 특히 '미디어-사회화 도구'의 개념이 행동지향 미디어교육, 프로그램 제작교육의 기본 원리가 된다. '미디어-사회화 도구'의 개념은 개인이 자신과 타인의 사회화를 위해 미디어를 자율적인 도구로 사용할 수 있다는 것으로, 미디어를 사회적 상황이나 환경에 대한 비평적 논쟁이나 의사표현을 위한 방법으로 쓸 수 있다는 것이다. 이 경우 미디어는 사회화 과정에서 하나의 '도구'가 된다.

미디어가 사회화의 도구로 사용된다는 것은 인간의 사회화 과정에 필요한 교육적 과업을 위해 미디어가 많은 역할을 갖는다는 의미이다. 미디어의 교육적 과업은 미디어나 대중매체가 우리 일반 사회구성원들을 사회적 주체로 인식하는 것으로부터 시작된다. 이것은 개인과 사회를 긍정적으로 변화시킬 수 있도록 미디어가 우리 사고와 행동능력을 촉진해주는 촉매자의 역할을 한다는 것이다. 미디어가 미디어 수용자들을 기존의 상태에 고정되어있는 수동적 존재가 아니라, 사회의 형성과 사회적 행동능력을 갖고 있는 존재로 파악한다는 것을 의미한다(Schorb, 1997). 이것은 미디어에 의한 사회화가 의식적으로 이루어지는 과정이라는 것이며, 미디어를 전달 도구로 사용한다는 것이다.

제작교육의 목표는 개인으로 하여금 사회의 상태에 대해 성찰하도록 하고, 자신의 의사를 타인과 공유함으로써 사회를 발전적으로 변화시킬 수 있는 능력을 키우도록 교육하려는 것이다. 이러한 교육적 과정은 궁극적으로 인간의 커뮤니케이션능력과 미디어능력의 촉진으로 연결된다.

4) 제작교육의 기본 원칙, 교육효과, 학습원리

프로그램 제작을 통해 추구하는 행동과 발달지향 미디어교육의 기본 원칙, 교육효과, 학습원리는 다음과 같다(Schell, 1999).

- **기본 원칙**
  - 목표지향적, 계몽적, 사실적 경험의 (재)생성, 커뮤니케이션능력의 습득
  - 모든 인간은 스스로 인생을 구성하는 사회적 주체라는 사실의 인식
  - 프로그램 제작을 통한 타인의 인생에 대한 기여
  - 미디어에 의한 인간의 사회화 학습
    학습지의 민주적, 사회적 능력 함양
- **교육효과**
  - 미디어에 대한 새로운 인식 획득
  - '자기 고유의 표현'을 통한 경험 획득과 창의성 발달
  - '공동작업'을 통한 경험 획득
  - '발표'를 통한 경험 획득

• **학습원리**

    – 기본적 학습형태인 '행동'의 허용을 추구

    – 실증적 방법을 통한 학습 추구

    – 공동작업을 통한 학습동기 유발 추구

    – 미디어 프로그램의 분석과 비평을 통한 미디어능력 개발 추구

5) 교육문화콘텐츠 제작과 프로젝트 미디어교육을 위한 교수설계

프로그램 제작교육은 프로그램 분석교육과 마찬가지로 모든 과목과 전문분야에서 적용할 수 있는 교육방법이다. 프로그램의 주제는 특정 과목의 특정 단원 주제에 관한 것에서부터 교사나 학생들이 흥미를 갖는 모든 사회적, 문화적, 역사적 관심사를 다룰 수 있다. 예를 들어, 동물과 식물의 관찰, 수학 문제 해결을 위한 도형화, 소비문화와 경제, 언어 학습자료, 청소년 흡연 문제, 휴대전화와 SNS 문화, 컴퓨터와 언어문화의 변형, 성교육 프로그램, 정치적 관심사와 정당의 역할, 기업경영 등, 교사와 학생의 토론을 통해 평소 갖고 있던 사회적 문제의식이나 특기를 살릴 수 있는 주제를 선정할 수 있다.

(1) 프로그램 제작을 위한 연구 분야 및 진행과정

미디어교육학적 관점에서 프로그램을 제작할 때는 제작의 기술적 측면에 대해서뿐 아니라 제작에 필요한 분야와 진행을 위한 제반 사항들을 연구해야 한다. '이론학습', '미디어 특징 연구 및 미디어 선택', '미디어교수법과 연결', '제작을 위한 실질적 기술 습득 및 제작의 진행', '평가 및 평가방안 연구'와 같은 분야에 대해 전반적 지식을 습득하도록 해야 한다(그림 10-20).

1. 이론학습

- 미디어교육의 한 분야로서 프로그램 제작교육에 대한 학문적 근거와 당위성 확립
  - 미디어능력, 커뮤니케이션능력, 디지털미디어능력 이론
  - 사회화 이론
  "미디어에 의한 인간의 사회화" 중 특히 "미디어–사회화 도구"
  - 행동지향 미디어교육 이론, 기본 원칙, 교육효과, 학습원리 등
- 이론학습을 통한 개개 교수자, 학습자의 제작교육 관련 미디어교육 철학 정립

2. 미디어 특징 연구 및 미디어 선택

- 각 미디어의 교수법적 기능 확인 (인쇄매체에서 디지털미디어, 스마트기기까지)
- 실제 제작을 위한 미디어 선택의 근거 확보
- 학습주제 및 학습상황에 적절한 미디어 선택
- 미디어 분류법 및 부호, 감각, 표현양식, 진행구조, 구성형태 연구
- 미디어 유형별 평가방안 고려

3. 미디어교수법과 연결

- 행동과 발달지향 및 상황지향 미디어교육
- 교수학습 상황에서의 효율적 미디어 활용 추구
  1) 교육효과 이론
  2) 프로그램 제작을 위한 교수설계(기본 교수설계 7단계, 미디어활용 교수학습 8단계)

4. 제작을 위한 실질적 기술 습득 및 제작의 진행

- 기획안 작성 – 교사, 학생 개개인 고유의 차별화된 교수설계
- 영상분석, 녹음, 카메라 촬영, 편집 등 기능적 기술 습득
- 취재(문헌조사, 자료조사, 방송저널리즘 등) 및 인터뷰
- 시나리오 쓰기, 콘티 작성
- 프로그램 진행 (사회 보기 등)

5. 발표, 평가 기준과 평가방안 연구

- 발표를 통한 의견 수렴 → 청중의 반응과 교육효과 확인, 개선점을 통한 수정
- 제작교육 및 미디어활용교육에 대한 구체적 학습효과 파악
- 평가를 통해 추후 계속되는 교수학습 상황에서 더욱 발전된 미디어교육을 위한 토대 마련 등

〈그림 10-20〉 행동과 발달지향 미디어교육
– 프로그램 제작 및 교육문화콘텐츠 개발을 위한 연구 분야 및 진행과정

(2) 프로그램 제작을 위한 교수설계

　교수자는 제작교육에 있어 이상에 언급한 다양한 교육주제들을 어떻게 구현할 것인지 연구하고, 프로그램 제작을 위한 교수설계를 기획한다. 이것은 '교수학습 관련 사항', '미디어 관련 사항', '평가방안', '차시별 설계', '기획안 작성'의 다섯 분야로 진행된다(문혜성, 2006a; Tulodziecki 외, 2004). 프로그램 제작을 위한 기획안을 작성할 때에는 제작에 필요한 선택 요소들을 미리 고려한다.

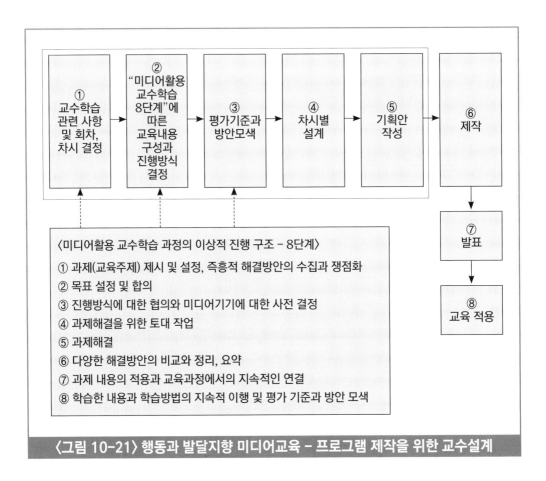

〈그림 10-21〉 행동과 발달지향 미디어교육 – 프로그램 제작을 위한 교수설계

① 교수학습 관련 사항 설정

- 계획된 수업 및 교육주제와 관련되는 교육목표 설정
- 학습자들의 흥미와 특성, 예측되는 학습 전제조건 파악
- 교육목표와 연결되는 과제와 내용 설정
- 교수학습 진행을 위한 전체 차시 결정

  (학습내용의 분량과 전체 교육과정 진행에 맞추어 프로그램 제작 및 프로젝트를 진행할 교육 차시를 결정한다. 1차시 또는 2차시 이상의 복수 차시, 한 달 또는 한 학기 등의 장기 교육을 기획한다.)
- "미디어활용 교수학습 과정의 이상적 진행 구조"의 ①에서 ⑧단계 중 프로그램 제작을 실행할 해당 단계 결정

② "미디어활용 교수학습 과정의 이상적 진행 구조 – 8단계"에 따른
교육내용 구성과 진행방식 결정

- 수업의 진행 구조에서 "미디어활용 교수학습 과정의 이상적 진행 구조 – 8단계"의 과정을 토대로, 각 단계의 교육내용과 전체 교육의 진행방식 결정

③ 평가 기준과 방안 모색 (교수설계 기획 시 미리 고려)

- 앞서 설정한 교육주제와 내용, 교육목표와 비교하여 의도한 교육목표가 어느 정도 이루어졌으며, 교육과정 이후 학습자들에게 어느 정도의 학습효과를 가져왔는가?
- 의도한 내용이 올바르게 그리고 적절한 형태로 표현되었는가?
- 학습의 과정과 학습결과에 어떠한 영향을 기대할 수 있는가?
- 기대되는 영향을 어떠한 방법으로 평가할 것인가?

  (예: 작품발표, 토론, 시험, 과제제출 등)
- 전달되어야 할 내용이 사용된 미디어기기의 특성을 통해 잘 표현되었는가?

④ 차시별 설계

교수자는 ①, ②, ③항을 기획한 후, 학습내용의 분량 및 전체 교육과정 진행에 적합한 구체적인 교육 차시를 기획하고 각 차시에 대한 내용을 설계한다. 단기, 중기, 장기 교육을 기획할 수 있다. 1차시 또는 2차시 이상의 복수 차시, 한 달 또는 한 학기 등의 교육을

기획할 수 있다. 차시마다 "미디어활용 교수학습 과정의 이상적 진행 구조 - 8단계"의 단계를 고려하고, 각 단계가 어떤 차시에 해당될지를 정하여 각 단계에 해당될 차시 또는 총 차시의 횟수를 정한다.

〈표 10-4〉 프로그램 제작교육을 위한 회차 및 차시별 설계의 틀

교육 회차 및 차시 (해당교육에 적절한 회차 및 차시 분량 결정)	기본 교수설계 7단계	미디어활용 교수학습 과정 진행구조 (8단계 중 해당단계 적용)	프로그램 분석과 관련한 교육 주제	프로그램 분석과 관련한 교육 목표	프로그램 분석과 관련한 교육내용		촉진 미디어 능력 분야 및 사용 기기	기대되는 교육적 효과	온라인 학습 병행 및 스마트 교육 실행 여부
					교수자의 역할	학습자의 역할			
1회차(차시)									
2회차(차시)									
3회차(차시)									
4회차(차시) 등									
교육 이후의 지속적 활동 (예: 사이버공간을 활용한 전문적 지도 및 토론, 모임별 활동)									

(회차 및 차시의 수는 교수자가 자율적으로 결정한다.)

⑤ 기획안 작성

교사와 학생들은 자체적 프로그램을 제작하거나 프로젝트 교육을 시행하고자 할 때 이상의 내용들을 근거로, 다음과 같은 요소들을 고려한 기획안을 작성하도록 한다.

가. 교육목표 및 교육주제 관련 요소

- 프로그램 주제 선정
- 프로그램 활용 교육대상 선정 (대상층의 연령, 집단 등)
- 프로그램의 교육목표 설정
- 프로그램의 교육적 의미 파악
- 프로그램에 대한 후속 평가를 위한 방안 모색
- 프로그램을 통해 기대되는 교육적 효과 및 교육적 가치 파악
- 해당 수업에서의 프로그램 활용방안 모색 및 추후 지속적인 교육적 활용방안 모색
- 프로그램 제작교육을 통한 타 교과와의 연계방안, 학년 간의 연계방안 모색

나. 제작 관련 요소[4]

- 진행방법 (개별 작업 또는 공동작업 결정, 취재방법, 인터뷰 대담자 선정 등)
- 일정표 (취재, 자료조사, 인터뷰, 촬영, 편집 등을 위한 시간 계획)
- (경우에 따라) 소요되는 제작비
- 사용 미디어기기 선택
- 제작기간 결정
- 프로그램 진행시간 결정
- 기본적 기술교육 (영상분석, 카메라 촬영방법, 편집방법, 사회 보기 등 학습)
- 대략적 내용과 각본 구상 및 구성 (콘티 구성)

⑥ 제작

교수자는 다른 모든 미디어교육 방법에서와 같이 학습자들의 발달수준과 능력, 교육 환경 등을 고려하면서 행동지향 미디어교육, 프로그램 제작교육을 진행할 수 있다. 학습 자들과 함께하는 제작교육에서는 해당 학습집단을 위해 교육적으로 필요한 사안이면서 동시에 학습자들이 흥미를 가질 수 있는 주제를 선택하여 프로그램을 제작하고, 이와는 별개로 교사들은 자신만의 미디어 교육콘텐츠를 개발할 수 있다.

---

4) 제작 관련 요소는 각각의 제작 시 필요한 사항이 추가될 수 있다. 교수자 또는 콘텐츠개발자는 해당 교육 주제 및 교육목표, 교육적 제반 사항에 따라 융통성 있게 이 사항을 결정할 수 있다.

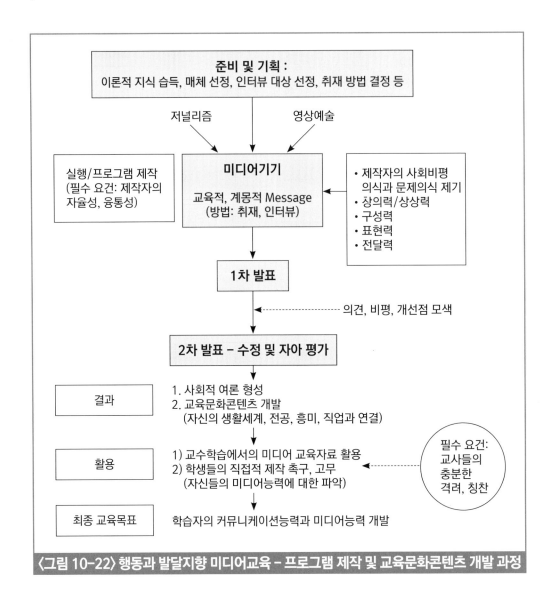

준비 및 기획 :
이론적 지식 습득, 매체 선정, 인터뷰 대상 선정, 취재 방법 결정 등

저널리즘   영상예술

실행/프로그램 제작
(필수 요건: 제작자의
자율성, 융통성)

미디어기기

교육적, 계몽적 Message
(방법: 취재, 인터뷰)

• 제작자의 사회비평
  의식과 문제의식 제기
• 창의력/상상력
• 구성력
• 표현력
• 전달력

1차 발표

의견, 비평, 개선점 모색

2차 발표 – 수정 및 자아 평가

결과

1. 사회적 여론 형성
2. 교육문화콘텐츠 개발
   (자신의 생활세계, 전공, 흥미, 직업과 연결)

활용

1) 교수학습에서의 미디어 교육자료 활용
2) 학생들의 직접적 제작 촉구, 고무
   (자신들의 미디어능력에 대한 파악)

필수 요건:
교사들의
충분한
격려, 칭찬

최종 교육목표

학습자의 커뮤니케이션능력과 미디어능력 개발

〈그림 10-22〉 행동과 발달지향 미디어교육 – 프로그램 제작 및 교육문화콘텐츠 개발 과정

⑦ **발표**

프로그램을 제작한 후 이 미디어 교육콘텐츠를 곧바로 교육에 직접 활용하거나 대규모의 청중을 대상으로 시연하기에 앞서, 소규모의 학습집단 내에서 1차 발표를 해보는 것이 학습자들에게 좋은 경험이 될 수 있다. 발표는 프로그램의 교육대상과 갖는 1차 커뮤니케이션으로서, 작품의 부족한 부분에 대한 수정과 개선을 할 수 있는 과정이 된다. 발표를 통해 얻을 수 있는 경험은 다음과 같다(문혜성, 2004; Tulodziecki 외, 2004).

- 자신의 관심사, 의도가 수신자에게 전달되는 것이 어느 정도 성공하였는지를 평가할 수 있다.
- 향후 지속될 작업을 위한 비평의 토대를 파악할 수 있다.
- 자신의 문제의식과 관심사가 다른 사람에게도 해당될 수 있는가를 확인할 수 있다.
- 공동의 작업(행동)이나 자신의 관심사를 전달하는 것이 하나의 사회적 커뮤니케이션 형태라는 것을 파악할 수 있다.
- 공공사회의 문제점에 대한 제작을 통해, 사회적 영향과 주어진 상황에 대한 변화의 가능성이 있는지를 경험할 수 있다.
- 개인적, 집단적 영향력에 대한 가능성과 한계를 측정하고, 이 한계의 합법적 근거를 찾아내는 능력을 발달시킬 수 있다.
- 미디어적 표현에 대한 부분들(소리, 화면, 조명, 화면 길이, 자막 등)에 대한 수신자들의 의견을 수렴하여 수정할 수 있다.
- 위의 사항들을 토대로, 내용 및 기술적 부분에 대한 개선과 수정을 꾀할 수 있다.

(3) 인터뷰 방법

미디어 프로그램이나 교육문화콘텐츠 제작 방법 중에는 대담자와의 인터뷰를 통한 리포타주(시사보도, 현지보고, 탐방기사)도 해당이 된다. 이를 위해 방법적으로는 인터뷰와 같은 방송 저널리즘의 도입을 시도하며, 각 프로그램 제작자는 그 프로그램의 주제와 기획내용, 취재, 진행 등의 프로그램 제작에 관한 모든 책임을 갖는다. 프로그램이나 콘텐츠의 제작을 위해 제작자는 해당 주제와 관련되는 사람들과 직접적인 인터뷰를 함으로써 그 내용에 대한 전문성, 신뢰성, 흥미 등을 유발할 수 있다. 인터뷰의 구체적인 방법(Haller, 1997)은 다음과 같다.

① 인터뷰의 정의 및 유형
"서로 보고, 만나고, 모임을 갖고"라는 뜻의 불어 동사 'entrevoir'에서 'entreview'라는 단어가 나왔고, 이것은 '약속된 모임'이라는 뜻이다. 이로부터 'Interview'라는 단어가 나오게 되었다. 인터뷰에는 다음 세 가지의 유형이 있다.

〈표 10-5〉 인터뷰의 유형

취재 인터뷰	취재자(기자)가 한 실상 및 실태에 대한 정보만을 얻고자 할 때 택하는 방법이다. 이 방법의 인터뷰는 취재를 위한 정보의 획득 또는 검증의 도구 역할을 하게 된다. 여기서 기자는 특정한 실상에 대한 기록과 재구성과 설명(해명)을 의도한다. 기자는 이러한 설명을 위해, 내용과 관련하여 특정 사람의 역할이나 그 사람이 가지고 있는 지식이 필요한 인물에게 질문을 한다.
Reportage – 인터뷰	탐방기사이다. 인터뷰 대상자의 경험, 그의 사고와 행동양식을 알고자 할 때 쓰인다. 여기에서는 어떤 이야기나 사람에 대해 알고자 하는 의도로 인터뷰가 보조수단으로 사용되는 것이다. 단순한 기록이나 이야기에 대한 설명이 아니라, 좋은 보고서를 쓰기 위해 충분한 사전 준비와 자료를 갖추고, 사건이나 인물에 대해 가능한 한 신뢰할 수 있는 생생한 묘사와 이야기 자료를 마련하여 보여준다.
표현형태의 인터뷰	위 두 형식의 인터뷰를 바탕으로, 인터뷰 대상자의 토론양식과 대화의 진행에 흥미를 가질 때 사용하는 방법이다. 질문과 응답, 의견 제시와 반대 의견 제시 사이의 교환이 표현(상연) 요소로서 사용된다.

(Haller, 1997)

② **인터뷰의 준비**

- 주제를 좁은 관점으로 한정시킨다.

  (기준: 시사성, 문제점 내용, 추론적 내용, 알고자 하는 요구)

- 한 주제를 위해 대중들이 흥미 있어 할 인터뷰 파트너를 연결한다.

  (기준: 전문적 능력, 역할 이행자, 시사성 있는 인물, 주제에 적합한 역할, 명료한 언어능력)

- 직접 면담을 할 것인지, 전화로 할 것인지 결정한다.

- 선택한 인물에게 인터뷰에 응할지를 문의한다. 자신의 이름과 편집국(주최자), 만남의 의도와 주제를 이야기해준다. (경우에 따라 주제에 대해서 이야기해준다. 그러나 절대 질문 자체를 이야기해주지는 않는다.)

- 가능한 한 충분한 인터뷰 시간을 협상하고 장소를 정한다.

  (인터뷰하기 어려운 대상일 경우, 인터뷰시간을 짧게 제안하기도 한다.)

- 인터뷰 대상이나 인물에 대한 정보를 수집한다. 경우에 따라 제3의 인물에게 문의한다. (인터뷰 대상에 대한 취재 – 정보수집의 목표: 인터뷰 파트너에 대한 정확한

지식과 이해를 돕고 경우에 따라 반대 정보를 갖게 되기도 한다.)

- 대중들의 흥미, 지식수준, 문제 이해도를 조사한다.
- 인터뷰의 목표와 역할을 정한다.

  (예: 인터뷰 파트너가 어떤 역할과 어떤 입장으로 대중 앞에 서게 되는가,

  또는 인터뷰 파트너는 어떤 역할로 등장하게 되는가)

- 인터뷰할 사람들의 숫자를 결정하고 정확한 약속을 한다.
- 인터뷰 과정을 대략적으로 묘사해본다.

  (연출 방향 결정: 진행과정의 가변성을 생각한다.)

  세부적 정보와 증거, 선례, 예증 자료 또는 질문의 형태를 메모해둔다.

- 큰 행사의 인터뷰를 위해서는 사전 대화를 한다. 가능한 한 인터뷰의 진행과 기술적 처리에 대해 명확한 상황을 이야기해준다. (특히 방송국에서 하는 인터뷰일 경우, 시간 상황, 음향 녹음, 대담 사진, 정확한 이름과 분명한 호칭 등)

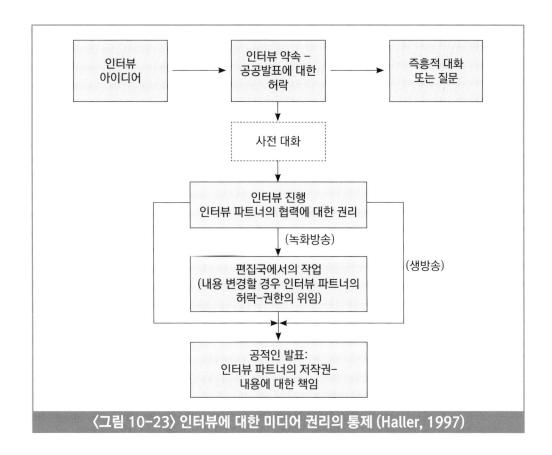

〈그림 10-23〉 인터뷰에 대한 미디어 권리의 통제 (Haller, 1997)

③ 인터뷰 실행방법 – 일반적인 행동규칙

- 인터뷰 시작 전에 긴장된 상황을 풀 수 있도록 워밍업을 한다.
  좌석 배치에서 '거리를 둔 가까움'을 보여준다.
- 인터뷰의 시작과 함께 대담 진행자가 누구인지를 확실하게 한다.
- 인터뷰 파트너의 이름을 호명하며 직접 말을 걸고, 시선을 맞추도록 한다.
- 우호적인 대담 분위기를 만든다. 위압적인 행동, 거드름, 아부는 피한다.
  인터뷰 중에는 친절하게 뒤로 약간 물러나 있는다.
- 가능한 한 짧게 질문을 하고 단순하면서도 파악하기 쉬운 예를 보여주어 보충한다.
  (구체적 질문에 구체적 답이 나온다.)
- 응답 태도에 따라 여러 종류의 질문 유형을 사용한다. 경우에 따라 커뮤니케이션의 범위를 바꾼다.
- 중복되는 질문이나 불분명한 질문 문장을 피한다. (예: 대단히, 매우 좋다.)
- 사전에 준비한 내용을 이야기한다. 장소, 시간, 취한 행동의 결과에 대한 정확한 묘사를 한다. (그러나 전문적 문제에 대한 지루한 장광설은 피한다.)
- 토론에서는 계획했던 질문 순서와 흐름에 따른다. 과장됨, 본론 외의 내용, 지엽적인 주제는 단지 인터뷰 진행이나 연출의 흐름에 방해가 되지 않을 때, 그리고 인터뷰 시간이 허용될 때만 시도한다.
- 인터뷰 파트너가 부연 설명을 원할 때, 이는 인터뷰의 끝부분으로 미룬다.
  (중요한 질문에 해당되는 사항일 경우)
- 격론, 논쟁의 인터뷰에서는 성실하고 납득이 가는 논쟁 양식을 존중하고, 경우에 따라서 이것을 강력히 요구하기도 한다. (더 나은 논쟁을 끌어내기)
- 판단(평가)은 확실히 입증할 수 있는 제3의 의견을 인용한다. ("의회에서는 세금인상이 불가피하다고 말하는 사람들의 숫자가 늘어나고 있다고 합니다.", "열차를 이용하는 많은 승객들이 열차의 연착에 대해 불만을 제기하고 있습니다." 등)
- 큰 규모의 대담에서는 언어적 커뮤니케이션과 함께 비언어적 커뮤니케이션을 사용하여, 다른 사람이 느끼는 것을 이해하는 제스처를 사용하기도 한다.
- 인터뷰를 진행하면서 중요한 질문에 대한 답변이 충분히 이루어졌는지, 그리고 인터뷰의 목표가 이루어졌는지를 수시로 점검한다.
- 인터뷰 후에 피드백의 가능성을 허용한다. (예: 대담에 대한 짧은 대화)

• 생방송이 아닐 경우 인터뷰 내용의 발표를 위한 기술적 방법을 의논한다.

5. 교육전문가를 위한 교사교육과 학교행정

1) 미디어에 의한 교육기관의 변화와 교사교육의 필요성

교육기관과 교육 실무에서 미디어를 활용하는 교육을 기획하고 진행하는 주체로서 교수자의 역할은 참으로 중요하다. 미디어교수법 관련의 전문지식도 일차적으로 이들을 통해서 현실화된다. 새로운 미디어기술과 미디어환경은 학습 문화뿐 아니라 교육과정에서 새로운 교수법 형태를 촉진하기도 한다. 수백 년간 학교의 기본 미디어는 언어였으나, 새로운 기술적 미디어가 도입됨으로써 우리의 모든 생활영역에서와 같이 교육기관의 문화도 바뀌게 되었다. 이 모든 상황은 학교나 교육기관 체계 속의 모든 관계들도 미디어에 의해 영향을 받게 된 것을 의미한다(그림 10-24, 5장 2절 "학교와 미디어교육" 참조).

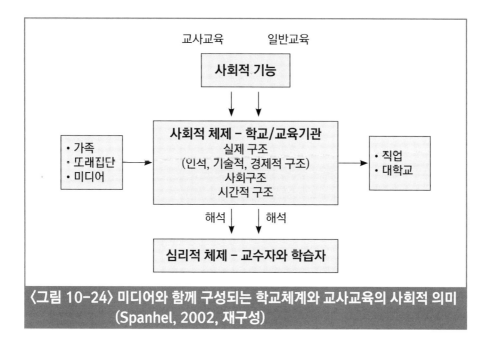

〈그림 10-24〉 미디어와 함께 구성되는 학교체계와 교사교육의 사회적 의미
(Spanhel, 2002, 재구성)

〈그림 10-24〉에서 중요한 부분은 첫째, '사회적 체제'인 학교나 교육기관, 둘째, '심리적 체제'인 교수자와 학습자 간에 놓여있는 부분이다. 교수자와 학습자의 심리적 체제에서는 사회적 체제가 갖는 제반사항에 대한 해석 과정을 거친다. 교수자와 학습자들은 커뮤니케이션 상황을 만들고, 학교 커뮤니케이션에도 참여한다. 미디어가 관계되는 커뮤니케이션 양식이나 이의 질적 수준은 학습과정의 수준에 달려있다. 그림에서와 같이 학교와 교수자 및 학습자와 학습자 간의 커뮤니케이션은 사회적 기능으로도 그 의미가 확산된다(문혜성 외, 2005; Spanhel, 2002). 학교와 같은 공교육기관의 미디어교육은 사회적으로도 교육적 의미가 크다. 따라서 이러한 교육과정을 기획하고 지도하는 교사나 전문가 양성은 급변하는 미디어 사회에서 선행되어야 할 중요한 교육과제이다.

2) 교사의 미디어능력과 교사교육의 내용

미디어교육을 위한 교사교육의 총체적 연구를 위해 독일의 7개 대학과 국가 연구기관이 공동으로 참여한 연구(Baacke 외, 1999)가 진행되었다. 이 연구의 결과는 교육전문가들을 위해 인쇄매체에서 디지털미디어와 스마트기기까지 아우르는, 모든 유형의 미디어와 함께하는 교육적 상황에 필수적인 기본 토대를 제공하고 있다. 연구결과에서는 미디어를 활용하는 교사교육의 내용 및 교사들에게 필요한 미디어능력을 다음과 같이 정리하였다. 현실적으로 교육 전문가들이 다음에 소개되는 모든 미디어능력을 충족하기 어렵더라도, 여기에 소개되는 내용을 통해 자신의 능력을 객관적으로 파악해볼 수 있다. 나아가 자신에게 필요하거나 더욱 발전시켜야 할 분야를 인식하고, 노력의 지향점도 모색해볼 수 있다.

(1) 교사들 자신이 먼저 다음과 같은 미디어능력을 갖추어야 한다.

① 미디어와 정보기술을 다룰 줄 알고 의미 있게 사용할 줄 알아야 한다. 자신의 전공과목과 다른 전공과목들 간의 통합학습을 위해 미디어를 사용할 수 있어야 한다. 문제해결과 해답을 위해 정보를 찾고 소화해내며, 학생과 교사 간의 커뮤니케이션이나 연합을 위해 미디어와 정보기술을 자율적으로 활용할 능력이 있어야 한다.

② 학습을 위해서뿐 아니라 교육 프로그램을 기획하기 위해, 미디어와 정보기술을 도구로 사용하여 스스로 프로그램을 제작할 수 있어야 한다.

③ 미디어와 정보기술 및 이들과 연결되어있는 부호체계를 파악하고, 정보기술과 정보의 기계적 작업과정에 대한 핵심적 기능을 이해하고 평가할 수 있어야 한다.

④ 다양한 미디어와 정보기술이 인간의 정서와 사고, 행동방향과 가치관에 미치는 잠재적 영향력을 통찰하고 분류할 수 있어야 한다. 정보기술 자체와 이를 도입하는 교육현장 간의 교환 작용을 분석하고, 미디어의 기술적 발달이 학교, 직업, 여가시간에 가져다줄 결과를 인식하고 평가할 수 있어야 한다.

⑤ 정치적, 사회적 맥락에서 미디어를 비평적으로 분석하고, 법률적, 윤리적 맥락 속에서 이들의 영향력과 표현의 가능성을 인지할 수 있어야 한다.

⑥ 미디어사용으로 인한 가능성과 한계점, 위험성을 판단하고, 자신이 미디어를 사용하게 될 상황도 객관적으로 판단할 줄 알아야 한다. 교사는 자신의 미디어 사용태도를 비평적으로 성찰하고, 공동체 사회를 지향하는 입장에서 미디어문화를 함께 형성할 수 있어야 한다.

(2) 교사들은 미디어와 정보기술을 합리적 방법으로 경영, 조직하고, 미디어와 함께하는 교육상황을 구성할 수 있어야 한다.

① 미디어와 정보기술을 직업과 연계된 필요조건으로 인식하여 이를 주도적으로 사용할 수 있어야 하며, 이들의 기능적 양식을 통찰할 수 있어야 한다.

② 작업에 있어 미디어와 정보기술을 이용하여 경제적으로 시간을 사용하고, 사실에 정확하게 미디어를 활용할 수 있도록 경영과 조직적 측면에도 이를 적용할 수 있어야 한다.

(3) 교사들은 미디어와 정보기술의 가치를 교육적으로 성찰하고, 학생들을 위해 이들을 교수학습 활동에 도입할 수 있어야 한다.

① 미디어와 정보기술이 어린이와 청소년들에게 미치는 영향과 이들의 동질성 확립에 미치는 영향을 섬세하게 파악한다. 특히 이들의 정서와 사고, 행동방향과 가치관에 미치는 영향을 깊이 인식해야 한다.

② 성별에 따른 행동양식과 차이점, 미디어와 정보기술에 대한 접근양식과 환경에 대한 사회적 차이점을 숙고해야 한다.

③ 미디어와 정보기술과 함께하는 교수학습 상황에 대한 여러 가능성과 학습환경을

생각해야 한다.

(4) 교사들은 미디어와 정보기술을 자신의 전문분야와 교수학습 상황에 성찰적으로 적용할 수 있어야 한다.

① 자신의 전공과목 교육과 학습상황에 따라 미디어 종류와 소프트웨어들을 분석하고 선택할 수 있어야 한다.

② 미디어와 소프트웨어를 활용하기 위해 더욱 발전적으로 기획된 교수학습 형태 안에서 이들의 개념을 파악하고 교육 현장에 적용할 수 있어야 한다.

③ 미디어와 정보기술을 자신의 수업 준비를 위해 사용할 수 있어야 한다.

④ 학생들이 자신의 사고를 표현하는 프로그램을 제작하고 문제해결을 위한 도움을 받을 수 있도록, 미디어와 정보기술을 사용하는 데 있어 자극과 지원을 해주어야 한다.

⑤ 학습의 평가를 통해 다양한 미디어의 가능성과 한계점을 파악하고, 그 결과를 다음 수업의 효율성을 위해 극대화하여 적용할 수 있도록 최선을 다해야 한다.

(5) 교사들은 미디어교육과 정보기술교육을 위해 프로젝트 수업과 개개 단위 수업을 진행할 수 있어야 한다.

① 미디어와 정보기술의 의미를 자신의 전문분야와 연결하여 내용적으로나 방법적으로 평가할 수 있어야 한다.

② 미디어교육과 정보기술 및 커뮤니케이션 기술에 대한 교육사례들을 분석하고 평가할 수 있어야 하며, 자신만의 프로젝트 수업과 개개의 단위 수업을 기획할 수 있어야 한다.

③ 미디어교육과 정보기술교육에 있어 학생들의 성별에 따른 차이와 사회적 차이점을 감안하고, 이들의 학습과정을 자극하고 고무시키고 지원할 수 있어야 한다.

④ 학생들로 하여금 자기주도적인 학습능력과 사회적 책임의식을 갖게 하고, 성찰적이고 비평적으로 미디어와 정보기술을 사용할 수 있도록 지도해주어야 한다.

⑤ 정보기술에 대한 교사의 지속적인 발전을 위해 교사들은 스스로 혁신적이고 개혁적인 능력을 키울 수 있어야 한다.

(6) 교사들은 미디어교육(학)을 학교 교육프로그램에 도입할 수 있도록 한다. 미디어 교육과 정보기술 및 커뮤니케이션기술 교육을 실행하는 데 있어, 이에 따르는 해당 기관의 제한상황을 통찰할 수 있어야 한다. 이러한 교육을 위해 학교 차원의 행정 방안을 함께 기획할 수 있어야 한다.

① 교사들의 역할에 대한 미디어의 의미, 미디어와 관련된 직업적 기능, 교사직업에 대한 전문성을 판단할 수 있어야 한다. 이를 위해 미디어와 정보기술에 대한 두려움, 차이점, 불확신, 의구심, 그리고 편리함이나 매력적 요인을 의식적으로 생각하고 종합적으로 고찰해야 한다.

② 미디어활용교육, 미디어교육, 정보기술 및 커뮤니케이션기술 교육을 실행하는 데 있어 각 학교나 기관이 갖는 한계점을 분석하고, 이에 대한 개선책을 모색하고 적용할 수 있어야 한다.

③ 미디어교육학(이론)과 미디어교육(실제), 그리고 정보기술과 커뮤니케이션기술에 대한 교육을 위해 학교 차원의 교육개념을 개발하고 기획한다. 나아가 동료 교사진과 학교 행정가들과 함께 이에 대해 합의하고, 교육현장에 적용할 수 있도록 적극적으로 기여해야 한다.

④ 미디어교육은 한 교사의 개인적인 지도를 통해서뿐 아니라 여러 전공과목이나 다른 교사들과의 통합교육을 통해 높은 교육적 효과를 얻을 수 있다. 미디어교육 전문가 양성교육을 받은 교사들은 이러한 내용을 기관 내의 동료 교사들이나 교육행정 담당지들에게 인지시키고 또 이에 관해 지도할 수 있어야 한다.

3) 교사교육 방안과 학교행정 및 대학행정의 지향 방향

학교교육과 여러 교육기관의 교수학습에서 미디어교육과 미디어활용을 효율적으로 실행하기 위한 핵심 사안은 바로 '교수자 인력의 자질'에 관한 것이다. 교수자들의 자질 향상을 위한 단기적 방안으로는 교사연수를 생각할 수 있고, 중·장기적 방안으로는 (대학교부터의) 장기적 교사교육 프로그램을 진행하는 것이 적절한 대책이 될 것이다. 미디어교육에 대한 교사교육 활성화는 특히 '교육행정을 통한 학교의 발달과정'이라는 맥락 속에서, 교육과정 개발, 미디어 장비의 제공, 이에 적절한 자료개발 등이 동시에 이루어져야 한다.

교사교육에 대한 한 연구(Tulodziecki, 2002; Herreros 외, 2002)에서는 교사교육을 위한 행정적 제안방안과 교육내용들을 다음과 같이 제시하였다.

(1) 미디어교육을 위한 교사교육은 학교 내부의 교육기획에서부터 학교교육의 질적 향상과 발전을 촉진할 수 있는 하나의 구체적 교육 프로그램으로 체계화되어야 한다. 미디어교육에 대한 관심과 적극적 동기를 가지고 있는 여러 교사들이 미디어교육 연합체를 구성하고, 학교위원회에서도 이 연합체를 지원해주는 것이 바람직하다. 이 교사연합체에 속하는 교사들을 위한 교사교육의 기준을 정립하는 것도 필요하다.

(2) 미디어교육을 위한 교사교육이 학교 발전과정과 연결되도록 한다. 이 교육이 학교 교육 프로그램으로 정착되어야 한다는 인식을 심어주기 위해, 이와 관련된 학교 외부, 내부의 교사연수 및 크고 작은 학술세미나와 행사들을 간과하지 않아야 한다.

(3) 내용적으로는 교사연수 같은 것을 통해 학교 교육기획에서의 미디어교육 과제를 설정해주어야 한다. 학교에서의 미디어교육을 위한 교육과제는 역시 미디어교수법과 교사들의 미디어능력 촉진을 위한 과제와 같은 것이다.

(4) 미디어교육은 학생들이 학교에서 학습하는 과목들뿐 아니라 미디어를 통해 자주 보게 되는 정치, 환경, 건강 등의 분야에 대한 근본적인 전제조건이다. 이러한 의미로 미디어교육은 학교의 많은 과목들에 대한 통합적, 지원적 교육과제가 된다. 미디어교육은 쓰기나 읽기교육과 경쟁관계에 있는 것이 아니라, 오늘의 정보사회에서 요구하는 필수적 교육영역에 대한 확장이라고 보아야 할 것이다.

(5) 교사교육과 학교 내의 미디어교육학적 시각을 발전시키기 위해서는 여러 유형 미디어의 다양성을 파악하고, 디지털미디어나 스마트기기의 역할이 더욱 중요하게 된 점을 인식해야 한다. 특히 교수학습의 수단으로서 미디어교육의 과제가 간과되어서는 안 된다.

(6) 교사교육 내용에는 미디어교육을 실행하기 위해 (전문가 수준은 아닐지라도) 필요한 정도의 미디어기술 능력을 육성해주는 과정이 포함되어야 한다. 전체적으로 교사교육은 이론적 사고와 실용적 작업 간의 교류가 이루어지도록 하고, 수업에서의 미디어활용과 학습효과 평가 간에도 적절한 교환이 이루어지는 방향으로 진행되어야 한다.

(7) 미디어교육 교육과정을 구체적으로 개발함으로써, 미디어교육학의 학문적 토대가 미디어교육이라는 실질적 교육행동을 통해 학교에서 이루어질 수 있도록 한다. 미디어교육 교육과정을 규정하는 데 있어서는 현재 주어진 교육규정을 체계적으로 확장시키고 과목 간의 연계성을 확대함으로써, 기존 과목들과 미디어교육 간에 강력한 응집력과 연관성이 생기도록 해야 한다. 예를 들어, 미디어활용교육(예: 컴퓨터교육)에 대한 교육과정도 미디어교육학의 교육적 토대와 연결하여 이를 현실화시키는 방안으로 규정하는 것이 바람직하다.

(8) 미디어와 관련되는 교사교육은 학교의 발전과 함께 이루어져야 한다. 특히 교사교육은 각 지방이나 지역 자문체계 및 지원체계를 통해 촉진되고 장려되어야 한다. 또한 미디어교육을 위해 학교 외부의 기관들과 협력관계를 구성하고, 이들과 함께 연합적 작업형태를 발전시키는 것도 바람직하다(예: 박물관, 방송사, 언론사, 도서관, 청소년문화센터 등).

(9) 학교발전을 위한 노력의 일환으로서 교사교육은 연구세미나 형식을 통해서도 활성화되어야 한다. 교사교육, 연구세미나, 지역적 지원체계들이 함께 연결되는 방향으로 이루어져야 한다. 연구세미나를 개최할 때는 다음과 같은 점을 고려한다.
- 미디어교육학 개념을 발전시킬 수 있는 각 세미나 고유의 연구과제 설정
- 이에 부응할 수 있는 조직 및 기술적 기초 구조 확립
- 미디어교육학의 가치관을 현실적 교육으로 전환시키고 평가할 수 있는 인적 조건 구성
- 이상의 내용을 행사로 개최하는 방법 모색

(10) 이상의 항목에서 언급한 내용들은 교육부와 같은 공공기관의 연구를 통해 이루어지는 것이 바람직하며, 연구결과는 대학교의 미디어교육학 관련 교육행정에도 영향을 줄 수 있다. 각 대학의 자율성이 지켜지는 범위 안에서 교육학이나 교수법 분야에 미디어교육학 관련 전문가의 역할이 커져야 할 것이다.

(11) 다른 기관에서와 마찬가지로 대학교에서도 전공을 초월한 미디어교육 연합체가 조직되고, 이를 위한 지원체계가 형성되어 학교로부터 지원받을 수 있도록 해야 할 것이다. 대학의 미디어교육 연합체에서 이행해야 할 과제는 다음과 같다.
- 해당 지역의 문화적 특성에 맞는 대학문화 고유의 미디어교육학 이론 연구개발
- 미디어기술의 기초 구조 확립

- 적절한 조직의 구성
- 연구 개발된 미디어교육학 이론의 실용적 이행과 평가

(12) 미디어교육 연구세미나 또는 학교와 대학 행정차원에서 이 분야에 관심을 가진 사람들과 기관들에게 성공적 교육사례나 경험을 적극적으로 홍보해야 한다. 이에 대한 문서작성과 기록, 자료 개발과 경험 교환을 위한 네트워크 시스템이 개발되고 활성화되어야 할 것이다.

4) 교사교육의 국제표준화 연구와 비평적 관점

교사교육의 국제표준화를 위해 OECD의 25개국을 대상으로 한 연구 "Teachers Matter: Attracting, Developing and Retaining Effective Teachers"(OECD, 2004)가 실시되었으며, 이 연구내용을 바탕으로 하여 다시 한국, 핀란드, 독일, 미국, 영국, 스위스 여섯 국가를 대상으로 한 "국제적 관점에서 본 교사교육 표준화와 비평적 관점"(문혜성, 2006a: Tulodziecki 외, 2006) 연구가 진행되었다.

(1) 교사교육 국제표준화에 대한 전제 상황

교사교육의 국제표준화에 대한 비평적 요인은 '국제적'이라는 상황으로 인해 다양한 특성으로 나타났다.

첫째, 나라별로 교사교육에 대해 각기 다른 발전상황과 개념을 갖고 있었다.
둘째, 이러한 국가 내부적 상황을 외부에서 판단하게 된 것이었다.
셋째, 이 두 가지 상황을 복합적으로 보여주는 결과가 나타났다.

(2) 교사교육 국제표준화에 대한 비평적 요인

① 표준화의 개념에 대한 불분명성과 국가 간의 상이성
② 표준화 개념의 정립을 위해 필요한, 직업에 대한 실증적 분석의 부족
③ 부족한 이론적 토대

④ 표준화를 검증할 수 있는 기준의 미흡
⑤ 직업적 핵심을 이루는 요인에 대한 불명확성
⑥ 부족한 미래지향 관점
⑦ 표준화 설정에 있어 개별 전공분야에서의 개인적 발달을 위한 배려의 부족
⑧ 높은 수준의 표준화에 대한 부담으로, 교사직업 희망자들에게 미치는 부정적 영향
⑨ 표준화로 인한 교사교육 내용이나 질적 수준의 저하, 단일화, 수준 평준화의 가능성
⑩ 문제해결과 경제적 측면에 있어 표준화로 인한 기술 만능주의에 대한 가능성
⑪ 전문가 만능주의에 대한 위험성

(3) 교사교육의 발전을 위한 고려 사항

① 교사교육 시행에 어려움을 가져오는 내용적 측면
- 학습과정의 개선에 있어 디지털미디어 쪽으로만 과도하게 집중되는 교육의 성향, 문화비평 미디어교육과 인성교육 측면의 교육 경시
- 교육내용에 대한 불충분한 점검, 미디어의 기술적 활용교육에 중점을 두는 데 따르는 학교의 미디어활용 교수법과 교육적 내용에 대한 불충분한 연구
- 교육시행에서 나타나는 결함을 보충하기 위한 연구의 부족, 개개 학교의 특성에 적합한 미디어교육 교육과정의 개발, 시도, 평가에 대한 불충분한 연구

② 교사교육 시행에 어려움을 가져오는 기관적, 조직적 측면
- 대학교에서의 미디어교육학 관련 학사제도 및 교사교육과 연결된 국가시험 제도를 도입하는 데 걸리는 긴 시간
- 미디어교육학 관련 전공 교수와 같은 인적자원의 부족, 후진 양성에 대한 어려움
- 대학 내 미디어교육학의 필요성에 대한 인식 부족

이 연구는 국제표준화를 구성하기에 문제가 되는 비평적 요인들을 비롯하여 각 나라의 교사교육에 대한 일반적 상황과 비평적 관점을 연구함으로써, 국제적으로 통용될 수 있는 국제 교사교육 표준화의 방향을 제시하고자 한 것이었다.

정리의 글 – 스마트 사회와 교육의 가치

인간의 사고와 존엄성이 우리의 사회문화를 이끌어나가는 힘은 점차 약화되고, 스마트해진 첨단 미디어가 우리 삶의 모든 영역에서 '매개체'를 넘어서는 영향력을 행사하고 있다. 성인들이 인생의 경험을 통해 얻게 된 지혜와 지식으로 자라나는 세대를 이끌어주던 전통적인 교육방식은, 몰아치듯 발전하는 미디어기술과 새로운 커뮤니케이션 형태로 인해 그 방향성에서 혼란을 겪기도 한다. 그럼에도 불구하고, 교육이란 타고난 본능과 함께 우리가 걸어가게 되는 자연스러운 행로이다. 인간이 새로운 사회생태환경인 미디어를 지혜롭게 활용할 때, 교육을 비롯한 우리의 전통 가치와 미디어의 기술적 효용성은 더욱 빛날 수 있다.

이 책은 미디어로 인해 급변하는 사회 환경 안에서 미디어와 관련한 문화적, 실제적 교육과제를 미디어 및 정보기술과 연결하는 교육의 이론과 방법을 고찰한 것이다. 이 책은 교육전문가들이 미디어를 활용하는 교육을 위해 자신만의 상황에 적합한 교수학습 방법을 스스로 기획하고 개발할 수 있는 토대를 제공하고자 한다. 미디어와 관련된 교육적 과제는 학교 및 여러 교육기관의 미디어교육이나 미디어활용교육, 프로젝트 교육 등을 통해 현실화된다. 여기에서는 미디어교육학과 미디어능력의 개념이 핵심적 역할을 해야 할 것이다. 현실적으로는 미디어와 함께하는 교육이 학교나 여러 기관의 교육프로그램에 안착이 되고, 각 기관의 특성화에 기여하는 것이 이상적일 것이다. 이를 위해 각 기관에서는 다음과 같은 사항들을 고려해야 한다.

- 학교의 미디어교육은 여러 학년을 연결하며 지속적으로 실행되어야 한다. 다양한 전공들이 연계하여 많은 과목들 간에 융복합적 교육이 이루어질 수 있도록 한다. 그 밖의 모든 교육기관에서도 미디어와 관련하여 다음과 같은 다섯 분야의 교육과제를 세분화하고, 이를 구성적으로 작업해야 할 것이다.
  - 미디어와 미디어 프로그램의 선택과 사용
  - 자율적 미디어 프로그램 제작과 발표 및 유통
  - 미디어 표현에 대한 이해와 평가, 프로그램에 대한 분석과 해석
  - 미디어의 영향력에 대한 인식과 소화

- 미디어 프로그램 제작과 유통 상황에 대한 통찰력과 비평
- 미디어를 활용하는 교육에서는 인쇄매체에서 디지털미디어, 스마트기기에 이르기까지 모든 유형의 미디어가 활용되어야 한다.
- 학습자들의 연령별 발달상황에 적합한 미디어를 활용해야 하고, 발달특성과 능력을 배려한 교육이 이루어져야 한다.
- 미디어 프로그램을 분석하거나 제작할 경우, 다른 미디어에도 적용할 수 있는 표본이 될 내용과 관점을 이끌어내야 한다. 현재의 프로그램들을 통해 미래의 미디어문화 발전에도 기여할 수 있는 교육모델들을 유형화한다.

이러한 교육과제는 기술적 장비나 공간적, 행정적 뒷받침과 같은 기반을 교육기관에서 제공해줄 때 그 해결이 가능하다. 교육기관에서 미디어와 관련된 교육적 과제가 활성화되기 위해서는 '교수자의 미디어능력'이 결정적인 역할을 한다. 이를 촉진하기 위해서는 첫째, 대학교에서 전공과목이나 교직과목을 통한 교육적 기반을 마련해주는 것, 둘째, 대학의 세미나와 교사교육 프로그램(교사연수) 등에서 전문가의 미디어능력과 관련된 주제를 활성화하는 것이다. 교수자의 미디어능력을 촉진하기 위해서는 다음과 같은 사항들이 중요한 토대가 된다.

- 미디어와 정보기술에 대한 기술적 숙련도와 함께 개인의 미디어능력을 강화한다.
- 어린이와 청소년들에게 미치는 미디어의 영향에 대한 지식과 감수성을 키운다.
- 교수학습을 위해 미디어와 정보기술을 비평, 성찰적으로 사용하는 능력을 키운다.
- 미디어와 정보기술 분야의 교육적 과제와 과업을 인지하는 능력을 키운다.
- 학교나 교육기관에서 미디어를 활용하는 교육을 진행함에 있어, 교사들은 행정 분야에 현실적인 기획을 제시하고 학부모를 위한 교육과 연합활동을 활성화한다.

미디어를 활용하는 교육전문가가 더욱 증가하고 적극적으로 미디어능력을 촉진하고자 노력할 때, 이들이 스마트 사회의 미디어교육 문화를 발전시킬 수 있는 원동력이 되어 줄 수 있을 것이다. 이 책이 독자들로 하여금 가르침과 배움에 대한 창조적 기쁨을 깨닫게 해줄 수 있는 성공적인 만남이 되기를 진심으로 기원한다.

참고문헌

강이철(2009). 교육방법 및 공학의 이론과 적용. 서울: 학지사.

강현모(2012). 교보보험 MBA과정 개발, 운용. 교보보험 MBA 사이버연수원,
    http://www.kyobomba.co.kr.

교육인적자원부 (1997). 초·중등학교 교육과정. 교육부 고시 제1997-15호. 대한교과서.

교육과학기술부 (2012). 스마트교육 추진 현황 및 향후 계획, 1-2.

김성완(2006). 교육 공학과 미디어 교육 교수방법. In 문혜성 외. 미디어교육과 교수법. 서울: 커
    뮤니케이션북스, 28-46.

김종서, 황종건, 김신일, 한승희(2007). 평생교육개론. 경기: 교육과학사.

나일주(2003). 기업교육의 역사 개관. 나일주, 임철일, 이인숙 (편), 기업교육론. 서울: 학지사.

문혜성(2000). 미디어교육학의 이론적 배경으로서의 미디어 선용 능력. 한국방송학보, 14(3),
    47-79.

문혜성(2003a). 어린이들의 판타지세계에 미치는 대중매체의 영향: 한국, 이스라엘, 독일, 미국
    어린이들을 중심으로 한 국제 미디어교육 연구. 한국언론학보, 47(2), 306-337.

문혜성(2003b). 연령별 발달특성에 따른 미디어교육의 방안과 교육기관 내 미디어교육의 필요
    성. 한국언론학회 미디어교육위원회 제 1차 미디어 교육 국내 심포지엄 발표집, 21-54.

문혜성(2004). 미디어교육학. 서울: 한국콘텐츠진흥원.

문혜성(2006a). 미디어교수법 - 미디어 교육과 미디어 활용을 위한 교수학습 방법. 서울: 한국콘텐
    츠진흥원.

문혜성(2006b). 어린이 미디어능력 촉진을 위한 공영방송국의 역할과 국제연구 사례. 한국언론
    정보학회 발표집, 6-24.

문혜성(2006c). 미디어 교수법과 미디어 활용교육 교수설계. In 문혜성 외. 미디어교육과 교수법.
    서울: 커뮤니케이션북스, 1-27.

문혜성(2007b). 종교미디어교육학의 개념 정리와 한국 종교미디어교육의 지향방향. 홍보주일 기
    념 간담회 발표집. 한국 천주교 주교회의 매스컴위원회.

문혜성(2008). 대중문화 속 종교유사성에 관한 종교미디어교육 연구: 〈다빈치코드〉를 사례로 한
    "상징교수법" 교수학습 모형개발, 한국언론정보학회지, 42호, pp. 7-43.

문혜성(2011). 미디어교육 - 교육공학적 접근. 서울: 장락.

문혜성, 김성완, 양유정, 박병호(2005). 대학에서의 미디어교육 교사 양성. In 한국언론학회 미디어교육위원회. 학교로 간 미디어. 서울: 다홀미디어, 309-354.

문혜성, 박진성(2008). 한국 가톨릭신학대학교 미디어교육 교육과정 도입을 위한 요구분석 연구. *한국가톨릭신학학회지*. 신학-12호. pp. 1-55.

문혜성, 박경모(2013). 대학교육의 스마트러닝에 대한 요구분석과 활성화 방안. 한국정보기술학회, 11-5, 175-190.

미래창조과학부 & 한국정보화진흥원(2015). 2014년 인터넷중독 실태조사 결과.

서순식, 양유정, 민경석, 박선아 (2015). 최신 정보통신기술의 교육적 활용에 따른 역기능 진단도구 개발. 교육공학연구, 31(3), 503-531.

설양환, 권혁일, 박인우, 손미, 송상호, 이미자, 최욱, 홍기칠(2002). **교육공학과 교수매체** (공역). 서울: 피어슨 에듀케이션 코리아.

송영수(2000). 디지털시대의 인재양성 방향과 e-Learning 전략. 산업교육연구, 7, 139-151.

송영수(2001). 디지털시대의 인재양성과 E-Learning의 등장. 산업교육, 5월호.

송영수(2012). 경영의 전략적 파트너가 되기 위해 기업 HRD 담당자에게 던지는 5가지 질문. Smart Learning - Insight Forum 2013, I, 1-45.

유영만(2001). e-Learning과 '헛소동'(Much Ado about Nothing)?: '가벼운' e-Learning에 대한 '무거운' 인식의 필요성. 기업교육연구, 3(2), 27-54.

이명근 (1993). **교육 · 훈련공학의 기초**. 서울: 양서원.

이영, 조연순(1997). 아동의 세계 - 태내기에서 청년기 발달까지. 서울: 양서원.

이영, 김온기, 조성연, 이혜경, 이선원, 이정림, 나유미, 김상림, 나종혜 (2015). 유아발달. 서울: 학지사.

이종성(2003). **교육연구의 설계와 자료분석**. 서울: 교학연구사.

이찬(2013). Work Smart, Play Smart, Learn Smart!, 자기주도적 학습과 스마트러닝의 진화, Smart Learning insight Forum 2014.

임걸(2011). 스마트러닝 교수학습 설계모형 탐구. 한국컴퓨터교육학회 논문지, 14(2), 33-45.

임준철(2012a)."스마트러닝 설계방안(2012a)." 인사관리, 7, pp. 72-73.

임준철(2012b). "스마트러닝 활성화 방안(2012b)." 인사관리, 8, pp. 92-93.

Industry Media(2012). "스마트러닝 기업실태 분석", *Smart Learning - Insight Forum 2013*, VI, 2-27, 2012.

Rosenberg, M. J.(2001). e-Learning: 디지털 시대의 지식확산 전략, 유영만 역, 서울: 도서출판 물푸레.

Zettl, H.(2001). **영상제작의 미학적 원리와 방법**, 박덕춘 · 정우근 역, 서울: 커뮤니케이션북스.

Aarseth, E.(2006). *Cybertext. Perspectives on ergodie literatur*. Baltimore: Hopkins.

Adorno, T. W.(1963). *Prolog zum Fernsehen. Neun kritische Modell*. Frankfurt a. M.: edition suhrkamp.

Aebli, H.(1983): *Zwölf Grundformen des Lehrens. Eine allgemeine Didaktik auf psychologischer Grundlage*. Stuttgart: Klett-Catta.

Akgün, L.(2006). Das Wir-Gefühl. In *DIE ZEIT*, Nr. 8. 16. 2. 2006, S. 48.

Allen, W. H.(1967). Medium Stimulus and Types of Learning. *Audiovisual Instruction, Heft 12*.

Anderson, B.(1996). *Die Erfindung der Nation. Zur Karriere eines folgenreichen Konzepts*. Berlin: Ullstein.

Anderson, D. & Field, D. E. (1984). *Die Aufmerksamkeit des Kindes beim Fernsehen*. München/ New York/London: Saur.

Anfang, G.(2003). *Mit Medien gegen Gewalt*. München: KoPäd.

APA-American Psychiatric Association (2013). DSM−5 Facts − APA Corrects New York Times Article on Changes to DSM−5's Substance Use Disorders. Online: dsmfacts. org/ issue-accuracy/apa-corrects-new-york-times-article-on-changes-to-dsm-5s-substance-use-disorders/ [Zugriff: 22.05.2013]

Apel, M. & Lutz, P.(1958). *Philosophisches Woerterbuch*. Berlin: Walter de Gruyter & Co..

Apple (2012). iOS Human Interface Guidelines. http://u23220. netangelsru/files/pdf/iOS_HIG. pdf[Zugriffz:11.02.2014]

Arnold, R.(1988). *Erwachsenenbildung. Eine Einführung in Grundlagen, Probleme und Perspektiven*. Baltmannsweiler/München: KoPäd.

Arnold, P. & Thillossen, A. (2004). *Gestaltung von Teletutoren-Schulungen am Beispiel der Virtuellen Fachhochschulen aus Wissenschaft und Praxis*. Köln: Deutscher Wirtschaftsdienst (Losebalttsammlung, Grundwerk 2001), Beitrag 6.1.3., 1−4.

Arnold, P. & Kilian, L. & Thillosen, A. & Zimmer, G.M. (2013). *Handbuch E−Learning. Lehren und lernen mit digitalen Medien*. 3. überarb. Aufl. Bielefeld: Bertelmann.

ASTD-American Society for Training & Development(2012). International conference & Exposition, 41.

Astleitner, H. (2001): Webbasiertes Lernen an der Universität: Forschung und Praxis. In *Handbuch Hochschullehre*. Berlin: Raabe, S.1−27. [hier: Draft-Version unter

Aufenanger, S.(1993). *Kinder im Fernsehen/Familie beim Fernsehen*. München: KoPäd.

Aufenanger, S.(1994). *Fernseherziehuing in der Familie*. Opladen: Leske+Budrich.

Aufenanger, S.(2001). 25 Jahre medien praktisch. In *medien praktisch, 4*, 5−7.

Aufenanger, S. (2005). Computer. In Hüther & Schorb (Hrsg.). In *Grundbegriffe Medienpädagogik*.

München: KoPäd. 55-61.

Autorengruppe Paducation (2014). *Paducation – Evaluation eines Modellversuchs mit Tablets am Hamburger Kurt-Körber-Gymnasium*. Hamburg.

AVG (2013). AVG Studie: *Digitale Fähigkeiten überwiegen bei Kleinkindern*.

Baacke, D. (1972). Aspekte einer Vermittlung von Kommunikations- und Erziehungswissenschaft. In Hoffman, D. & Tüken(Hrsg.), *Festschrift für Heinrich Roth*. Hannover: Cornelsen.

Baacke, D. (1973a). *Kommunikation und Kompetenz*. München: Juventa Verlag.

Baacke, D. (1973b). Sozialisation durch Massenmedien. In Walter, H.(Hrsg.). *Sozialisationsforschung*. Stuttgart: Juventa Verlag.

Baacke, D. (1978). *Massenkommunikation. Studienreihe 6 – Politik*. Stuttgart: Metzler.

Baacke, D. (1989a). *Jugendliche im Sog der Medien. Medienwelten Jugendlicher und Gesellschafrt*. Opladen: Leske+Budrich.

Baacke, D. (1989b). *Medienwelten Jugendlicher und Gesellschaft*. Opladen: Leske+Budrich.

Baacke, D. (1991). *Die 6- bis 12jährigen*. Weinheim, Basel: Beltz.

Baacke, D. (1994). *Die 13- bis 18jährigen*. Weinheim, Basel: Beltz.

Baacke, D. (1995). *Qualitaet im Kinderfernsehen* [unveröff. Mskr].

Baacke, D. (1996a). Medienkompetenz – Begrifflichkeit und sozialer Wandel. In von Rein, A. (Hrsg.). *Medienkompetenz als Schlüsselbegriff*. Bad Heinbrunn: Klinkhardt. 112-124.

Baacke, D. (1996b). Medienkompetenz als Netzwerk. In *Medien praktisch, 2*, 4-10.

Baacke, D. (1997a). *Medienpädagogik*. Tübingen: Niemeyer.

Baacke, D. (1997b). Das kompetente Kind. In Baacke, D.u.a. (Hrsg.). *Von Mäusern und Monstern, Kinderfernsehen unter der Lupe. In GMK Schriften zur Medienpädagogik 24*. 213-224.

Baacke, D. (1998). *Handbuch Jugend und Musik*. Opladen: Leske+Budrich.

Baacke, D. (1999a). "Medienkompetenz": theorethisch erschliessend und praktisch folgenrcich. *In Merz, 1*, 7-12.

Baacke, D. (1999b). *Die 0-5 Jaehrigen*. Weinheim und Basel: Beltz.

Baacke, D., Frank, G. & Radde, M. (1991). *Medienwelten-Medienorte. Jugend und Medien in Nordrhein-Westfalen*. Opladen: Leske+Budrich.

Baacke, D. & Tulodziecki, G. & Lenhard, H. & Blömeke, S. & Brunkhorst-Hasenclever, A. & Fankhänel, C. & Hugger, K.U. & Klein, A. Romey & W. Sander & D. & Schulz-Zander, R. (1999). Zukunft des Lehrens-Lernen für die Zukunft: Neue Medien in der Lehrerausbildung. Konzept und Entwicklungaufgaben. *Abschlußbericht*. Nov. 1999.

Bachmair, B. (1989). *Analyse symbolische Vermittlungsprozesse am Beispiel von Kindergruppen. Ueberlegungen zum Zusammenhang von Forschungsgegenstand und Forschungsmethoden*. Tübingen: Niemeyer.

Bachmair, B. (2009). *Medienwissen für Pädagogen. Medienbildung in riskanten Erlebniswelten*. VS Verlag für Sozialwissenschaften, Wiesbaden.

Bachmair, B. & Risch, M. & Mayer, F. K. (2011) Eckpunkte einer Didaktik des mobilen Lernens. In *Medienpädagogik*, 19(38), 1−35.

Back, A. & Bendel, O. & Stoller-Schai, D. (2001). *E−learning im Unternehmen. Grundlagen-Strategien-Methoden-Technologien*. Zürich.

Baecker, D. (2013). Metadaten. Eine Annäherung an Big Data. In Geiselberger, H. & Moorstedt, T. (Hrsg.). *Big Data. Das neue Versprechen der Allwissenheit*. Berlin: Suhrkamp, S. 156−186.

Barthelemes, J. (1991). *Kinder brauchen Medienerlebnisse. Beobachtungen aus dem Kindergarten*. Bonn: TAB.

Barz, H. & Kampik, W. & Singer, T. & Teuber, S. (2001). *Neue Werte, neue Wünche. Future Values*. Düsseldorf. Berlin: Metropolitan.

Baumgartner, P. & Payr, S. (1999). *Lernen mit Software*. Insbruck u.a.: Studien Verlag.

Beck, K.(1994). *Medien und die soziale Konstruktion von Zeit*. Opladen: Westdeutscher Verlag.

Behr, M. (1999). Philologisches Filmerleben. In *Sonderheft der Zetischrift medien praktisch Nr. 2*, 52−64.

Benner, D. (1994). Systematische Pädagogik − die Pädagogik und ihre wissenschaftliche Begründung. In Roth, B. (Hrsg.). *Pädagogik − Handbuch für Studium und Praxis*. München: KoPäd. 5−18.

Bentele, G. & Nothhaft, H. (2010). Kommunikation / Massenkommunikation. In *Grundbegriffe Medienpädagogik*. München: KoPäd. 210−221.

Beranek, A. & Ring, S. (2016). Nicht nur Spiel − Medienhandeln in digitalen Spielwelten als Vorstufe zu Partizipation. In *Merz, 6, 2016*, 22−32.

Berg, K. & Kiefer, M.−L.(1987). Massenkommunikation III. Eine Langzeitstudie zur Medienerziehung und Medienbewertung 1964−1985. In *Media Perspektiven*, Band 9. Frankfurt: Metzner.

Bertschi-Kaufmann, A. (2000). *Lesen und Schreiben in einer Medienumgebung. Die literalen Aktivietäten von Primarschulkindern*. Aarau: Sauerländer.

Biehl, P. (1999). *Festsymbole. Zum Beispiel: Ostern. Kreative Warhnehmung als Ort der Symboldidaktik.* Neukirchen: Vluyn.

Bitkom, D. (2011). Mobile Anwendungen der ITK Branche. Umfrageergebnisse. www. bitkom.org.

Blankertz, H. (1992). *Die Geschichte der Pädagogik, von der Aufklaerung bis zur Gegenwart.* Wetzlar: Büchse der Pandora.

BMBF (Hrsg.) (2012). *Kompetenzen in einer digital geprägten Kultur. Medienbildung für die Persönlichkeits—entwicklung, für die gesellschaftliche Teilhabe und für die Entwicklung von Ausbildungs—und Erwerbsfähigkeit.* Bielefeld: W. Bertelsmann.

Böhme, J. (2006). "*Schulen am Ende der Buchkultur*", *Medientheoretische Begruendungen schulischer Bildungsarchitektur.* Bad Heilbrunn: Klinkhardt.

Bohn, M. u.a. (1988). Die Wirklichkeit im Zeitalter ihrer technischen Fingierbarkeit. In Bohn, M. u.a. (Hrsg.). *Ansichten einer künftigen Medienwissenschaft.* Berlin: Erich Schmidt Verlag. 7—28.

Breuer, K.D. u.a. (1979). Medienpädagogik als Vermittlung von Hadlungskompetenz. In Hüther, J. u. a. (Hrsg.). *Neue Texte Medienpädagogik.* München: KoPäd. 15—34.

Bronfenbrenners, U.(1980). *Die ökologie der menschlichen Entwicklung.* Stuttgart: Metzler.

Brüggemann, M. (2016). Aspekte medienbezogener Schulentwicklung bei der Einführung von Tablets. In *Merz*, 60(1), S. 26—32.

Brüggen, N. (2014). Wer ist hier der Souverän? In *Merz, 1. 2014*, 28—35.

Brüggen, N. & Schemmerlin, M. & Dirr, E. (2014). Online-Werbung mit Jugendlichen zum Thema machen. In *Merz,* 58(4). S. 36—44.

Bünger, T. (2005). *Narrative Computerspiele.* München: KoPäd.

Burkart, R. (2002). *Kommunikationswissenschaft. Umrisse einer interdisziplinären Sozialwissenschaft.* 4. Aufl. Wien.

Buschmann, G. (2003). Werbung im Kontext einer lebensweltorientierten Religionspädagogik. In Buschmann, G. & Pirner, M. (Hg.). *Werbung, Religion, Bildung.* Frankfurt a.M.: GEP Buch, 39—53.

Büssing, A. (2000). *Lernen mit neuen Medien in Organisationen.* Bonn.

BVDW-Bundesverband der digitalen Wirtschaft (2012). http://www.bvdw.org/medien/bvdw-deutsche-unternehmen-setzen-immer-staerker-auf-social-media?media=4308

Caesar, Victoria (2003). Verbreitung, Umsetzungspraxis und Wirksamkeit von Peer Mediation im

Kontext schulischer Gewaltprävention. Untersuchung an Schulen des Regierungsbezirks Köln. Inauguraldis-sertation. Köln. Universität zu Köln, Erziehung wissenschaftliche Fakultät. Abrufbar unter: http://kups.ub.uni-koeln.de/1243 [Stand: 30.03.2012]

Cathomas, Jürg (2012). Das kleine Smartphone-ABC. Was eignet sich für Blinde und Sehbehinderte? In *tactuel*, 1, S. 10.

Chalton, M. & Neumann-Braun, K. (1986). *Medienkonsum und Lebensbewältigung in der Familie*. München: KoPäd.

Chalton, M. & Neumann-Braun, K. (1995). *Fernsehwerbung und Kinder*. Opladen: Leske+Budrich.

Chomsky, N. (1965). *Aspects of the theory of syntax. Massachusetts institute of technology. (Deutsch)* New York, London.

Chu, G. C. & Schramm, W. (1968). *Learning from television. What the research says*. Washington: NAEB.

Clark, R. E. (1994). Media will never influence learning. Educational Technology. In *Research & Development 42*(1994)2, S.21-29.

Claußen, B. (1993). *Politische Bildung im Wandel*. Opladen: Leske+Budrich.

Clayton, Z. (2010). *Leveraging Digital Media in Crisis Communications. Emerging Media Research Council,* Raleigh, 2010.

Cohen, P. A. & Ebeling, B. J. & Kulik, J. A. (1981). A meta-analysis of outcome studies of visual-based instruction. In *Educational Communication and Technology Journal 29* (1981), S.29-36.

Cole, T. (1995). Für jeden etwas. In *PC go! Sonderheft* 5/1995, 8-11.

CTGV-Cognition and Technology Group at Vanderbilt (1993). Anchored Instruction and Situated Cognition Revisited. In *Educational Technology*, S. 52-70.

Cwielong, I. (2012). Sprudeln im Hypermodus. In Lauffer, J. & Röllecke (Hrsg.). *Chancen digitaler Medien für Kinder und Jugendliche*. München: Kopäd, S. 35-41.

Dale, E. (1954). *Audio-visual methods in teaching*. New York: Dryden Press.

De Witt, C. (2005). E-Learning. In Hüther & Schorb (Hrsg.). *Grundbegriffe Medienpädagogik*. München: KoPäd. 74-79.

Degener, T. (2012). Inklusion: der Schlüssel zum Schutz der Menschenrechte von Beihinderten. In *Landesarbeitsgemeinschaft Lokale Medienarbeit NRW* e.V. Nr. 11.

Derbolav, J. (1959). *Problem und Aufgabe einer pädagogischen Anthropologie im Rahmen der Erziehungswissenschaft*. Heidelberg: C.F. Müller.

Deichmann, C. (1996). *Mehrdimensionale Institutionenkunde in der politischen Bildung.* Berlin: Schwalbach/Ts.

Dernbach, C. (2013). Exzessive Mediennutzung − vermehrt ein Thema in Beratungsstellen. In *Merz, 4. 2013,* 43−47.

Deutscher Bundestag (1998). Schulußbericht der Enquete-Kommission *"Zulunft der Medien in Wirtschaft und Gesellschaft − Deutschlands Weg in die Informationsgesellschaft". Drucksache 13/11004 vom 22.* Juni 1998 (Hrsg.). Bonn.

Dichanz, H. (1986). Wirklichkeit, Medien und Paedagogik. In Bundeszentrale fuer politische Bildung (Hrsg.). *Medien und Kommunikation als Lernfeld.* Bonn, 39−54.

Digital Marketing Ramblings (2013). http://expandedramblings.com/?p=16645

DJI(Deutsch Jugend Institut)(1993). *Handbuch Medienerziehung im Kindergarten.* Opladen: Leske+Budrich.

Doelker, C. H. (1998). Einschätzungen zum expliziten Sachbereich. In *Medienpraxis, 2,* S.44−48.

Dohmen, G. (1973). Medienwahl und Medienforschung im didaktischen Problemzusammenhang. In *Unterrichtswissenschaft, H. 2/3.*

Döring, N. (2002). "Kurzm. Wird gesendet"Abkürzungen und Akronyme in der SMS−Kommunikation. Muttersprache. In *Vierteljahresschrift für Deutsche Sprache*, 2, S. 97−114.

Döring, N. (2010). Mobile Kommunikation. In Hüther & Schorb (Hrsg.). *Grundbegriffe Medienpädagogik.* München: KoPäd. 318−326.

Dongus, N. (1999). Selbstsozialisation durch den Computer? Eine empirische Untersuchung zur Computernutzung von Kindern und Jugendlichen und ihre pädagogischen Konsequenzen. In *medien praktisch, 1,* 26−27.

Donnepp, B. (1977). Volkshochschule und Fernsehen − Daten zum Beginn einer Kooperation. In Ruprecht, H. (Hrsg.). *Bildungsfernsehen und Weiterbildung.* Braunschweig: Niemeyer. 123−135.

Dräger, H. (1984). *Volksbildung in Deutschland im 19. Jahrhundert, Bd.2.* Bad Heilbrunn: Klinkhardt.

Dräger, J. & Müller−Eiselt, R. (2015). *Die digitale Bildungsrevolution. Der radikale Wandel des Lernens und wie wir ihn gestalten können.* München: Deutsche Verlags-Anstalt.

Dröge, F. u.a. (1979). *Der alltägliche Medienkonsum. Grundlagen einer erfahrungsbezogenen Medienerziehung.* Frankfurt a. M.: Suhrkamp.

DdB-Drogenbeauftragten der Bundesregierung (2013). *Drogen- und Suchtbericht 2013*.

Duden (1996). *Deutsches Universalwörterbuch, neu bearb. und erw. Auflage bearb. von Günther Drosdowski und der Dudenredaktion*, Mannheim u.a.: Dudenverlag.

Durkee, T. & Michael, K. (2012). Prevalence of pathological internet use among adolescents in Europe: demographic and social factors. In *Addiction, Bd. 107, H. 12*, S. 2210−2222.

Eibl, T. & Podel, B. (2005). Inrternet. In Hüther & Schorb (Hrsg.). *Grundbegriffe Medienpädagogik*. München: KoPäd. 170−178.

Eickhorst, A. & Steinforth, H. (1994). *Die pädagogische Wissenschaft in ihrer Literatur − Handbücher, Lexika, Periodika*. München: Ehrenwirth

Eikelmann, B. & Gerich, J. & Bos, W. (2014). *Die Studie ICILS 2013 im Überblick − Zentrale Ergebnisse und Entwicklungsperspektiven*. München: Goldmann.

Eimeren, B. V. & Klingler, W. (1995). Elektronische Medien im Tagesverlauf von Jugendlichen. Nutzungsdaten 14- bis 19-jähriger zu Fernsehen, Video, Hoerfunk und Tonträgern. In *Media Perspektiven, 5*, 210−219.

Einsiedler, W. (1994). Schulpädagogik − Unterricht und Erziehung in der Schule. In Roth, L. (1994). *Pädagogik (Hrsg.)*. München: Ehrenwirth, 649−657.

Elschenbroich, D. (2002). *Weltwissen der Siebenjährigen − Wie Kinder die Welt entdecken können*. München: Goldmann.

End, R. (2016). Pokémon Go − Weniger Aufregung, mehr Kompetenz. In *Merz, 5, 2016*, 54−60.

Erlinger, H. D. & Marci-Boenecke, G. (1999). *Deutschdidaktik und Medienerziehung − Kulturtechnik Medienkompetenz in Unterricht und Studium*. München: KoPäd.

Esser, K. (1994). *Zeichentrick ist Kinderprogramm ist Zeichentrick … *. Oplaend: Leske+ Budrich.

Esser, H. & Witting, E. (1999). Transferprozesse beim Computerspiel. Was aus der Welt des Computerspiels übertragen wird. In Fritz, J. & Fehr, W. (Hrsg.). *Handbuch Medien. Computerspiele. Theorie, Forschung, Praxis. 2*. Aufl. Bonn: Bundeszentrale für politische Bildung, 247−261.

Faulstich, W. (1995). *Grundwissen Medien, 2*. Auflage. München: W. Fink.

Ferchhoff, W. (1999). *Aufwachsen heute: Veraenderung Erziehungs- und Sozialisationsbedingungen in Familie, Schule, Beruf, Freizeit und Gleichaltrigentruppe*. München: KoPäd.

Fleckenstein, W. (2004). Medienpädagogik (und) als religionspädagogische Symboldidaktik. In Pirner, M. & Breuer, T. (Hg.). *Medien-Bildung-Religion*. München: KoPäd, 82−97.

Flechsig, K. H. (1976): Die technologische Wende in der Didaktik. In Issing, L.J. & Gge-Illner, H. (Hrsg.) *Unterrichtstechnologie und Mediendidaktik*. Weinheim: Beltz, S.15−38.

Fleischer, S. (2014). Medien in der Frühen Kindheit. In Tillmann, A. (Hrsg.). *Handbuch Kinder und Medien*. Wiesbaden: Springer VS, S 305−310.

Frasca, G. (1999). Ludologiy meets narratology. Similitude and differences between (video) games and narrative. (verfügbar im Internet unter: http://www.jacaranda.org/frasca/ludology.htm, Zugriff im Mai 2003).

Friedrichs, H. & von Gross, F. & Sander, U. (2014). Computerspielnutzung aus Elternsicht. In *Merz, 5. 2014*, 55−60.

Fritz, J. (1992). Videospiele − ein problematisches Freizeitimedium? In Fritz, J.(Hrsg.). *Spielzeugwelten. Eine Einfuehrung in die Pädagogik der Spielmittel. 2.* Aufl. Weinheim u.a.: Juventa.

Fritz, J. (1995). Modelle und Hypothesen zur Faszinationskraft von Bildschirmspielen. In Fritz, J. (Hrsg.). *Warum Computerspiele faszinieren. Empirische Annährung an Nutzen und Wirkung von Bildschirmspielen*. Weinheim u.a.: Juventa, 11−39.

Fritz, J. (2004). Computerspiele. In Hüther & Schorb (Hrsg.). *Grundbegriffe Medienpädagogik*. München: KoPäd. 62−69.

Fritz, J. & Fehr, W. (Hg.) (2003). Computerspiele. Virtuelle Spiel- und Lernwelten. Bundeszentrale für politische Bildung. Bonn.

Fröhlich, A. (1982). *Handlungsorientierte Medienerziehung in der Schule*. Tübingen: Niemeyer.

Fuest, B. (2016). *Das steckt hinter dem Hype um "Pokémon Go"*. www.welt.de/wirtschaft/webwelt/article 156964074/Das-steckt-hinter-dem-Hype-um-Pokemon-Go.html.

Ganguin, S. (2016). Digitale Spiele. In *Merz, 6, 2016*, 3−10.

Gagné, R. M. (1969). *Die Bedingungen des menschlichen Lernens*. Tübingen: Niemeyer.

Gapski, H. (2016), Medienkompetenz 4.0? In *Merz, 60*(4), S.19−25.

Gässlein, Ann-Katrin (2012). Mit iPhone und Co. unterwegs. Neue Technik und ihr Nutzen für blinde und sehbehinderte Menschen. In *tactuel, 1*, S. 7−9.

Gast, W. & Marci-Boehncke, G.(1996). Medienpädagogik in die Schule. In *medien praktisch*, 3, 47−51.

Gebel, C. & Eggert, S. (2013). Konfliktherd Computerspiele. In *Merz, 4. 2013*, 36−41.

Geißler, Karlheinz A. (2004). *Alles. Gleichzeitig. Und zwar sofort. Unsere Suche nach dem pausenlosen Glück. 2.* Aufl. Freiburg/Basel/Wien: Herder.

Gener, S. (2013). Neue Medien — neue Generationenbeziehungen? In *Merz*, 57(5), S. 51–57.

Gennies, S. (2016). Pokémon Go zeigt, wie die Zukunft aussicht. Tagesspiegel. In *Merz*, 5, 54–60.

German, Ch. (1996). *Politische (Irr-)Wege in die globale Informationsgesellschaft. Aus Politik und Zeitgeschichte, B 32,* 16–25.

Gerstenberger, K. (2006). Gerde Pisa. In Dittler, U. (Hrsg.). *Machen Computer Kinder dumm?* München: Kopaed, S. 163–174.

Geulen, D. (1989). *Ich; Sozialisation*. Berlin: Erich Schmidt Verlag.

Geulen, D. & Hurrelmann, K. (1980). Zur Programmatik einer umfassenden Sozialisationstheorie. In Hurrelmann, K. & Ulich, D. (Hrsg.). *Handbuch der Sozialisationsforschung.* Weinheim: Klinkhardt.

Gittler. G. & Kriz, W. (1992). Jugedliche und Computer. Einstellungen, Persönlichkeit und Interaktionsmotive. In *Zeitschrift für experimentelle und angewandte Psychologie* (39) 2, 171–193.

Glaser, B. (1992). *Emergence vs. forcing: Basics of groundes theory analysis*. Mill Valley, CA: Sociology Press.

Glaserfeld, E. (1997). *Radikaler Konstruktivismus. Ideen, Ergebnisse, Probleme.* Frankfurt a.M.: Suhrkamp.

Glotz, P. (1999). Medienkompetenz — Facetten und Grundlagen eines Begriffs. In Schell, F. & Stolzenburg, E. & Theunert, H. (Hrsg.). *Medienkompetenz.* München: KoPäd. 18–24.

GMK (1996). *Rundbrief Nr. 39.* Bielefeld.

GMK-Bundesvorstand (2013). *Netzneutralität als Bedingung persönlicher, kultureller und demokratischer Teilhabe. Stellungnahme des GMK-Bundesvorstandes. Gesellschaft für Medienpädagogik und Kommunikationskultur (GMK). Bielefeld.*

GoNintendo (2016). Pokémon Go analytics/survey show age of users, time spent playing, weight loss & more [tweet].

Gorny, P. (1998). Didaktisches Design telematik-gestützter Lernsoftware. In Koerber, B. & Peters, L-R. (Hrsg.). *Informatische Bildung in Deutschland — Perspektiven für das 21. Jahrhundert.* Berlin: LOG IN Verlag, S.127–155.

Gottwald, E. (2004). Mögliche Felder einer Zusammenarbeit zwischen Medienpädagogik und Religionspädagogik aus der Sicht der Didaktik der religiösen Kommunikation. In Pirner, M. & Breuer, T. (Hg.). *Medien-Bildung-Religion.* München: KoPäd, 36–51.

Götz, N. (2003). *Aufgefangen im Netz.* München: KoPäd.

Götz, M. (2006). *Mit Pokémon in Harry Potters Welt − Medien in den Fantasien von Kindern*. München: KoPäd.

Götz, M. & Moon, H.문혜성 & Lemish, D. & Aidman, A.(2005). *Media and the Make-Believe Worlds of Children. Wenn Harry Potter Meets Pokémon in Disneyland*. Mahwah, New Jersey: Lawrence Erlbaum.

Greenfield, P. et al. (1981). Television and radio experimentally compared: Effects of the medium on imatination and transmission of content. Paper presented at the meeting of the Society for Research in Child Development, April 1981. Boston.

Gretzschel, M. & Babovic, T. (1996). *Auf Martin Luthers Spuren*. Frankfurt a. M.: E&R.

Groebel, J. (2010). Medienpsychologie. In Hüther (Hrsg.). *Grundbegriffe Medienpädagogik*. München: KoPäd. 284−288.

Groebel, J. & Winterhoff-Spurk, P. (Hg.) (1999). *Empirische Medienpsychologie*. Weinheim.

Grosse-Loheide, M. (1999). *Foerderung von Medienkompetenz in Freizeiteinrichtungen*. München: KoPäd.

Großklaus, G. (2004). *Medienbilder*. Frankfurt/Main: Surkamp.

Grossmann, D. & DeGaetano, G. (1999). *Stop teaching our kids to kill. A call to action against TV, movie and video game violence*. New York: Random House.

Gruber, E. (2001). Schöne neue Bildungswelt?! Bildung und Weiterbildung in Zeiten gesellschaftlichen Wandels. In *Printernet. Das europäische Medium für Pädagogik, Management und Informatik in der Pflege*, 11, S. 270−281.

Gudjons, H. (1986). *Handlungsorientiert Lehren und Lernen. Projektunterricht und Schüleraktivatät*. Bad Heilbrunn: Klinkhardt.

Gutmann, H. M. (2000). Populärer Kultur im Religionsunterricht. In Biehl, P. & Wegenast, K. *Religionspädagogik und Kultur*. Neukirchen-Vluyn, 179−200.

Habermas, J. (1968). *Erkenntnis und Interesse*. Frankfurt a. M.: Suhrkamp.

Habermas, J. (1971a). Vorbereitende Bemerkungen zur einer Theorie der kommunikativen Kompetenz. In Habermas, J. & Lumann, N. *Theorie der Gesellschaft oder Soziotechnologie*. Frankfurt a. M.: Suhrkamp.

Habermas, J. (1971b). Theorie der Gesellschaft oder Sozialtechnologie? Eine Auseinandersetzung mit Niklas Luhmann. In Habermas, J. & Lumann, N. *Theorie der Gesellschaft oder Soziotechnologie*. Frankfurt a. M.: Suhrkamp.

Habermas, J. (1981). *Theorie des kommunikativen Hadelns. Bd. 1: Handlungsrationalität und gesellschaftliche Rationalisierung. Bd. 2: Zur Kritik der funktionalistischen Vernunft*.

Frankfurt a. M.: Suhrkamp.

Haft, H. & Hopmann, S. (1986). *Der gesellschaftliche Ort der Lehrplanarbeit. Skizze zu seiner Geschichte, Unveröffentliches Arbeitspapier.* Kiel: UTB.

Hagemann, W. & Tulodziecki, G. (1978). *Einführung in die Mediendidaktik.* Köln: Verlagsgesellschaft Schulfernsehen.

Hagemann, W. & Tulodziecki, G. (1980). *Einführung in die Mediendidaktik 3.* Köln: Verlagsgesellschaft Schulfernsehen.

Hägermann, D. (2001). Das Mittelalter. Gütersloh: RM Buch und Medien Vertrieb GmbH.

Hall, E. (1976). *Beyond Culture.* New York: Anchor.

Hall, S. (1994). Rassismus und Kulturelle Identität. In *Ausgewählte Schriften 2.* Hamburg: Argument Verlag.

Haller, M.(1997). *Das Inerview. Ein Handbuch für Journalisten.* Hamburg: UVK Medien.

Hanna, L. & Risden, K. & Alexandra, K. (1997). Guidelines for Usability Testing with Children. In *Interactions, 4*(5), S. 9−14.

Hartmann, M. (2006). *Domestizierung 2.0: Grenzen und Chancen eines Medienaneignungskonzeptes.* Wiesbaden: VS (in Vorbereitung).

Hartung, A. (2009). Alter und Medien. In *Grundbegriffe Medienpädagogik Praxis.* München: KoPäd. 14−21.

Harvey, O. J., Hunt, D. E. & Schroder, H. M. (1961). *Conceptual Systems and Personality Organisations.* New York: Wiley.

Hasebrink, U. & Schröder, H. & Schumacher, G. (2012). Kinder−und Jugendmedienschutz aus der Sicht der Eltern. Ergebnisse einer repräsentativen Elternbefragung. In *Media Perspektiven, H.* 1, S. 18−30.

Hasebrook, J. P. (1994). *Lernwirksamkeit von Multimediea- und Hypermediea-System.* Bonn: TAB.

Hauf, A. & Tulodziecki, G. (1983). *Unterrichtskonzepte fuer eine Auseinandersetzung mit neuen Technologien.* Bad Heilbrunn: Klinkhardt.

Hedrich, A.(1997). *Alternative Medienarbeit.* München: KoPäd.

Hedrich, A. & Voss-Fertmann, T.(1999). *Medienkompetenz im Jugendalter: Gesellschaftliche Rahmenbedingungen, Stellenwert der Medien und medienpaedagogische Handlungsfelder.* München: KoPäd.

Heimann, P. (1962). Didaktik als Theorie und Lehre. In *Die Deutsche Schule,* 54 (1962) 9, S.407−427.

Heinich, R. & Russe, J. D. & Molenda, M. & Smaldino, S. (2002). *Instructional Media and Technologies for Learning*. Pearson Education, Prentice Hall.

Hepp, A. (2006). Transkullturelle Kommunikation und Medienaneignung. In Hugger & Hoffmann (Hrsg.). *Medienbildung in der Migrationsgesellschaft*. Bielefeld. GMK. 16−25.

Hepp, A. & Löffelholz, M. (Hg.) (2002). *Grundlagentexte zur Transkulturellen Kommunikation*. Konstanz.

Hepp, A. & Vogelsang, W. (2010). Mediensoziologie. In Hüther (Hrsg.). *Grundbegriffe Medienpädagogik*. München: KoPäd. 298−304.

Herreros, M. C. & Crespo, C. B. (2002). *Medienforschung in Deutschland und Spanien*. Madrid. Universidad Complutense, 2002, 105−120.

Herzig, B. (1999). *Neue Lehr- und Lernformen. Lernen zwischen Instruktion und Konstruktion. In Die schriftliche Fassung eines Vortrages zur Eröffnung des Modellversuchs Selma an Landesinstitut für Schule und Weiterbildung in Soest*. Soest: Ministerium fuer Schule und Weiterbildung, Wissenschafrt und Forschung des Landes Nordrhein-Westfalen.

Herzig, B. (2003). *Reflexives Lernen mit Multimedia. Ein Beitrag zum Umgang mit dem Verhältnis von erziehungswissenschaftlichem Wissen und Unterrichtpraxis*. Opladen: Leske+Budrich.

Herzig, B. (2014). *Wie wirksam sind digitale Medien im Unterricht?* Gütersloh: Bertelsmann Stiftung.

Hickethier, K. (1974). *Zur Tradition schulischer Beschaeftigung mit Massenmedien. Ein Abriss der Geschichte deutscher Medienpaedagogik*. München: Juventa.

Hickethier, K. (1996). *Film- und Fernsehanalyse*. Stuttgart: Weimer.

Hiegemann, S. (1994). *Handbuch der Medienpädagogik*. Opladen: Leske und Budrich.

Hilligen, W. (1993). *Optionen zur politischen Bildung, neu durchdacht angesichts der Vereinigung Deutschlands*. Opladen: Leske+Budrich.

Hipfl, B (1996). Medienmucndigkeit und Koerpererfahrung. In *medien praktisch, 4*, 32−36.

Höflich, J. R. (1997). Zwischen massenmedialer und technisch vermittelter interpersonaler Kommunikation − der Computer als Hybridmedium und was die Menschen damit machen. In Beck, K./Vowe, G. (Hg.). *Computernetze − ein Medium öffentlicher Kommunikation?* Berlin, S. 85−104.

Hoffmann, D. (2006). Identitätsverlust und Identitätsgewinn über mediale Welten verschiedener Kulturen. In Hugger & Hoffmann (Hrsg.). *Medienbildung in der Migrationsgesellschaft*. Bielefeld. GMK. 26−36.

Hoffmann, A. & Spanhel, D. (2013). Leseförderung mit digitalen Medien. In *Merz, 57*(2), S. 65–72.

Hoffmann, D. & Wagner, U. (2013). Aufwachsen in komplexen Medienwelten. In *Merz*, 57(6), S. 3–8.

Höflich, J. R. (1997). Zwischen massenmedialer und technisch vermittelter interpersonaler Kommunikation – der Computer als Hybridmedium und was die Menschen damit machen. In Beck, K./Vowe, G. (Hg.). *Computernetze – ein Medium öffentlicher Kommunikation?* Berlin, S. 85–104.

Hooffacker, G. (2015). Die Möglichkeiten und Grenzen der Wikipediea vermitteln Wissenskonstruktion und -dekonstruktion in der Hochschuldidaktik. In *Merz*, 59(1), S. 53–58.

Hoyer, M. (2014). *Soziale Netzwerk verändern die Kommunikation.* München: KoPäd.

Hugger, K. U. (2008). *Uses-and-Gratification-Approach und Nutzenansatz.* Wiesbaden: VS Verlag für Sozialwissenschaften.

Huizinga, J. (1956). *Homo ludens. Vom Ursprung der Kultur im Spiel.* Hamburg: Rowohlt.

Hurrelmann, U. (1982). *Handbuch der Sozialisationsforschung.* Weinheim: Beltz.

Hurth, E. (1997). Die Jesus-Gestalt im Rock-Pop-Gewand. Beobachtungen zur "Jesus-Welt" in der Pop-Religiosität. In *medien praktisch, 3/1997,* 57–62.

Hüther, J. (1997). *Mediendidaktik.* München: KoPäd.

Hüther, J.(2002). Wegbereiter der Medienpädagogik (4). In *Merz, 2/2002,* 118–121.

Hüther, J. (2010). Neue Medien. In Hüther & Schorb (Hrsg.). *Grundbegriffe Medienpädagogik.* München: KoPäd. 345–351.

Hüther, J. & Podehl, B. (1997). *Geschichte der Medienpädagogik.* München: KoPäd.

Hüther, J. & Schorb, B. (2010). *Medienpädagogik.* München: KoPäd.

Hüther, J. & Terlinden, R. (1982). *Medienpädagogik als politische Sozialisation.* Grafenau: UVK.

Issing, L. J & Schaumburg, H. (2002). *Lernen mit Laptops. Ergebnisse einer Evaluationsstudie.* Gütersloh: Verlag Bertelsmann Stiftung.

Iwama, S. & Mitsuhara, H. & Iwaka, K. & Tanaka, K. Kozuki, Y. & Shishibori, M. (2015). *Using AR and HMD for disaster prevention education.* IATED.

Jamison, D. & Suppes, P. & Wells, S. (1974). The effectiveness of alternative instructional media: A survey. In *Review of Educational Research, 44* (1974), S. 1–68.

Janatzek, Simon (2013). Das iPhone mit VoiceOver bedienen. Hilfe, mein iPhone klingelt – was nun? Grundlagen zu iOS 6. Büro für Barrierefreie Bildung www.bfbildung.de/

dokumente/upload/e6fd3_skript_iphone_und_ipad_mit_ios_6.pdf [Zugriff: 31.07.2013]

JFF (2014). www.jff.de/jff/fileadmin/user_unload/Projekte_Material/verbraucherbildung. socialweb/JFF-Studie_Jugendliche_Online-Werbung_SocialWeb.pdf

JIM-Studie 2011 (2011). *Jugend, Information, (Multi-)Media. Basisuntersuchung zum Medienumgang 12- bis 19-Jähriger in Deutschland*. Stuttgart.

Jones, M. (2009). Mobile Interaction Design Matters. In Druin, Allison (Hrsg.). *Mobile Technology for Children. Designing for Interaction and Learning*. Burlington: Morgan Kauffmann Publishers.

Jörissen, B. (2007). "Informelle Lernkulturen in Online- Communities. Mediale Rahmungen und rituelle Gestaltungswissen". In *Lernkulturen in Umbruch,* pp. 184−219, 2007.

Jörissen, B. (2010). *Strukturale Ethnografie virtueller Welten*. Wiesbaden: VS Verlag für Sozialwissenschaften.

Jüchter, H.T.(1971). Das Modell eines Selbstlernzentrums. In Ruprecht, H.(Hrsg.). *Medienzentren im Bildungssystem*. Braunschweig: Vandenhoeck & Ruprecht. 107−119.

Juul, J. (2005). *Half-Real. Video GAmes between Real Rules and Fictional Worlds*. Cambridge; MIT Press.J.

Kammerl, R. (2013). Machten Medien süchtig? − Perspektiven auf das Phänomen "Exzessive Mediennutzung im Jugendalter". In *Merz 4*, 2013.

Kammerl, R. (2016). Digitalisierung, Digitales Lernen, Digitale Bildung? In *Merz*, 60(1), S. 9−15.

Kammerl, R. & Hein, S. & Hirschhäuser, L. & Rosenkranz, M. & Schwinge, C. & Wartberg, L. (2012). *Exzessive Internetnutzung in Familien*. Lengerich: Pabst Publishers.

Kant, I. (1784). Was ist Aufklaerung. In *Cassirer, E. (1921−1923). I. Kant Werke*. Berlin: Schwalbach/Ts.

Kant, I. (1960). *Über Pädagogik*. Bad-Heilbrunn: Julius Klinkhardt.

Kant, I. (1975). *Was ist Aufklaerung*. Göttingen: Vandenhoeck & Ruprecht.

Kerres, M. (2001). *Mulimediale und telemediale Lernumgebungen* . Oldenburg.

Kerstins, L. (1964). Zur Geschichte der Medienpädagogik in Deutschland. In *Jugend Film Fernsehen,* 182−198.

Kerstiens, L. (1971). *Medienkunde in der Schule. Lernziele und Vorschlaege fuer den Unterricht*. 2.Auf. Bad Heilbrunn: Klinkhardt.

Keupp, H. (2013). Identitätsarbeit und Erwerbsarbeit. In *Merz*, 57(1), S. 10−19.

KfW/ZEW (2014). *Sonderauswertung des KfW/ZEW-Gründungspanels, 2014*.

Klafki, W. (1964). *Studien zur Bildungstheorie und Didaktik*. Weinheim: Beltz.

542 참고문헌

Klafki, W. (1985). *Neue Studien zur Bildungstheorie und Didaktik*. Weinheim: Beltz.

Klimmt, C. & Vorderer, P. (2002). Wann wird aus Spiel Ernst? Hochinteraktive Medien, "Percieved Reality" und das Unterhaltungserleben der Nutaer/innen. In Baum, A. & Schmidt, S. J. (Hrsg.). *Fakten und Fiktionen. über den Umgang mit Medienwirklichkeiten*. Konstanz: VVK, 314–324.

Klimmt, C. (2006). Computer-Spiel. Interaktive Unterhaltung als Synthese aus Medium und Spielzeug. In *Zeitschrift fuer Medienpsychologie(13)* (N.F.1) 1,22–32.

Kluge, S. (2001). *Empirisch begruendete Typenbildung. Zur Konstruktion von Typen und Typologien in der qualitativen Sozialforschung*. Opladen.

KMK [Kultusministerkonferenz] (1977). *Empfehlungen zur Arbeit in der gymnasialen Oberstufe gemäß Vereinbarung zur Neugestaltung der gymnasialen Oberstufe in der Sekundarstufe II*. Bonn: KMK.

Knaus, T. (2013). *Technik Stört! Lernen mit digitalen Medien in interaktonsistisch-konstruktivistischer Perspektive*. München: KoPäd.

Knaus, T. (2016). Potentiale des Digitalen. In *Merz*, 60(1), S. 33–39.

Knobloch, S. (2000). *Schicksal spielen. Interaktive Unterhaltung aus persönlichkeitspsychologischer und handlungtheoretischer Sicht*. München: Fischer.

Knoll, J. & Hüther, J. (1976). *Medienpädagogik*. München: KoPäd.

Knoll, J. H. (1993). Vom Ende der informationstechnischen Wende in der Erwachsenenbildung. In *Grundlagen der Weiterbildung, 3*, 165–167.

Kob, J. (1976). *Soziologische Theorie der Erziehung*. Opladen: Leske+Budrich.

Kocher, M. (2006). Erzählstrukturen von Bildschirmspielen. Riven vs. Pokémon. (verfuegbar im Internet unter: www.dichtung-digital.com/2006/02–25 kocher.htm, Zugriff im März 2006)

Kohlberg, L. (1977). *Kognitiven Entwicklung und moralische Erziehung. Politische Didaktik*. Frankfurt a. M.: Suhrkamp.

Korte, H. (1999). *Einführung in die systematische Filmanalyse*. Berlin: Erich Schmidt Verlag.

Kösel, E. & Brunner, R. (1970). Medienpädagogik. In *pädagogisches Lexikon Bd. 2*, Gütersloh: Bertelsmann Stiftung. 354.

Kozma, R. B. (1991). Learning with media. In *Review of Educational Research 61* (1991), S. 179–211.

Krauth, G. (1976). Kritisch-emazipatorische Mediendidaktik und Medienpädagogik. In Issing, L. J. & Knigge-Illner, I. (Hrsg.). *Unterrichtstechnologie und Mediendidaktik*. Bad Heilbrunn:

Klinkhardt. 281-298.

Kron, F. W. & Sofos, A. (2003). *Mediendidaktik. Neue Medien in Lehr- und Lernprozesses.* München: KoPäd.

Krotz, F. (2007). *Mediatisierung. Fallstudien zum Wandel von Kommunikation.* Wiesbaden: VS Verlag.

Krotz, F. (2009). *Computerspiele als neuer Kommunikationstypus. Interaktive Kommunikation als Zugang zu komplexen Welten.* Wiesbaden: VS Verlag für Sozialwissenschaften.

Krotz, F. (2014a). Die Institutionalisierung des Internets und warum und wie wir uns dagegen wehren sollten. In *Merz*, 58(1), S. 12-19.

Krotz, F. (2014b). Apps und die Mediatisierung der Wirklichkeit. In *Merz, 3, 2014,* 10-16.

Krotz, R. & Rösch, E. (2014). Apps verändern die Medienpädagogik. In *Merz, 3, 2014,* 8-9.

Kubicek, H. (1999). Medienkompetenz - Facetten und Grundlagen eines Begriffs. In Schell, F. & Stolzenburg, E. & Theunert, H. (Hrsg.). *Medienkompetenz.* München: KoPäd. 18-24.

Kübler, H. (1999). Kompetenz der Kompetenz der Kompetenz … Anmerkungen zur Lieblingsmetapher der Medienpädagogik. In *medien praktisch, 2*, 11-15.

Kübler, H. D. (2005). "Medienkompetenz-Dimension eines Schlangwortes". In Hüther, J. & Schorb, B. (Hrsg.). *Grundbegriffe Medienpädagogik*, München: KoPäd, pp. 25-47.

Kübler, H. (2010). Alter und Medien. In Hüther, J. & Schorb, B. (Hrsg.). *Grundbegriffe Medienpädagogik.* München: Kopädagogik, S. 17-23.

Kulik, C.-L. & Kulik, J. (1991). Effectiveness of computer-based instruction: An update analysis. In *Computers in Human Behavior 7* (1991), S. 75-94.

Kummer, R. (1991). *Computersimulation in der Berufsschule : Entwicklung und Evaluation eines Konzepts zur Förderung kognitiver Komplexität im Politik- und Wirtschaftslehre-Unterricht.* Frankfurt a.M. u.a.: Peter Lang.

Kuhn, A. (2010). *Der virtuelle Sozilaraum digitaler Spielwelten. Struktur und Auswirkungen auf das Spielerleben.* München: KoPäd.

Lampert, C. & Schwinge, C. & Rudolf, H. (2012). *Computerspiele(n) in der Familie. Computersozialisation von Heranwachsenden unter Berüchsichtigung genderspezifischer Aspekte.* Düsseldort: Landesanstalt für Medien Nordrhein-Westfalen.

Lange, R. & Didszuweit, J. R. (1997). *Kinder Werbung und Konsum.* Frankfurt am Main.

Lasswell, H. D. (1948). The structure and function of communication in society. In Bryson, L. (Hrsg.). *The communication of ideas.* New York.

Lauffer, J. & Röllecke, R. (2012). *Chanden digitaler Medien für Kinder und Jugendliche.*

München: KoPäd.

Laurillard, D. (2007). "Pedagogical forms of mobile learning: framing research questions". In *WLE Center, Institute of Education*. London, pp. 153-176.

Leibfried, E. (1980). *Literarische Hermeneutik*. Tübingen: Niemeyer.

Lensen, M. (1986). Familienorientierte Medienpädagogik. Forschungs- und Handlungsperspektiven. In Baacke, D. & Lauffer, J.(Hrsg.). *Familien im Meidnenetz?*. Opladen: Leske+Budrich. 77-86.

Lenzen, D. (1998). *Pädagogische Grundbegriffe*. Band 2. Stuttgart: rowohlts enzyklopädie.

Leschig, J. (1999). Jugend und Werbilder. In *medien praktisch, 1*, 30-34.

Leufen, S. (1996). Ansätze zur Bewertung von Unterrichtssoftware. In BERTELSMANN STIFTUNG/HEINZ NIXDORF STIFTUNG (Hrsg.). *Neue medien in den Schulen. Projekte - Konzepte — Kompetenzen*. Gütersloh: Verlag Bertelsmann Stiftung, S. 55-71.

Leuthäusser, I. (1996). Zukunftsweisende Mitarbeiterqualifizierung mit der Selbstlernarchitektur von Siemens Nisdorf. In *Grundlagen der Weiterbildung, 5*. 253-255.

Leuthoff, F. (1976). *Deutsche Volksbildungsarbeit*. In Keim u.a. (Hrsg.)(1976). *Volksbildung in Deutschland 1933-1945*. Braunschweig: UTB. 46.

LfM-Landesanstalt für Medien Nordrhein-Westfalen (LfM) (Hrsg.) (2012). *Mobil ins Netz*. Heft 3 von Digitalkompakt LfM.

Livingstone, S. & Moira B. (2001). *Children and their changing media environment: A European coparative study*. Mahwah, NJ: Erlbaum.

Lobinger, K. (2012). *Visuelle Kommunikationsforschung*. Wiesbaden: VS Verlag.

Löffelholz, M. (1997). Hörmedien. In Hüther u.a. (Hrsg.). *Grundbegriffe Medienpädagogik*. München. 135-141.

Lorenz, A. (2009). Beurteilung der Qualität zahnmedizinischer Einträge in Wikipedia — ein Vergleich mit zahnmedizinischer Fachliteratur. www.freidok.uni-freiburg.de/volltexte/6884/pdf/Dissertation.pdf [Zugriff: 27.10.2014]

LSW [Landesinstitut Fuer Schule Uun Weiterbildung] (Hrsg.) (1999). Lernen mit Neuen Medien. In *Grundlagen und Verfahren der Prüfung Neuer Medien. Beratungsstelle für Neue Technologien NRW. 4. Aufl.*, Bönen: Verlag für Schule und Weiterbildung.

Luca, R. (1999). Titanic — Filmerleben in psychonanlytischer Sicht. In *Sonderheft der Zetischrift medien praktisch Nr.2*, 41-51.

Luca, R. (2003). *Medien. Sozialisation. Geschichte*. München: KoPäd.

Lück, H.E. & Rechtien, W. (1983). *Mitgefühl*. München u.a.: Urban & Schwarzenberg.

Ludes, P. (1998). *Einführung in die Medienwissenschaft. Entwicklungen und Theorien.* Berlin: Erich Schmidt Verlag.

Luger, K. (1985). *Medien im Jugendalltag. Wie gehen Jugendkliche mit Medien um – Was machen die Medien mit den Jugendlichen?.* Wien: Bölau Verlag.

Luhmann, N. (1991). *Soziale Systeme. Grundrißeiner allgemeinen Theorie.* Frankfurt a.M.: Suhrkamp.

Lutz, K. (2013). Die Dauerkonflikt um die Mediennutzung. In *Merz, 2, 2013*, 35–39.

Maier, R. & Mikat, C., & Zeitter, E. (1997). *Medienerziehung in Kindergarten und Grundschule.* München.

Maletzke, G. (1963). *Psychologie der Massenkommunikation.* Hamburg.

Maurer, B. (2004). *Medienarbeit mit Kindern aus Migrationskontexten. Grundlagen und Praxisbausteine.* München: KoPäd.

Maier, R. & Mikat, C. & Zeitter, E. (1997). *Medienerziehung in Kindergarten und Grundschule.* München.

Mayer, W. P. (1992). *Aufwachsen in stimulierten Welten. Computerspiele – die zukuenftige Herausforderung fuer Eltern und Erzieher.* Frankfurt a.M. u.a.: Lang. (Europäische Hochschulschriften; Reihe 11; Pädagogik; 516).

Mayer, R.E. (1997). Multimedia Learning: Are we asking the Right Questions? In *Educational Psychologist 32* (1997) 1, S. 1–19.

Maywald, M. & Dettmering, S. (2013). Pathologischer Medienkonsum im Kindes- und Jugendalter. In *Merz, 4, 2013*, 27–32.

McGuire, D. & Chicoine, B. (2008). Das visuelle Gedächtnis – Stärken und Schwächen. In *Leben mit Down-Syndrom*, 57, S. 10–19.

Mcneil, B. J. & Nelson, K. P. (1991). Meta-analysis of interactive video instruction: A 10 year review of achievement effects. In *Journal of computer based instruction 18 (1991)* 1, S. 1–6.

MFS-Medienpädagogischer Forschungsverbund Südwest (Hrsg.) (2012). JIM-Studie 2012. Geräte-Ausstattung im Haushalt 2012 (Auswahl). Online: www.mpfs.de/index.php?id=537 [Zugriff: 24.06.2013]

Meerkerk, G. & Van Den Eijnden, R. & Vermulst, A. & Garretsen, H. L. (2009). The Compulsive Internet Use Scale (CIUS). In *CyberPsychology & Behavior, Vol. 12*, No. 1: 1–6.

Mehlenbacher, B. & Miller, C. R. & Covington, D. & Larsen, J. S. (2000). Active and Interactive

Learning Online: A comparison of Web-based and Conventional Writing Classes. In *IEEE Transactions on Professional Communication 43* (2000) 2, S. 166–184.

Meister, D. & Sander, U. (2003). Kindliche Medien- und Werbekompetenz als Thema der Medienforschung. In *Jahrbuch Medienpädagogik*. Opladen: Leske+Budrich. 184–199.

Merten, K. (1983). *Inhaltanalyse. Einführung in Theorie, Methode und Praxis*. Opladen: Leske und Budrich.

Merz Editorial (2016). Das Ende der Kreidezeit. In *Merz*, 60(1), S. 6–8.

Meyen, M. (2005). Massenmedien. In Hüther & Schorb (Hrsg.). *Grundbegriffe Medienpädagogik*. München: KoPäd. 228–233.

Michaelis, S. (2015). Welchen Einfluss haben Mobile Apps auf die frühe Eltern-Kind-Beziehung? In *Merz, 6. 2015*, 25–38.

Micklitz, H. & Oehler, A. & Piorkowsky, M. & Reisch, L. & Strünck, C. (2010). Der vertrauende, der verletzliche oder der verantwortungsvolle Verbraucher? Plädoyer für eine differenzierte Strategie in der Verbraucherpolitik. Stellungnahme des Wissenschaftlichen Beirats Verbraucher- und Ernährungspolitik beim BMELV. Online: www.bmelv.de/SharedDocs/Downloads/Ministerium/Beiraete/Verbraucherpolitik/2010_12_StrategieVerbraucherpolitik.pdf?__blob=publicationFile [Zugriff: 19.05.2014]

Mikos, L. (1998). "It's only Rock'n'Roll, but I like it!". In *medien praktisch, 2*, 32–34.

Mikos, L. (1999). Ein Kompetenter Umgang mit Medien erfordert mehr als Medienkompetenz. In *Merz, Nr. 1*, 19–23.

Mikos, L. (2001). *Fern-Sehen. Bausteine zu einer Rezeprionsaesthetik des Fernsehens*. Berlin: Vistas.

Mikos, L. (2003). *"Film- und Fernsehanalyse"*. Konstanz: UVK Verlagsgesellschaft mbH.

Mihajlovic, C. (2014). Möglichkeiten und Grenzen des iPad als elektronisches Hilfsmittel für blinde und sehblinderte Menschen. In *Merz, 4. 2014*, 50–55.

Mischke, W. (1995). Lerneinheit "Methoden und Medien". In Brokmann-Nooren, C.u.a.(Hrsg.). *Handbuch Erwachsenenbildung*. Weinheim: Beltz. 107–171.

Moon, H.문혜성 (1999). *Zwischen Konfuzianismus und Europäischem Denken: Kinder- und Jugendprogramme sowie Kultur-Informationssendungen des Fernsehens in Korea und in Deutschland*. Hamburg: Dr. Kovac.

Moon, H.문혜성 (2006). "Wir sind wieder alle zusammen …" – Lebensweltliche Bezüge in den Fantasien der Kinder. In Götz, M. (Hrsg.). *Mit Pokémon in Harry Potters Welt – Medien in den Fantasien von Kindern*. München: KoPäd. 112–119.

Moon, H.문혜성 & Götz, M. & Lemish, D. & Aidman, A.(2002). Kinderfantasien und Fernsehen im mehrnationalen Vergleich. In *TelevIZIon. 15*, 24−36.

Moon, H.문혜성 & Götz, M. & Lemish, D. & Aidman, A.(2005). *Media and the Make-Believe Worlds of Children. Wenn Harry Potter Meets Pokémon in Disneyland.* Mahwah, New Jersey: Lawrence Erlbaum.

Müller, H. G. (1987). Zur Entstehungsgeschichte der Medienpädagogik. In *Medium, 1*, 49ff.

Müller, R. (1999). Musikalische Sozialisation und Identität. In Schoenebeck (Hrsg.). *Entwicklung und Sozialisation aus musikpädagogischer Perspektive. Medienpädagogische Forschung, Bd.*19. Essen: WUV.

Müller, K. & Ammerschläger, M. & Freisleder, F. & Beutel, M. & Wölfling, K. (2012). Suchtartige Internetnutzung als komorbide Störung im jugendpsychiatrischen Setting: Prävalenz und psychopathologische Symptombelastung. In *Zeitschrift für Kinder- und Jugendpsychiatrie und Psychotherapie, 40*, S. 331−339.

Müller, S. & Fleischer, S. (2013). Medienkompetenz und geistige Behinderung. In *Merz, 3. 2013*, 55−59.

Münker, S. & Roesler, A. (2002). *Praxis Internet. Kulturtechniken der vernetzten Welt.* Frankfurt a. Main.

Müsgens, M. (2000). *Die Wirkung von Bildschirmspielen auf Kinder im Alter von 6 bis 11 Jahren. Ein empirischer Feldversuch.* Münster: LIT.

Neumann u.a. (1982). Analyse von Spielfilmen. Informationen für Lehrer. In *Praxis Schulfernsehen 73/74* (1982), S. 91−96.

Neuß, N.(1999). *Symbolische Verarbeitung von Fernseherlebnissen in Kinderzeichnungen.* München: KoPäd.

Neuß, N. & Tilemann, F. & Zipf, J. (1997). Erlebnisland Fernsehen − Projektkonzeption. In Neuss, N. & Pohl, M. & Zipf, J., *Erlebnisland Fernsehen. 13−20.* München: KoPäd.

Nielsen, J. (2010). *Children's Websites: Usability Issues in Designing for Kids.*

Niesyto, H. (2006). Chancen und Perspektiven interkultureller Medienpädagogik. In Hugger & Hoffmann (Hrsg.). *Medienbildung in der Migrationsgesellschaft.* Bielefeld. GMK. 64−76.

Nitzschke, V. & Nonnenmacher, F. (1995). *Zur Dimension des Politischen im methoden- und handlungsorientierten Politischen Unterricht.* Opladen: Leske+Budrich.

Nowak, W. (1967). *Visuelle Bildung − ein Beitrag zur Didaktik der Film- und Ferseherziehung.* Villingen: Nechar.

OECD−Organisation for Economic Co-operation and Development (2004). *Teachers Matter.*

Attracting, Developing and Retaining Effective Teachers. Overview.

OECD (2015). *Students, Computers and Learning: Making the Connection, PISA*. In OECD Publishing.

Oerter, R. (1987). *Moderne Entwicklungspsychologie (21. Aufl.)*. Donauwörth: Juventa.

Pachler, N. & Bachmair, B. & Cook, J. (2010). *"Mobile Learning: Structures, Agency"*, Practices. New York: Springer.

Paus-Haase, I. (1991). *Neue Helden für die Kleinen. Das (un)heimliche Kinderprogramm des Fernsehens*. Münster/Hamburg: Eugen Ulmer.

Paus-Hasebrink, I. & Kulterer, J. (2014). *Praxeologische Mediensozialisationsforschung: Langzeitstudie zu sozial benachteiligten Heranwachsenden*. Baden-Baden: Nomos.

Paus-Hasebrink, I. (2015). Mediensozialisation in sozial benachteiligten Familien. In *Merz, 2. 2015*, 17−25.

Peez, G. (2014). Mit Fingerspitzengefühl zu Erfahrung und Wissen. Kasuistische Grundlagenforschung zur sensomotorischen Bedienung von Multi-Touchscreens. In *Merz*, 58(2), S. 67−73.

Pestalozzi, J. H. (1820). *Stanser Brief*. In *Klafki, W. (Hrsg.)(1975). Pestalozzi über seine Anstalt in Stans*. Weinheim: Beltz.

Petersen, K. & Thomasius, R. (2010a). "Süchtige"Computer- und Internetnutzung. In *Psychiatrie und Psychotherapie up2date, Bd. 4, H. 2*, S. 97−108.

Petersen, K. & Thomasius, R. (2010b). *Beratungs- und Behandlungsangebote zum pathologischen Internetgebrauch in Deutschland*. Lengerich: Pabst Science Publishers.

Petri, J. (2010). Diagnostik, Behandlungsziele und -strategien. In *Dysfunktionaler und pathologischer PC-und Internetgebrauch*. Göttingen: Hogrefe, S. 134−153.

Pfeffer-Hoffmann, Christian (2007). *E−Learning für Benachteiligte − eine didaktische und ökonomische Analyse*. Berlin. Mensch und Buch Verlag.

Pfeffer-Hoffmann, Christian (2013). Digitale Medien für bildungsbenachteiligte Zielgruppen. In *Merz, 5. 2013*, 32−37.

Piaget, J. (1966). *Psychologie und Intelligenz*. Olten: Walter.

Piaget, J. (1973). *Einführung in die genetische Erkenntnistheorie*. Frankfurt a.M.: Suhrkamp.

Pirner, M. (2000). "Möge die Macht der Medien mit dir sein … " Religiöse Aspekte und die Herausfordrungen für Bildung und Erziehung. In *Merz, 6*, 343−347.

Pirner, M. (2004). *Religiöse Mediensozialisation?*. München: KoPäd.

Platon. (1940). Phaidros. In *Platon: Sämtliche Werke. Bd. 2*, Berlin, 474ff.

PLAZ-Lehrerausbildungszentrum der Universitaet Paderborn. (2001). *Studieninformation zur Zusatzqualifikation: Medien und Informationstechnologien in Erziehung, Unterricht und Bildung.* Paderborn.

Podehl, B. (1990). *Handlungsfeld aktive Medienarbeit.* Oldenburg: Eugen Ulmer.

Podehl, B. (1997). *Politische Bildung.* München: KoPäd.

Protzner, W. (1977). *Zur Medientheorie des Unterrichts.* Bad Heilbrunn: Klinkhardt.

Rautenstrauch, C. (2001). *Tele-Tutoren. Qualifizierungsmerkmale einer neu entstehenden Profession.* Bielefeld: W.Bertelsmann (Wissen und Bildung im Internet, Bd.1).

Ratzinger, J., Benidikt 16 (2005). *Glaube Wahrheit Toleranz − Das Christentum und die Weltreligionen.* Freibrug: Herder.

Read, J. & Mekker, M. (2011). *The Nature of Child Computer Interaction. BCS−HCI '11 Proceedingsof the 25th BCS Conference on Human-Computer Interaction*, UK: British Computer Society Swinton. S. 163−172.

Rehbein, F. & Kleimann, M. & Mößle, T. (2009). *KFN-Forschungsbericht. Bd. 108: Computerspielabhängigkeit im Kindes- und Jugendalter. Empirische Befunde zu Ursachen, Diagnostik und Komorbiditäten unter besonderer Berücksichtigung spielimmanenter Abhängigkeitsmerkmale.* Hannover: Kriminolog. Forschungsinst. Niedersachsen.

Remschmidt, H. & Schmidt, M. & Poustka, F. (2011). *Multiaxiales Klassifikationsschema für psychische Störungen im Kindes- und Jugendalter nach ICD−10 der WHO.* Bern: Hans Huber.

Reti, M. (2014). *Geschäftliche Perspiektiven zwischen Vorurteile und Vorbehalten.* München: KoPäd.

Richter, K. & Plath, M. (2012). *Lesemotivation in der Grundschule. Empirische Befunde und Modelle für den Unterricht. 3. Aufl.* Weinheim, Basel. Beltz: Juventa.

Ritsert, J. (1972). *Inhaltanalyse und Ideologiekritik.* Frankfurt a.M.: Suhrkamp.

Rogge, J. W. (2002). Fantasie, Emotion und Kognition in der "Sesamstrasse". In *TeleVIZIon, 15*, 50−56.

Rosa, H. (2005). *Beschleunignung. Die veränderung der Zeitstrukturen in der Moderne.* Frankfurt a.M.: Suhrkamp.

Rösch, E. & Maurer, B. (2014). Apps in der Schule. In *Merz*, 58(3), S. 25−30.

Rosemann, H. (1986). *Computer. Faszination und Ängste bei Kindern und Jugendlichen.* Frankfurt a.M.: Fischer.

Roth, L. (1994). *Pädagogik*. München: Ehrenwirth.

Roth-Ebner, C. (2013). Fit für mediatisierte Arbeitswelten. In *Merz*, 57(1). S, 31-37.

Rumpf, H. J. & Meyer, C. & Kreuzer, A. & John, U. (2011). *Prävalenz der Internetabhängigkeit. Bericht an das Bundesministerium für Gesundheit*. Lübeck.

Rumpelt, F. (2013). *Mobile Applikationen für Kinder. Unveröffentlichte Masterarbeit, HTWK*. Leipzig.

Sacher, W. (1995). *Interaktive Multimedia-Systeme und ihr Einsatz in Lehr-Lernprozessen*. Augsburg: Universität, Philosophische Fakultät I.

Sacher, W. (2003). *Studientexte zur Grundschulpädagogik und -didaktik*. Bad Heinbrunn: Klinkhardt.

Salziger, B. (1977). Zur Gestaltung von Schulfernsehsendungen. In Tulodziecki, G. (Hrsg.). a.a.O., S. 87-131.

Sander, E. (1999). *Medienerfahrungen von Jugendlichen in Familie und Peergroup*. München: KoPäd.

Sander, U. & Vollbrecht, R. (1987). *Kinder und Jugendliche im Medienzeitalter. Annahmen, Daten und Ergebnisse der Forschung. (Medienpädagogik praktisch; 2)*. Opladen: Leske+Budrich.

Saxer, U. (1987). *Kommunikationswissenschaftliche Grundlagen der Medienpädagogik*. Weinheim.

Schachtner, C. (2002). *Entdecken und Erfinden. Lernmedium Computer*. Opladen: Leske+Budrich.

Schachtner, C. (2010). *Thesen zum Thema Feminismus im Web 2.0. Im Spannungsverhältnis zwischen Öffentlichkeit und Privatheit*. Impulsreferat beim Green Ladies Lunch des Gunda-Werner-Instituts in der Heinrich-Böll Stiftung.

Schanda, F. (1995). *Computer-Lernprogramme*. Weinheim/München: KoPäd.

Scheffer, W. (1974). Erziehungswissenschaftliche Implikationen von didiaktisch orientierten Konzepten der Unterrichtstechnologie. In *Zeitschrift für Pädagogik, 2,* 211ff.

Schell, F. (1999). *Aktive Medienarbeit mit Jugendlichen*. München: KoPäd.

Schell, F. & Schorb, B. (1997). *Jugend und Medien*. München: KoPäd.

Schell, F. & Stolzenburg, E. & Theunert, H. (1999). *Medienkompetenz*. München: KoPäd.

Schell, F. (2003). *Aktive Medienarbeit mit Jugendlichen. Theorie und Praxis*. München: KoPäd.

Schelling, H. & Seifert, A. (2010). *Internet-Nutzung im Alter. Zürcher Schriften zur*

Gerontologie. Studie Universität Zürich Zentrum für Gerontologie und Pro Senectute.

Schemmerling, M. & Gerlicher, P. & Brüggen, N. (2013). "Ein Like geht immer … " – Studienergebnisse zu Identitätsarbeit in Sozialen Netzwerkdiensten. In *Merz*, 57(2), S. 53–58.

Scheve, (2011). Die soziale Kostitution und Funktion von Emotion: Akteur, Gruppe, mormative Ordnng. In *Zeitschrift für Erziehungswissenschaft, 2*. Vierteljahr 2011, 207–222.

Schill, W. (1999). *Medienprojekte in der Grundschule : Moeglichkeiten und Grenzen schulischer Foerderung von Medienkompetenz.* München: KoPäd.

Schluchter, J. (2010). *Medienbildung mit Menschen mit Behinderung.* München: KoPäd.

Schludermann, W. (1996). Medien und Politik als Aufgabenbereich der Medienerziehung. In *Medienimpulse. Beiträge zur Medienpädagogik, 16*, 13–18.

Schmidt, C. (1995). Fernsehverhalten und politische Interessen Jugendlicher und junger Erwachsener. In *Media Perspektiven, 5*, 220–227.

Schmidt, J. & Paus-Hasebrink, I. & Hasebrink, U. (2009). Heranwachsen mit dem Social Web. In *Schriftreihe Medienforschung der LfM. Band 62*. Berlin: Vistas.

Schmitz-Scherzer, R. (1989). *Freizeit*. Stuttgart: Teubner.

Schmolling, J. (2009). *Bundeswettbewerb "Video der Generation". Förderung des intergenerativen Dialogs durch Medienarbeit.* Wiesbaden: VS Verlag.

Schneewind, K. (1994). Psychologie der Erziehung und Sozialisation. In Schneewind, K. (Hrsg.). *Enzyklapädie der Psychologie. Themenbereich D, Serie 1, Band 1.* Göttingen: Vandenhoeck & Ruprecht.

Schneider, S. & Warth, S. (2013). Kinder und Jugendliche im Internet. In Lauffer, J. & Röllecke (Hrsg.). *Chancen digitaler Medien für Kinder und Jugendliche.* München: Kopäd, S. 42–47.

Schnotz, W. (2002). Wissenserwerb mit Texten, Bildern und Diagrammen. In Issing, L. J. & Klimsa, P. (Hrsg.). *Media Perspektiven*, S. 65–81.

Schönberger, V. & Cukier, K. (2013). *Big Data. Die Revolution, die unser Leben verändern wird. Übers. v. Dagmar Mallett.* München: Redline.

Schorb, A. O. (1962). *Schule und Lehrer an der Zeitschwelle.* Stuttgart.

Schorb, B. (1995). *Medienalltag und Handeln. Medienpädagogik in Geschichte, Forschung und Praxis.* Opladen: Leske+Budrich.

Schorb, B. (1997). Medienkompetenz. In Hüther u.a. (Hrsg.). *Grundbegriffe Medienpädagogik.* München: KoPäd. 234–240.

Schorb, B. (2010). Medienkommpetenz. In Hüther & Schorb (Hrsg.). *Grundbegriffe Medienpädagogik.* München: KoPäd. 257–262.

Schorb, B. & Kießlich, M. & Würfel, M. & Keilhauer, J. (2010). *MeMo_SON10*. Medienkonvergenz Monitoring.

Schorb, B. & Mohn, E. & Teunert, H. (1980). Sozialisation durch Massenmedien. In Hurrelmann, K & Ulich, D. (Hrsg.). *Handbuch der Sozialisationsforschung*. Weinheim: Beltz.

Schorb, B. u.a. (2003). *Was guckst du, was denkst du? Der Einfluss des Fernsehens auf das Ausländerbild von Kindern und Jugendlichen im Alter von 9 bis 14 Jahren*. Kiel.

Schorb, B. & Wagner, U. (2013). Medienkompetenz – Befähigung zur souveränen Lebensführung in einer mediatisierten Gesellschaft. In *Bundesministerium für Familie, Senioren Frauen und Jugend (Hrsg.)*. *Medienkompetenzförderung für Kinder und Jugendliche. Eine Bestandsaufnahme*, S. 18-23.

Schuhler, P. & Vogelgesang, M. (2012). *Pathologischer PC- und Internetgebrauch*. Göttingen: Hogrefe.

Schulmeister, R. (2002). *Grundlagen hypermedialer Lernsysteme*. München u.a.: Oldenbourg.

Schulte, H. (1983). Didaktisches Handeln mit Medien. Skizze einer alltags-und themenorientierten Mediendidaktik. In *Arbeiten und Lernens, 51983*, 16-21.

Schulz, W. (1981). *Unterrichtsplanung. 3*. Aufl., München: Urban und Schwarzenberg.

Schutte, J. (1990). *Einführung in die Literaturinterpretation (Sammlung Metzler Nr. 217)*. Stuttgart: Metzler.

Schweiger, W. (2004). Was nutzt das Internet älteren Menschen? In *Merz*, 48(4), S. 43-46.

Sennett, R. (1998). *Der flexible Menschen Die Kultur des neuen Kapitalismus*. Berlin: Berlin Verlag.

Seufert, S. & Mayr, P. (2002). *Fachlexikon e-learning*. Bonn.

Shannon, C. E. (1949). *The Mathematical Theory of Communication*. In *The Mathematical Theory of Communication*. Urbana/III.

Siegrist, H. (1986). *Textsemantik des Spielfilms. Zum Ausdruckspotential der kinematographischen Formen und Techniken*. Tübingen: Niemeyer.

Silbermann, A. & Krüger, U. M. (1973). *Soziologie der Massenkommunikation*. Stuttgart: Kohlhammer.

Singer, D. (1999). Imaginative play and television: factors in a child;s development. In Singer, J. A. (Hrsg.). *At play in the fields of consciousness*. Mahwah, NJ: Erlbaum (pp. 303-326).

Skolowsky, M. (2013). "Glasbürgerkunde". In *Merz, Nr. 1*, 8-11.

Spanhel, D. (1987). *Jugendliche vor dem Bildschirm. Zur Problematik der Vedeofilme,*

Telespiele und Homecomputer. Weinheim: Deutscher Studienverlag.

Spanhel, D. & Kleber, H. (1996). Intergrative Medienerziehung in der Hauptschule. In *Pädagogische Welt, 50*, 359–364.

Spanhel, D. (1999). "*Medienkompetenz mußLehrerinnen und Lehrern in der Universitären Ausbildung vermittelt werden*", *Medienkompetenz*. München: KoPäd.

Spanhel, D. (2002). Medienpädagogik in der Lehrerbildung. In *medien praktisch, 4, 30–34.*

Spanhel, D. (2013). Sozialisation in mediatisierten Lebenswelten. In *Merz*, 57(5), S. 30–43.

Spendrin, K. (2013). Allgemeine Didaktik und E–Learning. In *Merz*, 57(5), S. 12–17.

Spitzer, M. (2012). Digitale Demenz. *Wie wir unsere Kinder um den Verstand bringen*. München: Droemer.

Stang, R. (2003). Innovations-Management entwicklungsbedürftig!. In *medien praktisch 2, 14–16.*

Statistika (2013). Weltweiter Umsatz in der Videogames Branche von 2000 bis 2014 (in Milliarden U.S.-Dollar). Online: de.statista.com/statistik/daten/studie/160518/umfrage/prognostizierter-umsatz-in-der-weltweiten-videogames-branche/ [Zugriff: 10.05.2013]

Steckel, R. & Truedewind, C. & Slusarek, M. & Schneider, K. (1995). Wie erleben Vor- und Grundschulkinder Videospiele? Die Bedeutung von Motivdispostionen und allgemeinen Spielvorlieben. In Fritz, J. (Hrsg.). *Warum Computerspiele faszinieren*. Weinheim u.a.: Juventa.

Steffans, D. (1995). *Politische Bildung 2000*. Münster: Metzler.

Stein, P. (2010). *Schriftkultur. Eine Geschichte des Schreibens und Lesens*. Darmstadt: Primus.

Strauss, A. (1998). *Grundlagen qualitativer Sozialforschung*. Muenchen.

Strittmatter, P. (1994). Wissenserwerb mit Bildern bei Film und Fernsehen. In Weidenmann, B. (Hrsg.). *Wissenserwerb mit Bildern. Instruktionale Bilder in Printmedien, Film/Video und Computerprogrammen*. Bern: Beltz. 177–213.

Stolzenburg, E. & Bahl, A. (1999). *Medienkompetenz im Uebergang von Kindheit zum Jugendalter: Die Altersgruppe der 11–15 jaehrigen*. München: KoPäd.

Strittmatter, P. & Niegemann, H. (2000). *Lehren und Lernen mit Medien. Eine Einführung*. Darmstadt. Wissenschaftliche Buchgesell-schaft.

Stritzker, U. & Peez, G. Kirchner, C. (2008). *Frühes Schmieren und erste Kritzel — Anfänge der Kinderzeichnung*. Norderstedt: Books on Demand.

Svedjedal, J. (2003). Gaming for the academy. The digital theory of games. (verfügbar im Internet unter: http://www.axess.se/englisch/archive/2003/nr3/currentissue/digitaltheory games.php, Zugriff im Mai 2003).

Swertz, C. (2011). "Smart phones im Klassenzimmer", *Medienimpulse*, http://www. medienimpulse, at/articles/ view/251, 2011.

Swoboda, W. H. (1986). Jugendmedienschutz als internationales Problem. In *Bildung und Erziehung*. Köln/Wien, 39.Jg., H.4, 451−467.

Szondi, P. (1975). *Einführung in die literarische Hermeneutik*. Frankfurt a. M.: GEP Buch.

Taylor, M. (2002). Die unsichtbaren Freunde der Kinder. In *TelevIZIon, 15/2002/1,* 12−16. München: KoPäd.

Teichert, W. (1973). "Fernsehen"als soziales Handeln. In *Rundfunk und Fernsehen, H.21.*

Terlinden, R. (1988). Aufgaben der Erwachsenebildung in Zusammenhang mit den "Neuen Medien". In *Arbeit mit Erwachsen, 1*, 35−38.

Teunert, H. (1993). *Was Maedchen und Jungen in Cartoons finden*. München.

Teunert, H. (1996). *Gewalt in den Medien − Gewalt in der Realität. Gesellschaftliche Zusammenhänge und pädagogisches Handeln. 2.* Aufl.. München.

Teunert, H. (2009). Medienkompetenz. In Schorb, B. & Anfang, G. & Demmler, K. (Hrsg.). *Grundbegriffe Medienpädagogik Praxis*. München: KoPäd. 199−204.

Teunert, H. (2010). Gewalt. In Hüther & Schorb (Hrsg.). *Grundbegriffe Medienpädagogik*. München: KoPäd. 137−144.

Teunert, H. (2014). Machtmittel Medien − Pädagogik ohne Macht. In *Merz, Nr.1,* 8−11.

Tietgens, H. (1989). *Von den Schlüsselqualifikationen zur Erschließungskompetenz. Petsch, H. −J. u.a.. Allgemeinbildung und Computer*. Bad Heilbrunn: Klinkhardt. 34−43.

Thillosen, A. (2003). *Entwicklung virtueller Studienmodule im Rahmen des Bundesleitprojekts "Virtuelle Fachhochschule fuer Technik, Informatik und Wirtschaft" − Evaluationsergebnisse*. Münster u.a.: Waxmann.

Tulodziecki, G. (1977). Zusammenfassung und Ausblick. In Tulod ziecki, G. (Hrsg.). a.a.O., S. 161−182.

Tulodziecki, G. (1983). Unterricht und Medienverwendung im Einflußder Massenkommunikation. In THEURING, W. (Hrsg.). *Lehren und Lernen mit Medien. Beiträge aus Medienforschung und Medienpraxis*. Grünwald: FWU, S. 41−56.

Tulodziecki, G. (1989). *Medienerziehung in Schule und Unterricht*. Bad Heilbrunn: Klinkhardt.

Tulodziecki, G. (1994). *Medien in Unterricht und Erziehung*. München: KoPäd.

Tulodziecki, G. (1996). *Unterricht mit Jugendlichen. Eine handlungsorientierte Didaktik mit Unterrichtsbeispielen*. Bad Heilbrunn: Klinkhardt.

Tulodziecki, G. (1997). *Medien in Erziehung und Bildung*. Bad Heilbrunn: Klinkhardt.

Tulodziecki, G. (1999). "Kompetenzen, die Studierende der Lehrämter während der universitären Ausbildung erwerben sollten". In *Medienkompetenz*. München: KoPäd, pp. 297–305.

Tulodziecki, G. (2002). Medienerziehung in der Grundschule – Rahmenbedingungen, Voraussetzung und Praxis. In Herreros, M. C. & Crespo, D. B. (Hrsg.). *Medienforschung in Deutschland und Spanien. Madrid. Universidad Complutense*. Bad Heilbrunn: Klinkhardt. 105–120.

Tulodziecki, G. (2005). *"Schule und Medien", Grundbegriffe Medienpädagogik*. München: KoPäd.

Tulodziecki, G. (2017a). Thesen zu einem Curriculum zur "Bildung in einer durch Digitalisierung und Medialtisierung beeinflussten Welt". In *Merz*, 61(2). 50–56.

Tulodziecki, G. (2017b). Thesen zu einem Rahmenplan für ein Studium der Medienpädagogik. In *Merz*, 61(3). 59–65.

Tulodziecki, G. & Herzig, B. (2002). *Computer & Internet in Schule und Unterricht. Medienpädagogische Grundlagen und Beispiele*. Berlin: Cor- nelsen Scriptor.

Tulodziecki, G. & Herzig, B. (2004). *Mediendidaktik*. Stuttgart: Klett-Cotta.

Tulodziecki, G. & Herzig, B. (2004b). *Computer & Internet im Unterricht. Medienpädagogische Grundlagen und Beispiele*. Berlin: Cornelsen.

Tulodziecki, G. & Grafe, S. & Moon, H. S.문혜성 (2006). Standards für die Lehrerbildung in der Diskussion Vergleiche und Einschätzungen aus internationaler Sicht. In Paderborner Lehrerausbildungszentrum (PLAZ). *Stellenwert und Kritik von Standards für die Lehrerbildung aus internationaler Sicht*, 7–22.

Tuma, T. (2012). iPhone, also bin ich. In *Der Spiegel, 27*, 62–72.

Ulich, D. & Mayering, P. (1992). *Psychologie der Emotionen*. Stuttgart u.a.: Kohlhammer.

UN-Konventionenen (2008). Gesetz zu dem Übereinkommen der Vereinten Nationen vom 13. Dezember 2006 über die Rechte von Menschen mit Behinderungen. www.un.org/Depts/german/uebereinkommen/ar61106-dbgbl.pdf[Zugriff:05.03.2013]

Vasel, S. (1999). *Religiöse Dimensionen der Kulturindustrie. Christliche Motive in "Ben Hur" und "Titanic"*. Loccumer Pelikan, 1.

Vogelgesang, W. (1999). *Kompetentes und selbstbestimmetes Medienhandeln in Jugendszenen*. München: KoPäd.

Vogt, G. (1997). *Kirche und Medien*. München: KoPäd.

Vollbrecht, R. (1999). Medienkompetenz als kommunikative Kompetenz. Rückbesinnung und Neufassung des Konzepts. In *Merz, 1*, 13−18.

Von Cube, F. (1974). Definition und Aufgabe der Mediendidaktik. *AV praxis, 3*, 9−21.

Von Gottberg, J. & Mikos, L. (1997). *Kinder an die Fernbedienung.* Berlin: Vistas.

Von Zahn, P.(1996). *Chronik der Deutschen.* Augsburg: Chronik Verlag.

Vorderer, P. (2000). Interactive entertainment and beyond. In Zillmann, D. & Vorderer, P. (Hrsg.). *Mediea entertainment. The psychology of its appeal.* Mahwah u.a.: Erlbaum, 21−36.

Vygotski, L. (2002). *Denken und Sprechen.* Weinheim/Basel: Belz.

Wagner, U. & Lampert, C. (Hrsg.) (2013). *Zwischen Anspruch und Alltagsbewältigung: Medienerziehung in der Familie. Unter Mitarbeit von Susanne Eggert, Christiane Schwinge, Achim Lauber.* Schriftenreihe Medienforschung der LfM, Band 72. Berlin: Vistas.

Wagner, U. & Theunert, H. & Gebel, C. & Lauber, A. (2004). *Zwischen Vereinnahmung und Eigensinn − Konvergenz im Medienalltag Heranwachsender.* München.

Wagner, U. & Niels, B. & Gerlicher, M. & Schemmerling, M. (2013). Wo der Spaßaufhört … . In Lauffer, J. & Renate, R. (Hrsg.). *Chancen digitaler Medien für Kinder und Jugendliche.* München: Kopäd, S. 29−34.

Wagner, U. & Brüggen, Niels. (Hrsg.) (2013). *Teilen, vernetzen, liken. Jugend zwischen Eigensinn und Anpassung im Social Web.* Baden-Baden: Nomos.

Wahrig, G. (1994). *Deutsches Wörterbuch.* Gütersloh: Bertelsmann Stiftung.

Wallace, D. R. & Mutooni, P. (1997). A comparative evaluation of world wide web-based and classroom teaching. In *Journal of Engineering Education 86* (1997), S. 211−219.

Walthes, R. (2005). *Einführung in die Blinden- und Sehbehindertenpädagogik.* München: UTB.

Wegge, J. & Kleinbeck, U. & Quäck, A. (1995). *Motive der Videospieler. Die Suche nach virtueller Macht, Künstlicher Harmonie und schnellen Erfolgen?* München: KoPäd.

Weidenmann, B. (1993). *Instruktionsmedien.* München: Universität der Bundeswehr, Inst. f. Erziehungswiss. u. Pädag. Psychologie.

Weidenmann, B. (1994a). *Informierende Bilder.* München: KoPäd.

Weidenmann, B. (1994b). *Lernen mit Bildmedien.* Weinheim: Beltz.

Weidenmann, B. & Paechter, M. & Hartmannsgruber, K. (1998). Strukturierung und Sequenzierung von komplexen Text-Bild-Kom binationin. In *Zeitschrift für Pädagogische Psychologie 12* (1998) 2/3, S. 112−124.

Wermke, J. (1997). *Integrierte Medienerziehung im Fachunterricht. Schwerpunkt: Deutsch.*

München: KoPäd.

Wersig, G. (1968). *Analyse*. Berlin: Vistas.

Wiedemann, D. (1996). Schaulueste! Oder: Gehen die Bilder den Medien verloren?. In *Merz, Nr.2,* 79−81.

Wiedemann, D. (1997). Film. In Hüther (Hrsg.). *Grundbegriffe Medienpädagogik*. München: KoPäd. 100−103.

Wilbers, K. (2001). E−Learning in einer mediengepraegten Alltagswelt. In Leidtke, M. (Hrsg.). *Kind und Medien*. Bad Heilbrunn, 229−248.

Wimmer, J. (2013). *Kontextualisierung versus Komplexitätsreduktion. Medienwirkung aus kulturtheoretischer Perspeitive*. Wiesbaden: Springer.

Winkel, R. (1983). Die kritisch-kommunikative Didaktik. In Gudjons, H. & Teske, R./Winkel, R. (Hrsg.). *Didaktische Theorien. 2. Aufl.*, Braunschweig: Agentur Pedersen, S. 79−93.

Winter, R. & Eckert, R. (1990). *Mediengeschichte und kulturelle Differenzierung*. Opladen: Leske+Budrich.

Winterhoff-Spurk, P. (Hg.) (2001). *Fernsehen*. Bern.

Wittern, J. (1975). *Mediendidaktik, 2Bde*. Opladen: Leske+Budrich.

Wölfling, K. & Müller, K. & Beutel, M. (2011). Reliabilität und Validität der Skala zum Computerspielverhalten (CSV-S). In *Psychotherapie Psychosomatik Medizinische Psychologie*, 61, S. 216−224.

Zainel, N. (2013). Wie Kinder und Jugendliche mit Down-Syndrom fernsehen. In *Merz, 4. 2013*, 51−55.

Zimmer, G. (1998). *Aufgabenorientierte Didaktik. Entwurf einer Didaktik fuer die Entwicklung vollstaendiger Handlungskompetenzen in der Berufsbildung*. Baltmannsweiler: Schneider.

Zimmer, G. (2003). Aufgabenorientierte Didaktik des E−Learning. In Hohenstein, A. & Wilbers, K. (Hrsg.). *Handbuch E−Learning. Expertenwissen aus Wissenschaft und Praxis. Köln: deutscher Wirtschaftsdienst (Loseblattsammlung, Grundwerk 2001)*. Beitrag 4.15.5., 1−14.

Zimmer, G. (2004). *Aufgabenorientierung: Grundkategorie zur Gestaltung expansiven Lernens*. Baltmannsweiler: Schneider.

Zöllner, O. (1998). *Fernsehforschung. Universität Paderborn*. Paderborn [unveröff. Mskr].

Zorn, I. (2011). *Medienkompetenz und Medienbildung mit Fokus auf Digitale Medien*. München: Kopädagogik.

찾아보기

내용

저자 소개

문혜성 (Moon, Hyesung)

- 독일 국립 파더본 대학교 (Universietät Paderborn)
    미디어교육학(미디어교육 및 교육공학) 석사 (M.Ed.)
- 독일 국립 빌레펠트 대학교 (Universität Bielefeld)
    미디어교육학(미디어교육 및 교육공학) 박사 (Ph.D.)
- 연세대학교 교육연구소 전문연구원
- 독일 제1공영방송국 ARD/BR-IZI ("청소년 및 교육텔레비전 국제중앙연구소")
    해외 전문연구원
- 독일 국립 파더본 대학교 (Universietät Paderborn) 교육학/미디어교육학 연구소
  (Instituts für Erziehungswissenschaft/Medienpädagogik", Universität Paderborn)
    해외 전문연구원

*** 저서

"미디어교육학"(한국콘텐츠진흥원)

"미디어교수법 – 미디어교육과 미디어활용을 위한 교수학습 방법"(한국콘텐츠진흥원)

"미디어교육 – 교육공학적 접근"(장락)

"Kinder – und Jugendprogramme sowie Kultur-Informationssendurgen
  des Fernsehens in Korea und in Deutschland"
  ("한국과 독일의 어린이, 청소년, 문화정보 텔레비전 프로그램",
  Verlag Dr. Kovac, 독일 Hamburg)

"Standards für die Lehrerbildung in der Diskussion Vergleiche und Einschätzungen
  aus internationaler Sicht"
  ("국제적 관점의 교사교육 표준화 연구", PLKZ, 독일 Paderborn, 공저)

"Media and Children's Make-Believe Worlds, Wenn Harry Potter Meets
  Pokěmon in Disneyland"(Lawrence Erlbaum Associates, Inc.,Publishers,
  미국 Mahwah/영국 London, 공저)

외 다수

*** 논문

"대학교육의 스마트러닝에 대한 요구분석과 활성화 방안"

"대중문화 속 종교유사성에 관한 종교미디어교육 연구:
  〈다빈치코드〉를 사례로 한 '상징교수법' 교수학습 모형개발"

"어린이 미디어능력 촉진을 위한 공영방송국의 역할과 국제연구 사례"

"한국 대학교에서의 미디어교육 교사양성방안"

"영화와 교육 – 영화의 교육적 내용지도에 대한 미디어교육학의 가능성과 역할"

외 다수

스마트 사회의 미디어교육학

-교육공학, 디지털미디어교육, 평생교육의 연계-

2018년 3월 20일 1판 1쇄 발행
2020년 1월 20일 1판 2쇄 발행

지은이 • 문 혜 성
펴낸이 • 김 진 환
펴낸곳 • (주) **학지사**
　　　　04031 서울특별시 마포구 양화로 15길 20 마인드월드빌딩 5층
대표전화 • 02) 330-5114　　팩스 • 02) 324-2345
등록번호 • 제313-2006-000265호
홈페이지 • http://www.hakjisa.co.kr
페이스북 • https://www.facebook.com/hakjisabook

ISBN 978-89-997-1215-9 93370

정가 **24,000**원

이 도서의 국립중앙도서관 출판시도서목록(CIP)은 서지정보유통지원시스템
홈페이지(http://seoji.nl.go.kr)와 국가자료공동목록시스템(http://www.nl.go.kr/kolisnet)
에서 이용하실 수 있습니다.
(CIP제어번호: CIP2018006106)

출판 · 교육 · 미디어기업 **학지사**

간호보건의학출판 **학지사메디컬** www.hakjisamd.co.kr
심리검사연구소 **인싸이트** www.inpsyt.co.kr
학술논문서비스 **뉴논문** www.newnonmun.com
원격교육연수원 **카운피아** www.counpia.com